地球の歩き方 C10 ● 2020〜2021年版

ニュージーランド
New Zealand

マオリ伝統芸能のポイ・ダンス

地球の歩き方 編集室

NEW ZEALAND CONTENTS

12 見どころダイジェスト

14 世界遺産と国立公園

16 ニュージーランド最高峰
特集1　アオラキ／マウント・クックを仰ぐ
　アオラキ／マウント・クック国立公園 …………… 16
　ネイチャー・ガイドウォーク ………………………… 18

20 ニュージーランドの世界遺産
特集2
　ミルフォード・サウンド ……………………………… 20
　トンガリロ国立公園 …………………………………… 21

22 映画『ホビット』の
特集3　ロケ地を訪ねる
　ホビット庄 ……………………………………………… 22
　ヘアリー・フィート・ワイトモ ……………………… 24

25 マオリの聖地！
特集4　ロトルアの地熱地帯を行く
　ワイマング ……… 25　　マオリ ………… 27
　テ・プイア ……… 26

28 ラグビー強豪国ニュージーランド
特集5　のチームを徹底分析！
　ラグビーのルール ……………………………………… 28
　ニュージーランドが強いワケ ………………………… 29

30 Kiwiグルメに舌鼓
特集6
　ミート、シーフード、マオリ、B級グルメ、スイーツ、地ビール、カフェ

32 マストみやげ特集！
特集7
　マストみやげ …………………………………………… 32
　自然派コスメ …………………………………………… 34
　各都市の気になるみやげ ……………………………… 35

36 New Zealand Bird
特集8

2

基本情報	歩き方の使い方 …………………………… 6
	ジェネラルインフォメーション ………………… 8
	イエローページ ………………………… 497

37 南島

| 南島のイントロダクション ……………… 38 |
| クライストチャーチ ……………………… 40 |
| クライストチャーチの新旧カフェでひと休み♪ …63 |
| クライストチャーチからアカロアへ …72 |
| アカロア ……………………………… 74 |
| レイク・テカポ ………………………… 77 |
| レイク・テカポの星空 ………………… 80 |
| アオラキ／ |
| マウント・クック国立公園 …………… 84 |
| ワナカ ………………………………… 91 |
| 気軽にニュージーランドのワイナリーを巡る …98 |
| クイーンズタウン ……………………… 100 |
| クイーンズタウンのB級グルメ ……… 114 |
| ニュージーランドの甘〜いお菓子をおみやげに！ … 118 |
| テ・アナウ …………………………… 124 |
| フィヨルドランド国立公園 …………… 130 |
| 　ミルフォード・サウンド …………… 132 |
| 　ダウトフル・サウンド ……………… 137 |
| 　ミルフォード・トラック …………… 140 |
| 　ルートバーン・トラック …………… 144 |
| 　ケプラー・トラック ………………… 148 |
| オアマル ……………………………… 151 |
| ティマル ……………………………… 156 |
| ダニーデン …………………………… 158 |
| インバーカーギル …………………… 171 |
| スチュワート島 ……………………… 176 |
| カイコウラ …………………………… 180 |
| ニュージーランドの海の生き物 …… 186 |
| ブレナム ……………………………… 188 |
| ピクトン ……………………………… 191 |

| ネルソン ……………………………… 197 |
| ゴールデン・ベイ …………………… 205 |
| エイベル・タスマン国立公園 ……… 208 |
| アーサーズ・パス国立公園 ………… 212 |
| ウエストコースト ……………………… 216 |
| 　ウエストポート ……………………… 217 |
| 　グレイマウス ………………………… 219 |
| ウエストランド／タイ・ポウティニ国立公園 222 |
| 南北島間の移動 ……………………… 230 |

出発前に必ずお読みください！ 旅のトラブルと安全対策…488

233 北島

北島のイントロダクション …………	234
港町オークランドのおさんぽコース…	236
オークランド …………………………	238
ポンソンビーでカフェ&ショップ巡り…	254
ティリティリマタンギ島バードウオッチング…	262
グルメ天国オークランドで肉料理VSシーフード…	270
ハミルトン ……………………………	287
ワイトモ ………………………………	292
ロトルア ………………………………	296
ロトルア満喫プラン …………………	302
タウポ …………………………………	317
トンガリロ国立公園 …………………	327
ノースランド …………………………	335
パイヒア ……………………………	337
ケリケリ ……………………………	343
ファンガレイ ………………………	346
ファー・ノース ……………………	349
カウリ・コースト …………………	351
コロマンデル半島 ……………………	353
コロマンデル・タウン ………………	355
フィティアンガ&ハーヘイ …………	358
タウランガ&マウント・マウンガヌイ	362
ギズボーン ……………………………	366
ネイピア ………………………………	370
ニュー・プリマス ……………………	378
ワンガヌイ ……………………………	383
パーマストン・ノース ………………	387
ウェリントン …………………………	390
ウェリントンで人気カフェ巡り ……	404

MAP

ニュージーランド全図…	折り込み①
ニュージーランド・ドライブマップ…	折り込み②
フライトマップ ………………	461
長距離バス・鉄道マップ ……	462

※50音順

アーサーズ・パス ………………	214
アーサーズ・パス・ビレッジ …	213
アオラキ／マウント・クック国立公園	85
アオラキ／マウント・クック・ビレッジ …	86
アカロア中心部 …………………	75
インバーカーギル ………………	172
ウエストコースト ………………	216
ウエストポート …………………	217
ウエストランド／タイ・ポウティニ国立公園…	223
ウェリントン広域 ………………	393
ウェリントン中心部 ……………	394
エイベル・タスマン国立公園 …	209
オアマル …………………………	152
オタゴ半島 ………………………	164
オークランド広域 ………………	244
オークランド国際空港 …………	238
オークランド周辺の島々 ………	261
オークランド中心部 ……………	246
オークランド中心部のスカイバス路線図…	239
オークランド中心部のリンクバス路線図…	241
カイコウラ ………………………	181
ギズボーン ………………………	367
クイーンズタウン広域 …………	102
クイーンズタウン周辺 …………	108
クイーンズタウン中心部 ………	104
クライストチャーチ広域 ………	46
クライストチャーチ国際空港 …	41
クライストチャーチ中心部 ……	48
クライストチャーチ・トラム路線図…	45
グリーンストーン・トラック …	145
グレイマウス ……………………	220
ケトリンズ・コースト …………	175
ケプラー・トラック ……………	149
ケリケリ …………………………	343
ゴールデン・ベイ ………………	205
コロマンデル・タウン …………	356
コロマンデル半島 ………………	354
サウスランド ……………………	131
スチュワート島 …………………	177
ダウトフル・サウンド …………	137
タウポ周辺 ………………………	320
タウポ中心部 ……………………	318
タウランガ ………………………	363
ダニーデン ………………………	160
ダニーデン周辺 …………………	164
テ・アナウ ………………………	125
ティマル …………………………	156
ティリティリマタンギ島 ………	262
トンガリロ国立公園 ……………	328
ニュー・プリマス ………………	379
ネイピア広域 ……………………	371
ネイピア中心部 …………………	372
ネルソン …………………………	198
ネルソン周辺 ……………………	199
ネルソン・レイクス国立公園 …	202
ノースランド ……………………	336
ハーフムーン・ベイ ……………	177
ハーヘイ …………………………	359
パーマストン・ノース …………	388
パイヒア …………………………	338
ハミルトン ………………………	288
ヒーフィー・トラック …………	207
ピクトン …………………………	192
ファカパパ・ビレッジ …………	329
ファンガヌイ川流域 ……………	385
ファンガレイ ……………………	346
フィティアンガ …………………	359
フィヨルドランド ………………	131
フォックス氷河ビレッジ ………	226
ブラフ ……………………………	174
フランツ・ジョセフ氷河ビレッジ …	224
ブレナム …………………………	189
マウント・マウンガヌイ ………	363
マールボロ・サウンズ …………	193
ミルフォード・サウンド ………	132
ミルフォード・トラック ………	142
ミルフォード・ロード …………	135
ラッセル …………………………	340
ルートバーン・トラック ………	145
ケイプレス・トラック …………	145
レイク・テカポ …………………	78
ロトルア周辺 ……………………	297
ロトルア中心部 …………………	299
ワイトモ …………………………	293
ワイトモ周辺 ……………………	292
ワイヘキ島 ………………………	264
ワイポウア・フォレスト ………	352
ワイラケイ・パーク ……………	320
ワナカ ……………………………	92
ワナカ周辺 ………………………	94
ワンガヌイ ………………………	384

4

413 アクティビティ

とことん満喫！

- ニュージーランドアクティビティ … 414
- トランピング（トレッキング） …… 416
- スキー＆スノーボード ………… 420
- カヌー＆カヤック…………… 423
- クルーズ ………………… 424
- フィッシング ………………… 426
- スクーバダイビング＆サーフィン … 428
- バンジージャンプ ……………… 429
- ラフティング …………………… 430
- ジェットボート ………………… 431
- パラグライダー＆スカイダイビング… 432
- 乗馬 ……………………… 433
- ゴルフ …………………… 434
- 熱気球 …………………… 435
- 遊覧飛行 ………………… 436
- ヘリハイク ……………… 437

439 旅の準備と技術

【旅の準備】
- 旅の情報収集 ………………… 440
- 旅のシーズン ………………… 442
- 旅のモデルルート ……………… 444
- 旅の予算とお金………………… 448
- 出発までの手続き ……………… 450
- 航空券の手配 ………………… 453
- 旅の持ち物 …………………… 454

【旅の技術】
- 出入国の手続き ……………… 455
- 現地での国内移動 ……………… 459
- ショッピングの基礎知識………… 475
- レストランの基礎知識 ………… 477
- ホテルの基礎知識 …………… 479
- チップとマナー ……………… 483
- 長期滞在の基礎知識 ………… 484
- 電話と郵便 …………………… 485
- インターネット ……………… 487
- 旅のトラブルと安全対策 ……… 488
- 旅の英会話 …………………… 492
- イエローページ ……………… 497
- 映画＆書籍で知るニュージーランド… 498
- ニュージーランドの歴史 ……… 499
- 索引 …………………………… 501

COLUMN

- 市民待望の図書館がオープン！ …………… 55
- 南島のおすすめ温泉スポット ……………… 59
- マウント・ハット・スキー・エリア ………… 60
- 地元で人気のフードコートへ♪ …………… 66
- ニュージーランドの名物クッキー ………… 68
- レイク・テカポの名物サーモンを食べよう！ … 82
- 歴史のなかのアオラキ／マウント・クック … 89
- サンドフライ対策を忘れずに ……………… 127
- ミルフォード小史 ………………………… 136
- ダム建設から守られたマナポウリ湖 ……… 139
- オアマルストーンを使った美しい
  ビクトリアン建築 ………………………… 153
- ダニーデンに点在するスコティッシュ建築… 163
- ブレナム発ワイナリーツアー …………… 190
- クック船長も訪れたマールボロ・サウンズ … 195
- 芸術家が集う町ネルソン ………………… 201
- オランダ人航海者エイベル・タスマン …… 211
- 週末はフレンチ・マーケットへ ………… 253
- コースト・トゥ・コースト・ウオークウエイ … 257
- 真夏のメリークリスマス ………………… 259
- 羊大国ニュージーランド ………………… 266
- 見どころ満載のウエストオークランドへ …… 269
- 注目のフードコートがオープン！ ……… 275
- 映画『ホビット』のロケ地ホビット庄へ …… 289
- 不思議なツチボタルの生態 ……………… 295
- 木曜の夜はナイトマーケットへ ………… 311
- ロトルア・ゴルフクラブの見学ツアー …… 314
- ニュージーランドの火山地帯 …………… 334
- カワカワを有名にした公衆トイレ ……… 341
- アーティストの住む町ケリケリ ………… 345
- ノースランドに育つ巨木カウリ ………… 352
- 太平洋の探検家ジェームス・クック …… 368
- アールデコ・シティ、ネイピア ………… 374
- 週末はマーケットに出かけよう ………… 397
- 映画の町ウェリントン …………………… 400
- ウェリントンは劇場が充実 ……………… 403

歩き方の使い方

本書で用いられる記号・略号

- **SITE** 観光案内所アイサイト
- **i** 観光案内所、DOCビジターセンター
- **住** 住所
- **電** 電話番号
- **FREE** ニュージーランド国内の無料通話の電話番号
- **携** 携帯電話の番号
- **FAX** ファクス番号
- **無** 日本の無料通話の電話番号
- **URL** インターネットのウェブサイト
- **E-mail** Eメールアドレス
- **開** 開館時間
- **営** 営業時間
- **運** 運行時間
- **催** 催行時間
- **休** 定休日、休館日
- **料** 料金
- **交** 交通アクセス

Ave.	Avenue
Blvd.	Boulevard
Cnr.	Corner
Cres.	Crescent
Dr.	Drive
Hwy.	Highway
Rd.	Road
Sq.	Square
St.	Street
Pde.	Parade
Pl.	Place
Tce.	Terrace
E.	East
W.	West
S.	South
N.	North

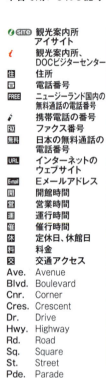

レストラン	
ショップ	
アコモデーション（宿泊施設）	

6

上から島名、都市名になっています。

北島 オークランド

🌿 **読者投稿**
紹介している地区についての読者からの投稿です。

地図中のおもな記号

- Ⓢ ショップ
- Ⓡ レストラン
- Ⓗ アコモデーション
- 🚐 ホリデーパーク
- 🔺 山小屋
- ⛳ ゴルフ場
- シェルター
- ▲ キャンプ場
- ✉ 郵便局
- $ 銀行
- 🚻 公衆トイレ
- 🎿 スキー場
- ...... ウオーキングルート

CC クレジットカード
- A　アメリカン・エキスプレス
- D　ダイナースクラブ
- J　ジェーシービー
- M　マスターカード
- V　ビザ

アコモデーションの説明
- Ⓢ　シングルルーム
- Ⓓ　ダブルルーム
- Ⓣ　ツインルーム
- Camp　キャンプ
- Dorm　ドミトリー
- Share　シェアルーム
- Lodge　ロッジ

■本書の特徴

本書は、ニュージーランドを旅行される方を対象に各都市のアクセス、アコモデーション（宿泊施設）、レストランなどの情報を掲載しています。

■掲載情報のご利用に当たって

編集部ではできるだけ最新で正確な情報を掲載するよう努めていますが、現地の規則や手続きなどがしばしば変更されたり、またその解釈に見解の相違が生じることもあります。このような理由に基づく場合、または弊社に重大な過失がない場合は、本書を利用して生じた損失や不都合について、弊社は責任を負いかねますのでご了承ください。また、本書をお使いいただく際は、掲載されている情報やアドバイスがご自身の状況や立場に適しているか、すべてご自身の責任でご判断のうえご利用ください。

■現地取材および調査時期

本書は2019年5月中旬から6月上旬の取材調査データを基に編集されています。また、追跡調査を2019年9月上旬まで行いました。しかしながら時間の経過とともにデータの変更が生じることがあります。特に、レストランや宿泊施設などの料金は、旅行時点では変更されていることも多くあります。したがって、本書のデータはひとつの目安としてお考えいただき、現地では観光案内所などでできるだけ新しい情報を入手してご旅行ください。

■発行後の情報の更新と訂正について

本書に掲載している情報で、発行後に変更されたものや、訂正箇所が明らかになったものについては『地球の歩き方』ホームページの「ガイドブック更新・訂正・サポート情報」で可能な限り最新のデータに更新しています（レストラン、ホテル料金の変更などは除く）。出発前に、ぜひ最新情報をご確認ください。
URL **book.arukikata.co.jp/support**

■投稿記事について

投稿記事は、多少主観的になっても原文にできるだけ忠実に掲載してありますが、データに関しては編集部で追跡調査を行っています。投稿記事のあとに（東京都　○○　'19）とあるのは寄稿者と旅行年度を表しています。ただし、追跡調査によって新しいデータに変更している場合は、寄稿者データのあとに調査年度を入れ['19]としています。

■定休日について

本書では、年末年始、祝祭日（→P.9）を省略しています。

7

ジェネラルインフォメーション

ニュージーランドの基本情報

▶旅の英会話→P.492

国旗
ロイヤルブルーの地にユニオンジャック、南十字星をかたどった4つの星。

正式国名
ニュージーランド
New Zealand

国歌
「神よ女王を守り給えGod Save the Queen」と「神よニュージーランドを守り給えGod Defend New Zealand（マオリ名E Ihoa Atua）」のふたつ。

面積
約27万534km²（日本の約4分の3）。うち北島が11万6000km²、南島が15万1000km²、周辺の島々4000km²。

人口
約492万6400人（2018年12月推計）
（出典 URL www.stats.govt.nz）

首都
ウェリントンWellington
人口49万6000人

元首
英国女王エリザベスⅡ世であるが、ニュージーランド政府の進言により任命された国家元首の代理人として、総督が任務を引き受ける。任期は5年で、2019年9月現在、パッツィー・レディー。

政体
立憲君主制。国会は一院制で、議院は3年に1度改選される。2019年9月現在、首相はジャシンダ・アーデーン。

民族構成
ヨーロッパ系約74%、マオリ約15%、その他ポリネシア系約7%その他アジア系など（2018年の統計）。

宗教
約49%がキリスト教。英国国教会、ローマカトリックなどの信者が多い。

言語
公用語は英語とマオリ語とニュージーランド手話。マオリの人々も英語を話せるので、どこでも英語が通用する。

通貨と為替レート

▶旅の予算とお金
→ P.448

ニュージーランド・ドル（100¢＝$1、$1≒68.66円、2019年9月9日現在）。紙幣の種類は$5、10、20、50、100の5種類。2015～2016年にかけて新紙幣が発行された。硬貨の種類は10、20、50¢と$1、2の5種類。ひとりで1万ドル以上の現金を所持する場合は、出入国時に現金報告書（Border Cash Report）を提出する。

5ドル

10ドル

20ドル

50ドル　100ドル

※写真は新紙幣。旧紙幣も使用することができる。

10セント　20セント　50セント　1ドル　2ドル

電話のかけ方

▶電話→ P.485

日本からニュージーランドへかける場合 例 ニュージーランドの(09)123-4567へかける場合

国際電話会社の番号	国際電話識別番号	ニュージーランドの国番号	市外局番（頭の0は取る）	相手先の電話番号
001（KDDI）※1 0033（NTTコミュニケーションズ）※1 0061（ソフトバンク）※1 005345（au携帯）※2 009130（NTTドコモ携帯）※3 0046（ソフトバンク携帯）※4	010	64	9	123-4567

※1「マイライン」「マイラインプラス」の区分に登録している場合は不要。詳細は【URL】myline.org
※2 auは005345をダイヤルしなくてもかけられる。
※3 NTTドコモは事前にWORLD WINGに登録が必要。009130をダイヤルしなくてもかけられる。
※4 ソフトバンクは0046をダイヤルしなくてもかけられる。

携帯電話の3キャリアは「0」を長押しして「+」を表示、続けて国番号からダイヤルしてもかけられる。

General Information

祝祭日（おもな祝祭日）

（※印）は移動祝祭日。新年およびクリスマスが土日に重なる場合、基本的に週明け振り替えとなる。なお、祝日は公共機関や商店などのほとんどが休みとなるので注意。

1月	1/1～2		新年　New Years Day
2月	2/6		ワイタンギデー（建国記念日）　Waitangi Day
	4/10（'20）	※	グッドフライデー　Good Friday
4月	4/13（'20）	※	イースターマンデー　Easter Monday
	4/25		アンザックデー　ANZAC Day
6月	6/1（'20）	※	女王の誕生日　Queen's Birthday
10月	10/26（'20）	※	レイバーデー（勤労感謝の日）　Labour Day
12月	12/25		クリスマス　Christmas Day
	12/26		ボクシングデー　Boxing Day

ビジネスアワー

以下は一般的な営業時間の目安。店舗によって30分～1時間前後の違いがある。イースター、クリスマス前後～新年の休暇は、観光スポットのほかショップ、レストランなども休業するところが多い。

銀行
月～金曜の平日9:30～16:30が一般的。土・日曜、祝日は休業。主要な銀行は、オーストラリア・ニュージーランド銀行ANZやキーウィ・バンクKiwi Bankなど。また、町なかではいたるところにATMが普及しており、銀行の営業時間外でも24時間利用することができて便利。なお、路上に設置されているATMを利用する際は後ろに人がいないかなど確認すること。

デパートやショップ
店の種類や季節によって異なるが、月～金曜の平日9:00～17:00、土曜10:00～16:00、日曜11:00～15:00。週に1日（たいてい木曜あるいは金曜）、21:00まで開店しているところもある。冬季（4～9月）は夏季よりも早く閉める店が多い。オークランドやクライストチャーチなど大都市にある観光客相手の店は22:00頃まで営業。

▶ショッピングの基礎知識→P.475

電気＆ビデオ

電圧とプラグ
標準電圧は230/240V、50Hz。プラグは3極式のフラットタイプ。プラグ横にはスイッチがあり、コンセントを差し込み確認後ONにして使う。日本の電化製品を使用する場合は、その製品の電圧範囲を調べ240Vまで対応していなければ変圧器を用意する。O型変換プラグは常に必要。
※1

DVD、ブルーレイ、ビデオ方式
ニュージーランドの場合、DVDのリージョンコードは4、ブルーレイ・リージョンコードはBで、テレビ・ビデオはPAL方式。日本はリージョンコードが2、ブルーレイ・リージョンコードがA、テレビ・ビデオはNTSC方式。そのためニュージーランドで購入するほとんどのソフトは、一般の日本の機器では再生できない。

ニュージーランドから日本へかける場合　例 日本の(03) 1234-5678または(090) 1234-5678へかける場合

国際電話識別番号	+	日本の国番号	+	市外局番と携帯電話の最初の0を除いた番号	+	相手先の電話番号
00※1		**81**		**3**または**90**、**80**		**1234-5678**

※1 公衆電話から日本へかける場合は左記のとおり。ホテルの部屋からは、外線につながる番号を頭に付ける。

▶**ニュージーランド国内通話**　国内の市外局番は5種類（北島04、06、07、09、南島03のみ）。ごく近いエリア以外は同じ局番同士でも市外局番からプッシュする。市内通話は50¢～。

▶**公衆電話**　公衆電話はコイン用とテレホンカード用、さらに両方使える機種やクレジットカード用がある。ほとんどの機種から海外にかけられ、日本語によるガイダンスが付いている場合も多い。また、民間の会社から出ているPIN方式のテレホンカードのなかには、国際通話が割安でかけられるものもある。

9

チップ

ニュージーランドにはチップを渡す習慣はないが、特別なサービスを受けたと感じたときは渡したほうがスマート。

▶チップについて
→ P.483

飲料水

水質は弱アルカリ性で水道水はそのまま飲める。しかし、近年ではミネラルウオーターを購入し飲む人が増えている。ミネラルウオーターにはStill Water（炭酸なし）とSparkling Water（炭酸入り）があるので、炭酸が苦手な人は確認してから購入すること。また、ペットボトルの飲み口はこぼれにくいピストン型が多い。値段は国産ブランドのh2go 425mℓで$2程度。

気候

▶旅のシーズン
→ P.442

南半球にあるため日本とは気候が真逆。南に行くほど寒くなり、地域による差も大きい。四季があり、1年のうちで最も暑いのが1〜2月、最も寒いのは7月。しかし、年間の気温差は8〜9℃と日本ほど大きくはない。ただし、「1日のなかに四季がある」といわれるほど1日の間の気温差が激しい。特に南島では、夏でも朝夕は肌寒く感じることがある。山歩きやクルーズを計画している人は、それなりの防寒対策が必要。また、紫外線が日本の約7倍と強いため、日焼け防止対策を忘れずに。

ニュージーランドと日本の気温と降水量

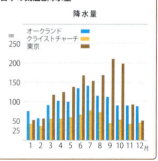

日本からのフライト時間

▶航空券の手配
→ P.453

ニュージーランド航空と全日空（ANA）の共同運航で、成田国際空港からオークランドまで直行便がある。所要は約10時間40分。羽田空港からシドニー経由のオークランド行きも運行。所要時間は約15時間30分。また、カンタス航空運航で、関西国際空港からシドニー経由のオークランド行きなどもある。所要は約15時間10分〜。

時差とサマータイム

日本より3時間早い。つまり日本時間に3時間プラスするので、日本の午前8:00がニュージーランドでは午前11:00。サマータイム制度を導入しており、本年度のサマータイムの実施期間は2019年9月29日〜2020年4月5日まで。1時間進めるので時差は4時間となる。

※本項目のデータは在日ニュージーランド大使館、ニュージーランド観光局、日本外務省などの資料を参考にしています。

General Information

郵便

▶郵便→ P.486

ニュージーランドの郵便事業は国営のNew Zealand PostのほかにFastway Couriersという民間会社も参入している。郵便局の営業時間は一般的に月〜金曜8:00〜17:30と土曜の9:00〜12:00。ショッピングセンターの中にも郵便局があり、数が多いので便利だ。

郵便料金
日本へのエアメールの場合、はがき$2.4、封書(大きさ13cm×23.5cm、厚さ1cm、重さ200g以内)$3。国際郵便小包を航空便で送る場合、料金は荷物の形状や重さ、内容によって変わる。1〜2週間ほどで日本に届く。

出入国

ビザ
3ヵ月以内の観光・短期留学などの滞在であれば日本国民はビザは必要ない。

パスポート
残存有効期間は、ニュージーランド滞在日数プラス3ヵ月以上必要。
入国手続きの際は機内で記入した入国審査カードと一緒に提出。

▶出入国の手続き→ P.455
※2019年10月から電子渡航認証などが必要 (→P.451)

税金

ニュージーランドでは、GST (Goods and Services Tax) と呼ばれる税金が商品やサービスに対してかけられている。税率は15%。これは日本の消費税のようなもので、旅行者でも返還はされない。特別に表示がない限り、正札などにはこの税が含まれた金額が記載されている。

▶長期滞在に必要なビザ→ P.484

安全とトラブル

安全な国というイメージがあるニュージーランドでも犯罪は起こっている。日本人を含む旅行者の置き引き、スリなどの被害報告も多数ある。また、日本人女性を狙った性犯罪も増加している。さらに、旅行者などによる交通事故も起こっているので、十分に注意したい。警察・救急車・消防🕾111

▶旅のトラブルと安全対策→ P.488

年齢制限

ニュージーランドでは18歳未満の飲酒とたばこの購入は不可。酒類の購入は18歳以上と制限がある。レンタカーは空港や主要観光地のどこでも借りることができるが、21歳以上(一部25歳以上)の年齢制限を設けている。パスポートなどの本人確認書類やクレジットカードの提示を求められる。

度量衡

日本と同じく、長さはメートル、重さはグラム、液体の量はリットルで表す。

その他

喫煙マナー
禁煙環境改正法が施行されており、屋内の公共施設は全面禁煙。喫煙をするときは屋外の灰皿が設置されている場所に行く。ホテルも禁煙部屋が多く、ホステルやB&Bは基本的に全館禁煙だ。

トイレ
観光地や主要な都市には必ずといっていいほど公衆トイレがあり、ほとんどが無料で利用できる。設備も日本と変わらず、衛生面も良好。また、デパートやショッピングセンターなどのトイレは、掃除も行き届いており気軽に利用できる。

レストランのライセンスとBYO
ニュージーランドでは、レストラン内で酒類を提供するにはライセンスが必要で、そうした店は"BYO"あるいは"Fully Licensed"と表示している。"BYO"とは、"Bring Your Own"の略で、客が酒類を持ち込んで飲食できる店のこと。また、"Fully Licenced"は、アルコールを注文して飲食できる店を指す。このほか、ワインやシャンパンの持ち込みは可能だがビールの持ち込みは不可という"BYOW (Bring Your Own Wine)"という表示もある。

▶レストランの基礎知識→ P.477
▶マナーについて→ P.483

11

ニュージーランド
見どころダイジェスト

南北の主要なふたつの島と、多くの小さな島からなるニュージーランドは山岳、氷河、地熱地帯、美しい海岸線など魅力がぎっしりつまっている。

世界最大級の星空保護区
レイク・テカポ →P.77

湖畔の景勝地。南十字星をはじめ、数え切れないほどの星を観賞できる。星空を世界遺産に登録するという試みも進行中。

クジラやオットセイが見られる
カイコウラ →P.180

海洋生物の宝庫として知られ、ネイチャーアクティビティが盛ん。ホエールウオッチングでのクジラの遭遇率も高い。

ニュージーランド最高峰
アオラキ／マウント・クック国立公園 →P.84

標高3724mのアオラキ／マウント・クックや、3000mを超える山がそびえる。フィヨルドランド国立公園などとともにテ・ワヒポウナムとして世界遺産に登録されている。

フィヨルドランド国立公園の最大の見どころ
ミルフォード・サウンド →P.132

氷河の侵食によって形成された断崖を縫って、クルーズが人気の景勝地。国立公園内にはダウトフル・サウンドやダスキー・サウンドなどもある。

写真協力／
©Real Journeys

ネルソン
Nelson
ネルソン
ブレナム
タスマン
Tasman
マールボロ
Marlborough
ウエスト・コースト
West Coast
カンタベリー
Canterbury
クイーンズタウン
オタゴ
Otago
サウスランド
Southland
ダニーデン
インバーカーギル

南島

南島の中心都市
クライストチャーチ →P.40

市内には700以上の公園があり、ガーデンシティの愛称をもつ緑豊かな都市。2011年の震災を乗り越え、商業施設などが次々にオープンしている。

世界最小のペンギンがいる
オアマル →P.151

歴史的建造物が多く残る町で、世界最小のブルー・ペンギンやイエロー・アイド・ペンギンのコロニーがある。

世界最南端の国立公園
スチュワート島 →P.176

人が居住する国内最南端の島で、豊かな自然が残る。2002年に国立公園に指定され、ニュージーランド固有の鳥が多く生息している。

ペンギンやアルバトロスとの出会い
オタゴ半島 →P.166

ダニーデンから延びるオタゴ半島には、ロイヤル・アルバトロス・センターやペンギン・プレイスがあり、生き物たちと触れ合える。

南島のイントロダクション P.38

カウリの巨木に出合える
カウリ・コースト → P.351
北島固有の木、カウリの森林保護区がある。19世紀に乱伐されたが、わずかに残る樹齢1000年以上の巨木を見ることができる。

コロニアルな街並みと自然
コロマンデル半島 → P.353
約3分の1が森林保護区になっており、カウリの大木が見られる場所もある。温暖な気候でビーチもあり、リゾート地として人気。

マオリ文化と地熱地帯
ロトルア → P.296
タウポ湖に次ぐ国内第2の大きさを誇るロトルア湖周辺は大地熱地帯。先住民マオリの人口が多く、伝統文化も保存されている。

ニュージーランドのゲートウェイ
オークランド → P.238
ニュージーランド最大の都市で、"シティ・オブ・セイル"と呼ばれる港町。ヨットや小型船舶の保有数は世界一。緑豊かな公園やビーチも。

北島

ノースランド Nothland
ファンガレイ

オークランド Auckland

ハミルトン　タウランガ
ワイカト Waikato
ベイ・オブ・プレンティ Bay of Plenty
ニュー・プリマス
ギズボーン Gisborne
ギズボーン
タラナキ Taranaki
ホークス・ベイ Hawke's Bay
ネイピア
ヘイスティングス
ワンガヌイ
マナワツ・ワンガヌイ Manawatu-Wanganui
パーマストン・ノース
ウェリントン Wellington

『ロード・オブ・ザ・リング』と『ホビット』のロケ地
マタマタ → P.289
大ヒット映画のロケ地がある小さな町。映画のシーンがよみがえるロケ地は整備され、世界中からファンが集まる聖地となっている。

マオリの聖地の活火山
トンガリロ国立公園 → P.327
1894年に制定されたニュージーランド最古の山岳国立公園。古くからマオリの聖地であり、夏はトレッキング、冬はスキーと観光客が訪れる世界遺産。

ニュージーランドの首都
ウェリントン → P.390
北島の南部に位置する世界最南端の首都。貿易の中心地としても栄える港町だ。南島のピクトンへの拠点でもある。

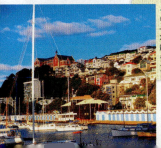

北島のイントロダクション P.234

ニュージーランドの
世界遺産と国立公園

自然が豊かなニュージーランドでは、3つある世界遺産のうちふたつが自然遺産、もうひとつは自然と文化の複合遺産だ。そして南島、北島合わせて14もの国立公園がある。

世界遺産
World Heritage

URL whc.unesco.org/en/stateparties/nz

美しいシルエットのマウント・ナウルホエ

A トンガリロ国立公園 →P.327
Tongariro National Park

複合遺産　登録年● 1990年、1993年(拡張)

マオリの聖地であり、入植者による乱開発を懸念したマオリの首長によって、土地が国に寄付された歴史をもつ。1894年に国内初の国立公園に制定。環太平洋火山帯の最南端に位置し、1990年に世界自然遺産、1993年にマオリ族の聖地として文化遺産にも登録され、複合遺産となった。

B テ・ワヒポウナム-南西ニュージーランド
Te wahipounamu-South West New Zealand

自然遺産　登録年● 1990年

テ・ワヒポウナムとは、マオリ語でヒスイの産地を意味する。⑩ウエストランド/タイ・ポウティニ国立公園(→P.222)、⑪アオラキ/マウント・クック国立公園(→P.84)、⑫マウント・アスパイアリング国立公園、⑬フィヨルドランド国立公園(→P.130)の4つの国立公園を包括した、総面積2万6000km²にも及ぶ広大な世界遺産だ。

フィヨルドランド国立公園のミルフォード・サウンド

ニュージーランド最高峰のアオラキ/マウント・クック

C ニュージーランドの亜南極諸島
New Zealand Sub-Antarctic Islands

自然遺産　登録年● 1998年

南極に近い、アンティポデス諸島、オークランド諸島、キャンベル島、スネアーズ諸島、バウンティ諸島の南緯50度付近に位置する島からなる自然遺産。厳しい自然環境下で多様な生物が生息している。生態系保護のため立ち入りは制限されている。

どの島も野鳥の宝庫だ

最も遠くに位置するキャンベル島

国立公園
National Park

URL https://www.newzealand.com/jp/national-parks/

北島

1 テ・ウレウェラ国立公園
Te Urewera National Park

北島最大の原生林が残存する国立公園で、国内4番目の規模を誇る。公園内にあるワイカレモアナ湖周辺はトレッキングコースになっている。

2 トンガリロ国立公園 →P.327
Tongariro National Park

ニュージーランド最初の国立公園で世界遺産。3つの火山とトンガリロ山が含まれる。絶景の中を縦走するトンガリロ・アルパイン・クロッシング（→P.330）が人気。

3 ファンガヌイ国立公園
Whanganui National Park

タスマン海へ注ぐファンガヌイ川の上・中流域に広がり、この川を下るカヌーやカヤックを楽しめる。

4 エグモント国立公園
Egmont National Park

標高2518mの高さを誇る火山、タラナキ山を含む国立公園。左右対称の山の形が美しく、公園内では多様な植生を見ることができる。

三角錐の山容が美しいタラナキ山

南島

5 エイベル・タスマン国立公園 →P.208
Abel Tasman National Park

南島の北端にある、国内最小の面積の国立公園。ニュージーランドを見つけたオランダ人エイベル・タスマンにちなんでいる。シーカヤックやトレッキングで複雑な海岸線を楽しめる。

波の穏やかな湾になっている

6 カフランギ国立公園
Kahurangi National Park

かつてマオリがヒスイを運ぶために使用した、全長約78kmのトレッキングルート、ヒーフィー・トラックが人気。カフランギはマオリ語で「かけがいのない財産」を意味する。

7 ネルソン・レイクス国立公園 →P.202
Nelson Lakes National Park

ロトイチ湖とロトロア湖というふたつの氷河湖が中心となる、サザンアルプス最北端に位置する国立公園。キャンプやトレッキングのほか、冬はスキーも楽しめる。

8 パパロア国立公園
Paparoa National Park

南島西海岸に位置し、公園のほとんどが石灰岩層の上にある。岩が層をなして形成されたパンケーキ・ロックなどが見どころ。

岩が層になった独特な景観が広がる

9 アーサーズ・パス国立公園 →P.212
Arthur's Pass National Park

南島最初の国立公園で、サザンアルプスの北側に位置。山脈を横断する道路の建設に活躍したアーサー・ダッドレー・ドブソンの名前にちなんでいる。トレッキングやマウンテンバイクなどが楽しめる。

10 ウエストランド／タイ・ポウティニ国立公園 →P.222
Westland／Tai Poutini National Park

海岸線からわずか10kmしか離れていないのに、2000mを超える氷河を抱いたダイナミックな山岳風景が見られる。フランツ・ジョセフ氷河とフォックス氷河の2つの氷河がある。

11 アオラキ／マウント・クック国立公園 →P.84
Aoraki／Mount Cook National Park

ニュージーランド最高峰アオラキ／マウント・クックが聳える。クックはジェームズ・クックから、マオリ語のアオラキはマオリの伝説の少年の名前にちなむ。マウント・クック・ビレッジを拠点にトレッキングが楽しめる。

12 マウント・アスパイアリング国立公園
Mount Aspiring National Park

サザンアルプスの南端に位置し、3027mのアスパイアリング山をはじめ高峰が並ぶ。ルートバーン・トラックなどバラエティに富んだトレッキングコースがあり、ワナカやクイーンズタウンからアクセスできる。

トラックを歩いて自然を体感できる

13 フィヨルドランド国立公園 →P.130
Fiordland National Park

ニュージーランド最大の面積を誇る国立公園。テ・ワヒポウナム世界遺産の大部分を占める。氷河期に形成されたフィヨルド景観が美しい。ミルフォード・サウンド、ダウトフル・サウンドなどがある。

14 ラキウラ国立公園
Rakiura National Park

ニュージーランドの南端、スチュワート島のおよそ8割を占める国立公園。2002年に制定され、希少な野生動物を観察できる。スチュワート・アイランド・キーウィの生息地にもなっている。

15

ニュージーランド最高峰

アオラキ／
マウント・クックを
仰ぐ

南島のサザン・アルプスを代表する標高3724mの山。
麓に広がる国立公園は、1990年にユネスコ世界自然遺産に登録。
園内のウォーキングトラックを歩きながら、格別の絶景を楽しもう。

麓のマウント・クック村からも絶景が堪能できる

フッカー・バレー・トラック

ここから出発
ハーミテージホテルのロビー階奥に集合。ここからミニバンに乗って出発地点へ。

キャンプ場の横からコースが始まる。平坦な道が続き、歩きやすい。

ZOOM UP! 展望台からの眺め。堆積物が沈殿し、湖の色が濃いグレーに！

氷河湖が見える
氷河が生んだ地形や湖も。ガイドが小さな見どころも教えてくれる。

高山植物もチェック。11月は名物のマウント・クック・リリーも。

折り返し地点
取材時はフッカー川にかかる第一つり橋まで。徒歩約30分。

園内で亡くなった登山者を慰霊するアルパイン・メモリアル。

初の女性登頂者フリーダを真似る、おちゃめなガイド。

日本語ガイドで詳しく！
アオラキ／マウント・クック国立公園の人気トラックを歩こう

世界自然遺産「テ・ワヒポウナム」を構成する国立公園の一つで、サザンアルプスの麓に約700㎢の敷地が広がる。園内に各種トラッキングコース（→P.87）があり、標高3000m級の山々や氷河湖などが観賞可能。自由散策はもちろん、日本語ガイドと一緒に細かな見どころをチェックするのもおすすめ。

※2019年8月にフッカー・バレー・トラックの通行止めが解除。フッカー氷河湖までアクセス可能となった。

まだある見どころ！
取材時は第一つり橋前で通行止めだったが、その先も見どころが多数。アオラキ／マウント・クックを見据えながら歩く木道やフッカー氷河湖がある。

氷塊が浮かぶフッカー氷河湖がコースの最終地点

ケア・ポイント・トラック

ここから出発

雰囲気がガラリと一変。荒涼とした雰囲気で、夏でも肌寒さを感じるほど。

可憐なニュージーランド・ブルーベルや地衣類も見られる。

ついに登場！

コース中盤で、待望のアオラキ／マウント・クックが登場！

水をかけても、すぐ乾くコケ。氷河地の過酷な乾燥が見て取れる。

終点の展望デッキ。目の前にミューラー氷河湖が広がる。

氷河に注目！

左手のマウント・セフトンでは、青く光る懸垂氷河が見られる

CHECK!
実は自分も対岸のような絶壁の近くに立っている…！

折り返し地点

アオラキ／マウント・クックや氷河湖を見据える絶景ポイント。氷河の流れが作った両岸の絶壁にも注目！

写真や地面を使って、氷河湖の成り立ちを分かりやすく解説。

私がガイドします！

ネイチャーガイドウォーク→P.88

ニュージーランド環境保全省の認可を受けた日本語ガイドが案内。道中の見どころはもちろん、自然に対する国の取り組みなど、心に残る解説が聞ける。

ガイド歴6年の伊藤さんら、9人が活躍。

- フッカー・バレー・トラック
- ケア・ポイント・トラック

フットストゥール／アオラキ／マウント・クック／マウントウェイクフィールド／フッカー氷河湖／フッカー氷河／第三つり橋／第二つり橋／ミューラー氷河／第一つり橋／ミューラー氷河湖／キャンプ場／ハーミテージホテル／マウントクック村

ニュージーランドの世界遺産

南北 絶景スポット

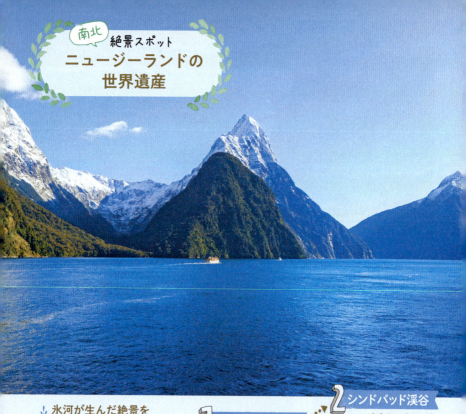

氷河が生んだ絶景を船上から眺める！
ミルフォードサウンド
Milford Sound ▶P.132

世界遺産「テ・ワヒポウナム」を構成するフィヨルドランド国立公園のメインスポット。氷河の浸食によって形成されたサウンド（入江）で、美しいシルエットの山々や迫力満点の滝をクルーズに乗って観賞できる。

1 ビジターセンター
ここから船が出発。映像や写真で見どころを紹介しているのでチェックしておこう。

2 シンドバッド渓谷

中央のマイターピークは標高1682m。海面からそびえ立つ山としては世界最大級だ。

3 フェアリー滝

崖から流れる滝がいくつも並ぶ人気ポイント。水量が多い日は虹が見られることも。

4 スターリング滝

落差約155mの滝。滝のすぐそばまで船が近づくので、迫力満点の流れを楽しめる。

5 ハリソン・コーブ

19世紀初頭に捕鯨基地として活躍した港。後ろに雪化粧のマウント・ペンブロークも見える。

6 ボーウェン滝

サウンド内最大の滝で、落差約160m。ダラン連山の合間から流れる姿は迫力満点！

見どころいっぱい！
海中展望台

海面下12mにある展望室から海中を観賞できる。ツアーのオプションとして申し込みが可能。

20

マオリが崇める湖も！ユニークな火山地帯を散策

トンガリロ国立公園

Tongariro National Park ▶P.327

国内最古の国立公園で、1990年に世界自然遺産、1993年にマオリの聖地として世界文化遺産に登録。ダイナミックな火山風景が楽しめるトンガリロ・アルパイン・クロッシングは全長19.4km、所要約8時間。

5 エメラルド・レイク
コース最大の見どころへ。鉱物が溶けた酸性の湖で、鮮やかなエメラルドグリーンに輝く。

4 レッド・クレーター
コースの最高地点で、標高1866m。赤い土で覆われたクレーターから硫黄の匂いが漂う。

3 サウス・クレーター
月世界を思わせるクレーターに注目！ナウルホエ山やトンガリロ山を見渡すこともできる。

2 ソーダ・スプリングス
小川に沿って比較的なだらかなコースが続く。溶岩流の独特な景観が広がる。

1 マンガテポポ小屋
コースの入口は、マンガテポポ小屋の近く。水の補給やトイレはここで済ませよう。

6 ブルー・レイク
周辺の火口湖で最大の面積。エメラルド・レイクと共にマオリが神聖な湖として崇める。

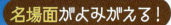

名場面がよみがえる！
映画『ホビット』のロケ地を訪ねる

ニュージーランド出身のピーター・ジャクソン監督の映画『ホビット』および『ロード・オブ・ザ・リング』の名シーンを巡る！

丸い扉がかわいいホビット穴

ホビット庄

映画で登場するホビットが暮らす村、ホビット庄（シャイア）が撮影当時のまま残されており、ツアーで巡ることができる。

水車小屋とめがね橋

橋を渡るとグリーン・ドラゴンが

ガンダルフがホビット庄に来た際に通った橋。撮影時は発泡スチロールや合板で造られていたが、現在は石造りに造り直された。

水車小屋

池にはボートや釣竿なども置いてある

グリーン・ドラゴン

ウェリントンで撮影されたパブがここに再現されている

めがね橋

グリーン・ドラゴン

冒険を終えたフロドとサム、メリー、ピピンの4人がお祝いをしたシーンで登場したパブ。ツアー参加者はジンジャービール（ノンアルコール）やアンバーエールなどが選べるワンドリンクが付く。

100人収容できるパブ内ではパイなどの軽食も販売

ホビットの晩餐会を体験
ディナー付きプランもおすすめ！

夕方出発のツアーに参加したあとにグリーン・ドラゴンでディナー。ビルボの家にドワーフが集まって食事をするシーンを再現した料理がずらりと並ぶ。

イブニング・バンケット・ツアー
Evening Banquet Tour
営 日〜水17:45発（季節により異なる）
料 大人$195、子供$100〜152.5

大皿に盛られた豪快なメニュー

夕暮れ時、丘から眺めたグリーン・ドラゴン

22

サムの家

黄色い扉が印象的な素朴な家

『ロード・オブ・ザ・リング』のラストシーンに登場するサムの家。お嫁さんのロージーが子供と幸せに暮らす姿が目に浮かぶ。

ビルボとフロドの家

残念ながら中に入ることができない

家の上にある大きなカシの木は、原作の挿絵に似せるために本物の木から型をとり、シリコンを流して造られたもの。

入口の看板も映画のシーンのまま

やすい畑

かかしもホビットの服装をしている

ホビットは農耕種族。手入れの行き届いた畑にはカボチャやニンジンなどの野菜がたくさん。近くにはリンゴの木も生えている。小さなスコップやハシゴにも注目しよう。

村内で収穫された野菜

パーティ・ツリー

松の木は元々池の前に生えていた

ビルボの111歳の誕生日を祝った広場。旅に出ることを決心していたビルボ、別れの演説をしたあと、突然姿を消したシーンが印象的。

石垣

『思いがけない冒険』で登場した高い石垣

ガンダルフがホビット庄を訪ねてくるシーン。細い小道を抜けると目の前にはホビット庄が現れる。ここからいよいよツアーが始まる。

ホビトン・ムービー・セット・ツアー
Hobbiton Movie Set Tours
→ P.289,308

敷地内にあるシャイアーズ・レストの受付

見学はツアーへの参加が必須。マタマタの観光案内所アイサイトか、ホビット庄敷地内のシャイアーズ・レスト発に参加。ロトルア発のツアーもある。

23

もう一つのロケ地
ヘアリー・フィート・ワイトモ

壮大な石灰岩の岩壁はまさに中つ国

撮影の様子を見せながら案内してくれるスージーさん

ビルボの立ち位置の印が残る

『ホビット』のトロルが登場した森があるピオピオPiopio村の美しいファーム、ヘアリー・フィート・ワイトモ。切り立った岩壁や奇岩、緑豊かな森などがあり、「中つ国」のさまざまなシーンの撮影がここで行われた。

雨で侵食され奇怪な形になった岩

ガンダルフの登場

映画と同じ場所にガンダルフの人形がある

トロルの洞窟で剣を発見

ビルボが剣を受け取った時のポーズで撮影しよう

岩と地面の隙間で撮影、実際は洞窟ではない

ビルボ達がトロルに捕まり食べられそうになっていたところを、ガンダルフが大きな岩を杖で割り、太陽の光を浴びせ、トロルを石に変えて助けた。

ビルボ達がトロルの洞窟を発見した際、洞窟内にあったエルフが鍛えた剣を、ガンダルフがビルボに手渡した。オークなどが近づくと青く光る。のちにスティングと呼ばれる。

岩山の向こうから突然ワーグがビルボ達に襲いかかってきたシーンを撮影。トーリンが洞窟で見つけたエルフの剣でワーグに立ち向かう。

ワーグの襲撃

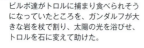

今にも森の奥からワーグが飛び出してきそう

ヘアリー・フィート・ワイトモ
Hairy Feet Waitomo
折り込みMap① 🏠1411 Mangaotaki Rd. ☎(07)877-8003
URL hairyfeetwaitomo.co.nz
🕐10:00、13:00 💰大人 $60、子供 $30(14歳以下、所要約1時間30分) 🚌公共交通機関はないので、レンタカーかツアーに参加。

ホビット満喫ツアー
KIWIsh JaM Tour ➔ P.267
「ホビット庄」と「ヘアリー・フィート・ワイトモ」へ行くオークランド発着日本語ツアー。

マオリの聖地！ロトルアの地熱地帯を行く

噴火の正確な記録が残る世界的にも珍しい地熱地帯で、火山湖などのダイナミックな景観が楽しめる。国内最大の勢力を誇ったテ・アラワ族の中心地でもあり、マオリにまつわる見どころも多い！

> 湖が目の前！
> 展望所から間近に見られる！

マップを見ながら緑あふれる火山渓谷を散策！
ワイマング火山渓谷
Waimang Volcanic Valley ➡ P.305

1886年のタラウェラ火山の噴火によってできた火山渓谷。ミルキーブルーに輝くインフェルノ火口湖やフライパン湖、クルージングとさまざまな魅力が満喫できる。敷地内に約4kmの遊歩道があり、自由散策が可能。見どころが集まる始めの約1.5kmを歩き、そこからバスに乗ってロトマハナ湖へ向かうのが定番だ。

1 サザン火口

歩き始めてすぐに出合うパノラマ風景。1886年の爆発でできた火口で、深さ約50m。周辺の森は、噴火後に再生したものだ。

ポッカリと開いた火口から煙が上がり続ける

2 フライパン湖

平均水温は約55℃だが、二酸化炭素と水酸化硫黄のガスで泡が発生し、煮えたぎるように見える。綿菓子のような蒸気に注目。

世界最大の温泉湖で、広さは約3万8000㎡

3 クリスタルウォール

熱を持った土から蒸気が吹き出す環境条件が合うと、硫黄と硫酸塩の結晶が見られることも。

> チェック！
>
> 扇のような尾が特徴のファンテイルも

4 インフェルノ火口湖

最大の見どころに到着！ミルキーブルーの湖面に蒸気が漂い、神秘的なムードが満点だ。酸性度の高い水で、水温は約80℃。

5 シリカの階段状テラス

シリカなどの鉱物を含んだ温泉が、階段状テラスを形成。

火口湖を過ぎてから風景が一変

貝を思わせる鮮やかな色あいに注目

クルージングも楽しめる！

コース終点から出発する、名物のボートクルーズもおすすめ。ロトマハナ湖を周遊しながら、タラウェラ火山や蒸気を噴き出す岩壁が間近に見られる。所要時間は約45分。

突如噴き出す蒸気に、思わず興奮！

大迫力の間欠泉とマオリ文化を一挙に満喫！
テ・プイア
Te Puia ➡ P.304

ロトルアの地熱地帯に広がる文化施設。広大な敷地内に9つの間欠泉や国鳥のキーウィを飼育するキーウィ・ハウス、マオリのショーが見られる集会所などが集まる。自由見学はもちろん、ガイドツアーに参加するのもおすすめ。地熱を使って調理する伝統料理のハンギを味わえるイブニングツアーもある。

A ポフツ・カイザー
国内最大規模の間欠泉で、ダイナミックな噴き出しが見られる。湯が噴き上がるのは、1時間に1・2回で、高さ約30mになることも！

B ファカレワレワ・カイザー・テラス
ポフツ・カイザーに続く見どころ。間欠泉に含まれるカルシウムによって、白い階段状のテラスが形成されているのが特長。

遊歩道から迫力満点の景観を楽しめる

C ナ・モカイ・ア・ココ
泥がボコボコと噴き出る泥湯温泉。マオリの首長ココに由来する地名で、「ココに可愛がられている者たち」を意味する。

泥泉の温度は90〜95℃

D キーウィ・ハウス
ニュージーランドの国鳥でもあるキーウィを飼育する貴重な場所。北島で多く見られるブラウン・キーウィを間近で見学できる。

飼育スペースでの写真撮影は禁止

E ピキランギ・ヴィレッジ
ヨーロッパ移民が来る前のマオリの生活を再現。伝統的な工具で建てられた家をはじめ、生活用具や工芸品が見られる。

当時のマオリが暮らした茅葺き屋根の家

F ヘケタンガ・ア・ランギ
テ・プイアの入口にあたる場所。国内最大の部族、テ・アラワ族の守護霊をモデルにした12体の彫刻に注目しよう。

近代的なデザインとマオリ文化が融合

G ロトフィオ・マエラ

集会所のマラエで開催されるショーでは美しい歌や大迫力の踊りなどが披露される。観客参加のプログラムもあるので参加してみよう。

ショーで観られる演目

ハカ
男性が祝い事や歓迎の儀式の際に披露する踊り。ラグビーのオールブラックスが試合前に披露することで有名。

表情や体で表現するハカに圧倒される

ワイアタ
ゆったりとした子守歌から愛を表現した歌などさまざまな曲がある。ひとりで歌うこともあれば複数で歌うことも。

ゆったりとした美しい歌声

ポイ
2本1組の紐に丸い玉が付いたものを使った踊りで主に女性が踊る。大人数で息を合わせて踊る姿は美しい。

ヒモの付いた手玉を巧みに動かす

H ワナンガ

マオリの思想を表現するカービングの技術を学ぶ学校。作業風景を一般公開している。またマオリの衣裳を製作する様子も見られる。

マオリの芸術に触れる

真剣にカービングの技術を学ぶ学生

神聖な木彫りの偶像などが見られる

カービングに込められた意味

ティキ Tiki（全能の神）
全能の神「ティキ」をモチーフにしたもの。意味は土地の安全や豊穣、幸運のシンボル、内なる強さなど。

コル Koru（新たな始まり）
シダの新芽が芽吹く様子を表している。新たな生命の始まりや再生、成長などの意味をもつ。

フィッシュ・フック Fish Hook（旅行安全）
旅行の安全や繁栄、権力などを意味する。さまざまな形にアレンジされたものがあり、若者の人気が高い。

マナイア Manaia（調和）
守り神を表す。頭部は鳥、体は人間の形をしている。3本の指は、誕生、生、死を表し、世界の調和を意味する。

ツイスト Twist（融合）
立体的に絡み合った形は、生命と愛が永遠に続いていく様子を表している。作品によりねじれの回数は異なる。

27

2019年9〜11月 ラグビーワールドカップ
強豪国ニュージーランドのチームを徹底分析！

2019年9月から11月2日にかけてラグビーワールドカップ2019日本大会が開催。ラグビーはオリンピックやサッカーワールドカップとともに世界3大スポーツイベントのひとつ。アジアで初めて開催されるということもあり、世界中から注目を集めている。

写真協力／©Getty Images

フルバック
最後列でゴールラインを敵チームから守る

スリークウォーターバックス
バックスラインの後方の攻撃陣。ウィングとセンター

ハーフバックス
フォワードが奪ったボールをバックスへ送るポジション

サードロー
スクラム後ろから押し込むナンバーエイトとフランカー

フロントロー
フォワードの最前列、フッカーとプロップ。

セカンドロー
フロントローを支えるロック2人。長身選手が多い

ゴールポスト
トライになると追加得点のチャンスが与えられ、キックしたボールがクロスバーより上を通過すれば得点が入る

インゴール
ゴールラインより外側のエリア。インゴールの地面にボールがつくとトライとなり、得点が入る

バックス(BK)
フォワードの後ろの7人

フォワード(FW)
前方でスクラムを組む8人

ラグビーのルール

フォワードというスクラムを組む8人と、バックスというフォワードの後ろでトライを狙う7人からなる1チーム15人制。ボールを持って相手の陣地に攻め込んで前進していくため「陣取りゲーム」とも呼ばれている。

背番号	ポジション	役割
1・3	プロップ (PR)	スクラムの最前列で敵味方の圧力をすべて受け止める力を持つ巨漢。
2	フッカー (HO)	プロップの間、最前列の中央。スクラムの舵取りをする器用な選手が多い
4・5	ロック (LO)	空中戦でボールを奪い合う、ニュージーランドの子供たちの憧れの存在
6・7	フランカー (FL)	スピードや持久力が求められ、激しいタックルでボールを奪うためフェッチャーとも呼ばれる
8	ナンバーエイト (No.8)	スクラムの最後列で攻守の中心を担う。総合的なスキルが必要とされる

背番号	ポジション	役割
9	スクラムハーフ (SH)	常にボールとともに走り回り、素早いパス回しが求められるポジション
10	スタンドオフ (SO)	フォワードとバックスの中心で的確な判断力が求められるチームの司令塔
12・13	センター (CTB)	第二の司令塔と呼ばれ、冷静な判断力と高度なパス回しが求められる
11・14	ウィング (WTB)	トライを決めることが求められ、相手チームを振り切る足の速さが必要。190cm以上の大きな選手が多い
15	フルバック (FB)	一番後ろでゴールラインを守る最後の砦。攻撃に参加することもある

オールブラックス
All Blacks

ニュージーランド代表チーム。試合前に選手達が披露する「ハカ」とういう先住民マオリに伝わる戦士の踊りが有名。部族のプライドと強さを見せつけ、相手を威嚇するための伝統が、現在は国の名誉を担う勇敢な選手らに引き継がれている。6・11月は北半球のチームとテストマッチ、8〜10月はラグビー強豪国のオーストラリアや南アフリカと対戦する「ザ・ラグビー・チャンピオンシップ」が行われ、真冬のニュージーランドは熱狂の渦に包まれる。
URL www.allblacks.com

スーパーラグビー
Super Rugby

ニュージーランド、オーストラリア、南アフリカ共和国、アルゼンチン、日本の5ヵ国15チームが参加する世界最高峰のプロリーグ。12週間にわたり、5チームずつの3カンファレンス制で戦う。ニュージーランドからは5チーム、日本からはサンウルブズが参加する。
URL superrugby.co.nz

ニュージーランドの参加チーム
ブルース Blues
URL blues.rugby
チーフス Chiefs
URL www.chiefs.co.nz
ハリケーンズ Hurricanes
URL www.hurricanes.co.nz
クルセーターズ Crusaders
URL crusaders.co.nz
ハイランダーズ Highlanders
URL thehighlanders.co.nz

マイター10カップ
Mitre 10 Cup

国民に親しまれている全国地域代表試合。地域密着型で、オールブラックスの選手も国際試合が終わり次第、地元のマイター10カップに加勢する。次期オールブラックス選手が発掘されるのはマイター10カップともいわれるほどレベルの高いリーグだ。優勝最多チームはオークランド。
URL www.mitre10cup.co.nz

ニュージーランドが強いワケ

ニュージーランドラグビーの強さの秘訣は、地域に深く根付いたピラミッド形のシステムにある。国内各地にあるクラブチームは誰でも参加でき、年齢やレベルによって細かくチーム分けされている。そのトップチームで好成績を残した選手は、各地区の代表リーグ戦「マイター10カップ」へ進むことができる。さらにマイター10カップの優秀選手はプロリーグ「スーパーラグビー」へ。

この世界最高レベルのリーグ戦で活躍すれば、ニュージーランド代表チームの「オールブラックス」入りが認められるのだ。

■チケットの購入方法

ラグビーのシーズンは、例年2〜8月まで。スーパーラグビーに始まり、6月のオールブラックス、8月のマイター10カップへと続き、春の訪れとともにシーズンは終了する。各試合のスケジュールは、ラグビー協会や各チームのウェブサイトで確認できる。基本的にチケットはオンラインで購入する。オールブラックスの試合は入手困難なため、早めの確保が必要。公式ウエブサイトのチームオールブラックスに会員登録すれば、一般販売よりも早くチケットを購入できる。イーデン・パークやクライストチャーチ・スタジアムでは直接購入も可能。またチケット・マスターやチケット・ダイレクトのチケット売り場でも購入可能だが少ない。売り場は各ウエブサイトを参照。

ラグビー協会 URL www.nzrugby.co.nz
Ticket Master URL www.ticketmaster.co.nz
Ticket Direct URL www.ticketdirect.co.nz

■試合が開催される各地のスタジアム

オールブラックスの試合も行われるイーデン・パーク

オークランド Map P.244-B1
Eden Park イーデン・パーク
Reimers Ave. Kingsland
(09)815-5551
URL www.edenpark.co.nz

クライストチャーチ Map P.46-B2
Orangetheory Stadium オレンジセオリー・スタジアム
95 Jack Hinton Dr.
(03)339-3599
URL www.vbase.co.nz

ウェリントン Map P.394-A2
Westpac Stadium ウエストパック・スタジアム
105 Waterloo Quay
(04)473-3881
URL www.westpacstadium.co.nz

Kiwiグルメに舌鼓

ほっぺたが落ちる！

近海で捕れる魚介類、農業大国自慢の肉類など、地元の食材を使った料理が味わえる。移民が多いため世界各国の料理に加え、フュージョン料理などもあって食べ歩きが楽しい！

ミート

ポークベリー
Porkbelly

豚バラ肉のブロックをじっくりローストし、アップルソースなどをかけた一品。パリッとした皮部分もおいしい。

シカ脚肉のロースト
Denver Leg of Venison

表面をサッとあぶったシカ肉はとても軟らかく人気が高い。脂肪分が少なく、ローカロリーなのも魅力。

シーフード

ブラフ・オイスター
Bluff Oyster

南島南端の町ブラフ（→P.174）で捕れるカキは濃厚でミルキーな味わいが楽しめる高級食材。旬の時季は4〜8月頃。

ラム・ラック
Lamb Rack

仔羊のあばら肉をローストして食べる、ニュージーランドの定番料理。臭みが少なく、羊独特の風味がクセになる。

クレイフィッシュ
Crayfish

カイコウラ（→P.180）の名物、イセエビの仲間のクレイフィッシュは高級食材。旬の時季は9〜3月だが通年提供するレストランもある。

マオリ

ハンギ料理
Hangi

マオリの伝統料理。野菜やクマラ（サツマイモ）、肉類を地熱の蒸気を利用して蒸し焼きにする。地中に埋めて蒸したり、噴気孔で蒸すスタイルがある。

ムール貝の蒸し煮
Steamed Mussels

ニュージーランド沿岸で養殖されているムール貝（グリーンマッスル）は、粒が大きくてプリプリした食感が楽しめる。

地ビール

ニュージーランドでは醸造所やブリューパブが各地に点在し、200種類以上の銘柄が造られている。その土地ならではの風土が育んだ地ビールをおいしい食事と一緒に味わってみよう。

スタインラガー
Steinlager

ドライな味わいとのど越しで、国内では一番人気。海外にも輸出されており、さまざまな賞を受賞している。

スパイツ
Speight's

南島のダニーデンで醸造されているビール。独特の苦味と香りがあり、根強い人気を誇っている。

カンタベリー・ドラフト
Canterbury Draught

南島のみで販売されている地場産ビール。カンタベリー地方のモルトやサザンアルプスの水を使用している。

トゥイ
Tui

ほんのりとした甘味がありまろやか。ラベルにニュージーランドの固有の鳥、トゥイがあしらわれている。

マックス・ゴールド
Mac's Gold

クセのないすっきりとしたあと味が特徴のモルトラガー。どんな料理とも相性がよい。

B級グルメ

フィッシュ&チップス
Fish&Chips

ニュージーランドを代表する料理。カラリと揚げた魚と、ポテトフライが付く。魚はホキ（タラの一種）のフライが一般的。写真はサーモン。

ミンスパイ
Mince Pie

ニュージーランド人が大好きなパイで、カフェやパン屋などによくある。牛肉のひき肉がたっぷり入っていて食べ応えがある。

スイーツ

キャラメルスライス
Caramel Slice

クッキー生地の上にコンデンスミルクとゴールデンシロップ、さらにチョコレートがかけられている。

ホーキーポーキー
Hokey Pokey

ニュージーランドを代表するアイスのフレーバー。バニラアイスに濃厚なキャラメルの粒が入った甘い味わい。

パブロバ
Pavlova

オーブンで焼いたふわふわのメレンゲに、クリームやフルーツを添えた伝統的な焼き菓子。

クランブル
Crumble

甘く煮込んだリンゴやルバーブなどの上にバターや小麦粉、砂糖、シナモンなどを混ぜた生地をのせて焼いたもの。

キャロットケーキ
Carrot Cake

ニュージーランドのカフェやケーキ屋には必ずある定番スイーツ。ほどよい甘さのスポンジの上にバタークリームがかかっている。

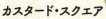

カスタード・スクエア
Custard Square

カスタードクリームをパイ生地で挟み、ココナッツをかけた四角いスイーツ。

レミントンケーキ
Lamington Cake

オーストラリア発祥のケーキで、四角いスポンジをチョコレートやジャムでコーティングし、ココナッツをまぶしたケーキ。

カフェ

ニュージーランドには独自のコーヒー文化が根付いている。見た目は似ているが微妙に違うのでお気に入りを見つけよう。町なかにはバリスタのいるカフェが数多くある。

フラット・ホワイト
エスプレッソにほぼ同量のフォームミルクを加えたもの。ミルクが平ら（フラット）でいのが名前の由来。

モカチーノ
エスプレッソにスチームミルクとココア加えたもの。濃厚な甘味。

カプチーノ
エスプレッソ、スチームミルク、フォームミルクがほぼ同量で層になっている。最後にココアパウダーをひと振り。

ラテ
エスプレッソにほぼ倍量のスチームミルクを加えたもので、ミルクの味が濃い。

アメリカーノ
ショート・ブラックに同量のお湯を加えたもの。日本のブラックコーヒーに近い。

ニュージーランドの マストみやげ 特集！

マオリグッズやウール製品、食べ物みやげなどニュージーランドらしいおみやげいろいろ。植物や動物モチーフのかわいいアイテムもたくさんあるので要チェック！

シープスキン＆メリノウール

羊の国ニュージーランドらしいウール製品が豊富。なかでもメリノ種の羊の毛を使ったものは軽くて暖かく人気が高い。

ポンチョ
メリノウールやポッサムのポンチョ。ハイネックで首回りまで暖かい

マフラー＆手袋
メリノウール、ポッサム、シルクの混合の手袋とマフラー。通気性に優れ、軽くて暖かい。優しい色合いに羊の模様がポイント

メリノウール

シープスキン

モコモコで保温性に優れた人気のシープスキンブーツ

シープスキンブーツ
ニュージーランドでは冬に、スリッパ代わりに履くのが流行っている

雑貨

おみやげとしても人気のキッチン用品やアクセサリー、オールブラックスグッズなど、ニュージーランドらしいデザインの商品が豊富。

オールブラックスグッズ
ニュージーランドのラグビー代表チーム、オールブラックスにちなんだグッズは豊富。チャンピオンズ・オブ・ザ・ワールド（→P.280）などで

ティータオル
ニュージーランドでは「ティータオル」という大判のふきんを使う。柄のデザインも豊富

石鹸
ビールを原料にした体、頭、髭剃りにも使える石鹸。コモンセンス・オーガニクス（→P.279、409）

マオリモチーフ

先住民マオリに伝わる文様やカービング（彫刻）には、それぞれの造形に意味がある。自然の素材を使い、手作りされている。

ヒスイ
マオリ語でポウナム、英語でジェイドやグリーンストーンと呼ばれるヒスイは、パワーストーンとして人気

木工芸品

世界最大級の巨木カウリは、現在は伐採が禁止されているため、土の中に埋まっていたスワンプカウリを使用。その他の木材を使った木工品も多い。

置物
カウリを彫刻した置物や飾り皿などがある。木の色などにより、値段の幅も広い

スーパーの人気商品

町なかにあるスーパー、ニューワールドNew WorldやカウントダウンCountdownなどでは、お菓子やワイン、調味料が手に入る。

ワイン
スーパーのワインコーナーはかなり充実した品揃え

ジャム
ニュージーランドのフルーツを使ったジャム

アイオリソース
ニンニクを使ったマヨネーズのようなもの

マヌカハニー
マヌカハニーはスーパーで購入するのがおすすめ。人気ブランドの「Arataki」$11程度

インスタントコーヒー
ダニーデン発のコーヒーメーカー「Gregg's」のインスタントコーヒー

インスタントラテ
ニュージーランドの定番アイス、ホーキーポーキー味のラテもある

シリアル
ニュージーランドの朝食の定番。ウィートビックスはバー状に固めた全粒小麦シリアルに牛乳をかけて食べる。

マスタード
ハチミツが入ったマスタード。マヌカハニーなら高価になる

チョコレート
羊の形になっているチョコレートなどもある

ニュージーランドの2大チョコレートブランド「Cadbury」と「Whittaker's」

クッキー
キーウィフルーツやハチミツクッキーなどはおみやげ店が品揃え豊富

2大アウトドアブランド

ニュージーランドでは国民の約7割の人がキャンプや山登りなど、アウトドアでのアクティビティを楽しんでいるという。そんなアウトドア大国で支持される人気ブランドがこちら!

A
50ℓと大容量で使いやすいバックパック$329.99

A
軽くて温かいダウンジャケット$189.99

フードが収納できるngx2のレインジャケット$249.98

B

A
衝撃に強いウオーターボトル$34.99(1000mℓ)

B

B
ゴアテックスのグローブ$229.98

丈夫な素材で長く使い続けられる

A マックパック macpac

1973年にクライストチャーチで創業。山登り好きの少年、当時19歳だったブルース・マッキンタイヤ氏が自分の使いたいパックを作ったのがはじまり。マッキンタイヤがマックのニックネームであったためマックパックと名付けられた。独自開発したAztecという素材を多くのパックに使用。耐久性に優れ、何年経ってもへたらないのが特徴だ。

高品質なのに低価格がうれしい

B カトマンドゥ Kathmandu

1987年創業のニュージーランドを代表するギアブランド。最初の店舗ができたのはオーストラリアのメルボルン。ニュージーランドでは1991年に、クライストチャーチにオープンした。現在はイギリスやアメリカにも支店がある。防水性と通気性に富んだngxや、本格的なアウトドアにも対応するngx3など、オリジナルの素材を使い分けた商品がそろう。

ニュージーランド発
自然派コスメで自分磨き！

ニュージーランドには良質なマヌカハニーなどの天然由来成分を含んだコスメが豊富。
体に優しい高品質コスメで美に磨きをかけよう！

Manuka Doctor
マヌカ・ドクター

UKビューティー・アワードのベストニューブランドに選ばれたコスメブランド。オークランドにあるオリジナルストアなどで購入できる。
URL www.manukadr.co.nz

抗菌や細胞再生力で知られる精製ビーベノム（鉢毒）と、アクティブ・マヌカハニーを配合したApiclearシリーズ

Comvita
コンビタ

1974年に養蜂家により設立され、プロポリスやマヌカハニーの製造で世界的に有名。高品質なマヌカハニーを使った商品が人気。
URL comvita-jpn.com

マヌカハニーのほか、数種類の天然由来の保湿成分を加えたデルマクリーム。香料、保存料など不使用

Living Nature
リビング・ネイチャー

自然由来の成分を使い、安全で効果的な自然化粧品を開発。人工的な合成成分は一切使わないなどのこだわりがある。
URL livingnature.info

マヌカハニーとマヌカオイルが肌を整えてくれる、マヌカハニーインテンシブジェル

Great Barrier Island Bee
グレート・バリア・アイランド・ビー

オークランドの沖合に浮かぶグレート・バリア島（→P.265）は、島の約80％がマヌカにおおわれている。その高品質なマヌカハニーと、アーモンドオイルやシアバターなどを使用したナチュラル・ボディケア・シリーズ。
URL www.greatbarrierislandbee.jp

ニュージーランド原産の花であるポフツカワとポーポーのエキスが入ったハンド＆ボディクリームは肌をしっかり保湿してくれる

Apicare
アピケア

マヌカハニーやアクティブ・マヌカハニーをスキンケアに取り入れたパイオニア。ラインナップが豊富で値段も手頃なのが人気。
URL www.apicare.co.nz

マヌカハニー由来のビタミンが唇や肌に潤いを与えてくれる。リップバーム（左）とボディバター（右）

Avoca
アボカ

美容商品やサプリメント、ハチミツなどを幅広く取り扱うニュージーランドブランド。自然由来の成分にこだわった商品が揃う。
URL avoca.co.nz

ビーベノム、サーモンキャビア、ロイヤルゼリーなど天然成分入り。海をイメージしたパッケージ。フェイスセラム（右）とフェイスマスク（左）

プチプラコスメ
ニュージーランドのデイリーコスメは、この5つのキーワードから探せば間違いなし！ナチュラルでお手頃なコスメをGetしよう♪

Lanolin
ラノリン

羊の毛からも採れる保湿効果の高いラノリンクリーム。コラーゲン入りやオイル入りなど種類も豊富にある。

抗菌作用のあるアロエベラやビタミンが含まれたモイスチャークリーム$12.9

Manuka Honey
マヌカハニー

保湿など美容効果のある蜂蜜。希少性のあるマヌカハニー製品の多さはニュージーランドならでは

Wild Fernsのマヌカハニーのフェイシャルスクラブ$19.9

Kiwi Fruit
キーウィフルーツ

ニュージーランドの特産物であるキーウィフルーツをコスメにも使用。ビタミンCが豊富に含まれている。

キーウィフルーツの種、アロエベラ、キュウリエキス入りのハンドクリーム$9.9

Rotorua Mud
ロトルアの泥

温泉地ロトルアの天然泥には、ミネラル成分がたっぷりと含まれており、肌の汚れを取り除く効果があると言われる。

グリーンティーとカモミールを配合したハンドクリーム$16.9

Queenstown

Christchurch

Waitomo

Auckland

取材スタッフが
リアルに購入！

各都市の気になるみやげ

定番みやげはもちろん、自分だけのお気に入りを探すのも旅の醍醐味。取材スタッフが思わず購入したグッズを一挙公開！

1 Frank's Corner の雑貨 →P.119

小さなクイーンズタウンの町に、センス抜群のセレクトショップがオープン。メリノウールの靴下やカワカワ茶入りの石鹸など、おしゃれなローカルメイドの商品が揃う。

2 Dermatoneの日焼け止めクリーム

こちらもクイーンズタウンの町ならではの品揃えで、アウトドアの町ならではの品揃えで、トラベルサイズのクリームやリップクリームも。キーチェーンでバッグに付けるのが地元流だ。

3 Edmondsのオリジナルパンケーキ

ボトルに水を入れて振るだけで、パンケーキの生地が完成。斬新な商品で、みやげに買う人が多いとか。ただし、味はイマイチとの評判も…。各地のスーパーなどで買える。

4 Noble & Savageの紅茶

市内の人気カフェがこぞって採用する、地元紅茶メーカーのノーブル・アンド・サベージ。イギリス文化が残る町で、紅茶を買うのもありだ。1箱$18.5〜。

5 Cookie Timeのクッキー →P.68

全国的な知名度を誇るクッキーで、ニュージーランド航空の機内で配られる。かわいいパッケージでみやげに最適。各地のスーパーなどで購入できる。

6 ワイトモ洞窟のキーホルダー →P.293

ワイトモ洞窟のショップで出合ったツチボタルのキーホルダー。棚の上に何百個と並び、1つだけでも連れて帰らなければいけない気持ちに…。

7 スーパーのワイン

ワイン大国ニュージーランドでは、一般のスーパーでも専門店並みの品揃え。ワイパラやネイピアなど、具体的な産地が分かるものを選ぶのがコツ。

New Zealand Bird

ニュージーランドで見られる珍しい鳥たち

Pukeko ブケコ

体長	約51cm
生息地	国内全域

タカヘによく似ており、湖畔の周りなど湿地で見られる。1000年以上前にオーストラリアから飛んできたのが起源とされている。

ニュージーランド固有の鳥は空を飛ぶことができない。なぜなら鳥の天敵となる生物がおらず、空を飛ぶ必要がなかったためだ。代わりに地を歩くための足が太く短く進化した。

Kaka カカ

体長	約45cm
生息地	スチュワート島など

オウムのマオリ語名。ブラシ状の舌でコーファイやラタの花蜜を吸い、木々の受粉にもひと役買っている。足で器用に餌を食べる姿がユーモラス。

Kiwi キーウィ

体長	30〜45cm(種類による)
生息地	スチュワート島(野生)

ニュージーランドの国鳥で、ニュージーランド人をキーウィという愛称で呼ぶのもこの鳥に由来。現在、野生は少なく各地で保護されている。

Takahe タカヘ

体長	約63cm
生息地	フィヨルドランド地方

赤いくちばしが特徴的なタカヘ。20世紀初頭には絶滅したとされていたが、1948年に生息を確認。発達した足で植物をつかんで食べる。

Kea ケア

体長	約50cm
生息地	アオラキ/マウント・クック周辺

世界で唯一、標高の高い森林地帯で生息する好奇心が強いオウム。「キィア〜」という甲高い鳴き声から名付けられた。

Weka ウェカ

体長	約53cm
生息地	ネルソンなど

かつて狩猟者によって大量に捕えられ、一時絶滅しかけたことがある。好奇心旺盛で山歩き中にひょっこり見かけることも。

ペンギン Penguin

ニュージーランドには7種類と、世界で最も多種のペンギンが生息している。コロニーを観察できるツアーもあるので、ぜひ訪れてみよう。

Yellow Eyed Penguin
イエロー・アイド・ペンギン

黄色い眼をした世界で3番目に大きい固有種。頭部も黄色く、和名はキンメペンギンという。営巣地となる森林の減少や外来種の影響により絶滅危惧種に指定されている。

Fiordland Crested Penguin
フィヨルドランド・クレステッド・ペンギン

目の上の黄色の冠羽が特徴的なニュージーランドの固有種。かつて野鳥のウェカに卵やヒナを捕らえられたため数が激減し、現在は絶滅危惧種に指定されている。フィヨルドランドからスチュワート島にかけて生息する。

Blue Penguin
ブルー・ペンギン

体長30〜40cmほどの世界最小のペンギン。ニュージーランド全域に生息。オアマルにあるコロニーでは海から帰ってくるかわいらしい姿が見学できる(→P.152)。

南島
South Island

レイク・テカポの善き羊飼いの教会と天の川

南島のイントロダクション INTRODUCTION

国内最高峰のアオラキ／マウント・クックに代表されるサザンアルプスの山並みやフィヨルド、そしてさまざまな動物に出合える深い森など、南島の魅力は何といっても美しい自然風景が広がっているということ。多彩なアクティビティで大自然に触れてみたい。また、クライストチャーチやダニーデンなど、入植者たちによって築かれた歴史的な町並みにも注目だ。

1 クライストチャーチ　　P.40
　南島最大の都市で、南島の玄関口でもある。大都市ながら町のあちこちに美しい庭園や公園が広がっており、"ガーデンシティ"と呼ばれている。

2 アカロア　　P.74
　フランス系の移民によって開かれた町。ドルフィンウオッチングやサーモンの養殖でも有名。

3 レイク・テカポ　　P.77
　サザンアルプスの山裾に位置し、湖畔に開けた小さな町。天体観測のベストスポットでもある。

4 アオラキ／マウント・クック国立公園　P.84
　「テ・ワヒポウナム」の名で周辺の国立公園とともに世界遺産に登録されている。ハイキングやトランピング、遊覧飛行などのアクティビティが人気。

5 ワナカ　　P.91
　ワナカ湖の湖畔に広がるリゾートタウン。冬は近郊にあるふたつのスキー場の拠点としてにぎわう。

6 クイーンズタウン　　P.100
　サザンアルプスの山々に囲まれ、ワカティプ湖のほとりに広がる国内屈指の人気観光地。ショッピングやワイナリー巡りなどグルメの楽しみも尽きない。

7 テ・アナウ　　P.124
　南島最大の湖のテ・アナウ湖を有し、ミルフォード・サウンドへの拠点として観光客でにぎわう。

8 フィヨルドランド国立公園　　P.130
　ニュージーランド最大の国立公園。入り組んだフィヨルド、氷河に削られた山々、大きなU字谷、そして湖と、変化に富んだ風景が展開する。

9 オアマル　　P.151
　古くからオアマル・ストーンと呼ばれる石灰石の産地であり、石造りの歴史的建造物が見どころとなっている。近くにペンギンの営巣地があり、ブルー・ペンギンやイエローアイド・ペンギンを観察できる。

10 ティマル　　P.156
　カンタベリー地方南部の都市。キャロライン・ベイという美しいビーチがあり、夏は海水浴客でにぎわう。

11 ダニーデン　　P.158
　オタゴ地方の中心都市。近郊のオタゴ半島にはロイヤル・アルバトロスやペンギンの希少な生息地があり、エコツアーで訪れることができる。

12 インバーカーギル　　P.171
　南島南部にある静かな町。インバーカーギルとバルクルーサ間の海岸線はケトリンズ・コーストと呼ばれ、有数のドライブルートになっている。

13 スチュワート島　　P.176
　フォーボー海峡を隔てて南島最南端に浮かぶ島。島の約85%がラキウラ国立公園に指定されており、野生のキーウィをはじめ、希少な動物が生息する。

14 カイコウラ　　P.180
　マッコウクジラを船やヘリコプターから観察するホエールウオッチングの聖地として人気がある。イルカや、オットセイのコロニーを見ることもできる。

15 ブレナム　　P.188
　マールボロ地方の最大都市。ワインの生産が盛ん。

16 ピクトン　　P.191
　南北島間のフェリーが発着する港町。マールボロ・サウンズと呼ばれる深い入江の奥に位置する。

17 ネルソン　　P.197
　周辺にある3つの国立公園の拠点となり、温暖な気候から果樹栽培が盛んなことでも知られている。

18 ゴールデン・ベイ　　P.205
　ニュージーランドの先住民、マオリの聖地として知られるププ・スプリングスなどの見どころがある。

19 エイベル・タスマン国立公園　P.208
　南島北部に位置し、観光客に人気の国立公園。海岸線沿いのトレッキングルートにはビーチや奇岩など変化に富んだ風景が展開。シーカヤックも盛ん。

20 アーサーズ・パス国立公園　P.212
　サザンアルプスの北端に位置し、観光列車トランツ・アルパイン号が運行する。比較的平坦なショートコースから本格的な登山まで、さまざまなルートがある。

21 ウエストコースト　　P.216
　南島西海岸一帯は、断崖の続く切り立った岩壁と山並みが迫る険しい地形が続く。中心になる町はエリア内の交通の要衝となるグレイマウス。
　[おもな都市] ウエストポート／グレイマウス

22 ウエストランド／タイ・ポウティニ国立公園　P.222
　氷河や尖峰などダイナミックな景観美が広がる。フランツ・ジョセフ氷河やフォックス氷河で、氷河ウオークや遊覧飛行などのアクティビティを楽しもう。

南島のモデルルート→P.444
現地での国内移動→P.459～474

南島

シーカヤックや森の中のトレッキングも楽しめる

マールボロ・サウンズの景観美を堪能できるクイーン・シャーロット・ドライブからの眺め

セアリー・ターンズ・トラックからアオラキ／マウント・クックの勇姿を望む

静寂に包まれたテ・アナウ湖

四季を通じて人気のホエールウオッチング

ペンギンが見られるのは、おもに夕方以降

ミルフォード・サウンドではクルーズが人気

スコティッシュ様式の歴史建築を探訪するのも楽しい

39

クライストチャーチ

人口：37万4900人
URL www.christchurchnz.com

クライストチャーチ

Christchurch

南島最大の人口を擁するクライストチャーチは、南北に細長い南島中央部のカンタベリーCanterbury地方に位置するニュージーランド第3の都市。島内観光の拠点として、国内各地とのアクセスを網羅した南島の玄関口でもある。

市内中心部の大聖堂を中心にゴシック様式の建物や美しい公園が点在するこの町には、ガーデニングやパンティング（船遊び）といった英国文化が色濃く根付いている。町の随所に緑が生い茂る美しい風景は「イギリス以外で最もイギリスらしい町」と称されるほど。2011年に起きた地震によって大きな被害を受けたが、8年経った現在は復興が進み、新しい商業施設が次々とオープンしている。町は近代的なビルが建設されている一方で、古くからの愛称である"ガーデンシティ"の美しさも保っている。

在クライストチャーチ領事事務所
Consular Office of Japan in Christchurch
Map P.48-A2
12 Peterborough St.
(03) 366-5680
(03) 365-3173
URL www.nz.emb-japan.go.jp/consular_office/index_.html
9:00～12:30、13:30～17:00
休土・日、祝
領事事務受付
9:15～12:15、13:30～16:00
休土・日、祝

1934年にシドニーで製造された青いトラム

ユースフルインフォメーション
病院
Christchurch Hospital
Map P.48-B・C1
Riccarton Ave.
(03) 364-0640
警察
Christchurch Central Police
Map P.48-C2
40 Lichfield St.
(03) 363-7400
レンタカー会社
Hertz
空港
(03) 358-6730
Avis
空港
(03) 358-9661

空港内にあるレンタカー会社

クライストチャーチへのアクセス Access

飛行機で到着したら

日本からクライストチャーチへの航空便はオークランドでの乗り継ぎが必要となる。オークランドからクライストチャーチへは所要約1時間25分。また、オーストラリアやシンガポール経由で入る方法もある。クライストチャーチ国際空港Christchurch International Airportは、国内ではオークランド国際空港の次に乗降客の多い空港だ。

空港ターミナルは2階建てで、1階は到着ロビー、2階は出発ロビーになっている。空港内には大型免税店や観光案内所アイサイト、レンタカー会社のカウンターなどがある。

日本からの直行便はないが、多くの国際便が発着するクライストチャーチ国際空港

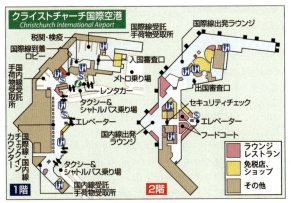

クライストチャーチ
国際空港
Map P.46-A1
- (03) 358-5029
- (03) 353-7777 (24時間)
- URL www.christchurchairport.co.nz

空港内の観光案内所 i site
国際線到着ロビー
- (03) 741-3980
- 開 8:00～18:00
- 休 無休

市内マップなどが手に入る

メトロ
- (03) 366-8855
- URL www.metroinfo.co.nz

パープルライン(バス・インターチェンジ経由サムナー行き)
運 月～金	6:43～23:07
土	6:07～23:37
日	6:37～22:37

#29(フェンダルトン経由バス・インターチェンジ行き)
運 月～金	6:22～22:22
土	6:52～23:22
日	7:22～22:22

料 空港⇔市内中心部
現金
片道大人$8.5、子供$4
メトロカード
片道大人$2.65、子供$1.4

安く手軽に市内まで行ける

エアポートシャトル会社
スーパー・シャトル
- FREE 0800-748-885
- URL www.supershuttle.co.nz

料 空港⇔市内中心部
- 1人 $19
- 2人 $24
- 3人 $29

ドア・トゥ・ドアで便利なエアポートシャトル

空港から市内へ

ヘアウッドHarewood地区に位置するクライストチャーチ国際空港は市内中心部まで約12kmと近く、車を使えば約20分の距離だ。料金を一番安く上げる交通手段はメトロと呼ばれるバスだが、停留所から目的地までは自力でたどり着かねばならない。時間に余裕があれば、人数が多いほど料金がお得になる乗合バスのエアポートシャトルを利用するのも手だ。タクシーなら待ち時間がなく、目的地に向かうことができる。

メトロ　Metro

空港から市内中心部にあるバスターミナルのバス・インターチェンジBus Interchange (Map P.48-C2) まで、メトロMetroと呼ばれるバスが運行している。バス・インターチェンジ経由サムナーSumner行きのパープルライン、フェンダルトンFendalton経由バス・インターチェンジ行きの#29の2ルートがあり、それぞれ1時間に1～4本の運行。どちらも各停留所に停まりながら、市内中心部へは所要30分程度。チケットは乗車時にドライバーから購入する。ICカード乗車券のメトロカードでも可。

エアポートシャトル　Airport Shuttle

タクシーよりも低料金で、タクシー並みに便利なのがスーパー・シャトルSuper Shuttle社が運行するエアポートシャトル。乗客の人数がある程度揃ったら出発するので正確な出発時刻はなく、行き先や目的地によって料金・所要時間が異なるが、24時間利用することができ、人数が多いほどひとり分の料金は安くなっていく。申し込みは到着ロビーの外で待機しているドライバーに直接、または空港内の観光案内所アイサイトでできる。

タクシー　Taxi

国際線、国内線ターミナルの外に1ヵ所ずつタクシー乗り場がある。料金はメーター制で、市内中心部までなら$45～65くらい。乗り降りの際には自分でドアを開けるようになっている。

主要都市間のおもなフライト（→P.460）

おもなバス会社（→P.497）
インターシティ／
ニューマンズ・コーチラインズ
グレートサイツ
アトミック・トラベル
ウエストコースト・シャトル

長距離バス発着所
インターシティ／ニューマンズ・コーチラインズのバスはリッチフィールド・ストリートとコロンボ・ストリートの角にある、バス・インターチェンジ（Map P.48-C2）のインターシティのオフィス前から発着する。ただし、バスの便によっては、カンタベリー博物館の向かいから出発することもあるので要確認。それ以外のバス会社は、ロールストン・アベニューRolleston Ave.のカンタベリー博物館前（Map P.48-B1）から発着。

バス・インターチェンジ内にあるインターシティのオフィス

国内各地との交通

長距離バス

インターシティ・コーチラインズIntercity Coachlines（通称インターシティ）とニューマンズ・コーチラインズNewmans Coach Linesが提携して各都市からの便を運行している（本誌ではインターシティ／ニューマンズ・コーチラインズと併記）。この2社のバスはよく整備されていて、座席が大きく車内も比較的広い。どの路線でもたいてい毎日1便はあるし、旅行者の多い区間については、1日に複数便運行されていることも。途中停まる場所も多いので、長旅でも快適だ。また、インターシティの系列会社であるグレートサイツGreat Sightsは、各地の見どころを網羅したバスツアーを催行している。クライストチャーチからアオラキ／マウント・クック国立公園を経由してクイーンズタウンに抜けるバスなど、移動と合わせて効率よく観光を楽しむことができるのも魅力。事前予約の場合、日本語のバスガイドをリクエストすれば、追加料金なしで手配してもらえるので、相談してみよう。そのほか、南島にはクライストチャーチとダニーデンを結ぶアトミック・トラベルAtomic Travelやクライストチャーチとグレイマウス間を運行するウエストコースト・シャトルWest Coast Shuttleといったシャトル系長距離バス会社がある。チェックインはどの会社も出発の15～20分前から始まるので遅れないように。（長距離バスの利用法→P.465）。早めに予約すると割引が適用される運賃形態やパスもあるので、事前に確認を。

インターシティ／ニューマンズ・コーチラインズのバス

クライストチャーチとおもな観光地を結ぶ長距離バスの所要時間と便数

都市名／観光地名	所要時間	便数
レイク・テカポ	3時間30～35分	各1便(IC／GS)
アオラキ/マウント・クック国立公園	5時間20分	1便(GS)
クイーンズタウン	8時間10分～11時間	各1便(IC／GS)
テ・アナウ	10時間50分	1便(IC)
ダニーデン	5時間50～55分	2～4便(IC)、1便(AT)
カイコウラ	2時間50分	4便(IC)
ピクトン	5時間55分	4便(IC)
アーサーズ・パス国立公園	2時間	1便(WCS／AT)

【IC：インターシティ／ニューマンズ・コーチラインズ／GS：グレートサイツ／AT：アトミック・トラベル／WCS：ウエストコースト・シャトル】　※所要時間はおよその目安で日によって異なる。

長距離列車

クライストチャーチと各都市を結ぶ長距離列車は、キーウィ・レイルKiwi Railによって2路線が運行されている。

コースタル・パシフィックCoastal Pacific号は、夏の間のみ運行される、海岸を北上していく列車だ。2016年11月に起きた地震の影響により運休していたが、2018年12月から再開している。終点ピクトンまでは、所要約5時間、ピクトンには南島と北島を結ぶフェリーターミナルがあり、ちょうどよい時刻設定なので、北島への旅行者はここでフェリーに乗り継げばウェリントンに行くこともできる（南北島間の移動→P.230）。

もうひとつは、トランツ・アルパインThe TranzAlpine号だ。クライストチャーチ～グレイマウスを結ぶ列車で、サザンアルプスを横断してアーサーズ・パス国立公園にも停車する。所要約4時間30分。途中車窓からの景色を目のあたりにすれば、この列車が世界的に有名なのも納得がいくだろう。1日1往復しか運行しないので、出発時刻には十分気をつけよう。出発20分前までに必ずチェックインを済ませよう（長距離列車の利用方法→P.467）。

郊外にあるクライストチャーチの駅

クライストチャーチの市内交通 Traffic

メトロ Metro

クライストチャーチでは、メトロと呼ばれるバスが市内広範囲をカバーしている。路線によって運行会社が異なるが、料金や乗り方などの基本システムはまったく同じ。市の外側を一周するオービターを除き、イエロー、ブルー、オレンジ、パープルなど色の名前がついた路線があり、市内中心部のバス・インターチェンジを経由する。運賃は距離に応じたゾーン制。

40近くのバス路線がある

鉄道会社 (→P.497)

キーウィ・レイル
FREE 0800-872-467
トランツ・アルパイン号
通年
　クライストチャーチ8:15発
　グレイマウス　　13:05着
　グレイマウス　　14:05発
　クライストチャーチ18:31着
片道大人＄179、子供＄125
コースタル・パシフィック号
9月の最終金～4月の最終日

クライストチャーチ駅
Map P.46-B2
35 Troup Dr. Addington
中心部から南西に約4km離れた場所にあり、列車の発着に合わせて乗合タクシーなどが待機している。また、スーパー・シャトルは低額で市内中心部へアクセスできる。予約をすれば市内から駅まで各アコモデーションへピックアップに来てくれる。予約は直接電話するか、観光案内所アイサイトでも可能。

スーパー・シャトル
FREE (0800)748-885
駅↔市内中心部
1人　＄7
2人　＄14
3人　＄21

メトロ
(03)366-8855
URL www.metroinfo.co.nz

メトロの料金
現金の場合ゾーン1内は一律で大人＄4。空港やリンカーン地区、ランギオラ地区などを除き、市内の見どころの多くはゾーン1に収まっている。なお、18歳未満は子供料金＄2、5歳未満は無料。同ゾーン内の乗車であれば2時間有効で、1回目の乗り換えは無料。チケットは、ドライバーから直接購入する。ICカード乗車券のメトロカードなら現金よりも安い運賃で乗車できる（→P.44）。

メトロでアクセスできる郊外の見どころ

目的地	メトロNo.	所要時間	目的地	メトロNo.	所要時間
モナ・ベイル	㉙	12分	サムナー・ビーチ	Ⓟ	39分
トラビス・ウェットランド・ネイチャー・ヘリテージ・パーク	Ⓞ	41分	フェリミード歴史公園	㉘	45分
空軍博物館	Ⓨ	39分	クライストチャーチ・ゴンドラ/リトルトン	㉘	29分
国際南極センター	㉙	36分	クライストチャーチ・ファーマーズ・マーケット	ⓅⓎ	29分
ウィロウバンク動物公園	Ⓑ→⑩	50～61分	クッキータイム・ファクトリー・ショップ	Ⓨ	45分
ニュー・ブライトン	Ⓨ	50分	リカトン・マーケット	Ⓨ	45分

Ⓨ＝イエローライン　Ⓟ＝パープルライン　Ⓑ＝ブルーライン　Ⓞ＝オレンジライン
（所要時間はバス・インターチェンジから乗車したおよその目安で、停留所から目的地までの徒歩での所要時間も含む）

メトロカード
現金での支払いよりも安い運賃で乗車できるカード。バス・インターチェンジでカード$10を購入し、チャージ$10〜する（再チャージはバス乗車時にも可能）。購入の際にはパスポートが必要。メトロカードを使用すれば、ゾーン1内における2時間以内の乗車$2.65、1日乗り放題$5.3、1週間乗り放題$26.5となる。空港行きのバスにも割引が適用されるので、何度も利用する人にはお得。

便利なカード

バス・インターチェンジのインフォメーション
Map P.48-C2
住 Colombo St.& Lichfield St.
開 月〜金　　　7:30〜18:00
　土・日　　　9:00〜17:00

バス・インターチェンジ内にあるインフォメーション

オービター
運 月〜金　　5:40〜翌0:45
　土　　　　6:00〜翌0:45
　日　　　　7:00〜23:45
　10〜15分ごとの運行。

イエローライン
ニュー・ブライトン／ロールストン
どちらの方面行とも平日と土曜は5:00台〜24:00台、日曜は7:00台〜23:00台の運行。

ブルーライン
カシミア／ランギオラ
どちらの方面行とも平日は5:00台〜23:00台、土曜は5:00台〜24:00台、日曜は6:00台〜23:00台の運行。

クライストチャーチの中心部では、Limeと呼ばれるスクーターレンタル（$1.38〜※料金は都市や時期によって異なる）が人気。専用アプリをスマホにダウンロードして利用できる。

<バス・インターチェンジ>

大型バスステーションのバス・インターチェンジ

市内中心部のリッチフィールド・ストリートLichfield St.沿いにあるバスターミナル。建物内のインフォメーションでメトロカードの購入やチャージができる。オービターをはじめ、中心部を通らない便を除くすべてのメトロはここを経由するので、乗り換えにとても便利だ。インフォメーションスクリーンに行き先とバスの発着時刻が表示されるので、確認して乗車しよう。建物内にはコンビニや軽食の店があるので、食事を取りながらバスを待つこともできる。

<オービターThe Orbiter>
メトロの1路線で、クライストチャーチの郊外を環状に走っている。時計回り、および反時計回りに走り、1周するのにほぼ1時間20分かかる。ウエストフィールド・リカトン、ノースランズ・プラットホームやカンタベリー大学、病院などに停車するため、おもに市民の利用が多い。

<イエローラインYellowline、ブルーラインBlueline>
同じくメトロの1路線で、イエローラインは市内を東西に縦断し、ニュー・ブライトンとロールストンを結ぶライン。ただし、ロールストン手前のザ・ハブ・ホーンビーまでの便が多い。また、ブルーラインは市内を南北に縦断しており、ベルファストBelfastとランギオラRangioraなどを結んでいる。

観光に便利なイエローライン

市民の足になっているブルーライン

<メトロの乗降の仕方>
乗車は基本的に前のドアからだが、下車は前後どちらからでも可。料金は前払いで利用ゾーンにより値段が異なる。乗車の際ドライバーに行き先を告げ、言われた料金を現金またはメトロカードで支払う。現金の場合、トランスファーチケットTransfer Ticketと呼ばれるレシートがもらえる。このチケットは2時間有効で、同一ゾーン内なら1回の乗り換えが無料。メトロカードの場合、同一ゾーン内なら2時間乗り放題となる。目的の停留所が近づいたら車内の赤いボタンを押して降りる意思を表す。乗降者がいない停留所は通り過ぎてしまうので注意。また日本のバスと違い、停留所に名前がなく車内アナウンスなども流れないため、目的地がわかるか不安な場合は、あらかじめドライバーに「○○に着いたら教えてください」と頼むとよい。

44

タクシー　Taxi

原則として流しのタクシーはないので、電話で呼ぶのが一般的。バンやワゴン車タイプもあり、大人数で利用する際は便利。

クライストチャーチ・トラム　Christchurch Tram

市内を観光するのに便利なトラム。運行区間はカセドラル・ジャンクションからカセドラル・スクエア、ウスター・ブルバードを通り、オックスフォード・テラス、キャシェル・ストリート、ハイストリートへ。ハイストリートで折り返し、カセドラル・スクエアを通って、カンタベリー博物館へ。そこから右折し、さらにアーマーストリートを通って、ニューリージェント・ストリートからカセドラル・ジャンクションに戻る。チケットはトラムの運転手から直接購入し、購入当日は何度でも乗り降りが可能。運転手による観光案内のアナウンスを聞きながら町の中心部を回ることができる。

クライストチャーチの中心部を走る赤いトラム

おもなタクシー会社
Corporate Cabs
☎ (03) 379-5888
Gold Band Taxis
☎ (03) 379-5795
Green Cabs
☎ 0800-46-47336

運賃は会社によって異なる

クライストチャーチ・トラム
☎ (03) 366-7830
URL www.christchurch
attractions.nz
運 9～3月　　9:00～18:00
　 4～8月　 10:00～17:00
料 大人$25、15歳以下無料
　（メトロカードは利用不可）

南島　クライストチャーチ　交通

クライストチャーチの現地発着ツアー　Tours

＜市内観光周遊バスツアー＞

クライストチャーチ・サイトシーイング・ツアーでは、カンタベリー博物館やボタニックガーデンなど中心部の見どころをはじめ、郊外にある石造りの洋館サイン・オブ・ザ・タカヘ（Map P.47-C3）、サムナー・ビーチやリトルトンなどをバスで巡るツアーが催行されている。クライストチャーチ・ホップ・オン・ホップ・オフ・ツアーは乗り降り自由。

ハッスル・フリー・ツアーズ社は、市内をダブルデッカーバスで巡る

ツアー催行会社
Leisure Tours
FREE 0800-484-485
URL www.leisuretours.co.nz
Christchurch Sightseeing Tour
運 9:00、13:30発
　（所要約3時間）
料 大人$70、子供$35
CC AMV

Hassle-free Tours
FREE 0800-427-753
URL hasslefreetours.co.nz
Christchurch Hop On Hop Off Tour
運 通年10:00～（所要約1時間）
料 大人$35、子供$10　CC MV

45

観光案内所 🅘 SITE
Christchurch & Canterbury Visitor Centre
Map P.48-B1・2
🏠 28 Worcester Blvd.
☎ (03) 379-9629
FREE 0800-423-783
URL www.christchurchnz.com
🕒 8:30〜18:00(時季によって異なる)
休 無休

宿泊施設の予約など、観光の相談ができる。

観光案内所はアートセンター内

市内の道路状況について
Transport for Christchurch
URL www.journeys.nzta.govt.nz

クライストチャーチの 歩き方

　2011年2月に発生したカンタベリー地震により、カセドラル・スクエアCathedral Squareを中心とするクライストチャーチ中心部は、壊滅的な被害を受けた。町なかには、いまだに半壊状態の大聖堂や建設途中の建物も見られるが、市民の意見を取り入れた復興案により、町全体の再開発が着々と進んでいる。本書で紹介する見どころや観光施設、レストラン、ショップ、ホテルなどは通常通り営業している。

　中心部から少し足を延ばせば、"ガーデンシティ"とたたえられるクライストチャーチを象徴するような庭園モナ・ベイルMona Valeなどもあり、南島最大の人口を有する都市とは思えないほど、優雅な雰囲気が漂っている。郊外の見どころへはバス・インターチェンジからメトロでアクセスできる。アートセンター内にある観光案内所アイサイトには、日本人または日本語を話せるスタッフがいるので、分からないことがあれば聞いてみよう。

48

クライストチャーチの見どころ

カードボード・カセドラル（仮設大聖堂）
Cardboard Cathedral

Map P.48-B3

カードボード・カセドラル
住 234 Hereford St.
電 (03) 366-0046
URL cardboardcathedral.org.nz
開 月〜土　9:00〜17:00
　 日　　　8:00〜17:00
　（時季によって異なる）
休 無休
料 無料（寄付程度）

2011年の地震により町の象徴であったカセドラル・スクエアの大聖堂が崩壊したため、仮設の大聖堂として建てられた。設計は日本人建築家の坂茂氏が手がけた。坂氏は建築家として国内外で活躍するかたわら、震

カラフルなステンドグラスが印象的

災で被害を受けた地域への紙素材を使用した建造物の提案、建設を行うなど、災害支援活動にも積極的に取り組んだ。その功績がたたえられ、建築界のノーベル賞と称されるプリツカー賞を受賞した。

屋根には表面に特殊加工が施されたボール紙製のチューブを使用しているほか、内部の祭壇や椅子、正面に飾られた十字架なども紙素材でできている。工事には多くのボランティアが参加し、着工から約2年を経た2013年8月にオープン。館内は700人ほど収容することができ、礼拝はもちろん、コンサートやイベントの会場としても利用されている。耐用年数は50年とされており、新たな大聖堂の再建まで利用される見通しだ。

装飾などはなく、シンプルなデザインが目を惹く

カセドラル・スクエア
Cathedral Square

Map P.48-B2

クライストチャーチのかつてのシンボルで、高さ63mの尖塔をもつ美しいゴシック様式の教会だった大聖堂。その大聖堂が立つカセドラル・スクエアは町の中心に位置し、多くの観光客が集まる場としてにぎわっていた。

聖杯をモチーフにしたモニュメント

しかし、2011年の地震によって大聖堂は崩壊。以降そのままになっていたが、2024年までに修復されることが決定した。さらにカセドラル・スクエアを3つのエリアに分けるという再開発草案も発表され、旧郵便局前はコンサートやフェスティバルが開催できる1万人収容可能な広場ポスト・オフィス・プレイスPost Office Place、南側には市民の憩いの場となる緑豊かなガーデンエリアのカセドラル・ガーデンズCathedral Gardensができる予定。2018年には大聖堂の北側ライブラリー・プラザLibrary Plazaに中央図書館が完成した（→P.55）。

地震の被害の大きさを物語る大聖堂跡

金曜の夜はナイトマーケットが開催される

中央図書館がオープン

クライストチャーチ・アートギャラリー

住 Worcester Blvd.& Montreal St.
☎ (03)941-7300
URL christchurchartgallery.org.nz
営 木〜火　10:00〜17:00
　水　　　10:00〜21:00
休 無休
料 無料
無料ガイドツアー
毎日11:00、14:00に実施
（水曜のみ19:15の回あり）

建物の側面や裏はポップな印象

アートセンター

住 2 Worcester Blvd.
☎ (03)366-0989
URL www.artscentre.org.nz
営 10:00〜17:00
休 無休

毎週日曜はマーケットも開催

クライストチャーチ・アートギャラリー
Christchurch Art Gallery Te Puna O Waiwhetu

Map P.48-B2

2011年の地震以降、休館となっていたアートギャラリーが2015年12月に営業を再開した。企画展示が中心だが、1900年代初頭の南島の風景画やワイタンギ条約調印時のマオリの首長のサインをデザインした作品など、国の歴史にまつわる作品は常設展示されている。また現代アートやデジタル作品など多彩な作品が楽しめる。

ガラス張りの建物も一見の価値あり

アートセンター
The Arts Centre of Christchurch

Map P.48-B1〜2

大聖堂の正面からトラム線路沿いに西へ真っ直ぐ歩くと、5分ほどの場所に位置するネオゴシック様式の建物群。1877年に建設後、1976年までカンタベリー大学の校舎として使われていたものだ。シアターや映画館があり、芸術家たちの創作活動の場として人気の観光スポットだったが、2011年に起きた地震により大きな被害を被る。その後、長らく閉鎖されていたが、復旧工事が進み2016年6月に一部がオープン。まだ工事中のところもあるが、2019年には全ての工事が終了する予定だ。現在、シアターやグレートホールなどが公開され、クリスマスマーケットなどのイベントが開催されることも。また、おしゃれなカフェがあり、天気のいい日はオープンカフェになるので、食事をしに行くのもおすすめ。新しくできた観光案内所アイサイトもある。

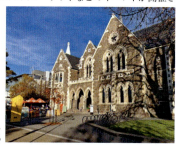
アートセンター内にはショップやカフェなども入っている

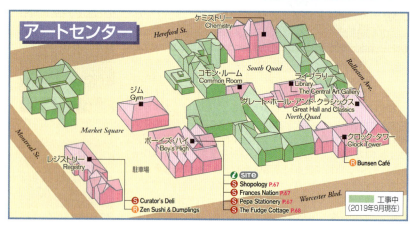

カンタベリー博物館
Canterbury Museum

Map P.48-B1

　ハグレー公園の一角にたたずむこの博物館は、1867年に建てられたネオ・ゴシック建築の建物で、館内にはマオリ文化を代表する彫刻やクラフト、入植時代に使用されていた家具や乗り物などが展示されている。自然科学の分野では、ニュージーランドにかつて生息していた巨鳥モアの卵や骨格の標本をはじめ、キーウィなどのニュージーランド固有種の鳥たちの剥製が多く、見応えがある。また、雪上車やアムンゼン、スコットら探検家の装備など、南極探検に関する展示も興味深い。火・木曜の14:00からは無料のミュージアム・ツアーが行われており、スタッフによる解説を聞きながら展示を見ることができる。ツアーは所要約1時間。

カンタベリー博物館
住 Rolleston Ave.
電 (03) 366-5000
FAX (03) 366-5622
URL www.canterburymuseum.com
開 10〜3月　　9:00〜17:30
　 4〜9月　　 9:00〜17:00
休 無休
料 無料
　（一部施設は有料）

建物自体も見応えがある

マオリにまつわる展示が充実している

クエイク・シティ
Quake City

Map P48-B2

　クライストチャーチで2010年9月、11年2月、6月と複数回発生した大地震の記録を残す地震博物館。カンタベリー博物館が運営しており、2013年にキャシェル・ストリートCashel St沿いに期間限定の展示施設として造られたが、再開発に伴い、2017年9月に現在の場所に移転、オープンした。
　地震に関するマオリの神話の映像から始まり、地震当時のビデオや、被害者のインタビューなどが放映されているほか、崩壊前の建物の模型や崩壊した大聖堂の窓や尖塔の一部、クライストチャーチ鉄道駅の時計、テコテコ像(マオリの集会所を飾る伝統的な像)など、地震で被害を受けた歴史的建造物の一部が数多く展示されており、地震被害に関する様々な展示や日本の救助隊についても紹介されている。

クエイク・シティ Quake City
住 299 Durham St.
電 (03) 365-8375
URL www.canterburymuseum.com
営 10:00〜17:00
休 無休
料 大人$20、学生・シニア$16、子供$8(大人同伴の場合は無料)

2017年9月にオープンした博物館

重さ300キロ以上もある教会の鐘

崩壊した大聖堂の十字架

南島 クライストチャーチ 見どころ

ハグレー公園のアクティビティ
Antigua Boatsheds
- (03) 366-5885
- URL boatsheds.co.nz
- 料 シングルカヤック $15／1時間
  - ダブルカヤック $30／1時間
  - パドルボート $30／30分
  - ローボート $25／30分
  - カナディアンカヌー $25／30分
  - レンタルバイク $10／1時間
  - $30／1日

ファミリーでの利用も人気

ハグレー公園
Hagley Park

Map P.48-A～C1

市民の憩いの場として親しまれている

"ガーデンシティ"と呼ばれるクライストチャーチには、いたるところに美しい公園がある。そのなかでもひときわ大きいのが、このハグレー公園。総面積約165ヘクタール、東京の日比谷公園の約15倍という広さで、緑豊かなクライストチャーチを象徴している。公園を横切るリカトン・アベニューRiccarton Ave.を境にして北ハグレー公園North Hagley Park、南ハグレー公園South Hagley Parkと呼び分けている。1813年、並木を保存するため、公衆の緑地にすることが州法によって決定された。

園内にはスポーツ施設も多く、ゴルフやテニス、そしてニュージーランドの国民的スポーツのラグビーやクリケットもよく行われている。週末ともなると、それぞれのユニホームに身を包んだ人や、散歩やジョギングを楽しむ人々、ピクニックの家族連れなどの姿も多い。園内を流れるエイボン川では、澄み切った水面に浮かぶカモたちも見られ、ゆったりとした雰囲気を味わえる。

また、公園内にあるクライストチャーチ植物園では、ニュージーランドの固有種や海外の植物など、季節の花を観賞できる。

パンティング・オン・ジ・エイボン
- 住 2 Cambridge Tce.
- (03) 366-0337
- URL www.christchurchattractions.nz
- 営 10～3月 9:00～18:00
  - 4～9月 10:00～16:00
- 休 無休
- 料 大人$30、子供$15（所要約30分）

緑と白のストライプが目印のボート乗り場

ボート乗り場にはカフェも併設。ボード・シェッド・カフェ（→P.66）

パンティング・オン・ジ・エイボン
Punting On The Avon

Map P.48-B・C1

市内を蛇行するエイボン川で人気なのがパンティングと呼ばれる舟遊びだ。棒を櫓にして漕ぐイギリス独特の小舟のことで、操るにはかなりの技術を要する。船頭の漕ぐ小舟に乗って、ポプラ並木や美しい花々の咲き乱れる風景のなか流れを下れば、クライストチャーチのもつイギリスらしい一面を見ることができる。出発はケンブリッジ・テラスにあるボードシェッドから。2番目の橋を通過した辺りで折り返し、乗り場へ戻る。

船頭の衣裳もおしゃれ

グループでも乗ることができる舟は手造り

クライストチャーチ植物園
Christchurch Botanic Gardens

Map P.48-B1

園内には美しい色とりどりの花が咲き誇る

ハグレー公園の一角を占める、面積約21ヘクタールの植物園。1863年、イギリスのビクトリア女王の長男のアルバート・エドワード王子とデンマークのアレクサンドラ王女の婚礼を祝してイングリッシュ・オーク（オウシュナラ）を植えたことがはじまりで、年間を通じてさまざまな植物や花が楽しめる。250種類以上ものバラが咲き乱れるバラ園のほか、美しい日本庭園もあり、スイセンや桜の花も見られる。園内には世界平和を願って2006年に設置された「世界平和の鐘」がある。これは1954年に日本人がニューヨークの国連本部に寄贈したのと同様のもので、世界21ヵ所にある鐘のひとつだ。

園内のボタニック・ガーデン・ビジターセンターでは観光案内のほか、展示コーナーやカフェ、図書館を併設。

また、いも虫をデザインした緑色の電動車に乗って、ガイドの説明を受けるボタニック・ガーデンツアーも行われている。所要約1時間。

追憶の橋
Bridge of Remembrance

Map P.48-B2

エイボン川に架かる橋のなかでひときわ美しく有名なのがこの追憶の橋。大きなアーチ型の門をもつ橋だ。第1次世界大戦当時、兵士たちは市内にある兵舎から、家族や友人に見送られながらこの橋を渡って駅までの道を行進し、アジアやヨーロッパの戦場へと旅立っていった。兵士たちが戦場で故郷を振り返ったとき、懐かしく思い出されたことが命名の由来となっている。現在の立派な橋は、戦場で命を失った多くの兵士を追悼して1923年に架けられたもの。ニュージーランド国内の歴史的建造物として保護されている。

さまざまな思いが込められた石造りの橋

ニュー・リージェント・ストリート
New Regent Street

Map P.48-B3

スペイン風のカラフルな建物が並ぶ商店街。もともと1932年にオープンした歴史ある通りで、ニュージーランド国内では、テーマ性をもつショッピングモールの先駆け的存在だった。通りにはレストランやカフェほか、みやげ物店やブティック、アクセサリーショップなどおしゃれな店が軒を連ねており、ウィンドーショッピングにもおすすめ。

可愛らしいカラフルな外観の建物が並ぶ

クライストチャーチ植物園
- (03) 941-7590
- URL ccc.govt.nz/parks-and-gardens/christchurch-botanic-gardens
- 開 7:00～18:30
- ビジターセンター 9:00～17:00
- 休 無休
- 料 無料
- ガイドウオーク
- 催 10月中旬～4月 13:30発
- 料 $10（所要約90分）
- ボタニック・ガーデン・ツアー
- FREE 0800-882-223
- URL www.christchurchattractions.nz
- 催 11～3月 10:00～15:30
-   4～10月 11:00～15:30
- 休 無休
- 料 大人$20、子供$9
- トラム、ボタニック・ガーデン・ツアー、パンティング・オン・ジ・エイボン、クライストチャーチ・ゴンドラの4つがセットになった、クライストチャーチ・パスは、大人$90、子供$30。全体で$15お得になるうえ、クライストチャーチ・ゴンドラ（→P.59）へのシャトルバス代も無料になるため、おすすめ。またトラムとパンティング・オン・ジ・エイボンの組み合わせは大人$50、子供$15。

ニュー・リージェント・ストリート
- URL newregentstreet.co.nz

通り沿いにはトラムが走る

南島 クライストチャーチ 見どころ

53

ブルバード・アート・マーケット

住 33 Worcester Blvd.
開 9:30～17:00
休 無休

ブルバード・アート・マーケット
Boulevard Arts Market

Map P.48-B2

アートセンターが休館になった際、施設内にあった店やカセドラル・スクエア周辺にあった店が、アートセンターの向かいで仮店舗を連ねている。書籍、グリーンストーン、陶器、木工、衣類など、ローカルデザイナーの作品が充実しており、眺めているだけでも楽しい。

ニュージーランドらしいみやげものが揃う

クライストチャーチ・ファーマーズ・マーケット

住 16 Kahu Rd. Riccarton
電 (03) 348-6190
URL www.christchurchfarmersmarket.co.nz
催 土　　　9:00～13:00頃
交 市内中心部からイエローライン、またはパープルラインで約15分、下車後徒歩約15分。

リカトン・マーケット
Map P.46-B1
住 Riccarton Park,
　 165 Rececourse Rd.
電 (03) 339-0011
URL riccartonmarket.co.nz
催 日　　　9:00～14:00頃
交 市内中心部からメトロイエローラインで約30分、下車後徒歩約15分。

クライストチャーチ・ファーマーズ・マーケット
Christchurch Farmer's Market

Map P.46-B2

クライストチャーチ市内では、週末に各地域でのみの市が開催されている。そのなかでも比較的観光客が行きやすいのが、リカトン・ブッシュRiccarton Bush内で毎週土曜に開かれるクライストチャーチ・ファーマーズ・マーケット。野菜や果物といった生鮮食品のほか、パンや軽食を扱う店がずらりと並び、ブランチを楽しむ人々でにぎわう。

また、市内中心部から離れていて交通の便はよくないものの、リカトン・パークRiccarton Parkで毎週日曜に開催されるリカトン・マーケットRiccarton Marketも、地元の人からの人気が高い。市場には300店以上が集まり、一見の価値がある。

スムージーやを扱う屋台も

クライストチャーチ・カジノ

住 30 Victoria St.
電 (03) 365-9999
URL christchurchcasino.nz
営 月～木　　11:00～翌3:00
　 金　　　　11:00～24:00
　 土　　　　 0:00～24:00
　 日　　　　 0:00～翌3:00
休 無休
交 18:00～翌2:00まで市内宿泊施設からの無料迎車サービスを実施。詳細は要問い合わせ。
※カメラやビデオ、大きい荷物は受付で預ける。パスポートなど身分証を用意しておこう。入場は20歳以上。ラフな服装は控えたい。

クライストチャーチ・カジノ
Christchurch Casino

Map P.48-A2

1994年にオープンしたニュージーランド初のカジノ。ブラックジャックやルーレット、ポーカーやスロットマシンなど多彩なゲームを楽しむことができる。36台のテーブルではアメリカン・ルーレット、ブラックジャック、バカラ、カリビアン・スタッド・ポーカー、ラピッド・ルーレット、マネー・ホイールなどのゲームで遊ぶことができ、スロットマシンは500台から選べる。曜日や季節ごとにさまざまなイベントが開催されているので、事前にチェックしてから訪れるといいだろう。館内にはレストランやバーも併設しており、こちらも日によってイベントが行われる。

カジノで運試しをしてみては？

モナ・ベイル
Mona Vale

市内中心部から西へ約2km、エイボン川のほとりにたたずむ屋敷がモナ・ベイル。19世紀末に建てられたビクトリア様式の個人邸宅で、現在は一般にも開放されている。その美しく、広大な英国風の庭園は"ガーデンシティ"の愛称をもつクライストチャーチの代表的な観光地でもあり、市内観光などで多くのツアーが訪れる。邸内にはレストランを併設。敷地内のエイボン川を巡るパンティングも楽しめる（10〜11月は土・日曜のみ、12〜4月頃までは毎日運行）。

Map P.46-B2

手入れが行き届いた庭園に咲く花々

モナ・ベイル
- 40 Mono Vele Ave.
- (03) 341-7450
- ccc.govt.nz/parks-and-gardens/mona-vale
- 7:00〜日没の1時間前まで ※閉園時間は月によって異なる。3月20:00、4月18:30、5〜8月17:30、9月18:00、10月19:00、11〜2月21:00。
- 無休
- 無料
- 市内中心部からメトロ#29で約10分。

アイザック・シアター・ロイヤル
Isaac Theatre Royal

1863年にオープンした歴史ある劇場。初代、二代目と改築を繰り返し、三代目の建物が現在の場所にオープンしたのが1908年のこと。優美な装飾が施されたフレンチ・ルネッサンス様式の建物で、観客席にドーム型の天井画が設けられるなど、空間自体が芸術的な価値を持っていた。2011年の大地震で建物は半壊したが、内部、外観ともに修復され、公演を再開。現在はミュージカルやコンサートなどさまざまな催しが開催されている。

Map P.48-B2

ニュー・リージェント・ストリートの近くにある

アイザック・シアター・ロイヤル
- 145 Gloucester St.
- (03) 366-6326
- isaactheatreroyal.co.nz
- ウェブサイトからチケットの購入が可能。

Column 市民待望の図書館がオープン！

再開発が進むクライストチャーチで、待望の中央図書館「チュランガ Tūranga」が2018年10月に誕生。建物は5階建てからなる近代的なデザインで、蔵書の数は約18万。通常の書籍はもちろん、町にまつわる歴史的資料や子供向けの絵本も充実。日本の雑誌やマンガも見つかる。さらに、旅行者にうれしいサービスも要チェック。自分のスマホやパソコンをWi-Fiにつなげて、ソファラウンジでゆっくりと情報収集できるほか、各フロアにあるロッカーは、2時間まで無料で利用することができる。館内各所に設けられた展望デッキから、クライストチャーチの市街地を眺めるのもおすすめだ。

チュランガ Map P.48-B2
- 60 Cathedral Square
- (03)
- my.christchurchcitylibraries.com/locations/central
- 8:00〜20:00、土 日 10:00〜17:00
- 無休

5階からなる中央図書館

マルチスクリーンでゲームもできる

展望デッキから市内を見渡せる

クライストチャーチ郊外の見どころ

空軍博物館
空軍博物館
Air Force Museum
Map P.46-C1

住 45 Harvard Ave. Wigram
☎ (03) 343-9532
URL www.airforcemuseum.co.nz
開 10:00～17:00
休 無休
料 無料
交 市内中心部からメトロイエローラインで約30分、下車後徒歩約10分。

ニュージーランド空軍発足の地である、郊外のウィグラム空軍基地に隣接する航空博物館。まるで格納庫のような広大なホールに、初期のレシプロ複葉機から1970年代のジェット戦闘機まで大小さまざまな航空機を展示している。1923年に始まったニュージーランドにおける空軍の歩みを映像や実物展示で紹介するコーナーもある。

航空機ホールの内部。手前は1950年代に使用されていたムスタング機

国際南極センター
国際南極センター
International Antarctic Centre
Map P.46-A1

住 38 Orchard Rd.
☎ (03) 357-0519
FREE 0508-736-4846
URL www.iceberg.co.nz
開 9:00～17:30
休 無休
料 大人$59、子供$29
（日本語オーディオガイド$10）
交 カンタベリー博物館(→P.51)前から無料シャトルが運行。9:00、10:00、11:00、12:00、13:30、14:30、15:30発

愛らしいブルー・ペンギンのエサやりは10:30、15:30

ニュージーランドと南極は距離的にも近く、クライストチャーチ国際空港は南極への輸送・通信基地として使われるなど、深いつながりがある。ここでは南極探検の歴史資料や、ペンギンなどの生物について展示している。南極の気候や四季を体験できるコーナーは、できるだけ南極に近い状態を作り出す工夫がなされており、体感しながら南極について深く知ることができる。マイナス20℃に達する室内で南極の凍えるような寒気を疑似体験できるアンタークティック・ストームAntarctic Stormは人気のアトラクション。また4Dエクストリーム・シアター4D Extream Theatreでは、3Dで撮影された南極の映像に合わせてシートが揺れたり水しぶきが飛んできたりと、迫力満点のバーチャル体験ができる。

南極探検の気分を味わおう

オラナ・ワイルドライフ・パーク
オラナ・ワイルドライフ・パーク
Orana Wildlife Park
Map P.46-A1

住 793 McLeans Island Rd.
☎ (03) 359-7109
URL www.oranawildlifepark.co.nz
開 10:00～17:00
（最終入園は～16:00）
休 無休
料 大人$34.5、シニア・学生$29.5、子供$9.5
交 市内中心部から車で約25分。送迎シャトルOrana Wildlife Park Shuttleを利用（有料）。
Steve's Shuttle
☎ (03) 356-1010

ドキドキしてしまうライオンとの出合い

約80ヘクタールの広大な敷地をもつサファリパーク。柵などがあまりなく、70種以上の動物が野生に近い状態で飼育されている。園内は広いので、ガイド付きの巡回バスが運行しており、バスに乗ったままライオンやチーター、シマウマ、ラクダ、キリンなどを見て回ることができる。ニュージーランド固有のキーウィや、"生きた化石"といわれるトゥアタラも見られる。

1日を通してイベントもいろいろ行われるので、到着したらまず何がいつ始まるのかチェックしておこう。なかでも、14:30から行われるライオン・エンカウンターThe Lion Encounterは、エキサイティングな体験。これはオリのようになった車に乗り込み、ライオンたちと間近に触れ合うというもの。1日20人の限定で、$45（ただし、身長140cm以上）。

ウィロウバンク動物公園
Willowbank Wildlife Reserve

Map P.46-A2

自然に近い環境に整えられた広い園内には、ワラビー、クニクニピッグ、トゥアタラ、ウナギ、ケア、カカ、タカへなど、が飼育されている。キーウィハウスはガラス越しでなく、息づかいまで聞こえてきそうなほど接近して見られる貴重な場所だ。動物たちに餌をやりながら食事を楽しめるレストランも人気が高い。伝統的なマオリの文化について学び、ユニークなパフォーマンスを楽しめる、コ・タネKo Taneも見応えがある。

マオリに飼われていたクニクニピッグ

ニュー・ブライトン
New Brighton

Map P.47-B4

クライストチャーチの市街地から東へ約8km、車で15分ほどの所にある人気のビーチがニュー・ブライトン。夏には海水浴やサーフィンを楽しむ人たちでにぎわう。周辺にはレストランやカフェ、サーフショップなどが立ち並び、ちょっとしたリゾート気分も味わえそう。週末は混雑するので、のんびりくつろぎたいのなら平日に行くのがおすすめ。特に、海沿いにある図書館は人気で、館内では海を望むソファシートでゆっくりと音楽を聴いたり、本を読んだりすることができる。図書館の前には300mほど海に突き出た造りの巨大な桟橋Pierがあり、名所のひとつになっている。桟橋から釣りを楽しむ人もいる。

桟橋の上から眺めるビーチは絶景

サムナー・ビーチ
Sumner Beach

Map P.47-C4

市街地から南東へ10km余り、リトルトン・ハーバーLittelton Harbourの北東にある。ニュー・ブライトン同様、シティから近いビーチとして親しまれ、夏の週末は海水浴を楽しむ市民でにぎわう。また、南東へ少し離れた場所にあるテイラーズ・ミステイク・ビーチTaylors Mistake Beachは、サーファーたちの間で人気の高いビーチ。ビーチ沿いには雰囲気のいいレストランやカフェが並び、すがすがしい海の風景を眺めながらの食事も最高。

市内から20分ほどのドライブで行けるサムナー・ビーチ

ウィロウバンク動物公園
住 60 Hussey Rd. Harewood
☎ (03) 359-6226
URL www.willowbank.co.nz
開 10〜3月　　9:30〜19:00
　 4〜9月　　 9:30〜17:00
休 無休
料 大人$32.5、子供$12
コ・タネ
（ハンギディナーとキーウィ観察ツアー、市内からの送迎含む。要予約）
大人$165、子供$80
交 市内中心部からメトロブルーラインでノースランドへ。そこから#107に乗り換え。所要時間約60分。

コ・タネでマオリの文化を知ろう

ニュー・ブライトンへの行き方
市内中心部からメトロイエローラインで約50分。

長さ約300mの桟橋。周辺の地面には桟橋建設費用の寄付者名が刻まれている

ニュー・ブライトン図書館
住 213 Marine Pde. New Brighton
☎ (03) 941-7923
URL my.christchurchcitylibraries.com/locations/NEWBRIGHTN
開 火〜木　　9:00〜18:00
　 土・日　　10:00〜16:00
休 月・金

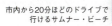
雰囲気のいいカフェを併設する海辺の図書館

サムナー・ビーチへの行き方
市内中心部からメトロパープルラインで約40分。

57

フェリミード歴史公園
Ferrymead Heritage Park

Map P.47-C3

40ヘクタールに及ぶ広大な敷地に商店や工場、郵便局、学校など19〜20世紀前半の町並みが再現されている大規模な歴史公園。各展示室には展示物とともに人間の精巧な模型が置かれ、往時にタイムスリップしたような気分が味わえる。また、この地は1863年にニュージーランドで初めて公営鉄道の線路が敷かれた場所でもあり、蒸気機関車、自動車など交通関係の展示が充実している。古いトラムは毎日、毎月第2日曜には蒸気機関車が園内を走り、乗ることも可能だ。

フェリミード歴史公園
- 50 Ferrymead Park Dr. Heathcote
- (03)384-1970
- www.ferrymead.org.nz
- 10:00〜16:30
- 無休
- 大人$13、学生$10.5、子供$8（第2日曜、およびイベント開催時は大人$19.5、学生$17、子供$12）
- 市内中心部から#28で約25分、下車後徒歩約20分。

広い園内をクラシックなトラムが走る

トラビス・ウェットランド・ネイチャー・ヘリテージ・パーク
Travis Wetland Nature Heritage Park

Map P.47-A3

湿地帯を含む約116ヘクタールの敷地に約55種類の野鳥が生息する野鳥の保護区。ニュージーランド固有の鳥プケコやサギ、シギ、ミヤコドリ、黒鳥などが生息している。敷地内は遊歩道が整備されているので、のんびりと歩きながらバードウオッチングを楽しむことができる。野鳥の観察小屋もあり、鳥の解説ボードも設置されているので、双眼鏡を持って訪れたい。

トラビス・ウェットランド・ネイチャー・ヘリテージ・パーク
- Travis Watland Trust 280 Beach Rd.
- (03)941-8999 (Christchurch City Council)
- traviswetland.org.nz
- 8:00〜20:00（ビーチロード側ゲート開門時間）
- 無休
- 無料
- 市内中心部からメトロオレンジラインで約25分、下車後徒歩約15分。

ニュージーランド固有の植物が生い茂る

愛嬌たっぷりのプケコ

ザ・タナリー
The Tannery

Map P.47-C3

クライストチャーチ郊外のウールストンは、1800年代後半から羊毛加工で栄えた町。当時、町で最大の規模を誇った皮なめし工場（Tannery）がウールストン・タナリーだ。その後、この場所は買い取られ、クライストチャーチで人気の地ビール「カッスルズ&サンズ」のマイクロ・ブリュワリーが設けられた。2011年の地震後、復興・再開発され、現在は個性的なショップが集まるショッピングモールとなっている。カッスル&サンズのパブをはじめ、ブティックやインテリアショップ、アンティークショップ、カフェ、レストランなどが揃う。

ザ・タナリー
- 3 Garlands Rd.Woolston
- thetannery.co.nz
- 10:00〜17:00（店舗によって異なる）
- 無休
- 市内中心部からメトロ#28、またはパープルラインで約20分、下車後徒歩約15分。

The Brewery「カッスルズ&サンズ」のパブ
- (03)389-5359
- 8:00〜Late
- 無休

昔の工場を思わせるレンガ作りのショッピングモール

店の奥にマイクロ・ブリュワリーがある

クライストチャーチ・ゴンドラ
Christchurch Gondola

Map P.47-C3

市内と港町リトルトンとの間に位置する標高400mの小高い丘が、マウント・キャベンディッシュ Mt. Cavendish。その麓から山頂まで4人乗りのゴンドラがかけられ、約10分間の空中散歩が楽しめる。眼下にリトルトン・ハーバー、反対側には市街からカンタベリー平野、さらにサザンアルプスまで、360度のパノラマビューが広がる。山頂にはレストランやみやげもの屋もある。マウンテンバイクや徒歩で山を下りるのも楽しい。

クライストチャーチ・ゴンドラ
- 10 Bridle Path Rd.
- (03)384-0310
- URL www.christchurchatractions.nz
- 10:00〜17:00
- 無休
- 大人$30、子供$15
- カンタベリー博物館(→P.51)前からシャトルバスが運行。時間は9:30、10:30、11:30、13:00、14:00、15:00、16:00発。往復大人$10、子供$5。

ゴンドラから市内を一望できる

リトルトン
Lyttelton

Map P.47-D3・4

クライストチャーチ中心部から、車で30分ほど。バンクス半島にある港町のひとつに、人口約3000人のリトルトンがある。もともとリトルトンはクライストチャーチの外港として発達した港町。火山活動によってできた天然の良港で、

こぢんまりとした港町

イギリスからの入植時代は、町造りの中心地であった。しかし平地の少なさから、クライストチャーチ地域は現在の市街地で発達した。1964年に自動車専用のトンネルが開通し、アクセスは非常に快適になった。クライストチャーチ中心部のバス・インターチェンジから#28のバスで約40分。

リトルトンの町はこぢんまりとしているので、歩きやすい。メインストリートのロンドン・ストリートLondon St.ではレストランやカフェ、雑貨店などが立ち並んでいる。毎週土曜にはリトルトン・ファーマーズ・マーケットLyttelton Farmers Marketも開催される。

リトルトンへの観光情報
URL lytteltoninfocentre.nz

野菜や果物など幅広く扱うファーマーズ・マーケット

Column 南島のおすすめ温泉スポット

クライストチャーチから車で北へ約1時間30分。国道1号線をワイパラWaiparaまで北上し、7号線に入って約25分ほど行くと、リゾート地として人気のあるハンマー・スプリングスHanmer Springs（折り込みMap①）の町に到着する。マオリの伝説にも登場する由緒ある温泉地だ。観光の中心はスパ施設のハンマー・スプリングス・サーマル・プール＆スパ Hanmer Springs Thermal Pools & Spaで、趣向や湯温（28〜42℃）の異なる露天風呂や、大きなウオータースライダーが設置された遊園地のような施設。海抜350mの高さにあり、豊かな自然に覆われた一帯はトランピングやゴルフ、バンジージャンプなどができることでも人気。ハンマー・スプリングスから車で約1時間の所には、日本風の温泉施設「Maruia Springs」もある。

ハンマー・スプリングス・サーマル・プール＆スパ
Map P.46-A2外
- 42 Amuri Ave. Hanmer Springs
- (03)315-0000 FREE 0800-442-663
- URL hanmersprings.co.nz
- 10:00〜21:00
- 無休
- 大人$25、子供$12.5

おもなアクセス
Hanmer Connection
- (03)382-2952 FREE 0800-242-663
- URL www.hanmerconnection.co.nz
- クライストチャーチ（カンタベリー博物館正面）9:00発
- 大人$30、子供$20
- 各種アクティビティが楽しめる温泉リゾート

南島 クライストチャーチ 見どころ

Column マウント・ハット・スキー・エリア

標高2086mのマウント・ハットMt.Huttの斜面に広がり、南島最大規模のスキー場であるマウント・ハット・スキー・エリア。クライストチャーチから車で1時間45分ほどの距離で、日帰りもできるため観光客の利用も多い。雪質や積雪量、バラエティに富んだゲレンデ構成に定評があり、例年だいたい6月上旬〜10月上旬までスキーやスノーボードを楽しむことができる。

上級者はもちろん、初心者も楽しめる

マウント・ハット・スキー・エリアには宿泊施設はなく、ベースタウンとしてはメスベンMethvenが挙げられる。大都市のクライストチャーチに比べるととても小さな町だが、冬季はにぎわいを見せる。ゲレンデまでは車で35分とアクセスがよく、各種宿泊施設やスキー・スノーボードショップもあるので、長期滞在者に人気が高い。

スキーリゾート地メスベン

ゲレンデへのアクセス

メスベンからゲレンデまでは、メスベン・トラベルMethven Travelのマウント・ハット・スキー・バスが運行している。シーズン中は毎日運行しており、メスベン7:45、9:45、帰りはゲレンデ15:00、16:15発の便がある。ウェブサイトやトラベルオフィスで予約。メスベン内にあるホテルからのピックアップやドロップオフも可能。運賃は往復$25（10歳以下は無料）。ゲレンデまでの道のりは険しく、ガードレールもない峠道なので、レンタカーよりもバスを利用する方が望ましい。また、クライストチャーチとゲレンデを運行するシャトルバスもある。カンタベリー博物館前7:00発、片道$60（10歳以下は無料）。

ゲレンデについて

標高が高いため、水分の少ないパウダースノーで雪質は最高。ただし、気象が変化しやすく、強風でリフトが止まったり、ひどいときにはスキー場自体がクローズしたりすることもある。風の強さでは「マウント・シャット」という別名をもつほどだ。防寒装備を用意し、できればスケジュールにも余裕をもたせておこう。

すり鉢状になった山の斜面を利用してゲレンデが広がっている。リフトは全部で4種類。緩斜面や迂回コースなど初心者でも楽しめるコースがある一方で、中級者や上級者が挑むような急斜面やコブ斜面もあり、各レベルにバランスがとれたコース構成となっている。

また、メインとなる建物には、手軽に素早くお腹を満たせるスカイ・ハイ・カフェSky High Cafeと、ゆっくりとくつろぎながら食事ができるレストラン、フーバーズ・ハットHuber's Hutがある。どちらも朝食と昼食を提供している。

Mt. Hutt Ski Area Map 折り込み ①
(03) 308-5074（降雪情報）
URL www.nzski.com
6月上旬〜10月上旬 9:00〜16:00
リフト1日券
大人$119、子供$59（10歳以下無料）
リフト1日券&レンタル
大人$169、子供$40〜99

マウント・ハット・スキー・バス & シャトルバス
Methven Travel
(03) 302-8106
FREE 0800-684-888
URL www.methventravel.co.nz

クライストチャーチの エクスカーション
Excursion

クライストチャーチ郊外にはさまざまな見どころが点在しており、各方面へのツアーが行われている。サザンアルプスの絶景を訪ねるツアーのほか、牧場体験、映画のロケ地巡り、ワイナリー探訪などバリエーションも豊富。好みのものを探してみよう。

アカロア日帰りツアー

アカロアへの道中では、ドライバーが地域の歴史などをガイドしてくれるほか、古い鉄道駅「リトルリバー」や、アカロア湾を見渡すヒルトップ・タバーン、バリーズ・ベイのチーズ工場などにも立ち寄る。アカロアでは自由行動となり、出発は16:00。

Akaroa French Connection
0800-800-575　www.akaroabus.co.nz
通年　クライストチャーチ9:00発　大人$50、子供$30　CC AMV

アーサーズ・パス国立公園日帰りツアー

人気の山岳列車、トランツアルパイン号とバスを利用して、アーサーズ・パス国立公園を訪れる。トランツアルパイン号の乗車は2時間30分程度。オリタ峡谷を訪ね、ランチのあとは国立公園内での散策の時間も取られている。帰り道にはワイマカリリ川でのジェットボート、ファーム訪問もあり、盛りだくさんの内容だ。

Leisure Tours
0800-484-485　www.leisuretours.co.nz　通年　7:30～8:00出発(ホテルでのピックアップあり)　大人$365、子供$255　CC AMV

アオラキ／マウント・クック国立公園日帰りツアー

日本での教師経験があり、流暢な日本語を話すクレイグさんが催行する個人ガイドツアー。レイク・テカポを経由し、アオラキ／マウント・クック国立公園では手軽なショートコースを歩く。手作りピクニックランチ付きで、所要約12時間。2人以上で催行。

CanNZ　021-1811-1570
cannewzealandtours.co.nz/ja/mtcook-tours-2　info@cannztours.com
通年　$420(2人参加の場合の1人あたりの料金)　CC MV　日本語OK

ワイナリーツアー

ワイパラ・バレーWaipara Valleyにある4つのワイナリーを訪れるガイドツアー。20種類以上のワインのなかからテイスティングができる。ランチ付き。宿泊先への送迎もあるので、酔っぱらってしまっても大丈夫。最少催行人数は2人。

Discovery Travel
027-557-8262
www.discoverytravel.co.nz
通年　11:00発(所要約6時間)
$175～295　CC MV

アルパカファームツアー

クライストチャーチからアカロア湾沿いをドライブしながら、約160頭のアルパカが待つプライベートファームへ。ツアーでは、アルパカの生態や習性に関する解説はもちろん、大自然が広がる牧場でアルパカと触れ合うことができる。ショップではアルパカ100%ニットも販売。

Shamarra Alpacas
(03)304-5141
www.shamarra-alpacas.co.nz
通年　10:00発、12:00発、14:00発、16:00発(所要約1時間)
大人$50、子供$30　CC MV

映画『ロード・オブ・ザ・リング』ロケ地巡り

映画『ロード・オブ・ザ・リング』の第2、3部で登場した「エドラスの丘」のロケ地を4WDで駆け抜ける。クライストチャーチ市内の宿泊施設からの送迎と、ピクニックランチ代込み。メスベンから参加の場合は大人$279、子供$185。出発は11:15(所要約5時間30分)。

Hassle-free Tours
(03)385-5775
0800-427-753
hasslefreetours.co.nz
通年　9:00発(所要約8時間30分)
大人$299、子供$199
CC MV

61

クライストチャーチの アクティビティ

Activity

ガーデンシティの落ち着いた雰囲気とは別に、クライストチャーチではアクティビティも充実。そのほとんどが周囲の自然を満喫できる内容だ。自然とスリルの両方を求めるなら、スカイダイビングなどのドキドキ系アクティビティに挑戦してみよう!

ジェットボート

クライストチャーチ中心部から車で約50分、ワイマカリリ川 Waimakariri Riverでのジェットボート体験は、ハイスピードで川を疾走するアクティビティ。訓練を受けたドライバーが運転するので、安心してスリルを味わえる。各ツアー会社により異なるが、たいていが市内送迎(別料金)を行っている。

Alpine Jet Thrills
☎(03)385-1478　FREE 0800-263-626　URL www.alpinejetthrills.co.nz
営通年　料Braided Blast 大人$90、子供$65(所要約30分、送迎代別)　CC MV

スカイダイビング

上空1万3000フィートもの高さから、時速最大約200キロで急降下するスリリングなスカイダイビング。ガイドが一緒に飛んでくれるタンデムダイビングなら、初心者でも安心して挑戦できる。記念撮影$150やビデオ撮影$175などのオプションも。

Skydiving Kiwis
FREE 0800-359-549　URL www.skydivingkiwis.com　営通年
料タンデムダイビング 6000〜1万3000フィート $249〜360　CC MV

熱気球

早朝にクライストチャーチを出発し、天候や参加人数に適した場所へ移動。熱気球の準備を手伝いながら上空の旅へ。美しい日の出や、畑や牧場がパッチワークのように広がるカンタベリー平野、サザンアルプスの山並みなどを一望できる。

Ballooning Canterbury　☎(03)318-0860
FREE 0508-422-556　URL ballooningcanterbury.com　営通年
料大人$395、子供$320(12歳以下、身長110cm以上が条件)　CC AMV

ホーストレッキング

クライストチャーチから車で約50分、ルビコン・バレー Rubicon Valley周辺でホーストレッキングが楽しめる。馬に乗って広大な牧場やワイマカリリ渓谷、ワイマカリリ川沿いのエリアなどをガイドとともに散策する。所要1時間の手軽なコースから半日コースまでコースの種類が豊富。市内送迎は要相談。

Rubicon Valley Horse Treks
☎(03)318-8886
URL rubiconvalley.co.nz
営通年
料1時間$55、3時間$140　CC MV

ラフティング

渓谷や田園風景を眺めながら、ときに激しく、ときにのんびりとボートで川を下るアクティビティ。自らパドルを持ち操縦するが、ガイドのていねいなレクチャーがあるので初心者でも安心して楽しめる。タオルと水着は要持参すること。ラフティングのあとにはBBQのランチがつく。

Rangitata Rafts
☎(03)696-3735　FREE 0800-251-251
URL www.rafts.co.nz
営10〜4月
料4時間$175
CC MV

ツーリング

町や大自然のなかをマウンテンバイクで爽快に駆け抜けるツーリング。コースやツアー内容もさまざまで、ハグレー公園やエイボン川周辺を巡る初心者でも気軽に体験できるものから数日間かけて走る本格的なものまである。フル装備のマウンテンバイクを借りていざ出発!

Explore New Zealand by Bicycle
☎(03)377-5952　FREE 0800-343-848
URL www.cyclehire-tours.co.nz
営通年
料マウンテンバイク半日$25〜(レンタル)、ゴンドラMTBライド$70〜　CC MV

クライストチャーチの新旧カフェでひと休み♪

南島一のビッグシティはおしゃれカフェがいっぱい。地元で愛される老舗や注目の新店をチェック！

斬新なデリバリー！

チューブを伝ってグルメが届く！
シーワン・エスプレッソ
C1 Espresso　Map P.48-C3

1996年に創業した地元で人気のカフェ。天井や柱にはチューブが張り巡らされており、筒状のボックスに入ったグルメがチューブを通ってテーブルに届くという斬新なデリバリーが楽しめる。「空気圧の」を意味するペヌマティックメニューは、15:00〜21:00まで注文可能だ。

住185 High St.
電なし
URL www.c1espresso.co.nz
営7:00〜22:00
休無休
CC ADJMV

[1]店内のチューブに注目 [2]ミニバーガー入りのスライダース$20.9 [3]コーヒー豆は購入可能

サンドイッチや卵料理など、コーヒーに合うメニューが多い

注目の新図書館にオープン！
ファンデーション
Foundation　Map P.48-B2

2018年10月にオープンした中央図書館（→P.55）に出店。ガラス張りの開放感あふれる空間で、旅行者も入りやすい。軽食のほか、フィッシュ・オブ・ザ・デイ$26.5といったグルメも充実しているので、食事利用にもおすすめ。

住60 Cathedral Sq.
電(03)365-0308
URL www.foundationcafe.co.nz
営月〜金7:00〜20:00、土・日8:30〜17:00
休無休
CC MV
日本語OK

図書館1階に展開する。2階にもドリンクを注文できる小さなコーナーがある

名物のグラノーラ

地元kiwiが集まる！

コーヒー好きにはたまらない♪
ブラック ベティ カフェ
Black Betty Cafe　Map P.48-C3

黒い外観と倉庫風のインテリアがおしゃれな店。エスプレッソのほか、ニュージーランドでは珍しいサイフォンやハンドドリップ、エアロプレスなどさまざまなタイプのコーヒーが楽しめる。ブランチは14:30まで注文可。

住165 Madras St.
電(03)365-8522
URL blackbetty.co.nz
営月〜金7:30〜16:00、土・日8:00〜16:00
休無休
CC MV

クライストチャーチの レストラン

Restaurant

2011年の地震の後休業していたレストランが場所を変えて復活するなど、クライストチャーチのレストラン事情は日々刻々と変化し、活気を増している。特にビクトリア・ストリート、ビーリー・アベニューなどは、レストランやカフェが充実しているエリアだ。

ニュージーランド料理

クックン・ウィズ・ガス　Cook 'n' with Gas　Map P.48-B2　シティ中心部

19世紀後半の建物を利用しており、エントランスには柔らかなガス灯の光が揺れて、内装も雰囲気抜群。料理にも定評があり、1999年にオープンして以来、数々の賞を受賞している。メインはシーフードやラム、ポーク、ビーフなどから選べ、$40〜45。予算は1人$70程度、予約がおすすめ。

23 Worcester Blvd.　(03)377-9166
www.cooknwithgas.co.nz
月〜土18:00〜23:00　日　ADMV

ペスカトーレ・レストラン　Pescatore Restaurant　Map P.48-A1　シティ中心部

ジョージ（→P.69）内にあるレストラン。新鮮な地元の食材を使い、遊び心たっぷりの料理を提供する。サーモンやスナッパーなどのシーフードを使ったデギュスタシオンのコース$124〜がおすすめ。アラカルトではムール貝やエビなどを使った前菜$26.5、ラム、カモ肉などのメイン$46〜から選べる。

50 Park Tce.　(03)371-0257
www.thegeorge.com　火〜土18:00〜23:00
日・月　ADJMV　日本語メニュー

フィデルスティックス　Fiddlesticks　Map P.48-B2　シティ中心部

ウースター・ブルバルドに面するレストラン。シカ肉やビーフ、ラム、シーフードなど、ニュージーランドならではの食材をおしゃれに味わえるメニューが揃う。ディナーの人気はグリーントマトのチャツネを添えたフライドチキン。パイやパン、スープなど日替わりメニューも多いので、気軽なランチにもおすすめ。

48 Worcester Blvd.　(03)365-0533
fiddlesticksbar.co.nz　月〜金8:00〜23:00　土・日、祝9:00〜23:00
無休　AMV

西欧料理

トウェンティ・セブン・ステップス　Twenty Seven Steps　Map P.48-B3　シティ中心部

イギリス人シェフによる新鮮な食材を使ったヨーロッパ風の料理と地元のワインが味わえるレストラン。カキやホタテなどのシーフード料理やラム、シカ肉がおすすめ、メニューは時季によって変わるが、だいたい前菜は$11.5〜21、メインは$32.5〜42、グラスワインは$8〜。いつも満席なので事前に予約をして行こう。

16 New Regent St.　(03)366-2727
www.twentysevensteps.co.nz　17:00〜23:00
無休　MV

中国料理

サンパン・ハウス　Sampan House　Map P.48-B3　シティ中心部

ニュー・リージェント・ストリート近くにある大衆向けレストラン。平日ランチタイム限定の日替わりのおかず3品とご飯のセット$10がお得。麺類は$14〜17、一品メニューは$15前後と、手頃な価格で本格的な中華料理が味わえる。またサテーやタイカレーなどアジアン料理もあり、テイクアウエイも可能。

168 Gloucester St.　(03)372-3388
11:30〜21:00（時季によって異なる）
無休　MV

ペドロス・ハウス・オブ・ラム　Pedro's House of Lamb　Map P.48-A1　シティ中心部

スペイン料理の名店。震災後は貨物コンテナを利用したテイクアウト専門店として再スタート。商品は看板メニューだったラム・ショルダー$50（2〜3人分）のみ。子羊の肩肉をローズマリーとガーリックで味付け、オーブンで5〜6時間焼いたもの。電話予約がおすすめ。トッピングはラズベリーかキーウィフルーツが選べる。

- 17b Papanui Rd.
- (03) 387-0707
- www.pedros.co.nz
- 16:00〜20:00　無休　CC ADJMV

サムライ・ボウル　Samurai Bowl　Map P.48-C2　シティ中心部

創業16年を迎えるクライストチャーチの人気ラーメン店。ラーメンは11種類。製麺所特注で作った麺はコシが強く、豚骨やトリガラを煮出したスープがよくからむ。10種類のスープが選べて料金は$13〜。ほかにもニュージーランドビーフを使った牛丼$13〜など約24種類の丼物が揃う。持ち帰りも可能。

- 5/574 Colombo St.
- (03) 379-6752
- www.samuraibowl.co.nz
- 11:30〜21:00L.O.　無休
- CC MV　日本語メニュー　日本語OK

サスケ　Sasuke　Map P.46-B2　シティ周辺部

リッカートン・ロード沿いにあるウインドミル・ショッピングセンター内にある日本食の店。ラーメンやたっぷりの玉ねぎを炒めて甘味を出した日本風のカレーが人気。醤油ラーメンは$13.5、味噌ラーメンは$15、スパイシー味噌は$15.5。化学調味料は使わず、煮干など天然素材でだしを取るヘルシー志向の店でもある。

- Windmill Shopping Centre, cnr of Riccarton Rd. & Clarence St.
- (03) 341-8935
- 月12:00〜20:00、火〜土12:00〜21:00
- 休日　CC MV　日本語メニュー　日本語OK

サキモト・ジャパニーズ・ビストロ　Sakimoto Japanese Bistro　Map P.48-B3　シティ中心部

カセドラル・ジャンクション内にあるカジュアルな雰囲気の日本食ビストロ。料理はすべてタパス形式で提供している。アンガス牛のたたきや手羽先の唐揚げなど定番メニューから、刺身や寿司、うどんや丼など種類豊富なメニューが揃う。日本酒やビールはもちろんニュージーランドワインもある。

- 119 Worcester St.（16A Cathedral Junction）Central City
- (03) 379-0652　月〜土17:00〜21:00
- 休日　CC MV　日本語メニュー　日本語OK

ハチ・ハチ　Hachi Hachi　Map P.48-A1　シティ中心部

「ニュージーランドの中の小さな日本」をイメージした日本料理店。日本人シェフによる料理は食べやすく、値段も手頃。ごはん、味噌汁などがセットになった定食「ベントーバリューセット」$17.9〜のほか、鉄板照り焼きチキン丼、唐揚げ丼などの丼$15.9〜、麺類に寿司バーガーなど多彩なメニューが揃う。

- 177 Victoria St.　(03) 377-0068
- www.hachihachi.co.nz　日〜木11:00〜21:00、金・土11:00〜21:30
- （時季によって異なる）　無休　CC MV

ビックス・カフェ　Vic's Cafe　Map P.48-A2　シティ中心部

週末には長蛇の列ができる人気カフェ。国内の品評会で何度も金賞を受賞しているベーカリーと同系列であるため、パンのおいしさには定評がある。サンドイッチやトーストなどパンがメインのメニューが多い。ソーセージや卵料理、トマトにポテトなどがセットのビッグ・ブレックファスト$21.5はボリューム満点だ。

- 132 Victoria St.　(03) 963-2090　www.vics.co.nz
- 月〜金7:00〜16:00、土・日7:30〜16:00
- 無休　CC MV

カフェ

ボート・シェッド・カフェ　Boat Shed Café　Map P.48-B1　シティ中心部

エイボン川のほとり、歴史的なボート小屋を改築した緑と白のストライプの外観が印象的。メニューは朝食とランチのみで、ランチはステーキサンドイッチ$21.5やトーステッドサンドイッチ$8などがあり、$20前後のメニューが中心。テラス席では真下を流れる川を眺めながらロマンティックな時間が過ごせそう。

住2 Cambridge Tce.　☎(03)366-6768　URL boatsheds.co.nz
営夏季　月〜金6:30〜17:30、土・日7:00〜17:30／冬季　月〜金6:30〜17:00、土・日7:00〜17:00　休無休　CC AMV

レモンツリー・カフェ　Lemon Tree Cafe　Map P.48-C3　シティ中心部

一見すると花屋と間違えるほど、たくさんの緑と花であふれたカフェ。ビッグ・ブレックファスト$20.5、ホットケーキ$17.5、エッグベネディクト$14.5などのほか、焼き菓子も充実。店内はオーナーがフリーマーケットなどで買い集めたコレクティブルズの食器や雑貨が並び、エレガントな雰囲気が漂う。

住234 St Asaph St.　☎(03)379-0949
営火〜金7:30〜16:00、土・日8:30〜16:00　休月
CC MV

ハロー・サンデー・カフェ　Hello Sunday Cafe　Map P.48-C2外　シティ周辺部

19世紀に建てられ、教会のサンデースクールとして使用されていた歴史的建造物を利用したかわいらしいブランチカフェ。休日のようなリラックスした雰囲気とおいしいフードメニューが好評で地元でも人気が高い。ベジタリアンやグルテンフリーにも対応。おすすめはビーフチークハッシュ$22、エッグベニー$22〜など。

住6 Elgin St.　☎(03)260-1566　URL hellosundaycafe.co.nz
営月〜金7:30〜16:30、土・日8:30〜16:30
休無休　CC MV

アンダー・ザ・レッド・ベランダ　Under The Red Verandah　Map P.47-B3　シティ周辺部

閑静な住宅街にあり、赤い屋根が印象的な一軒家カフェ。100年以上の歴史を持つコテージを利用し、木のぬくもりを感じる店内は居心地満点。エッグベネディクト$21、シーフードチャウダー$18など朝食からランチまでメニューは幅広く、マフィン、ケーキといったキャビネットフードも充実。ワインや地ビールも楽しめる。

住29 Tancred St.　☎(03)381-1109　URL utrv.co.nz
営月〜金7:30〜16:00、土・日8:30〜16:00　休無休
CC MV

Column　地元で人気のフードコートへ♪

2017年5月にオープン。ショッピングセンターなどに入っているフードコートとは違い、ハンバーガーショップをはじめ、ピザや寿司、タイ料理などの人気ショップ8店舗が集まっていて、ワンランク上のフードコートといった雰囲気だ。会計を済ませ、呼び出しレシーバーを受け取り、音が鳴ったら料理を受け取りに行くシステム。

クライストチャーチ・ファーマーズ・マーケットから始まった「Bacon Brothers」は、フリーレンジの卵を使用するなど素材にもこだわる。四角いバンズに野菜がたっぷりのグルメバーガーは9種類。ベーコン以外に、ビーフやチキンのバーガーもある。ランチライムには長蛇の列ができることもあるほどの人気ぶりだ。

リトル・ハイ・イータリー　Map P.48-C3
住181 High St.
☎021-0208-4444　URL www.littlehigh.co.nz
営月〜木7:00〜22:00、金・土8:00〜23:00、日8:00〜22:00（店舗によって異なる）
休無休　CC 店舗によって異なる

クライストチャーチの ショップ

Shop

市内中心部のショップは、メイン通りのコロンボ・ストリートに集中しておりショッピングモールなどの施設が続々とオープン。アートセンター内にもおみやげ探しにぴったりなショップが数店舗あり便利。郊外には個性豊かなショップもあるのでドライブがてらに訪れるのもおすすめ。

おみやげ

シンプリー・ニュージーランド　Simply New Zealand　Map P.48-B2　シティ中心部

BNZセンター内にあるおみやげチェーン店。品質表示のウォールマークの認定を受けており、パウア貝のアクセサリーや、木工品なども取り扱う。ラノリンクリームやマヌカハニー入りのハンドクリームなどのコスメやアート作品だけでなくラグビー関連のグッズ、メリノウールの手袋なども人気。

住101-110 Cashel St.　☎(03)366-7977
URL simplynewzealand.com　営4～9月　9:00～17:30
10～3月　9:00～18:00　休無休　CC ADJMV

ギフト・ショップ　The Gift Shop　Map P48-B～C2　シティ中心部

ショッピングモールのクロッシング内にあるギフトショップ。ギャラリーのような店内にはかわいらしい雑貨やアクセサリーが並ぶ。クライストチャーチで作られたオーガニック石鹸$16.8～やティキやポフツカワ、キーウィのビーズ刺繍ポーチ$25.9～、ハチや羊がプリントされた靴下$22.5なども。

住7/166 Cashel St.　☎(03)366-5802
営月～金9:00～18:00、土・日10:00～17:00
休無休　CC MV

雑貨

ショポロジー　Shopology　Map P48-B1～2　シティ中心部

ニュージーランドのメーカーやブランドのみを取り扱うセレクトショップ。100％天然ハチミツを取り扱うビー・マイ・ハニーやローカルメイドのヘーゼルナッツバター、オアマルの人気レストラン、リバーストーン・キッチンの自家製ジャムなどニュージーランドならではといった商品が揃う。

住28 Worcester Blvd.　☎(03)365-9059
URL www.shopology.co.nz　営10:00～17:00
休無休　CC MV

フランシス・ネイション　Frances Nation　Map P48-B1～2　シティ中心部

オーナーのテサさんがニュージーランド各地から集めた選りすぐりのホームウエアや雑貨が並ぶ。オーガニックや職人による手作りのアイテムが多く、センスの光る品揃え。手織りのメリノスカーフやおしゃれなキャンドル、石鹸、園芸用品、食器など、ほかにはないニュージーランド産のおみやげ探しにピッタリ。

住28 Worcester Blvd.　☎022-383-2545
URL francesnation.co.nz　営10:00～17:00
休無休　CC DJMV

文房具

ペパ・ステーショナリー　Pepa Stationery　Map P48-B1～2　シティ中心部

アートセンター（→P.50）内にある文房具のセレクトショップ。世界中から集められたおしゃれなデザインのノートや鉛筆などをはじめバッグやアクセサリーなども販売。キュートなイラストのはがき$7やデザイン豊富なピンバッチ$15.9～22.9がおすすめ。店内にはペンの試し書きができるスペースもある。

住28 Worcester Blvd.　URL pepastationery.co.nz
営10:00～17:00　休無休
CC MV

アート

デザイン・ストア　Design Store
Map P.48-B2　シティ中心部

クライストチャーチ・アートギャラリー（→P.50）内にあるショップ。商品はアートギャラリーの展示内容に合わせて毎回替わるので、いつ来ても新しいものに出会える。アクセサリーやバッグ、お菓子、ポップアートやマオリに関する本などさまざま。ハイセンスな雑貨はプレゼントにもおすすめ。

住 Cnr Worcester Blvd. and Montreal St.　電（03）941-7370
URL christchurchartgallery.org.nz　営10:00～17:00（水曜～21:00）
休 無休　CC MV

食料品

ファッジ・コテージ　The Fudge Cottage
Map P.48-B1～2　シティ中心部

アートセンター（→P.50）内にある手作りファッジ専門店。おみやげにもぴったりな箱入りのファッジ・バー$5.5（115g）はホーキーポーキーやマヌカハニーなど約20種類。なかでも人気はチョコレート、ロシアン、ベイリーズ。3つセットは$15。店内では試食もできる。ほかにも動物を型どったかわいいチョコレートなども。

住 28 Worcester Blvd.　電 0800-132-556　URL fudgecottage.co.nz
営10:00～17:00　休 無休
CC DJMV

アウトドア

マックパック・アウトレット・ストア　macpac Outlet Store
Map P.46-B2　シティ周辺部

クライストチャーチ発祥の老舗アウトドアメーカー「macpac」（→P.33）の国内最大のショップ。バックパックやテント、寝袋など本格的なアイテムはもちろん、アウトドアウエアの全般を取り揃えているのでトレッキング前にぜひ立ち寄りたい。店頭に並ぶ商品の約3割は大幅に値下げされているのでお買い得だ。

住 7A Mandeville St.　電（03）371-9342　URL macpac.co.nz
営 月～金9:00～17:30、土9:00～17:00、日10:00～17:00
休 無休　CC MV

ショッピングセンター

サウス・シティ・ショッピングセンター　South City Shopping Center
Map P.48-C2　シティ中心部

シティの中心部から徒歩圏内で行ける数少ないショッピングセンター。ホームセンターの「ウェアハウス」や本やカード類を扱う「ペーパープラス」などが出店。フードコートやファストフード店も充実する。出店していた大手スーパーの「ニューワールド」はダーラム・ストリート・サウスへ移転した。

住 555 Colombo St.　電（03）962-8800
URL southcity.co.nz　営 月～土9:00～18:00、日10:00～17:00（一部店舗によって異なる）　CC 店舗によって異なる

Column　ニュージーランドの名物クッキー

ニュージーランド国内のスーパーやコンビニで販売されている、クッキー・タイム Cookie Time社のクッキー。大ぶりのクッキー生地にチョコやナッツがたっぷり入った、キーウィお気に入りスイーツのひとつだ。2013年には海外初出店として、東京の原宿に店舗がオープンしたことで日本でも話題になった。クイーンズタウンにも店舗があるほか、クライストチャーチの郊外には工場に併設されたファクトリーショップがある。ここでは通常商品のほか、ファクトリーショップ限定で、製造の際に割れてしまったクッキーを安く購入することができる。

Cookie Time Factory Shop
Map P46-C1
住 789 Main South Rd., Templeton
電（03）349-3523
URL cookietime.co.nz
営 月～金9:00～17:00
土・日9:30～16:30
祝9:00～16:30
休 無休
交 市内中心部から車で約20分。メトロのイエローラインで約45分。

ブランドキャラクター、クッキー・マンチャーがお出迎え

定番商品のオリジナル・チョコレート・チャンク

クライストチャーチの アコモデーション
Accommodation

町の中心部にはホテルやユースホステルが、ビーリー・アベニューBealey Ave.沿いにはモーテルやB&Bが比較的多い。市内周辺部のアコモデーションでは送迎サービスを行っていることもあるので、事前に確認をしておこう。

● 高級ホテル

ジョージ　The George　　Map P.48-A1　シティ中心部

ハグレー公園に隣接するスモールラグジュアリーホテル。温かいサービスとプライベート感のある雰囲気で、ゆったりとした時間を満喫できる。館内のペスカトーレ・レストラン（→P.64）はニュージーランドベスト10に入る一流店。食事だけの利用もできる。

50 Park Tce.　(03)379-4560　0800-100-220
www.thegeorge.com
⑤①①$300～　53　ADJMV　日本語OK

ヘリテージ・クライストチャーチ　Heritage Christchurch　Map P.48-B2　シティ中心部

カセドラル・スクエアに立つ歴史ある建物、オールド・ガバメント・ビルディングを利用したホテル。全室スイートルームでキッチンとランドリー付き。イタリアンクラシックな内装とモダンなインテリアが印象的だ。Wi-Fiは無料で利用できる。

28-30 Cathedral Sq.　(03)983-4800　0800-368-888
www.heritagehotels.co.nz
⑤①①$305～　31　ADJMV

ディスティンクション・クライストチャーチ　Distinction Christchurch　Map P48-B2　シティ中心部

カセドラル・スクエアにあった旧ミレニアム・ホテルを改装。2018年3月にオープンした11階建てのホテル。客室は広々としており落ち着いた雰囲気。3タイプのクラシックルームはバスタブ付き。館内にはサウナやフィットネスセンター、レストラン&バーなど施設も充実。

14 Cathedral Square　(03)377-7000
www.distinctionhotelschristchurch.co.nz　⑤①①$199～
179　AJMV

ノボテル・クライストチャーチ・カセドラル・スクエア　Novotel Christchurch Cathedral Square　Map P.48-B2　シティ中心部

カセドラル・スクエアに面した現代的なホテル。客室はスタンダード、スーペリア、エグゼクティブの3タイプ。一部客室はバスタブ付き。館内にはニュージーランド料理が楽しめるレストランとバー、ジムを併設している。観光にも便利。

52 Cathedral Sq.　(03)372-2111
www.novotel.com　⑤①①$211～　154　ADMV
日本の予約先(03)4455-6404

シャトー・オン・ザ・パーク　The Chateau on the Park　Map P.46-B2　シティ周辺部

ハグレー公園の西側に位置し、古城を思わせる建物と、ほとんどの客室から望める手入れの行き届いたガーデンが美しい。キングやクイーンサイズのベッドを配したデラックスルームをはじめ、客室はどれも広々。レストランやバー、スパと館内施設も充実。

189 Deans Ave. Riccarton　(03)348-8999
0800-808-999　doubletree3.hilton.com
⑤①①$156～　192　AMV

■南島の市外局番（03）と、日本の予約先（東京の市外局番03）は異なります

南島　クライストチャーチ　ショップ／アコモデーション

高級ホテル

スディマ・クライストチャーチ・エアポート　Sudima Christchurch Airport　Map P.46-A1　シティ周辺部

クライストチャーチ国際空港から車で2分ほど。空港からの送迎シャトルも24時間運行する。ゆとりある館内の広さと上品なインテリアはフライト前後の滞在におすすめ。客室は全室カードキーで防音仕様、空調管理がなされている。

住 550 Memorial Ave.　☎(03)358-3139　FREE 0800-783-462
URL www.sudimahotels.com
料 ⑤①①$199〜　室数 246　CC ADMV

パビリオンズ　Pavilions　Map P.46-B2　シティ周辺部

中心部からは少し離れているが、カジノやハグレー公園へは歩ける距離。客室はスタンダードタイプのスタジオ、ミニキッチンが付いたアパートメントタイプ、さらにコテージタイプの客室がある。スパプールやフィットネスセンターなどの施設も充実。

住 42 Papanui Rd.　☎(03)355-5633　FREE 0800-805-555
URL www.pavilionshotel.co.nz
料 ⑤①①$165〜　室数 89　CC ADMV

中級ホテル

イビス・クライストチャーチ　Ibis Christchurch　Map P.48-B2　シティ中心部

市内中心部にあり、カセドラル・スクエアやバス・インターチェンジもすぐそば。スタンダードルームは19㎡とコンパクトだが、モダンですっきりとしたデザイン。ダブルベッドが2台あり、快適に過ごせる。またレストランやバーも完備している。

住 107 Hereford St.　☎(03)367-8666　URL www.ibis.com
料 ⑤①$164〜　室数 155
CC ADJMV

ブレイクフリー・オン・キャシェル　BreakFree on Cashel　Map P.48-B3　シティ中心部

スタイリッシュな黄色い外観が目印のホテル。現代的なデザインながら宿泊費は手頃。その分、建物内部の客室は窓がなく、部屋の造りもコンパクトだ。冷蔵庫やテレビ、ポットなどの備品は充実しており、Wi-Fiは1泊2GBまで無料。

住 165 Cashel St.　☎(03)360-1064　FREE 0800-448-891
URL www.breakfree.com.au　料 ⑤①$99〜　室数 263　CC AMV

モーテル

サザン・コンフォート・モーテル　Southern Comfort Motel　Map P.48-A1　シティ中心部

ハグレー公園の北端近くのビーリー・アベニュー沿いにあるモーテル。各ユニットはキッチンや衛星放送も視聴できるテレビなど、充実の設備。また、共用の屋外プールやスパバスなども完備しているので、長期滞在にも最適だ。

住 53 Bealey Ave.　☎(03)366-0383
URL southerncomfort.co.nz
料 ⑤①①$80〜　室数 22　CC AMV

センターポイント・オン・コロンボ・モーテル　CentrePoint on Colombo Motel　Map P.48-A2　シティ中心部

カセドラル・スクエアから北へ徒歩10分ほど。全室に簡易キッチンがあるが、朝食のルームサービスも頼める。客室には、DVD／CDプレーヤーを完備。1〜2人用の客室にもスパバス付きの部屋があるのもうれしい。最大5人まで泊まれる部屋がある。

住 859 Colombo St.　☎(03)377-0859　FREE 0800-859-000
FAX (03)377-1859　URL centrepointoncolombo.co.nz
料 ⑤①①$109〜　室数 12　CC MV

70　キッチン(全室)　キッチン(一部)　キッチン(共同)　ドライヤー(全室)　バスタブ(全室)
プール　ネット(全室／有料)　ネット(一部／有料)　ネット(全室／無料)　ネット(一部／無料)

グランジ・ブティック・B&B・アンド・モーテル　The Grange Boutique B&B and Motel　Map P.48-B2　シティ中心部

1874年に建てられたビクトリア様式の邸宅を、モダンな設備を整えたB&Bに改装。全室バスルーム付きで、3人まで泊まれる大きめサイズの部屋もある。館内は美しい調度品で飾られており、ゆったりとした時間を過ごせる。

56 Armagh St.　(03) 366-2850　FREE 0800-932-850
URL thegrange.co.nz
S $120〜　D $165〜　室数 14　CC ADMV

オーラリ B&B　Orari B&B　Map P.48-B2　シティ中心部

町の中心部に位置しており、ハグレー公園から徒歩約3分の立地。1890年代に建てられた古い家を改装して使用しており、随所にヨーロッパ風の装飾がなされている。全室薄型テレビと専用バスルーム付き。1室最大4人まで宿泊可能。

42 Gloucester St.　(03) 365-6569
FREE 0800-267-274　URL www.orari.net.nz
S $170〜　D $190〜　室数 10　CC VM

YHA クライストチャーチ　YHA Christchurch　Map P.48-B2　シティ中心部

観光の拠点に便利な立地。シャワー、トイレを備えた個室も多く、共用のスペースも広々。一方、ウースター・ストリートにあるYHA クライストチャーチ・ロールストンハウス（Map P.48-B1）は歴史的な建物で、アットホームな雰囲気。

36 Hereford St.　(03) 379-9536　URL yha.co.nz
Dorm$27〜　S $60〜　D $75〜　T $75〜
室数 122ベッド　CC AJMV

YMCA クライストチャーチ　YMCA Christchurch　Map P.48-B1　シティ中心部

ハグレー公園に面する便利なロケーション。客室は近年改装したばかりできれい。シャワー、トイレ共用のスタンダードルームと、バスルームおよびテレビが付いたシングルルーム、キッチン付きのアパートメントルームがある。カフェやジムなども併設。

12 Hereford St.　(03) 366-0689
URL ymcachch.org.nz
Dorm$30〜　S $65〜　D T $85〜　室数 248ベッド　CC AMV

アーバンズ　Urbanz　Map P.48-B3　シティ中心部

ニュー・リージェント・ストリート近くにあるホステル。市内中心部のバス・インターチェンジまで徒歩約10分で、アクセスも抜群。ドミトリーや共同バスルーム使用のシングルルーム、ファミリールームと、人数や予算に合わせた部屋が揃う。

273 Manchester St.
(03) 366-4414　URL urbanz.net.nz
Dorm$30〜　S $60〜　D $75〜　室数 170ベッド　CC MV

キーウィ・ハウス　Kiwi House　Map P.47-B3　シティ周辺部

日本人が経営するホステル。スタッフは皆フレンドリーで、観光や長期滞在のことなど、相談にのってくれるので安心。ヘアフォード・ストリートには別棟「Small Kiwi House」もある。カップルやファミリーにも人気。長期滞在者の割引もある。

373 Gloucester St.　(03) 377-9287　FAX (03) 377-9282
URL kiwihouse.co.nz　Dorm$26〜　S $38〜　D $60
室数 99ベッド　CC MV　日本語OK

1泊2日
満喫プラン

クライストチャーチから アカロアへ

1日目は南島の拠点となるクライストチャーチの見どころをたっぷり巡り、2日目はバンクス半島にある小さな港町、アカロアへ。短時間でいいとこ取りのおすすめプラン。

クライストチャーチからアカロアへ向かう途中に見られる絶景

1日目

Start

町歩きの第一歩はココから

カセドラル・スクエア
Cathedral Square →P.49

スタートは町の中心にある広場、カセドラル・スクエアから。高さ63mの聖杯のモニュメントがシンボル。地震で崩壊した大聖堂も柵越しに見ることができる。今はまだ修復されていないが、2024年までに修復されることが決まっている。

トラムでの観光もおすすめ

トラムに乗って市内を観光できる。カセドラル・スクエアからカンタベリー博物館、ニュー・リージェント・ストリートなどを周遊するので、上手に利用すればラクに観光できる。→P.45参照。

レトロなトラムに気分も盛り上がる

青いトラムもレトロでかわいい

そのままになっている大聖堂

近くで見るとその大きさに驚き

徒歩約10分

紙素材とは思えない大聖堂

カードボード・カセドラル
Cardboard Cathedral →P.49

崩壊したカセドラル・スクエアの仮設大聖堂へ。日本人建築家が手がけており紙素材でできている。外観は三角屋根でカラフルなステンドグラスが使われているが、中に入るといたってシンプルな造りが印象的だ。

シンプルで美しい教会内

大聖堂の再建まで使用される

72

徒歩約5分

古き良きクライストチャーチ
ニュー・リージェント・ストリート
New Regent Street →P.53

カラフルに塗られたコロニアルな建物が並ぶ一角。おみやげショップやおしゃれなカフェ、レストラン、バーが軒を連ね、昼も夜もそぞろ歩きが楽しい。カラフルな通りをトラムが走る様子はぜひ写真に収めたい。

徒歩約10分

目の前すれすれをトラムが走る

アイスクリームショップやカフェなどもある

よみがえった町のシンボルへ
アートセンター Art Center →P.50

2011年の地震により、いまだに工事中のエリアもあるが、観光案内所アイサイトやおみやげ探しにぴったりな店も入っており、注目度大。施設内のマップを確認しながら、ショップやギャラリーを見て回ろう。

老舗のファッジ専門店ファッジ・コテージ(→P.68)

おしゃれなおみやげが見つかるセレクトショップのショボロジー(→P.67)

ニュージーについてお勉強
カンタベリー博物館
Canterbury Museum →P.51

徒歩約1分

道の突き当たり、ハグレー公園の一角にある博物館。ニュージーランドの自然や文化、歴史に関する展示物が充実しており見応えがある。館内にはギフトショップもある。

徒歩約1分

ネオ・ゴシックの歴史的建造物

マオリについても詳しく紹介している

広大な面積を誇る美しい公園
ハグレー公園
Hagley Park →P.52

市民のみならず観光客にも人気のガーデンスポット。広い園内には美しいバラ園や冬でも花が見られる温室、ニュージーランドの固有種が見られるニュージーランド・ガーデンなど。カフェもあるのでひと休みにもおすすめ。

色とりどりのバラが咲くバラ園

2日目 クライストチャーチ

バスで約1時間30分

フランスのような美しい港町
アカロア
Akaroa →P.74

クライストチャーチからバスでアカロアへ。中心の広場にはフレンチコロニアルなかわいらしい家が並ぶ。カフェやレストランもあり、のんびり町歩きが楽しめる。

車窓からの景色も楽しめる

景色を眺めながら散歩
アカロア湾
Akaroa Harbour →P.75

美しいアカロア湾ではクルーズが楽しめ、運がよければイルカも見られる。観光案内所アイサイトからメイン・ストリートのビーチ・ロードを南へ進むとクルーズの船が発着するエリア。観光案内所アイサイトからは徒歩約10分。

火山噴火によってできたカルデラ湖

徒歩約20分

ユニークなオブジェがいっぱい
ジャイアンツ・ハウス
The Giant's House →P.75

ニュージーランド人デザイナーが手がける、タイルモザイクのオブジェが置かれたガーデン。歌を歌っていたり、泳いでいたり、楽器を演奏している様子の作品など、カラフルで見ていて楽しくなるアートに出会える。

ピアノのオブジェが出迎えてくれる

人物や天使などさまざまなオブジェがある

町の至る所にフランスにトリコロールカラーが

アカロア
Akaroa

人口：624人
URL www.akaroa.com

アカロアへのシャトルバス
アカロア・シャトル
FREE 0800-500-929
URL www.akaroashuttle.co.nz
運 クライストチャーチ発8:30
（夏季）、9:00（冬季）
アカロア発15:45（夏季）、
16:00（冬季）
料 往復$55

**アカロア・フレンチ・
コネクション**
FREE 0800-800-575
URL www.akaroabus.co.nz
運 クライストチャーチ 9:00発
アカロア 16:00発
料 往復$50

アカロアへの景勝ルート
Map P.46-C・D1
レンタカーでアカロアを訪れる場合、クライストチャーチから山を越えてかなり曲がりくねった道を走ることになるので、運転には十分注意したい。

眼下に美しい湾が広がる

観光案内所
Akaroa i-Site Visitor Information centre
Map P.75
住 74a Rue Lavaud
☎ (03) 304-7784
URL www.vistakaroa.com
開 9:00～17:00
（時季によって異なる）
休 無休

風光明媚なアカロア・ハーバー

バンクス半島にある港町アカロアは、イギリス人がリトルトンに到着する前に、フランス系移民によって開拓された町だ。1840年、ワイタンギ条約の締結によりニュージーランドはイギリスの属領になってしまったが、ここアカロアだけは捕鯨拠点を目的にフランス人移住者が多く住み着いた。そのため現在でも町のいたるところにフランス文化の香りが色濃く残っている。

クライストチャーチ中心部からは車で南東へ約1時間30分。バンクス半島を走ってアカロアにいたるドライブルートは、ニュージーランドならではの牧歌的な風景が見られる景勝ルートだ。

アカロアへのアクセス Access

クライストチャーチからは車で1時間30分～2時間。1日2便と便数は少ないが、アカロア・シャトルAkaroa Shuttleとアカロア・フレンチ・コネクションAkaroa French Connectionがクライストチャーチとアカロアを結ぶシャトルバスを運行している。

アカロアの歩き方

町は湾に面してこじんまりとまとまっているため、日帰りで十分回ることができる。人気のアクティビティはヘクターズ・ドルフィンと出合えるハーバークルーズ。船が発着する桟橋周辺にはおしゃれなカフェやショップが軒を連ねており、トリニティ教会Trinity Churchやセント・パトリック教会St. Patrick Church、コロネーション・ライブラリーCoronation Libraryといった19世紀の建築物にも立ち寄りたい。またリゾート地として人気が高く、ハーバービューを楽しめるホテルやモーテルなども充実している。

近郊にはチーズ工場をはじめ、ワイナリー、名高いアカロア・サーモンの養殖場、果樹農園などがあり、レストランでは新鮮な食材を使った料理を味わうことができる。

トリコロールカラーをよく目にする

セント・ピーターズ・アングリカン教会

アカロアの見どころ

アカロア・ハーバー・クルーズ
Akaroa Harbour Cruise

Map P.75

バンクス半島はかつて巨大な火山錐で、およそ1200万年前には南島から50kmほど離れた所に位置していた。この火山が噴火したことによって形成されたのが現在のアカロア湾とリトルトン湾（→P.59）だ。ブラック・キャット・クルーズBlack Cat Cruisesが催行するクルーズでは、アカロア湾から外洋付近まで1周約2時間で周遊。湾内に広がる荒々しい段崖に、歴史の面影を見て取ることができるだろう。

アカロア湾は世界最小の希少なイルカ、ヘクターズ・ドルフィンと出合えることでも有名だ。そのほかにもブルー・ペンギンや海鳥など、多種の海洋生物が生息している。また、クルーズではサーモンの養殖池の前を通り、給餌の様子が見られることも。イルカと一緒に泳ぐツアー、スイミング・ウィズ・ドルフィンズSwimming With Dolphinsも人気が高い。

ダイナミックな海食崖が続く

ジャイアンツ・ハウス
The Giant's House

Map P.75外

アカロア中心部から徒歩10分ほど、リュー・バルゲリーRue Balguerieの奥に位置する。ニュージーランド国内外で活躍するアーティスト、ジョシー・マーティンJosie Martinが手がけた庭園で、1880年に建てられたフランス風建築の家を中心に、カラフルなオブジェが立ち並ぶ。モザイクタイルで飾られた人型の像や噴水はとてもユニーク。

庭園内にはピアノのオブジェもある

バリーズ・ベイ・チーズ工場
Barry's Bay Cheese Factory

Map P.46-D1

自然の素材だけを使用して昔ながらの方法で約40種類のチーズを作っている。10月〜5月中旬はガラス越しに製造作業を見学できるほか（スケジュールは要確認）、各種チーズのテイスティングも楽しめる。チェダー、エダム、ゴーダ、フレーバーチーズなどのほか、チーズによく合うローカルワインも販売している。

人気はフルーティな味わいのマースダムMaasdam

アカロア・ハーバー・クルーズ
ブラック・キャット・クルーズ
☎ (03) 304-7641
URL blackcat.co.nz
アカロア・ハーバー・ネイチャー・クルーズ
圏 11:00、13:30発
（12月中旬〜3月は15:40発も運航）
料 大人 $85、子供 $35
スイミング・ウィズ・ドルフィンズ
圏 6:30、8:30、11:30、13:30発
（時期によって異なる）
料 大人 $175、子供 $145

ジャイアンツ・ハウス
住 68 Rue Balguerie
☎ (03) 304-7501
URL thegiantshouse.co.nz
開 夏季　11:00〜16:00
　 冬季　11:00〜14:00
休 無休
料 大人 $20、子供 $10

バリーズ・ベイ・チーズ工場
住 5807 Christchurch Akaroa Rd. Duvauchelle 7582
☎ (03) 304-5809
URL www.barrysbaycheese.co.nz
開 9:00〜17:00
休 無休

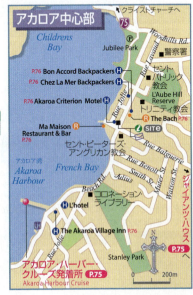

南島／アカロア／歩き方／見どころ

75

オケインズ湾マオリと入植者博物館
住1146 Main Rd. Okains Bay
電(03)304-8611
URLokainsbaymuseum.co.nz
開10:00〜17:00
休無休
料大人$10、子供$2

オケインズ湾マオリと入植者博物館
Okains Bay Maori & Colonial Museum

Map P.46-D1

アカロア中心部から車で25分ほど、バンクス半島の北東部に位置するオケインズ湾には、マオリの一部族であるナイタフNgai Tahu族のカヌーが1680年頃にたどり着いたとされる。この博物館ではマオリの釣り具やカヌー、入植者たちが持ち込んだ生活用品や航海模型図など、貴重な資料を展示している。

マオリの集会場マラエもある

アカロアの レストラン — Restaurant

マ・メゾン・レストラン&バー
Ma Maison Restaurant & Bar　Map P.75

アカロア湾に面した店内からの眺めはロマンティックで、ウエディングに使われることも。ランチの人気はシーフードサフランチャウダー$18など。ディナーは予約がベター。

住2 Rue Jolie　電(03)304-7668
URLwww.mamaison.co.nz
営11:00〜21:00
休水・木、7月2〜9日　CCMV

バッハ
The Bach　Map P.75

開放的なテラス席に、明るい店内。ランチは本日のスープ$14.9やピザ$19.9〜など軽食メニューが中心。マフィンやスコーンをテイクアウェイし、アカロア湾を眺めながら食べるのもおすすめ。

住57 Rue Lavaud
電(03)304-8039
営月〜木9:00〜16:00、金9:00〜19:00、土8:30〜19:00、日8:30〜16:00
休無休　CCMV

アカロアの アコモデーション — Accommodation

アカロア・クリテリオン・モーテル
Akaroa Criterion Motel　Map P.75

町の中心部にあり便利。ほとんどの客室はアカロア湾に面したバルコニー付きで見晴らしがよい。衛星放送とDVDプレーヤーも完備。

住75 Rue Jolie　電(03)304-7775
FREE0800-252-762
URLholidayakaroa.com　料SDT
$137〜　客室12　CCMV

シェ・ラ・メール・バックパッカーズ
Chez La Mer Backpackers　Map P.75

旅好きのオーナー夫妻が経営するこぢんまりとした宿。庭に咲く花々が迎えてくれる。外観はピンク色、館内もかわいらしい雰囲気。キッチンは各階にあり、ドライヤーはフロントで貸りる。

住50 Rue Lavaud　電(03)304-7024　URLchezlamer.co.nz
料Dorm$35〜　DT$70〜
客室27ベッド　CCMV

アカロア・ビレッジ・イン
The Akaroa Village Inn　Map P.75

モーテル仕様の客室のほか、スイートルーム、歴史的な建物をまるごと1棟利用した客室「シッピングオフィス」など、異なる6つのスタイルの客室を揃える。おしゃれなインテリアと良心的な料金、海沿いの立地で人気が高い。

住81 Beach Rd.　電(03)304-1111
FREE0800-695-2000　URLwww.akaroavillageinn.co.nz　料DT$139〜
客室36　CCMV

ボン・アコード・バックパッカーズ
Bon Accord Backpackers　Map P.75

築157年の歴史ある建物を改装した小さなバックパッカーズ。ドミトリーと個室はツインルームとダブルルームの2部屋。ラウンジではコーヒー&紅茶が無料。バーベキュースペースもある。

住57 Rue Lavaud
電(03)304-7782
料Dorm$26〜　D$75〜
客室20ベッド　CC不可

76　キッチン(全室)　キッチン(一部)　キッチン(共同)　ドライヤー(全室)　バスタブ(全室)
プール　ネット(全室/有料)　ネット(一部/有料)　ネット(全室/無料)　ネット(一部/無料)

レイク・テカポ
Lake Tekapo

湖面の色は天気によって変わる

人口：460人
URL www.laketekaponz.co.nz

レイク・テカポを含む、サザンアルプスの東に広がる高地は、マッケンジー・カントリーMackenzie Countryと呼ばれる。レイク・テカポは南北に約30kmと長く、最大水深は120mほど。独特の色合いは、氷河から融け出した水に、岩石の粒子が混ざり込み造り出されたものだ。深いターコイズブルーをたたえた湖に、サザンアルプスから連なる山々の姿が反射する。湖畔には、まるで絵本から抜け出してきたかのような小さな教会がひっそりとたたずみ、春には紫やピンクのルピナスの花に彩られる、ニュージーランドを代表する美景が広がる。

また、レイク・テカポを含む周辺のエリアは、晴天率が高く星空が美しいことからアオラキ・マッケンジー・インターナショナル・ダークスカイ・リザーブ（→P.80・81）に認定されている。さらに、星空を世界遺産にする動きも高まっており、登録されれば世界初の星空世界遺産になる。町の灯りをできるだけ抑えたレイク・テカポからは、晴れていれば、感動的な星空を望むことができる。また星空ツアー（→P.79）も人気だ。

レイク・テカポへのアクセス Access

クライストチャーチとクイーンズタウン間を結ぶ長距離バスが停車し、たいていここでランチ休憩を取る。インターシティ／ニューマンズ・コーチラインズのバスが1日1便運行、所要約3時間35分。クイーンズタウンからも1日1便、所要約4時間。グレートサイツのバスもある。夏季はアオラキ／マウント・クック国立公園を結ぶザ・クック・コネクションというシャトルバスも運行する（→P.84）。長距離バスは国道8号線沿いに発着する。観光案内所はビレッジ・センターVillage Centre内にある。

レイク・テカポの歩き方

ビレッジ・センターと呼ばれる町の中心部の狭いエリアにみやげ屋、レストラン、宿泊施設が密集している。とても小さな町なので見どころというほどのものはあまりないが、刻々と表情を変える湖や周辺のウオーキングトラックからの眺めなど、ニュージーランドらしい景観を堪能したい。町から車で約35分の所にはラウンドヒル・スキー場Roundhill Ski Areaもある。

おもなバス会社（→P.497）
インターシティ／
ニューマンズ・コーチラインズ
グレートサイツ

観光案内所
Kiwi Treasures & Information Centre
Map P.78-B1
State Hwy. 8
(03) 680-6686
URL tekapotourism.co.nz
8:00～18:00
（時季によって異なる）
無休
みやげ物屋キーウィ・トレジャーKiwi Treasuresも併設。

湖から流れ出るテカポ川に架かる橋

長距離バス発着所
Map P.78-A1
State Hwy. 8

レイク・テカポ近郊のスキー場
ラウンドヒル・スキー場
Map P.78-A2外
(03) 680-6977（降雪情報）
URL www.roundhill.co.nz
6月下旬～9月中旬
9:00～16:00
リフト1日券
大人$88、子供$38
ベースタウンになるレイク・テカポから、湖に沿って国道8号線を北東へ約32km行った所にある小規模なスキー場。期間中は1人$20でシャトルバスサービスも運行。湖を見下ろすようにゲレンデが広がり、ファミリーでの利用も多い。

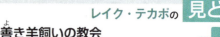

レイク・テカポの見どころ

善き羊飼いの教会
Church of the Good Shepherd

善き羊飼いの教会
☎ (03) 685-8389
URL www.churchofthegood
shepherd.org.nz
圏 10～4月　9:00～17:00
　 5～9月　10:00～16:00
休 無休（冠婚葬祭時を除く）

Map P.78-A2

　湖畔にたたずむ小さな石造りの教会は、1935年にヨーロッパからの開拓民らが周辺の石を集めて建てたもの。最初はゴシック様式で設計されたが、レイク・テカポの風景にマッチするようによりシンプル、かつ素材の持ち味を生かすようなデザインに変更されて造られた。周囲の岩の間からはマタゴウリやタソックといった自生植物が顔をのぞかせている。
　この教会の最大の特徴は、祭壇の向こうに大きな窓があり、ガラス越しにレイク・テカポとサザンアルプスが織りなす風景を眺められることだ。大自然が造り上げた絵画のような光景は、しみじみと美しい。

ここで結婚式を挙げるカップルもいる

バウンダリー犬の像
Boundary Dog Statue

Map P.78-B2

　教会のすぐそばには牧羊犬の像が立っている。これは、開拓時代の放牧地で柵のない境界線（バウンダリーBoundary）を守った犬たちの働きをたたえて、1968年に作られたものだ。

けなげな牧羊犬の像

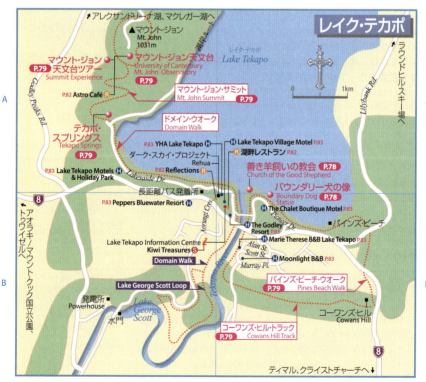

レイク・テカポ周辺のウオーキングトラック
Walking Tracks around Lake Tekapo
Map P.78

コーワンズ・ヒル・トラック～パインズ・ビーチ・ウオーク
Cowans Hill Track ～ Pines Beach Walk（1周約2時間30分）

テカポ川に架かる橋からスタート。川沿いに登って森を抜け、コーワンズ・ヒルの展望地まで所要約1時間。ここからパインズ・ウオーク・ビーチに入り、牧場の柵を越え、パインズ・ビーチ沿いを歩いて、善き羊飼いの教会まで約1時間。

マウント・ジョン・サミット
Mt. John Summit（往復2時間～4時間）

湖に沿って歩いていくとある、テカポ・スプリングスが起点。真っすぐ山頂を目指すルートは所要時間は往復で2時間ほどで、少々急な登りが続く。湖岸ルートは緩やかな道だが、相当大回りするため、片道3時間～3時間30分ほどかかる。山頂にはマウント・ジョン天文台があり、カフェやトイレが利用できる。

マウント・ジョン・サミットのウオーキングトラック

ダーク・スカイ・プロジェクト
Dark Sky Project
Map P.78-B2
住 1 Motuariki Lake
電 (03) 680-6960
URL darkskyproject.co.nz
URL darkskyproject.co.nz/ja（日本語）
E-mail japanese@darkskyproject.co.nz（日本語）

マウント・ジョン天文台
University of Canterbury Mt. John Observatory
Map P.78-A1

レイク・テカポの中心部から車で約15分のマウント・ジョン山頂にある天文台。ニュージーランドのカンタベリー大学と、日本の名古屋大学などにより共同研究が行われている。2004年には、ニュージーランド最大の口径1.8mの天体望遠鏡MOAが設置され、4基の天体望遠鏡による天体観測が続けられている。ダーク・スカイ・プロジェクト（下記）のツアーで天候状況により見学することもある。

マウント・ジョン山頂からの眺め

マウント・ジョン天文台ツアー（サミット・エクスペリエンス）
時 夏季21:00～、24:00～
冬季19:00～、21:15～
通年（ツアーの出発時間と本数は時季によって異なるので要確認）
料 大人$175～、子供$94～
出発はビレッジ・センターにあるオフィス前から。所要2時間。参加は5歳以上。山頂は冷えるので夏でも暖かい格好をしていこう。ダウンジャケットは貸してくれる。

コーワンズ天文台 星空ツアー（クレーター・エクスペリエンス）
時 要問い合わせ
料 大人$99、子供$59
出発は、同じくオフィス前から。所要時間は75分。マウント・ジョン天文台ツアー（サミット・エクスペリエンス）と同等の観測設備で星を見られる。

マウント・ジョン天文台ツアー
Summit Experience
Map P.78-A1

満天の星空を見上げてみよう

レイク・テカポ在住の小澤さんが代表を務める、ダーク・スカイ・プロジェクトのツアー。バスでマウント・ジョン天文台に向かい、日本語で解説を聞きながら、南十字星など南半球の星空を裸眼や望遠鏡で観察。一眼レフカメラ持参の場合、天体写真ガイドがいれば、撮影してくれることもある。コーワンズ天文台での星空ツアー、クレーター・エクスペリエンスCrater Experienceも催行。

テカポ・スプリングス
住 6 Lakeside Dr.
電 (03) 680-6550
FREE 0800-2353-8283
URL tekaposprings.co.nz
時 夏季 10:00～21:00、冬季 10:00～20:00
（時季によって異なる）
休 無休
ホットプール
料 大人$27、子供$15
サウナとスチームルームのセット料金あり。
チューブ・パーク
料 7～10月大人$25、子供$19

テカポ・スプリングス
Tekapo Springs
Map P.78-A1

33～39℃（冬季は36～40℃）に設定された温度の異なる3つの屋外温水プールがあり、レイク・テカポや山並みを眺めながらくつろげる。マッサージ＆スパメニューも充実。チューブに乗って約150mのスロープを滑るチューブ・パークTube Parkも併設。

ウオーキングのあとにぴったり

南島 レイク・テカポ 見どころ

79

レイク・テカポが誇る
世界一の星空を見に行こう

レイク・テカポは星空を守るための町づくりを徹底している。そのため人工の明かりが少なく、どこの町よりも美しく輝く世界一と称される星空が見られる。

レイク・テカポのマウント・ジョンから星空

世界最大級の星空保護区

人口わずか460人ほどの町レイク・テカポ。南緯44度と緯度が高く、さらに晴天率が高く、空気が澄んでいるなど、天体観測に適した場所であることから、世界最南端の天文台が据えられている。2012年6月にはレイク・テカポの町を含む、アオラキ／マウント・クック国立公園とマッケンジー盆地周辺の約4300km²の広大なエリアが、アオラキ・マッケンジー・インターナショナル・ダークスカイ・リザーブ(星空保護区)に認定された。星が空を覆い尽くす様子は、銀河を旅しているかのような錯覚を覚えるほど。星空ウオッチングが目的なら、新月を狙って行こう。

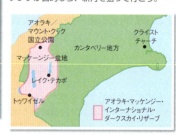

星空ウオッチング Q&A

Q ▶ 観察のポイントは？

A 南半球に位置するニュージーランドでは、星座の見え方が日本とは異なる。日本では冬の星座として有名なオリオン座も、観察できるのは真夏。さらに、星座の向きも逆さまで左右も逆になる。通年観測できる南十字星や、向きが変わってもあまり見た目が変わらないオリオン座など、わかりやすい星座を基準にして見るのがコツ。ただし、夏季でも気温が下がるので、防寒対策は万全に。

南十字星

南十字星の左にはふたつのポインターと呼ばれる星が並ぶ

大小マゼラン雲

大マゼラン雲、小マゼラン雲とも数100億個の星からなる

Q ▶ 南半球でしか見られない星や星座は？

A 代表的なのは南十字星（サザンクロス）。南の空に光る4つの星で十字架を描く星座だが、すぐそばにはニセ十字星もある。天の川銀河の外側に位置する小さな銀河、大小マゼラン雲も南半球ならではの天体だ。

Q ▶ 裸眼ではどれくらい見られる？

A 時季や天候にもよるが、アオラキ・マッケンジー・インターナショナル・ダークスカイ・リザーブでは、数千個の星を裸眼で観測することができる。東京では300個ほどしか見えないことを考えると、どれほどきれいな夜空が見られるか想像がつくだろう。

山の上から見れば星がより近くに感じられる

各地の星空観察スポット

スタードーム天文台／オークランド (→P.256)
オークランド市内からほど近い天文台。500mmの天体望遠鏡を備え、都市部にいながら星空を満喫できる。

カーター天文台／ウェリントン (→P.397)
ニュージーランド最大級の天体観測施設。天気がよければ、数台の望遠鏡を使って観測ができる。

2019年7月 New Open!
新しくできた星空スポット

最先端の天文施設レフアRehua (Map P.78-B2) が湖畔沿いにオープン。1894年に作られたブラッシャー望遠鏡を配したドームやショップ、レストランなどもあり、雨の日や、日帰りでもレイク・テカポを楽しむことができる施設になっている。

レイク・テカポの目の前に完成したレフア

写真提供：ダーク・スカイ・プロジェクト

星空ツアーに参加しよう！

満天の星が360°広がる

アオラキ・マッケンジー・インターナショナル・ダークスカイ・リザーブ（星空保護区）に認定されているレイク・テカポ。日本では見られない南十字星や大小マゼラン雲などの天体が見られる。ほかの都市と比べて晴天率が高いので星を見られる確率も高い。星座の向きが違うことから、日本語ガイドの説明を聞きながら観察できる星空ツアーに参加すればより楽しめる。

持ち物&注意事項

持ち物
- 夏季でも暖かい服装で！帽子や手袋があると安心
- 歩きやすい靴を履いて行こう
- 一眼レフカメラ（カメラマンがいれば撮影してくれる）

注意事項
- カメラや携帯のフラッシュなど、白い光が出るものは禁止。
- 大量に飲酒しているとツアーに参加できない場合がある
- ツアー中は禁煙

9.25インチの天体望遠鏡を使用

標高の高い山頂から肉眼で星空探す
肉眼では見られない星雲などは大型望遠鏡で

マウント・ジョン天文台ツアー（サミット・エクスペリエンス）→P.79

もう一つの天文台ツアー
コーワンズ天文台星空ツアー
Crater Experience

マウント・ジョンに比べると標高が低い場所にあるが、人口の光が一切ない丘の上に作られている天文台。→P.79

コーワンズ・ヒルにある

夜空の四季

春 9～11月
春はマオリのカヌーの星座が見られる。昴からオリオン座までがカヌー、天の川が太平洋だ。船尾であるオリオン座からは錨綱が伸び、逆立ちした南十字星が海に下ろされた錨の姿。11月頃になると南十字星は1年で一番低い位置に姿を現し、天の川も地平線に沿って横たわっている。天の川に沿って東の空へ目を向けると、一等星のシリウスやカノープスを見つけられる。

夏 12～2月
まずは北の空に浮かぶオリオン座を見つけよう。その左側には、日本では昴の名で親しまれているプレアデス星団が見えるはずだ。天の川はオリオン座の近くから南の空へと流れており、天の川に沿って目を移すと、全天で一番明るいシリウスを見つけることができる。さらにその先にはニセ十字星、南十字星が現れる。ふたつのポインターを目印にしよう。

秋 3～5月
夏の間見えていた星座たちは西の空へと沈んでいき、東の空には獅子座が昇ってくる。日本と同様に頭から昇り、頭から沈むが、その顔は日本とは逆の方向を向いている。4月になると、さそり座や射手座も姿を現し、さそり座の180度反対側にはオリオン座を見つけることができる。夏季には地平線近くにあった南十字星は徐々に空高く昇っていき、5月頃には天頂近くに見えてくる。

冬 6～8月
空気の澄んだ冬は星空観察のベストシーズン。この時季、南十字星は天頂から右に傾き出しており、白いちぎれ雲のような大小マゼラン星雲は地平線に近い位置にある。天頂を流れる天の川に目をやると、一番膨れているあたりにさそり座と射手座を見つけることができるだろう。北斗七星を小ぶりにしたような形の6つの星が、射手座の南斗六星だ。

レイク・テカポの アクティビティ　Activity

小型機での遊覧飛行エア・サファリ

レイク・テカポ発着の小型機で壮大なサザンアルプスの山岳風景を楽しめる。アオラキ／マウント・クック国立公園とウエストランド国立公園を巡るグランド・トラバースGrand Traverseは所要約1時間、$370。アオラキ／マウント・クック国立公園の入口にあるグレンタナー・パークやフランツ・ジョセフ飛行場からも発着。レイク・テカポのホテルから往復無料送迎も可能。

Air Safaris
- ☎ (03) 680-6880　FREE 0800-806-880
- FAX (03) 680-6740
- URL japanese.airsafaris.co.nz　営 通年
- 料 Grand Traverse
  大人$395～、子供$295～
- CC ADMV

ヘリコプターでの遊覧飛行

ヘリコプターから眺めるサザンアルプスの山岳風景や、雪上着陸を通年で楽しめる。レイク・テカポの西にあるマウント・ジョセフに着陸し、レイク・テカポやプカキ湖、サザンアルプスの山並みを堪能する所要約20分のスペクタキュラー・フランツ・ジョセフ・オア・フォックス・グラシエが人気。レイク・テカポの西へ5kmほどの所にある飛行場から出発する。

Tekapo Helicopters
- ☎ (03) 680-6229　FREE 0800-800-793
- URL www.heliservices.nz/tekapo/
- 営 通年
- 料 Spectacular Franz Josef or Fox Glacier
  $270　CC AMV

ホーストレッキング

レイク・テカポ郊外にある乗馬施設。デイ・トレックは、気軽に楽しめる30分コースから、アレクサンドリーナ湖まで向かう3時間30分コースまであり、おすすめはマウント・ジョン周辺を散策する2時間コース。馬の背に揺られ、レイク・テカポやサザンアルプスの山並みが織りなす雄大な景色を堪能できる。レイク・テカポの宿から送迎あり。

Mackenzie Alpine Horse Treks
- ☎ 021-134-1105
- FREE 0800-628-269
- URL www.maht.co.nz
- 営 夏季
- 料 30分$50、2時間$140、3時間30分$190
- CC MV

レイク・テカポの レストラン　Restaurant

アストロ・カフェ
Astro Café　Map P.78-A1

マウント・ジョンの山頂にある展望カフェ。全面ガラス張りの店内やテラス席からは、レイク・テカポの町並みや湖を一望できる。メニューはベーグルや、地元のパンを使用した各種サンドイッチ、自家製スコーンなどの軽食が揃う。

- 住 Mt. John Observatory
- ☎ (03) 680-6960
- 営 夏季 9:00～18:00
  冬季 9:00～17:00
- 休 無休　CC MV

リフレクションズ
Reflections　Map P.78-B1・2

朝食はカフェ、夜はダイニングと、1日中利用できるカジュアルなカフェレストラン。天気のいい日はテラス席で食事を楽しむのもおすすめだ。朝食メニューは7:00～11:30で$7～15程度、ランチの人気はダブル・ビーフ・バーガー$25。

- 住 State Hwy. 8
- ☎ (03) 680-6234
- URL www.reflectionsrestaurant.co.nz　営 7:00～20:30
- 休 無休　CC MV

Column　レイク・テカポの名物サーモンを食べよう！

サーモンの養殖で有名なレイク・テカポ。地元の冷たい氷河水育ちのサーモンは日本のものに比べて脂がのっており肉厚。写真は人気No.1メニューのサーモン丼$23で、味噌汁と漬け物付き。酢飯の上に新鮮なサーモンがたっぷりのっている。そのほか弁当や寿司、カツ丼、うどんなど日本人シェフが作る本格和食が豊富に揃っている。

衣がサクサクの天ぷら弁当$39.5などもある

湖畔レストラン　Map P.78-B2
- 住 6 Rapuwai Lane
- ☎ (03) 680-6688　URL www.kohannz.com
- 営 月～土 11:00～14:00、18:00～21:00、日 11:00～14:00
- 休 無休(冬季休業あり)　CC ADJMV　日本語メニュー 日本語OK

82

レイク・テカポの アコモデーション　Accommodation

ペッパーズ・ブルーウオーター・リゾート
Peppers Bluewater Resort　Map P.78-B1

高級ホテルチェーン、ペッパーズグループのホテル。マウントビューとレイクビューの両方を楽しめる立地にあり、ほとんどの客室がテラス付き。バスタブやキッチン付きの部屋も。レストランではレイク・テカポを眺めながら食事ができる。

State Hwy. 8
(03)680-7000
URL www.peppers.co.nz 料⑤⓪⑪
$183〜 室数142 CC ADMV

レイク・テカポ・ビレッジ・モーテル
Lake Tekapo Village Motel　Map P.78-B1

ビレッジ・センター内にあり、アクセス便利な立地。内装はシンプルながらもレイク・テカポの眺望が楽しめる。ステュディオや6人まで泊まれるペントハウスなど、さまざまな客室のタイプがあり、長期滞在にも適した環境だ。

State Hwy. 8　FREE 0800-118-666
URL www.laketekapo.com
料 Studio$180〜　Family Unit$230〜
室数19　CC MV

シャレー・ブティック・モーテル
The Chalet Boutique Motel　Map P.78-B2

善き羊飼いの教会の近くに立つ、2階建てのコテージ風の宿。サイズもインテリアも違う7タイプの部屋があり、うち5室の客室はレイクビューで、キッチンやリビングもあって広々。手入れの行き届いたガーデンには花々が彩りを添える。

14 Pioneer Dr. (03)680-6774
FREE 0800-843-242　FAX (03)680-6713　URL thechalet.co.nz 料⑪⑪
$230〜380　室数7　CC AJMV

ゴッドレー・リゾート
The Godley Resort Hotel　Map P.78-B2

レイク・テカポに面して立つ、2階建ての数棟からなるホテル。バスタブ付きのレイクビューの客室は人気なので、夏季は早めの予約がおすすめ。館内にはラウンジやレストラン、ジム、スキー乾燥室なども備えている。

State Hwy. 8　(03)680-6848　FAX (03)680-6873
URL www.tekapo.co.nz 料⑤⓪⑪
$145〜　室数70　CC ADJMV

ムーンライト B&B
Moonlight B&B　Map P.78-B2

湖から少し離れた閑静なエリアにあるので、長期滞在者やローカル気分を味わいたい人にうってつけ。太陽や月を意味する名前が付けられた客室はモダンな雰囲気。B&Bだが素泊まりも対応可。母屋と離れた2階建てのコテージもある。

25 Murray Pl. 210-242-2618
料⑤⓪$140〜
室数6　CC ADMV

レイク・テカポ・モーテル&ホリデー・パーク
Lake Tekapo Motels & Holiday Park　Map P.78-A1

レイク・テカポの湖畔にあり、キャンピングカーなどで利用できるホリデーパークやキャンプサイト、モーテル、キャビン、バックパッカーズなどからなる。モーテルの客室は小さめだが、バス、トイレ、簡易キッチン付き。共用のランドリーも利用できる。

2 Lakeside Dr. (03)680-6825
URL laketekapo-accommodation.co.nz
料 Motel⑤⓪$180〜　Cabin$110〜
室数 モーテル8棟　CC MV

マリー・テレーズB&B レイク・テカポ
Marie Therese B&B Lake Tekapo　Map P.78-B2

夫婦で営む一軒家のB&B。フレンドリーなオーナーが2階を自宅として使用、1階の2部屋を客室として提供。1室はダブルベッド、もう1室はベッドが3台ある。客室からはレイク・テカポを見渡すことができ、庭も広くリラックスできる。

6 Murray Pl.
(03)680-6616
料ⓢ$160〜　ⓓ$195〜
室数4ベット　CC MV

YHA レイク・テカポ
YHA Lake Tekapo　Map P.78-B2

レイク・テカポが目の前という好立地に、2019年4月にオープン。湖を見渡せる2階ラウンジをはじめ、オーブンやワッフルメーカーを備えた共同キッチンや各種ツアーの予約受付、おしゃれなアメニティやサービスが充実する。

5 Motuariki Lane (03)680-6857　URL www.yha.co.nz
料 Dorm$35〜　ⓓ$130〜
Ⓣ$110〜　室数120ベッド　CC MV

83

世界遺産 アオラキ／マウント・クック国立公園
Aoraki / Mount Cook National Park

URL mackenzienz.com

おもなバス会社 (→P.497)
グレートサイツ
運通年
クライストチャーチ～マウント・クック
7:30発(12:50着)
料片道$219
クイーンズタウン～マウント・クック
7:30発(12:15着)
料片道$164

ザ・クック・コネクション
The Cook Connection
FREE 0800-266-526
URL www.cookconnect.co.nz
運10～5月
レイク・テカポ～マウント・クック
7:30発(9:45着)
料片道$40、往復$75
トゥワイゼル～マウント・クック
8:30、14:45発(9:45、15:45着)
料片道$28、往復$51

観光案内所
Twizel Information Centre
住 Market Pl. Twizel
TEL (03) 435-3124
URL www.twizel.info
開月～金 8:30～17:00
　土・日 10:00～15:00
　(時季によって異なる)
休無休

豆知識
拠点の町トゥワイゼル
アオラキ／マウント・クック国立公園付近で宿泊する場合は、事前にトゥワイゼルに立ち寄ろう。小さな町だが、スーパーやレストラン、銀行など、ひととおりの施設が揃っている。アオラキ／マウント・クック・ビレッジまでは車で約1時間。

夕日に赤く染まるアオラキ／マウント・クック

標高3724m、ニュージーランドの最高峰がアオラキ／マウント・クックだ。アオラキとはマオリ語で"雲を突き抜ける山"を意味しており、一般的に英語名のマウント・クックと併記される。この山を中心に標高3000mを超える19のピークと、谷間を埋める数多くの氷河によって形成されるサザンアルプス山脈は、まさに"南半球のアルプス"の名にふさわしい。とはいえ、年平均降水量4000mm、降水日数149日という不安定な気象のため、マウント・クックの勇姿をはっきりと見られるかどうかは運次第。それだけに、待ち望んだ晴天の日に見上げる白くそそり立ったピークは感動的だ。

700km²を超える面積のアオラキ／マウント・クック国立公園は、南へ連なるウエストランド、マウント・アスパイアリング、フィヨルドランドの3つの国立公園とともに、"テ・ワヒポウナム Te Wahipounamu"としてユネスコの世界遺産に登録されている。

アオラキ／マウント・クック国立公園へのアクセス Access

国立公園の拠点となるアオラキ／マウント・クック・ビレッジ Aoraki/Mount Cook Villageはクライストチャーチ～クイーンズタウン間の長距離バスルートから、支線（80号線）に入り、プカキ湖沿いに約55kmの位置にある。

インターシティ系列のグレートサイツが運行する、クライストチャーチ～クイーンズタウン間を結ぶバスがマウント・クックまで運行。途中、レイク・テカポで15分ほど停車する。Wi-Fiフリーの快適なバスだ。

クライストチャーチからは1日1便、所要約5時間20分。クイーンズタウンからも1日1便、所要約4時間45分。ビレッジ内のハーミテージ（→P.90）前に発着。レイク・テカポからはザ・クック・コネクションのシャトルバスが10～5月の間1日1便運行。ビレッジ内の宿泊施設を回る。長距離バスは、分岐点への最寄りの町トゥワイゼルTwizelに停車。夏季はザ・クック・コネクションの接続便を利用できる。

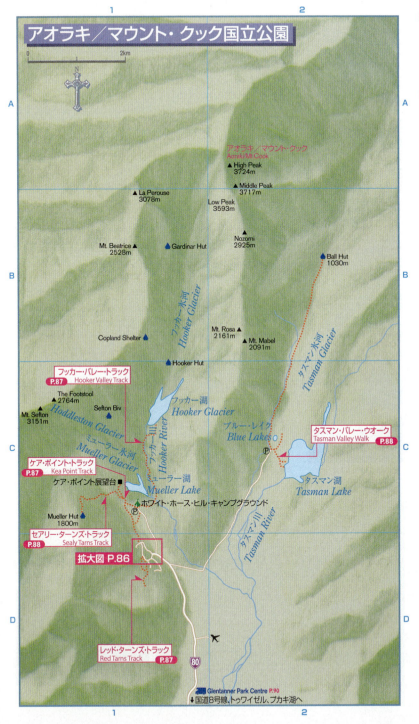

観光案内所
DOC Aoraki Mount Cook National Park Visitor Centre
Map P.86
住 1 Larch Grove
☎ (03) 435-1186
開 10～4月　8:30～17:00
　 5～9月　　8:30～16:30
休 無休

山歩き前にはDOCビジターセンターで情報収集を

サー・エドモンド・ヒラリー・アルパイン・センター
☎ (03) 435-1809
FREE 0800-68-6800
URL www.hermitage.co.nz
開 夏季　　　 7:30～20:30
　 冬季　　　 8:30～19:30
　 （時季、施設によって異なる）
休 無休
エクスプローラーパス
料 大人$20、子供$10
　 （マウント・クック・ミュージアム、2Dムービー、プラネタリウムの共通）

マウント・クックを見上げるヒラリー卿の像

アオラキ／マウント・クック国立公園の 歩き方

観光の拠点となるのはアオラキ／マウント・クック・ビレッジ。ここにDOCアオラキ／マウント・クック国立公園ビジターセンターAoraki/Mount Cook National Park Visitor Centreや、ハーミテージ（→P.90）をはじめとした宿泊施設、レストランが点在する。ビジターセンターではウオーキングコースなどの情報を提供するほか、周辺の地理や歴史、動植物に関する展示が充実しているので、ぜひ散策前に立ち寄りたい。ビレッジ内に一般向けの商店などはなく、ハーミテージとYHA内に食品・雑貨類を扱う売店がある程度。トラックを歩く予定があるなら、あらかじめ必要な持ち物や行動食は用意しておいたほうが無難だ。ビレッジ内の交通は徒歩、または車となる。

アオラキ／マウント・クック国立公園の 見どころ

サー・エドモンド・ヒラリー・アルパイン・センター　Map P.86
Sir Edmund Hillary Alpine Centre

ハーミテージ内にあり、ニュージーランド出身の登山家エドモンド・ヒラリー（1919～2008）の名を冠した施設。ギャラリーにはエベレストに初登頂したヒラリー卿の愛用の品々や雪上車などを展示。マウント・クックの歴史がわかる2D、3Dムービーと、プラネタリウムを上映する劇場もある。

アオラキ／マウント・クック国立公園のウオーキングトラック　Map P.85、86
Tracks in Aoraki / Mount Cook National Park

アオラキ／マウント・クック・ビレッジ周辺には、散歩程度の遊歩道から日帰りコースのハイキングまで、数本のウオーキングコースが整備されている。山並みや氷河を眺めながら歩くのは、この地ならではの楽しみ方といえるだろう。夏季の11～2月にかけては、マウント・クック・リリー（正式名ジャイアント・バターカップ）やルピナスなど、咲き誇る花々も美しい。

ボーウェン・ブッシュ・ウオーク
Bowen Bush Walk
（1周約10分）

ビレッジ内周遊道路の内側にある森の中を1周するコース。朝夕の軽い散歩にもおすすめ。

野鳥のさえずりを聞きながらのんびり歩けるトラック

ガバナーズ・ブッシュ・ウオーク
Governors Bush Walk （1周約1時間）
　公共避難所の裏手からブナの森に入っていく。緩い上りで、見晴らし台に着くとビレッジ全体や山並みの展望もいい。

レッド・ターンズ・トラック　Red Tarns Track
（往復約2時間）
　ビレッジを出発後、小さな橋で川を越え、ジグザグの急坂の連続を上り詰めると山上池に出る。「tarn」とは山中にある池の意味。赤い水草が茂っておりこれが地名の由来となっている。

ケア・ポイント・トラック
Kea Point Track （往復約2時間）
　ミューラー氷河とセフトン山、アオラキ／マウント・クックの姿を堪能できる、比較的楽に歩けるコースとして人気。大部分はほぼ平坦な草原だが、最後にやや急な坂を上るとそこが展望デッキだ。ホワイト・ホース・ヒル・キャンプ場の駐車場からスタートすれば片道約30分。正面にアオラキ／マウント・クック、左側にはマウント・セフトンの懸垂氷河が見える。目の前にはミューラー氷河末端部のモレーン（氷河によって運ばれた堆積物）が独特な色の水をたたえて横たわる。

湖とモレーンの向こうにマウント・クックが白く輝く

フッカー・バレー・トラック
Hooker Valley Track （往復約3時間）
　1番人気のトラック。フッカー川に架かるつり橋を3回渡り、アオラキ／マウント・クックの姿を見ながら花畑や河原、草原と変化に富んだ地形を歩き、氷河がせり出したフッカー湖に到着する。特に、アオラキ／マウント・クックを眺めながら木道を歩くのは気持ちがいい。道はさらに氷河上方へと通じているが落石の危険もあるので一般ハイカーはここより先には行かないこと。2019年3月の豪雨で、1つ目の吊り橋以降のルートは閉鎖中だったが、2019年8月に再オープンした。

正面にアオラキ／マウント・クックを眺めながら高原を歩く

グレンコー・ウオーク
Glencoe Walk
（往復約30分）
　ハーミテージの裏からスタート。急な坂を上ると視界が開けアオラキ／マウント・クック・ビレッジとフッカー氷河、アオラキ／マウント・クックが一望できる。朝日や夕日の眺めも美しいビュースポット。

トレッキングのシーズン
　9〜5月がベストシーズンだが、ビレッジ周辺のトラックであれば、まとまった積雪のあとでもない限り、冬でも歩くことができる。ただしセアリー・ターンズ・トラックなど標高の高い場所のトラックは雪が降ると歩くのが難しいので、事前にDOCビジターセンターで状況を確認のこと。コースのほとんどは一般向けのハイキングとして歩けるものだが、足場の悪い所もあるので軽登山靴の着用が望ましい。また、天候の変化や防寒対策も兼ねて雨具は必携。水や食料も忘れずに。もちろんすべてのゴミを持ち帰る、植物を一切取らないなどの、基本的なマナーは必ず守ろう。

ウオーキングトラックへの行き方
　フッカー・バレー・トラックやセアリー・ターンズ・トラックの始点となるのは、ビレッジからケア・ポイントに向かって整備された道を歩いて約30分（車で約5分）の所にあるホワイト・ホース・ヒル・キャンプ場 White Horse Hill Camp Ground。コースを歩く前にここで食事やトイレを済ませておくとよい。

DOC ビジターセンターではトレッキング用の地図$1を販売している。日本語版もあるが、最新情報が載っている英語版の購入がおすすめ。

南島　アオラキ／マウント・クック国立公園　歩き方／見どころ

87

ケアに注意！！
ケアKeaとはニュージーランド南島の山岳地帯にすむオウムの仲間（→P.36）。体長50㎝ほどで、全体は緑褐色をしている。"キィァァ〜"という甲高い声で鳴くのですぐわかる。ケアの少々厄介なところは、人をあまり恐れず、イタズラ好きなところだ。荷物を持ち去られたり、引きちぎられたりという被害も多い。ケアがそばに寄ってきたとしても、餌づけは厳禁。そっと追い払い、静かに見守ろう。

「キィァァ〜」という独特の鳴き声が耳につく

冬季のアクティビティ
ヘリスキー
ヘリコプターで山上にフライトし、新雪の斜面をダイナミックに滑り降りるヘリスキー。スキーに自信があれば日本ではできない体験をしてみるのも。スタンダードは800〜1000mの高度差を5本滑る。ランチや、ホテル〜空港間の送迎も含まれる。
マウント・クック・ヘリスキー
☎(03) 435-1834
運7〜9月
URL www.mtcookheliski.co.nz
料$1190（追加1本$110）

ガイド付きウオークの予約申し込み先
Ultima Hikes Aoraki／Mt Cook
☎(03) 435-1809（日本語OK）
URL www.hermitage.co.nz
催通年（要予約。ハーミテージホテル内のアクティビティデスクで申し込み可能）
料半日$105
　1日$155（昼食込み）

セアリー・ターンズ・トラック　Sealy Tarns Track
（往復3〜4時間）

由来のとおりに"雲を突き抜ける山"を望める

ケア・ポイント・ウオークの途中から分岐したトラックを行く。大部分が階段になった急坂を上ると、小さな池が現れる。目の前にはフッカー・バレーの氷河が迫り、ときおり、氷河が崩落する音が雷のように聞こえてくる。アオラキ／マウント・クックの眺めもいい。トラックはこの先ミューラー小屋Mueller Hutへと続いているが、そこまで行くと往復8時間ぐらいかかるのでかなりの健脚向きだ。

タスマン・バレー・ウオーク（ブルー湖とタスマン氷河）
Tasman Valley Walk（Blue Lakes and Tasman Glacier View）
（往復約40分）

国道から分岐するタスマン・バレー・ロードTasman Valley Rd.を約8km行った、車道終点の駐車場がトラックのスタート地点となる。急な上り坂を行くと道がふた手に分かれ、一方はブルー湖の展望台へ、もう一方はタスマン湖の展望台に出る。最後まで上りが続くが、展望台からの眺めは壮観だ。遠くにタスマン氷河と眼下にグレーのタズマン湖。湖には大きな氷がいくつも浮いている。右側には氷河が削った谷がどこまでも広がり、

目の前には山がそびえる。眺めを楽しみながら疲れを癒やそう。ビレッジからスタート地点までは車利用となる。

展望台からのタスマン湖の眺め

ネイチャーガイドウオーク
Nature Guide Walk

フッカー・バレーをはじめ、国立公園内のハイキングコースを経験豊富な日本語ガイドスタッフと一緒に歩くネイチャーウオーク。湖の成り立ちや見落としてしまいがちな高山植物について、詳しい説明を聞きながら歩けば新たな発見があるだろう。人気はフッカー・バレー・ウオーキングで、フッカー川に架かる2つ目の吊り橋を渡った絶景ポイントで折り返す半日コースとフッカー谷を越えフッカー氷河を目指す1日コースがある。ウオーキングのほか個人では難しい絶景ポイントやミューラー小屋へのトレッキングガイドも可能。

フッカー川に架かる1つ目の吊り橋

アオラキ／マウント・クック国立公園の アクティビティ — Activity

星空ウオッチング

日本語ガイドの解説とともに、アオラキ・マッケンジー・インターナショナル・ダークスカイ・リザーブ（星空保護区→P.80・81）に認定されている星空を天体望遠鏡や双眼鏡で観察できる。所要約1時間30分。

Big Sky Stargazing
☎(03)435-1809　開通年、晴天時　料大人\$78、子供\$45　CC ADJMV　※ハーミテージ（→P.90）のアクティビティデスクで申し込み可能

タスマン・バレー4WDツアー

経験豊富なガイドに楽しく案内してもらいながら、タスマン氷河沿いを4WD車で進むツアー。普通では行けない場所から雄大な風景や、高山植物などを堪能できる。所要約2時間。1日3回催行する。

Tasman Valley 4WD Tours
☎(03)435-1809　FREE 0800-686-800　URL www.hermitage.co.nz　開8〜5月　料大人\$68、子供\$48　CC ADJMV※ハーミテージのアクティビティデスクで申し込み可能

スキープレーンでの遊覧飛行

セスナ機にスキーを装着したスキープレーンで、氷河上に着陸することができる。アオラキ／マウント・クック上部とタスマン氷河を眺められるGlacier Highlights（所要約45分）、さらにフォックス、フランツ・ジョセフなど周辺の氷河まで巡るGraund Circle（所要約55分）\$599などがある。

Mt Cook Ski Planes and Helicopters
☎(03)430-8026　FREE 0800-800-702　URL www.mtcookskiplanes.com　開通年　料 Glacier Highlights \$499　CC MV　※スキープレーンはヘリコプターに変更可。ハーミテージのアクティビティデスクで申し込み可能

ヘリコプターでの遊覧飛行

グレンタナー・パークにあるヘリポートから発着。ゾディアック氷河に着陸するAlpine Vista（所要約20分）や、アオラキ/マウント・クックやフォックス、フランツ・ジョセフ氷河を一望できるMount Cook & The Glaciers（所要約50分）などがある。ホテルからの送迎あり。

The Helicopter Line
☎(03)435-1801　FREE 0800-650-651　URL www.helicopter.nz　開通年　料 Alpine Vista \$270　Mount Cook & The Glaciers \$650　CC ADJMV※ハーミテージのアクティビティデスクで申し込み可能

グレイシャー・エクスプローラー

タズマン氷河末端の湖をガイドとともに遊覧ボートでクルーズする。300〜500年もの時を経て形成された迫力の氷山を間近に望み、実際に触れることができる。日本語のガイド冊子あり。所要約2時間30分で、クルーズは約1時間。途中、タズマン・バレー国立公園内を30分ほど歩く。

Glacier Explorers
☎(03)435-1809　FREE 0800-686-800　URL glacierexplorers.co.nz　開9月中旬〜5月下旬　料大人\$170、子供 \$87　CC ADJMV※ハーミテージのアクティビティデスクで申し込み可能

Column　歴史のなかのアオラキ／マウント・クック

マウント・クックの名はイギリスの航海者キャプテン・クックにちなむ。ただし命名は、1851年にニュージーランドの測量に来たイギリス人J. L. ストークによる。クック自身は1770年の航海で高い山の連なりにサザンアルプスという名を付けたが、特定の山頂に注目することはなかったようだ。

マオリ名であるアオラキは伝説上の少年の名前だ。アオラキと彼の兄弟が乗ったカヌーが、暗礁に乗り上げてしまった。彼らはカヌーの海面に高く突き出た部分に避難して助けを待ったが、そのうち石となってしまう。そのときのカヌーが南島、兄弟はサザンアルプスの山々、一番背の高かった

アオラキが主峰になったというわけだ。

アオラキ／マウント・クックの奥地まで人が入るようになったのは1860年代くらいから。1894年、アオラキ／マウント・クック初登頂を狙ってニュージーランドにやってきた、イギリス人 E. フィッツジェラルドとイタリア人M. ツルブリッゲン。これを聞いて、地元で山岳ガイドをしていたトム・ファイフ、ジャック・クラーク、ジョージ・グラハムのニュージーランド勢3人が奮起し、外国人による初登頂を阻止するべくアタックを開始する。そしてその年のクリスマスの日、ついにピークを踏むことに成功したのだった。

南島

アオラキ／マウント・クック国立公園

見どころ／アクティビティ

アオラキ／マウント・クック国立公園の レストラン Restaurant

オールド・マウンテニアーズ
The Old Mountaineers' Map P.86

有名なマウンテンガイドが経営する、景色のいいカフェ＆レストラン。店内の壁には山登りの道具や写真が飾られている。朝食$22、ランチのハンバーガー$24、ディナーのサーモンフィレ$34など、いずれもボリュームたっぷり。

- 3.Larch Grove
- (03) 435-1890
- www.mtcook.com/restaurant
- 7〜5月 10:00〜20:00
- 6月 CC MV

サー・エドモンド・ヒラリー・カフェ&バー
Sir Edmund Hillary Cafe & Bar Map P.86

ハーミテージ内にあるセルフサービスのカフェ。できたてのサンドイッチやパイなどの軽食が揃う。正面のガラス窓からはマウント・クックの壮大な景色を望むことができる。バーも毎日営業している。

- Aoraki/Mount Cook Village
- (03) 435-1809　0800-686-800
- www.hermitage.co.nz
- 8:30〜16:00(時季によって異なる)
- 無休　CC ADJMV

アオラキ／マウント・クック国立公園の アコモデーション Accommodation

ハーミテージ
The Hermitage Hotel Map P.86

1884年のオープン以来、登山家をはじめとする多くの人々に利用されてきた歴史ある大型ホテル。ほとんどの部屋からアオラキ／マウント・クックの姿を眺めることができる。さまざまなアクティビティ(→P.89)を催行している。

- Aoraki/Mount Cook Village
- (03) 435-1809　0800-686-800　(03) 435-1879
- www.hermitage.co.nz　DT $184〜　164　CC ADJMV

アオラキ・コート・モーテル
Aoraki Court Motel Map P.86

2013年にオープンしたモダンな内装のモーテル。スパバスが付いた2人用のエグゼクティブスパスタジオや、5人まで泊まれるアパートメントタイプの部屋がある。冷蔵庫、テレビ、電子レンジなども備えている。

- 26 Bowen Dr.　(03) 435-1111　0800-435-333
- www.aorakicourt.co.nz
- DT $175〜　25
- CC MV

マウント・クック・バックパッカーズ・ロッジ
Mt.Cook Backpackers Lodge Map P.86

4人まで泊まれるキッチン付きのアパートメントもある。地元の人でにぎわうバーレストランも併設。

- Aoraki/Mount Cook Village
- (03) 435-1653　0800-100-512　mtcooklodge.co.nz
- Dorm $42〜　DT $231〜
- 84　CC MV

アオラキ・アルパイン・ロッジ
Aoraki Alpine Lodge Map P.86

木のぬくもりあふれるきれいなロッジ。広々とした共同キッチンや、ファミリールームがあり、全室専用バスルーム付き。フロントに小さな売店あり。

- 101 Bowen Dr.
- (03) 435-1860　0800-680-680　aorakialpinelodge.co.nz
- DT $149〜245　ファミリールーム $189〜260　16　CC MV

YHA アオラキ・マウント・クック
YHA Aoraki Mt. Cook Map P.86

夏季とスキーシーズンには混み合う人気のYHA。テレビラウンジ、乾燥室、サウナなどの共同設備も充実。ツアーやアクティビティのほか、交通機関の予約、発券ができる。

- 4 Bowen Dr.
- (03) 435-1820　www.yha.co.nz
- Dorm $38〜　DT $138〜　77ベッド　CC ADJMV

グレンタナー・パーク・センター
Glentanner Park Centre Map P.85-D1外

ビレッジより約24km手前、マウント・クック周辺では唯一のホリデーパーク。夏季の予約は早めに。BBQスペースとレストランを併設。各種アクティビティの受付も行っている。

- State Hwy. 80
- (03) 435-1855　0800-453-682　(03) 435-1854
- www.glentanner.co.nz
- Camp1人 $22〜　Dorm $40〜
- 14　CC MV

ワナカ
Wanaka

湖を取り巻く山々が美しい

人口：8460人
URL www.lakewanaka.co.nz

南北に細長いワナカ湖に面したワナカの町は、夏はマウント・アスパイアリング国立公園のゲートウエイとして、冬はトレブル・コーン・スキー場やカードローナ・アルパイン・リゾート（→P.95）のベースタウンとしてにぎわいを見せる。また、魅力的な自然に囲まれた環境から、近年は風光明媚なリゾート地としても脚光を浴びている。

ワナカへのアクセス　Access

各主要都市から長距離バスが運行されている。クイーンズタウンからはフランツ・ジョセフ氷河行きのインターシティ／ニューマンズ・コーチラインズのバスが1日1便ワナカを経由する。クイーンズタウン8:00発、所要約1時間45分。クライストチャーチからの直通便はないので、ワナカ近郊の町、タラスTarrasで乗り換えることになる。1日1～2便運行、所要7時間5分～10時間10分。また、グレートサイツのツアーバスやワナカとクイーンズタウン、ダニーデンを結ぶリッチーズなどのシャトルバスも運行している。リッチーズはクイーンズタウンからの便を1日4便運行しているほか、ダニーデンからの便も1日1便運行する。所要4時間5～55分おもなバスはワナカ湖に面したロータリーに発着する。

ワナカの 歩き方

ワナカ湖に面して広がるワナカは、こぢんまりとしたリゾートタウン。メインストリートは湖沿いを走るアードモア・ストリートArdmore St.で、ヘルウィック・ストリートHelwick St.と交わるあたりにレストランやみやげ物店が集まる。ヘルウィック・ストリート沿いには、アウトドアショップやスーパーなど各種ショップが立ち並び、必要な物はだいたい揃う。しかし、町なかを走るバスはないのでレンタカーもしくはタクシーを利用しよう。

観光案内所アイサイトは、アードモア・ストリートのアーケード内にあり、ワナカはもちろんウエストランド一帯に関する観光情報を提供している。湖畔からアードモア・ストリートを東に5分くらい歩いた所には、DOC自然保護省のティティテア／マウント・アスパイアリング国立公園ビジターセンターがある。

おもなバス会社（→P.497）
インターシティ／
ニューマンズ・コーチラインズ
グレートサイツ
リッチーズ

観光案内所
Lake Wanaka i-SITE Visitor Centre
Map P.92-A2
住 103 Ardmore St.
☎ (03) 443-1233
URL www.lakewanaka.co.nz
開 8:30～17:30
　（時季によって異なる）
休 無休

長距離バス発着所からすぐ

i 観光案内所
DOC Tititea/Mount Aspiring National Park Visitor Centre
Map P.92-A2
住 Ardmore St.
☎ (03) 443-7660
FAX (04) 471-1117
URL www.doc.govt.nz
開 5～10月
　月～金　9:30～16:00
　日　　　9:30～16:00
　11～4月　8:30～17:00
休 5～10月の土

おもなレンタカー会社
Wanaka Rentacar
住 2 Brownston St.
☎ (03) 443-6641
URL www.wanakarentacar.co.nz
料 1日＄45～

おもなタクシー会社
Yello Cabs
☎ (03) 443-5555

ワナカの 見どころ

パズリング・ワールド
パズリング・ワールド
住 188 Wanaka Luggate Hwy. 84
℡ (03)443-7489
URL www.puzzlingworld.co.nz
開 10～4月
　8:30～17:30(最終入場)
　5～9月
　8:30～17:00(最終入場)
休 無休
交 中心部から約2km。

ザ・グレート・メイズ
料 大人$18、子供$14
イリュージョン・ルーム
料 大人$18、子供$14
共通券
料 大人$22.5、子供$16

The Puzzling World　Map P.94-A2

名前のとおりさまざまなパズルが楽しめるテーマパーク。アードモア・ストリートArdmore St.を東に進んだ84号線沿いにある。メインは何といっても総延長約1.5kmの巨大迷路ザ・グレート・メイズだ。長いうえに2階建てであるため、かなり複雑。脱出には30分～1時間かかるという。どうしても出られない人のためには、ゴール以外にも脱出口が用意されている。そのほか、53度傾斜して立っているタンブリングタワーやホログラム・ホール、トリックアートなど目の錯覚を利用した視覚に訴えるパズルを楽しめるイリュージョン・ルームもおもしろい。

個性的なテーマパークだ

戦闘機＆自動車博物館
住 11 Lloyd Dunn Ave.
℡ (03)443-7010
URL www.warbirdsandwheels.com
開 8:00～16:00
休 無休
料 大人$20、子供$5
交 中心部から約9km。

Warbirds & Wheels Museum　Map P.94-A2

ワナカの町から国道6号線を約9km南東に行ったワナカ空港の敷地内にある、戦闘機やクラシックカー、バイクを展示している博物館。第1次・第2次世界大戦で実際に使用された戦闘機5機のほか、1918年から1969年のクラシックカー約30台を復元し、一般に公開している。なかでもニュージーランド空軍のスカイホークは見ものだ。カフェやショップも併設している。

館内に展示されているスカイホーク

92

国土交通&おもちゃ博物館
National Transport & Toy Museum

Map P.94-A2

　700台を超すクラシックカーをはじめ、ブリキのおもちゃやテディベア、バービー人形など、5万点以上をコレクション。一般公開されている個人コレクションとしては、ニュージーランド最大の規模を誇る博物館だ。屋外ではイスラエル製の戦車や高射砲、アメリカ軍の軍用トラックなどを見学できる。館内ではワナカ・ビア・ワークスが製造する地ビールも販売しており、14:00からは見学ツアーも実施している。

クラシックカーやおもちゃがずらり

ワナカ周辺のウオーキングトラック
Walking Tracks around Wanaka

Map P.94-A1・2

マウント・アイアン　Mt. Iron（約4.5km、往復約1時間30分）

　標高545mのマウント・アイアンは、ワナカ周辺にいくつかあるウオーキングトラックのなかで最もアクセスしやすい。町からスタート地点までは国道6号線を東へ向かい約2km。トラックの左側は牧場になっており、羊が放牧されている。山肌に延びるつづら折りの道を上ること約45分、周囲の風景が360°見渡せる頂上部にたどり着く。手前にはワナカの町並み、その向こうにはワナカ湖と背後にそびえる山々が一望できる。

手軽なハイキングで絶景が楽しめる

マウント・ロイ　Mt. Roy（約16km、往復5〜6時間）

　標高1578mと高さがあり、マウント・アイアンより長いトラックだが、眺めのすばらしさは上りの労力に十分見合うもの。この山もマウント・アイアンと同じく全体が牧場になっており、最初に柵をはしごで越えてコースに入る。道を上るにつれ、細長く延びるワナカ湖のずっと先までもが視野に入ってくる。そして最後の稜線に出て、はるか遠くに万年雪を頂いたマウント・アスパイアリングが鈍く光るのを見るのは、感動的な瞬間だ。

ダイヤモンド湖　Diamond Lake（約2km、往復約1時間）

　ワナカの町から西へ約12kmの所にある小さな湖。湖畔の駐車場から上り始め、ワナカ湖を見渡す展望地までは往復約1時間ほどのトラックがついている。距離は短いが、スタート直後からかなり急な上りになるのでちょっと覚悟がいる。トラックはさらに上へと続き、最高地点のロッキー・マウンテン（775m）までは、1周約3時間の周回トラックとなっている。

国土交通&おもちゃ博物館
- 891 Wanaka Luggage Hwy.
- (03)443-8765
- URL nttmuseumwanaka.co.nz
- 開 8:30〜17:00
- 休 無休
- 料 大人$18、子供$5
- 交 中心部から約8km。

Wanaka Beer Works
- (03)443-1865
- URL www.wanakabeerworks.co.nz

地ビール6種のテイスティングは$10

マウント・アイアンへの行き方
　中心部から約2kmほどの所に登山口があるので、歩いてアクセスすることもできる。マウント・アイアンはひと山まるごと私有の牧場地なので、コース以外には立ち入らないこと。また、牧場作業のある日には入れない。

標識の表示に従って進もう

マウント・ロイへの行き方
　登山口はワナカから湖沿いに西へ約6km行った所。路肩に数台の駐車スペースがある。山がそのまま牧場になっているのでコースを守ること。また、10/1〜11/10と牧場作業のある日には入れない。

ダイヤモンド湖
- 交 グレンドゥー・ベイ Glendhu Bayのキャンプ場を過ぎて道が未舗装になったら、さらに約2km進む。牧場の中の長い直線区間を過ぎると、右側に小さな標識がある。

ガイド付きの日帰りツアー
Eco Wanaka Adventures
　日帰りのハイキングツアーを実施。日本語ガイドの手配も可能。シーズン以外のハイキングコースは要問い合わせ。
- (03)443-2869
- FREE 0800-926-326
- URL www.ecowanaka.co.nz
- 料 コースによって異なる
- 料 ダイヤモンド湖（12〜4月、所要約6時間）
  大人$265、子供$180
  ロブ・ロイ氷河（通年、所要約8時間30分）
  大人$295、子供$205

南島　ワナカ　見どころ

ホリデーパーク
Glendhu Bay Motor Camp
☎(03)443-7243
FAX(03)443-7284
URL glendhubaymotorcamp.co.nz
交 ワナカ中心部からMount Aspiring Rd.を北西へ約12km。

雪を頂いた山々を一望

ワナカからラズベリー・クリークへのシャトルバス
Ritchies
☎(03)443-9120
URL www.ritchies.co.nz
運 1日1便の運行
　ワナカ　　　　　　8:00発
　ラズベリー・クリーク
　　　　　　　　　　15:15発
料 片道$40
　マウント・ロイ（片道$15）
　やダイヤモンド湖（片道$15）
　への便もある。

グレンドゥー・ベイ
Glendhu Bay
Map P.94-A1

ワナカの町から湖沿いの道を進むとグレンドゥー・ベイに着く。ここから湖越しに、ワナカの町なかからは見ることができないマウント・アスパイアリングの美しいシルエットが望める。町の喧騒から離れた静かな湖畔にはホリデーパークもあるので、キャンプを楽しみながら滞在してみるのもいい。

ワナカ郊外の 見どころ

ロブ・ロイ氷河トラック
Rob Roy Glacier Track
Map P.94-A1

マウント・アスパイアリングMt. Aspiringの周辺にはいくつかのトレッキングルートがあるが、日帰りで往復できるものとしてはこのコースがポピュラーだ。比較的歩きやすいルートだが、スケールの大きい展望を楽しむことができる。

ルートの出発点は、ワナカから車で北西に約1時間のラズベリー・クリークRaspberry Creek。深い森の中を渓流に沿って上り続けると、2時間余りで突然視界が開ける。氷河の全貌が望める瞬間だ。ロブ・ロイ氷河が望める展望地へは、ラズベリー・クリークから往復で所要約4時間。登山靴を履き、水、食料の準備も忘れずに。

その他のラズベリー・クリークからのルートとしては、マトゥキトゥキ川に沿って西へと進み、フレンチ・リッジ小屋にいたる道もある（片道6〜7時間）。

展望地からロブ・ロイ氷河を眼前に見上げる

ただしアスパイアリング小屋Aspiring Hutから先は道が険しくなるため、相応の装備と経験、体力が必要。手軽に歩けるのは、アスパイアリング小屋までで、ここまでの往復はラズベリー・クリークから4時間くらい。なおこれらのトレッキングルートについては、マウント・アスパイアリング国立公園ビジターセンターで"マトゥキトゥキ・バレー・トラックMatukituki Valley Tracks"のパンフレットを入手しておくといい。

トレブル・コーン・スキー場
Treble Cone Ski Field
Map P.94-A1

ワナカの約19km西、クイーンズタウンからは約70kmの距離に位置し、南島最大規模の滑走面積を誇るスキー場。ゲレンデの広さもさることながら、コース上部から見渡せる、ワナカ湖やマウント・アスパイアリングのすばらしい眺望が特徴だ。傾斜が最

スノーボーダーからも人気の高いゲレンデ

大で26度近くあり、中・上級者向けといえる。通常のコースのほか、自然の地形を利用したもの、および人工のハーフパイプがあり、スキーヤーやスノーボーダーがトリックを競っている。南アルプスの山々に囲まれている地形上、風の影響を受けにくく、天候・雪質とも安定しているので、シーズン中のクローズはほとんどない。年間の降雪量は十分だが、積雪の少ないシーズン初めには人工降雪機を使うこともある。

カードローナ・アルパイン・リゾート
Cardrona Alpine Resort
Map P.94-A1外

ワナカの南約34kmの所にあり、マウント・カードローナの東側斜面を利用したスキー場。ゲレンデは初心者にもやさしいコースが多く、家族連れにも人気だ。コースの特徴はオフピステのパウダースノーと広大なゲレンデ。特にゲレンデの広さでは群を抜く。すり鉢状の地形（ベイスン）が3つあり、地形を生かし、バラエティに富んだ滑走が楽しめる。ハーフパイプ（スノーボード・キャンプ中は一般客の使用制限あり）を含むスノーパークも整備されているので、スノーボーダーやフリースタイル・スキーヤーにも人気が高い。4人乗り高速リフトも整備されている。また、標高が高いのでシーズンを通して雪質がよく、ハードバーンになったり融けて緩い雪になったりすることはほとんどない。

ハーフパイプで連続エアをメイク！

トレブル・コーン・スキー場
☎ (03) 443-7443
URL www.treblecone.com
営 6月下旬〜9月下旬
　　8:00〜16:00
料 リフト1日券
　大人$149、子供$75
交 ワナカからトレブル・コーン・スキー場間を無料のバス、Treble Cone Expressが運行。
1日2回出発。役場やアコモデーションなど5つのピックアップポイントをめぐりスキー場へと向かう。
ワナカ　　7:45、8:30発
トレブル・コーン・スキー場
　　　　16:00、16:30発

カードローナ・アルパイン・リゾート
☎ (03) 443-8880
FREE 0800-440-800
URL www.cardrona.com
営 6月〜10月中旬
　　　　7:00〜19:00
料 リフト1日券
　大人$120、子供$62
　半日券
　大人$89、子供$52
交 ワナカの各アコモデーションからカードローナ・アルパイン・リゾート間をシャトルバスが運行。
ワナカ　　　　7:40発
カードローナ・アルパイン・リゾート　　16:15発
大人$35（往復）、
子供$30（往復）
バス（往復）＋リフト1日券
大人$150、子供$92

幅広のゲレンデで滑走を楽しみたい

Florence's Foodstore & Cafe
フローレンス・フードストア&カフェ
Map P.94-A1
☎ (03) 443-7078
住 Cardrona Valley Rd. & Orchard Rd.
URL www.florencesfoodstore.co.nz
営 8:30〜15:30　休 無休

町からスキー場に向かう道沿いにあるカフェ

ワナカの アクティビティ

遊覧飛行

ワナカ空港から数社がヘリコプターや小型機による遊覧飛行を行っている。地上からはなかなか全貌が把握できないマウント・アスパイアリングを、俯瞰して捉えることができる（所要50分～1時間）。アオラキ／マウント・クック国立公園やミルフォード・サウンドへ飛ぶ便もある。早朝割引をしているコースもあるので確認しておこう。

Wanaka Flightseeing
- (03)443-4385　FREE 0800-345-666
- URL www.flightseeing.co.nz　通年
- 料 マウント・アスパイアリング $310　CC ADJMV

Wanaka Helicopters
- (03)443-1085　FREE 0800-463-626
- URL www.wanakahelicopters.co.nz　通年
- 料 アメイジング・アスパイアリング $525～　CC MV

ジェットボート／レイククルーズ

ワナカ湖に面するレイクランド・アドベンチャーズが、湖上での各種アクティビティを扱っている。「Clutha River Jet Boats」は9人乗りジェットボートでワナカ湖からクルサ川Clutha Riverの上流まで流れに逆らって進む、迫力満点のアクティビティ（所要約1時間）。カヤックやアクアバイク、マウンテンバイクの貸し出しも行っている。

Lakeland Adventures
- (03)443-7495
- URL lakelandwanaka.com
- 通年
- 料 ジェットボート　大人$125、子供$55
- 　　シングルカヤック　$20 (1時間)
- CC MV

トラウトフィッシング

ワナカ湖ではフィッシングも楽しみのひとつ。10～5月がシーズンで、特にマス釣りが有名だ。フィッシングガイドを扱っている会社は数社あり、コースをアレンジしてくれるところもある。料金やガイドの経験、釣りたい魚の種類などこだわりがあれば、観光案内所アイサイトで希望に合った会社を紹介してもらおう。

Hatch Fly Fishing
- (03)443-8446
- URL www.hatchfishing.co.nz　10～5月
- 料 1日ガイドツアー$790　CC MV

Telford Fishing and Hunting
- 027-535-6651　URL flyfishhunt.co.nz
- 10～5月　料 1日$750～(交通費込み)　CC MV

ワナカの レストラン

アルケミー　Alchemy　Map P.92-A2

湖畔に面する居心地のいいカフェ。人気のエッグベネディクト$20は、プラス$1でベーコンをスモークサーモンに変更できる。またシーフードチャウダー$17.5も美味。夜はタパス料理が中心で、ワナカの地ビールや近郊のワインが楽しめる。

- 151 Ardmore St.
- (03)443-2040
- URL www.alchemywanaka.nz
- 8:00～22:00 (日によって異なる)
- 無休　CC MV

トラウト・バー&レストラン　Trout Bar & Restaurant　Map P.92-A2

ワナカ湖畔沿いに立つ地元の食材にこだわるレストラン。前菜は$10～29、メインは$30前後でブルーコッドやシカ肉などがある。人気はステーキ・オープン・サンドウィッチ$23。キッズメニューは$12で子供用チェアもある。

- 151 Ardmore St.
- (03)443-2600
- URL www.troutbar.co.nz
- 10:30～22:00 (日によって異なる)　無休　CC AMV

レリッシズ・カフェ　Relishes Café　Map P.92-A2

地元の人もその味に信頼をおく町なかのカフェレストラン。朝食、ランチのメニューは$8～24。ワインと相性抜群の肉料理や、シーフードなどの本格料理、各種パスタまで揃う。美しくデコレーションされたデザートもぜひ味わいたい。

- 99 Ardmore St.
- (03)443-9018
- URL www.relishescafe.co.nz
- 7:00～23:00
- 無休　CC MV

ブラック・ピーク・ジェラート　Black Peak Gelato　Map P.92-A2

地元産の牛乳や卵、フルーツなどを使ったイタリアン・ジェラートの店。伝統のレシピを守るため、1950年代のイタリア製アイスクリームマシンで、日々手作りされている。ホーキーポーキーや季節のフレーバーも多彩だ。

- 123 Ardmore St.
- URL www.blackpeakgelato.co.nz
- 夏季10:00～22:00、
- 　冬季10:30～18:30
- 無休　CC MV

ワナカの アコモデーション Accommodation

エッジウオーター Edgewater Map P.92-A1

ワナカ湖畔に立つ高級リゾートホテル。全室バルコニー（テラス）付きで、湖へ部屋から直接アクセスできる。ホテルルームのほか、リビング、ダイニング付きのアパートメントタイプもある。テニスコートやスパ、サウナも併設。

住 Sargood Dr. ☎(03)443-0011
FREE 0800-108-311
URL www.edgewater.co.nz
料 ⓈⒹⓉ$196～
室数 103　CC ADJMV

ささのき B&B Sasanoki B&B Map P.94-A2

ワナカ在住の日本人家族が営むB&B。暖炉を囲む吹き抜けのリビングや大型のバスタブがありホッとくつろげる空間。朝食では和食も選べる。湖に面した静かな住宅街にあり、町からの送迎は往復1回が無料。連泊割引があるB&B宿泊プランのほか、暮らすように楽しむ滞在型プランもある。

住 22 Penrith Park Dr. ☎(03)443-1232　携 021-155-0213
URL sasanoki.co.nz　料 Ⓢ$165～
Ⓣ$195～　室数 2　CC 不可
日本語OK

アスパイアリング・モーテル Aspiring Motel Map P.92-A2

町の中心部にある便利な立地で値段も手頃なモーテル。客室はエグゼクティブ、ステュディオ、6人まで泊まれるファミリータイプなど全6種類あり、山小屋風の客室もある。スキー、スノーボード用の乾燥室も完備。

住 16 Dungarvon St. ☎(03)443-7816　FREE 0800-269-367
FAX (03)443-8914　URL www.aspiringmotel.co.nz　料 ⓈⒹⓉ$153.9～　室数 14　CC AMV

YHA ワナカ YHA Wanaka Map P.92-A2

ログハウス風の建物で、客室は簡素だがきれいで過ごしやすく、ワナカ湖畔を望める部屋も。共用キッチンも広くて清潔。暖炉のあるゲストラウンジやビリヤード台などがあり、いつもにぎわっている。アクティビティの予約もしてくれる。

住 94 Brownston St. ☎(03)443-1880　URL www.yha.co.nz
料 Dorm$33～
ⒹⓉ$95～
室数 92ベッド　CC ADJMV

レイクサイド・サービスド・アパートメント Lakeside Serviced Apartments Map P.92-A2

ラグジュアリーなアパートメント。客室はかなりゆったりとした間取りで、各ユニットにあるバルコニーからは、ワナカ湖の眺望が楽しめる。スパプール付きの広いバルコニーデッキがある6人用のペントハウスも3室あり、グループでの滞在に人気。

住 9 Lakeside Rd. ☎(03)443-0188　FREE 0800-002-211
FAX (03)443-0189
URL www.lakesidewanaka.co.nz
料 Unit$245～　室数 23　CC AMV

レイク・ワナカ・ロッジ Lake Wanaka Lodge Map P.92-A2

ワナカ湖畔から徒歩約10分、日本人が経営する宿。ラウンジや無料のスパも完備。夕食は要予約だが、ゲストの好みに応じた料理を日本人シェフが用意してくれるため人気。また、宿から出発する日本人ガイド付きツアーも案内してくれる。

住 24 Tenby St.
☎(03)443-9294
URL www.lakewanakalodge.co.nz
料 ⓈⒹⓉ$150～
室数 10　CC MV　日本語OK

ブルックベイル Brookvale Map P.92-A2

雪を頂く山々が見渡せる抜群のロケーション。2階にある客室は全室バルコニー付き。1階の客室にはそれぞれ庭があり、内装もシンプルでありながらおしゃれ。夏季には庭でBBQも楽しめる。

住 35 Brownston St. ☎(03)443-8333　FREE 0800-438-333　FAX (03)443-9040　URL www.brookvale.co.nz　料 Unit$154～
室数 10　CC ADJMV

マッターホルン・サウス・ロッジ＆バックパッカーズ Matterhorn South Lodge & Backpackers Map P.92-A2

ワナカ湖畔から徒歩5分ほど。広々としたキッチンに、暖炉付きのラウンジ、サンデッキを備える。館内設備に古さは感じられるものの、手入れが行き届いていており快適に過ごすことができる。

住 56 Brownston St.
☎(03)443-1119
URL www.matterhornsouth.co.nz
料 Dorm$28～　ⒹⓉ$75～
室数 15　CC MV

キッチン（全室）　キッチン（一部）　キッチン（共同）　ドライヤー（全室）　バスタブ（全室）
プール　ネット（全室／有料）　ネット（一部／有料）　ネット（全室／無料）　ネット（一部／無料）

クイーンズタウンから
気軽にニュージーランドの
ワイナリーを巡る

セントラル・オタゴのギブストン・バレーの、3つのワイナリー巡るツアー。世界的に高評価のピノ・ノワールのワインなどをテイスティングできる。

クイーンズタウン Queenstown
カワラウ川
ギブストン・ハイウェイ
ギブストン・バレー
Ⓒ ブレナン・ワインズ Brennan Wines
Ⓐ チャード・ファーム Chard Farm
Ⓑ マウント・ローザ・ワインズ Mt Rosa Wines

↓ クイーンズタウンから車で約30分

セントラル・オタゴの老舗のワイナリー
Ⓐ チャード・ファーム
Chard Farm

創業約30年のワイナリー。ギブストン・バレーを含め、環境の異なる3つのエリアで造られたブドウを使った、こだわりのワインを醸造。ピノ・ノワールは6種類あり、全体の生産量の約70%を占めている。

🏠 205 Chard Rd.Gibbston
☎ (03)441-8452
🌐 www.chardfarm.co.nz
🕐 月～金10:00～17:00、土・日11:00～17:00
休 無休

① 口当たりのいいリバー・ラン2015ピノ・ノワール ② ボードにはその日試飲できるワイン名が書かれている ③ 高台に位置。近くにはカワラウ・ブリッジがある

↓ 車で約15分

メリノ羊の牧場で造る個性的なワイン
Ⓑ マウント・ローザ・ワインズ
Mt Rosa Wines

約1400ヘクタールの広大な羊牧場の中のブドウ畑を所有。ブレンドすることが多いピノ・ブランを、単一で使用したワインなど、ほかにはないワイン作りに挑戦している。

🏠 91 Gibbston Back Rd.
☎ (03)441-2493
🌐 www.mtrosa.co.nz
🕐 11:00～17:00
休 無休

① 7種類のテイスティングができる ② 羊の毛刈小屋を改装し、セラードア(直売所)として使用している

→ 徒歩すぐ

家族で経営するブティックワイナリー
Ⓒ ブレナン・ワインズ
Brennan Wines

ブドウの栽培から醸造まで、できる限り手作業で行うワイナリー。徹底した管理のもとで造られるワインは数々の賞を受賞。小さなワイナリーならではのオーナーのアイディアが詰まった個性的なワインが揃う。

🏠 86 Gibbston Back Rd.
☎ (03)442-4315
🌐 www.brennanwines.com
🕐 11:00～17:00
休 無休

① フルーティな味わいのB2 2014ピノ・ノワール ② 暖炉やゆったりとしたソファーがあるおしゃれなセラードア

ワイナリー見学とテイスティング Q&A

Q ワインに詳しくなくても楽しめる?
A ワインについてあまり知識がなくてもガイドがワインの基礎知識から教えてくれるので十分楽しめます。

Q ワインは全部飲まないとダメ?
A 無理して飲まなくても大丈夫。ワイナリーにはワインを吐き出すスピットゥーンというつぼがあり、残ったグラスのワインも捨ててOK。

Q 気に入ったワインが見つかったら購入できる?
A 購入可能。3本(1本あたり760ml)までなら関税なしで持ち帰ることができ、それ以上購入する場合はワイナリーから発送も可能。それぞれのワイナリーで購入したものをまとめて発送する場合は観光案内所Qbook(→P.102)でも申し込める。

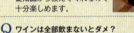
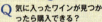

セントラルオタゴ・ワイナリー訪問ツアー

FREE 0800-946-327
URL www.yumelandnz.com/wine
営 通年
料 スタンダードツアー(半日)は大人$140、子供$40
CC MV

ニュージーランドのワイン

国際的に高い評価を受けているニュージーランド産のワイン。それはこの国が肥沃な大地と海洋性気候に恵まれたワイン造りに適した土地ということに由来する。朝晩の激しい寒暖の差がブドウの熟成を促し、夏の長い日照時間が芳醇な実を実らせる。そのため、酸味がほどよくのった上品な味わいのワインができる。各地のワイナリーで好みの味を見つけよう。

豊富に揃うワインのなかから好みのものを見つけ出そう

おもなワイン生産地

ノースランド
1819年に国内で最初にブドウが植えられた地域。日本でも話題になったプロヴィダンスの高級無添加ワインは、イーストコーストのマタカナMatakanaにある。
拠点都市 ●ファンガレイ（→P.346）

ネルソン地方
降雨量の多さと温暖な気候で、果樹園地帯としても有名。シャルドネやソーヴィニヨン・ブラン、リースリング、ピノ・ノワールなどを生産。
拠点都市 ●ネルソン（→P.197）

マールボロ地方
国内で最も日照時間が長く生産量もトップ。シャルドネとソーヴィニヨン・ブランが多い。
拠点都市 ●ブレナム（→P.188）

セントラル・オタゴ地方
世界最南のワイン産地。ハイウエイ6号線沿いにワイナリーが集まる。世界的なコンテストで入賞したピノ・ノワールで有名。
拠点都市 ●クイーンズタウン（→P.100）、ダニーデン（→P.158）

カンタベリー地方
クライストチャーチとワイパラのふたつに分けられる。平原地帯で比較的涼しい気候から、シャルドネやリースリング、ピノ・ノワールなどに適している。
拠点都市 ●クライストチャーチ（→P.40）

オークランド地方
クミュKumeuやカベルネ・ソーヴィニヨンの生産地、ワイヘキ島（→P.264）など。
拠点都市 ●オークランド（→P.238）

ワイカト／ベイ・オブ・プレンティ地方
肥沃な牧草地が広がる地域で、やや湿度が高い。シャルドネやカベルネ・ソーヴィニヨンなどが造られている。
拠点都市 ●タウランガ（→P.362）

ギズボーン地方
「ニュージーランドのシャルドネの首都」と呼ばれるほど、シャルドネの栽培が盛んな地域。香りがよくすっきりした味わいのシャルドネが評判。
拠点都市 ●ギズボーン（→P.368）

ホークス・ベイ地方
国内で2番目に大きなワイン産地。シャルドネやカベルネ・ソーヴィニヨン、ピノ・ノワールなどさまざまな種類のワインが造られている。
拠点都市 ●ネイピア（→P.370）、ヘイスティングス

ワイララパ地方
夏は暑く秋になると乾燥する地区で、国土土壌局からもお墨付きのワイン造りに適した土壌をもつ。良質のピノ・ノワールが有名。
拠点都市 ●ウェリントン（→P.390）

北島 North Island
南島 South Island

代表品種はこちら！

ソーヴィニヨン・ブラン（白）
Sauvignon Blanc
さわやかなハーブ系の香りとフルーティな香りが重なり合う繊細な風味。地域により少しずつ味わいが異なる。

シャルドネ（白）
Chardonnay
ブドウ自体には香りはなく、産地の地質や気候により味わいが変わる。ふわっと香る樽の香りを存分に楽しめる品種だ。

リースリング（白）
Riesling
甘口から酸の強いキリリとした辛口までいろいろ。若いものはフローラルな香りで、熟成するとガスっぽい独特の香りに変化。

ピノ・ノワール（赤）
Pinot Noir
栽培が困難で成功例は世界でも数少ない。深い味わいながらタンニン（渋味）が強くないため、口当たりは軽くフルーティ。

メルロー（赤）
Merlot
赤ワインのなかでも大人気の品種。まろやかで柔らかい口当たりとともに口の中に広がる果実の風味が楽しめる。

カベルネ・ソーヴィニヨン（赤）
Cabernet Sauvignon
高級赤ワイン用の品種として世界各地で不動の人気を誇る。酸味やタンニンがしっかり感じられる濃厚な味わい。

人口：1万5850人
URL www.queenstownnz.co.nz

航空会社（→P.497）
ニュージーランド航空
ジェットスター航空

クイーンズタウン空港
Map P.108-B1
☎ (03) 450-9031
URL www.queenstownairport.co.nz

フランクトン地区に位置する

オーバス #1
運 クイーンズタウン発
　　6:00～翌0:31
料 空港↔市内中心部
　現金
　片道大人$10、子供$8
　GoCard
　片道大人$2、子供$1.5

早朝から深夜まで運行しているバス

現金よりもお得なGoCard

クイーンズタウン
Queenstown

風光明媚な南島のなかでも、特に1年を通して国内外の観光客が多く訪れるクイーンズタウン。荘厳にそびえる山々に囲まれ、美しくきらめくワカティプ湖畔に「ビクトリア女王にふさわしい」と名づけられた町が広がる。

山と湖の織りなす美しい景色を楽しみたい

1862年にショットオーバー川で金が発見されて以来、町は急速に発展した。一時は何千人という人口を抱えたものの、金脈が尽きた頃にはわずか190人ほどに落ち込んでしまったという。

現在では、高原の避暑地のようなたたずまいで、バラエティに富んだアクティビティの拠点となっている。また、近隣にはコロネット・ピークやリマーカブルスといった人気スキー場があり、冬はスキーやスノーボードを楽しむ人々でにぎわう。

クイーンズタウンへのアクセス

飛行機で到着したら

日本からの直行便はなく、ニュージーランド航空やジェットスター航空が国内各地からクイーンズタウン空港Queenstown Airportまでの直行便を運航している。ニュージーランド航空はクライストチャーチからは1日4便、所要55分～1時間10分。オークランドから1日6～9便、所要約1時間50分。スキーシーズンにはオーストラリアのシドニーなどからの直行便も増便される。

空港から市内へ

クイーンズタウン空港から西へ約8kmと市内中心部までは近く、車で25分ほど。中心部までなら市バスの利用が安くて便利だが、郊外の宿へ行く場合などはドア・トゥ・ドアのエアポートシャトルやタクシーの利用がおすすめ。

オーバス　Orbus

オーバスOrbusの#1が空港と町中を結んでいる。(→P.101)。空港発は6:05～翌0:05の約15分間隔、19:00以降は30分間隔で運行している。中心部までは所要約25分。

エアポートシャトル　Airport Shuttle

スーパー・シャトルSuper Shuttle社による運行。数人が集まったら1台のバンに乗り合い、それぞれの目的地を回る。個々の滞在先までの乗車が可能で、人数が増えるほど割安になってお得。ただし、乗客がある程度揃うまで待たなければならないことや、ほかの乗客の滞在先を回って少々時間がかかることもある。

タクシー　Taxi

タクシーは空港の到着ロビーを出てすぐの所に待機している。料金は中心部まではおよそ$30。乗る前に行き先と料金をドライバーに確認しよう。

国内各地との交通

南島の主要各都市からインターシティ／ニューマンズ・コーチラインズなどが長距離バスを運行。インターシティ／ニューマンズ・コーチラインズはクライストチャーチから1日1～2便の直行便を運行、所要8～11時間。ダニーデンで乗り換える便もあり、ダニーデンからは所要約4時間20分。

会社や目的地によってはバンになることも

クイーンズタウンの市内交通　Access

町中と周辺部を結ぶオーバス（旧コネクタバス）が便利。2017年11月にリニューアルし、バスの便数も増え観光客にもわかりやすくなった。乗り方は前方のドアから乗車しドライバーに現金またはICカード乗車券のGoCardで料金を支払う。目的地が近づいたら、ボタンを押して知らせる。下車は前後どちらでもよい。路線は4線で#1は空港から町の中心キャンプ・ストリートCamp St.を経由してファーンヒルFernhillまで向かう。#2はアロータウンArrowtownからアーサー・ポイントArthurs Point、#3はケルビン・ハイツKelvin Heightsからフランクトン・フラッツFrankton Flats、#4はレイク・ヘイズ・エステートLake Hayes Estateからジャックス・ポイントJacks Pointへ向かう。

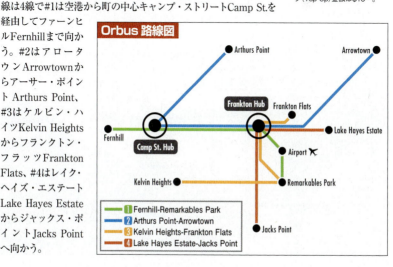

エアポートシャトル会社
スーパー・シャトル
FREE 0800-748-885
URL www.supershuttle.co.nz
空港⇔市内中心部
　1人　$15
　2人　$20
　3人　$25

おもなタクシー会社
Blue Bubble Taxis
FREE 0800-228-294
URL www.bluebubbletaxi.co.nz

Green Cabs
FREE 0800-464-7336
URL www.greencabs.co.nz

おもなバス会社（→P.497）
インターシティ／
ニューマンズ・コーチラインズ
リッチーズ

　長距離バスの停留所は各バス会社によって異なり、インターシティ／ニューマンズ・コーチラインズはアソー・ストリートAthol St.（Map P.104-A2）に、リッチーズはキャンプ・ストリート Camp St.の The Stationの前（Map P.104-A2）に発着する。
オーバス
FREE 0800-672-8778
URL www.orc.govt.nz/public-transport/queenstown-buses
6:00台～翌0:00台
（路線によって異なる）
現金
　片道大人$5、子供$4
GoCard
　片道大人$2、子供$1.5

〈GoCardの購入方法〉
　クイーンズタウンの空港、バスの運転手、オコーネルズ・ショッピング・センターのキオスクで1枚$5で販売。チャージ（Top Up）金額は$10～。

i Qbook
Map P.104-B1
住 93 Beach St.
電 (03) 409-2969
URL jp.qbooknz.com
開 10:00〜19:00
（時季によって異なる）
休 無休
　クイーンズタウンで唯一の日本語スタッフ常駐観光案内所。JCBほか、各種主要クレジットカード会社と提携、トラベルデスク運営。日本への荷物発送サービスもあり。

DoubleTree Hotel（ヒルトンホテル隣接、**Map P.108-B1**）にも支店あり

i The Station
Map P.104-A2
住 Shotover St. & Camp St.
電 (03) 442-5252
URL www.thestation.co.nz
開 8:00〜20:00
（時季によって異なる）
休 無休
　冬季は館内に降雪情報などを提供するスノー・センターSnow Centreを併設。

クイーンズタウンの 歩き方

　雄大なサザンアルプスの懐に抱かれ、ワカティプ湖Lake Wakatipuに寄り添うように広がっているのがクイーンズタウンの町。こぢんまりとしており、中心部なら徒歩で回ることができる。
　まずはクイーンズタウンの中心部、キャンプ・ストリートCamp St.とショットオーバー・ストリートShotover St.の交差点から歩き始めよう。どちらの通りにも、周辺エリアやアクティビティの案内所が軒を連ねる。全般的な情報を扱う観光案内所アイサイトや、アクティビティの情報収集と予約ができるザ・ステーションThe Stationなどに立ち寄りたい。

ザ・モール　The Mall
　町のメインストリート。歩行者天国になっている通りの両側にはみやげ物店や、ブティック、おしゃれなカフェやレストランが立ち並び、華やいだ雰囲気だ。

ビーチ・ストリート Beach St.〜マリン・パレード　Marine Pde.
　道沿いにワカティプ湖の姿を間近に眺められる

ツアーの予約などができるザ・ステーション

遊歩道が整備されている。スティーマー・ワーフSteamer Wharfから発着するTSSアーンスロー号TSS Earnslawがゆっくりと水面を進む姿や、サザンアルプスを映し込んだ神秘的なワカティプ湖に心が洗われるだろう。マリン・パレードをそのまま行くとクイーンズタウン・ガーデンQueenstown Gardensに行き当たる。

ブレコン・ストリート　Brecon St.

キーウィ＆バードライフ・パークのある緩やかな坂道で、このあたりで立ち止まって町の中心部の方向を振り返ると、セシル・ピークCecil Peakやコロネット・ピークCoronet Peak、リマーカブルス山脈The Remarkablesなど、美しい山並みがはっきりと見える。さらに、ゴンドラでスカイライン・ゴンドラ・レストラン＆リュージュSkyline Gondola Restaurant & Lugeの展望台まで上がると、こうした周辺の山並みがクイーンズタウンの町の向こうに広がる光景を一望できる。

ザ・モールを歩きながらみやげを探そう

観光案内所
Official & Visitor Information Centre Queenstown
Map P.104-A2
住22 Shotover St.
☎(03)442-4100
URL www.queenstownisite.co.nz
開夏季　8:30～21:00、冬季
8:30～20:00(時季によって異なる)
休無休

ユースフルインフォメーション
病院
Queenstown Medical Centre
Map P.104-A1
住9 Isle St.
☎(03)441-0500
警察
Queenstown Police Station
Map P.104-B2
住11 Camp St.
☎(03)441-1600

南島　クイーンズタウン　歩き方

ワカティブ湖畔のマーケット
Arts'n Craft Market
URL www.queenstownmarket.com
圏 11〜4月 土 9:00〜16:30
　 5〜10月 土 9:30〜15:30

週末に湖畔で行われるマーケット。おもに雑貨や衣類を扱っている

クイーンズタウンの見どころ

ワカティブ湖
Lake Wakatipu

Map P.102-B2, 104-B1〜2

細長いSの字を描いたような氷河湖で、長さ約77km、面積約293km^2、最大水深378m。1日に何度も潮の満ち引きのように水位が変わり、クイーンズタウン湾での水位の高低差は最大で12cmほどもあるといわれている。科学的には、気温と気圧の変化によるものとされているが、マオリの伝説では、グレノーキー（→P.110）を頭、クイーンズタウンをひざ、キングストンを足、ワカティプ湖底を体にもつ巨人の心臓の鼓動のためなのだとか。「ワカティプ」という名も、もともと「ワカ・ティプア・ワイ・マオリ（＝巨人の横たわる谷間水）」から来ている。ジェットボートなど、湖上での水上アクティビティも盛んだ。

ニュージーランドで3番目の大きさを誇る湖

アンダーウオーター・オブザーバトリー
Underwater Observatory

Map P.104-B2

ワカティプ湖の水面下に造られた施設で、自然のまま泳ぐ魚の姿を観察できる。規模は小さく、特別な展示はないが、自分の家の窓から湖で泳ぐ魚を観察しているような、水族館とはまた違った趣がある。

年間を通して約12℃の湖の水温はマスの生育に理想的ということもあって、多数のレインボートラウトやブラウントラウトが悠々と泳ぐ様子を見られる。大きなニュージーランド・ロングフィン・イール（ウナギ）の姿はユーモラスだ。$1で餌を与えると、魚たちがどんどん集まってきて迫力が増す。ときおり水面から水中に潜ってくるニュージーランド・スズガモが、魚を捕る様子もおもしろい。水深3mほど、最高で1分近く水の中に潜ることができるというニュージーランドの固有種だ。

アンダーウオーター・オブザーバトリー
住 Main Town Pier
電 (03)442-6142
営 8:30〜17:00
　（時季によって異なる）
休 無休
料 大人$10、子供$5

魚たちが泳ぎ回る様子を見学

TSSアーンスロー号のクルーズ
Cruise by TSS Earnslaw

Map P.104-B1

"湖上の貴婦人"と称されるTSSアーンスロー号は1912年に造られた二軸スクリューの蒸気船で、遠隔地に住む人々の交通手段や、荷物や家畜の輸送に使用されていた。全長51mで重量は約337トン、

100年以上の歴史をもつTSSアーンスロー号

石炭が燃料の客船としては南半球で唯一の存在だ。現在は遊覧船となっており、昔と変わらない速度11ノットでクイーンズタウンと対岸のウォルター・ピークWalter Peakを往復している。船内ではデッキやブリッジを散歩したり、昔ながらに石炭を投げ込む火夫の姿を見学したり、船首ギャラリーで船の歴史を学んだりできる。ピアノの伴奏に合わせて、皆でフォークソングを歌うのも楽しいひとときだ。クルーズだけでも楽しいが、ウォルター・ピーク牧場での見学や乗馬、サイクリング（夏季）、ビュッフェディナーなどの各種ツアーにも参加してみよう。

牧場見学ツアーでは、牧羊犬が羊を集める様子を見学したり、シカや羊、珍しいスコットランド・ハイランド牛に餌をやったりして楽しめる。ハイライトは、鮮やかな手つきで行われる羊の毛刈りショーだ。そのあと、この地で牧場を経営していたマッケンジー一家が20世紀初頭に住んでいたカーネルズ・ホームステッドColonel's Homesteadで、優雅なアフタヌーンティータイム。古い写真や調度品が置かれており、開拓初期の様子を彷彿とさせる。カウリやオオカエデ、花々で飾られた庭も美しい。

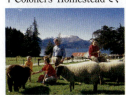
ウォルター・ピーク牧場では動物たちと触れ合える

TSSアーンスロー号のクルーズ
Real Journeys
住 Steamer Wharf
電 (03)249-6000
FREE 0800-656-501
URL www.realjourneys.co.nz

ウォルター・ピークでのツアー
TSS Earnslaw Steamship Cruises
催 通年
　　10:00、12:00、14:00、
　　16:00、18:00発
※18:00は最少催行人数に達した場合のみ運航。
※2020年6〜7月はメンテナンスのため運休の予定。
料 大人$70、子供$30（片道約45分、所要約1時間30分。乗船のみの場合は、ウォルター・ピーク牧場で下船できない）

Walter Peak Farm Tours
催 通年
　　10:00、12:00、14:00発
料 大人$95、子供$30〜35
　（所要約3時間30分）

Walter Peak Horse Treks
催 10〜4月
　　10:00、12:00、14:00発
料 大人$159、子供（7歳以上）$95
　（所要約3時間30分）

Walter Peak Gourmet BBQ Dinner
催 8〜5月　　18:00発
6〜9月は20人以上の申し込みがある場合のみ運航
料 大人$149、子供$70
　（所要約4時間）

Walter Peak Gourmet BBQ Lunch
催 通年　　10:00、12:00発
料 大人$129、子供$65
　（所要約3時間30分）

園内をのんびり散策する人々

スカイライン・ゴンドラ・レストラン&リュージュ
住 Brecon St.
☎ (03)441-0101
FAX (03)442-6391
URL skyline.co.nz
営 8:00〜21:00
休 無休
交 中心部からブレコン・ストリートBrecon St.を上り、徒歩約5分。

ゴンドラ
運 9:00〜Late
料 往復大人$44、子供$26

レストラン
営 11:30〜14:45、16:30〜Late
休 無休

ゴンドラ+ランチ
料 大人$79、子供$43
ゴンドラ+ディナー
料 大人$99、子供$54

美しい景色を見ながらの食事はいっそう楽しくなる

ゴンドラ+星空観賞
料 大人$99、子供$54（要予約）
ゴンドラ+ディナー+星空観賞
料 大人$150、子供$83（要予約、防寒具の無料レンタルあり）

望遠鏡を使った天体観測も

ゴンドラ+リュージュ2回
料 大人$61、子供$43
ゴンドラ+リュージュ3回
料 大人$63、子供$45

スリル満点のリュージュ

クイーンズタウン・ガーデン
Queenstown Gardens

Map P.102-B2

園内にあるシダの葉のモニュメント

ワカティプ湖に突き出した半島にある約14ヘクタールの敷地をもつ公園。中心部から歩いて数分で、小川のせせらぎや鳥のさえずり、色とりどりの花々が迎えてくれる。1867年の開園時に植えられた2本のカシの木やニュージーランドの原生植物も見られる。湖畔の散策路はフランクトン・アーム・ウオークウエイ（→P.108）へと続く。また、園内ではフリスビーをターゲットにめがけて投げる、ディスク・ゴルフと呼ばれるゲームのコースが整備されている。

スカイライン・ゴンドラ・レストラン&リュージュ
Skyline Gondola Restaurant & Luge

Map P.102-A2

ブレコン・ストリートの乗り場からゴンドラでボブズ・ピークにある展望台へ上る。展望台からは、コロネット・ピーク、リマーカブルス山脈、ワカティプ湖対岸にあるセシル・ピーク、ウォルター・ピークなどの崇高な姿が目の前に広がる。専用コースをソリのような乗りもので滑り下りるアクティビティのリュージュや、ジップトレック（→P.113）、マウンテンバイクなど、さまざまなアクティビティも楽しむことができる。周辺のトラックを徒歩で散策することも可能。展望台内にはみやげ物屋やセルフサービス方式のカフェ、マーケット・キッチン、レストランを併設している。

　レストランには床から天井まで広がる一面の窓があり、湖を正面に見下ろしながらビュッフェスタイルの食事が楽しめる。サーモンやムール貝、ラム肉、シカ肉などあらゆるニュージーランドの名物料理が揃い、絶景とともに味わう料理はおいしさもひとしお。

　また、星空観賞ツアーもある（所要約1時間15分）。開始時間は時季によって異なるので確認を。展望台から徒歩数分の場所で、南半球の星空を堪能できる。

壮大な眺めと町並みを一望

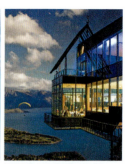
標高795mにある展望レストラン

スカイシティ・クイーンズタウン・カジノ
Skycity Queenstown Casino

Map P.104-B2

町の中心部にあるコンプレックスビルの2階にあるカジノ。ブラックジャック、ミニバカラ、カリビアン・スタッド・ポーカーなどを楽しむことができる。ゲームをしなくても、食事やお酒と一緒にカジノの雰囲気を味わうのもいい。

深夜までにぎわう

スカイシティ・クイーンズタウン・カジノ
16-24 Beach St.
(03)441-0400
www.skycityqueenstown.co.nz
12:00〜翌4:00
無休

スカイシティ・ワーフ・カジノ
Steamer Wharf, 88 Beach St.
(03)441-1495
www.skycityqueenstown.co.nz
16:00〜Late
無休

スカイシティ・ワーフ・カジノ
Skycity Wharf Casino

Map P.104-B1

湖畔のカジノで運試し

1999年にオープンしたクイーンズタウン初のカジノ、ラセターズ・ワーフ・カジノが2013年にスカイシティグループに買収され、現在の名称に変更。湖畔に面した商業施設、スティーマー・ワーフSteamer Wharfの上階にあり、ワカティプ湖の美しい姿をすぐ目の前にしながら、さまざまなギャンブルを楽しむことができる。70以上のゲームマシンに、ブラックジャック、ルーレット、ポーカーなど6種類のテーブルゲームが置かれているほか、バー&ビストロを併設。

カジノ入場時の注意点
・20歳以上であること
・身分証明書(パスポートや運転免許証など)
・身だしなみがきちんとしていること(Tシャツやジーンズ、汚れた運動靴などは不可)
・ゲーム中は帽子をかぶらないこと
・写真撮影は禁止
・ビデオ、コンピューター、計算器、携帯電話、mp3プレーヤー、ゲーム機などの使用不可

キーウィ&バードライフ・パーク
Kiwi & Birdlife Park

Map P.102-A2

飛べない鳥のキーウィをはじめ、絶滅の危機に瀕しているニュージーランド固有種の鳥たちを観察できる。本来は、傷ついた鳥の保護や、貴重な種の育成を目的に造られた施設だ。

坂を上るとユニークな建物が見える

キーウィは夜行性なので、暗く保たれた小屋の中で観察する。室内の暗さに目が慣れるのに少々時間がかかるが、動き回るキーウィの姿が次第に見えてくるだろう。キーウィの餌づけは、夏季は1日5回、冬季は1日4回行われており、間近でその愛らしい姿を観察することができる。"恐竜時代からの生き残り"といわれている爬虫類のトゥアタラも興味深い。

小屋を出るとニュージーランドの原生林が広がり、そこかしこに鳥小屋が点在する。トゥイ、モアポーク・オウル、パラキート、ブラウンテール・ダックなど、貴重な鳥ばかりだ。

また、園内にはマオリ・ハンティング・ビレッジがあり、かつてのマオリの人々の暮らしについて知ることができる。鳥に関するコンサベーションショー(所要約30分)は夏季は1日3回、冬季は1日2回行われている。日本語のオーディオガイド(無料)あり。

原生林の中に鳥たちの鳴き声が響く

キーウィ&バードライフ・パーク
Brecon St.
(03)442-8059
kiwibird.co.nz
9:00〜17:30
(時季によって異なる)
無休
大人$55、子供$25

キーウィの餌づけ
10〜4月 10:00、12:00、14:00、15:00、17:00
5〜9月 10:00、12:00、13:30、16:30

コンサベーションショー
10〜4月 11:00、13:30、16:00
5〜9月 11:00、15:00

2億2000万年以上もの間その姿形を変えていないといわれているトゥアタラ

南島 クイーンズタウン 見どころ

ウオーキングでの注意点
・なかには私有地を通るものもあるので注意
・動植物を大切にし、触れたりしないように
・ゴミは必ず持ち帰る
・河川にゴミを投げ捨てたりしない
・トラックによっては犬の出入りが禁止されている所もある

その他のウオーキングトラック
クイーンズタウン・ヒル・ウオークウエイ
Queenstown Hill Walkway
Map P.103-A3

原生植物が生える森林を通り約500mを上る往復約3時間のトラック。マヌカやフィジョアといったニュージーランドならではの木々の間を抜けていくと、リマーカブルス山脈、セシル・ピークなどを見渡せる地点にたどり着く。

クイーンズタウン郊外の 見どころ

クイーンズタウン周辺のウオーキングトラック
Walking Tracks around Queenstown
Map P.102〜103

クイーンズタウンの周辺には簡単なものから、ある程度の体力を要求されるものまで、約10のウオーキングトラックが点在する。

フランクトン・アーム・ウオークウエイ　Frankton Arm Walkway
（片道約1時間30分）

フランクトン入江の湖畔に沿って歩く平坦なトラック。スタート地点はパーク・ストリートPark St.の突き当たり。小さいが木々に囲まれたきれいなビーチが数多くある。山々の眺めも最高。

ワン・マイル・クリーク・ウオークウエイ　One Mile Creek Walkway
（片道約1時間30分）

ファーンヒル・ロードFernhill Rd.のラウンドアバウト手前が出発点。クイーンズタウンから最も近い天然のブナ林を歩き、野鳥たちの姿も観察できる。途中からパイプラインを通って、国内最大の水力発電所だったワン・マイル・ダムまで通じている。

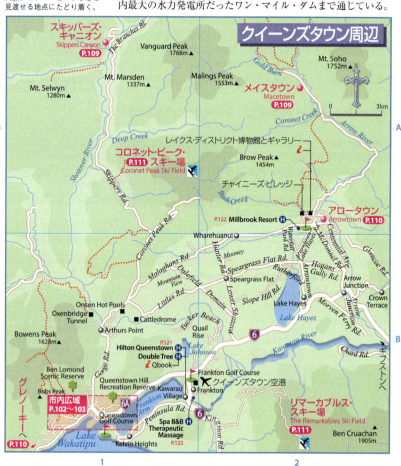

108

スキッパーズ・キャニオン
Skippers Canyon

Map P.108-A1

ターコイズブルーに輝くショットオーバー川Shotover River沿いに、壮大な景観が広がるのがスキッパーズ・キャニオン。大自然に驚異と畏敬の念を抱かずにはいられないこの大渓谷は、氷河期に押し寄せたワカティプ氷河によって、何百万年という年月をかけて浸食された地層が地表に露出してできあがったものだ。

曲がりくねった山道を進むと絶景が広がる

南島のほかのいくつかの町と同様にこの土地にもゴールドラッシュの波が訪れたのは1862年。ふたりのマオリがショットオーバー川に流された飼い犬を助けようとしたとき、思いがけず金を発見。その後、4000人以上の人々が金を求めてこの地へ入り、1863年までには商店やパブ、学校、裁判所といった施設が次々とできていった。現在もその跡が各スポットに残されている。

スキッパーズ・キャニオンは4WD以外の車での通行は難しく、レンタカーの使用も制限されているので、ツアーを利用するのがおすすめだ。渓谷の入口付近にある、ふたつの切り立った岩の間を通るヘルズ&ヘブンズ・ゲートHells & Heavens Gateや、曲げたひじのように切り立った崖から渓谷を見晴らすデビルス・エルボーDevil's Elbow、標高1748mのベン・ローモンドを含め一帯を見渡すことができるマオリ・ポイント・サドル・ルックアウトMaori Point Saddle Lookoutなどの渓谷スポットのほか、随所に見られるパブやホテルの跡、修復された学校など、かつての歴史を物語る見どころも興味深い。

メイスタウン
Macetown

Map P.108-A2

アロータウンの北にあり、19世紀の金と石英の発見により発展した場所。名前は1860年代に活躍した坑夫3兄弟から付けられたものだ。現在はいくつかの建物跡を残すのみの豊かな自然が広がっており、DOC自然保護省の保護区になっている。アクセスは悪く、アロータウンから4〜5時間かけて歩くか、4WDのツアーに参加する（レンタカーは走行禁止）。ツアーでは金探しに翻弄された人々のエピソードを聞きながら、わずかに残る町の跡を巡ることができる。アロー川Arrow Riverの浅瀬を走るドライブや、砂金探しも楽しめる。

アロー川沿いに豊かな自然が広がる

スキッパーズ・キャニオンのツアー
4WDで見どころを回るツアー、ヘリハイクやジェットボートと組み合わせたツアー、歩いて金鉱跡を巡るツアーなどがある。

4WDで切り立った崖沿いの道を走る人気のツアー

Nomad Safaris
☎(03)442-6699
FREE 0800-688-222
URL www.nomadsafaris.co.nz
Skippers Canyon 4WD
圖8:15、13:30発
圉大人$195、子供$95
　（所要約4時間）

Skippers Canyon Jet
☎(03)442-9434
FREE 0800-226-966
URL www.skipperscanyonjet.co.nz
Jet Boat Tour
圖10〜4月
　　8:30、12:00、15:30発
　5〜9月　9:00、13:00発
圉大人$159、子供$85
　（所要約3時間）

近郊の見どころ
Onsen Hot Pools
Map P.108-B1
圄160 Arthurs Point Rd.
☎(03)442-5707
URL www.onsen.co.nz
圖9:00〜23:00
休無休
圉1時間$75
　（2人で利用の場合1人$50.5）
クイーンズタウンから車で約10分の所にある貸切タイプの入浴施設。屋根が開閉式となっており、雄大な自然を眺めながら入浴が楽しめる。The Station前から無料シャトルバスあり（要予約）。

湯温は37.8〜39.8℃と少しぬるめ

メイスタウンのツアー
Nomad Safaris
問い合わせ先は上記
Macetown 4WD
圖8:00、13:30発
圉大人$295、子供$195
　（所要約4時間30分）

グレノーキーの観光情報
URL glenorchyinfocentre.co.nz

グレノーキーへの行き方
クイーンズタウンのInfo & Track や市内のアコモデーションからシャトルバスがある（要予約、片道$26）。また、アクティビティ料金に交通費が含まれている場合もある。所要50分。

Info & Track
Map P.104-A2
住 37 Shotover St.
TEL (03)442-9708
FREE 0800-462-248
URL www.infotrack.co.nz
開 夏季　7:30～20:00
　　冬季　7:00～21:00
　　（時季によって異なる）
休 無休
トランピングの装備レンタル、ツアーや交通の案内を行う。

グレノーキーのアクティビティ
ジェットボート、カヤック
Dart River
TEL (03)442-9992
FREE 0800-327-853
URL www.dartriver.co.nz
Wilderness Jet
料 大人$259、子供$159
Funyaks
料 大人$379、子供$279

ジェットボートでグレノーキーの自然を満喫しよう

アロータウンの観光情報
URL www.arrowtown.com

アロータウンへの行き方
クイーンズタウン中心部から車で北東へ約25分。またはキャンプ・ストリートからオーバス#2で行くことができる。本数は1時間に約1～2本。時刻表を要確認。
料 片道$5

レイクス・ディストリクト博物館とギャラリー
Map P.108-A2
住 49 Buckingham St.
TEL (03)442-1824
URL www.museumqueenstown.com
開 8:30～17:00
休 無休
料 大人$10、子供$3
博物館の館内に、観光案内所を併設している。

グレノーキー
Glenorchy
Map P.108-B1外、131-B2

クイーンズタウンから車で北西へ約50分、距離にして約46kmの所にある。1000年ほど前、最初にこの土地にやってきたのは巨鳥モアを追ってきたマオリだったという。ここはマウント・アスパイアリング国立公園への入口であり、ルートバーン・トラック（→P.144）、ケイプレス・トラック（→P.147）、グリーンストーン・トラック（→P.147）などのスタート地点でもある。多くの旅行者はここを通過するだけだが、心が洗われるような自然の美しさと静けさを楽しまないのはもったいない。人口200人ほどしかいないのんびりとした町を散策するほか、各種アクティビティに挑戦してみたい。おすすめはダート川やワカティプ湖でのジェットボート、カヌー、乗馬、フィッシング、ニュージーランドの動植物について学ぶことができるエコツアーなどだ。また、映画『ロード・オブ・ザ・リング』でアイゼンガルドやロスロリアンのロケ地として使われた場所を巡るツアーも行われている。

壮大な自然をバックにアクティビティを楽しもう

アロータウン
Arrowtown
Map P.108-A2

クイーンズタウンから北東へ約21kmの所にあるゴールドラッシュの歴史に彩られた町。1862年に金が発見されてから町は急激に発達、最盛期には人口が7000人を超えるほど膨れ上がったこの町は、ホテル、酒場、ギャンブル場、ダンスホール、学校、市民ホールまで備えていた。

バッキンガム・ストリートBuckingham St.沿いには、古い石造りの建物を利用したカフェやショップが並び、ところどころに当時の面影を見て取れる。通りの西端には、ゴールドラッシュ時代について知ることができるレイクス・ディストリクト博物館とギャラリーLakes Disrect Museum and Galleryや、当時の中国人労働者たちの居住区だったチャイニーズ・ビレッジChinese Villageも残っている。また、アクティビティでおすすめなのが、今も金が産出されるというこのエリアで砂金取りに挑戦すること。川床の砂利を根気よくさらっていると、本当に砂金が見つかることもある。

また、アロータウンは鮮やかな黄色に彩られるポプラ並木でも有名。毎年4月下旬には、アロータウン・オータム・フェスティバルが開催され、人々はゴールドラッシュ時代の衣裳を身にまとい、コンサートやパレードなどを楽しむ。

映画のセットの中を歩いているような気分に

コロネット・ピーク・スキー場
Coronet Peak Ski Field

Map P.108-A1

広大なスキーフィールドが広がるコロネット・ピーク・スキー場

　クイーンズタウンの北にあるコロネット・ピークCoronet Peakの頂上部から南側の斜面にかけてゲレンデが広がる。地形に恵まれており、シーズンを通して天候は安定していてクローズすることは滅多にない。コースは中・上級者向けが中心の構成。とはいえ、ロープ・トゥ・リフトが設置された緩斜面もあるので、初心者でも心配はない。リマーカブルス・スキー場と比べると、心持ち固めの締まったバーンになることが多く、エッジを使って滑る上級ボーダーやレーサータイプのスキーヤーにはもってこいのゲレンデだ。

　コロネット・ピーク・スキー場における醍醐味のひとつがナイターだ。南島のスキー場のなかでは唯一となるナイター照明を備えており、期間限定で7月の水・金・土曜のみ、16:00〜21:00の間リフトが運転し照明が点灯する。ライトに照らされ、一面の輝きを放つゲレンデは昼間とはまったく異なる景色になるので、日中滑った人も新鮮な滑走感覚が味わえる。ただし、ゲレンデの標高が高いので、日が沈むと急に冷え込む。防寒対策はしっかりとしていこう。

リマーカブルス・スキー場
The Remarkables Ski Field

Map P.108-B2

ゲレンデ上部には上級者向けの急斜面が多い

　パウダースノーを満喫するならこのスキー場。スキー場のコース構成は、中斜面が比較的少なく、ほぼ平地というような緩斜面とエクストリームな急斜面とにコースが分かれる。なかでもオフピステのパウダースノーを"ヘリスキー感覚"で滑ることができるホームワード・バウンドが人気だ。初心者向きのコースやスノーパークは駐車場からゲレンデに出て左側のリフトでアクセスする。

　急斜面の難コースがひしめくスキー場内に、ゲレンデマップの右端まで延びる上級者コースがある。パウダースノーを味わうには絶好の"ホームワード・バウンド"と呼ばれるこのコース、実は終わりまで行くとスキー場へ向かう道路に出てしまう。リフトはないのだが、1日数回、道路まで出てしまったスキーヤー、スノーボーダーのためにスキー場のトラックがピックアップに来てくれるので、その時間に合わせて滑るのがコツ。

コロネット・ピーク・スキー場
☎ (03)442-4620(降雪情報)
FREE 0800-697-547
URL www.nzski.com
営 6月中旬〜10月上旬
　9:00〜16:00
　(6月下旬〜9月上旬の水・金・土曜は16:00〜21:00も営業)
料 リフト1日券
　大人$129
　子供$69(6〜17歳)
交 シーズン中は、クイーンズタウンからスキー場まで毎日シャトルバスNZSki Snowline Expressが運行される。発着場所は観光案内所The Station内にあるSnow Centre(デューク・ストリートDuke St.)前。チケットの購入もここでできる。水・金・土曜の夕方には、ナイターに合わせた便もある。

NZSki Snowline Express
運 クイーンズタウン
　　8:00〜12:00発
　(シーズン中。20分ごとに出発、ナイター時は15:00〜18:00の1時間ごとに運行。所要約25分)
料 往復$25
　(ホテルからのピックアップは往復$35)

リマーカブルス・スキー場
☎ (03)442-4615(降雪情報)
FREE 0800-697-547
URL www.nzski.com
営 6月〜10月　9:00〜16:00
料 リフト1日券
　大人$129
　子供$69(6〜17歳)
交 シーズン中はシャトルバスNZSki Snowline Expressが毎日運行されるのでクイーンズタウン市内からのアクセスは良好。所要約40分。バスの停留所はSnow Centre。割高にはなるが、おもなホテルからのドア・トゥ・ドアも可能。

NZSki Snowline Express
運 クイーンズタウン
　　8:00〜11:30発
　(シーズン中。20分ごとに出発)
料 往復$25
　(ホテルからのピックアップは往復$35)

南島 クイーンズタウン 見どころ

111

クイーンズタウンの エクスカーション
Excursion

クイーンズタウンの周辺には、豊かな自然やゴールドラッシュ時代の名残をとどめる町など、魅力的な観光スポットが多い。近年では近郊のワイナリー巡りのツアーや、観光名所として知られるミルフォード・サウンドを訪れる日帰りツアーなどが人気だ。

トランピングツアー

有名なトランピングルートの一部を、日本語ガイドの説明を受けながら歩いてみよう。ルートバーン・トラック1日体験はクイーンズタウンを8:00に出発、所要約9時間、最少催行人数は2人。所要約4時間のクイーンズタウン半日ハイキングでは、近郊の自然を眺めながら気軽にハイキングを楽しめる。最少催行人数は2人。そのほかツアーも多数ある。

Tanken Tours ☎(03)442-5955 FAX(03)442-5956
URL nzwilderness.co.nz 営通年 料ルートバーン・トラック1日体験$200 クイーンズタウン半日ハイキング$130 CC不可 日本語OK

ミルフォード・サウンドへの往復遊覧飛行ツアー

フィヨルドランド国立公園のなかでも特に人気の高いミルフォード・サウンドを、軽飛行機を利用して往復遊覧飛行。堂々とそびえ立つフィヨルドの山並み、豪快に流れ落ちる滝の数々に、手つかずのブナの原生林。大空からの大パノラマ景色はまさに圧巻だ。クイーンズタウンから出発してわずか45分でミルフォードサウンドに着くので、ゆっくりクルーズする時間がない人におすすめ。

Real Journeys ☎(03)249-6000 FREE 0800-656-501 URL realjourneys.co.nz 営通年
料往復フライト大人$419〜、子供$272〜(クイーンズタウン発着、所要約1時間30分) CC ADJMV

湖畔ウオーキングツアー

2〜5kmほどの湖畔の道を歩く初心者でも気軽に参加できるウオーキングツアー。道中、小鳥のさえずりや植物など、さまざまな自然に関する説明を聞きながら、絶景ポイントを目指して歩く。2人以上で催行。8:00と13:30の出発。アフタヌーンティー付きで宿泊先からの送迎可能。

Guided Walks New Zealand ☎(03)442-3000 FREE 0800-832-226 URL www.nzwalks.com 営通年 料湖畔の森と野鳥ツアー大人$119,子供$79(所要2〜3時間) CC AMV

映画ロケ地ツアー

グレノーキー、パラダイスバレーを訪れ、『ロード・オブ・ザ・リング』や『ホビット』のロケ地を巡るツアー。撮影秘話などを聞きながら、映画の世界にどっぷりと浸かりたい。映画のコスチュームやレプリカの小道具を使って、記念写真も撮影可能。アロータウン周辺のロケ地を巡るツアーもある。

Nomad Safaris ☎(03)442-6699 FREE 0800-688-222 URL www.nomadsafaris.co.nz 営通年
料半日ツアー大人$195,子供$95(所要約4時間) CC MV

ワイナリーツアー

クイーンズタウン周辺は国内有数のワイン産地。特にピノ・ノワールが有名なエリアだ。このツアーでは、地下のワインケーブを要するセントラル・オタゴの3つのワイナリーを訪れ、見学やワインテイスティングを行う。ワインは購入可。チーズショップも訪れる。市内の宿泊施設から送迎あり。

Wine Trail ☎(03)441-3990 FREE 0800-827-8464 URL www.queenstownwinetrail.co.nz 営通年 料$165(所要約4時間30分) CC MV

クイーンズタウンの アクティビティ

Activity

クイーンズタウンは世界でも有数の一大アクティビティタウン。クイーンズタウン近郊が発祥のバンジージャンプをはじめ、ここではありとあらゆるエキサイティングな体験が待っている。どれも初心者でも挑戦できるので、いろいろとチャレンジしてみよう。

バンジージャンプ

世界初のバンジーサイトとして知られるカワラウ・ブリッジ（43m）は、ジャンプを見学できるバンジーセンターも併設。スカイライン・ゴンドラ隣接のリッジ（47m）は、夕方16:00まで行っている。高さを求めるなら国内で最も高いネビス（134m）へ！

AJ Hackett Bungy
☎ (03) 450-1300　FREE 0800-286-4958　URL www.bungy.co.nz　営 通年
料 カワラウ$205、リッジ$205、ネビス$275　CC AMV

ジェットボート

ワカティプ湖からクイーンズタウン近郊を流れるカワラウ川やショットオーバー川を、ジェット噴射式のボートで疾走！ 迫力の360度スピンに時速80キロの爽快なスリルが味わえる。ツアーには約1時間の乗船のほか、湖底水族館の見学も含まれる。

KJet
☎ (03) 442-6142　FREE 0800-529-272
URL www.kjet.co.nz　営 通年　料 大人$135、子供$69　CC ADJMV

ジップトレック

ボブズピークの斜面の木々の間に張られたワイヤーをターザンのように滑り渡る爽快なアクティビティ。最大速度70キロで滑っていくスリルとともにワカティプ湖の絶景を満喫できる。環境保護について知識を高めるエコツアーとしても人気。

Ziptrek Ecotours
☎ (03) 441-2102　FREE 0800-947-873　URL www.ziptrek.co.nz　営 通年
料 大人$95～、子供$95～　CC DJMV

スカイダイビング

高度約2700m、3700m、4500mの上空から飛び降りる体験は、きっと何かを変えてくれそう。最終到達速度はなんと時速200キロ。最新式素材のハーネスを使用しており、経験豊富なスタッフと結びつけられて飛ぶタンデム・スカイダイビングなら、初めての人でも安心。所要約3時間30分。

NZONE Skydive
☎ (03) 442-5867　FREE 0800-376-796
URL nzoneskydive.co.nz　営 通年
料 高度約2700m（落下時間25秒）　$299
　 高度約3600m（落下時間45秒）　$359
　 高度約4500m（落下時間60秒）　$459
CC MV

キャニオン・スイング

クイーンズタウンから車で約15分。ショットオーバー川の上空109mの高さで、渓谷を豪快に空中ブランコ！ 渓谷間に橋渡しされたワイヤーを使ったちょっと変わったバンジージャンプだ。さまざまなジャンプスタイルでスリルをコントロールしよう。$45で追加のジャンプが可能。

Shotover Canyon Swing
☎ (03) 442-6990
FREE 0800-279-464
URL www.canyonswing.co.nz
営 通年　料 $229
CC MV

パラグライダー&ハンググライダー

ボブズピークからパラグライダーでの空中散歩を楽しもう。飛行時間は8～12分あり、ゆったりとクイーンズタウンの町やワカティプ湖、周辺の山々を一望できる。よりアクロバティックなフライトが希望なら、インストラクターに伝えよう。ゴンドラのチケットは別料金。朝一番なら料金もお得。

GForce Paragliding
☎ (03) 441-8581
FREE 0800-759-688
URL www.nzgforce.com　営 通年
料 タンデム・パラグライド$219～
CC MV

絶対食べたい！
クイーンズタウンのB級グルメ

ニュージーランドで一番美味しいといわれるグルメバーガーや、ソウルフードのパイなど、クイーンズタウンに行ったら食べておきたい名物グルメをご紹介。

グルメバーガー A

素材や味にこだわり、本格的に調理されたワンランク上のハンバーガー。

MENU
ファーグ・デラックス
Ferg Deluxe $15.5

しっかりとした歯ごたえのあるバンズに厚切りベーコンやアボカド、目玉焼などが入ってボリューム満点。

お待たせしました！

パイ →P.31 B

ニュージーランドの国民食。コンビニやパン屋で気軽に買うことができる。

MENU
ポークベリーパイ
Pork Belly Pie $7.2

サクサクのパイ生地の中には、角煮のように柔らかい豚肉がゴロゴロと入っておりボリューム満点。アツアツのうちにいただこう。

フィッシュ＆チップス →P.31 C

イギリスからの入植者が多いことからニュージーランドでも名物になった。

MENU
ホキ Hoki $5.99
チップス＆トマトソース
Chips & Tomato Sauce $10

選ぶ魚の種類によって値段が異なり$4〜14。定番はフライに合う白身魚のホキ。油は米ぬか油を使用しており、カラッとしている。

デザートはコレ！

ニュージーランドの代表的な果物・キーウィフルーツ。12〜4月が旬。

MENU
ディープ・フライド・キーウィフルーツ $4
Deep Fried Kiwifruit

キーウィフルーツにシナモンの衣を付けて揚げたもの。キーウィフルーツの酸味とシナモンの甘さがよく合う新感覚スイーツ！

A 国内人気No.1のグルメバーガー！
Fergburger
ファーグバーガー　　Map P.104-A2

行列が絶えないハンバーガーの人気店。アロータウン近郊で育った牛肉をフレッシュなまま加工したパテを使用。約20種類のグルメバーガーがあり、定番のファーグバーガーは$12.5。パテ300gにベーコンやチーズ、目玉焼きなどが入った特大サイズのビッグ・オールは$18.9。

42 Shotover St.　(03)441-1232
www.fergburger.com
8:00〜翌5:00　無休　AMV

B 人気ベーカリーの焼きたてパンをGet
Fergbaker
ファーグベイカー　　Map P.104-A2

ファーグバーガーの隣にある系列店のベーカリー。店内に工房があり、クロワッサンやデニッシュなど毎日出来たてのパンが並ぶ。ベーグルやパニーニなどのお惣菜パンも豊富。スイーツ系ではクリームドーナツ$4.9が人気。店内にはスタンディングテーブルのみ。

40 Shotover St.
(03)441-1206
6:30〜翌4:30　無休　AMV

C フィッシュ＆チップスをテイクアウェイ
Erik's Fish & Chips
エリックス・フィッシュ＆チップス Map P.104-B2

人気のフィッシュ＆チップスのフードトラック。テーブル席もあるので、揚げたてをその場で食べることもできる。魚はホキ$5.99〜、ブルーコッド$9.99〜、ポテトは8種類$4〜10から選べる。軽く済ませるなら子供用フィッシュ＆チップスのセット$6.5でも十分。

13 Earl St.　(03)441-3474
www.eriksfishandchips.co.nz
12:00〜21:00　無休　MV

クイーンズタウンの レストラン

Restaurant

南島を代表する観光地だけあって、カジュアルなカフェやファストフードから高級レストランまで豊富に揃う。豪快な肉料理に新鮮なシーフード、各国料理などバラエティに富んでいるので、何日滞在しても飽きることがない。

● ニュージーランド料理

H.M.S. ブリタニア　H.M.S. Britannia　Map P.104-B2　タウン中心部

30年以上の歴史をもつクイーンズタウンの人気店。中世の帆船を彷彿とさせるインテリアに、気分が盛り上がること間違いなし。クレイフィッシュやムール貝などのシーフード料理、またはビーフステーキやラムなどの肉料理を堪能しよう。メインは$30～43。ラック・オブ・ラムやシーフードプラッターなどが人気。

住 The Mall　電 (03)442-9600
営 17:00～21:30　休 無休
CC AJMV　日本語OK

ローリング・メグス・レストラン　Roaring Megs Restaurant　Map P.104-B1　タウン中心部

フレンチのエッセンスを加えたニュージーランド料理レストラン。1880年頃に宿泊施設として建てられた建物内で1981年から営業している。暖炉や家具などの内装は当時のまま。窓際の席からはリマーカブルス山脈が望める。オレンジとミントのソースを添えたラム肉の香草焼きラック・オブ・ラム$49が人気。

住 53 Shotover St.　電 (03)442-9676　URL www.roaringmegs.co.nz
営 火～日18:00～23:00(冬季休業あり)　休 月
CC AJMV　日本語メニュー

パブリック・キッチン&バー　Public Kitchen & Bar　Map P.104-B1　タウン中心部

スティーマー・ワーフ内のレストラン。地元産の食材をふんだんに使用したニュージーランド料理に定評があり、ラム肉とリボンパスタのシチュー$29やラック・オブ・ラム$46、蒸しグリーンマッスル$35など、メインは$25～46ほど。デザートにはパブロバ$16をぜひ。ワカティブ湖畔を見渡せるテラス席もある。

住 GF. Steamer Wharf Beach St.　電 (03)442-5969
URL www.publickitchen.co.nz　営 11:00～Late　休 無休
CC ADJMV　日本語メニュー

ボツワナ・ブッチャリー　Botswana Butchery　Map P.104-B2　タウン中心部

ラム肉やアンガスビーフを使用した肉料理に定評があり、常に満席の人気店。歴史的なコテージを改装し、店内はモダンな雰囲気。12:00～16:45にはお得なランチがあるほか、肉や魚介類などの季節変わりの料理を楽しめる。ランチもディナーも予約が望ましい。写真はスロークックド・ビーフ・ショートリブ(500g)$54.95。

住 17 Marine Pde.　電 (03)442-6994
URL www.botswanabutchery.co.nz
営 12:00～Late　休 無休　CC ADJMV

● シーフード

フィッシュボーン・バー&グリル　Fishbone Bar & Grill　Map P.104-A2　タウン中心部

1991年創業のシーフード専門店。南島近海で捕れたものや専用の養殖場から仕入れたものなど、新鮮な魚介類が味わえる。店内の水槽には生きたクレイフィッシュがいっぱい。料理はフィッシュ&チップス$26～や、サーモンステーキ$38などが人気で、メインは$35～40前後。本日のメニューも要チェックだ。

住 7 Beach St.　電 (03)442-6768
URL www.fishbonequeenstown.co.nz
営 夏季 12:00～23:00、冬季 17:00～Late　休 無休　CC MV　日本語メニュー

115

フィンズ・シーフード＆グリル　Finz Seafood & Grill　Map P.104-B1　タウン中心部

スティーマー・ワーフ内にあるレストラン。新鮮な魚介を使用したメニューが人気で、マッスル貝やエビ、カキ、魚のフライやサーモンの刺身などが一皿に盛られたシーフード・プラッター（2人前）$115や、クレイフィッシュのオーブン焼き（時価）、フィッシュ＆チップス$28～のほか、肉料理やサラダなども揃う。メインは$28～46.5。

- GF, Steamer Wharf　(03)442-7405
- www.finzseafoodandgrill.co.nz　17:00～Late
- 無休　ADJMV　日本語メニュー

カウ　The Cow　Map P.104-B2　タウン中心部

ビクトリア女王時代の1860年代から搾乳小屋として使用されていた古い建物を利用したピザ＆パスタの店。濃茶色の木製のテーブルや石壁にキャンドルライトが揺れ、いい雰囲気。ピザはスモールかラージが選べ$22.9～。パスタは6種類あり、ボロネーゼ$24.9。ピザやパスタはテイクアウェイも可。ワナカにも店舗がある。

- Cow Lane　(03)442-8588　www.thecowpizza.co.nz
- 12:00～24:00
- 無休　ADJMV

ベッラ・クッチーナ　Bella Cucina　Map P.104-A1　タウン中心部

雰囲気のいいイタリアンレストラン。メニュー表は毎日変わり、毎朝、店内で作られるフレッシュパスタや薪の釜で焼かれるピザなどは$26～29、前菜は$10～20、その他のメインディッシュは$35前後。料理によく合うイタリア産ワインも豊富に取り揃えている。シチリア島の伝統スイーツであるカンノーロは$13。

- 6 Brecon St.　(03)442-6762
- www.bellacucina.co.nz
- 17:00～Late　無休　AJMV

楽　Tanoshi　Map P.104-B2　タウン中心部

カウ・レーンにある隠れ家的鉄板居酒屋。ラーメン、手羽先、餃子、焼きうどん、お好み焼きなどのほか、タパス・スタイルの小皿料理$5～も充実している。仲間と訪れて料理をシェアするのに便利だ。丼はローストビーフ丼やサーモンたたき丼などの変わり種も。ビールや焼酎、ウィスキーのほか、日本酒は17種類もある。

- Cow Lane　(03)441-8397　tanoshi.co.nz
- 12:00～24:00（時季によって異なる）
- 無休　AJMV

巽　Tatsumi　Map P.104-A2　タウン中心部

2007年にクライストチャーチで創業した人気店がクイーンズタウンへ移転。フランスやイタリア料理の経験を持つ日本人オーナーシェフによるモダンジャパニーズが味わえる。アラカルトは$20～、メインは$30～。100種類以上取り揃えるオタゴ産ワインや日本酒も合わせて楽しみたい。人気店なので、予約をして行こう。

- 9 Beach Street　(03)442-5888
- tatsumi.co.nz　17:00～Late
- 無休　AJMV　日本語メニュー　日本語OK

マイ・タイ・ラウンジ　My Thai Lounge　Map P.104-B1　タウン中心部

ビーチ・ストリートに面したビルの2階にあり、窓際の席からはワカティプ湖が望める。タイ料理を現代風にアレンジ。チキンとカシューナッツの炒めや、グリーンカレーといった7種類のメニューが$11で味わえるランチスペシャルがお得。メインの大皿料理は$15～30。ランチは追加$1でテイクアウェイも可能。写真はカニのカレー炒め$30。

- 1F Bay Centre Building, 69 Beach St.　(03)441-8380
- mythai.co.nz　12:00～14:30、17:30～Late
- 無休　ADJMV

ボンベイ・パレス　Bombay Palace
Map P.104-B1　タウン中心部

2階建ての店内は広々としており、明るく入りやすい雰囲気。カレーは40種類、ベジタリアン用のカレーメニューも20種類以上とバラエティ豊富。すべてのカレーに無料でライスがついてくる。定番のバターチキン$21.9に、辛口のチキン・ビンダール$21.9など。肉はチキン、ラム、エビに変更することも可能。

- 66 Shotover St.　(03)441-2886
- www.bombaypalacequeenstown.co.nz
- 12:00～14:00、17:00～22:00　無休　AJMV

●インド料理

ブードゥ・カフェ&ラーダー　Vudu Café & Larder
Map P.104-B2　タウン中心部

早朝から多くの人で賑わうカフェ。ガラスケースの中には各種サンドウィッチやパン、マフィン、焼き菓子などがずらりと並び、注文するのに迷ってしまうほど。人気はエッグベネディクト$21.5～25やハルーミチーズのグリルとポーチドエッグ$18など。ランチはパスタやバーガー類も充実している。

- 16 Rees St.　(03)441-8370
- www.vudu.co.nz　7:30～17:00（時季によって異なる）
- 無休　AMV

●カフェ

ジョーズ・ガレージ　Joe's Garage
Map P.104-B2　タウン中心部

コーヒーがおいしいと地元で評判のカフェで、バリスタの入れる本格コーヒーは$3.8～。店名のとおり、ガレージ風の店内には絶えず音楽がかかり活気のある雰囲気。スコーンやパンなど軽食のほか、卵やソーセージがのったボリューム満点のオープンサンドイッチ「Joker」$14.8などのメニューもある。

- Searle Lane　(03)442-5282
- www.joes.co.nz　7:00～Late
- 無休　ADJMV

パタゴニア・チョコレート　Patagonia Chocolates
Map P.104-B2　タウン中心部

アルゼンチン出身のオーナーが開いたチョコレート専門店。カカオ58%のチョコレートドリンクはメキシカン・チリやジンジャーなど4種類あり$5.5～。チョコレート味を中心に20種類ほどのフレーバーが揃うアイスクリームは1スクープ$5.5～。ナッツやフルーツを混ぜ込んだチョコレートも絶品。チーズケーキ$11もおすすめ。

- 2 Rees St.　(03)409-2465　patagoniachocolates.co.nz
- 9:00～21:00（天候によって異なる）
- 無休　AMV

●チョコレート

ピッグ&ホイッスル　Pig & Whistle
Map P.104-A2　タウン中心部

小川沿いに立つ石造りの英国風パブ。ビールはギネスのほか、スパイツやトゥイなどニュージーランド産を多数揃える。11:00～17:00の間は$8～33のランチメニューを提供。ディナーにはサーロイン$33や、スコッチ・フィレ$36などがおすすめ。2階にはビリヤード台もあり、深夜までにぎわう。

- 41 Ballarat St.　(03)442-9055
- thepig.co.nz　11:00～Late
- 無休　DJMV

●ナイトスポット

マイナス・ファイブ・アイス・バー　Minus 5°Ice Bar
Map P.104-B1　タウン中心部

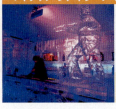

入口で防寒具を借りて中へ入ると、そこは幻想的な氷の世界。バーエリアはマイナス5℃からマイナス10℃に保たれ、氷の彫刻や氷のバーカウンターが目を楽しませてくれる。飲み物は氷で作られたグラスで供される。大人の入場料はカクテル付きで$30。ソフトドリンク1杯付きは大人$25、子供$15。

- Steamer Wharf 88 Beach St.　(03)442-6050
- www.minus5icebar.com　14:00～22:00
- 無休　ADJMV

南島　クイーンズタウン　レストラン

117

Kiwiも大好き♡
ニュージーランドの甘〜いお菓子をおみやげに！

ニュージーランド航空の機内でも配られる国民的お菓子の「クッキー・タイム」と、日本にはあまりなじみのないファッジ。パッケージもかわいいのでおみやげにピッタリ！

種類豊富なスイーツショップ
The Remarkable Sweet Shop
リマーカブル・スイート・ショップ　Map P.104-B2

　ガラスケースに並ぶカラフルなものは、バターにクリームや砂糖を加えて作るファッジ。常時30種類のファッジ各100g$7.5のほか、ヌガー各100g$6.9〜などを取り扱う。おみやげには4種類入りのセット$29がおすすめ。ほかにも1500種類以上のスイーツがある。アロータウンと空港にも支店がある。

住 39 Beach St.
電 (03)409-2630
URL www.remarkablesweetshop.co.nz
営 9:00〜23:00（時季によって異なる）
休 無休　CC MV

1 人気のクリームブリュレ、パッションフルーツ、キャラメル、ダーク・キャラメル・シーソルトのファッジ　**2** 小さいサイズのファッジが24種類入ったボックス$49もある　**3** ガラスケース内のファッジやヌガーは試食も可能　**4** 店内にはグミやキャンディー、マシュマロなども　**5** ビーチ・ストリートにある店は外観もかわいらしい

ニュージーランドを代表するお菓子
Cookie Time
クッキー・タイム　　　Map P.104-B2

　ニュージーランドの国内のスーパーやコンビニなどでもおなじみのクッキー、「Cookie Time」の直営店。店内のオーブンで焼いており、しっとりとした食感のクッキーをイートインもできる。クッキーはオリジナル・チョコレート・チャンクやクランベリー＆ホワイトチョコレートなど各$3。

住 18 Camp St.
URL www.cookietime.co.nz
営 8:00〜22:00
休 無休　CC MV

ニュージーランドの代表的なお菓子です

1 かわいいパッケージがおみやげにピッタリ　**2** 焼きたてのクッキーがずらりと並ぶ　**3** 店内にはクッキー・タイムのカラフルな車を展示　**4** スタッフの制服もおしゃれ　**5** シェイクやドリンクなども店内で販売

クイーンズタウンの *ショップ*

Shop

ザ・モールを中心に、ありとあらゆるショップがずらりと並び、いつでもにぎわっている。一般的なニュージーランドのおみやげはもちろん、すぐに使える洋服からアウトドア用品、そこでしか買えないアーティストの作品など、何でも揃う。

アオテア・ギフツ・クイーンズタウン　Aotea Gifts Queenstown　Map P.104-B1　タウン中心部

おみやげ

日本人に喜ばれるギフトが充実している。人気は限定ブランド「Avoca」、「Kapeka」。寒い日にピッタリのポッサム＆シルク入りのメリノシルクやアルパカ、カシミアファッションもある。軽くて暖かく、手袋からセーターまで種類も豊富だ。日本語を話すスタッフが常勤しており、夜遅くまで買い物ができる。

住 87 Beach St.　☎(03)442-6444
URL jp.aoteanz.com　営 夏季 9:30～23:00、冬季 9:30～22:00
休 無休　CC ADJMV　日本語OK

オーケー・ギフト・ショップ　OK Gift Shop　Map P.104-B1　タウン中心部

日本人スタッフがいて安心して買い物ができるショップ。商品の品揃えもウールの手袋やマフラーなど手頃なものから、ポッサムの毛を混ぜた軽くて暖かいメリノミンクのセーターなど防寒具も充実。小物やコスメも豊富で、オリジナル商品のエンリッチド・プラセンタクリームは3個買うと、1個もらえてお得度満点。美容液やマスクもある。

住 Steamer Wharf Building, 88 Beach St.　☎(03)409-0444
URL okgiftshop.co.nz　営 夏季 10:00～22:30、冬季 10:00～22:00
休 無休　CC ADJMV　日本語OK

ヴェスタ　Vesta　Map P.104-B2　タウン中心部

雑貨

1864年に建てられたクイーンズタウン最古の歴史的建造物、ウィリアム・コテージを利用している。当時の内装がそのまま残されている各部屋に、家具やキャンドル、食器類、ガラス製品、陶器、絵画、カード、スキンケア用品など、約150人のニュージーランド在住アーティストの作品や雑貨が置かれている。

住 19 Marine Pde.　☎(03)442-5687　URL www.vestadesign.co.nz
営 月～金9:00～17:00、土10:00～16:00（時季によって異なる）
休 日　CC MV

フランクズ・コーナー　Frank's Corner　Map P.104-A1　タウン中心部

雑貨

2018年9月にオープンしたセレクトショップで、センスの良さはピカイチ。"Artisans of New Zealand"をコンセプトに、ウール製品やアクセサリー、ハチミツなどローカルメイドの生活雑貨と食品が揃う。クイーンズタウンをはじめ、国内各地で作られたおしゃれなグッズはみやげにも最適。

住 58 Camp St.　URL www.frankscorner.co.nz
営 9:30～19:00　休 無休
CC MV

ワカ・ギャラリー　Waka Gallery　Map P.104-B2　タウン中心部

宝石

クイーンズタウンで約45年の歴史をもつ宝石店。オーストラリア産のオパールやニュージーランド産のグリーンストーンのほか、パウア貝から取れる貴重なブルーパールなど上質なジュエリーを扱う。オーナーのロブ・ライン氏はアーティストとしても活躍中で、店内2階は絵画や彫刻が飾られたギャラリーとなっており、見ているだけでも楽しい。

住 Cnr. Beach St. & Rees St.　☎(03)442-9611
URL www.wakagallery.com　営 9:00～21:00
休 無休　CC ADJMV　日本語OK

南島 クイーンズタウン ショップ

119

ワイルキンソンズ・ファーマシー　Wilkinson's Pharmacy　Map P.104-B2　タウン中心部

ザ・モールにある薬局。体調不良の時に安心なのはもちろん、日焼け止めや歯磨きなども調達できる。虫除けスプレーもあるので、サンドフライ対策は万全に。またトリロジーやリンデンリーブス、アンティポーズ、リビングネイチャーなどのニュージーランドのナチュラルコスメも揃うのでおみやげ探しにもおすすめ。

住 Cnr The Mall & Rees St.　☎(03)442-7313
URL www.wilkinsonspharmacy.co.nz
営 8:30～22:00　休 無休　CC ADJMV

ワイナリー　The Winery　Map P.104-A2　タウン中心部

チャージ式のプリペイドカードを使い、好きなワインを、1杯25㎖＄2.4～（銘柄で異なる）で試飲できるという画期的なシステムのワイン専門店。セントラル・オタゴ地方をメインに350以上のワイナリーから約700本のワインを厳選。そのうち80本ほどの試飲が可能だ。ワインに合うチーズ＆サラミ＄38などのフードもある。

住 14 Beach St.　☎(03)409-2226
URL www.thewinery.co.nz　営 10:30～Late
休 無休　CC JMV

ハファー　Huffer　Map P.104-A2　タウン中心部

ニュージーランド発のカジュアル・ブランドのショップ。シンプルなデザインで手頃な値段のため、幅広い年代に愛されている。元々はスキーヤーとスノーボーダーの男性2人がクイーンズタウンで企画を始めたストリート・ファッションのブランドだったこともあり、ダウンジャケットの品質には特に定評がある。

住 36B Shotover St.　☎(03)442-6673
URL www.huffer.co.nz　営 月～日9:30～19:00
休 無休　CC MV

ボンズ・イン・ニュージーランド　Bonz in New Zealand　Map P.104-B2　タウン中心部

メリノウールやアルパカを使用したスカーフ＄138～や、カラフルな手編みベスト＄490～をはじめ、ニュージーランドならではの楽しさあふれるオリジナル商品が揃う。人気は手編みの、羊の絵柄が入ったセーター＄898～で色やデザインが豊富にある。また、ベビーラムスエードの革製品などもおすすめ。

住 8-10 The Mall　☎(03)442-5398　FAX (03)442-5217
URL www.bonzgroup.co.nz　営 9:00～22:00（時季によって異なる）　休 無休
CC ADJMV

テ・フイア　Te Huia　Map P.104-B2　タウン中心部

機能性に富み、シンプルながらも洗練されたデザインが魅力。すべての商品がオーガニックコットンで、フェルト地の定番ジャケット＄749、メリノウールとポッサムの毛を使ったメリノミンクの手袋＄32.5～や靴下＄51～など。ジッパーの引き手部分にあしらわれたマオリの凧をモチーフにしたショップのロゴも印象的。

住 1 The Mall　☎(03)442-4992
URL www.tehuianz.com　営 9:00～22:00（時季によって異なる）
休 無休　CC MV

アウトサイド・スポーツ　Outside Sports　Map P.104-A2　タウン中心部

町の中心部にあり、夜遅くまでにぎわう大型のアウトドアスポーツ用品専門店。登山やマウンテンバイク、スキーにスノーボード、フィッシング、キャンピングなど、季節を問わずアウトドアで必要なものは何でも揃う。夏はレンタルバイク＄39～、冬はスキーやスノーボードのレンタル＄25～あり。

住 9 Shotover St.　☎(03)441-0074　URL www.outsidesports.co.nz
営 夏季 8:30～21:00、冬季 7:30～21:00（時季によって異なる）
休 無休　CC AMV　日本語OK

クイーンズタウンの アコモデーション
Accommodation

屈指の観光地であるクイーンズタウンには、あらゆる種類のアコモデーションが揃っている。しかし料金はやや高め。旅行者の数も多く、特にスキーシーズンは非常に混み合うので、早めに予約をしたほうがいい。周辺の宿を利用するなら送迎サービスの有無を確認しよう。

高級ホテル

ソフィテル・クイーンズタウン・ホテル&スパ　Sofitel Queenstown Hotel & Spa　Map P.104-A1　タウン中心部

町の中心部にあるラグジュアリーな一流ホテル。スタッフのきめ細かなサービスはもちろん、広々とした客室にはエスプレッソマシンなど充実の設備を配し、スイートルームも完備する。館内にはレストランやフィットネスセンター、スパ、バーなども併設している。

住8 Duke St.　℡(03) 450-0045　FAX(03) 450-0046
URL www.sofitel.com　料SDT$281～　室数82　CC ADJMV
日本の予約先(03) 4455-6504

ヘリテージ・クイーンズタウン　Heritage Queenstown　Map P.102-B1　タウン周辺部

ヨーロピアンスタイルのリゾートホテルで、ロビーラウンジには暖炉がある。シックなインテリアの客室は、広々としている。プールやジムもレイクビューで爽快だ。ヴィラやステュディオタイプの客室もある。バス停がホテルの前にあり、中心部からのアクセスも良好。

住91 Fernhill Rd.　℡(03) 450-1500　FREE 0800-368-888
FAX(03) 450-1502　URL www.heritagehotels.co.nz　料SDT$195～
室数211　CC ADJMV

リーズ・ホテル&ラグジュアリー・アパートメンツ　The Rees Hotel & Luxury Apartments　Map P.103-A4　タウン周辺部

ワカティプ湖畔に立つラグジュアリーな雰囲気のアコモデーション。キッチン付きのアパートメントタイプの部屋が90室あり、グループでの利用、長期滞在にも便利。町の中心部からは少し離れているが、ゲストのための無料シャトルバスが運行している。

住377 Frankton Rd.　℡(03) 450-1100
URL www.therees.co.nz
料SDT$295～　室数150　CC ADJMV

ミレニアム・ホテル・クイーンズタウン　Millennium Hotel Queenstown　Map P.103-B3　タウン周辺部

日本人ハネムーナーの利用も多い豪華ホテル。客室は落ち着いた色調に統一され、エレガントな雰囲気が漂う。広々として明るいロビーラウンジのほか、サウナ、スパなどの施設も整っている。町の中心部から徒歩圏内。さらに、無料シャトルが出ているので便利。

住32 Frankton Rd.　℡(03) 450-0150
URL www.millenniumhotels.com　料SDT$194～　室数220
CC ADJMV

ヒルトン・クイーンズタウン　Hilton Queenstown　Map P.108-B1　タウン周辺部

空港から車で約5分、リゾートエリアのカワラウ・ビレッジKawarau Village内のホテル。全室に暖炉が付いており、レイクビューやマウントビューを満喫できる客室もある。隣接の「Double Tree」も同系列で、全室簡易キッチンが付き長期滞在に便利。

住Kawarau Village, 79 Peninsula Rd.　℡(03) 450-9400
FAX(03) 450-9401　URL www.3.hilton.com　料SDT$205～　室数220
CC ADJMV

■南島の市外局番(03)と、日本の予約先(東京の市外局番03)は異なります。

高級ホテル

ミルブルック・リゾート　Millbrook Resort　Map P.100-A2　タウン周辺部

ニュージーランドのセレブ御用達の5つ星大型リゾート。バルコニーやキッチン付きのヴィラスイートやファミリー向けコテージなど、どの部屋もゆったりとしてプライベート感たっぷり。洗練されたスパやゴルフ場も完備。市内への無料シャトルバスもある。

- 1124 Malaghans Rd. Arrowtown　(03)441-7000　FREE 0800-800-604
- URL www.millbrook.co.nz　料 ⑩①$265～
- 室数 160　CC ADJMV　日本語OK

中級ホテル

ノボテル・クイーンズタウン・レイクサイド　Novotel Queenstown Lakeside　Map P.104-B2　タウン中心部

ワカティプ湖やクイーンズタウン・ガーデンにほど近く、眺めのいいホテル。客室やバスルームはコンパクトだが、設備は十分整っている。館内にはモダンなダイニングレストラン「Elements」も併設。町の中心部に位置するので何かと便利だ。

- Earl St. & Marine Pde.　(03)442-7750
- FAX (03)442-7469　URL www.novotel.com　料 ⑩①$194～
- 室数 273　CC ADJMV　日本の予約先 (03)4455-6404

デイリー・プライベート・ラグジュアリー　The Dairy Private Luxury Hotel　Map P.104-A1　タウン中心部

町の中心部から徒歩3分ほど、ブレコン・ストリート沿いに立つホテル。客室は落ち着いたインテリアでまとめられており、全室コーヒーメーカー、薄型テレビ付き。ラウンジとライブラリー、屋外ホットバスを併設している。

- Brecon & Isle St.　(03)442-5164
- URL thedairy.co.nz　料 ⓈⒹ①$299～
- 室数 13　CC DJMV

モーテル

アミティ・ロッジ・モーテル&アパートメンツ　Amity Lodge Motel & Apartments　Map P.103-B3　タウン周辺部

なだらかな坂道を上った高台に位置する。少し町から離れているが、周辺は住宅街なので騒音を気にすることなくゆっくりと過ごせる。客室はアパートメントタイプ。冷蔵庫や電子レンジなど、自炊できる機能も整い、ほとんどの部屋にバスタブがある。

- 7 Melbourne St.　(03)442-7288　FREE 0800-556-000
- URL www.amitylodge.co.nz
- 料 ⓈⒹ①$160～　室数 16　CC ADJMV

B&B

ブラウンズ・ブティック　Browns Boutique Hotel　Map P.104-A1　タウン中心部

町の中心部からは徒歩約3分、スカイゴンドラ乗り場までは徒歩約5分と、町歩きにも観光にも便利な立地。ヨーロピアン調のラウンジには暖炉があり、DVDライブラリーも備える。一部客室はバスタブ付き。バルコニーからはサザンアルプスの山々やワカティプ湖を見渡せる。

- 26 Isle St.　(03)441-2050
- URL brownshotel.co.nz　料 ⓈⒹ①$299～480
- 室数 10　CC DMV

スパ・B&B・セラピューティック・マッサージ　Spa B&B Therapeutic Massage　Map P.108-B1　タウン周辺部

ワカティプ湖を見下ろす高台に立つB&B。オーストリア人でシェフ経験のあるご主人のお手製朝食(夕食は4人～)が人気。また同じ建物内には日本人の奥さんが経営するマッサージサロンがあり、ベテランマッサージ師によるマッサージが受けられる。

- 23 Douglas St. Frankton　(03)451-1102
- URL spabb.web.fc2.com　料 Ⓢ$125～145　Ⓓ①$145～185
- 室数 5　CC MV

122

YHA クイーンズタウン・セントラル　YHA Queenstown Central　Map P.104-B1　タウン中心部

広々としたダイニングキッチンからはワカティプ湖が一望できる。全室にシャワー、トイレが付いているのもうれしい。4人まで泊まれるアパートメントタイプの部屋も。ワカティプ湖畔に「YHA Queenstown Lakefront」（→Map P.102-B2）があるが、そちらのほうが規模が大きい。

住 48 Shotover St.　℡(03)442-7400
URL www.yha.co.nz　料 Dorm$42～　◎①$125～
客室数 106ベッド　CC MV

ハカ・ロッジ・クイーンズタウン　Haka Lodge Queenstown　Map P.104-A2　タウン中心部

共同キッチンやバスルームは清潔で機能的。町の中心部からも近く、アクセスに便利な立地。ドミトリーのベッドは鍵付きの引き出しとカーテンが付いている。個室はパネルヒーターや薄型テレビを完備。4人で泊まれるアパートメントタイプの部屋$229～もある。

住 6 Henry St.　℡(03)442-4970
URL www.hakalodge.com　料 Dorm$33～　◎$90～ ①$99～
客室数 15　CC MV

サー・セドリックス・サザン・ラフター　Sir Cedrics Southern Laughter　Map P.104-A1　タウン中心部

町の中心部からは徒歩2分ほど、若者の利用客への人気が高いホステル。施設に古さは感じられるものの、清潔に保たれており快適だ。ランドリー、BBQ施設を備えており、屋外にはスパバスも。スープとポップコーンが毎晩無料で食べられる。

住 4 Isle St.　℡(03)441-8828
FREE 0800-5284-4837　URL www.stayatsouthern.co.nz
料 Dorm$33～　◎①$80～　客室数 114ベッド　CC AMV

パインウッド・ロッジ　Pinewood Lodge　Map P.102-A2　タウン周辺部

町の中心部から歩いて約10分の距離。スタッフはフレンドリーでアクティビティの予約なども受け付けている。ドミトリーやダブルルームなど客室タイプも豊富。デラックスルームは専用のバスルーム付き。すべての客室に暖房があり、共用スペースなどの設備も充実。

住 48 Hamilton Rd.　℡(03)442-8273
URL www.pinewood.co.nz　料 Dorm$26～　⑤◎$79～
客室数 194　CC MV

ブラック・シープ・バックパッカーズ　The Black Sheep Backpackers　Map P.103-B3　タウン周辺部

中心部から徒歩5分ほど。館内にはテレビラウンジほか、インターネットやSkypeが利用できるPCなどがあり、ゆったりと過ごせる。レセプションは8:00～20:00のオープン。女性用のバスルームにはドライヤーを完備し、スパバス付き。レンタサイクルあり。

住 13 Frankton Rd.　℡(03)442-7289
URL blacksheepbackpackers.co.nz
料 Dorm$28.57～　◎①$125～　客室数 84ベッド　CC MV

クイーンズタウン・レイクビュー・ホリデーパーク　Queenstown Lakeview Holiday Park　Map P.104-A1　タウン中心部

ゴンドラ乗り場の手前という、町の中心部に近い場所に位置する。キャンプサイトから、バスルームおよびテレビ付きのキャビン、さらにキッチンが完備されたフラットタイプまで、広い敷地内に複数のカテゴリーがある。4～6人での利用もおすすめ。

住 4 Cemetery Rd.　℡(03)442-7252　FREE 0800-482-735
FAX (03)442-7253　URL holidaypark.net.nz
料 Studio$155～　Cabin$165～　Motel$215～　客室数 44　CC MV

テ・アナウ
Te Anau

クライストチャーチ
★ テ・アナウ

人口:2250人
URL www.fiordland.org.nz

テ・アナウ湖Lake Te Anauは面積約342km^{2}と南島で最大、ニュージーランド全土でも北島中央部に位置するタウポ湖Lake Taupoに次いで第2位の大きさを誇る美しい湖。その南端の湖岸にたたずむ静かな町がテ・アナウだ。Te Anauとはマオリ語の"テ・アナ・アウTe Ana-au"に由来し、"雨のように水がほとばしる洞窟"すなわち地底に地下水が流れるテ・アナウ・ツチボタル洞窟Te Anau Glowworm Cavesを指すとされる。また、この湖を見つけたマオリ女性の名前だとする説などもあり、定かではない。

テ・ワヒポウナムの一部として世界遺産にも登録されるフィヨルドランド国立公園へのゲートウエイでもあるテ・アナウ。夏季になるとにぎわいをみせるこの町には、ミルフォード・サウンド、ダウトフル・サウンドなどへのベースタウンとして、また、ミルフォード・トラックやルートバーン・トラック、ケプラー・トラックをはじめとしたトランピングの基地として長期滞在する旅行者も少なくない。宿泊施設や銀行、レストランやスーパーマーケットなど、必要なものはたいていこの町で揃うだろう。そのほかにも、テ・アナウ湖でのクルーズ、ジェットボートやフィッシングなど多彩なアクティビティを楽しむことができる。

おもなバス会社 (→P.497)
インターシティ／
ニューマンズ・コーチラインズ
グレートサイツ

長距離バス発着所
Map P.125-A1
住 2 Miro St.

Tracknet
☎ (03) 249-7777
FREE 0800-483-262
URL tracknet.net

観光案内所
Fiordland Visitor Centre
Map P.125-A1
☎ (03) 249-8900
開 8:30～17:30
(時季によって異なる)
休 無休

観光案内所
DOC Fiordland National Park Visitor Center
Map P.125-B1
住 Lakefront Dr.
☎ (03) 249-7924
開 8:30～16:30
(時季によって異なる)
休 無休

また、見どころのひとつに前述のテ・アナウ・ツチボタル洞窟がある。ここでは神秘的に光るツチボタルを観察することができる。

澄んだ水をたたえるテ・アナウ湖

DOCビジターセンターではグレートウオーク(→P.419)の予約もできる

観光案内所
Southern Discoveries
Map P.125-B1
住 80 Lakefront Dr.
☎ (03) 249-7516
FREE 0800-264-536
URL southerndiscoveries.co.nz
開 9:00～19:30
(時季によって異なる)
休 無休

テ・アナウへのアクセス Access

インターシティ／ニューマンズ・コーチラインズの長距離バスがクライストチャーチからティマル、オアマル、ダニーデン経由で1日1便運行されており、テ・アナウまで所要約10時間45分。クイーンズタウンからはミルフォード・サウンド行きのグレートサイツの便が1日1便あり、所要約2時間30分。バスはミロ・ストリートMiro St.沿いに発着する。

そのほか、インバーカーギル間、クイーンズタウン間を結ぶトラックネットTracknetといったローカルシャトルも運行されており、夏季は増便されることが多い。

124

テ・アナウの歩き方

リアル・ジャーニーズ
Map P.125-A1
住 85 Lakefront Dr.
TEL (03)249-6000
FREE 0800-656-501
URL www.realjourneys.co.nz
営 7:30～19:00
（時季によって異なる）
休 無休

タウン・センター　Town Centre

町自体は小さいので徒歩で十分回ることができる。メインストリートの湖から北東に延びるタウン・センターTown Centreには、各種レストランやアウトドア用品のショップ、スーパーマーケットなどが並んでいる。この通りの湖側の端には観光案内所アイサイトがあり、フィヨルドランド全般の観光情報や宿泊予約などを扱っている。併設するリアル・ジャーニーズReal Journeys社のオフィスでは、テ・アナウ・ツチボタル洞窟やミルフォード・サウンド、ダウトフル・サウンドなどのツアー予約を受け付けており、ツアーの出発場所にもなっている。

観光案内所も併設

レイクフロント・ドライブ　Lakefront Dr.

湖沿いに延びる道に、ホテルやモーテルが多く立ち並ぶ。この通りの南端にはDOCフィヨルドランド国立公園ビジターセンターFiordland National Park Visitor Centreがあり、トランピングに関する情報があるほか、ハットパス（山小屋の利用券）の購入もできる。周辺にあるコースのマップや天候などの最新情報を入手できるので立ち寄り、登山届けを出そう。

ビジターセンター近くの湖畔には、クインティン・マッキノンQuintin Mackinnon（1851～92年）の像が立っている。1888年10月に彼が拓いたミルフォード・トラックは、テ・アナウ湖からミルフォード・サウンドにいたるルートが起源だ。

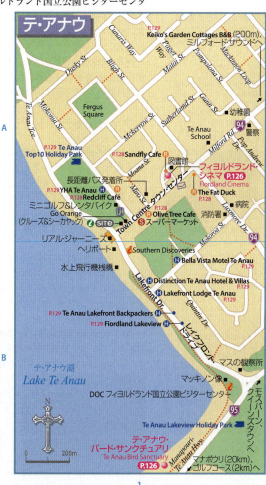

湖畔に立つ探検家クインティン・マッキノン像

南島 テ・アナウ 歩き方

テ・アナウの見どころ

テ・アナウ・ツチボタル洞窟
Te Anau Glowworm Caves
Map P.131-C2

テ・アナウ・ツチボタル洞窟
リアル・ジャーニーズ
（→P.125）
🕐通年
5〜9月
　10:15、14:00、19:00、
　　　　　　　　20:15発
10月
　9:00、10:15、12:45、
　14:00、16:30、17:45、
　　　　　19:00、20:15発
11月
　10:15、14:00、16:30、
　17:45、19:00、20:15、
　　　　　　　　21:30発
12〜4月
　10:15、14:00、16:30、
　17:45、19:00、20:15、
　　　　　　　　21:30発
（所要約2時間15分。スケジュールは時季によって異なる）
💰大人$103〜、子供$30

テ・アナウ湖の西岸に位置する、全長約6.7kmの巨大な洞窟。地底にある石灰岩層の裂け目や小さな穴が大量の地下水の力で広げられたもので、今もなお浸食活動が続く洞窟内には弱酸性の水質を保つトンネルバーン（川）が流れている。

洞窟内にはグロウワームと呼ばれるツチボタル（→P.295）が生息しており、洞窟の一部とあわせて見学するツアーをリアル・ジャーニーズReal Jouneysが催行している。参加者はリアル・ジャーニーズのオフィス裏にある桟橋から高速船に乗り、洞窟入口に立つキャバーン・ハウスへと向かう。しばらく地底の滝や鍾乳石を見ながら歩いたあとにボートに乗って洞窟内を進んでいくと、やがて暗闇に無数の青緑色の光点が輝き始める。地底に星空が広がっているような不思議な感覚と光の美しさに、しばし言葉を忘れてしまうことだろう。

洞窟内は8〜12℃と肌寒く、水滴がかかるので上着は必携。また、洞窟内でのカメラ撮影は厳禁だ。

暗闇に輝くツチボタルを見学する

フィヨルドランド・シネマ
Fiordland Cinema
Map P.125-A1

フィヨルドランド・シネマ
📍7 The Lane
☎(03) 249-8844
🌐fiordlandcinema.co.nz
🚫無休
💰アタ・フェヌア
　大人$12、子供$6
　その他の映画
　大人$11〜、子供$9〜

一般の映画のほか、映画館のオーナー自らがヘリコプターでフィヨルドランドを撮影した32分間の『アタ・フェヌアAta Whenua』を上映。四季や天候によりさまざまな表情を見せるフィヨルドランドの風景を美しい音楽とともに楽しめる。映画館にはバーが併設されており、購入した飲み物の持ち込みも可能。上映スケジュールはウェブサイトをチェック。

おしゃれな雰囲気の映画館

テ・アナウ・バード・サンクチュアリ
Te Anau Bird Sanctuary
Map P.125-B1

テ・アナウ・バード・サンクチュアリ
🕐日中随時入場可
💰無料（寄付程度）

クイナの仲間で空を飛べない鳥のタカヘやウェカ、森林地帯に生息するフクロウのモアポークなどの絶滅危惧種が人工飼育されている施設。

特にタカヘは20世紀前半には絶滅したと考えられていたが、1948年にマーチンソン山脈で発見され、以来大事に保護されている。現在はフィヨルドランドに130羽程度、天敵となる動物を排除した離島などの保護区域で60羽程度が飼育されるのみ。このセンターのケージ内には常時数羽のタカヘがいるが、奥の林に隠れて見えないこともある。

そのほかの見どころ
Te Anau Trout Observatory
（マスの観察所）
Map P.125-B1
🕐日中随時入場可
💰$2（自動改札式）
　うっそうとした緑に覆われたガーデンの地下に大型の水槽が設置されており、薄暗い闇のなかで泳ぐブラウントラウトを間近に観察することができる。

絶滅に瀕している鳥タカヘを
間近に観察できる貴重な施設

テ・アナウからの日帰りトランピング
Day Trip from Te Anau

Map P.145-A1

テ・アナウ周辺にはいくつものトランピングルートが存在する。日帰りで楽しめるコースもあり、初心者でも十分歩けるのでぜひチャレンジしてみよう。ガイド付きツアーに申し込めば、より安心だ。ただし、登山靴、食料、水、雨具など基本的な装備は用意すること。一般的には11〜4月がトランピングのシーズン。

キー・サミット・トラック　Key Summit Track
（往復約3時間）

ルートバーン・トラックの途中にあるキー・サミット（標高919m）は、2000m級の山々に周囲を囲まれ大パノラマが楽しめる展望地。日帰りハイキングとして手軽に行くことができる。

まずテ・アナウからミルフォード・サウンド方面へ向かうシャトルバスで約1時間20分の所にあるディバイドThe Divideへ。駐車場脇からルートバーン・トラックを歩き始める。うっそうとしたブナの森をしばらく歩くと、やがてメインのトラックから分岐してキー・サミットへの上り道へ。短いが急なつづら折りの区間を通り抜けると急に展望が開け、池塘群の中を木道で進むなどの変化が楽しめる。

レイク・マリアン・トラック　Lake Marian Track　（往復約3時間20分）

キー・サミットから正面に見えるマウント・クリスティーナ西側の深いU字谷の中にある湖、マリアン湖を目指すトラック。ここにいたる細いトラックは大部分が深い森の中なので展望が利かないが、湖岸に出たとたん、西側に迫る絶壁と氷河の雄大な景色が広がる。

トラックの出発地は、ディバイドからさらにミルフォード・ロードを1kmほど下り、ホリフォード・ロードHollyford Rd.に入った場所。ここから湖岸までの道は部分的にやや急で、特に雨のあとなどはぬかるんで歩きづらいことも多い。

テ・アナウからの日帰りトランピングへの行き方
キー・サミット、マリアン湖とも、テ・アナウから運行するトランピング用のシャトルバス（夏季のみ運行）を利用するのが便利。DOCビジターセンターなどで予約できる。マリアン湖へは、ホリフォード・ロードの分岐点Hollyford Turnoffで下車し、20分ほど車道を歩いた所にトラックの起点がある。

キー・サミット頂上からのマウント・クリスティーナ

トランピング用シャトルバス
Tracknet（→P.124）
料 テ・アナウ〜ディバイド 大人片道$41
運 10月下旬〜5月上旬

日本語ガイド付きトレッキング
Tutoko Outdoor Guides
☎ (03)249-9029(10〜4月)
📱 027-210-5027(10〜4月)
FAX (03)249-9069(10〜4月)
E-mail office@tutokoguides.co.nz (通年)
URL tutokoguides.co.nz
運 10月中旬〜4月中旬
料 キー・サミット$275
　マリアン湖$280
各コース日本語ガイド、送迎、昼食代、国立公園利用料込み。

Column　サンドフライ対策を忘れずに

サンドフライとはニュージーランド各地に出没するブユのような虫。体長1〜2mmと小さいわりに、刺されたあとのかゆみは強烈で、大きく腫れ、ときには何週間もかゆみが続くこともある。18世紀にニュージーランドを訪れたジェームス・クックもサンドフライには相当悩まされたようで、「最も有害な生き物」と書き残しているほどだ。

水辺を好むため、とりわけフィヨルドランド国立公園はサンドフライが多い。特にミルフォード・サウンドやテ・アナウ湖の湖畔などは、サンドフライの名所と言っていいだろう。逆に山の中に入ってしまえば意外に少ないので、トランピングの最中にずっとつきまとわれるようなことはあまりない。また、どちらかといえば晴れよりは曇りの日、日中よりは朝夕に出没することが多く、夜になると鳴りを潜める。

対策としてはなるべく肌を出さず、黒の服装を避けること、そして虫除けの薬（Insect Repellent）も忘れずに塗っておくことだ。虫除け薬は現地の薬局などで買える。

小さいけれど刺されると痛い。虫除け薬は必携だ

南島　テ・アナウ　見どころ

テ・アナウの アクティビティ — Activity

ジェットボート

ジェットボートでワイアウ川上流から出発し、マナポウリ湖を疾走する。途中、映画『ロード・オブ・ザ・リング』の撮影ロケ地にも立ち寄る。所要約2時間。夏季は10:00、14:00、18:00の1日3回、冬季は10:00、14:00の1日2回催行。水上飛行機による遊覧飛行とジェットボートを組み合わせたプランもある。

Fiordland Jet
FREE 0800-253-826　URL www.fjet.nz　催 通年
料 Pure Wilderness　大人$139、子供$70　CC MV

水上飛行機での遊覧飛行

ダイナミックな山々や複雑なフィヨルド地形を空中から満喫する。テ・アナウからダウトフル・サウンドの上空を遊覧する「Doubtful Sound」（所要40分〜）や、ミルフォード・サウンドへ飛ぶ「Milford Sound」（所要1時間〜）など、コースは多彩。出発は人数が集まり次第随時。

Fiordland By Seaplane
☎ (03)249-7405
URL www.wingsandwater.co.nz　催 通年
料 Doubtful Sound 大人$349、子供$215
　 Milford Sound 大人$530、子供$320
CC MV

小型船での湖上クルーズ

小型船で南フィヨルドランドをクルーズする「Discovery Cruise」（1日1〜2便、所要約3時間）や、14:30に出発し、湖畔の夜景や満天の星空の下をクルーズする「Overnight Private Charter」（1日1便、所要約19時間）など、幅広いクルーズを用意している。最少催行人数は2人。

Cruise Te Anau
☎ (03)249-8005
URL cruiseteanau.co.nz
催 通年　料 Discovery Cruise 大人$105、子供$35　Overnight Private Charter 2人貸切は$1100　料 MV

テ・アナウの レストラン — Restaurant

レッドクリフ・カフェ
Redcliff Café　Map P.125-A1

テ・アナウで一番のレストランと評判のカジュアルダイニング。旬のローカル食材を使った創作料理を提供し、シカ肉や野ウサギなどのジビエ料理も人気。店内は落ち着いた雰囲気で、バーのみの利用もできる。予算は$60程度。

住 12 Mokonui St.
☎ (03)249-7431
URL www.theredcliff.co.nz
営 11:00〜21:30（時季によって異なる）
休 無休(7〜8月は休業)　CC AMV

ファット・ダック
The Fat Duck　Map P.125-A1

人気メニューは、スペアリブやビアバタードフィッシュ各$28など。フィッシュ&チップス$8.5など軽食メニューも充実。店内はWi-Fi利用可。16:00〜18:00はハッピーアワー。

住 124 Town Centre
☎ (03)249-8480
URL www.thefatduck.co.nz
営 11:00〜22:00
休 無休　CC MV

オリーブ・ツリー・カフェ
Olive Tree Cafe　Map P.125-A1

暖炉やソファ席のある居心地のいいカフェ。ハンバーガー$16〜やスープ$10〜、ディナーはローストラム$26が人気。黒板に並ぶ日替わりメニューも要チェック。グルテンフリーやベジタリアンメニューもある。

住 52 Town Centre　☎ (03)249-8496　URL www.olivetreecafe.co.nz　営 9〜4月 17:30〜20:30、5〜8月 8:00〜17:00
休 無休　CC JMV

サンドフライ・カフェ
Sandfly Cafe　Map P.125-A1

町の中心部にあるカフェ。コーヒーや各種ジュースなどの飲み物と、ベーグルサンド$10.5やトースト$6.5、サンドフライパンケーキ$13などの軽食を一緒にいかが。営業時間が早く朝食メニューもあるのでツアー前の利用にも便利。

住 9 The Lane
☎ (03)249-9529
営 7:00〜16:30
休 無休　CC MV

128

テ・アナウの アコモデーション　Accommodation

ディスティンクション・テ・アナウ・ホテル&ヴィラ
Distinction Te Anau Hotel & Villas　Map P.125-B1

湖に面した絶好のロケーションにある大型リゾートホテル。レイクビュー、ガーデンビューのホテルルームと、ガーデンヴィラなどがあり、いずれもゆったりとした造りで落ち着ける。サウナやスパ、屋外プールを完備するほか、カフェバーも併設している。

住 64 Lakefront Dr.　☎ (03)249-9700　URL www.distinctionhotelsteanau.co.nz　料 ⓓⓣ$149～　室数 112　CC AMV

レイクフロント・ロッジ・テ・アナウ
Lakefront Lodge Te Anau　Map P.125-B1

ウッディなコテージ風の建物で、おしゃれな外観が特徴のモーテル。室内は広々としており、リラックスした滞在が楽しめる。スパバス付きのユニットもある。スタッフは親切で、観光についての相談にも乗ってくれる。

住 58 Lakefront Dr.　☎ (03)249-7728　URL www.lakefrontlodgeteanau.com　料 ⓢⓓⓣ$170～　室数 13　CC ADMV

フィヨルドランド・レイクビュー
Fiordland Lakeview　Map P.125-B1

湖に面して立つ、家族経営のきれいなロッジ。全室レイクビューで、バルコニーからの眺望がすばらしい。室内はベッドルームとラウンジが別になった広々とした造りで快適に過ごせる。

住 42 Lakefront Dr.　☎ (03)249-7546　URL www.fiordlandlakeview.co.nz　料 ⓢⓓⓣ$225～　室数 12　CC ADJMV

ベラ・ビスタ・モーテル・テ・アナウ
Bella Vista Motel Te Anau　Map P.125-B1

ニュージーランド各地にあるベラ・ビスタ・ホテルチェーンのひとつ。町の中心から近く、部屋はこぢんまりとしているが、比較的新しく使い勝手がいい。室内には冷蔵庫やポットが用意されている。コンチネンタルの朝食も可。オフシーズンの料金プランあり。

住 9 Mokoroa St.　☎ (03)249-8683　URL 0800-235-528　URL www.bellavista.co.nz　料 ⓢⓣⓓ$103～　室数 18　CC JMV

ケイコズ・ガーデン・コテージズ B&B
Keiko's Garden Cottages B&B　Map P.125-A1外

日本人のケイコさんとニュージーランド人のケヴィンさん夫婦が経営するB&B。1850年代風の建物を自分たちで造り、細部にまでこだわっている。朝食は日本風とキーウィ風から選べ、木のぬくもりのなかで楽しめるスパバスや、春や夏には花いっぱいに包まれるガーデンも人気。観光やツアーについて、日本語で相談できるのも心強い。冬季休業あり。

住 228 Milford Rd.　☎ (03)249-9248　FAX (03)249-9247　URL keikos.co.nz　料 ⓢ$188～　ⓓⓣ$248～　室数 4　CC MV　日本語OK

テ・アナウ・レイクフロント・バックパッカーズ
Te Anau Lakefront Backpackers　Map P.125-B1

湖に面した好立地にあるホステル。キッチンやラウンジは広々としており、使い勝手がよい。全室暖房設備が整い、レセプションにはツアーやトランピングのパンフレットがたくさん置いてある。冬季休業あり。

住 48-50 Lakefront Dr.　☎ (03)249-7713　FREE 0800-200-074　URL www.teanaubackpackers.co.nz　料 Dorm$28～　ⓓⓣ$72～　室数 110ベッド　CC MV

YHA テ・アナウ
YHA Te Anau　Map P.125-A1

男女別のバスルームなどきれいで使いやすく、人気の高いユースホステル。広々とした庭ではBBQも楽しめる。スタッフは親切なので、ツアーやトランピングに関して気軽に相談してみよう。

住 29 Mokonui St.　☎ (03)249-7847　URL www.yha.co.nz　料 Dorm$31～　ⓢ$74～　ⓓⓣ$79～　室数 86ベッド　CC MV

テ・アナウ・トップ 10 ホリデーパーク
Te Anau Top 10 Holiday Park　Map P.125-A1

敷地はさほど広くはないものの、キャンプサイトからキャンピングカー用のサイト、キャビン、キッチン付きのモーテル、コテージなどさまざまな宿泊施設が揃う。町に近いので車がない人でも利用しやすい。スパバスやランドリールームも利用できる。連泊で安くなるプランもあり。

住 128 Te Anau Tce.　☎ (03)249-7462　URL www.teanautop10.co.nz　料 Cabin$95～　Motel$135～　室数 40　CC AMV

世界遺産
フィヨルドランド国立公園
Fiordland National Park

クライストチャーチ
フィヨルドランド国立公園
URL www.fiordland.org.nz

クルーズでは大自然をより間近に体感できる

約121万5000ヘクタールとニュージーランドでも最大の面積をもつフィヨルドランド国立公園は、太古より変わらない自然景観を残す貴重なエリア。フィヨルドランドのほかに、ウエストランド／タイ・ポウティニ、アオラキ／マウント・クック、マウント・アスパイアリングといった南島南西部にある3つの国立公園と合わせて、テ・ワヒポウナムTe Wahipounamuとしてユネスコの世界遺産にも登録されている（→P.14）。

フィヨルドランドという名前は、西海岸に切り込まれた14ものフィヨルド地形に由来する。氷河が削ったU字谷に海水が入り込んでできたもので、海からそそり立つ急峻な山々が特徴。深い原生林はキーウィやタカヘといった希少な種のすみかとしても知られる。年間で7000mmを超えるという降水量が、これら豊かな自然を育んでいるのだ。

世界中の旅行者をひきつけるアクティビティも多彩だ。有名なミルフォード・トラックやルートバーン・トラックのトレッキングをはじめ、ミルフォード・サウンドのクルーズやダウトフル・サウンドでのシーニックフライトなど、さまざまな楽しみ方がある。

ニュージーランド最大の自然公園

i 観光案内所
DOC Fiordland National Park Visitor Centre
（→P.124欄外）

フィヨルドランド国立公園の 歩き方

観光の拠点となるのは、湖畔の小さな町テ・アナウTe Anau（→P.124）だ。南島の各主要都市からの長距離バスが多く発着し、地域やアクティビティの情報、宿泊施設、ショップなどが十分に揃う。日帰りから数日間のコースまで、日程に応じたトランピングの拠点としても便利だ。

テ・アナウから南西に20kmほど離れたマナポウリManapouriにも数軒の宿泊施設があり、ここからダウトフル・サウンド行きのクルーズツアーが発着する。より静かな滞在ができるものの、定期バスなどがないため車がないとアクセスは不便だ。

クイーンズタウンからの日帰りバスツアーでミルフォード・サウンドのクルーズのみ参加するという人も多いが、可能であればゆっくり滞在して、豊かな大自然を全身で感じ、ここでしかできない体験を味わいたい。

自分の足で自然の壮大さを体感するミルフォード・トラック

フィヨルドランド国立公園

ミルフォード・サウンド
Milford Sound

おもなバス会社（→P.497）
グレートサイツ

Tracknet
☎(03)249-7777
FREE 0800-483-262
URL tracknet.net
運 テ・アナウから（夏季）
　　7:15、9:45、13:30発
料 片道大人＄53、子供＄39

ミルフォード・サウンドへのバス＋クルーズツアー
リアル・ジャーニーズ
☎(03)249-6000
FREE 0800-656-501
URL www.realjourneys.co.nz
運 通年
料 テ・アナウ発
　　大人＄165〜
　　子供＄83〜
　　（所要6時間40分〜8時間30分）
　　クイーンズタウン発
　　大人＄209〜
　　子供＄105〜
　　（所要約13時間）

切り立ったフィヨルド地形が感動的

フィヨルドランドで最も人気のある見どころのひとつであるミルフォード・サウンド。サウンドとは"入江"という意味。氷河によって垂直に削り取られた周囲の山々が、1000m以上にわたり海に落ち込んでいる壮大な眺めは、ニュージーランドを代表する風景としてしばしば紹介される。とりわけ海面から1683mの高さでそそり立つマイター・ピークは印象的だ。

入江に沿った道路はまったくないため、クルーズに参加するのが一般的。原生林の中から勢いよく流れ落ちてくる滝や、オットセイやイルカなどの野生動物などを間近に見ることができる。天気がよければ小型飛行機で遊覧観光するのもいい。ほかに、船内で1泊するクルーズやシーカヤックなどのアクティビティも人気が高い。

また、フィヨルドは豊富な雨が海中に流れ込み、淡水と海水の2層を造ることから、水深の浅い場所でも深海生物を観察できる珍しい場所でもある。ハリソン・コーブに設けられた海中展望台で神秘的な深海の世界を堪能したい。

ミルフォード・サウンドへのアクセス Access

アクセスの拠点となるのはテ・アナウ、またはクイーンズ・タウン。グレートサイツの長距離バスが運行しており、テ・アナウからは1日1便、所要約3時間。クイーンズタウンからも同様で、所要約5時間55分。トラックネットTracknetも同区間を運行している。いずれも天候による変動あり。

またリアル・ジャーニーズReal Journeysなどからバスとクルーズ船をセットにしたパッケージプランがあるので、これらに申し込むのもいい。テ・アナウあるいはクイーンズタウンへの帰路に、小型飛行機を利用するパッケージもある。遊覧飛行で空からの眺めを楽しめるのが魅力だ。

ミルフォード・サウンドの 歩き方

ミルフォード・サウンドでは、観光船のターミナルが唯一の大きな建物で、ここに各クルーズ会社のカウンターがある。

フィヨルドランド一帯は、ニュージーランド国内でも最も雨の多い地域であり、年間降水量は7000mmを超える。テ・アナウとミルフォード・サウンドで天気が異なることも珍しくなく、全般に天気は変わりやすいので、雨具の用意は忘れずに。快晴に恵まれることはまれだが、雨のミルフォードにも雨ならではのよさがある。サウンド沿いの急峻な山は岩がちで、土壌が水を含みにくいため、降った雨はたちまち岩山のあちこちで滝となって激しく流れ落ち、水煙が幻想的に舞う。数百mもの高さの滝が随所に現れ、海に落ち込む壮観なさまは雨の日ならではだ。

ミルフォード・サウンドの 見どころ

ミルフォード・サウンドのクルーズ
Milford Sound Cruises　Map P.132

ミルフォードに来た旅行者がほぼ例外なく参加するのが、サウンド内を周遊するクルーズだ。各クルーズ会社のコース内容はほぼ同様だが、船の種類などにバリエーションがある。小さな船なら滝や野生動物により近づけるため迫力倍増のクルーズが、大きな船なら快適な船内でゆったりとクルーズが楽しめる。値段の幅は、船の種類と出発時間による。

ボーウェン・フォール　Bowen Falls

観光船ターミナルを出るとすぐに眺めることができるサウンド内最大の滝。水辺に設けられた遊歩道からは160mもの高さを落ちる滝を間近に見上げることができ、迫力満点。入植当時のニュージーランド総督夫人が名前の由来となっている。

入江の入口セント・アン・ポイント

ミルフォード・サウンドの アクティビティ　オーバーナイトクルーズ

リアル・ジャーニーズ (→P.132) では9〜5月に限り、船内で1夜を過ごすクルーズを行っている。多くの船や遊覧飛行機が行き交う日中と違い、夕方、早朝の静まり返ったフィヨルドの景観を見られるのが最大の魅力だ。船の種類により、バス、トイレ付きのツインルーム、ほかの旅行者とのシェアルームなどがある。船上からシーカヤックを下ろして漕いだり、ボートで岸に上陸して自然観察ウオークをしたりというアクティビティも楽しむことができる。人気が高いので、特に年末年始から3月にかけてのハイシーズンは早めに予約をする必要がある。

デイクルーズ
リアル・ジャーニーズ (→P.132)
ミルフォード発
Nature Cruise
圏 1日2便
圏 大人$95〜、子供$30
Scenic Cruise
圏 1日6便
圏 大人$69〜、子供$30
Southern Discoveries
☎ (03)441-1137
FREE 0800-264-536
URL www.southerndiscoveries.co.nz
Scenic Cruise
圏 1日2〜3便
圏 大人$50〜105、子供$30
Mitre Peak Cruises
☎ (03)249-8110
FREE 0800-744-633
FAX (03)249-8113
URL www.mitrepeak.com
圏 5〜9月は1日3便
　 10〜4月は1日7便
圏 大人$80〜、子供$20〜
Jucy Cruize
☎ (03)442-4196
FREE 0800-500-121
FAX (03)442-4198
URL www.jucycruize.co.nz
圏 1日3〜4便
圏 大人$45〜、子供$15〜

船が並ぶ観光船ターミナル

圏 9月中旬〜5月中旬　毎日1便 (Mariner号)
　 11〜3月　毎日1便 (Wanderer号)
圏 Mariner号
　 Share$287〜　Ⓢ$646〜　Ⓓ Ⓣ $359〜
　 Wanderer号
　 Share$332〜　Ⓢ$768〜　Ⓓ Ⓣ $415〜
　 〈いずれも1名分食事代込み、子供料金あり〉CC ADMV
※上記料金はミルフォード・サウンド発着、テ・アナウ、クイーンズタウンから送迎バスが運行 (有料)

船内の客室　　美しい夕日が見られる

南島　フィヨルドランド国立公園　ミルフォード・サウンド

これぞミルフォード・サウンドといった光景だ

フェアリー・フォール Fairy Falls
ミルフォード・サウンド・クルーズの見どころのひとつ。崖から流れ出る滝がいくつも並び、幻想的な風景を造り出している。天候によって異なるが、水量が多い日には虹が見えることもある。しかし、これだけ水量が多いにもかかわらず、2、3日雨が降らないだけで水が流れ落ちないことも。

ペンブローク山 Mt. Pembroke
ミルフォード・サウンドで最も高い山。かつてフィヨルド全体を覆っていた氷河の一部が残っている。

スターリン・フォール Stirling Falls
フィヨルドランド内でも屈指の水量を誇る落差155mの滝。しぶきと水煙が混ざり合い、周辺には轟音が響く。その景色は見る者を圧倒し、自然への畏怖を感じさせる。クルーズ船のほとんどはスターリン・フォールに近寄ってしばらく停泊する。小さな船は限界まで接近するので、間近で滝を眺めることが可能だ。デッキに出ることもできるが、しぶきで体が濡れてしまう場合が多いのでレインコートなどを用意しておくと便利。

ダイナミックな滝フェアリー・フォール

滝ギリギリまで船を近づけるキャプテンの腕にも感心

海中展望台
☎(03)441-1137
FREE 0800-264-536
URL www.southerndiscoveries.co.nz
営 8:00～19:00
休 6/24～8/9
料 大人$36、子供$18

ミルフォード・ロード
FREE 0800-444-449
URL www.nzta.govt.nz
(NZ Transport Agency)

海中展望台 Underwater Observatory
ハリソン・コーブHarrison Coveという入江に設けられた海面下12mの展望室から、神秘的な海中の風景を見ることができる。フィヨルドは多量の雨と周囲の山が造る日陰のため、深海に似た環境が形成される珍しい場所なのだ。水族館のような華やかさが期待される施設ではないが、フィヨルドの海の不思議さを十分に理解することができる。通常のクルーズには含まれていないので、クルーズ各社にオプションとして申し込む。

ミルフォード・ロード
Milford Road

Map P.135

テ・アナウからミルフォード・サウンドにいたる119kmの区間は、深い山あいをぬって進む変化に富んだ山岳路。路線バスも、途中にある多くの見どころに停まりながら行くので、約2時間の行程を存分に楽しむことができる。

テ・アナウを出て最初の20分ほどは湖沿いの道。ミルフォード・トラック出発地へのボート乗り場であるテ・アナウ・ダウンズTe Anau Downsを過ぎてからは湖と別れ、エグリントン川

ミルフォード・サウンドへの道

鏡のように山が映り込むミラー湖

崖にトンネルの穴が見える
ホーマー・トンネル

ドライブのヒント
●朝9:00～10:00前後の時間帯は、テ・アナウを観光バスが出発するピークタイム（特に夏季）。できればこの時間帯は避けたほうがいい。また観光バスの多くは往路に途中の見どころに寄り、帰りはノンストップで戻るので、その逆を行けば各見どころでの混雑は避けられる。
●途中にガソリンスタンドはないので注意。
●冬は降雪や雪崩の危険のため、まれに通行止めになることがある。またチェーンが必要な場合もあるので、最新の道路情報をチェックしてから出かけよう。

Eglinton Riverの広い河川敷に沿って進む。ここから道路は国立公園の内部へ。

しだいに山が近づき道路脇に深いブナの森林が迫ってくると、このあたりが"山が消えていく道 Avenue of Disappearing Mountains"と呼ばれる一帯。進むに従って道の正面、森の上に顔を出した山頂が、森の中に沈んでいくように見えることからこの名が付いている。

この森を抜けた所にあるのが、ミラー湖 Mirror Lakesだ。何の変哲もない小さな湖に過ぎないが、わざわざ観光バスが停まっていくのは、鏡のように周囲の山が水面に映り込んで見えるからだ。もっとも本当に鏡のように映し出すには晴天、無風などの条件が必須となる。やがて道はガン湖Lake Gunn、ファーガス湖Lake Fergusの間を抜けて、ルートバーン・トラックの起点であるディバイド The Divideへ。キー・サミットKey Summitへのハイキングもここからスタートする。

ディバイドを過ぎて周囲の山々はしだいに険しさを増す。フィヨルドならではのU字谷と切り立った岩肌が眼前に迫ってくると、そこがホーマー・トンネル Homer Tunnelの入口だ。ダーラン山脈を貫く長さ1219mのトン

シダが茂るザ・キャズム

ミルフォード・サウンドのアコモデーション
Milford Sound Lodge
Map P.142-A1
住 Hwy. 94, Milford Sound
電 (03)249-8071
URL www.milfordlodge.com
料 Dorm$40～　D$311～
　国道94号沿いに立つアコモデーション。ミルフォード・サウンドの桟橋から約1.5km離れているが、送迎サービスあり。

ネルは、18年にも及ぶ工事を経て1953年に開通した。トンネル内はミルフォードに向かってかなり急な下り坂になっている。大型バスの通行も多いので、レンタカーを運転する場合は気を付けよう。

ホーマー・トンネルを抜けてしばらく下った所にあるのがザ・キャズムThe Chasm。ここでは1周20分ほどの遊歩道を歩いて滝を見に行く。途中、急流による浸食で曲線的に削られた奇岩の連なる不思議な景観を楽しむことができる。

奇岩が連なる

ミルフォード・サウンドの アクティビティ Activity

小型機での遊覧飛行

小型飛行機による遊覧飛行でもフィヨルドランドを楽しむことができる。クルーズ船とは異なる視点から、ミルフォード・サウンドの手つかずの大自然を堪能しよう。遊覧飛行のみの「Scenic Flight」や、クイーンズタウン発の遊覧飛行と約2時間のクルーズがセットになった「Fly Cruise Fly」などもある。

Milford Sound Scenic Flights　電 (03)442-3065　FREE 0800-207-206
URL www.milfordflights.co.nz　営 通年　料 Scenic Flightクイーンズタウン発大人$415～、子供$255～（所要約1時間）　Fly Cruise Flyクイーンズタウン発$515～、子供$315～（所要約4時間）　CC AMV

シーカヤック

ミルフォード・サウンドでのシーカヤックも人気。水面の高さから仰ぎ見る風景は、晴れの日は神々しく、曇りの日はミステリアスに映り、観光船からとはまた印象が異なる。イルカやアザラシなどに出合えることも。初心者でもOK。テ・アナウからのシャトルサービスも無料で手配可能。

Go Orange
電 (03)442-7340　FREE 0800-505-504　URL www.goorangekayaks.co.nz
営 10～4月　料 ミルフォード・サウンド発カヤッキング$155～（所要4～5時間）、テ・アナウ発カヤッキング$185～（所要9～11時間）　CC MV

Column　ミルフォード小史

1878年、いまだ内陸との道路も通じないミルフォード・サウンドにただひとり住み始めた人物がいた。ドナルド・サザーランドというスコットランド出身の男である。彼は鉱山師、アザラシ猟師、兵士などの職を経てこの地に住み着き、"ミルフォード仙人Milford Hermit"と呼ばれていた。彼が山中に入って発見した大きな滝が、現在ミルフォード・トラックの途中で見られるサザーランド・フォールSutherland Fallsだ。このミルフォード・トラックの原形となるルートが拓かれたのは1888年で、これ以後少しずつ観光客も増えていく。当時の旅行客の多くは山越えを避け、船で外洋から入るのが普通だった。サザーランドはこの頃に結婚した妻エリザベスとともに小さなロッジを営み、そうした旅行者を迎えていた。

ミルフォード・サウンドが手軽な観光地となるのはそれよりずっと先の1953年、ホーマー・トンネルが開通して以後のことだ。トンネルの掘削は18年間を要する難工事だったが、あえて着工が決断されたのは世界的不況下での景気刺激策としてだった。

フィヨルドランド国立公園
ダウトフル・サウンド
Doubtful Sound

ダウトフル・サウンドへの拠点となる町は、テ・アナウの南西に位置するマナポウリManapouriだ。1770年にイギリス人探検家キャプテン・クックの船はダウトフル・サウンドの深い入江を見つけたが、ここに入り込んだら再び出られるかは"疑わしい"と考え、作成した地図に"ダウトフル・ハーバーDoubtful Harbour（疑わしい湾）"と書き込んだという。以来、ダウトフル・サウンドと呼ばれるようになった。

両側にそそり立つ崖がいくつもの入江を造り、進むにつれ展開する景色は神秘的だ。

スケールの大きなダウトフル・サウンド

マナポウリのアコモデーション
Freestone
住 270 Hillside Rd.
☎ (03) 249-6893
URL freestone.co.nz
料 ⓓⓣ$85〜

Manapouri Motels & Holiday Park
住 86 Cathedral Dr.
☎ (03) 249-6624
URL manapourimotels.co.nz
料 Motel$105〜
　　Cabin$70〜

Manapouri Lakeview Motor Inn
住 68 Cathedral Dr.
☎ (03) 249-6652
FREE 0800-896-262
FAX (03) 249-6650
URL www.manapouri.com
料 ⓢⓓⓣ$109〜

マナポウリのアクティビティ
Doubtful Sound Kayak and Cruise
☎ (03) 249-7777
FREE 0800-452-9257
URL fiordlandadventure.co.nz
時 10月下旬〜4月
料 大人・学生（14歳以上）$349

ダウトフル・サウンドへのアクセス Access

ダウトフル・サウンドへは一般の道路が通じていないため、マナポウリからマナポウリ湖をクルーズで横断しなければならない。マナポウリへはテ・アナウから車で約30分だが路線バスはない。レンタカーを利用するか、テ・アナウとクイーンズタウン発着のツアーを利用しよう。

ツアーはマナポウリへのバスのほかマナポウリ湖とダウトフル・サウンドのクルーズも含まれた周遊ルートになっている。ダウトフル・サウンドのクルーズ時間は約4時間。ツアーの所要時間は、テ・アナウ発着は往復約9時間45分、クイーンズタウン発着は往復約12時間45分。

南島
フィヨルドランド国立公園｜ミルフォード・サウンド／ダウトフル・サウンド

137

ダウトフル・サウンドへのツアー

リアル・ジャーニーズ（→P.132）
マナポウリ発
🚌 1日1〜3便
💰 大人$265〜299、子供$80
　（所要約7時間15分〜8時間）
テ・アナウ発
🚌 1日1〜2便
💰 大人$275〜309、
　子供$85
　（所要約9時間45分）
クイーンズタウン発
🚌 1日1便
💰 大人$319、
　子供$160
　（所要約12時間45分）

オーバーナイトクルーズ
マナポウリ、テ・アナウ、クイーンズタウンそれぞれからダウトフル・サウンドで一夜を過ごすオーバーナイトクルーズが出ている（→P.133も参照）。
🚌 1日1便
💰 テ・アナウ発着
　Share $329〜
　Ⓢ$933〜
　Ⓓ Ⓣ $509〜

エンジンを止めると水が鏡のようになり、静寂に包まれる

ニー・アイレッツのオットセイ

ダウトフル・サウンドの 歩き方

マナポウリの町は小さく、湖岸にモーテルとホリデーパークが並ぶのみ。ここでの過ごし方は、トランピングを楽しむか、あるいはただ静かな湖畔でひたすらリラックスするか、という選択になる。周辺には、いくつかのトランピングルートが設けられ、いずれのルートも町外れにあるワイアウ川の河口、パール・ハーバーPearl Harbourからスタート。

テ・アナウやクイーンズタウンからダウトフル・サウンドへのツアーは、バスでマナポウリまで行き、クルーズ船でマナポウリ湖を東から西へと横断。再びバスに乗り、標高670mのウィルモット峠Wilmot Passからダウトフル・サウンドの展望を楽しみ、ダウトフル・サウンドの出発点となるディープ・コーブ・ワーフDeep Cove Wharfに到着する。ここから船でダウトフル・サウンドをクルーズする。マナポウリからのツアーもある。

マナポウリ湖のクルーズも楽しい

ダウトフル・サウンドの 見どころ

ダウトフル・サウンドのクルーズ
Doubtful Sound Cruises
Map P.137-A1

ダウトフル・サウンドの入江は、海岸線の長さが160kmにも及び、フィヨルドランド国立公園内で2番目の大きさをもつフィヨルドだ。周囲にはフィヨルド特有の、水際まで垂直に切り立った岩肌が迫っている。ミルフォード・サウンドのおよそ3倍の大きさがあり、風景に広がりが感じられ、美しい水と山々の織りなす風景が美しい。ダウトフル・サウンドにはバンドウイルカ（ボトルノーズドルフィン→P.187）が生息し、運がよければ見ることができる。また海に面したニー・アイレッツの小島群の岩の上には年間を通じてオットセイ（ニュージーランド・ファーシール）を見ることができる。さらに、フィヨルドランド・クレステッド・ペンギンやブルー・ペンギンといったペンギンを見られることもある。

クルーズは、ディープ・コーブの港から入江の間に横たわる島をよけながら、約3時間かけて外洋の入口付近まで行って戻ってくる。美しいフィヨルドの風景と、運がよければ動物たちを見られるほか、途中、入江の中で船のエンジンを止め、自然の音に耳を傾ける楽しみも用意されている。

フィヨルドにせり出す山の尾根が幻想的

マナポウリ地下発電所
Manapouri Underground Power Station

Map P.137-A1

マナポウリ湖の入江、ウエスト・アームWest Armの先端に造られたマナポウリ発電所は、湖面から176mの深さに位置するニュージーランド最大の地下発電所。1963年に着工し、さまざまな困難を乗り越えて1971年に完成した。マナポウリ湖の水を垂直に地下に落とし、そのエネルギーでタービンを回し発電を行っている。水はその後、長さ10kmもの放水路を経て、ダウトフル・サウンドの入口、ディープ・コーブ・ワーフへと流れていく。このスケールの大きな地下発電所へは、湖畔からバスに分乗してらせん状のトンネルを約2km走って地下深くまで下り、そこから施設のガラス越しに、タービンを回す巨大なジェネレーターなどを見学できる。2019年9月現在、メンテナンスのため閉鎖中。

地下発電所のみのツアー
リアル・ジャーニーズ(→P.132)
マナポウリ発
営11～3月　1日1便
料大人$81、子供$22(所要3～4時間)
テ・アナウ発
営11～3月　1日1便
料大人$92、子供$27(所要5～6時間)
現在はツアー休止中。

マナポウリ湖の水を利用した地下発電所

南島 フィヨルドランド国立公園 ダウトフル・サウンド

ダウトフル・サウンドのアクティビティ　Activity

シーカヤック

ダウトフル・サウンドでカヤックを漕ぎ、夜は湖畔でキャンプするツアー。1～5日間のコースがある。静かなフィヨルドの景観が楽しめ、手つかずの自然のなかで過ごせると人気。出発はマナポウリとテ・アナウからで、カヤックを漕ぎ始めるディープ・コーブまではボートと車を利用してアクセスする。

Go Orange
電(03)442-7340
FREE 0800-505-504
URL www.goorange.co.nz
営10～4月　料$265～
CC ADJMV

遊覧飛行

テ・アナウやクイーンズタウンから、ダウトフル・サウンドの上空をフライトする遊覧飛行を各社が行っている。所要1時間程度でダウトフル・サウンドの雄大な光景を堪能することができる。天候に左右されることが多く、事前に予約しても欠航する日もある。出発時刻は予約時に相談を。

Southern Lakes Helicopters 電(03)249-7167　URL southernlakeshelicopters.co.nz
営通年　料$995(所要1時間45分)　CC MV
Air milford 電(03)442-2351　FREE 0800-462-252　URL airmilford.co.nz　営通年
料$930～(所要9時間30分)　CC MV

Column　ダム建設から守られたマナポウリ湖

マナポウリの名は、ニュージーランドにおける環境保護運動の象徴としても知られている。発端はここでのダム、発電所建設計画から。マナポウリ湖の豊富な水量を発電に使おうとの発想は古くからあった。その発電所建設の計画が1940年代に入りにわかに具体化したのは、ニュージーランドの会社によってオーストラリア・クイーンズランド州でアルミニウムの原料となるボーキサイトの大きな鉱床が発見されたことに端を発する。このボーキサイトをニュージーランドに輸送し、アルミニウムの精錬を行うというプロジェクトが持ち上がった。しかしアルミニウムの精錬には非常に大きな電力を必要とするため、まずは電力の確保がプロジェクト推進の課題となった。そこで着目されたのがマナポウリ湖だ。

計画はダムによって湖の水位を約30m上げ、そこから水を落として発電を行うというものだった。これによれば周辺の森や湖上の島の多くは水没してしまう。当然のように景観保全の立場から反対の声が上がり、1960年代後半には国中の世論を巻き込む運動へと発展した。最終的には全国で約26万5000人(当時のニュージーランド総人口の約8%)もの反対署名を集め、ダム建設計画は地下に水路を造る方式へと大幅に変更され、湖は守られたのである。

現在のように環境や自然保護が意識されるずっと以前に、すでに国の南端の僻地での開発計画が、これほど国民の関心を集め、反対派の勝利に終わったという事実。ニュージーランド国民の環境への意識レベルの高さを示しているといえるだろう。

フィヨルドランド国立公園
ミルフォード・トラック
Milford Track

DOCのウェブサイト
URL www.doc.govt.nz

いろいろな国からトレッカーがやってくる

色鮮やかな森と透き通る水が美しい

ミルフォード・サウンドとテ・アナウ湖を結ぶ全長約53.5kmのトラック。今から100年以上も前に開拓された山道だが、数あるトレッキングルートのなかでも変化に富んだ景観や展望、さらにいくつもの滝や湖などを結び、"世界一美しいトラック"といわれるほど。人気が高く、年間7000人以上もの人々が訪れる。シーズンは10月下旬から5月上旬まで。ただし、入山制限があるので、この時季に歩きたいなら早めの予約が好ましい。スタートは南側のテ・アナウ・ダウンズからと決められており、全行程は山小屋をつないで3泊4日で歩くこととなっている。

ミルフォード・トラックへのアクセス Access

テ・アナウ・ダウンズTe Anau Downsは、テ・アナウから約27km北上したテ・アナウ湖の湖畔にある。ここまではバスか、各自車で行くことになる。シーズン中は予約が必要なのと、集合時間が決まっているので注意。テ・アナウ・ダウンズからは専用の船に乗り、対岸にあるスタート地点となるグレイド・ワーフGlade Wharfへと向かう。帰路はミルフォード・サウンドから空路やバスでテ・アナウや各地へ戻る。

ミルフォード・トラックの 歩き方

ミルフォード・トラックを歩くにはふたつの方法がある。個人ウオークIndependent Walkは3泊4日の決められた行程で、文字どおり個人で歩くもの。行程中の食料や装備などはすべて自分で携帯しなければならない。雨が多く、変化の大きいフィヨルドランドの気象条件下での行動を考えると、山歩きの初心者だけで歩くのは避けたほうがいい。ウオーキングのシーズンは10月下旬～5月上旬。シーズン以外の予約は不要だが、ハットパス（山小屋利用券）を購入する必要がある（$15）。

これに対してガイド付きウオークGuided Walkは、クイーンズタウンまたはテ・アナウ発着で、実質的な歩行3日間にトレッキング後のホテル1泊も加えた4泊5日のパッケージ。行程中の食事や寝具も提供されるのでわずかな荷物で歩くことができ、基礎的な体力さえあれば参加できる。

日帰りウオーク
リアル・ジャーニーズ
☎(03)249-6000
FREE 0800-656-501
URL www.realjourneys.co.nz
圏 11月～4月中旬
9:30発
料 大人$195、子供$99

テ・アナウから日帰りで、ミルフォード・トラックのスタートから9～11kmを歩くツアーを催行している。時間がない人や、体力に自信がないけれどトレッキングをしてみたいという人におすすめ。所要約8時間30分で、そのうちトレッキングは4～5時間ほど。クイーンズタウンからの日帰りも可能。

個人ウオークとガイド付きウオーク

「個人ウオーク」と「ガイド付きウオーク」では料金も大きく違う。個人ウオークは3泊の山小屋使用料が合計で$420で、前後の交通機関を入れても$700余りなのに対し、ガイド付きは11・4月は大人$2130～、子供$1600～、12～3月は大人$2295～、子供$1720。ロッジでは個室も利用できる。決して安くはないが、洗練された設備とシステムは、その値段にふさわしいものだろう。特に、山歩きに慣れていない人は、料金は高くとも、ガイド付きのほうが安全に楽しく歩けることは間違いない。

140

2019〜20年度のガイド付きウオークが催行される期間は2019年11月1日〜2020年4月18日まで。混雑を避け、自然への影響を最小限に抑えるために、11月〜4月下旬にかけてはガイド付きウオークは1日各50人まで、個人ウオークは1日各40人までと入山制限がある。予約をしたうえで現地に行き、テ・アナウ・ダウンズ〜ミルフォード・サウンド間を、1日20km以内で歩くことになる。

予約方法と宿泊券の購入について

　個人ウオークは4月から、ガイド付きウオークは1月下旬から予約受付を開始する。クリスマス前から1月初旬の休暇時季は最も混み合う時季なので、早めに予約しよう。

●個人ウオーク

　予約を扱っているのはDOC（Department of Conservation＝自然保護省）の専用デスクだ。ミルフォード・トラックの場合、個人ウオークでも必ず決まったスケジュールで歩くため、予約のリクエストはシンプルで、単に出発日ごとに空席があるかどうかの確認となる。まず予約デスクにコンタクトをとり、希望の出発日（できれば第2希望も）、人数を伝えて空席の有無を確認する。OKであればクレジットカードのデータを伝え、その時点で予約が確定する。料金（3泊分で$420）は自動的にカードから引き落とされるので、あとは出発当日に現地でハットパスを受け取るだけだ。日本から予約する場合は、eメールでのコンタクトやウェブサイトの利用が便利だ。

　また、DOCのウェブサイトから専用の申し込み用紙がダウンロードできる。必ずしもそれを使う必要はないが、この用紙ではトレッキング前後の交通機関も合わせて予約・支払いができるようになっている。郵送で頼むことも可能だ。

●ガイド付きウオーク

　ガイド付きウオークは、個人ウオークとは運営主体が異なり、クイーンズタウンにあるオフィスUltimate Hikes Centreで予約を受けている。手続きの流れは基本的に個人ウオークと同じで、まずはオフィスにコンタクトすることから始まる。

山小屋／ロッジの設備と装備

●個人ウオーク

　山小屋は質素だが、調理用ガスコンロ、水道、トイレなど基本的な設備は備えている。夏季は管理人が常駐。食材、食器は自分で用意する。ベッドにはマットレスが用意されているので寝袋だけを持参すればよい。明かりは一部、共同スペースに電灯があるだけなので、懐中電灯（ヘッドランプ）もあるとよい。

●ガイド付きウオーク

　ロッジには電気、温水が通っている。シャンプーやコンディショナー、ヘアドライヤー、そしてもちろん寝具も完備。行動中のランチも含めてすべての食事が提供されるので、食料はおやつ程度を好みに応じて持参する。衣類、洗面道具、水筒などごく軽い荷物で歩くことができる。

**個人ウオークの予約
申し込み先**
Department of Conservation
FREE 0800-694-732
URL www.doc.govt.nz

ウェブサイトでの予約
個人ウオークの場合、DOCの下記ウェブサイトからも予約可能。ニュージーランド全土の山小屋の予約ができる。空室状況や値段などがすぐわかるので便利。
URL booking.doc.govt.nz

Stand-by（空席待ち）
個人ウオークの空席待ちはテ・アナウのDOCビジターセンターで受け付けている。ひとりで、テ・アナウに長く滞在し、毎日オフィスで状況をチェックしていれば、数日以内に出発できる可能性が大。ただしふたり以上だと条件はかなり厳しくなる。

**ガイド付きウオークの
予約申し込み先**
Ultimate Hikes Centre
(03) 450-1940
FREE 0800-659-255
URL www.ultimatehikes.co.nz
（日本語サイトあり）

**コロミコ・トレック
横浜事務所**
〒221-0811
神奈川県横浜市斎藤分町43-9
(045) 481-0571
URL www.koromikotrek.com
E-mail koromiko@pop07.odn.ne.jp
現地で30年以上のガイド経験がある代表の平野さん。各種ガイド付きウオークの日本語での申し込み代行はもちろん、1〜3月にはミルフォード・トラックのほか、フィヨルドランドの大自然を歩くハイキングツアーも行っている。ハイキングについてのアドバイスなども受けられるので、申し込み以外でも問い合わせてみよう。

南島　フィヨルドランド国立公園　ミルフォード・トラック

マナポウリ湖の眺め

簡素な個人ウオークの山小屋

クリントン川に架かる長いつり橋を渡る

個人ウオークの行程

Map P.142

●1日目　グレイド・ワーフ→クリントン小屋
（約5km、所要1時間～1時間30分）

　テ・アナウ・ダウンズから船でグレイド・ワーフに上陸、グレイド・ハウスがトレッキングのスタート地点となる。出発して間もなくクリントン川に架かる長いつり橋を渡ると、その後はずっと川沿いの静かな森林浴ウオークが続く。平坦な区間の短い歩きのみで、軽いウオームアップといったところ。

●2日目　クリントン小屋→ミンタロ小屋
（約16.5km、所要約6時間）

　出発後しばらくは深い森の中を歩く。ポンポローナ・ロッジPonporona Lodge（ガイド付きウオーク専用）を過ぎたあたりからしだいに山が迫ってきて、道は急な上り坂になる。40分ほど坂道を上ったところでミンタロ小屋Mintaro Hutに到着する。

●3日目　ミンタロ小屋→ダンプリン小屋
（約14km、所要6～7時間）

　この日はトラックの最高地点であるマッキノン峠Mackinnon Passを越える。山小屋を出発してすぐにジグザグの上りが始まり、約2時間でピークに立つ。晴れていればテ・アナウ、ミルフォード両方向の展望がすばらしい。峠からは2時間余りの急な下りでクインティン・ロッジQuintin Lodge（ガイド付きウオーク専用）に到着。国内最大のサザーランド・フォールSutherland Fallsを見に行く。落差580mというだけあって、滝つぼの近くから見上げるとすごい迫力だ。サザーランド・フォールまでの往復1時間30分ほどのサイドトリップを終え、再びメイントラックを歩き、約1時間でダンプリン小屋Dumpling Hutに到着。

●4日目　ダンプリン小屋→サンドフライ・ポイント
（約18km、所要5時間30分～6時間）

　歩行距離は長いが道は緩やかな下り。ただし終点のサンドフライ・ポイントSandfly Pointからの船に間に合うよう、8:00～9:00の間にはダンプリン小屋を出発する必要がある。前半はアーサー川沿いの谷間を、後半には幅の広い川といった感じのエイダ湖に沿った道を進む。

ガイド付きウオークの行程

Map P.142

●出発前日
出発前日の16:45、クイーンズタウンの「ザ・ステーション」に集合、17:00からミーティングが開かれ、コース説明と参加者の顔合わせを行う。必要な人はここでバックパックや雨具も借りる。

グレイド・ハウスには小さな展示室もある

●1日目　グレイド・ワーフ→グレイド・ハウス
（約1.6km、所要約20分）

「ザ・ステーション」に8:30集合、チェックイン手続き後、9:00にバスが出発。ホテルで昼食を取ったあとバスでテ・アナウ・ダウンズへ。そこから船でトラックの出発地グレイド・ワーフへ渡る。この日は宿のグレイド・ハウスまでの約1.6kmを歩くだけ。

●2日目　グレイド・ハウス→ポンポローナ・ロッジ
（約16km、所要5〜7時間）

この日が実質的なトレッキングのスタート。クリントン川に沿った森林の中を歩く。ごく緩やかな上りだが、後半ではしだいに峡谷の展望が開けてきて山らしい雰囲気が広がる。

国内最大、落差580mのサザーランド・フォール

●3日目　ポンポローナ・ロッジ→クインティン・ロッジ
（約15km、所要6〜8時間）

行程中最大の上り、マッキノン峠へのジグザグ道

マッキノン峠を越えてクインティン・ロッジへ。行程中のハイライトであり、最も体力を要する区間だ。ロッジに到着後、サザーランド・フォールを見に行く（往復約1時間30分）。

●4日目　クインティン・ロッジ→ミルフォード・サウンド
（約21km、所要6〜8時間）

距離は長いが、ほぼ平坦な道をエイダ湖に沿って終点サンドフライ・ポイントまで進み、トレッキング終了。小船で対岸のミルフォード・サウンドへ。マイターピーク・ロッジMitre Peak Lodgeにチェックインし夕食。その後、完歩証授与式が行われる。

●5日目　ミルフォード・サウンドのクルーズ
午前中は約2時間のミルフォード・サウンドのクルーズ。バスの中で昼食を取りテ・アナウ経由でクイーンズタウンへ帰る。クイーンズタウン着は15:30〜16:00頃。

雨の多いミルフォード・トラックにはシダが繁茂している

> **豆知識**
> **サンドフライに注意！**
> ミルフォードのサンドフライ（→P.127）は予想以上の数の多さで、トイレにまで侵入するほど。頭にネットを被るなどの対策が必要だ。

南島
フィヨルドランド国立公園 ｜ ミルフォード・トラック

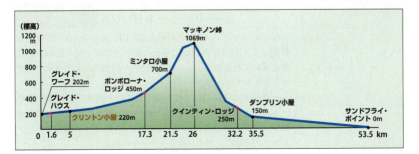

143

フィヨルドランド国立公園
ルートバーン・トラック
Routeburn Track

DOCのウェブサイト
URL www.doc.govt.nz

おもなバス会社
Tracknet
☎ (03)249-7777
FREE 0800-483-262
URL tracknet.net
テ・アナウ～ディバイド
運 10月23日～5月1日
　7:15、9:45、12:15、
　13:30発の1日4便
料 片道大人$41、子供$30

Info & Track
Map P.104-A2
住 37 Shotover St. Queenstown
☎ (03)442-9708
FREE 0800-462-248
URL infotrack.co.nz
クイーンズタウン～
ルートバーン・シェルター
運 10月23日～5月1日
　8:00、12:15発の1日2便
料 片道大人$45、子供$35

ℹ Info & Track
開 夏季　　7:30～20:00
　冬季　　7:00～21:00
（時季によって異なる）
ルートバーンなど周辺のトラックに関するさまざまな手配を行っている。

グレノーキーの
ホリデーパーク
Mrs Woolly's Campground
住 64 Oban St. Glenorchy
☎ 021-0889-4008
URL www.mrswoollyscampground.co.nz
キャンプサイトに隣接する店舗では、食料品やキャンプ用具の販売、アクティビティの手配などを行う。

フィヨルドランド国立公園と、マウント・アスパイアリング国立公園の境界に位置し、ミルフォード・トラックとともに人気の高いトレッキングルート。年間約1万6000人もの登山客が訪れる。

コニカル・ヒルからの展望。正面はダーラン山脈の山並み

全長約32kmあり、南でグリーンストーン・トラック、ケイプレス・トラックとつながっている。ルートバーン・トラックは双方向から歩くことができるほか、最高地点まで行って同じ道を戻ることも可能。縦走は2泊3日が一般的だ。トラック中には4つの山小屋とふたつのキャンプサイトがある。比較的平坦な森林を歩くミルフォード・トラックと比べ、標高458mと532mのスタート地点から短い距離で1255mの最高地点まで上り詰めるため、起伏があり、展望も変化に富んでいる。最高地点から眺望する山岳景観は圧巻だ。

ルートバーン・トラックへのアクセス Access

クイーンズタウン側のスタート地点ルートバーン・シェルターRouteburn Shelterは、クイーンズタウンから約73km、車で約1時間30分の距離にある。この区間には夏の間、トレッカー用のバスが運行している。テ・アナウ側のスタート地点ディバイドThe Divideは、テ・アナウから約85km、車で約1時間15分。シャトルバスの便がある。クイーンズタウンからルートバーン・シェルターへ向かう途中、約47km地点のグレノーキー（→P.110）という小さな町には、ホリデーパークもあり、ここに滞在するのもいい。

ルートバーン・トラックの 歩き方

ルートバーン・トラックの縦走は、山小屋やキャンプサイトを利用して、2泊3日の行程で歩くのがポピュラーだ。町の宿に荷物を置いて軽装で歩きたい人は、山中で1泊のみして、来た道を帰ることもできる。

トラックは全体的によく整備されてはいるが、高度差の大きい本格的な山歩きとなる。水や食料などを含む十分な装備が必要で、登山の初心者だけで歩くことは避けたい。ミルフォード・トラック同様に、ガイド付きウオークもある。

予約方法と宿泊券の購入について

　ルートバーン・トラックを、10月23日〜4月30日までの夏季に個人ウオークで歩く場合、コース上にある4つの山小屋とふたつのキャンプ指定地は、事前の予約が必要となる。山小屋はひとり1泊$130。ひとつの山小屋に連泊できるのは原則として2泊まで。キャンプはひとり$40。5月1日〜10月22日は予約不要だが、1泊につき$15のハットパスを出発前にDOCビジターセンターで購入する。ただし山小屋は無人となりガスなどもない。気象条件は厳しく、上級者向け。

　予約に当たっては、DOCオフィスにeメールでコンタクトするのが便利。規定の申し込み用紙もあるが、必ずしもそれを使わなくても氏名、人数、宿泊の内容（どの山小屋に、いつ）、クレジットカードのデータ（名義、有効期限、番号）などを伝えれば予約は可能だ。電話、あるいは現地DOCビジターセンター（テ・アナウ、クイーンズタウン）での申し込みもできる。予約が済んだらトレッキング出発前に、上記2ヵ所のいずれかのDOCビジターセンターでハットパスを受け取る。

●ガイド付きウオーク

　個人ウオークとは別に上級グレードのロッジに泊まるパッケージもある。ルート上2ヵ所のロッジは、個人ウオークのルートバーン・フォールズ小屋、マッケンジー湖小屋にそれぞれ近接して立っている。ガイド付きウオークはこの2ヵ所を使い、クイー

山小屋の予約申し込み先
Department of Conservation
FREE 0800-694-732
URL www.doc.govt.nz
Email greatwalksbookings@doc.govt.nz
　下記ウェブサイトでも申し込み可能。
URL booking.doc.govt.nz

キャンプサイト
　マッケンジー湖、ルートバーン・フラッツの2ヵ所の山小屋では、山小屋付近の指定地でキャンプも可能。山小屋と同様に事前予約制。

山小屋の設備
　4つの山小屋はいずれも、夏季は管理人が常駐する。調理用ガスコンロ、ベッドのマットレスが備わっているので、個人用装備を持参する必要はない。キッチン以外に水道、水洗トイレも完備。

南島
フィヨルドランド国立公園
ルートバーン・トラック

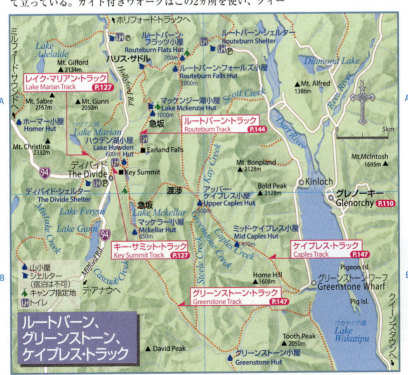

145

**ガイド付きウオークの
予約申し込み先
Ultimate Hikes Centre**
(→P.141欄外)

**コロミコ・トレック
横浜事務所**
(→P.141欄外)

歩き方のアドバイス
P146で紹介している個人ウオークの行程はクイーンズタウン側から歩いた場合のルート。
テ・アナウ発2泊3日の場合
1日目：テ・アナウ発～ディバイド着。マッケンジー湖小屋泊
2日目：ルートバーン・フォールズ小屋泊
3日目：ルートバーン・シェルター発～テ・アナウ着
また、マッケンジー湖小屋に2泊。
2日目にハリス峠～コニカル・ヒルを往復する、ハイライトを気軽にたっぷり楽しめるプランもある。

スタート地点のルートバーン・シェルター

ルートバーン・フォールズ小屋下からの展望。山の間に広がる平地がルートバーン・フラッツ

ハリス・サドルのシェルター。背後はコニカル・ヒル

マッケンジー湖畔からエミリーピークの展望。氷河によって削られたU字谷がわかる

ンズタウン発着の2泊3日の行程で歩く。2019～20年度のガイド付きウオークが催行されるシーズンは11月1日～2020年4月18日まで。そのうちローシーズン（11月1～30日、2020年4月1～18日）の料金は大人$1375、ハイシーズン（12月～2020年3月）は大人$1520。行程中に必要となる交通機関、すべての食事費用を含む。

個人ウオークの行程

Map
P.145

ルートバーン・シェルター→ルートバーン・フラッツ小屋
（約6.5km、所要1時間30分～2時間30分）

駐車場脇からスタートし、すぐにつり橋を渡る。この川がトラックの名の由来であるルートバーンRoute Burnだ。"burn"とは、スコットランドの言葉で小川を意味するという。豊かな水量をもつ流れに沿い、道は緩やかに上っていく。周囲をブナの森に囲まれた、とても気持ちのよい道だ。2番目のつり橋を渡って間もなく急に視界が開け、それまでの狭い川筋と打って変わった広大な平地ルートバーン・フラッツRouteburn Flatsが開ける。

ルートバーン・フラッツ小屋→ルートバーン・フォールズ小屋
（約2.3km、所要1時間～1時間30分）

フラッツ小屋への分岐を過ぎるとやや急な上りが始まる。道は樹林に囲まれているが、途中、地滑り跡を横切る区間があり、眼下の風景を広く見渡すことができる。エミリー・クリーク橋が見えると、ルートバーン・フォールズ小屋までは、残りあと半分だ。そして、さらに上っていくと、小屋が目の前に現れる。付近にはその名のとおり滝がある。

ルートバーン・フォールズ小屋→マッケンジー湖小屋
（約11.3km、所要4時間30分～6時間）

ルートバーン・フォールズ小屋のあたりで森林限界を越え、風景は岩交じりのタソック（低い草地）へと変わる。すっかり細くなったルートバーンの流れに沿って緩やかに上ると、この沢の水源であるハリス湖が見えてくる。標高約1200mの高さにある、意外なほど大きな湖だ。水辺に沿って進むと、やがて最高地点のハリス・サドルに到着。シェルター（避難小屋）が立っている。悪天候でなければ、背後の岩山、コニカル・ヒルに上ろう。シェルターに荷物を置いて1時間半ほどで往復できる。標高1515mのピークからは360度の展望が広がり、タスマン海まで見えることも。

再びメイントラックに戻り、次はホリフォードの谷に面した大きな斜面をトラバースするルートとなる。眼下の谷を隔て、氷河を抱いた山並みを見ながら高低差のほとんどない区間を1時間ほど歩く。やがて眼下にマッケンジー湖と、そのほとりに立つ山小屋が小さく見えてくる。このあたりから再び樹林帯に入り、急なジグザグ道を下りていく。下りきってブナの森と苔むした美しい"岩石庭園"を抜けると、マッケンジー湖小屋に到着。この山小屋のロケーションは実にすばらしい。目の前に湖が広がり、その向こうにはエミリーピーク（1820m）がそそり立つ。

マッケンジー湖小屋→ハウデン湖小屋(約8.6km、所要3〜4時間)

この区間はおおむねなだらかな道で、静かな山歩きが楽しめる。途中のアーランド・フォールは全長174mの滝。豪雨のあとは水勢が増し、下側に迂回しなくてはならないこともある。やがて小さな湖に面した気持ちいい場所にあるハウデン湖小屋に着く。ここからケイプレス・トラック、グリーンストーン・トラック(→下記)が南に分岐しており、ここを歩いてグレノーキーに戻ることも可能。

ハウデン湖小屋→ディバイド(約3.4km、所要1時間〜1時間30分)

ハウデン湖小屋からは緩やかではあるが、再び上りが始まる。15分ほど上り返して、キー・サミットへの分岐点に出る。テ・アナウから日帰りのハイキングにもポピュラーな展望地で、往復1時間〜1時間30分ほど。標高は919mと低いが、眺めはすばらしい。大きな荷物は分岐付近にデポして上ろう。

キー・サミット往復後、再びメインのトラックに戻り、ブナの森の中をどんどん高度を下げながら進む。久しぶりに車の音が聞こえてきたと思ったら、終点ディバイドに到着する。

ハリス・サドル南側のトラバース。山並みを見ながら歩く

キー・サミットから見るクリスチナ山

ディバイドの交通

ディバイドはテ・アナウ〜ミルフォード間の観光ルート上にあるため、交通量は割合に多い。ヒッチハイクを試みるトレッカーもいる。ただし交通の流れは、午前中はミルフォード行き、午後はテ・アナウ行きに偏っている。ミルフォード・サウンド行きのインターシティ／ニューマンズ・コーチラインズのバスでは、ディバイドでの乗降は不可。

シャトルバス(→P.144欄外)
Tracknet

ケイプレス、グリーンストーンの山小屋

各山小屋は1泊$15。事前にDOC国立公園ビジターセンターでハットパスを買っておく。予約制ではなく、ベッドは先着順。山小屋には水道、トイレ、石炭ストーブはあるが、ガスはないので、調理用に自分のストーブが必要。

アッパー・ケイプレス小屋のみ、サウザン・レイク・ヘリコプター Southern Lakes Helicopters URL southernlakesnzda.org.nz にて予約。

シャトルバス(→P.144欄外)
Tracknet、
Info & Track

グリーンストーン・ワーフからは上記の会社がシャトルバスで、グレノーキー、クイーンズタウンを結んでいる。トレッキング出発前に予約を。

その他のトラック

グレノーキーのエリアではほかにリース／ダート・トラック Rees / Dart Track がある。全行程4〜5日間の周回トラックとして利用される。トラックの起点のひとつはパラダイスという名の小さな集落。

ケイプレス・トラック／グリーンストーン・トラック
Caples Track/Greenstone Track
Map P.145

このふたつのトラックは、ともにルートバーン・トラックのハウデン湖小屋付近で分岐して、ワカティプ湖畔にいたるルートだ。どちらも比較的高低差は少ないぶん、雄大な山岳景観は望めない。ルートバーンと組み合わせ、クイーンズタウン側から周回コースとして歩く人が多い。

ケイプレス・トラック　Caples Track
(所要9時間30分〜13時間30分)

トラック内にふたつの山小屋がある。途中のマッケラー・サドル(峠)越えはかなり急で悪路が続くため、山慣れた人向きのコースといえる。

グリーンストーン・トラック　Greenstone Track
(所要8時間30分〜12時間30分)

ケイプレス・トラックと同様にハウデン湖小屋付近から南に下がるが、途中山越えはなく、ほぼ全行程が緩やかな下りとなる。

南島 フィヨルドランド国立公園 ルートバーン・トラック

147

フィヨルドランド国立公園

ケプラー・トラック
Kepler Track

DOCのウェブサイト
URL www.doc.govt.nz

おもなバス会社
Tracknet
☎(03)249-7777
FREE 0800-483-262
URL tracknet.net
テ・アナウ〜
　　　　コントロール・ゲート
運10月23日〜5月1日
　8:30、9:30、11:10、
　14:30発の1日4便
料片道$8
テ・アナウ〜
　　　　レインボー・リーチ
運10月23日〜5月1日
　9:30、11:10、14:30、
　16:15発の1日4便
料片道$14

Topline Tours
☎(03)249-8059
URL www.toplinetours.co.nz
テ・アナウ〜
　　　　コントロール・ゲート
運11〜4月 1日1便(要予約)
料片道$5
　(要予約、5〜10月は$10)

ブロッド・ベイのボート
Kepler Water Taxi
☎(03)249-8364
料片道$25
　基本は9〜4月の8:30、9:30にテ・アナウの観光案内所アイサイト裏の桟橋を出発する。ブロッド・ベイからの帰路にも同じボートを使うことができる。チケットはボートの中で買えるほか、観光案内所アイサイトでも手配可能。

壮大な景観が楽しめる約60kmのルート
写真提供／©Tourism New Zealand

ケプラー・トラックは、テ・アナウ湖と、その南に位置するマナポウリ湖との間にそびえる山々の連なりを巡る約60kmの周回ルート。トラックは1988年に整備され、小屋は比較的新しく快適だ。氷河や広大なU字谷、ブナの森など、バラエティに富んだ風景、高度感、そしてテ・アナウの町からのアクセスの便利さなどから人気は高い。

スタート地点はテ・アナウ湖畔のコントロール・ゲートControl Gatesと、ふたつの湖を結ぶワイアウ川に架かるレインボー・リーチRainbow Reachの2ヵ所。ほかにテ・アナウからボートを利用してブロッド・ベイBrod Bayまで行き、そこから歩き始めることもできる。トラック一周は3〜4日間で歩くことができるが、体力や経験、天候にも左右される。ほとんどの人は4日間必要だ。また、レインボー・リーチからマナポウリ湖に沿ってのデイウオークも楽しめる。

ケプラー・トラックへのアクセス Access

テ・アナウのDOCフィヨルドランド国立公園ビジターセンター(→P.124欄外)から約5kmの所にあるコントロール・ゲート(水門)から歩き始めるのが一般的。10月下旬〜4月下旬はゲートそばの駐車場までシャトルバスが運行している。テ・アナウから約12km離れたレインボー・リーチまではトラックネットTracknet社の便がある。

トラックのスタート地点コントロール・ゲート

ケプラー・トラックの 歩き方

全長約60kmのトラックのうち、ブロッド・ベイBrod Bayからマウント・ラクスモアMt. Luxmoreを経てアイリス・バーン小屋Iris Burn Hutまでの約22.8kmの区間は、累積高度差1400m近くを上ったあと、すぐに1000mを下るというハードな行程だ。その後の約35kmは高度差がわずか300mほどと、ペース配分が極端に異なるルートとなっている。なかでも最も急なのは、ハンギン・バレー・シェルターからアイリス・バーン小屋までの区間。ここの上りを避けるため、コントロール・ゲートから反時計回りに歩く人が多い。この場合1泊目はラクスモア小屋、2泊目はアイリス・バーン小屋に泊まる2泊3日、あるいはそれにモトゥラウ小屋泊を加えた3泊4日で、トラックが一周できる。

個人ウオークの行程

Map P.149

ケプラー・トラックには、3ヵ所の山小屋が設けられている。夏季は管理人常駐で、ガスコンロなどがある。10月23日～4月30日までの夏季ウオーキングシーズンは予約制。料金は1泊につき$130。ブロッド・ベイとアイリス・バーンではキャンプも可（$40）。夏季は混雑気味なので早めの到着を。

コントロール・ゲート(駐車場)→ブロッド・ベイ→ラクスモア小屋
（約13.8km、所要5～6時間）

コントロール・ゲートで水門上を通り、湖沿いに北上する。ブロッド・ベイからはうっそうとした森に入り、しだいに高度が上がる。途中では大きな石灰岩の絶壁も見ることができる。やがて森林限界に出ると、突然視界が開け、晴れた日ならテ・アナウ、マナポウリのふたつの湖を眼下に望むことができる。ここから緩やかな広い稜線上を45分ほど上り、ラクスモア小屋へ。立派な造りの山小屋で、テラスから望むテ・アナウ湖の眺めもすばらしい。山小屋の近くには鍾乳洞があるので、立ち寄ってみるのもいい。ただし全長は1km近いといわれるほど長く真っ暗なので、安易に奥深くまで入るのは危険だ。懐中電灯が必要。

ケプラー・トラックの山小屋

冬季の山小屋の利用は予約不要。料金は1泊$15、キャンプの場合は$5かかる。

石灰岩の絶壁を見上げる

ハンギン・バレー・シェルター。ここも眺めがいい

ラスクモア小屋からはテ・アナウ湖の展望がいい

細い稜線上をアップダウンを繰り返しながら進む

稜線上の一部にはかなり急で長い階段がかけられている

ラクスモア小屋→アイリス・バーン小屋 （約14.6km、所要5〜6時間）

マウント・ラクスモアの山頂は、メインのトラックを外れ、岩がちな斜面を10分ほど上った所にある。再びメインのトラックに戻り、しばらく下るとフォレスト・バーン・シェルターに到着。ここを過ぎるとケプラーのハイライトともいえる細い稜線の区間が始まる。稜線上に連なるアップダウンが続くため楽ではないが、高度感のある眺めがすばらしい。好展望を楽しみながらハンギン・バレー・シェルターへ。この区間の狭い稜線は完全な吹きさらしのため、風雨が強いとつらい歩行となる。

やがてアイリス・バーンの谷を見下ろす展望地を最後に、道は樹林帯に向かって急降下していく。森の中を急なジグザグで一気に下っていくとアイリス・バーン小屋に到着だ。

アイリス・バーン小屋→モトゥラウ小屋 （約16.2km、所要5〜6時間）

アイリス・バーン小屋を出てすぐ、小さな尾根を越える区間があるが、あとはおおむね森の中を緩やかに下る道。途中の平地からは1984年に起きた地滑り跡を見ることができる。やがてマナポウリ湖の水辺近くに立つモトゥラウ小屋へ。山小屋から約6.2km進んだレインボー・リーチRainbow Reachでは、テ・アナウ行きのシャトルバスに乗れるため、ここで2泊3日の行程を終わらせる人も多い。しかし、モトゥラウ小屋は湖に面した快適なロケーションにあるので、できればここで1泊の余裕をもちたい。

モトゥラウ小屋→レインボー・リーチ→コントロール・ゲート(駐車場) （約15.5km、所要4〜5時間）

ワイアウ川に沿ったフラットな森林ウオークで、ルート一周を完歩。コントロール・ゲートからテ・アナウの町へは徒歩約50分。

日帰り〜1泊トレッキング

Map P.149

テ・アナウからのショートトレックとしては、ラクスモア小屋への往復がおすすめ。所要8〜10時間で日帰りも可能だが、ラクスモア小屋に1泊するプランもいい。日帰りの場合、時間を短縮するため、往路（または復路も）テ・アナウの町からブロッド・ベイまでボートを利用するといい。ブロッド・ベイから山小屋へは往復7〜9時間ほどかかる。山小屋からさらにラクスモア山頂を目指すには、往復で1時間ほど必要となる。もうひとつのルートはレインボー・リーチからモトゥラウ小屋までの往復コース。片道約6kmで、往復3〜4時間ほどの行程だ。

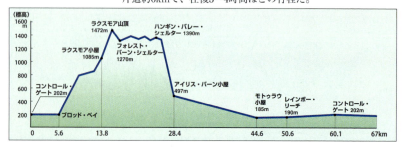

オアマル
Oamaru

オアマルはオタゴ地方北部、ダニーデンの北約116kmの海沿いに位置する町。1870年代に貨物船が安全に寄港できるよう港が整備され、1882年には冷凍肉の輸出が始まり町は急成長を遂げた。この頃、地元で産出される良質の石灰岩「オアマルストーン」を使った壮麗な建築物が

歴史的な建物が集まる一角は、映画やテレビのロケ地としても人気

数多く建てられ、石材の産出も一大産業へと育っていった。オアマルストーンはニュージーランド各地の名だたる歴史的建築物にも使われているが、白い建物がずらりと並ぶこの町の景色は壮観だ。毎年11月に行われるビクトリアン・ヘリテージ・セレブレーションVictorian Heritage Celebrationsでは、まるでビクトリア時代がよみがえったかのように町全体が19世紀そのままの雰囲気に染められる。

また、町の近くに希少なペンギンのコロニーが2ヵ所あり、手軽に観察できるのもオアマルの魅力のひとつだ。

オアマルへのアクセス Access

長距離バスではインターシティ／ニューマンズ・コーチラインズとアトミック・トラベルのダニーデンへ向かう便がオアマルを経由する。インターシティ／ニューマンズ・コーチラインズはクライストチャーチから1日2〜3便、所要3時間30分〜4時間15分。ダニーデンからは1日2〜3便、所要約1時間40分。バスはイーデン・ストリートEden St.沿いにあるカフェ「Lagonda Tea Rooms」のそばの公衆トイレ前に発着し、チケットは店内で購入できる。

オアマルの歩き方

町のメインストリートは観光案内所アイサイトやホテル、銀行などが並ぶテームズ・ストリートThames St.。この通りには歴史的建築物も多い。また、タイン・ストリートTyne St.や、港湾地区に延びるハンバー・ストリートHumber St.にも19世紀後半に建てられた石造りの美しい建物が並ぶ。こぢんまりとした町なので、見どころはいずれも歩いて回れる範囲だ。

町の郊外にはふたつのペンギンのコロニー（営巣地）や、ユニークな自然景観を楽しめるスポットがある。また、SFのジャンルのひとつであるスチームパンクをテーマにしたギャラリーや、スチームパンク風の遊具が並ぶフレンドリーベイ・プレイグラウンドFriendly Bay Playgroundという公園もあり、近年では、スチームパンクの町としても人気を集めている。

南島 オアマル 歩き方

人口：1万3900人
URL waitakinz.com

おもなイベント
Victoria Heritage Celebrations
URL www.vhc.co.nz
催 11/13〜17 [′19]

コロニー周辺ではペンギンに遭遇することも

おもなバス会社 (→P.497)
インターシティ／ニューマンズ・コーチラインズ
アトミック・トラベル

Coast Line Tours
電 (03)434-7744
URL coastline-tours.co.nz
運 ダニーデン
　月〜金　　　14:45発
料 片道大人 $40、子供$20

長距離バス発着所
Map P.152-A2
住 Eden st.

観光案内所 i-SITE
Oamaru i-SITE
Map P.152-A1
住 1 Thames St.
電 (03)434-1656
FAX (03)434-1657
URL waitakinz.com
開 9:00〜17:00
　（時季によって異なる）
休 無休

おもなレンタカー会社
Smash Palace
電 (03)433-1444
URL www.smashpalace.org.nz

151

オアマル・パブリック・ガーデン
🕐 日中随時入場可

ブルー・ペンギン・コロニー
📍 2 Waterfront Rd.
📞 (03) 433-1195
🌐 www.penguins.co.nz
🕐 10:00〜観察終了時間まで
（終了時間は時季によって異なる）
💰 セルフガイド（日中）
大人$20、子供$10
ナイトツアー
大人$35〜、子供$20〜
🚶 中心部から徒歩約20分。

オアマルの見どころ

オアマル・パブリック・ガーデン
Oamaru Public Gardens
Map P.152-A1

市内に広がる約13ヘクタールの美しい公園。1876年に造成されたもので、東西に長く延びる敷地内にはバラ園や噴水、温室が設けられ散策にちょうどいい。また、園内を流れる小川にいくつかの橋が架けられているが、そのうちのひとつに日本の日光をイメージしたという朱塗りの橋もある。遊具の置かれた公園やピクニックに最適な芝生広場などがあるほか、園内のいたるところでニュージーランドのさまざまな鳥を見られる。

ブルー・ペンギン・コロニー
Blue Penguin Colonies
Map P.152-B2

町の南にあるブルー・ペンギン（→P.36）の営巣地。ブルー・ペンギンは日本語でコガタペンギンといわれ、体長はわずか30〜40cmほどの世界一小さなペンギン。ビジターセンターでは180個以上の巣箱を設置し、夕方になると巣箱に戻ってくるペンギンたちを観察スタンドから見ることができる。ペンギンたちが戻り始める前にはペンギンについての解説もある（英語）。また、巣箱に取り付けられたライブカメラを通して、ペンギンの様子を知ることができる。季節ごとの観察時間は観光案内所アイサイトに掲示されている。夜は写真撮影禁止。

ブルー・ペンギンが戻ってくるのは日が暮れてから

歴史的建築物の集まる地区
Oamaru's Victorian Precinct

Map P.152-A2

ハンバー、タインの両ストリート沿いは、19世紀のビクトリアン建築が数多く残っており、歴史的な建物を利用したギャラリー、ショップが多く連なる。また、スチームパンク（ビクトリア朝時代の人が思い描いた未来世界を表現したSFのジャンル）の作品を集めた**スチームパンクHQ Steampunk HQ**もぜひ訪れたい。鉄屑で造られたアートや鍵盤を押すとさまざまな音が鳴るパイプオルガン、音楽とともに光の渦を楽しめる暗室「The Portal」などユニークな展示が目白押しだ。また**ザ・ニュージーランド・ウイスキー・カンパニーThe New Zealand Whisky Company**では、1997年に惜しまれながら廃業したダニーデンのウイスキー蒸留場、ウィローバンク蒸留所の樽を買い取り、テイスティングと販売を行っている。

鉄屑で造られたものものしいオブジェが目を引くスチームパンクHQ

スチームパンクHQ
住 1 Humber St.
☎ 027-778-6547
URL www.steampunkoamaru.co.nz
開 10:00〜17:00
休 無休
料 大人$10、子供$2

ザ・ニュージーランド・ウイスキー・カンパニー
住 14 Harbour St.
☎ (03) 434-8842
URL www.thenzwhisky.com
開 10:30〜16:30
休 無休
料 試飲はグラス1杯8$〜、4種類$30〜

地区の裏手にある公園には写真撮影用の額縁がある

南島 オアマル 見どころ

Column オアマルストーンを使った美しいビクトリアン建築

オアマルの町にはオアマルストーンで造られた歴史的建築物が立ち並び、その多くは徒歩で巡ることができる。観光案内所アイサイトで『Historic Oamaru』というパンフレットをもらっておくとよい。

旧郵便局 First Post Office Map P.152-A1

テームズ・ストリートでひときわ目立つかつての郵便局。隣には1864年築の初代郵便局があり、現存するオアマルの歴史建築のなかで最も歴史のある建物。現在はレストラン「The Last Post」として営業している。

ナショナル・バンク National Bank Map P.152-A2

向かって右隣に立つフォレスター・ギャラリー（現在はアート・ギャラリー）と同じくダニーデンの建築家、ロバート・ローソンによる設計。

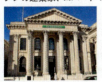

1871年にオタゴ銀行のオフィスとして建てられたが、1875年よりナショナル・バンクの所有となった。

セント・ルークス英国国教会 St. Luke's Anglican Church Map P.152-A1

テームズ・ストリートの南端、観光案内所アイサイトの斜め向かいに立つ教会。1865年に建設が始まり、1922年に現在の姿になった。印象的なシルエットの尖塔の高さは38.7m。

セント・パトリック教会 St. Patrick's Basilica Map P.152-A1

リード・ストリート沿い。1893年に着工し、最終的な完成は1918年。豪華な装飾が施されたオアマルストーンの天井は一見の価値あり。

オアマル・オペラ・ハウス Oamaru Opera House Map P.152-A1・2

1907年築、庁舎兼劇場として使われていた。

現在もバレエや映画、コンサートなどさまざまな催し物が行われており、夜間はライトアップされる。

イエロー・アイド・ペンギン・コロニー

イエロー・アイド・ペンギン・コロニー
Yellow Eyed Penguin Colonies

Map P.152-B2

開 夏季
休 冬季
料 無料
交 中心部から約3km。
※カメラのフラッシュ撮影は禁止。
※ペンギンの保護のため、観察は崖の上の観察小屋からに限定されている。また夕方以降、海に近づくことも禁止されている。

オアマルの町から約3kmの場所にあるブッシー・ビーチBushy Beachには、イエロー・アイド・ペンギン（→P.36）が生息している。観察は季節によっても異なるが、海に出る日の出頃と、巣に戻る15:00～日没までが適している。ただし、近年はペンギンの数が減っていて、観察しにくい日もあるようだ。

海岸の上の遊歩道から茂みをのぞいてみよう

オアマル郊外の見どころ

エレファント・ロック

エレファント・ロック
Elephant Rocks

Map P.152-A1外

料 無料
交 中心部から約48km。国道1号線を北上、Pukeuriで左折し83号線へ。西へ走り、Duntroonの手前の橋は渡らず、黄色い看板が見えたら左折。

国道83号線から脇道に入り、しばらく走ると牧草地帯に突如現れる奇岩群。映画『ナルニア国物語／第1章ライオンと魔女』の撮影で使用されたことで一躍有名となった。天から降ってきたかのような巨岩が造り出す風景は圧巻だ。この巨岩は石灰岩で2400万年以上前に海の中で堆積し、硬化した石灰が基となっている。そして、300～200万年前その石灰は海面上昇とともに地上に隆起し、風や雨などに削られて現在のような奇怪な形に変化したというわけだ。一般開放はしているが、この場所は私有地なので勝手にキャンプなどをしないように。

牧場の中に巨石が転がっている

モエラキ・ボルダー

モエラキ・ボルダー
Moeraki Boulders

Map 折り込み①

URL www.moerakiboulders.com
開 随時見学可
料 $1（近道の私道を通る場合のみ）
交 中心部から約40km。国道1号線上にMoeraki Bouldersの看板が見えたら左折、駐車場から海に向かい下ることと徒歩5～10分。

オアマルの南約40kmにあるモエラキと呼ばれる海岸地帯には、直径1m以上、重さ2トンほどの奇妙な球形の岩がゴロゴロ転がっている。マオリの伝説では「沖に沈んだカヌーから流れ着いた食料の籠」と語られるこの巨岩は、自然界の化学作用によってできたものだ。海底に沈殿する化石や骨のかけらなどに、海中の鉱物の結晶が均等に付着して凝固。それが約6000万年も続き現在の大きさにまで生成された。かつて海底であったこの場所の地形が変わり、姿を現したのだという。

波に洗われる丸い岩

コースト・ライン・ツアーズ（→P.151欄外）

リクエストによってエレファント・ロックやモエラキ・ボルダーへの往復バスを運行。料金はいずれも片道$40、往復$70。両方訪れる場合は$100。

Katiki Point Historic Reserve

交 モエラキ半島のLighthouse Rd.（一部未舗装）を直進。

カティキ・ポイントの灯台

またモエラキ・ボルダーの南に位置するモエラキ半島には、1878年に建てられた歴史的な灯台があり、灯台周辺は「カティキ・ポイント・ヒストリック・リザーブ」として保護されている。このエリアにはイエロー・アイド・ペンギン（→P.36）やニュージーランド・ファーシールも生息しているので観察してみよう。さらに、モエラキ半島にはニュージーランドの著名な料理研究家、フルー・サリバンの人気レストラン「フルーズ・プレイス」もある。

Fleurs Place

住 169 Haven St.
電 (03) 439-4480
URL fleursplace.com

オアマルの レストラン   Restaurant

ホワイトストーン・チーズ
Whitestone Cheese　Map P.152-A2

　オーガニック中心のチーズが揃うショップに併設されたカフェ。紅茶やコーヒーとともに自慢のチーズを堪能しよう。人気は6種類のチーズにクラッカーが付いたテイスティング・プラッター$10。月〜金曜の10:00に工場見学ツアーを催行（要予約）。大人$30〜。

3 Torridge St.　(03)434-8098
FREE 0800-892-433　URL www.whitestonecheese.com　営月〜金 9:00〜17:00　土・日10:00〜16:00（時季によって異なる）　休無休　CC MV

ウールストア・カフェ
The Woolstore Café　Map P.152-A2

　1886年に建てられた、オアマルストーンを使用した歴史的な建物。朝食からランチ、アフタヌーンティーまで楽しめるほか、店内のモニターでは建物の下に営巣するブルー・ペンギンを観察できる。みやげ物店やギャラリーも併設。

1 Tyne St.　(03)434-1556
URL thewoolstorecomplex.co.nz
営月・火8:00〜16:30　水〜日8:00〜21:00
休無休　CC MV

ギャレー　The Galley   Map P.152-A・B2

　歴史的建築物の集まる地区の海側にあるカフェ。スチームパンクをテーマにした公園の脇にあり、外観はスチームパンクを取り入れたデザインだ。海を眺めながら、ボリュームたっぷりのバーガー類やフィッシュ＆チップスを楽しもう。

1 Esplanade　(03)434-0475
営8:30〜16:00
（時季によって異なる）
休無休　CC MV

ポートサイド・レストラン＆バー
Portside Restaurant & Bar　Map P.152-B2

　ブルー・ペンギン・コロニーの手前にあるレストラン。テラス席からは青い海を存分に眺められる。シーフード・プラッター$45などの魚料理のほか、肉料理も充実。食事を楽しみながら、ペンギンが海から戻る日没を待ってみては。

2 Waterfront Rd.　(03)434-3400　URL www.portsideoamaru.nz　営木〜火11:00〜23:00
休水　CC ADJMV

オアマルの アコモデーション   Accommodation

ブライドン・ホテル・オアマル
Brydone Hotel Oamaru　Map P.152-A2

　1881年に建てられたかつてのクイーン・ホテル。建築資材にはオアマルストーンが使われ、歴史を感じさせる。全室バスタブ付きで、バーやレストランも併設している。

115 Thames St.
(03)433-0480　URL brydonehotel.co.nz　料SDT$95〜
50室　CC ADMV

ハイフィールド・ミューズ
Highfield Mews　Map P.152-A2

　テームズ・ストリート沿いにある小ぎれいなモーテル。18室中16室にバスタブがある。レンタルの自転車も備えており、朝食$15のオーダーもできるなど柔軟なサービスが自慢。

26 Exe St.　(03)434-3437
FREE 0800-843-639　URL www.highfieldmews.co.nz　料SDT$180〜　18室　CC MV

YHA オアマル
YHA Oamaru　Map P.152-A1

　町の見どころへのアクセスがよく、庭に置かれた赤い大きなやかんが目印の小さなホステル。キッチンや談話室などが揃い、アットホームな雰囲気でくつろげる。

2 Reed St.　(03)434-5008　URL www.yha.co.nz
料Dorm$30〜　SDT$66〜
19ベッド　CC AMV

エンパイア・バックパッカーズ
Empire Backpackers　Map P.152-A2

　かつてのエンパイア・ホテルを全面改装したバックパッカーズホステル。暖炉を囲むリビングや各フロアにラウンジ、キッチンがあり便利。個室も多くランドリーサービス（有料）もあり。

13 Thames St.　(03)434-3446
URL empirebackpackersoamaru.co.nz
料Dorm$30　D$70　T$90
38ベッド　CC MV

南島　オアマル　見どころ／レストラン／アコモデーション

ティマル
Timaru

人口：2万8500人
URL www.southcanterbury.org.nz

航空会社 (→P.497)
ニュージーランド航空

リチャード・パース空港
Map P.156外
空港から中心部までは約8km。移動はタクシーを利用する。

おもなタクシー会社
Timaru Taxis
(03)688-8899
URL www.timarutaxis.co.nz

おもなバス会社 (→P.497)
インターシティ／
ニューマンズ・コーチラインズ

観光案内所 SITE
Timaru Visitor Centre
Map P.156
2 George St.
(03)688-4452
URL www.southcanterbury.org.nz
開 月～金　10:00～16:00
　 土・日　10:00～15:00
休 無休

石造りの観光案内所

町の中心部にあるセント・メアリー教会

クライストチャーチとダニーデンのほぼ中間地点、カンタベリー地方の南端に位置し、この地方で2番目に大きな町であるティマル。町の名前はマオリ語のTe Maru（風雨を避ける避難場所）に由来するという説があり、波が穏やかで、実際にマオリの人々はカヌーで外洋を行き来する際の休息所としてこの地を利用していたという。

19世紀に入ると捕鯨によって採取した鯨油をオーストラリアに輸出する港町として順調に発展し、当時の鯨油輸送船キャロライン号の船名は、今も町に面した湾の名前として残っている。

ティマルへのアクセス　Access

ニュージーランド航空が、最寄りのリチャード・パース空港Richard Pearse Airportまでウェリントンからの直行便を運航。1日1～2便、所要約1時間20分。

長距離バスはインターシティ／ニューマンズ・コーチラインズが運行。クライストチャーチからは1日1～3便ずつ、所要2時間30～40分。ダニーデンからも1日2～3便、所要2時間45分～3時間10分。バスは鉄道駅前に発着する。

ティマルの　歩き方

ティマルのメインストリートはスタフォード・ストリートStafford St.および駅付近で交差するジョージ・ストリートGeorge St.。スタフォード・ストリート北側の港を見下ろす一画はピアッツァPiazzaと呼ばれ、雰囲気のいいレストランやカフェが多い。

歴史的な建物が軒を連ねる町の中心部

156

ティマルの見どころ

テ・アナ
Te Ana

Map P.156

観光案内所アイサイトの建物に併設されている資料館。先住民マオリの一部族であるナイ・タフNgai Tahu族の岩絵や伝説、芸術文化などを所要1時間のツアーに参加して見学できる。11～4月は14:00からマオリのガイドによる、岩絵の保存現場を訪れるツアーも催行（大人$130、子供$55、要予約）。

テ・アナ
住2 George St.
☎(03)684-9141
FREE 0800-468-3262
URL www.teana.co.nz
開10:00～15:00
休無休
料大人$22、子供$11

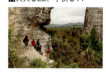

岩絵は洞窟の天井に描かれている

キャロライン・ベイ
Caroline Bay

Map P.156

観光案内所アイサイトからビーチまでは徒歩20分ほど。湾に面したビーチとその周囲に広がる緑地帯が市民の憩いの場となっている。毎年クリスマスの翌日から2週間ほどにわたってキャロライン・ベイ・カーニバルCaroline Bay Carnivalが開催される。

キャロライン・ベイ・カーニバル
☎(03)688-0940
URL carolinebay.org.nz
催12/26～1/13['19～'20]

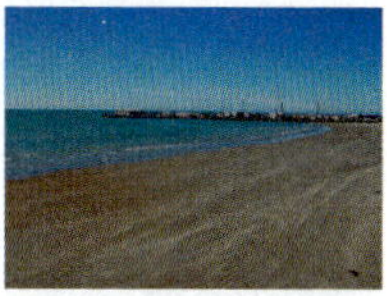

夏季は遊泳客でにぎわうビーチ

サウス・カンタベリー博物館
South Canterbury Museum

Map P.156

ティマルや周辺地域の歴史を写真や資料とともにわかりやすく展示する。館内を見渡すと天井から飛行機がつられているのが目を引く。これは、ティマルの隣町テムカTemuka出身の飛行家リチャード・ピアスRichard Pearse（1877～1953年）の製作した飛行機のレプリカ。彼は1903年、自作飛行機で距離約100m、高度4mほどの有人飛行に成功したとされる。この飛行はライト兄弟に先んじること9ヵ月、人類史上初となる画期的なできごとだったが、彼はこの飛行に満足せず公表しなかったため、偉大な業績も世に知られることなく埋もれてしまった。

サウス・カンタベリー博物館
住Perth St.
☎(03)687-7212
FAX(03)687-7215
URL museum.timaru.govt.nz
開火～金　10:00～16:30
　土・日、祝 13:00～16:30
休月
料無料（寄付程度）

エグアンターイ・アートギャラリー
Aigantighe Art Gallery

Map P.156

女流画家フランシス・ホジキンスFrances Hodgkinsやコリン・マッカンColin McCahonなど、ニュージーランドの著名作家のコレクションが多数ある。館外に広がる美しい庭園には国内外の作家による彫刻作品も設置されている。

エグアンターイ・アートギャラリー
住49 Wai-iti Rd.
☎(03)688-4424
開火～金　10:00～16:00
　土・日、祝 12:00～16:00
休月
料無料

ティマルのアコモデーション Accommodation

コンフォート・ホテル・ベンベニュー
Comfort Hotel Benvenue Map P.156

エヴァンズ・ストリート沿いに位置するチェーン系ホテル。全室ミニバーとエアコン、DVDプレーヤーを備え、館内にはフィットネス設備も完備。バルコニー付きの客室もある。

住16-22 Evans St. ☎(03)688-4049 URL www.benvenuehotel.co.nz
料Ⓢ Ⓓ Ⓣ$139.13～ 室数32 CC ADMV

アンカー・モーテル&ティマル・バックパッカーズ
Anchor Motel & Timaru Backpackers Map P.156

モーテルの全客室はキッチン付きで広々としており、ホステルの客室もシンプルな造りだが清潔で過ごしやすい。モーテルとホステルのレセプションは共通。レストランも徒歩圏内にある。

住42 Evans St. ☎(03)684-5067 FREE 0508-227-654 FAX(03)684-5706
URL anchormotel.co.nz 料Dorm$25～ Ⓢ$35～ Ⓓ Ⓣ$50～ 室数20 CC MV

キッチン(全室)　キッチン(一部)　キッチン(共同)　ドライヤー(全室)　バスタブ(全室)
プール　ネット(全室／有料)　ネット(一部／有料)　ネット(全室／無料)　ネット(一部／無料)

クライストチャーチ●
★ダニーデン

人口：12万700人
URL www.dunedinnz.com

航空会社（→P.497）
ニュージーランド航空

ダニーデン国際空港
Map P.164-A1外
☎ (03) 486-2879
URL dunedinairport.co.nz
交 ダニーデン中心部から南へ約30km。空港〜市内間はシャトルバスまたはタクシーを利用。

オーストラリアからの便も発着する空港

エアポートシャトル会社
Super Shuttle
FREE 0800-748-885
URL www.supershuttle.co.nz
料 空港⇔市内中心部
　1人　＄20
　2人　＄30
　3人　＄40

おもなタクシー会社
Dunedin Taxis
☎ (03) 477-7777
URL www.dunedintaxis.co.nz

おもなバス会社（→P.497）
インターシティ／
ニューマンズ・コーチラインズ
アトミック・トラベル
リッチーズ

長距離バス発着所
Map P.160-B2
住 7 Halsey St.

Catch-A-Bus South
☎ (03) 214-4014
URL catchabussouth.co.nz
ダニーデン〜インバーカーギル間など、南部エリアを運行。

ダニーデン
Dunedin

南島南東部の沿岸に位置するダニーデンは、オタゴ地方の中心都市。この町を特徴付けているのが、19世紀末期から20世紀初頭にかけて建てられたスコットランド風の建築群だ。

ダニーデン駅をはじめとする歴史的建造物が町の見どころ

1860年代、中央オタゴ地方で金鉱が発見されゴールドラッシュが巻き起こり、町は急速に発展していった。その中心となったのがスコットランドからの移民たちだ。彼らは、自分たちが築いた都市にダン・エデン（ケルト語でエデンの城）という名前を付け、故国の建築を再現し故郷の文化を持ち込んだ。そのため現在でも1年を通じて、スコットランドをテーマにしたイベントが開催されている。また、ダニーデンは国歌の作詞者トーマス・ブラッケンをはじめ、多くの作家を輩出していることから、ユネスコが制定する、創造都市ネットワークの文学都市にも認定されている。さらにニュージーランドで最初に設立された大学、オタゴ大学があり、若者が多い学生の町という一面ももっている。近郊のオタゴ半島では、イエロー・アイド・ペンギンやロイヤル・アルバトロスなど希少な野生動物を観察することができる。

ダニーデンへのアクセス　Access

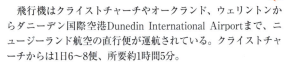

　飛行機はクライストチャーチやオークランド、ウェリントンからダニーデン国際空港Dunedin International Airportまで、ニュージーランド航空の直行便が運航されている。クライストチャーチからは1日6〜8便、所要約1時間5分。

　長距離バスは南島主要都市からインターシティ／ニューマンズ・コーチラインズをはじめ数社が運行している。クライストチャーチからは1日2〜3便、所要約6時間。バスはハルジー・ストリートHalsey St.にある営業所に発着する。アトミック・トラベルをはじめ、ダニーデン駅舎に発着するバス会社もある。

　鉄道ではダニーデン・レイルウェイズがタイエリ峡谷を走る観光列車（→P.165）を運行しており、終着駅からの連絡バスを利用すればクイーンズタウンにアクセスできる。

158

ダニーデンの歩き方

夜のオクタゴン。市議会議事堂はライトアップされる

ダニーデンの町は起伏に富んだ地形上にあるため市街地でも坂道が多い。郊外にはギネスブックに掲載されている世界一の急勾配ボルドウィン・ストリートBaldwin St.（→P.164）があるので、上ってみよう。

オクタゴン　The Octagon

町の中心はオクタゴンThe Octagonと呼ばれる八角形の広場で、中心部のバスロータリーを囲むようにしてレストランやカフェが立ち並ぶ。また、オクタゴン周辺は無線LANが無料で使えるエリアでもある。ファースト教会First Churchや市議会議事堂などの主要な歴史建築をはじめ、博物館、美術館のほとんども、オクタゴンから徒歩圏内にある。"スコットランド以外で最もスコットランドらしい町"といわれるダニーデンの町並みを歩こう。

セント・ポール大聖堂

ジョージ・ストリート　George St.とプリンシズ・ストリート　Princes St.

町を南北に貫くメインストリート。オクタゴンを境に名前を変える大通りだ。オタゴ博物館のある北部はオタゴ大学生をはじめ学生の姿が多く、学生街としての雰囲気が濃い。南部に向かうと数多くのレストラン、ショップ、銀行のほか、オフィスビルも立ち並んでにぎやかになってくる。

オタゴ半島　Otago Peninsula

野生動物の観察はエコツアーが盛んなダニーデンの醍醐味

ダニーデンの東、太平洋に突き出た半島で、貴重な野生動物の宝庫だ。都市とはまったく異なった自然環境が保たれており、羽を広げた長さが3mにも達する世界最大級の鳥、ロイヤル・アルバトロス（シロアホウドリ）やイエロー・アイド・ペンギンの営巣地があるほか、イルカやニュージーランド・ファーシール（オットセイ）などニュージーランドの代表的な海洋生物も多く生息している。野生動物の観察には各社が行っているツアーを利用するのが一般的。

ユースフルインフォメーション

病院
Map P.160-B1~2
Dunedin Hospital
201 Great King St.
(03) 474-0999

警察
Map P.160-C2
Dunedin Central
25 Great King St.
(03) 471-4800

レンタカー会社
Hertz
空港
(03) 477-7385
Avis
空港
(03) 486-2780
ダウンタウン
Map P.160-C1
97 Moray Place
(03) 486-2780

観光案内所
Dunedin Visitor Centre
Map P.160-C1
50 The Octagon
(03) 474-3300
URL www.dunedin.govt.nz/isite
4〜10月
　月〜金　8:30〜17:00
　土・日　8:45〜17:00
11〜3月
　月〜金　8:30〜18:00
　土・日　8:45〜18:00
無休

ダニーデンの市内交通
FREE (0800) 474-082
URL www.orc.govt.nz

オクタゴンやその周辺にある7ヵ所の停留所から、中心部と周辺を結ぶシティバスCitibusが運行しているが、観光客にはややわかりづらい。見どころへ行くためにおもに使用するのはSt. Clair-Normanby間とOpoho-Shiel Hill間を運行するバスぐらい。利用の際は観光案内所でもらえるバスのルートと時刻表が載った小冊子「Go bus」があると便利。

黄色い車体のシティバス

ダニーデンのカジノ
Map P.160-D1
118 High St.
FREE 0800-477-4545
URL www.dunedincasino.co.nz
11:00〜翌3:00
無休

シーニック・ホテル・サザン・クロス（→P.170）内にカジノがある。ポーカーやバカラといったカードゲームやルーレット、スロットマシンなどとおりのギャンブルが揃っている。20歳未満は入場不可。

159

ダニーデンの見どころ

オタゴ入植者博物館
Toitū Otago Settlers Museum
Map P.160-D2

19世紀中頃から始まったヨーロッパ人入植者たちの初期の生活、金鉱が発見されゴールドラッシュに沸いた時代、そして近代への町の移り変わりなど、オタゴ地方の入植の歴史を展示する。

乗合馬車や市電、さらに衣類や生活道具にはじまり、戦後の家電やコンピューターまで、様々なジャンルの展示が楽しめる。また、ガラス張りの展示室には蒸気機関車が置かれているが、これは方向転換することなく両方向に進むことができるよう2台の機関車を背中合わせに合体させた珍しい構造のものだ。

オタゴ博物館
Otago Museum
Map P.160-B2

オタゴ大学近くに立つ大型博物館。マオリの伝統文化を紹介するタンガタ・フェヌア・ギャラリーや、すでに絶滅した飛べない巨鳥モア、ペンギンなど国内の野生生物の生態に関する展示を行う動物展示室がある。2階のタフラ・オタゴ・コミュニティ・トラスト・サイエンス・センターTuhura Otago Community Trust Science Centreでは、約20種の蝶を飼育展示するタフラ・トロピカル・フォレストやテレビモニター式の顕微鏡など体験できる展示で人体や自然科学、宇宙に関する知識を深められる。

絶滅した巨鳥、モアの骨格標本もある

ダニーデン市立美術館
Dunedin Public Art Gallery
Map P.160-C1

創設は1884年、ニュージーランドで最も古く内容も充実した美術館。1996年にオクタゴンに面した現在の場所に移転された。19世紀から現代までの幅広いニュージーランドにおける美術の展示のほか、葛飾北斎など日本の浮世絵も所蔵する。ギャラリーショップも併設している。

スポーツ・ホール・オブ・フェーム
New Zealand Sports Hall of Fame
Map P.160-C2

ダニーデン駅舎の2階にある、ニュージーランドにおける"スポーツの殿堂"。オールブラックスで有名なラグビーのほか、クリケットやゴルフなど国内で盛んな競技を中心にスポーツに関するいろいろな資料が展示されている。1953年に人類初のエベレスト登頂に成功したイギリス隊のメンバーだったニュージーランド人、エドモンド・ヒラリー卿の登頂記録もあり見応えがある。

偉人たちの活躍を知ろう

オタゴ入植者博物館
住 31 Queens Garden
電 (03) 477-5052
URL www.toituosm.com
開 10:00〜17:00
休 無休
料 無料

初期の入植者たちの写真が並ぶ部屋は圧巻だ

豆知識 チャイニーズ・ガーデンも必見
オタゴ入植者博物館に訪れたら、その裏手にあるダニーデン・チャイニーズ・ガーデンという中国式庭園にも立ち寄ろう。立派な門や建物、ティーハウスなどがあり、散策におすすめだ。

オタゴ博物館
住 419 Great King St.
電 (03) 474-7474
URL otagomuseum.nz
開 10:00〜17:00
休 無休
料 無料（寄付程度）
　（タフラ・オタゴ・コミュニティ・トラスト・サイエンス・センターは大人$15、子供$10）

ダニーデン市立美術館
住 30 The Octagon
電 (03) 474-3240
URL dunedin.art.museum
開 10:00〜17:00
休 無休
料 無料（企画展は別途）

企画展も随時開催している

スポーツ・ホール・オブ・フェーム
住 Railway Station, Anzac Ave.
電 (03) 477-7775
URL nzhalloffame.co.nz
開 10:00〜16:00
休 無休
料 大人$6、シニア・学生$4、子供$2

スパイツ醸造所

スパイツ醸造所
住 200 Rattray St.
電 (03) 477-7697
URL www.speights.co.nz
開 4~9月
　12:00、14:00、16:00発
　10~3月
　12:00、14:00、16:00、17:00、
　　18:00、19:00発
休 無休
料 大人$30、シニア・学生$27

テイスティングを楽しもう

スパイツ醸造所
Speight's Brewery

Map P.160-D1

歴史ある工場を見学できる

　ダニーデンの地ビールとして誕生し、今やニュージーランドを代表するビールのひとつに成長したスパイツSpeight'sの醸造所が見学できる。同社のビール工場は1876年創業という歴史を誇る。見学はガイドツアー形式で、スパイツの歴史の解説を交えつつ、最新のビール工場における製造過程を見て回る（所要約1時間30分）。ツアー後の試飲は18歳以上のみ。6種類のビールと3種類のサイダーが好きなだけ飲めるので、ビール好き、サイダー好きの人にはおすすめだ。また、オリジナルグッズが手に入るショップも併設。

オルベストン邸
住 42 Royal Tce.
電 (03) 477-3320
FREE 0800-100-880
FAX (03) 479-2094
URL www.olveston.co.nz
開 ツアーは9:30、10:45、
　12:00、13:30、14:45、
　16:00発（要予約）
休 無休
料 大人$22、子供$12
交 オクタゴンから徒歩約20分。

アクセサリーなども販売している

オルベストン邸
Olveston Historic Home

Map P.160-B1

　19世紀後半から20世紀初めにかけてダニーデンで貿易商として成功した、デビッド・セオミンDavid Theominの住居が一般に公開されている。ロンドンの建築家アーネスト・ジョージ卿が設計し、1904~06年にかけて建築されたこの

1967年に開館した邸宅博物館

建物は、ジェームズ1世時代のスコットランド建築の特徴である壮麗で優美な外観が印象的。各部屋には豪華なアンティーク家具や、食器、絵画、武具が並ぶ。なかには日本の古美術品もあり、当時の氏の潤沢な財力をうかがわせる。館内は各種ガイドツアー（所要約1時間）によってのみ見学が可能。

ダニーデン植物園
住 36 Opoho Rd.
電 (03) 477-4000
URL www.dunedinbotanicgarden.co.nz
開 日中随時入園可（案内所、温室は10:00~16:00）
休 無休
料 無料
交 オクタゴンのバス乗り場
　Prince St. 68（Stand Two）
　からルート8Normanby行き
　のシティバスで約5分。徒
　歩なら約20分。

温室があるロウアーガーデン

ダニーデン植物園
Dunedin Botanic Garden

Map P.160-A2外

　東のアッパーガーデンThe Upper Gardenと、西のロウアーガーデンThe Lower Gardenからなる、ニュージーランド最古の植物園。広大な敷地に約6800種類の植物が見られ、特に春に咲く3000本以上のシャクナゲが見事。ロウアーガーデンにはバラ園や、姉妹都市である北海道小樽市によってデザインされた日本庭園の池があり、休日には地元の人々が散策やピクニックを楽しんでいる。丘陵地にあるアッパーガーデンは、自然の地形を生かした森林公園。ラブロック・アベニューLoverock Ave.を挟んで展望台のブラッケンズ・ビューBracken's Viewがあり、市街地を一望できる。そのほか、園内には、カフェやショップなどもある。

Column ダニーデンに点在するスコティッシュ建築

ゴールドラッシュ時にスコットランド移民によって造られた町であるダニーデンには、19世紀後半から20世紀初頭にかけて建てられたスコットランド風の教会や駅舎、大学など、歴史的建築物が今なお市内各所に残されている。そのほとんどが町の中心オクタゴンから歩いて回れる範囲内にあるので、気軽にスコティッシュ建築巡りを楽しめる。

セント・ポール大聖堂 Map P.160-C1
St. Paul's Cathedral

オクタゴンに立つアングリカン(英国国教)教会。1915～19年にネオゴシック様式で建設されたもので、オアマルOamaru(→P.151)産の石材を使用している。

市議会議事堂 Map P.160-C1
Municipal Chambers

オクタゴンの北側、セント・ポール大聖堂と隣り合って立つ議事堂。現在の建物は1880年に建築され、1989年に修復されたもの。

ファースト教会 Map P.160-C2
First Church

ネオゴシック様式のプレズビテリアン(長老派)教会。1873年に完成した。美しいシルエットをもつ高さ54mの尖塔やバラ窓がある。

ダニーデン駅舎 Map P.160-C2
Dunedin Railway Station

タイエリ峡谷鉄道が発着する鉄道駅は、まるで城塞のような重厚さをもつ。1903～06年に建てられたもので、外観もさることながら、内部の美しい造りは一見の価値がある。

オタゴ大学 Map P.160-A2
University of Otago

1869年開学という、ニュージーランドで最初に創られた由緒ある大学。時計塔を含む校舎の最も古い部分は、1878年にゴシック様式で建築されたもの。キャンパス内の時計塔は必見だ。

オタゴ男子高校 Map P.160-C1
Otago Boys High School

オクタゴンの西、坂を登った場所にある、1884年に建てられた歴史ある男子高校。入口には立派な門があり、まるで城のような造りになっている。敷地内の見学はできないが、外部からでも一見の価値がある。

ノックス教会 Map P.160-B1
Knox Church

1876年に建てられたゴシック様式の教会。週末にはコンサートなども開かれる。教会内には美しいステンドグラスがある。

ダニーデン郊外の 見どころ

ボルドウィン・ストリート
Baldwin St.

Map P.164-A1

ボルドウィン・ストリートへの行き方
オクタゴンのバス乗り場Prince St. 68(Stand Two)からルート8 Normanby行きのシティバスで約15分。

ボルドウィン・ストリートのイベント
毎年7月には、坂の上から、キャドバリー社のチョコレートボール「Jaffas」を転がして、誰のチョコレートが一番早く坂の下に着くかを競う祭りもある。毎年約7万5000粒が転がされる。

ノース・ロードNorth Rd.から住宅地に入るボルドウィン・ストリートは、坂の町ダニーデンを象徴するような急勾配。長さにすると約100mだが、実際に歩いてみると斜度のきつさに改めて驚く。それもそのはず、ここはギネスブックにも載っている世界で最も角度がきつい坂道なのだ。沿道の家屋は地形に合わせ地面にへばりつくように立ち、通行する車はアクセルをふかしながら上ってくる。急勾配を利用しておもしろい写真が撮れるのでぜひ訪ねてみよう。

まるでスキー場のゲレンデに立っているかのような感覚に陥る

シグナル・ヒル
Signal Hill

Map P.164-A1

シグナル・ヒルへの行き方
オクタゴンのバス乗り場Cumberland St. Terminus (Stand Four)からルート14 Port Chalmers行きのシティバスで約10分、下車後徒歩約25分。車だとオクタゴンから10〜15分ほど。

ダニーデン植物園から約3km北上した郊外にある標高393mの丘。頂上部が展望台になっており、起伏に富んだ地形の上に広がる市街地や、オタゴ湾とそこから延びる半島が織りなす複雑な海岸線を眼下に見ることができる。展望台の中ほどに設置された自然石は、イギリスによるニュージーランド統治100周年を記念して、はるばるスコットランドのエジンバラから運ばれたものだ。

シグナル・ヒル展望台に据えられたエジンバラの石

164

マウント・カーギル＆オルガンパイプ
Mt. Cargill & Organ Pipe

Map P.164-A1

　頂上に巨大なアンテナが立つマウント・カーギル。その周りは展望地になっていて、市街地のほか周囲の山の斜面に連なる特殊な岩の造形を見ることができる。"オルガンパイプ"と呼ばれるこの岩の形は柱状節理といい、溶岩がゆっくり冷却され体積の収縮にともないひび割れが入った結果できたもの。

　また、マウント・カーギル周辺にはウオーキングトラックがいくつかあり、パンフレットは観光案内所アイサイトで入手できる。トラック入口からマウント・カーギル頂上部までは徒歩約2時間、頂上部からオルガンパイプまでは徒歩約30分。

まるで巨大なパイプオルガンのように見える

セント・キルダ＆セント・クレア・ビーチ
St. Kilda & St. Clair Beach

Map P.164-A1

　市中心部から南に約5kmの所に遊泳できるふたつのビーチが広がっている。サーファーに人気のスポットだけあって、波の高いことも多く水温は低い。セント・クレア・ビーチ西側に海水を使った温水プール「St. Clair Hot Salt Water Pool」もある。

トンネル・ビーチ
Tunnel Beach

Map P.164-A1

　切り立った崖が続くセント・クレア・ビーチ西岸部。その断崖の一部に掘られたトンネルを抜けると、箱庭のようなビーチに下りることができる。スタート地点からビーチまで歩いて往復1時間ほどのウオーキングトラックが続いている。

タイエリ峡谷鉄道
Taieri Gorge Railway

Map P.160-C2

　1879年から1990年まで人々の足として活躍した峡谷鉄道が、ダニーデン～ミドルマーチMiddlemarchの区間を観光列車として現在も運行しており、ダイナミックな岩肌を見ながら鉄道の旅が楽しめる。景観のいい所では、写真撮影できるように一時停車してくれるのも観光列車ならでは。発車時間や行き先は季節や曜日によって変わり、ダニーデンから約58kmのプケランギPukerangi止まりの便（所要約2時間）のほか、ミドルマーチ行き（所要約2時間30分）が週1～2便運行。どちらの駅からもクイーンズタウンとを結ぶ連絡バスが運行。また、ダニーデン～オアマルを走る、オアマル／モエラキ・シーサイダーも運行。ただし6～9月は月1～2便の運行なので、スケジュールは事前に確認を。

左右どちらの車窓でも景観を楽しめる

南島 ダニーデン 見どころ

マウント・カーギルとオルガンパイプへの行き方
　レンタカーかタクシーを利用。もしくはオクタゴンのバス乗り場Prince St. 68(Stand Two)からルート8 Normanby行きシティバスで終点下車。トラック入口の駐車場まで徒歩約30分。

豆知識 ダニーデンのオーロラ
海が多い南半球で観測が難しいオーロラを、ダニーデンで見ることができる。セント・キルダ＆セント・クレア・ビーチ、トンネル・ビーチなど、南向きで町明かりの少ない場所で赤いオーロラを楽しもう。
オーロラ予報サイト
URL www.aurora-service.net

St. Clair Hot Salt Water Pool
☎(03)455-6352
開 月～金　6:00～19:00
　 土・日　7:00～19:00
休 4～9月頃
料 大人$6.7、子供$3
交 オクタゴンのバス乗り場Prince St. 39(Stand One)からルート8 St.Clair行きのシティバスで約15分。終点下車すぐ。

トンネル・ビーチ
開 入場自由
休 8～10月（私有地のため）
交 スタート地点まではオクタゴンのバス乗り場Prince St .39(Stand One)からCorstorphine行きのシティバスルート33で約15分。終点で下車、徒歩約35分。

ダニーデン・レイルウェイズ
URL dunedinrailways.co.nz
料 ダニーデン～ミドルマーチ
　片道$81、往復$125
　ダニーデン～オアマル
　片道$72、往復$109

チケットオフィス（ダニーデン駅）
☎(03)477-4449
開 月～金　8:00～17:00
　 土・日　9:00～15:00
　（時季によって異なる）

終点のミドルマーチ駅

オタゴ半島の観光情報
URL otago-peninsula.co.nz

オタゴ半島の巡り方
ダニーデンからルート18でオタゴ半島の町ポートベロPortobelloまでバスが運行しているが、ポートベロからラーナック城、ペンギン・プレイスなどへは、かなりの距離を歩かなくてはならない。そのため、オタゴ半島の見どころを巡るにはレンタカーを借りるか、ツアーへの参加(→P.168)がおすすめ。

ラーナック城
住 145 Camp Rd. Otago Peninsula
電 (03) 476-1616
URL www.larnachcastle.co.nz
開 9:00～17:00
　(10～3月の夏季のみガーデンは19:00までオープン)
休 無休
料 大人$34、子供$12
　(庭園のみの場合、
　大人$17、子供$5)
交 ダニーデン中心部から約15km。

美しい自然に囲まれたラーナック城

ロイヤル・アルバトロス・センター
住 1260 Harington Point Rd.
電 (03) 478-0499
URL www.albatross.org.nz
開 9～4月　　10:15～日没
　(ツアー開始は11:00～)
　5～9月　　10:15～日没
　(ツアー開始は10:30～)
※9月のサマータイムの開始とともに切り替え
休 無休
交 ダニーデン中心部から約32km。
クラシック・アルバトロスツアー
料 大人$52、子供$15
要塞のツアー
料 大人$26、子供$10

ヒナを見るなら4～9月、飛ぶのを見るなら12～3月がおすすめ

オタゴ半島の見どころ

ラーナック城
Larnach Castle

Map P.164-A2

当時の富豪の暮らしぶりが感じられる城内

ニュージーランド国内に存在する唯一の城。とはいうものの、実は19世紀後半に銀行業で財を成したウィリアム・ラーナックの邸宅で、数百人もの労働者を使い1871年から3年以上の歳月を費やして建てられた。中世ヨーロッパの城を模して造られた外観に負けず劣らず、内部も豪華な装飾であふれており、一流バンカーとして成功した大富豪の優雅な生活が想像できる。しかし、成功を謳歌し政界への進出も果たしたラーナックも晩年は事業に失敗し、邸宅を手放さざるを得なかった。1967年にはバーカー家がオーナーとなり、荒れ果てた城は修復され、現在は一般公開されている。敷地内には宿泊施設「Larnach Castle Accomodation」もある。

ロイヤル・アルバトロス・センター
Royal Albatross Centre

Map P.164-A2

ロイヤル・アルバトロスの生態について学ぼう

オタゴ半島の先端にあるタイアロア・ヘッドTaiaroa Headと呼ばれる岬に、ロイヤル・アルバトロス（シロアホウドリ）の営巣地がある。市街地に近いものとして非常に稀有な場所だ。かつては人間や野犬などにその存在を脅かされていたが、現在では保護活動が行われており、レインジャーの案内付きのツアーでその生態を詳しく観察できる。ただし繁殖期に当たる9月中旬～11月下旬は通常とは違う場所からの観測となるため、アルバトロスを見られるという保証はない。

ロイヤル・アルバトロスはアホウドリのなかでも大きく、両翼を広げると3m以上にもなる。空中ではほとんど羽ばたくことなく、グライダーのように翼に受けた風の揚力で飛行する。コロニー付近には観察小屋が設置され、30～100mくらいの距離でロイヤル・アルバトロスを観察できる。ただし、前述したとおり彼らは風を受けないと飛べないため、いつでも飛ぶ姿が見られるわけではない。空での華麗な姿からはアホウドリなどという失礼な名前は想起しようもないが、地上に下りた彼らを見れば思わず納得。あまりの飛行スピードのためか着地は前につんのめり、歩く足取りもよろよろと実に鈍重でユーモラスなのである。

タイアロア・ヘッドには、戦時中に造られた要塞があり、1888年に設置された地中収納型のアームストロング砲を見ることができる。

ペンギン・プレイス
Penguin Place

ニュージーランドに数ヵ所あるペンギンのコロニー（営巣地）のなかでも、間近に観察できる数少ない場所のひとつ。野生のイエロー・アイド・ペンギンが生息するこのコロニーでは、1984年からペンギンの巣箱を設置したり害獣を駆除したりするなどの保護活動が行われており、公的な援助を一切受けることなく、訪問者からの入場料収入によってその活動資金を賄っている。

ツアー参加者はペンギンの観測ポイントである海岸まで車で移動。コロニー近くで下車したあと、ガイドに従って十数人のグループで見学コースを回る（所要約1時間30分、要予約）。コロニー周辺には、ペンギンにストレスを与えないようにカムフラージュされた塹壕状の観察小屋と、それらをつなぐ半地下通路が設けられており、観察用の窓からは運がよければ数mの至近距離でペンギンを見ることができる。

Map P.164-A2

ペンギン・プレイス
住 45 Pakihau Rd. Harington Point
電 (03) 478-0286
URL penguinplace.co.nz
営 4〜9月　15:45発のみ
　10〜3月　10:15〜18:15
※出発時間は要確認。
休 無休
料 大人$55、子供$16
※フラッシュ撮影は禁止。

南島 ダニーデン オタゴ半島

ペンギンを驚くほどの至近距離から見ることができる

モナーク・ワイルドライフ・クルーズ
Monarch Wildlife Cruise

Map P.160-D2

オタゴ半島の先端近く、ウェラーズ・ロックWellers Rockから発着する所要約1時間のボートクルーズ。地上からは接近できない崖の周りを巡り、海上から多くの野生動物を観察できる。翼を広げたロイヤル・アルバトロスの雄大な飛行や、海に潜って魚を捕るペンギン、シャグ（鵜の仲間）の営巣コロニーなど、自然のままに動き回る動物たちの姿が盛りだくさんのツアーだ。ときにはイルカやニュージーランド・ファーシールも見られる。ロイヤル・アルバトロスの繁殖シーズンである9月中旬〜11月下旬の期間でも、このクルーズではアホウドリを見ることができる。

ダニーデン市街近くから出発し（Map P.160-D2）船と車で半島を巡る半日ツアー、1日かけてクルーズと陸上を満喫するオタゴ・ペニンシュラ・パッケージもある。

モナーク・
ワイルドライフ・クルーズ
電 (03) 477-4276
FAX (03) 477-4275
URL www.wildlife.co.nz
営 夏季
　10:00、11:30、13:30、
　　15:00、16:30発
　冬季　　　14:30発
休 無休
料 大人$55、子供$22

ブルー・ペンギンズ・
プケクラ
住 1260 Harington Point Rd.
電 (03) 478-0499
URL bluepenguins.co.nz
営 夏季は20:15以降、冬季は18:30以降。時季によって異なる。
休 無休（状況により変更の可能性あり）
料 大人$35、子供$10
※チケットはロイヤル・アルバトロス・センター（→P.166）で購入。ウェブサイトからも予約できる。

海上から野生生物を観察しよう

ブルー・ペンギンズ・プケクラ
Blue Penguins Pukekura

Map P.164-A2

ロイヤル・アルバトロス・センターの直下にあるパイロットビーチ・リザーブでは、日没後に海から戻ってくるブルー・ペンギンを観察するツアーが行われている。観察用のデッキからわずか数mの距離で愛らしいペンギンたちを眺められるのが魅力。

日によっては100羽以上のペンギンが見られることも

167

ダニーデンの エクスカーション — Excursion

ダニーデン・シティ・ツアー

ダニーデン周辺の見どころをバスで回る。観光案内所アイサイト前を出発し、セント・ポール大聖堂やダニーデン植物園、ボルドウィン・ストリート、オタゴ大学などを回る1時間のツアーと、さらにオタゴ半島方面まで足を延ばす2時間のツアーがある。10〜4月は10:00、13:00発、5〜9月は10:00発。オルベストン邸は外から眺めるだけなので、内部見学をする場合は9:00発のオルベストン邸ツアーに参加を。

Good Company Tours
☎(03)477-3666
URL www.goodcompanytours.co.nz 営通年
料1時間ツアー
 大人$30、子供$15
 2時間ツアー
 大人$40、子供$20
CC V

オタゴ半島ワイルドライフ・ツアー

ダニーデンを代表するアクティビティのひとつ。ロイヤル・アルバトロス・センター（→P.166）やペンギン・プレイス（→P.167）をはじめとする野鳥の生息地を巡るほか、海鳥やニュージーランド・ファーシールなど多くの野生動物を間近に観察できる。各ツアー会社により観察地や内容は多少異なるが、IS GLOBAL SERVICESは日本人ガイドによる案内のため、野生動物の生態がよくわかると評判。

IS GLOBAL SERVICES ☎/FAX(03)473-6507 ♪027-372-0942 URL isglobalnz.com 営通年 料大人$110、子供$60（所要約4時間） CC MV 日本語OK
Elm Wildlife Tours ☎(03)454-4121
FREE 0800-356-563 URL elmwildlifetours.co.nz 営通年 料$122〜（所要約6時間、冬季は約5時間） CC AMV

ホース・トレッキング

オタゴ湾の北側、デボラ湾に位置するヘア・ヒルHare Hill牧場を基点に、港や海岸沿いの景観を眺めながら乗馬を楽しめるツアー。ビーチ・ライドコースでは、アラモアナ・ビーチを散策しながら、アザラシやペンギンなどの野生生物を観察することも可能。所要約2時間のハーバー・トレックや牧場内で行われる乗馬レッスンなどもある。

Hare Hill Horse Treks
☎(03)472-8496
FREE 0800-437-837
URL www.horseriding-dunedin.co.nz
営通年 ライディング・レッスン$45〜（所要約1時間）、ビーチライド$220（所要約3時間） 料AMV

ダニーデンの ショップ — Shop

ギルド
Guild　　　Map P.160-C1

ダニーデン出身のアーティストの作品を中心に、メイド・イン・ニュージーランドの雑貨や衣類、コスメなどを集めたショップ。デザイナーが当番制で店員になっているので、話を聞くのも楽しい。

住45 Moray Place
電なし
URL www.guilddunedin.co.nz
営月〜土10:00〜17:00
休日 CC MV

グラニー・アニーズ・スウィート・ショップ
Granny Annie's Sweet Shop　Map P.160-C1

ジョージ・ストリートにある小さなスイーツショップ。グミやキャンディーのパックは100gで$3.50〜。手作りのファッジ$3.95〜はミントチョコレートやクレームブリュレなどが人気で約20種類ある。

住117 George St. ☎(03)470-1236 URL www.grannyannies.co.nz 営月・水9:00〜19:00、木9:00〜20:00、金9:00〜21:00、土・日10:00〜19:00 休無休 CC MV

コルー・ニュージーランド・アート
Koru NZ Art　　Map P.160-C2

ダニーデン駅の正面にあるこの店では、ニュージーランドのアーティスト約75人の作品を扱う。$6のアートカードから数千ドルのアートまで品揃えも幅広い。グリーンストーンのアクセサリーも充実。

住2 Castle St.
☎(03)477-2138
URL www.korunzart.com
営月〜金10:00〜17:00、土10:00〜15:00 休日 CC MV

チャンピオンズ・オブ・ザ・ワールド
Champions of the World　Map P.160-C1

オクタゴンにあるラグビー・グッズのショップ。オールブラックスのほか、ダニーデンが誇る強豪クラブ、オタゴ・ハイランダーズのユニフォームやジャージも充実。ラグビーの試合のチケットも販売している。

住8 George St. ☎(03)477-7852
URL champions.co.nz
営月〜金9:00〜18:00、土10:00〜17:00、日11:00〜16:00
休無休 CC AMV

168

ダニーデンの レストラン — Restaurant

リーフ・ステーキ&シーフード・レストラン
The Reef Steak & Seafood Restaurant Map P.160-B1

近海産のシーフード料理が豊富に揃うレストラン。シーフード・プラッターは前菜で$23.5、メインで1人前$45〜。ブルーコッド$33.5なども美味。肉料理はチキンやビーフ、リブアイステーキなど。$17.5のお得な軽食も種類豊富。ベジタリアンメニューもある。

333 George St.
(03) 471-7185
www.reefandbeef.nz
11:30〜14:00、17:30〜22:00
無休 CC AMV

ベスト・カフェ
Best Cafe Map P.160-C2

1932年創業のフィッシュ&チップスの老舗。定番はブルーコッドやソール（舌平目）などだが、イカやマッスル、オイスターなどのさまざまな魚介が楽しめるベスト・カフェ・オールド・スクール$45.5もおすすめ。3月から冬にかけてはブラフオイスターも人気だ。

30 Stuart St. (03) 477-8059
月〜木11:30〜14:30、17:00〜20:00、金・土11:30〜14:30、17:00〜20:30
日 CC MV

エトラスコ
Etrusco Map P.160-C1

サヴォイ・ビルの2階にあるレストラン。歴史ある建物を改装したレトロな雰囲気の店内で、ピザやパスタなどのイタリア料理が食べられる。トマトとアンチョビがベースのスパゲティ、プッタネスカ$19.5などがおすすめ。ピザは16種類と種類豊富で$18.5〜。

8A Moray Pl.
(03) 477-3737
www.etrusco.co.nz
17:30〜21:00
無休 CC ADMV

ボーゲル・ストリート・キッチン
Vogel St Kitchen Map P.160-D2

かつて倉庫として使われていた建物を利用したカフェ。薪で焼かれるピザ$24.9はいずれも大人気。朝食には季節のフルーツ入りのグラノーラ$13.5もおすすめ。エッグベネディクト$23.9、サンドウィッチ$15.9など。グルテンフリーのメニューもある。

76 Vogel St. (03) 477-3623 www.vogelstkitchen.co.nz
月〜金7:30〜15:00、土・日8:30〜16:00 無休
CC DMV

居酒屋 雪
Izakaya Yuki Map P.160-C2

日本の居酒屋にいるような錯覚に陥る店。冷奴や枝豆、唐揚げ、焼き鳥、豚キムチ、刺身の盛り合わせ、焼きうどんなど日本の居酒屋でよく見る多彩なメニューがそのまま味わえる。ひと皿$4〜12程度でいろいろな料理をオーダーしやすいのも嬉しい。

29 Bath St.
(03) 477-9539
17:00〜21:00
月
CC DMV

ノヴァ
Nova Map P.160-C1

ダニーデン市立美術館に併設された、おしゃれなカフェ。オクタゴンに面しており、食事にも休憩にも便利。軽食やスイーツも充実している。ランチとブランチメニューは15:00まで。ランチ$12〜25、ディナー$20〜36ほど。

29 The Octagon
(03) 479-0808
z 1 www.novadunedin.co.nz
月〜金7:00〜Late、土・日8:30〜Late 無休 CC AMV

スパイツ・エールハウス
The Speight's Ale House Map P.160-D1

ダニーデンに本工場をもつビールメーカーのスパイツが展開するビアレストラン。9種類あるオリジナルのビールを楽しめるほか、フードも充実。工場に併設されているので、ツアーに参加した際に寄ってみよう。

200 Rattray St. (03) 471-9050 (03) 471-9030
thealehouse.co.nz
11:45〜14:00、17:00〜21:00
無休 CC AMV

ケイパース
Capers Map P.160-B1

ジョージ・ストリートに面したカフェ。パンケーキに定評があり、味はプレーンやチョコレート、ブルーベリーなどで、ヨーグルトかプレーンのクリームを選べる。ハーフサイズ$15〜、フルサイズ$17〜。テイクアウェイも可能。

412 George St.
(03) 477-7769
www.capersdunedin.co.nz
月〜木7:00〜14:00、金・土7:00〜14:30 無休 CC AMV

南島 ダニーデン ／ エクスカーション／ショップ／レストラン

ダニーデンの アコモデーション　Accommodation

シーニック・ホテル・サザン・クロス
Scenic Hotel Southern Cross　Map P.160-D1

町の中心部にある便利なホテル。かつてはグランド・ホテルとして1883年からの歴史を重ねてきたが、改装されて快適な設備が整っており充実。客室にはコーヒーメーカーなどもある。館内にはジムやカジノもありのんびり滞在できる。

住118 High St.
(03)477-0752
URL www.scenichotelgroup.co.nz
料⑩①$170～　税込178
CC ADMV

アレクシス・モーター・ロッジ
Alexis Motor Lodge　Map P.160-B1

オクタゴンから徒歩約10分の所にあるきれいなモーテル。スパバス付きの部屋も9室ある。全室にテレビとDVDプレーヤーがあり、設備も充実。キッチンには電子レンジも完備している。部屋は全室禁煙。

住475 George St.
(03)471-7268　FREE 0800-425-394　URL www.alexismotelaccommodation.co.nz　料⑤⑩①
$145～　税込18　CC MV

メルキュール・ダニーデン・レジャー・ロッジ
Mercure Dunedin Leisure Lodge　Map P.160-A2外

町の中心部から車で約5分。ダニーデン植物園に隣接しており、広々とした庭園を有する。客室はスタンダード、スーペリア、ジュニアスイートの3タイプがあり、全室バルコニーまたはパティオ付き。

住30 Duke St.
(03)477-5360
URL www.mercureleisurelodge.co.nz　料⑩①$158～
税込76　CC ADMV

ディーコンズ・コート B&B
Deacons Court B&B　Map P.160-D1

オクタゴンから徒歩約15分の閑静な住宅地にある。1891年建築で当時のエレガントな雰囲気とアットホームなもてなしが好評。美しい庭を見渡せるサンルームもある。高台にあるので、荷物がある場合はタクシー利用がおすすめ。

住342 High St.　(03)477-9053　FREE 0800-268-252
FAX (03)477-9058　URL www.deaconscourt.com　料⑩①$180
～　税込3　CC MV

ビクトリア・ホテル・ダニーデン
The Victoria Hotel Dunedin　Map P.160-C2

アクセスのよさとリーズナブルな価格が魅力。キッチン付きの客室やファミリータイプの客室などがあり、ほとんどの客室にバスタブが付いている。ゲスト用のランドリーも完備。1階にはレストランもある。

住137 St. Andrew St.
(03)477-0572　FREE 0800-266-336
URL www.victoriahoteldunedin.com
料⑤⑩①$129～
税込72　CC ADMV

サハラ・ゲスト・ハウス
Sahara Guest House　Map P.160-A1

館内はパステルカラーを基調にしたエレガントな雰囲気。客室は天井が高く広々としている。バスルームとトイレは共用だが清掃が行き届き清潔。またファミリー向けのキッチン付きアパートメントタイプなどもある。

住619 George St.　(03)477-6662　FAX (03)479-2551
URL www.dunedin-accommodation.co.nz　料⑤$59～①$78～⑩$92
～　税込28　CC ADJMV

オン・トップ・バックパッカーズ
On Top Backpackers　Map P.160-C1

オクタゴンから徒歩2分ほど。受付は1階のプールバー内にあり、2階が宿泊施設になっている。バーが深夜まで営業しているため少々騒がしいが、セキュリティに配慮した館内は過ごしやすい。ドミトリーは女性専用の部屋もある。

住12 Filleul St.
(03)477-6121
URL www.ontopbackpackers.co.nz
料 Dorm$26～　⑤$56～
⑩①$74～　税込89ベッド　CC MV

キーウィズ・ネスト　Kiwis Nest　Map P.160-A・B1

町の目抜き通りであるジョージ・ストリートに面して立つ格安のホステル。クリーム色の外観が特徴。玄関やラウンジのステンドグラスが美しく、客室はもちろん、共用施設も清潔。オクタゴンまでは徒歩約15分。

住597 George St.
(03)471-9540
URL kiwisnest.co.nz
料 Dorm$28　⑤$55～　⑩①$80～
税込22ベッド　CC MV

インバーカーギル
Invercargill

ニュージーランド南島の最南端部に位置するインバーカーギルは、ダニーデンと同様にスコットランド人によって拓かれた町だ。大きな建物は少ないが、ところどころに石造りのスコットランド風の歴史的な建物を見ることができる。また町の名も地元ではスコットランドなまりの名残で"インバカーゴ"と発音される。

サザン・シーニック・ルートと名づけられたケトリンズ・コーストや、スチュワート島へのゲートウェイとしてこの町を訪れる旅行者が多い。また、近郊のブラフ産が有名なカキやトラギスの一種であるブルーコッドなどの海産物が取れることでも知られている。

町のいたるところで歴史的建築物を見つけることができる

クライストチャーチ●
インバーカーギル

人口：5万5200人
URL www.invercargillnz.com

航空会社 (→P.497)
ニュージーランド航空

インバーカーギル空港
Map P.175
☎ (03) 218-6920
URL invercargillairport.co.nz
空港から中心部まではエアポートシャトルを利用できる。

エアポートシャトル会社
Executive Car Service
☎ (03) 214-3434
空港↔市内中心部
片道＄10〜15

おもなタクシー会社
Blue Star Taxis
☎ (03) 217-7777
URL bluestartaxis.co.nz

おもなバス会社 (→P.497)
インターシティ／
ニューマンズ・コーチラインズ

観光案内所
Invercargill Visitor Information Centre
Map P.172-A1
108 Gala St.
☎ (03) 211-0895
URL www.invercargillnz.com
月〜金　8:30〜17:00
土・日　8:30〜16:00
（時季によって異なる）

インバーカーギルへのアクセス Access

空路ではクライストチャーチからインバーカーギル空港 Invercargill Airportまで、ニュージーランド航空が1日5〜7便運航している。所要約1時間25分。空港から中心部までは約4km。エアポートシャトル、もしくはタクシーを利用する。

長距離バスはインターシティ／ニューマンズ・コーチラインズが主要都市から運行。クライストチャーチから1日1便、所要約10時間。直行便はダニーデンから金・日曜のみ運行、所要3時間15分ほど。バスは観光案内所アイサイト前に発着。

ピラミッド型のサウスランド博物館

インバーカーギルの 歩き方

インバーカーギルの市街中心部は、平坦な土地に広がるおよそ1km四方の範囲にある。なかでもテイ・ストリートTay St.とディー・ストリートDee St.の交差するあたりには、町の主要な機能が集まっている。観光案内所アイサイトはサウスランド博物館の中にあり、長距離バスもこの前から発着する。また、町のスーパーではアルコール類を販売していないので、購入したい人は観光案内所で地図をもらい、リカーショップの場所を確認しよう。

テイ・ストリートとディー・ストリートの交差点

読者投稿
世界最南端のスタバ
エスク・ストリートにあるスターバックス・コーヒー（Map P.172-B1）は、世界で最も南にある店舗ということで有名。店内には緯度と経度が書かれたプレートが飾られています。
（島根県　Masayuki '14）['19]

インバーカーギルの 見どころ

クイーンズ・パーク
☎(03)219-9070
URL icc.govt.nz/parks-and-reserves/queens-park
散策自由(施設による)

無料のアニマルパークもある

クイーンズ・パーク
Queens Park

Map P.172-A1~2

サウスランド博物館の背後に広がる公園。広さ約80ヘクタールという広大な園内にはローズガーデン、子供用プレイグラウンドなどがあり、小さなティールームでひと休みもできる。公園の北側はゴルフコースになっている。

ジャパニーズガーデンもある

水道塔
101 Doon St.

水道塔
Water Tower

Map P.172-A2

ビクトリア調の美しい装飾が施されたこの水道塔は1889年に建てられたもの。高さは42.5m。高所が少ない市内に、くまなく水を配水するために建てられた。2012年以降、安全上の問題から塔内に入ることは禁止されている。

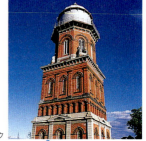
インバーカーギルのランドマーク

イーヘイズ
Ehayes

Map P.172-A1

イーヘイズ
📍 168 Dee St
📞 (03) 218-2059
🌐 www.ehayes.co.nz
⏰ 月〜金　7:30〜17:30
　　土　　9:00〜16:00
　　日　　10:00〜16:00
💰 無料

　2005年に公開された映画『世界最速のインディアン』で知られる、1000cc以下のオートバイ最速記録保持者バート・マンローに関する展示がホームセンター内にある。マンローはインバーカーギル郊外の出身。1967年にアメリカで開催された大会に参加し、改良を加えた1920年型の600ccのインディアン型バイクで、時速308キロの世界記録をたたきだした。博物館内には、スピードを追求するために何度も作られた部品がずらりと並んだ棚や、実際に使用されたバイクなどが展示されており見応えがある。博物館前には彼の銅像があり、彼が今も町の英雄であることを伝えている。

1920年製のインディアン・スカウト

インバーカーギルのレストラン

バッチ・カフェ
The Batch Cafe　**Map** P.172-B2

　オフィス街にあり、近隣のサラリーマンやOLから人気の高いカフェ。ランチメニューは$20前後で、パンケーキやスープなど、内容は日替わり。マフィンやブラウニーといったスイーツも扱う。

📍 173 Spey St.　📞 (03)214-6357
🌐 thebatchcafe.business.site
⏰ 月〜金7:30〜16:30
　土・日8:00〜16:00
休 無休　💳 ADMV

ぼんさい・レストラン
Bonsai Restaurant　**Map** P.172-B1

　オセアニア最南端の日本料理店。スチュアート島近海で取れたサーモンを使った握りや、テリヤキサーモン弁当$13.9〜が人気。鍋料理やうどんもあり、どれも$15〜22とリーズナブル。

📍 35 Esk St.　📞 (03)218-1292
FAX (03)218-1293
⏰ 月〜金11:30〜13:30, 17:00〜20:00, 土11:30〜14:00
休 日　💳 ADJMV

インバーカーギルのアコモデーション

タワー・ロッジ・モーテル
Tower Lodge Motel　**Map** P.172-A2

　水道塔の近くにあるモーテル。観光案内所アイサイトや町の中心部にも近く、観光にも便利。グループ向けや、スパバス付きの客室もある。ほとんどの客室がキッチン完備だが、調理器具がない客室もあるので、予約時に確認を。

📍 119 Queens Dr.　📞 (03)217-6729　FREE 0800-802-180
🌐 www.towerlodgemotel.co.nz
💰 ⑤①①$135〜160
🛏 17　💳 ADMV

トゥアタラ・バックパッカーズ
Tuatara Backpackers　**Map** P.172-B1

　ディー・ストリートに面した、何かと便利な立地。1階にインフォメーションサービスを備えておりカフェも併設している。シャワー、トイレ付きの客室もあり。予約時に無料レンタサイクルを申し込むことも可能。

📍 30-32 Dee St.　📞 (03)214-0954　FREE 0800-4882-8272
FAX (03)214-0956　🌐 tuataralodge.co.nz　💰 Dorm$28　⑤$45
①$75　🛏 128ベッド　💳 MV

173

インバーカーギル郊外の 見どころ

ブラフ
Bluff

Map P.174

ブラフの観光情報
URL www.bluff.co.nz

ブラフへの行き方
インバーカーギル中心部とブラフとの間をシャトルバスが1日1〜2往復運行しており、所要約1時間。スチュワート島〜ブラフのフェリーに接続する。シャトルバスは市内主要ポイントでの乗降が可能なので、あらかじめ観光案内所アイサイトで予約しておくとよい。

**インバーカーギル〜
ブラフのシャトルバス**
Catch-A-Bus South
☎027-4497-994
URL www.catchabussouth.co.nz
料片道大人$22、子供$18

ブラフ海洋博物館
住241 Foreshore Rd.
☎(03)212-7534
URL www.bluff.co.nz/museum
開月〜金　10:00〜16:30
　土・日　12:30〜16:30
　（時季によって異なる）
休無休
料大人$3、子供$1

インバーカーギルから南へ約27km、本土最南端の町ブラフは、インバーカーギルの外港であり、スチュワート島への中継地として利用されている。国内有数のカキの産地で、毎年5月下旬にはブラフ・オイスター&シーフード・フェスティバル（→P.443）も開催される。

南島南端から、クック海峡を越えて北島の北端部までを結んでいる国道1号線。その最南端となる**スターリング・ポイント** Stirling Pointには、世界各地の主要都市までの距離を示した看板が立っており、旅行者の記念写真スポットにもなっている。そこから北へ、フォーショー・ストリートForeshore St.沿いには**ブラフ海洋博物館 Bluff Maritime Museum**があり、かつての捕鯨船やブラフ港の発展の様子や、特産品ブラフ・オイスター養殖に関する展示が見られる。

散策を楽しみたい人は、**ブラフ・ヒル Bluff Hill**へ。丘の頂上からスチュワート島までも見渡すことができる。また、南側に延びる遊歩道をたどれば、半島周遊コースがある。車道も通じているが、頂上まで歩いても1時間くらいだ。

高級食材ブラフ・オイスター

東京までは9567kmあるらしい

ケトリンズ・コースト
Catlins Coast

Map P.175

i 観光案内所
Catlins Information Centre
☎(03)415-8371
URL catlins.org.nz
オワカOwakaの美術館内に観光案内所がある。

ミニバスのツアー会社
Bottom Bus
☎(03)477-9083
FREE 0800-000-432
URL booking.headfirsttravel.com/bottombus
料インバーカーギル〜
　　　　　ダニーデン
　$225

インバーカーギルから東の、バルクルーサBalcluthaにいたる長さ50kmほどの海岸線は、ケトリンズ・コーストと呼ばれている。幹線道路から離れるため、海岸沿いは交通量が少なく人家もまばら。切り立った断崖とそこに迫る深い森は、ニュージーランドの素朴な原風景ともいえるものだ。サザン・シーニック・ルートSouthern Scenic Routeという名称で観光客へのPRも行われている。

このエリアの観光には、インバーカーギルからケトリンズ・コーストの見どころに立ち寄りながらダニーデンに向かうボトムバス社のツアーが便利。海岸線には未舗装の区間も多いのでレンタカーでの運転は慎重に。

ケトリンズ・コーストの見どころ

ナゲット・ポイント
Nugget Point

Map P.175

オワカOwakaから約20km離れた、小さな岬の先端に灯台が立っている。この灯台は1869年に建てられ、ニュージーランドで最も古い灯台のひとつだ。高く切り立った断崖に打ち寄せる荒波や、海から突き出している数々の岩が印象的。灯台が立つ高台からは南北に延びる険しい断崖の海岸線を一望できるだろう。

ナゲット・ポイントの付近は、ゾウアザラシやイエロー・アイド・ペンギンなど、野生動物の生息地としても知られる。足元にはオットセイの群れが、海を見渡せばイルカが泳ぐ様子が見られるだろう。

ナゲット・ポイントまでは未舗装の道もあるので運転は要注意

ジャックス・ブロウ・ホール
Jack's Blow Hole

Map P.175

海岸線から200m近くも入った草原に、ぽっかりと開いた直径数十mの巨大な穴が姿を見せる。穴は55mの深さがあり、底は海になっている。海岸の断崖に深い洞窟が開いていて、それがこの穴とつながっているのだ。波の荒い満潮時には、陸上までしぶきが吹き上がってくる。ジャックス・ベイJack's Bayの駐車場から牧草地を歩いて約45分。

カセドラル・ケーブ
Cathedral Caves

Map P.175

海岸の断崖に高さ30mほどある大きな洞窟がふたつ開いている。その様子は、名前のとおり天然の大聖堂のようだ。恐るおそる入っていくとふたつは奥でつながっていて、別の洞窟から出てこられるという、ちょっとスリリングなスポットだ。駐車場から森の中を進んでいくと、海岸に出る。海に向かって左の断崖へ30分ほど砂浜を歩くとたどり着く。

ただし、洞窟まで歩けるのは干潮時の2時間前後に限られるので、事前にチェックしてから行くのがいい。

ジャックス・ブロウ・ホール
開通年 休無休 料無料

カセドラル・ケーブ
開7:30～21:00
潮の満ち引きによって異なる。
※干潮の2時間前～1時間後
料大人$5、子供$1
休冬季
URL www.cathedralcaves.co.nz

キュリオ・ベイ
Curio Bay
Map P.175
一帯の水中には1億7000万年前（ジュラ紀）のものと推定される化石化した巨木群があり、干潮時に姿を現す。同種のものとして世界最大級で、学術的にも貴重だという。

スチュワート島
Stewart Island

人口：450人
URL www.stewartisland.co.nz

航空会社
スチュワート・アイランド・フライト
☎ (03)218-9129
FAX (03)214-4681
URL stewartislandflights.co.nz
運 通年
料 片道大人$130、子供$85
　スチュワート島上空を遊覧するシーニックフライトも催行している。

フェリー会社
Stewart Island Experience
☎ (03)212-7660
FREE 0800-000-511
URL www.stewartislandexperience.co.nz
運 通年
ブラフ～スチュワート島のフェリー
料 片道大人$85、子供$43
インバーカーギル～スチュワート島のシャトルバス+フェリー
料 片道大人$112、子供$56
　ほかにも各種ツアーやレンタカー、レンタサイクルを取り扱っており、フェリー埠頭や、観光案内所アイサイト前のオフィスで申し込める。

ℹ 観光案内所
DOC Rakiura National Park Visitor Centre
Map P.177下図
住 15 Main Rd.
☎ (03)219-0009
E-mail rakiurafc@doc.govt.nz
開 4～11月
　月～金　　8:30～16:30
　土・日　　9:00～16:00
　（6～9月の土・日曜は10:00
　　　　　　　　　　～14:00）
　12～3月
　月～日　　8:00～17:00
休 無休

ℹ 観光案内所
Oban Visitor Centre
Map P.177下図
住 12 Elgin Tce.
☎ (03)219-0056
FREE 0800-000-511
URL www.stewartislandexperience.co.nz
開 夏季　　　7:30～18:00
　冬季　　　8:00～17:00
休 無休

天敵の少ない島に多く生息するカカ

スチュワート島は、人が定住する島としてはニュージーランド最南端の島。南島最南端の町であるブラフBluffからフォーボー海峡Foveaux Straitを隔てて南西約32kmに位置する。面積は約1680km²、新潟県佐渡島の2倍ほどだ。マオリの人々は古くからこの島を光り輝く空という意味の"ラキウラRakiura"と呼んで定住していたが、1770年のジェームス・クックによる探検以後はヨーロッパの捕鯨業者らが基地として利用するようになった。19世紀後半に金や錫が発見されたが、ゴールドラッシュを招くほどではなく、現在も手つかずの豊かな自然環境が残っている。2002年には総面積の約85％が世界最南端の国立公園に指定された。

スチュワート島の唯一の町であるハーフムーン・ベイHalfmoon Bay（旧称オーバン Oban）には、ホテルやレストランなどの主要施設も集約されており、ハーフムーン・ベイ以外の島の大半は、人家も道路もほとんどない自然のままの姿を保っている。また、数少ないキーウィの生息地としても知られており、ほかにもカカやウェカ、カカポなどニュージーランド固有種の鳥が数多くすんでいる。

スチュワート島へのアクセス　Access

インバーカーギルからスチュワート・アイランド・フライトStewart Island Flightsの小型機が、毎日3便運航、所要約30分。発着に合わせて空港～市内間の接続シャトルバスも運行する。

フェリー利用の場合、拠点となるのはブラフ。ブラフとスチュワート島のハーフムーン・ベイとの間をスチュワート・アイランド・エクスペリエンスの高速フェリーが毎日2～3便運航、所要約1時間。インバーカーギルからブラフまでは、同社がフェリーの出発1時間前に合わせてシャトルバスを運行。ブラフへはクイーンズタウンとテ・アナウからもシャトルバスが出ている。

何隻もの船がゆらゆらと停泊するハーフムーン・ベイ

スチュワート島の 歩き方

　島で唯一の町はハーフムーン・ベイHalfmoon Bay。フェリーや飛行機の発着所があり、当然ここが唯一の観光の拠点となる。島内にある道路はハーフムーン・ベイの町から20kmほどしか延びておらず、それ以外の地域へ行くには、トレッキングルートを歩くよりほかに方法はない。旅行者はツアーに参加したり、本格的なトレッキングに挑戦するのが一般的だ。

　観光案内所はフェリー埠頭のすぐ近く。ほかに、メイン・ロードMain Rd.沿いにはDOCのビジターセンターがある。島の自然に関する展示もあるので見ておきたい。また、雑貨・食料品店、カフェ、郵便局など、旅行者に必要な機能はハーフムーン・ベイにひととおり揃っている。ただし銀行はない。スーパーマーケットにATMがあるほか、主要ホテル、ショップなどではクレジットカードが通用するのでさほど不便ではないが、外貨の両替が必要であれば島に渡る前に済ませておこう。町に見どころは少ないが、展望のよいレストランや宿泊施設からの眺めを楽しめるほか、周辺には徒歩約10分で行ける小さなビーチや、約1時間で歩けるウオーキングトラックなどがある。

ジャングルのような森が広がる

ラキウラ博物館
9 Ayr St.
(03)219-1221
10~4月
　月~土　10:00~13:30
　日　　12:00~14:00
5~9月
　月~土　10:00~12:00
　日　　12:00~14:00
大人$2、子供50セント
※館内は撮影禁止。

ペンギンやキーウィの道路標識を探してみよう

目印となる白い灯台

キーウィ・スポッティングを行うツアー会社
Ruggedy Range Wilderness Experience
(03)219-1066
www.ruggedrange.com
通年
1泊2日ツアー
　大人$695~、子供$595~

Kiwi Wilderness Walks
021-359-592
nzwalk.com
11~4月
3泊4日ツアー$1695~

夏でも夜は冷えるので暖かい服装を。懐中電灯があると便利だ。荒天時は催行中止。また、催行日が限られているので必ず予約をしよう。

スチュワート島の見どころ

ラキウラ博物館
Rakiura Museum
Map P.177下図

こぢんまりとした博物館。地味な外観だが、島の歴史を知るうえで興味深い展示が多い。島には古くからマオリの人々が住んでいたが、後に捕鯨業者やオットセイの猟師がヨーロッパから来るようになり、当時の遺品は今も島に多数残されている。博物館では、こうした歴史にまつわる展示品が公開されている。

ハーフムーン・ベイからのウオーキングトラック
Walking Tracks from Halfmoon Bay
Map P.177下図

スチュワート島の素朴な自然に触れるには、まず歩くこと。ハーフムーン・ベイ周辺にも手軽なウオーキングトラックがある。

オブザベーション・ロック　Observation Rock（往復道約30分）

町から徒歩15分ほどで登れる手軽な見晴らし台。南側のゴールデン・ベイからパターソン湾一帯を見下ろせる。

アッカーズ・ポイント　Ackers Point（往復約3時間）

町から海岸に沿って2.5kmほど歩くと、灯台のある岬に着く。外洋に面したこのポイントからは、大海原を滑空する海鳥が見られる。途中にはブルー・ペンギン（→P.36）の生息地もあり、運がよければその姿を見られるかもしれない。

キーウィ・スポッティング
Kiwi Spotting

ニュージーランドの国鳥であるキーウィも今ではその数が減り、野生の個体を見られる機会は非常に少ない。スチュワート島では外敵となる動物を排除した環境でキーウィの保護活動が行われており、彼らの自然に近い姿を観察することができる。

ツアーは夜行性のキーウィの行動に合わせて夜間に出発する。日程は1夜のみから3泊4日までと幅広く、宿泊をともなうツアーは、宿泊費や食費がツアーの費用に含まれており、ガイド付きのトレッキングやアクティビティも楽しめる。

スチュワート島のエクスカーション　ハーフムーン・ベイ発の手軽なツアー

ブラフ〜スチュワート島間のフェリーを運航しているスチュワート・アイランド・エクスペリエンスでは、スチュワート島を満喫できる各種アクティビティを行っている。

Village & Bays Tour

名所、史跡を回りながら、島の歴史や自然環境を知るミニバスツアー。オブザベーション・ロックや、ラキウラ国立公園記念碑などを地元ガイドの解説で巡る。1日2~3便、所要約1時間30分。大人$49、子供$30。

Ulva Island Explorer

ハーフムーン・ベイの南に入り組んだパターソン湾をクルーズ船で回る。途中、ウルバ島にも立ち寄り、ウオーキングルートを歩く。9~5月の12:00発、所要約2時間30分。大人$99、子供$30。

スチュワート・アイランド・エクスペリエンス（→P.176）

ラキウラ国立公園記念碑
Rakiura National Park Gateway

Map P.177上図

2002年3月のラキウラ国立公園制定を記念し、リー・ベイLee Bayにあるラキウラ・トラックの入口に、大きな鎖をかたどったモニュメントが設けられた。これはマオリの伝説的航海者マウイが、スチュワート島を錨にしてカヌーをつないだという言い伝えにちなんでいる。ハーフムーン・ベイから片道約5km。

島にかけられた巨大な鎖!?

ウルバ島
Ulva Island

Map P.177上図

島の中央部パターソン湾Paterson Inletに浮かぶこの島には外来動物がほとんど持ち込まれていないため、野鳥のサンクチュアリとなっている。ウェカ、カカ、ベルバード、ニュージーランド・ピジョンなどの野鳥を間近に見られることだろう。島にはよく整備されたトラックが設けられており、3時間ほどで島全体をのんびり歩き回ることができる。島への定期的な船はないので、ウォータータクシーを手配する。発着はゴールデン・ベイの桟橋からで、所要約10分。ウルバ島には設備は一切ないため食料、飲料水などを忘れずに用意しておこう。

山小屋泊まりの本格的トレッキング
Overnight Trek

Map P.177上図

島には整備されたトラックと、そのルート上に十数ヵ所の山小屋がある。いずれも設備は簡素なので寝袋、調理道具、食器、食料などの装備が必要。山歩きの初心者には向かない。出発前にDOCのビジターセンターで詳しい情報を仕入れ、ハットパスを購入することを忘れずに。

ラキウラ・トラック　Rakiura Track（2泊3日）

ハーフムーン・ベイからパターソン湾 Paterson Inlet沿いに周遊するルート。山間部の森林や海沿いを歩き、島の代表的な景観に触れられる。1日のトレッキングは約12kmずつで、ポート・ウィリアム、ノースアームのふたつの山小屋を使う2泊3日が標準。

ノースウエスト・サーキット　North-West Circuit（9～11日）

島の北半分を周回する全長約125kmのルート。おのずと体力、持久力が必要となる。島の最高峰マウント・アングレムMt. Anglem（標高980m）へは途中、クリスマス・ビレッジ小屋からサイドトラックに入り、往復約6時間。

南島　スチュワート島　見どころ／エクスカーション／アコモデーション

**ウルバ島への
ウオータータクシー会社**
Aihe Eco Chaters &
Water Taxi
☎(03)219-1066
☏027-478-4433
URL aihe.co.nz
料大人$30～、子供$20～

Rakiura Chaters &
Water Taxi
☎(03)219-1487
URL www.rakiuracharters.co.nz
料大人$25～、子供$10～

人を恐れないウェカだが餌を
与えるのは厳禁

DOCのウェブサイト
URL www.doc.govt.nz

ツアー催行会社
Rakiura Chaters &
Water Taxi
（→上記参照）
Guided Walk
催11～4月
料大人$130～、子供$60～

Ulva's Guilded Walks
Ulva Island Bird
Sanctuary
☎(03)219-1216
URL www.ulva.co.nz
料大人$145～、子供$70～
Ulva Island
Guided Walk
催通年
料半日ツアー
　大人$145、子供$70

スチュワート島の アコモデーション　Accommodation

サウス・シー　South Sea Hotel
Map P.177下図

ハーフムーン・ベイに面して立つ老舗ホテル。シーフード料理を堪能できるレストランを併設する。

住26 Elgin Tce.　☎(03)219-1059　URL www.stewart-island.co.nz
料S$70～　D$90～　室26　CC MV

スチュワート・アイランド・バックパッカーズ　Stewart Island Backpackers
Map P.177下図

キャンプサイトを併設するバックパッカーズホステル。ドライヤーは無料にて貸し出している。

住18 Ayr St.　☎(03)219-1114　URL www.stewartislandbackpackers.co.nz　料Dorm$36～　S$56　D T$76～　室28　CC MV

キッチン(全室)　キッチン(一部)　キッチン(共同)　ドライヤー(全室)　バスタブ(全室)
プール　ネット(全室／有料)　ネット(一部／有料)　ネット(全室／無料)　ネット(一部／無料)

カイコウラ
Kaikoura

人口：3800人
URL www.kaikoura.co.nz

カイコウラは年間を通してクジラやイルカ、オットセイなど多様な海洋生物を観察することができる、世界的に見ても貴重な場所だ。ホエールウオッチングをはじめとするネイチャーアクティビティが盛んで、多くの旅行者が訪れる。

なぜカイコウラが海洋生物に恵まれているかというと、沖合で暖流と寒流がぶつかり合うため、プランクトンが発生し、それらを餌とする魚が集まり、さらに魚を食べる大型生物や鳥類が集まってくる。また、カイコウラは大陸棚の橋が近接している世界でも希な場所で、海底が急激に1000mもの深さまで落ち込んでいることも、豊かな生物相を形成する理由となっている。

また、この町の名前はマオリ語のカイ（食べる、食物）とコウラ（クレイフィッシュCrayfish、伊勢エビの仲間）の組み合わせからできている。名物のクレイフィッシュをはじめ、豊富なシーフードを味わえるのも町の魅力のひとつだ。

名物クレイフィッシュを食べたい

おもなバス会社（→P.497）
インターシティ／
ニューマンズ・コーチラインズ

鉄道会社（→P.497）
キーウィ・レイル

観光案内所 SITE
Kaikoura Visitor Centre
Map P.181-A1
住 West End
☎ (03) 319-5641
URL www.kaikoura.co.nz
開 月～金　　9:00～17:00
　 土・日　　9:30～16:00
　 （夏季は時間延長あり）
休 無休

国内有数のホエールウオッチングポイントとして知られる

カイコウラへのアクセス Access

　2016年に起きた地震の影響により、クライストチャーチとピクトンを結ぶ国道1号線（SH1）が一時閉鎖されていたが、2017年12月から日中のみ道路が開通。2018年5月には夜間も通行できるようになったが場所によっては復旧作業中の道路も。計画的に一部または夜間通行止めになる場合もある。クライストチャーチからカイコウラまでは内陸道路の70号線でアクセスも可能。1日2便、インターシティ／ニューマンズ・コーチラインズが運行しており、所要約2時間50分。バスはWest End沿いのThe Fish Tank Lodge前に発着する。沿岸線に沿って走る鉄道のコースタル・パシフィック号は2018年12月に再開した。

情報はここで得よう

カイコウラの市内交通
カイコウラの町はこぢんまりとしているので徒歩で回ることができるが、周辺の見どころへのアクセスや荷物が多い場合にはシャトルバスを活用するのが便利。
Kaikoura Shuttle
☎ (03) 319-6166
URL www.kaikourashuttles.co.nz
料 カイコウラ内でのタクシーとしての利用
　$15（2人以上の場合1人$8）
　1時間ツアー＝$30
　2時間ツアー＝$58
　オットセイのコロニー、ファイフ・ハウス、サウス・ベイなどを回る。

カイコウラの歩き方

　カイコウラの町は半島の付け根の北側部分に広がっており、それほど広くない。海岸沿いに延びるウエスト・エンドWest Endと、この通りを半島の先端に向かって進むとエスプラネードThe Esplanadeと名前が変わり、これがメインストリート。突き当たりは半島の先端で、その先はカイコウラ半島ウオークウエイ（→P.183）と呼ばれる遊歩道が設けられている。

カイコウラの見どころ

ホエールウオッチング・クルーズ
Whale Watching Cruise

Map P.181-A1

巨大なマッコウクジラ（スパーム・ホエール）を観察するホエールウオッチング・クルーズは、季節を問わずに楽しむことができるカイコウラ観光のハイライト。高い確率でクジラを見ることができる人気のアクティビティだ。鉄道駅内に併設するオフィスで手続きをしてから、バスでサウス・ベイにある桟橋へ移動し、ボートに乗り込む。外洋に向かいながら、船内のモニターでボートの航路、海底地形、さまざまな海洋生物の生態などを3D映像で詳しく説明してもらえる。その間、外部との通信や巨大ソナーを利用してクジラの位置を探索し、効率的に移動する。

双胴船のカタマランでホエールウオッチング

マッコウクジラは1回の潜水時間が約40分間、呼吸のために海面に出てくるときだけ姿を現す。大きいものでは18mにまでなる巨体の一部が波間に見え隠れし、海面でわずかに背中が曲がると、アッと思う間に尾を振り上げて潜水していく。運が良ければ1度のツアーで数回、クジラに遭遇できる。

クジラだけではなく、アルバトロス（アホウドリ）などの海鳥、ダスキー・ドルフィンの群れやニュージーランド・オットセイが見られるチャンスが高い。ただし、天候や海の状態によってはクルーズがキャンセルになることも珍しくない。その場合は翌日に振り替えてもらえるので、余裕をもった日程で滞在するのがおすすめだ。

ホエールウオッチング・クルーズ
Whale Watch Kaikoura
住 The Whaleway Station
電 (03) 319-6767
FREE 0800-655-121
FAX (03) 319-6545
URL www.whalewatch.co.nz
営 通年
7:15、8:15、10:00、10:30、12:15、12:45、13:15発
（11～3月は15:30も催行）
休 無休
料 大人$150、子供$60
（所要約3時間30分、うちクルーズは所要約2時間20分）

船を先導するように泳ぐイルカ

ホエールウオッチ・フライト
空からマッコウクジラやイルカの群れを観察。ヘリコプターは駅のそばから発着。申し込みは観光案内所アイサイトでも受け付けており、最少催行人数が集まり次第実施。

Kaikoura Helicopters
電 (03) 319-6609
URL worldofwhales.co.nz
営 通年
料 $250～（所要約30分、3名乗車時の1人の料金）
CC MV

Wings Over Whales
電 (03) 319-6580
URL whales.co.nz
営 通年
料 大人$180、子供$75
（所要約30分）
CC MV

南島 カイコウラ 歩き方／見どころ

イルカと泳ぐツアー
Dolphin Encounter
Map P.181-A2
住 96 The Esplanade
☎ (03) 319-6777
FREE 0800-733-365
URL www.dolphinencounter.co.nz
営 11〜4月
　　5:30、8:30、12:30発
　　5〜10月　8:30、12:30発
休 無休
ウオッチング
料 大人$95、子供$55
　（所要約3時間30分）
※3歳未満は参加不可。
スイミング
料 大人$180、子供$165
　（所要約3時間30分）
※8歳未満は参加不可。

オットセイと泳ぐツアー
Seal Swim Kaikoura
Map P.181-A1
住 58 West End
☎ (03) 319-6182
FREE 0800-732 579
URL www.sealswimkaikoura.co.nz
営 12〜3月
　9:30、11:00、12:30、14:00発
　（11・4月は要確認）
休 5〜10月
ウオッチング
料 大人$60、子供$40
　（所要約2時間30分）
スイミング
料 大人$120、子供$80
　（所要約2時間30分）

アルバトロス観察ツアー
Albatross Encounter
Map P.181-A2
住 96 Esplanade
☎ (03) 319-6777
FREE 0800-733-365
URL www.albatrossencounter.co.nz
営 11〜4月
　　6:00、9:00、13:00発
　　5〜10月　9:00、13:00発
休 無休
料 大人$125、子供$60
　（所要約2時間30分）

DOCのウェブサイト
URL www.doc.govt.nz

カイコウラ博物館
住 96 West End
☎ (03) 319-7440
URL kaikoura-museum.co.nz
開 10:00〜17:00
休 無休
料 大人$12、子供$6
交 観光案内所アイサイトから徒歩すぐ。

イルカやオットセイと泳ぐツアー
Dolphin & Seal Swim　Map P.181-A1〜2

　野生のイルカと一緒に泳ぐという夢のようなツアーが人気。ボートに併走したりジャンプしたりとフレンドリーなダスキードルフィンは、多いときで500頭もの群れをつくる。ウエットスーツとスノーケル装備を着けて海に入ると、すぐそばまでやってきて遊んでくれるだろう。遭遇率が高いベストシーズンは、夏季の2〜3月。それ以外の時季も予約は必須だ。

　また、愛嬌のあるニュージーランド・ファーシール（オットセイ）と泳ぐツアーも独特の体験となるはず。岸から近い浅瀬にいるので、ボートでなく岸から海に入ることも可能。

かわいいイルカたちと泳ごう

アルバトロス観察ツアー
Albatross Encounter　Map P.181-A1〜2

　専門の野鳥ガイドと一緒にボートで沖合へ出て海鳥を間近に観察しよう。アルバトロス（アホウドリ）が大きな翼を広げて優雅に滑空するさまは印象的。そのほか、ウミウ、ウミツバメ、ミズナギドリなども見ることができる。餌を

悠々としたアルバトロスの姿が眼前に

まいて鳥を招き寄せるため、至近距離から観察できるのが魅力。ツアーは年間を通して行われるが、5〜9月の冬季のほうが比較的多くの種類の鳥を見るチャンスがあるという。

カイコウラ博物館
Kaikoura Museum　Map P.181-A1

　カイコウラの地域について多岐にわたる展示が行われている博物館。950年ほど前にこの地に移住してきたマオリ族の伝統や生活、19世紀から盛んになった捕鯨で使われていた銛やクジラの骨、ヨーロッパ人が入植してきてからの歴史など、見応えのある展示内容だ。本館の裏側には、昔の拘置所が移築されていたり、古い道具がぎっしりと詰め込まれた小屋があったりと展示物が豊富。

移転先は観光案内所アイサイトの向かい

ファイフ・ハウス
Fyffe House

Map P.181-A2

漁港の近くにあるファイフ・ハウスは、クジラの骨が土台に使われている、カイコウラで最も古い建物だ。1842年、ロバート・ファイフによってこの場所にワイオプカ捕鯨基地が設置された折に、鯨油を入れる桶職人のために建てられたのが始まり。その後ロバートの跡を継いだいとこのジョージ・ファイフによって増築され、1860年頃にほぼ現在の姿が完成したという。内部の部屋は、ファイフの時代の様子を再現して一般に公開されている。

ファイフ・ハウス
住 62 Avoca St.
℡ (03) 319-5835
営 10〜4月　10:00〜17:00
　5〜9月
　木〜月　10:00〜16:00
休 5〜9月の火・水
料 大人$10、学生$5、子供無料

かわいらしいピンク色の建物

捕鯨が盛んだった時代の暮らしがしのばれる

大きなクジラの骨

カイコウラ半島ウオークウエイ
Kaikoura Peninsula Walkway

Map P.181-A2

カイコウラ半島の先端部分、海岸沿いに整備された遊歩道。海と海岸、波風の浸食で削られた断崖などの眺めを楽しみながら散歩が楽しめる。また沿岸にはニュージーランド・ファーシール（オットセイ）のコロニーがあり、いたるところにオットセイの姿が見られる。町の中心部から遊歩道の入口にある駐車場まで約50分。そこから坂を上ると展望台に出る。1kmほど歩いたところで、海岸に降りる階段がある。ただし、満潮時や波が高い日は注意。海岸では寝そべっているオットセイが見られるが、10m以内には近づかない、触らない、驚かせないこと。野鳥も同様だ。遊歩道はその先、サウス・ベイ沿いの車道へと続いており、歩いて町に戻ることもできるが、かなりの距離がある。

海岸線の壮大な風景

遊歩道にある展望スポット

遊歩道から見た海岸

駐車場付近でもオットセイが見れる

カイコウラの ショップ　　Shop

サザン・パウア&パシフィック・ジュエルズ
Southern Paua & Pacific Jewels　Map P.181-A1

パウア貝の色とペイントが目を引く倉庫のようなショップ。パウア貝細工の工房をもち、オリジナルのアクセサリーや雑貨を販売。ペンダントは$50前後。牛の骨やグリーンストーンを加工した商品も豊富に揃う。

住 2 Beach Rd.　電 (03)319-6871
URL southernpaua.co.nz
営 月～金9:00～17:00、土・日10:00～16:00
休 無休　CC ADMV

ジェイド・キウイ
Jade Kiwi　Map P.181-A1

メイン通りのウエスト・エンドにある緑の外観が印象的なギフトショップ。店内の商品はすべてニュージーランドで作られたもの。雑貨やアクセサリーなど幅広く取り扱っている。

住 78 West End
電 (03)319-5060
営 9:00～17:00
URL jadekiwi.myshopify.com
休 無休　CC AMV

カイコウラの レストラン　　Restaurant

グリーン・ドルフィン
Green Dolphin　Map P.181-A2

漁師から直接仕入れる魚や国内各地の厳選肉、地元の野菜を使った料理が評判。ガラス張りの店内で、海を眺めながらゆっくり楽しめる。おすすめはチャウダー$16～22、メインではクレイフィッシュのオーブン焼き（時価）など。要予約。

住 12 Avoca St.
電 (03)319-6666
URL greendolphin.co.nz
営 17:00～Late　休 無休　CC MV

カイコウラ・シーフード・バーベキュー
Kaikoura Seafood BBQ　Map P.181-A2

トレーラーを改装した屋台。店主は漁師でもあり、新鮮なクレイフィッシュは半身で$25～、1匹$50～、クレイフィッシュ・フリッターは$10。その日のおすすめを聞いてみよう。グリルしたパウア貝、ムール貝各$9～なども人気。

住 Fyffe Quay　携 027-376-3619
営 日～金9:30～17:00、土10:30～15:00
休 無休　CC 不可

ウェイラー
The Whaler　Map P.181-A1

豪快なステーキが味わえる人気店。おすすめはサラダとポテト付きのポーターハウスステーキ$22.5。前菜にはマールボロ産のムール貝のワイン蒸しなど$9.5～24。ラム肉や、自家製ビーフパテを使ったグルメバーガー$23.5はボリュームたっぷり。

住 49-51 West End
電 (03)319-3333
営 15:00～Late
URL www.thewhaler.co.nz
休 無休　CC AJMV

ヒスロップス・ホールフード・カフェ
Hislops Wholefood Cafe　Map P.181-A1

地元で人気の老舗カフェ。フリーレンジの卵や地元の野菜を使用するなど食材にこだわり、オーガニックやグルテンフリーのメニューが充実。マフィンや自家製キャロットケーキが人気。

住 33 Beach Rd.
電 (03)319-6971
営 8:30～16:00
URL www.hislops-wholefoods.co.nz
休 無休
CC AMV

ワイ・ノット・カフェ
Why Not Cafe　Map P.181-A1

ウエスト・エンドで朝早くからオープンしているカフェ。朝食やランチメニューをはじめ、パイやサンドイッチ、サラダなどを提供する。テラス席でのんびりと休憩するのもいい。写真はサーモンのエッグベネディクト$17。

住 66 West End
電 (03)319-6486
営 6:30～17:30
休 無休　CC MV

クーパーズ・キャッチ
Coopers Catch　Map P.181-A1

フィッシュ&チップスの人気店。その日に獲れた魚は黒板をチェックしよう。定番はスタンダードフィッシュ$4。チップスは種類や量が選べて、$3～。ほかにバーガー$6～もあり、イートインもテイクアウエイも可。

住 9 Westend
FREE 0800-319-6362
URL cooperscatch.co.nz
営 9:30～24:00
休 無休　CC MV

カイコウラの アコモデーション　Accommodation

カイコウラ・ホリデー・ホームズ・リミテッド
Kaikoura Holiday Homes Limited　Map P.181-A1

町の中心部にあるラグジュアリーなアパートメント。最大5名まで宿泊できる客室にはベッドルームとバスルームが2つ。全ユニットがキッチン付きでほとんどがオーシャンビュー。ダイニングとリビングルームは広々としている。

住78 The Esplanade
☎(02)2089-5233
URL www.kaikouraapartments.co.nz
料⑤①①$220〜　室数7　CC MV

ホワイト・モーフ
The White Morph　Map P.181-A1

3階建ての高級感のあるモーテル。海が見えるスパバス付きの部屋や、ファミリー向きの2ベッドルームの部屋などがある。全室バルコニーとキッチン付き。スパバス付きの客室もある。

住92-94 The Esplanade
☎(03)319-5014　FAX(03)319-5015
URL www.whitemorph.co.nz
料⑤①①$160〜
室数31　CC ADJMV

ロブスター・イン・モーター・ロッジ
Lobster Inn Motor Lodge　Map P.181-A1

カイコウラ中心部から約1km北。部屋は少人数向けからファミリータイプまで4種類。バスタブ付きの部屋もある。名前のとおり、併設のレストランではクレイフィッシュが自慢。キャンピングカー用のホリデーパークもある。

住115 Beach Rd.　☎(03)319-5743
FREE 0800-562-783　FAX(03)319-6343
URL www.lobsterinn.co.nz
料⑤①①$155〜　室数24　CC AJMV

アルバトロス・バックパッカー・イン
Albatross Backpacker Inn　Map P.181-A1

歴史ある邸宅を改装したバックパッカーズホステル。ギターやウクレレなどの楽器があるゲストラウンジは広々としており、居心地がいい。客室やキッチン、トイレなども清掃が行き届いておりきれい。レンタル自転車は無料。

住1 Torquay St.
☎(03)319-6090　FREE 0800-222-247
URL albatross-kaikoura.co.nz
料Dorm$32〜　①①$89〜
室数40ベッド　CC MV

ザ・レイジー・シャグ・バックパッカーズ
The Lazy Shag Backpackers　Map P.181-A1

大きなガーデンを備え、ゆったりとくつろげるバックパッカーズホステル。ドミトリーは6〜8人で男女混合、全室シャワーとトイレ付き。無料のパーキングもある。中心部まで徒歩約5分。

住37 Beach Rd.
☎(03)319-6662
料Dorm$25 ⑤$60 ①①$70
室数54ベッド
CC MV

ファイフ・カントリー・ロッジ
Fyffe Country Lodge　Map P.181-A1外

カイコウラの町から約6km南、牧場に囲まれた静かな環境にたたずむB&B。古い木材をリサイクルして使っており、ほっと落ち着ける雰囲気。エレガントな雰囲気の客室でのんびりとくつろぎたい。併設のレストランは10〜4月のディナーのみ営業している。

住458 State Hwy. 1
☎(03)319-6869　FAX(03)319-6865
URL fyffecountrylodge.com
料⑤①①$295〜695
室数6　CC MV

アルパインパシフィック・モーテルズ&ホリデーパーク
Alpile Pacific Motels & Holiday Park　Map P.181-A1

中心部から約500m。客室からは美しい山々が眺められる。客室はキャビンやスタジオ、キッチン付きアパートメント、モーテルなど種類豊富。温水プールやバーベキュースペースもある。

住69 Beach Rd.
☎(03)319-6275
URL alpine-pacific.co.nz
料⑤①①$80〜
室数24　CC MV

カイコウラ・ゲートウェイ・モーター・ロッジ
Kaikoura Gateway Motor Lodge　Map P.181-A1

全室キッチン付き、12室はスパバスを備えており、快適なモーテルとして人気が高い。1号線から坂道を階段で上り、公園の中を抜ければ、町の中心へも簡単にアクセスできる。追加料金で朝食の用意もしてくれる。

住18 Churchill St.
☎(03)319-6070　FREE 0800-226-070　URL www.kaikouragateway.co.nz　料⑤①①$148〜
室数20　CC MV

キッチン(全室)　キッチン(一部)　キッチン(共同)　ドライヤー(全室)　バスタブ(全室)
プール　ネット(全室/有料)　ネット(一部/有料)　ネット(全室/無料)　ネット(一部/無料)

ニュージーランドの海の生き物
Wildlife in New Zealand

ニュージーランドの太平洋沿岸は、大型海洋哺乳類の宝庫。約40種類のクジラやイルカが回遊してくるといい、カイコウラのホエールウオッチングを筆頭に、各地でクジラやイルカに触れ合えるエコツアーが開催されている。また沿岸にはニュージーランド・ファーシール（オットセイ）のコロニーや、ペンギンの生息地がある。

クジラ【カイコウラ ➡ P.180】

DATA
体長：オス15～18m、メス11～12m
体重：20～50トン
群れの規模：1～50頭

スパームホエール
Sperm Whale／和名マッコウクジラ

　ニュージーランドの近海には、約40種類のクジラやイルカが回遊してくる。特に南島の東海岸に位置するカイコウラは、海底の地形や海流などの独特な環境によって、大型のハクジラであるマッコウクジラを非常に高い確率でウオッチできる場所として知られている。

　マッコウクジラは、イカなど魚介類を主食とするハクジラの仲間で、平均寿命は50～70年。外見上では角張った箱型の頭部が特徴的で、全長の3分の1にも当たる長い頭をもつ。日本では古来、腸内から分泌される香料の一種を珍重したことから"抹香鯨"の名が付けられた。英語名のスパームとは精液のことだが、これは古来、このクジラの巨大な頭部には精液が蓄えられていると信じられていたことに由来する。もちろん実際に頭部を満たしているのは精液でなく、脳油と呼ばれる油だ。油の量は、大きなオスで1900ℓにも及ぶという。この脳油は機械油として優れた性質をもっていたため、マッコウクジラは捕鯨の対象となり、多数が捕獲された。捕獲が世界的に禁止されるのは、ようやく1988年になってからである。

　現在生息するマッコウクジラは数十万頭と推測され、大型のクジラとしては個体数が多い。南極から北極まで、日本近海を含む地球上の広い範囲に分布している。

　マッコウクジラのメスは仔クジラたちとともに10～15頭くらいの群れをつくって暖かい海域で暮らし、大人のオスは繁殖行動の機会を求めて単独で、広い範囲を泳ぎ回って暮らす。オスが群れを離れるのは14～20歳で、カイコウラで通常見られるのはこの年代の若いオスたちだ。その数は常時60～80頭と推測され、群れとして結びつくことはなく、それぞれ個体同士の交流もほとんどないらしい。

　マッコウクジラは餌を求めて600～1600mの深さにまで潜り、1回の潜水時間は40分前後に及ぶ。潜水の間隔は10～12分で、これがすなわち、われわれがマッコウクジラを見ることのできるタイミングだ。この間マッコウクジラはほとんど動かず、海面にゆったりと浮かんでいる。1分間に3～4回のペースで吹き上げる「潮吹き」は音が大きく、離れた場所でも聞くことができる。

イルカ 【アカロア⇒P.74、カイコウラ⇒P.180、パイヒア⇒P.337 など】

DATA
体長：1.6～2.1m
体重：50～90kg
群れの規模：6～500頭

ダスキードルフィン
Dusky Dolphin／和名ハラジロカマイルカ

　小さめサイズのイルカで、短く薄いくちばしをもつ。ボートのそばまで来て、ジャンプや宙返りなどを見せてくれることが多い。ニュージーランドでは本島最東端のイースト・ケープ以南の海域でよく見られる。群れをつくって行動するが、冬（おおむね6～11月）の間は沖合に移動し、群れも分散して、見にくくなる。

DATA
体長：1.9～4m
体重：150～650kg
群れの規模：1～25頭

ボトルノーズドルフィン
Bottlenose Dolphin／和名ハンドウイルカ

　ニュージーランド北部沿岸に比較的多い種類。名前のとおり長い鼻面ととがったくちばしをもつ愛らしい顔だ。人なつっこく芸達者なこともあって水族館のショーにも用いられる。体の大きさや色といった形態は、生息海域や個体による差が大きい。

コモンドルフィン
Common Dolphin／和名マイルカ

　ダスキードルフィンよりやや大きく、体の側面に薄茶色から黄色っぽい帯があるのが特徴。
　ニュージーランドではおもに北島で見られることが多い。2～3月の真夏にはカイコウラ近海まで南下し、10～30頭の群れでダスキードルフィンと一緒に行動しているのが見られる。

体長：2～2.5m
体重：70～110kg
群れの規模：10～500頭

ヘクターズドルフィン
Hector's Dolphin／和名セッパリイルカ

　イルカのなかでは最も小さい種類で、ずんぐりとした体型。世界でもニュージーランド沿岸だけにすむ希少種。丸く大きな背びれの形から、ミッキーマウスとあだ名される愛嬌者でもある。海岸から数km程度の近海にすみ、カイコウラやアカロア湾などに生息する。

DATA
体長：1.2～1.5m
体重：35～60kg
群れの規模：2～10頭

海辺の生き物

ニュージーランド・ファーシール
New Zealand fur seals

オタゴ半島⇒P.166
カイコウラ⇒P.180
ウエストコースト⇒P.216

　マオリ語でケケノkekenoと呼ばれ、ニュージーランドには約10万頭が生息すると言われ、沿岸各地にコロニーがある。オスは体長2.5m、メスは1.5mほど。

ペンギン
Penguin

オアマル⇒P.151
オタゴ半島⇒P.166
スチュワート島⇒P.176

　ニュージーランドの南島には、世界最小のブルー・ペンギン、イエロー・アイド・ペンギン、フィヨルドランド・クレステッド・ペンギンのおもに3種類のペンギンが生息している。オアマルやオタゴ半島にはペンギン・ウオッチングスポットが点在。

ロイヤル・アルバトロス
Royal Albatross

オタゴ半島⇒P.166

　翼を広げると約3mにもなるロイヤル・アルバトロス（シロアホウドリ）。ダニーデン郊外のタイアロア・ヘッドにコロニーがある。ロイヤル・アルバトロスの繁殖地としては世界最大。ほかにもニュージーランドには10種類以上のアルバトロスが飛来する。

イラスト／鴨下速人

ブレナム
Blenheim

ブレナム
クライストチャーチ●

人口：3万1600人
URL cityofblenheim.co.nz

南島の北東端部分を占めるマールボロ地方Marlboroughは、ワイン好きなら誰しも訪れたい国内最大のワインの生産地。特にソーヴィニヨン・ブランやシャルドネなどの白ワインで有名だ。長い日照時間と豊かな土壌、そして人々の真摯な情熱が、最高のワインを生み出している。

ワイナリー巡りの拠点となるのが、マールボロ地方の最大都市ブレナムだ。町自体には特に見どころといえるものはないが、ここから西へ約11km離れたレンウィックRenwickの町にかけて、周辺に40以上のワイナリーが点在している。また、毎年2月に行われるマールボロ・ワイン＆フード・フェスティバルThe Marlborough Wine & Food Festival（→P.443）にも、多くの人々が集まる。

郊外にはブドウ畑が広がる

航空会社
ニュージーランド航空（→P.497）
サウンズ・エア（→P.230）

マールボロ空港
Map P.189-A1外
☎(03)572-8651
URL www.marlboroughairport.co.nz
ブレナム中心部から西へ約8km。空港から中心部へはタクシーかシャトルバスを利用。ただし、シャトルバスは要予約。

シャトルバス会社
Executive Shuttle
☎(03)578-3136
FREE 0800-777-313
URL www.executiveshuttle.co.nz

Blenheim Shuttles
☎(03)577-5277
FREE 0800-577-527
URL blenheimshuttles.co.nz

おもなバス会社（→P.497）
インターシティ／
ニューマンズ・コーチラインズ

鉄道会社（→P.497）
キーウィ・レイル

観光案内所
Blenheim i-SITE Visitor Information Centre
Map P.189-A2
8 Sinclair St.
☎(03)577-8080
URL marlboroughnz.com
月～金　　9:00～17:00
土　　　　9:00～16:00
日　　　　9:30～16:00
祝　　　　10:00～15:00
（時季によって異なる）
無休

ブレナムへのアクセス　Access

ニュージーランド航空がマールボロ空港Marlborough Airportまで、オークランドやウェリントンからの便を運航。サウンズ・エアはマールボロ空港とクライストチャーチやウェリントンの間を運航。クライストチャーチからは1日1～3便、所要約50分。

長距離バスは、インターシティ／ニューマンズ・コーチラインズのクライストチャーチからブレナムを経由してピクトンへ向かう便が1日2便運行している。ブレナムまでは所要約5時間25分。

また、鉄道では海岸線に沿ってクライストチャーチとピクトン間を結ぶキーウィ・レイルのコースタル・パシフィック号があり、19-20シーズンは2019年9月27日～2020年4月26日まで運行。

ブレナムの　歩き方

鉄道駅に観光案内所アイサイトが隣接しており、長距離バスもそこから発着する。観光案内所アイサイトから町の中心マーケット・ストリートMarket St.までは徒歩で10分ほど。噴水と戦争記念碑の時計塔のある公園、シーモア・スクエアSeymour Squareは市民の憩いの場だ。公園の正面にはミレニアム・アートギャラリーMillennium Art Galleryもある。中心部に宿泊施設は少なく、主要道路沿いにモーテルやホステルが点在している。ブレナムに来たからには欠かせないのが周辺のワイナリー巡りだ。レンタカーで好きなように回るのもいいし（運転する場合は試飲禁止）、ツアーに参加するのもいい。

時計塔は16.5mの高さ

ブレナムの見どころ

マカナ・チョコレート・ファクトリー
Makana Chocolate Factory

Map P.189-A2外

町の郊外にある小規模なチョコレート・ファクトリー。保存料や人工着色料を使わず、すべて手作りされており、チョコレートの試食や購入もできる。地元のピノ・ノワールを混ぜたトリュフ(130g $22.5)は、ブレナムのおみやげにおすすめだ。

工場の作業風景も見学できる

マカナ・チョコレート・ファクトリー
住 Rapaura Rd. & O' Dwyers Rd.
☎ (03) 570-5370
FAX (03) 570-5360
URL makana.co.nz
開 9:00〜17:30
休 無休
交 ブレナム中心部から約10km。国道1号線を北上し、スプリング・クリークSpring Creekを左折。国道62号線を進み、3kmほど進むと左手に建物が見える。

マールボロ博物館
Marlborough Museum

Map P.189-A1外

この地方の歴史について知ることができる博物館。数々の文書や写真、実際に使用されていた道具、オーディオビジュアルシアターの映像などで、19世紀半ばのヨーロッパ人入植時代の暮らしを想像してみたい。

またマールボロ地方のワイン産業に関する展示も充実。ワイン造りの歴史や害虫との闘い、古い機械など興味深い展示が見られる。

マールボロ地方の歴史を学ぼう

マールボロ博物館
住 Brayshaw Park, 26 Arthur Baker Pl.
☎ (03) 578-1712
URL marlboroughmuseum.org.nz
開 10:00〜16:00
休 無休
料 大人$10、子供$5
交 ブレナム中心部から約3km。Maxwell Rd.を南西に直進する。

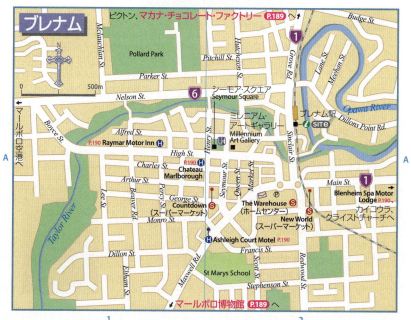

189

ブレナムの アコモデーション　Accommodation

シャトー・マールボロ
Chateau Marlborough　Map P.189-A1

とんがり屋根とれんが積みの壁がかわいらしいホテル。駅からは徒歩10分ほどの距離。モダンかつ洗練された館内はプールやジムなどの設備も充実。全室キングサイズのベッドに、スパバス付きのエグゼクティブスイートも。

住 Cnr. High St. & Henry St.
TEL (03) 578-0064
FREE 0800-752-275
URL marlboroughnz.co.nz
料 ⑤①①$135〜
室数 80　CC ADMV

ブレナム・スパ・モーター・ロッジ
Blenheim Spa Motor Lodge　Map P.189-A2外

町の中心部からはやや離れているが、比較的新しいモーターロッジで、シックな色合いのファブリックでまとめられた室内は広くて快適。一部の客室にはスパバスも付いている。近所に遅くまで営業する商店があって便利。

住 68 Main St.　TEL (03) 577-7230
FREE 0800-334-420
FAX (03) 577-7235　URL blenheimspamotorlodge.co.nz
料 ⑤①①$150〜
室数 10　CC ADJMV

アシュリー・コート・モーテル
Ashleigh Court Motel　Map P.189-A2

町の中心部まで徒歩5分ほど。各ユニット前の駐車スペースも広く、レンタカーでの旅行に便利なモーテル。キッチン、テレビなどの設備に加えて、屋外にはプールも備わり、長期滞在にも最適だ。朝食サービスあり。4室のみスパバス付き。

住 48 Maxwell Rd.　TEL (03) 577-7187　FREE 0800-867-829
URL ashleigh-court-motel.co.nz
料 ⑤$135〜　①①$155〜
室数 12　CC MV

ライマー・モーター・イン
Raymar Motor Inn　Map P.189-A1

駅や町の中心部までは徒歩約10分の距離にある清潔感のあるモーテル。客室は全室スタジオタイプで簡易キッチン、冷蔵庫、電子レンジがある。また、共用ランドリーや2つのキッチンなど設備が充実。自転車のレンタルもある。

住 164 High St.
TEL 0800-361-362
URL www.raymar.co.nz
料 ⑤①①$120〜
室数 9　CC 不可

Column　ブレナム発ワイナリーツアー

　長い日照時間に、昼夜の激しい気温差など、ワイン造りに欠かせない条件を満たすマールボロ地方。現在、マールボロ地方には100軒を超えるワイナリーがあり、国産ワインの75％を生産する一大産地となっている。生産の中心は、すっきりとした飲み口で、さまざまなフルーツのアロマを放つソーヴィニヨン・ブランだが、そのほかにも多くの品種が栽培され、個性的なワインが造られている。

　ガイドの案内でワイナリーを巡り、それぞれの魅力や味の違いを学びながら、試飲を楽しむツアーも人気が高い。ブレナムを拠点に活動する日本人ワインメーカー、木村滋久さんのツアーは、1日1組限定。ワイン造りの行程やワインメーカーたちのこだわりを日本語で案内してもらえる。さらに2019年から、ブドウ畑が見渡せるB&Bも利用可能に。

　また、「Wine Tours by Bike」ではマウンテンバイクとヘルメットをレンタルすることができ、ワイナリーマップを見ながら自由に回ることができる。自転車で帰れなくなったら、車で迎えに来てくれるサービスもあるので安心だ。

Kimura Cellars
E-mail wine@kimuracellars.com
URL kimuracellars.com
催 通年
料 半日$150、1日$250（2名以上で参加の1名の料金。1名の場合はプラス$50）
CC 不可
日本語OK

Wine Tours by Bike
TEL (03) 572-7954
URL www.winetoursbybike.co.nz
催 通年
料 $45〜（所要約5時間）
CC MV

キムラ・セラーズのオーナー木村滋久さん

ピクトン
Picton

深い入江の奥にある港を中心にピクトンの町が広がる

人口：4350人
URL www.marlboroughnz.com

南島の北部に位置する小さな港町ピクトンは、南北島間のクック海峡を渡るフェリーが発着する海上交通の要衝だ。一帯はマールボロ・サウンズ海洋公園Marlborough Sounds Maritime Parkに指定されており、数多くの入江や島々が点在する美しい海岸線をもつ。ピクトンの町はそれらの入江のひとつ、クイーン・シャーロット・サウンドQueen Charlotte Soundの奥に位置し、町のウオーターフロントから望む海は、まるで湖のように小さく見える。狭い水面を大きなフェリーがゆっくりと慎重に進んでくるのは、この町ならではの眺めだろう。変化に富んだ地形を生かし、静かな海でのクルージングやシーカヤック、入江沿いのトランピングなどアクティビティも豊富だ。

ピクトンへのアクセス　Access

サウンズ・エアの小型飛行機が運航されている（→P.230）。ピクトン空港Picton Airport（コロミコ空港Koromiko Airport）までは市内中心部から8kmほど。空港から町まではシャトルバスを利用できる。

長距離バスでは、インターシティ／ニューマンズ・コーチラインズをはじめとしたバス会社が主要都市から便を運行している。クライストチャーチからは1日2便運行、所要約5時間55分。ブレナムからは3～4便あり、そのうち2便はクライストチャーチからの便、1～2便はネルソンからの経由便。所要時間は、25～30分。ピクトンからネルソン方面に向かう海沿いの道、クイーン・シャーロット・ドライブQueen Charlotte Driveは風光明媚な自然を堪能できる景勝ルートとして知られるが、インターシティ／ニューマンズ・コーチラインズのバスはここを通らずにブレナム経由の国道で行くのが残念。車で移動する人にはおすすめのルートだ。

クライストチャーチ～ワイパラ～カイコウラ～ブレナムなどを経由してピクトンに着く鉄道のキーウィ・レイルのコースタル・パシフィック号（→P.466）は2018年12月に再開した。また、ピクトンと北島ウェリントン間には海峡を渡るフェリー、インターアイランダーInterislanderとブルーブリッジBluebridgeも運航している（→P.230）。

インターアイランダーフェリーターミナル

南北島間の移動（→P.230）
航空会社
サウンズ・エア（→P.230）
FREE 0800-505-005（予約）
URL www.soundsair.com

　観光案内所アイサイトの斜め向かいのピクトン駅舎内にオフィスがあり、フライトに合わせてシャトルバス（片道$10、要予約）を運行する。

オフィスはピクトン駅に併設されている

おもなバス会社（→P.497）
インターシティ／
ニューマンズ・コーチラインズ

長距離バス発着所
Map P.192-A1
住 Interislander Ferry Terminal

鉄道会社（→P.497）
キーウィ・レイル

フェリー会社（→P.230）
インターアイランダー
TEL (04) 498-3302
FREE 0800-802-802
URL www.greatjourneysofnz.co.nz/interislander
交 観光案内所アイサイトから徒歩約2分。

ブルーブリッジ
TEL (04) 471-6188
FREE 0800-844-844
URL www.bluebridge.co.nz
交 観光案内所アイサイトから約1km。観光案内所前から便に合わせて無料シャトルバスが出ている（要予約）。

観光案内所 ⓘSITE
Picton i-SITE Visitor Centre
Map P.192-A1
住 The Foreshore
☎ (03) 520-3113
URL www.marlboroughnz.com
開 8:00～18:00
（時季によって異なる）
休 無休

ハブロックのクルーズ会社
Marlborough Tour Company
☎ (03) 577-9997
FREE 0800-990-800
URL www.marlboroughtourcompany.co.nz

港沿いに遊歩道が整備されている

ピクトンの歩き方

こぢんまりとした町なので、旅行者でも歩きやすい。インターシティ／ニューマンズ・コーチラインズのバスはインターアイランダーのターミナル正面に、そのほかの長距離バスは道を挟んで駅の斜め向かいにある観光案内所アイサイトにも停車する。

海を望むロンドン・キーLondon Quayには、雰囲気のいいレストランやカフェがいくつかある。通りの北側は緑地の公園で、海を見ながらのひと休みにもいい。町のメインストリートはハイ・ストリート High St.で、この通り沿いにはショッピングセンターのマリナーズ・モールMariners Mallがある。

宿泊施設は町の中心部に多数あるほか、市街地から東のワイカワ・ベイWaikawa Bayにいたるワイカワ・ロードWaikawa Rd.沿いにもモーテルやホリデーパークなどが多い。

ピクトンから西、約33kmに位置するハブロックHavelockは、グリーンマッスル（ムール貝）の一大産地。夏の間、マールボロ・サウンズ内のマッスルの養殖場を訪れ、捕りたての貝料理と白ワインを味わうクルーズも行われている。

ピクトンの見どころ

エドウィン・フォックス海洋博物館
Edwin Fox Maritime Museum
Map P.192-A1

現存するなかでは世界で9番目に古い大型木造帆船、エドウィン・フォックス号が修復された姿で展示されている。船は1853年、インドのカルカッタからイギリスのロンドンへ紅茶を運んだ処女航海を皮切りにニュージーランドへの入植者などを運んだ。1897年、ピクトンが最後の寄港地となり、長らく朽ちるがままとなっていたが、1965年にわずか10セントで有志保存会が買い取ったという。博物館には当時の実用品も展示されている。

博物館の隣に展示された木造船

エドウィン・フォックス海洋博物館
住 Picton Foreshore
電 (03) 573-6868
URL www.edwinfoxsociety.com
開 9:00～17:00
休 無休
料 大人$15、子供$5

エコワールド・アクアリウム
Ecoworld Aquarium
Map P.192-A1

近海に生息する魚のほか、トゥアタラやジャイアントウェタ、ブルー・ペンギン（→P.36）などを飼育する水族館。体長5mのダイオウイカのホルマリン漬けもある。毎日11:00と14:00には給餌が行われるほか、トゥアタラに触る貴重な経験もできる。

エコワールド・アクアリウム
住 Dunbar Wharf, The Foreshore
電 (03) 573-6030
URL www.ecoworldnz.co.nz
開 9:30～（最終入場は17:30）
休 無休
料 大人$24、シニア・学生$22、子供$12

トゥアタラも飼育されている

ピクトン博物館
Picton Museum
Map P.192-A1

かつて捕鯨基地として栄えた時代についての展示をする小さな博物館。捕鯨船で実際に使われた砲台もある。埋め立てによって造られてきた市街地の発展の様子を伝える写真も興味深い。

ピクトン博物館
住 9 London Quay
電 (03) 573-8283
URL www.pictonmuseum-newzealand.com
開 10:00～16:00
休 無休
料 大人$5、学生$3、子供$1

おもなクルーズ会社

マオリ・エコ・クルーズ
☎/FAX (03)573-6901
URL maoriecocruises.nz
ベイ・オブ・ミステリー
催 9:30～17:00
料 $50

The Cougar Line
☎ (03)573-7925
FREE 0800-504-090
URL www.cougarline.co.nz
1 hour Cruise & Walk
催 5～9月　　　9:00発
　10～4月　8:00、10:00発
料 大人$90、子供$45

Beachcomber Cruises
☎ (03)573-6175
FREE 0800-624-526
URL www.beachcombercruises.co.nz
The Mail Boat Cruise
催 月～土13:30発
料 大人$103、子供$59
入江に点在する民家へ郵便物を配達する船を利用。曜日によってコースは異なる。

ドルフィンウオッチ＆ネイチャーツアー
☎ (03)573-8040
URL www.e-ko.nz
Wildlife Island Sanctuary & Dolphin Cruise
催 8:00、13:30発
料 大人$99、子供$55
Dolphin Swim
催 9:00発
料 大人$165、子供$135

船上からイルカの優雅な泳ぎを眺める

シーカヤックツアー会社

Marlborough Sounds Adventure Company
☎ (03)573-6078
FREE 0800-283-283
URL www.marlboroughsounds.co.nz
Half Day Guide
催 9:00、12:30発
料 $105
1 Day Guide
催 9:00発
料 $140

クイーン・シャーロット・サウンドのクルーズ
Queen Charlotte Sound Cruises
Map P.193-A2

　マールボロ・サウンズのなかでもクイーン・シャーロット・サウンドには深く入り組んだ入江が数多くあり、それらはウオーキングトラックの拠点や隠れ家的なリゾートホテルへの玄関口として、格好の船着地になっている。数社が催行する周遊クルーズでは、クック海峡にせり出したジャクソン岬Cape Jacksonを越え、マオリに伝わる航海者クペの伝説ゆかりの地Kupe's Footprintを訪ねたり、シップ・コーブShip Coveにあるキャプテン・クックの記念碑を見学したり、クイーン・シャーロット・トラックのショートウオークと組み合わせたりと、それぞれ趣向が凝らされている。
　なかでもマオリ・エコ・クルーズMaori Eco-Cruisesでは、代々この地に暮らすマオリのスタッフが土地の歴史や天地創造の神話などを詳しく解説してくれる。周辺の小さな島を訪れ、野生動物を観察できるベイ・オブ・ミステリーBay of Mysteryなど、種々のコースを用意している。

クイーン・シャーロット・サウンドのドルフィンウオッチ
Dolphin Watching in Queen Charlotte Sound
Map P.193-A2

　入江内の穏やかな海には、ボトルノーズドルフィンやダスキードルフィンなど何種類ものイルカやニュージーランド・ファーシール（オットセイ）、ペンギンやウミウなどの海鳥がすんでいる。ワイルドライフ・アイランド・サンクチュアリ＆ドルフィンクルーズWildlife Island Sanctuary & Dolphin Cruiseが催行するツアーでは、シップ・コーブ近くのモツアラ島Motuara Islandに上陸し、頂上部まで歩く（所要約4時間）。運がよければイルカたちがボートの近くまでやってくることも。
　イルカともっと触れ合いたい人は、ドルフィンスイム・ツアーへ。愛嬌たっぷりのダスキードルフィンと一緒に泳ぐ体験は、特別な思い出となるだろう。遭遇率は季節や天候によるが、11～4月の夏季にチャンスが多くなる。

クイーン・シャーロット・サウンドのシーカヤック
Sea Kayaking in Queen Charlotte Sound
Map P.193-A2

　深い入江の連なるマールボロ・サウンズは、常に海が穏やかでシーカヤックを漕ぐのに適したコンディション。手軽な半日ガイドツアーから、ゆったり1日かけてクイーン・シャーロット・サウンドの美しい自然を楽しむ1日ガイドツアーのほか、2～4日間のキャンピングツアーなども行われている。

美しい自然を眺めながらのカヤッキング

クイーン・シャーロット・トラック
Queen Charlotte Track

Map P.193-A1～2

マールボロ・サウンズの景勝ルートであるクイーン・シャーロット・トラックは、外洋側のシップ・コーブShip Coveからピクトンの北西アナキワAnakiwaまでを結ぶ全長約71kmのコース。比較的起伏のなだらかな森林道と海岸線沿いのルートで構成され、静かな入江と豊かな深緑が美しいウオーキングトラックだ。

全行程の所要日数は徒歩なら3～5日、マウンテンバイクなら2～3日。ボートでシップ・コーブまで行き、そこから日帰りまたは1～2泊程度のコースを歩くのもいい。ボートで荷物を次の宿泊先の最寄りの港まで運んでくれるサービス（有料）があるので、身軽に歩くことができる。ガイドウオークの場合、通常どこから出発してもピクトン方向を目指して南下のルートをたどる。DOCのキャンプサイトが計6ヵ所あるほか、ロッジやコテージ、リゾートホテルなど多様な宿泊施設も点在する。なお、トラックは途中いくつかの私有地を通るため、該当地区を歩く場合は、道路使用パス（$10～）を購入する必要がある。

ピクトンからの日帰りトレッキング

シップ・コーブ　Ship Cove→レゾリューション・ベイ　Resolution Bay（約4.5km、所要約2時間）
モツアラ島やクイーン・シャーロット・サウンドを一望。

レゾリューション・ベイ　Resolution Bay→エンデバー・インレット　Endeavour Inlet（約10.5km、所要約3時間）
起伏があり、若者や経験者向き。

テ・マヒア・サドルTe Mahia Saddle→アナキワ　Anakiwa（約12.5km、所要約4時間）
年配者や初心者向きの緩やかなコース。

クイーン・シャーロット・トラックの観光情報
URL www.qctrack.co.nz

ボートでのアクセス
Beachcomber Cruises（→P.194）
The Great Track & Pack Pass
闇 5～9月　　　9:00発
　10～4月　8:00、9:00発
料 大人$105、子供$57

1日ガイドウオーキング
Natural Encounters Walks
☎ 021-268-8879
URL natural-encounters.com
3 Day All Inclusive Package
闇 7:30発
料 $883

複雑に入り組んだ海岸線の景色が美しい

※シップ・コーブからキャンプ・ベイの区間は、毎年12～2月の間、マウンテンバイクでの立入が禁止されているので注意。

南島　ピクトン　見どころ

Column　クック船長も訪れたマールボロ・サウンズ

マールボロ・サウンズ一帯の海は、18世紀にニュージーランド沿岸を探検した英国人航海者ジェームス・クック（→P.368）に縁の深い海域でもある。クックは1769年10月、ヨーロッパ人として初めてニュージーランドの土地への上陸に成功したあと、沿岸の探索を行いながら船を進め、1770年1月、マールボロの海域にやってきた。ここでクック一行は南島、北島間の海峡を通過し、その海峡に彼自身の名を付けてクック海峡Cook Straitとした。深く入り組んだ入江をもつこの海岸は、船の補修や食料の補給にも好都合だったようで、クックは入江のひとつを当時の王妃の名にちなんでクイーン・シャーロット・サウンドと名づけ、およそ3週間を過ごしている。土地のマオリはおおむね友好的で、物々交換によって食料の補給を行うこともできた。エンデバー入江Endeavour Inletとは、一行の乗った船、エンデバー号にちなむ命名。クックはその後の第2、3回の太平洋航海においても、この地に立ち寄っており、レゾリューション・ベイResolution Bayは、やはりそのときの船の名にちなんだ命名だ。クックにとってマールボロ・サウンズは南太平洋における、お気に入りの拠点だったようで、航海に備えて彼は、船に積んできた羊を放し（このとき持ち込んだ羊こそニュージーランドで最初の羊である）、野菜作りなども試みたという。

ピクトンの レストラン — Restaurant

シープリーズ・カフェ&バー
Seabreeze Cafe & Bar　Map P.192-A1

ロンドン・キーに面しており、テラス席からは港の風景を望める。フレンチトーストやパンケーキといった朝食メニューは$16前後。新鮮なマッスル貝や魚を使用したメニューが人気で、ディナーの予算は$40ほど。ブレナム産ワインも扱う。

- 24 London Quay
- (03) 573-6136
- www.seabreezecafeandbar.info
- 7:00～23:00（冬季～15:00）
- 無休　CC MV

ピクトン・ビレッジ・バッカライ
Picton Village Bakkerij　Map P.192-B1

開店から客が途切れることのない大人気のベーカリー。2012年の国内のベーカリー・オブ・ザ・イヤーにも選ばれた実力派だ。ミートパイ$4.6～やクリームドーナツ$3.5のほか、サンドイッチや惣菜パンなども人気。

- 46 Auckland St.
- (03) 573-7082
- 月～金6:00～16:00、土6:00～15:30
- 日、冬季に2週間の休みあり（要確認）
- CC MV

ピクトンの アコモデーション — Accommodation

ベイ・オブ・メニー・コーブス
Bay of Many Coves　Map P.193-A2

ピクトンから船で約30分。全室から入江の眺望が楽しめる。アパートメントタイプの室内は自然素材を生かしたデザインで居心地がいい。レストランも人気。

- Bay of Many Coves, Queen Charlotte Sound　(03) 579-9771
- FREE 0800-579-9771
- www.bayofmanycoves.co.nz
- S D T $800～
- 11　CC ADJMV

ラグジュアリー・シービュー・ウォーターフロント・アパートメンツ
Luxury Seaview Waterfront Apartments　Map P.192-A1

建物の目の前には海が広がり、観光にも便利な立地。客室は近代的なアパートメントタイプで食器洗い機やオーブンなどキッチンも広々。一部の客室にはテラスがある。

- 26 London Quay
- 021-292-4900
- www.accommodation-picton.co.nz　S D T $199～
- 15　CC MV

ピクトン・ヨット・クラブ
Picton Yacht Club Hotel　Map P.192-B2

港を見下ろす好立地のホテル。町の中心部に近く使い勝手がいい。ミニバーがついており、ほとんどの客室からオーシャンビューを楽しむことができる。

- 25 Waikawa Rd.
- (03) 573-7002
- www.cpghotels.com
- S D $98～
- 48　CC ADJMV

アトランティス・バックパッカーズ
Atlantis Backpackers　Map P.192-A1

町にも港にも近い好立地。客室はカラフルな内装で、飲み物やデザートが無料。キッチン付きで、2ベッドルームのアパートメントもあり、グループでの旅行にもおすすめ。

- 42 London Quay.　(03) 573-7390　FREE 0800-423-676
- www.atlantishostel.co.nz
- Dorm $25～　S $45～　D $50～
- T $50～　60ベッド　CC MV

ゲートウエイ・モーテル・ピクトン
Gateway Motel Picton　Map P.192-A1

町の中心部にあるモーテル。部屋のタイプが豊富で全室に簡易キッチン付き。Wi-Fi環境もよく、備品も充実していて、快適に過ごせる。ファミリータイプの部屋は最大6人まで宿泊可能。

- 32 High St.　(03) 573-6398
- FREE 0800-104-104　(03) 573-7892　www.gatewaypicton.co.nz　S D T $95～
- 27　CC MV

ヴィラ・バックパッカーズ・ロッジ
The Villa Backpackers Lodge　Map P.192-A1

110年以上前の建物を改装したYHAホステル。中庭には、BBQエリアや自由に入れるスパプールがある。夕食後はデザートのサービスもある（冬季のみ）。自転車や釣り道具などのレンタル無料。

- 34 Auckland St.
- (03) 573-6598
- www.thevilla.co.nz
- Dorm $24～　D $65～
- T $74～　62ベッド　CC MV

キッチン(全室)　キッチン(一部)　キッチン(共同)　ドライヤー(全室)　バスタブ(全室)　プール　ネット(全室/有料)　ネット(一部/有料)　ネット(全室/無料)　ネット(一部/無料)

ネルソン
Nelson

人口：5万1900人
URL www.nelsontasman.nz

ネルソンは南島の北端に位置する中都市。町の興りは古く、1840年代前半にイギリスで興されたニュージーランド会社により南島では最初の組織移民が送り込まれて開拓が始まり、これが現在の町の基礎へとつながっている。

この地域は国内でも指折りの高い晴天率に恵まれていることから"サニー・ネルソン"と呼ばれ、周辺部では、フルーツや野菜の栽培が盛ん。また、個性的なショップやギャラリーが点在するアーティストの町としても知られている。

ネルソン周辺には、エイベル・タスマン国立公園Abel Tasman National Park（→P.208）とネルソン・レイクス国立公園Nelson Lakes National Park（→P.202）、カフランギ国立公園Kahurangi National Parkの3つの国立公園があり、中継地としてネルソンを訪れる観光客も多い。

ギャラリーを巡るのも楽しい

航空会社
ニュージーランド航空（→P.497）
サウンズ・エア（→P.230）

ネルソン空港
Map P.199-A1
☎ (03) 547-3199
URL www.nelsonairport.co.nz
✈ ネルソン中心部から約8km。空港〜市内間はシャトルバス、またはタクシーを利用する。タクシーは約$26〜。

エアポートシャトル会社
Super Shuttle
FREE 0800-748-885
URL www.supershuttle.co.nz
料 空港⇔市内中心部
1人　$10
2人　$20
3人　$27

おもなタクシー会社
Nelson City Taxis
FREE 0800-108-855
URL www.nelsontaxis.co.nz

おもなバス会社（→P.497）
インターシティ／
ニューマンズ・コーチラインズ

観光案内所 i SITE
Nelson i-SITE Visitor Centre
Map P.198-A1
住 77 Trafalgar St.
☎ (03) 548-2304
URL www.nelsontasman.nz
開 9:00〜17:00
祝9:00〜16:00
休 無休

ネルソンへのアクセス Access

ネルソン空港Nelson Airportへ、クライストチャーチやオークランド、ウェリントンからニュージーランド航空の直行便がある。クライストチャーチからは1日5〜7便、所要約55分。ウェリントンとの間にはサウンズ・エアも運航している。1日1〜4便、所要約40分。

長距離バスはインターシティ／ニューマンズ・コーチラインズが、クライストチャーチからピクトンで乗り換える便を1日1便運行。また、フォックス氷河からも1日1便運行、所要約11時間。バスはブリッジ・ストリートBridge St.のネルソン・トラベルセンター（Map P.198-A・B1）に発着する。

バス発着所のネルソン・トラベルセンター

ネルソンの市内交通
Nelson Coachlines
☎ (03) 548-1539
URL www.nelsoncoachlines.co.nz
ネルソン・トラベルセンターから、ネルソン中心部と南西を中心とする周辺を結ぶ市バスが運行。ルートマップと時刻表は観光案内所アイサイトで手に入る。

ネルソンの歩き方

ネルソン市街地で中心となるのは、大聖堂の立つ広場、トラファルガー・スクエアTrafalgar Square。ここから北に向かって延びるトラファルガー・ストリートTrafalgar St.、その中ほどに交わるブリッジ・ストリートBridge St.が繁華街で、多くのショップ、レストランなどが並ぶ。観光案内所アイサイトはトラファルガー・ストリートとハリファクス・ストリートHalifax St.との角にあり、DOCのビジターセンターも併設している。

町歩きの中心になるトラファルガー・ストリート

クライストチャーチ大聖堂
住 Trafalgar Sq.
☎ (03) 548-1008
URL nelsoncathedral.nz
開 9:00～18:00
（時季によって異なる）
料 無料（寄付程度）

ネルソンの見どころ

クライストチャーチ大聖堂
Christ Church Cathedral

Map P.198-B1

　クライストチャーチにある大聖堂はあまりにも有名だが、ここネルソンの大聖堂もまた、町のシンボルとなっている。初代の教会の建物は1851年に完成し、現在のものは3代目に当たる。その工事は1925年に始まったが、近郊で起きた地震や、外観を巡る議論、さらには資金の問題によって何度も設計変更を余儀なくされ、1972年にようやく完成した。大聖堂の内部は一般に公開されており、大理石やリム材の調度品、美しいステンドグラスなどを見ることができる。

大聖堂の入口は塔とは反対の南側にある

ステンドグラスから差し込む光が幻想的な空間を造り出す

スーター美術館
The Suter Art Gallery

Map P.198-B2

町の中心部にほど近い閑静なクイーンズ・ガーデン。そのブリッジ・ストリート側に立つ、瓦屋根のこぢんまりした建物が美術館になっている。展示の内容は1～2ヵ月ごとに変わり、テーマはさまざま。併設のシアターでは、サラ

国内外のアーティストの絵画や工芸品が展示されている

ウンド音響を使った映画上映やライブパフォーマンスも行われる。

併設のショップには、地元のアーティストによる作品が置かれている。また、ガーデンを眺められるスーターカフェも人気。

スーター美術館
- 208 Bridge St.
- (03)548-4699
- URL thesuter.org.nz
- 9:30～16:30
- 無休
- 無料

ミュージアムショップも併設

南島 ネルソン 見どころ

ファウンダーズ・ヘリテージ・パーク
Founders Heritage Park

Map P.199-A2

銀行や商店など19世紀後半の建物が並び、昔の町並みをそっくり再現した大がかりな展示が一番の見もの。なかには建物を利用した古本売店やカフェもあり、タイムスリップしたような気分が味わえる。ほかにも昔のバスや飛行機などが公開されており、この地における産業や技術の進歩を見ることができる。

パークでは年間を通じてさまざまなイベントを開催しているのでいつ訪れても楽しめる。

まるで映画のセットのような町並みが続く

ファウンダーズ・ヘリテージ・パーク
- 87 Atawhai Dr.
- (03)548-2649
- URL www.founderspark.co.nz
- 10:00～16:30
- 無休
- 大人$7、子供無料
- 観光案内所アイサイトから徒歩約15分。入口はAtawhai Dr.側にある。

199

ネルソン郷土博物館
- 270 Trafalgar St.
- (03)548-9588
- www.nelsonmuseum.co.nz
- 開 月〜金　10:00〜17:00
  土・日・祝　10:00〜16:30
- 大人$5、子供$3
  （エキシビションは料金別途）

ニュージーランドの中心点への行き方
Milton St.沿いのBotanics Sports FieldやMaitai Rd.沿いのBranford Parkから遊歩道がある。どちらから歩いても往復1時間ほど。森の中を歩くので歩きやすい服装と靴、飲料水の携帯を忘れずに。

モニュメントのある展望台からは町を一望できる

デイヴィス・ルックアウト
Map P.199-A2
ネルソン中心部からRocks Rd.を南西に進み、Richardson St.を左折。その後Princes Dr.を右折して車で5分ほど。

パディス・ノブ
Map P.199-A1
ネルソン中心部からRocks Rd.を南西に進み、Bisley Ave.を左折。その後、最初のラウンドアバウトを右折してすぐ。

タフナヌイ・ビーチへの行き方
リッチモンドRichmond行きのバスで約10分、Tahunanui下車。

晴天率が高く地元の人からも人気。ジョギングをする人の姿も見られる

ネルソン郷土博物館
The Nelson Provincial Museum
Map P.198-B1

ヨーロッパ人入植当時の様子を伝える資料を揃えるほか、エイベル・タスマン国立公園の成り立ちを写真などで詳しく紹介している。なかでも、19世紀のネルソンの様子を伝えるモノクロ映像「Town Warp」が興味深い。またマオリの工芸品については、簡単な体験展示もある。

常設展示のほか地元作家によるギャラリーも

ニュージーランドの中心点
The Centre of New Zealand
Map P.199-A2

オーストラリアのアリススプリングス、北海道なら富良野と、地理上の中心点を名所にしているところは多いが、ニュージーランドの中心点は、実はここネルソン市内にある。場所は市の中心部の東側にある森林公園Botanical Reserveの中。小高い丘を20〜30分ほど登った頂に、中心点を指し示すモニュメントが立っている。ネルソン市街地の展望もいい。

ネルソンの展望地
Lookouts
Map P.199-A1〜2

ネルソン市街地の沖合にはボルダー・バンクBoulder Bankと呼ばれる砂州が延びており、市内西側の高台からこの風景を見渡すことができる。ポピュラーな展望地としてはデイヴィス・ルックアウトDavis Lookout、パディス・ノブPaddy's Knobがある。ボルダー・バンクの先に浮かぶハウラショア島Haulashore Islandは、こんもりと木が茂った様子がネルソンの姉妹都市である京都府宮津市の"天の橋立"に似ているとか……。両展望地とも市街中心部から車で15分程度だがバスの便はない。

デイヴィス・ルックアウトからの眺め。天の橋立に似ている……?

タフナヌイ・ビーチ
Tahunanui Beach
Map P.199-A1

町の中心部から西に5kmほど離れたタフナヌイ（地元ではタフナTahunaと呼ばれている）は、長い砂浜の続く明るいビーチ。夏の週末ともなるとピクニックや海水浴、ウインドサーフィンなどを楽しむ人々でにぎわい、活気がある。ミニゴルフや子供向けの小さな動物園などもあるので、ファミリーにもおすすめ。

ワールド・オブ・ウエアラブルアート&クラシックカー博物館
World of Wearable Art & Classic Cars Museum

Map P.199-A1

ワールド・オブ・ウエアラブル
アート&クラシックカー
住 1 Cadillac Way Annesbrook
電 (03) 547-4573
URL www.wowcars.co.nz
開 10:00～17:00
休 無休
料 大人$24、子供$10
交 リッチモンド行きのバス#1で約20分、Annesbrook下車、徒歩約5分。

アートの盛んなネルソンから生まれた刺激的な祭典が、年1回行われるワールド・オブ・ウエアラブルアート・アワーズだ。"ウエアラブルアート"とは、直訳すると"着られる芸術"。1987年以来、さまざまな素材や技術を駆使し、想像力の限界に挑戦するような衣装の数々が生み出されてきた。このギャラリーには、過去の受賞作品の一部が展示されている。併設のクラシックカー・ギャラリーでは、貴重なクラシックカーを見ることもでき、技術やトレンドの変遷を楽しめる。

不思議で幻想的な作品が並ぶ

外観も洗練されている

ワールド・オブ・ウエアラブルアート・アワーズ
受賞作が発表されるショーは、毎年秋にウェリントンで開催される。
URL www.worldofwearableart.com

南島 ネルソン 見どころ

Column 芸術家が集う町ネルソン

ギャラリーやショップを巡ろう

温暖な気候で、フルーツの産地としても知られるネルソンは、その明るい雰囲気にひかれてか、芸術家が多く集まるアートの町としても有名だ。絵画やガラス、彫金など幅広いジャンルが揃い、ギャラリーのほか、工房と一緒になったショップなどで、制作の様子も見学できる。観光案内所アイサイトには、ギャラリーやショップ巡りを楽しめるマップがあるので、町歩きをしながら、お気に入りのアーティストを探してみるのもいい。

ネルソンのギャラリーで外せないのは、**ワールド・オブ・ウエアラブルアート&クラシックカー博物館**。この地が生み出した、個性的で刺激的な衣服の芸術が展示され、人気を呼んでいる。

▶レッド・アート・ギャラリー
Red Art Gallery

Map P.198-B1
住 1 Bridge St. 電 (03)548-2170 開 月～金8:30～16:30、土8:30～14:30 休 日 URL redartgallery.com

キャロラインさんとサラさんが経営するギャラリー。30人以上のアーティストのユニークな作品がある。落ち着いた雰囲気のカフェを併設している。

マーケットで作品を見つけよう

毎週土曜の朝、モンゴメリー・スクエアで開かれるネルソン・マーケット。30年以上続く、歴史のあるマーケットだ。地元アーティストたちの作品を見つけることができる。

町歩きのヒントにしよう

ジュエル・ビートル (→P.203) での制作風景

The Nelson Market
Map P.198-B1 住 Montgomery Sq. 電 (03)546-6454
URL www.nelsonmarket.co.nz 開 土8:00～13:00

ネルソン郊外の 見どころ

ネルソン・レイクス国立公園
Nelson Lakes National Park

Map P.202

観光案内所
DOC Rotoiti / Nelson Lakes Visitor Centre
Map P.202
住 View Rd. St. Arnaud
☎ (03) 521-1806
開 8:00～16:30
　（冬季の土・日は9:00～16:00）
休 無休

天気に関する情報も手に入る

ロトイチ湖畔のトラックからの眺め

ネルソンから車で約1時間30分ほどの内陸に位置する国立公園。サザンアルプスの北の外れに近く、約8000年前に後退した氷河の跡が変化に富んだ風景を見せている。中心となるのは美しいふたつの氷河湖、ロトロア湖 Lake Rotoroaとロトイチ湖 Lake Rotoiti。キャンピング、トレッキング、水上タクシーなどのレジャーも盛んだ。周辺にはレインボー・スキー場Rainbow Ski Area、マウント・ロバート・スノースポーツ・クラブMt. Robert Snow Sports Clubのふたつのゲレンデがあり、スキーも楽しめる。

拠点となる町は、ロトイチ湖畔にあるセント・アーナウドSt. Arnaud。一方のロトロア湖畔には、ロトロアRotoroaという小さな集落があり、それぞれネルソンやその周辺の町からシャトルバスが運行されている。

自然の景観を残す国立公園だけに、観光用の施設は簡素だ。町の機能をもつセント・アーナウドには、宿泊施設のほか、雑貨・食料品店もある。ロトロアの宿泊施設は、登山者向けの質素なキャンプ場か高級なロッジと両極端だ。

国立公園内には整備されたトラックが多く、セント・アーナウドからも手軽に歩くことができる。数日間かけてふたつの湖を周遊するコースや、本格的な山岳ルートもある。

ネルソン・レイクス国立公園への行き方
ネルソン中心部から国道6、63号線で約100km。ネルソンからロトイチ湖畔の拠点の町、セント・アーナウドまでシャトルバスが運行されており、所要約2時間（要予約）。ピクトンからも直行便があるが、スケジュールは未定。事前に確認しよう。所要約1時間30分。

シャトルバス会社
Nelson Lakes Shuttles
☎ (03) 540-2042
URL www.nelsonlakesshuttles.co.nz
運 夏季の火・金
料 ネルソン～
　セント・アーナウド
　片道$45（要予約）
　ピクトン～
　セント・アーナウド
　片道$60（要予約）

周辺のスキー場
Rainbow Ski Area
☎ (03) 521-1861
URL www.skirainbow.co.nz
セント・アーナウドから約34kmで、シーズン中（7月中旬～10月中旬、要予約）はセント・アーナウドからシャトルが運行する。

ネルソンの レストラン　Restaurant

デヴィル　DeVille　Map P.198-A1
　内装、庭ともにアートな空間。客の年齢層も幅広く広園では家族連れの姿も。ヘルシーメニューが中心で、朝食$11.5〜やランチは$13.5〜。メキシコ料理のケサディーヤ$18.5も大人気。

住 22 New St.
☎ (03)545-6911
URL www.devillecafe.co.nz
営 月〜土8:00〜15:00、日9:00〜15:00　休 無休　CC DMV

ニュー・アジア・レストラン　New Asia Restaurant　Map P.198-B2
　揚州炒飯$13.5〜やワンタンスープ$7など比較的さっぱりした味付けの料理がメニューに並ぶ。焼きそばや唐揚げ、酢豚など12種類以上の料理から好きなものを選べるテイクアウエイは$8.5〜。

住 279 Hardy St.
☎ (03)546-6238
営 月〜金11:30〜14:30、16:30〜22:00、土・日16:30〜22:00
休 無休　CC AJMV

インディアン・カフェ　The Indian Café　Map P.198-B2
　インド出身のオーナーが経営。カレーはチキンだけでも10種類あり、テイクアウエイも可能。まろやかな辛さが際立ったバターチキンカレーは$17.98。カレー4種にライスがついたランチセットは$10.98。ベジタリアンのメニュー$13.98もある。

住 94 Collingwood St.
☎ (03)548-4089
URL www.theindiancafe.com
営 月〜金12:00〜14:00、17:00〜21:00、土・日17:00〜Late　休 無休　CC AMV

ボート・シェッド　Boat Shed　Map P.199-A2
　水上に突き出した造りのレストラン。タスマン湾を眺めながら新鮮なシーフードを使った地中海料理を楽しめる。シェフおまかせのコースは$45〜、デザート付きは$57.5〜。ラム・ランプ$33.5などの肉料理もある。

住 350 Wakefield Quay
☎ (03)546-9783
URL www.boatshedcafe.co.nz
営 月〜金10:30〜21:00、土・日9:30〜21:00　休 無休　CC DMV

ネルソンの ショップ　Shop

キーウィ・オリジナルズ　Kiwi Originals　Map P.198-A/B1
　メイン通りのトラファルガー・ストリートにあるギフトショップ。ニュージーランドみやげの定番が揃う。メリノウールやポッサムのウール手袋は$26.9〜、プリントTシャツはすべて$10。そのほかニュージーランドアーティストによる、ハンドメイド雑貨やウッド製品、アクセサリーなど。

住 153 Trafalgar St.
☎ 027-322-3041
URL gokiwigifts.com
営 月〜土9:00〜17:30、日10:00〜17:00
休 無休　CC JMV

ジェンス・ハンセン・リングメーカー　Jens Hansen The Ringmaker　Map P.198-B1
　映画『ロード・オブ・ザ・リング』や『ホビット』で使われた指輪をデザインし、一躍有名店になったゴールド＆シルバーのジュエリーショップ。映画に登場するThe One Ringのレプリカはゴールドで$149〜。ウエディングリングもある。

住 320 Trafalgar Sq.
☎ (03)548-0640
URL www.jenshansen.com
営 月〜金9:00〜17:00、土9:00〜14:00、夏季のみ日10:00〜13:00
休 日　CC AMV

アロマフレックス　Aromaflex　Map P.198-B1
　国内初のアロマショップで、オーガニックにこだわったエッセンシャルオイルを豊富に扱う。オイルは100種類以上、5mlの小瓶入りで$7.5〜。オリジナルブレンドの製品やスプレーなどもある。

住 280 Trafalgar St.
☎ (03)545-6217
URL aromaflex.co.nz
営 月〜金9:00〜17:30、土9:00〜14:00　休 日　CC MV

ジュエル・ビートル　Jewel Beetle　Map P.198-B1
　ふたりの女性作家の作品がメインで、甲虫の形をした色鮮やかなジュエリーが揃う。ほかにキーウィのペンダントトップやコルの形のピアスなどもキュート。値段は$45〜。

住 56 Bridge St.　☎/ＦＡＸ (03)548-0487　URL jewelbeetle.co.nz
営 月〜金9:30〜17:00、土10:00〜13:00
休 日　CC AMV

南島／ネルソン　見どころ／レストラン／ショップ

203

ネルソンの アコモデーション　Accommodation

シェルボーン・ヴィラ
Shelbourne Villa　Map P.198-B1

ショッピングエリアから徒歩約5分という好立地。全室専用バスルームとエアコンを備えており、部屋ごとに異なるテイストの内装が施されている。料金込みのフル・ブレックファストが好評。

21 Shelbourne St.　(03) 545-9059　027-447-4186
URL www.shelbournevilla.co.nz
料 DT $279～429　室 4
CC MV

YHA ネルソン
YHA Nelson　Map P.198-B1

町の中心部にありながらリーズナブルな料金が魅力。キッチンやリビングルームは広々としている。卓球やダーツができるプレイルーム、サウナ、BBQ設備なども揃う。レンタルサイクル$25～。

59 Rutherford St.　(03) 545-9988　URL www.yha.co.nz
料 Dorm$24～　S$69～　DT$79～
室 32　CC MV

キングス・ゲート・モーテル
Kings Gate Motel　Map P.198-A1

町の中心部まで徒歩5分ほどの便利な場所にある。1つのユニットにスパバス、4つのユニットにはキッチンが付いている。ランドリー$4、BBQ設備があり、夏季は温水プールが使用できる。

21 Trafalgar St.　(03) 546-9108　FREE 0800-104-022
(03) 546-6838
URL kingsgatemotel.co.nz
料 DT$130～
室 11　CC MV

タスマン・ベイ・バックパッカーズ
Tasman Bay Backpackers　Map P.198-A2

庭に木々が生い茂り、隠れ家のような雰囲気。館内は明るく、内装もとてもおしゃれ。毎夜20:00には手作りチョコレートプディングが供される。共同バスルームも清潔で使いやすい。

10 Weka St.
(03) 548-7950
FREE 0800-222-572
URL www.tasmanbaybackpackers.co.nz　料 Dorm$24～　DT$68～
室 65ベッド　CC MV

バルモラル・モーテル
Balmoral Motel　Map P.199-A1

ビーチ近くの静かな住宅地、タフナヌイ地区に位置するモーテル。各ユニットともゆったりとした造り。キッチンの設備も充実している。バスタブ付きの部屋や、6人まで泊まれるファミリーユニットもあり、長期滞在にもおすすめ。

47 Muritai St.　(03) 548-5018　FREE 0800-222-413
URL nelsonmotel.co.nz
料 S$110～　室 14
CC ADJMV

パラディソ・バックパッカーズ
Paradiso Backpackers　Map P.198-A2

邸宅を改築した大型ホステルで、広い敷地にはバレーボールコートもある。プール、スパバス、サウナなどが無料で利用できる。BBQ設備もあり。

42 Weka St.
(03) 546-6703
FREE 0800-269-667
(03) 546-7533
URL www.backpackernelson.co.nz
料 Dorm$28～　DT$79～
室 140ベッド　CC MV

リバーロッジ・モーテル・アパートメント
Riverlodge Motel Apartments　Map P.198-A2

町の中心部まで徒歩約5分。白を基調にした客室は、コンパクトながら手入れが行き届き快適に過ごせる。新鮮な野菜や季節の果物をたっぷり使用した朝食$12が好評。4室のみキッチン付き。

31 Collingwood St.　(03) 548-3094　FREE 0800-100-840
(03) 548-3093　URL www.riverlodgenelson.co.nz　料 SD$99～　室 11　CC MV

404 トラファルガル・アパートメント
404 Trafalgar Apartments　Map P.198-B1

町の中心部から徒歩5分ほど。広々とした客室が自慢のアパートメントタイプの宿。専用ランドリー、簡易キッチンを備えており、快適な滞在ができる。ツアーデスクを設けているほか、空港までの送迎サービスもあって便利。

404 Trafalgar St.
(03) 539-4046
URL www.404.co.nz
料 DT$245～
室 5　CC MV

204　キッチン(全室)　キッチン(一部)　キッチン(共同)　ドライヤー(全室)　バスタブ(全室)
プール　ネット(全室/有料)　ネット(一部/有料)　ネット(全室/無料)　ネット(一部/無料)

ゴールデン・ベイ
Golden Bay

1642年、オランダの航海者エイベル・タスマンによって"Murderer's Bay（殺人者の湾）"と命名されたが、1843年に内陸部で金が発見されたため、現在の美しい名前に変わった。1850年代には、コリンウッドCollingwood（当時の名前はギブズタウンGibbstown）を首都にしようという動きもあったほど栄えたが、ほどなくして金は枯渇してしまった。現在は国立公園に囲まれた、手つかずの自然があふれるエリアになっている。

南島最北端に位置するコリンウッドは小さくて静かな町

ゴールデン・ベイへのアクセス Access

ネルソンからタカカTakaka経由で、コリンウッドCollingwood行きのゴールデン・ベイ・コーチラインズGolden Bay Coachlinesのバスが出ている。夏季に1日2便、所要約3時間。タカカからヒーフィー・トラックを経由し、タカカへ戻るバスも出ている。夏季に1日1便、ヒーフィー・トラックまで所要約1時間。

おもなバス会社
ゴールデン・ベイ・コーチラインズ
(03) 525-8352
www.goldenbaycoachlines.co.nz
運 ネルソン　　8:15、15:15発
　 タカカ　　11:00、18:00発
ネルソンの観光案内所アイサイトやホテルなどで予約できる。

ゴールデン・ベイの 歩き方

このエリアの中心となる町はタカカTakaka。観光案内所をはじめ、銀行や各種商店などが揃っている。

国道60号線の末端にあるコリンウッドCollingwoodはタカカより小さな町だが、レストラン、スーパーマーケットなどがあり滞在に不便はない。町の郵便局が観光案内所の機能を兼ねている。

観光案内所
Golden Bay Visitor Centre
Map P.209-A1
Willow St. Takaka
(03) 525-9136
www.goldenbaynz.co.nz
夏季
毎日　　　　　9:00～17:00
冬季
月～金　　　　9:30～16:00
土　　　　　10:00～14:00
（時季によって異なる）
休 冬季の日

白い外観が特徴のタカカの観光案内所

ゴールデン・ベイの見どころ

ププ・スプリングス
Pupu Springs

Map P.205

ププ・スプリングスへの行き方
ププ・スプリングスへ行くには車を利用。タカカの町から国道60号線を北西へ進み、タカカ川を過ぎた所で左折、さらに約3km進んだ所に駐車場がある。

正式名称は、テ・ワイコロププ・スプリングスTe Waikoropupu Springsというが、地元の人々にはププ・スプリングスと呼ばれ親しまれている。この泉は1日の湧出量が国内最大であるだけでなく、透明度もすばらしい。湧き上がる水に砂が踊るさまは実に美しく、しばし見とれてしまうことだろう。泉はタカカ川を水源としており、上流の川床から地下を通る水流がある。それを証明するために、夏にタカカ川が涸れるのを見計らって上流のダムから放水し、泉の水位変化を計る大がかりな実験が行われたという。

ふたつの大きな泉の周囲に設置された遊歩道を散策でき、メインの泉を見るだけなら往復30分、両方見るなら45分程度。

水鳥を至近距離で観察できる

どこまでも澄み切っているププ・スプリングス

フェアウェル・スピット
Farewell Spit

Map P.205

フェアウェル・スピットへのツアー催行会社
Farewell Spit Eco Tours
☎(03)524-8257
FREE 0800-808-257
FAX(03)524-8939
URL www.farewellspit.com
Farewell Spit Tour
営通年(潮汐による)
料大人$160、子供$58
(所要約6時間30分)

見るからに不思議な地形だが、この砂嘴(さし)は西海岸の岩盤が浸食されてできる砂が海流によって運ばれ、堆積してできあがった。長さ約35km、幅は平均で約800m。17世紀のオランダ人航海者エイベル・タスマンもこの場所を認めているが、命名者はジェームス・クックだ。彼の一行は1770年の航海で、ここを最後にニュージーランドを離れるにあたり、この岬に"Farewell(お別れ、さようなら!)"の名を付けた。

低く長い砂嘴は、船から見えづらく海難事故が多発したため、1870年、砂嘴の先端部に灯台が建てられた。かつては灯台守が住んでいたが、1984年に自動化されて無人となった。周辺の木は、少しでも陸地が見えやすくなるよう、灯台守が地道な努力で育てたものだ。砂嘴の内側は、遠浅で潮の干満の差が大きいため、クジラの群れが浅瀬で動けなくなる事故もたびたび起きている。砂嘴の先端部は海鳥の生息地でもあり、90種類以上が観察されているが、なかでも最も多いのはシギの仲間。9~3月の間をここで過ごし、南半球に冬が近づくとシベリアのツンドラ地帯やアラスカなどの北方へと旅立っていく。

ゴールデン・ベイで潮干狩りツアー
エイベル・タスマン国立公園からゴールデン・ベイ一帯の海は遠浅で、干潮になると広大な干潟が現れる。沖のほうで砂を20~30cm掘ってみると、大きなアサリのような貝がざくざくと、おもしろいように取れる。砂抜き不要で、そのまま茹でて食べると非常においしい。とはいえ、たくさん取れるからといって取り過ぎないように。

砂嘴の先端に立つ灯台

ヒーフィー・トラック
Heaphy Track

Map P.207

DOCのウェブサイト
URL www.doc.govt.nz

山小屋の予約申し込み
Nelson Marlborough Bookings Helpdesk
☎ (03)546-8210
FAX (04)471-1117
URL booking.doc.govt.nz
小屋 $34
キャンプサイト $14
※ヒーフィー小屋からコハイハイ・シェルターまでは、事前に潮汐情報を確認しておくこと。

南島／ゴールデン・ベイ 見どころ／アコモデーション

ゴールデン・ベイとウエストコーストとを結ぶトラック。全長約78.4kmで、カフランギ国立公園Kahurangi National Park内を通る。ブナの森林が主体だが、湿原や海岸など変化に富んだ景色が楽しめる。古くはマオリ族によって、ウエストコーストで採れるヒスイを運ぶルートとして使われていた。

トラック上には山小屋とキャンプサイトがあり、それらを使って4～6日で歩くのが一般的。コリンウッドからウエストコースト方面へ向かうのがポピュラーで、それによってルート上一番の上りであるブラウン小屋からペリー・サドル小屋Perry Saddle Hutまでの比較的高低差のある区間を最初に踏破し、美しい海岸沿いの平坦な区間を歩いてフィニッシュすることができる。全体的に急な上りは多くなくコース自体は簡単なほうだが、距離が長い縦走路なので装備は十分に。

山小屋やキャンプサイトの利用には予約が必要なので、出発前にハットパスをネルソン、モツエカ、タカカなどのDOCオフィスで購入しておくこと。トラックの東端はコリンウッドから約28km、西端はカラメアKarameaから約15kmの位置にあり、それぞれバスやタクシーが利用できる。バスの運行状況は季節や人数によって変わるので、事前にDOCオフィスで確認を。トラックの両端(ブラウン小屋、コハイハイ・シェルター)にはそれぞれ電話が置いてあり、交通手配の電話をかけることができる。

ヒーフィー・トラック

ゴールデン・ベイの アコモデーション Accommodation

タカカ

アニーズ・ニヴァーナ・ロッジ Annie's Nirvana Lodge Map P.209-A1

タカカの市街地にあるアットホームなYHA/BBH。ププ・スプリングスまで無料貸し出しの自転車で行くことができる。BBQ設備あり。

25 Motupipi St. Takaka ☎ (03)525-8766
URL www.nirvanalodge.co.nz Dorm$30～ Ⓢ$53～
ⒹⓉ$63～ 8 CC MV 日本語可

モフア・モーテルズ Mohua Motels Map P.209-A1

タカカ中心部に位置する、最新の設備を整えた4つ星モーテル。広い芝生の庭でBBQもできる。

22 Willow St. Takaka ☎ (03)525-7222 FREE 0800-664-826 URL mohuamotels.com ⓈⒹ$125～
20 CC AMV

コリンウッド

インレット The Innlet Map P.205

コリンウッドの町から約10km北にあるバックパッカーズホステル&コテージ。ビーチまでは200mほど。近くにはウオーキングトラックもある。

839 Collingwood-Puponga Main Rd. Collingwood
☎ (03)524-8040 URL www.theinnlet.co.nz
Dorm$35～ ⓈⒹ$75～ Ⓣ$85～ 9 CC MV

サマセット・ハウス・バックパッカーズ Somerset House Backpackers Map P.205

コリンウッド中心部にあり日本人経営。自転車やカヤックのレンタル、朝食の手作りのパンは無料。

10 Gibbs Rd. Collingwood ☎ (03)524-8624
Dorm$28～ Ⓢ$46～ ⒹⓉ$70～
6 CC MV 日本語可

キッチン(全室) キッチン(一部) キッチン(共同) ドライヤー(全室) バスタブ(全室)
プール ネット(全室／有料) ネット(一部／有料) ネット(全室／無料) ネット(一部／無料)

207

エイベル・タスマン国立公園

Abel Tasman National Park

エイベル・タスマン国立公園
クライストチャーチ
URL www.abeltasman.co.nz

おもなバス会社
シーニックNZ・エイベル・タスマン
☎(03)548-0285
(ネルソン)
URL www.scenicnzabeltasman.co.nz
ゴールデン・ベイ・コーチラインズ(→P.205)

おもなレンタカー会社
Bay Rentals Motueka
☎(03)528-7664
URL www.bayrentalsmotueka.co.nz

観光案内所 ⓘ SITE
Motueka i-SITE Visitor Centre
Map P.209-B1
⌂20 Wallace St. Motueka
☎(03)528-6543
URL motuekaisite.co.nz
夏季
月〜金　8:30〜17:30
土・日　9:00〜17:00
冬季
月〜金　9:00〜16:30
土・日　9:00〜16:00
無休
モトゥエカの町なか、国道60号線からWallace St.を入ってすぐ。ハットバスの予約、販売も行っている。

おもなウォータータクシー会社
Abel Tasman Centre
☎/FAX(03)527-8176
FREE 0800-808-018
URL www.abeltasmancentre.co.nz

トランピングと組み合わせて使うと便利

グラデーションを描く海が美しいテ・プカテア・ベイ

南島の北端近くにあるエイベル・タスマン国立公園は、美しい海でのカヤッキングと、海岸線沿いを歩く景色のいいコースト・トラックで非常に人気が高い。面積は約225km²でニュージーランドの国立公園のなかでは最小だが、訪問者数は最大。気候が温暖なので、ほぼ1年中アクティビティを楽しめるのも魅力だ。

この国立公園の名前は、1642年にヨーロッパ人として初めてニュージーランドを見つけたオランダの探検家エイベル・タスマン(→P.211)の名前にちなんだもの。

エイベル・タズマン国立公園へのアクセス　Access

国立公園のベースとなるマラハウMarahauへは、ネルソンからモトゥエカMotueka経由でインターシティ系列のエイベル・タスマン・コーチラインズAbel Tasman Coachlinesなどのバスが1日1便運行、所要約1時間45分。マラハウからは1日1〜2便。

また、コースト・トラックの北端となるワイヌイ湾Wainui BayやトタラヌイTotaranuiへも、タカカからゴールデン・ベイ・コーチラインズのバスが運行している。

エイベル・タスマン国立公園の歩き方

マラハウMarahauという小さな村がエイベル・タスマン国立公園におけるベースとなる。また、マラハウから車で南へ約20分の所にあるモトゥエカMotuekaの町は、ショップやレストラン、宿泊施設が揃っていて便利なので、ここを拠点としてもいい。

コースト・トラックを全行程歩くには数日間かかるが、ウォータータクシーを利用すれば、ビーチや景色を楽しんだり、トラックの一部分を歩いたりできる。ウォータータクシーはマラハウから通年運行しており、発着時刻はネルソンやモトゥエカからのバス到着時間とリンクしている。事前に予約しておこう。

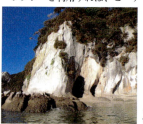
ウォータータクシーからは公園内の変化に富んだ地形を間近に見られる

エイベル・タスマン国立公園の 見どころ

シーカヤック
Sea Kayak

エイベル・タスマン国立公園を訪れたなら必ず体験したいのが、美しい海岸線沿いに漕ぎ進むシーカヤック。海と一体化したような爽快さが味わえる。ガイド付きツアーなら、パドルの握り方から教えてもらえるので、まったくの初心者でもOK。過去の日本人参加者の最高齢は82歳だとか。年間を通して楽しめるが、夏から秋にかけてがベストシーズン。

愛くるしい動物の姿も見逃せない

多くのツアーは、早朝マラハウからウオータータクシーに乗り、国立公園中央部で降りてカヤッキングをスタート。1日ツアーだけでなく、キャンプやロッジで宿泊する2〜3日ツアーもある。海洋保護区となっているトンガ島 Tonga Islandの周りでニュージーランド・ファーシール（オットセイ）を観察したり、人の少ないビーチで食事を楽しんだり、コースト・トラックでのウオーキングと組み合わせたりと、さまざまな過ごし方があるので、自分の希望と体力に合ったコースを選択しよう。コースによっては出発日が限られているものもあり、ネルソンやモトゥエカからの送迎も手配可能なので、予約時に確認を。

シーカヤックのツアー会社
The Sea Kayak Company
☎ (03) 528-7251
FAX (03) 528-7221
FREE 0508-25-2925
URL www.seakayaknz.co.nz
営 10〜5月 (6〜9月は6人以上のグループのみ催行)
料 1日ツアー $120〜
　 2日間ツアー $325〜

すがすがしい潮風を感じながら漕ぎ進もう

世界中からカヤッカーが訪れる

南島／エイベル・タスマン国立公園／歩き方／見どころ

209

DOCのウェブサイト
URL www.doc.govt.nz

山小屋の予約申し込み
Nelson Marlborough Booking Helpdesk
(→P.207)
料 山小屋 $75
キャンプサイト$30

おすすめショートコース
メインルートのほかに、ちょっとしたショートコースもいろいろある。なかでもおすすめは、ウォータータクシーが発着するアンカレッジ小屋前のビーチから、半島の先端Pitt Headを巡る約1時間20分のコース。途中、風光明媚なテ・プカテア・ベイ Te Pukatea Bayを通る。

砂浜と森歩きの両方を楽しめるトラック

エイベル・タスマン・コースト・トラック
Abel Tasman Coast Track

Map P.209-A1～B1

グレートウオークのうちのひとつで、南のマラハウMarahauから北のワイヌイWainuiまで、全長約60kmのトラックを3～5日かけて歩く（→P.419）。森と海岸が織りなす景色の美しさで人気が高い。全体的になだらかで歩きやすく、ウォータータクシーを利用して一部だけ歩くということもできるため、ガイドなしでも気軽にトライできる。

このトラックの特徴のひとつに、潮位差が大きいため干潮時の前後数時間だけ渡れる干潟があげられる。ひざ下を濡らして歩くのも気持ちがいい。事前に潮汐を調べておくことを忘れずに。

コースト・トラック上には、4つの山小屋と19ヵ所のキャンプサイトがある。事前にハットパスやキャンプパスを購入すること。調理器具はないので持参しなければならない。アワロア・ロッジ（→P.211）などに滞在するのもいい。

マラハウ　Marahau→アンカレッジ小屋　Anchorage Hut
（約12.4km、所要約4時間）

アンカレッジ小屋　Anchorage Hut→バーク・ベイ小屋　Bark Bay Hut　（8.4～11.5km、所要3～4時間、潮位差による）

干潮時の前後それぞれ2時間はトレント・ベイTorrent Bayを渡ることができる。それ以外の時間は、山回りのルート（4km）をたどるため、1時間ほど余計にかかる。

バーク・ベイ小屋　Bark Bay Hut→アワロア小屋　Awaroa Hut
（約13.5km、所要約4時間30分）

アワロア小屋　Awaroa Hut→ファリファランギ・ベイ小屋　Whariwharangi Bay Hut　（約16.9km、所要約5時間35分）

アワロア・ベイAwaroa Bayは、干潮前の1時間30分、干潮後の2時間に限って渡れる。

ファリファランギ・ベイ小屋　Whariwharangi Bay Hut→ワイヌイ　Wainui　（約5.7km、所要約2時間）

エイベル・タスマン国立公園の アクティビティ Activity

シール・サンクチュアリ・ツアー
マラハウからウオータータクシーで出発し、風景を楽しみながら北へ約25km進んだところにあるオネタフチビーチへ。ビーチに着くとカヤックに乗り換え、トンガ島周辺を探索開始だ。パドルをこぎながらオットセイや、ブルー・ペンギンのかわいらしい姿をじっくり観察しよう。カヤックは休憩を入れて約2時間あるので、海に生息する動物たちとの時間も十分。

Abel Tasman Kayaks
☎(03)527-8022
FREE 0800-732-529
URL www.abeltasmankayaks.co.nz
営 10～4月8:30発
料 半日$250（年齢制限12歳以上） CC MV

カイトサーフィン
セーリングのような爽快感とサーフィンの躍動感を併せもつカイトサーフィンは、カイト（凧）を上げ、その力を利用して海面を自由自在に疾走する。インストラクターのていねいな指導と道具の貸し出しがあるので初めてでも安心だ。

Kitescool　☎021-354-837　FREE 0800-548-326　URL www.kitescool.co.nz
営 9～5月　料 半日グループレッスン大人$170（個人レッスンもあり）　CC MV

210

エイベル・タスマン国立公園の アコモデーション Accommodation

マラハウ

オーシャン・ビュー・シャレー Ocean View Chalets　Map P.209-B1

マラハウ中心部から小高い丘を徒歩4分ほど登った、海を見渡せる最高のロケーションに位置する。ユニットはそれぞれ独立した造りで、ゆったりとした山小屋風。朝食ビュッフェは$15。

住305 Sandy Bay Rd. Marahau
(03)527-8232　URL www.accommodationabeltasman.co.nz
料⑤⓪①$145〜　室計10
CC MV

バーン The Barn　Map P.209-B1

カヤックツアー会社に近い便利な立地のバックパッカーズ。広い芝生のテントサイトには、シービューの場所もある。ドミトリー棟を新設。共同キッチンは広々として使いやすい。

住14 Harvey Rd. Marahau
(03)527-8043　URL www.barn.co.nz　料Camp$20〜 Dorm$32〜 Cabin$79〜
室計50　CC MV

マラハウ・ビーチ・キャンプ Marahau Beach Camp　Map P.209-B1

観光案内所アイサイトに併設されており、ビーチからは100mほど。キャビンとホステルがある。レストランも併設している。

住229 Sandy Bay Rd. Marahau
(03)527-8176　FREE 0800-808-018
URL www.abeltasmancentre.co.nz
料Camp$25 Dorm$25 ⓓ$60 Cabin$75　室計5(Cabin)　CC MV

モトゥエカ

イクエストリアン・ロッジ・モーテル Equestrian Lodge Motel　Map P.209-B1

町の中心部にありながら、BBQやピクニックが楽しめる広々とした敷地を誇るモーテル。6人まで宿泊できるファミリールームもある。ゴルフ場も至近。

住2 Avalon Court. Motueka　(03)528-9369
FREE 0800-668-782　URL www.equestrianlodge.co.nz
料⑤ⓓ①$135〜　室計15　CC MV

ハット・トリック・ロッジ Hat Trick Lodge　Map P.209-B1

町の中心部、観光案内所アイサイトとバス停留所の正面に位置する好ロケーションのBBH。広い駐車場やBBQ設備あり。キッチンやロビーも広く使い勝手がいい。

住25 Wallace St. Motueka
(03)528-5353　URL hattricklodge.co.nz　料Dorm$28〜 ⓓ①$69〜
室計51ベッド　CC MV

コースト・トラック

アワロア・ロッジ Awaroa Lodge　Map P.209-A1

アワロア・ベイに位置する高級ロッジ。各ユニットはそれぞれ独立した造りで、6人まで泊まれるファミリーユニットもある。併設のレストランも本格的。

住11 Awaroa Bay. Motueka
(03)528-8758
URL www.awaroalodge.co.nz
料ⓓ①$142〜　室計26
CC ADJMV

Column　オランダ人航海者エイベル・タスマン

エイベル・ジャンツーン・タスマンAbel Janszoon Tasman（1603〜59）は、オランダ生まれの探検家。オランダ語ではアベル・ヤンスゾーン・タスマンと読む。南方の大陸を探し、まずオーストラリアでタスマニア島を"発見"。その後ニュージーランド南島の西海岸に到着し、1642年12月18日、現在のワイヌイ付近の沖合に2隻の帆船の錨を下ろした。事件が起きたのは翌朝のこと。無数のマオリのカヌーに襲われ、4人が殺されたのだ。タスマンはすぐに退散し、この地に「殺人者の湾」という恐ろしげな名をつけた。これが後のゴールデン・ベイである。その後タスマンは北島東海岸を北上して再度の上陸を試みるが、またも住民の襲撃に遭う。結局タスマン自身はこの土地に足跡を印さないまま、帰途についた。タスマンはこの国をスターテンランドと名づけたが、いつしかオランダの地名ゼーランドにちなんだノヴォ・ゼーランディアという呼び名が生まれた。しかし、この地を実際に訪れたヨーロッパ人は、127年後のジェームス・クックが最初となる（→P.368）。

アーサーズ・パス国立公園
Arthur's Pass National Park

URL www.arthurspass.com

おもなバス会社（→P.497）
ウエストコースト・シャトル
■クライストチャーチ 14:15発
　グレイマウス 7:45発

長距離バス発着所
Map P.213
■85 West Coast Rd.

鉄道会社（→P.497）
キーウィ・レイル
■クライストチャーチ 8:15発
　グレイマウス 14:05発

観光案内所
DOC Arthur's Pass National Park Visitor Centre
Map P.213
■State Hwy.73
■(03) 318-9211
■4〜10月 8:30〜16:30
　11〜3月 8:00〜17:00
■無休

山歩きに関する資料も展示する

すがすがしい山岳国立公園に到着したトランツ・アルパイン号

南島に横たわるサザンアルプスの山並みの、北の端に位置する峠がこのアーサーズ・パスだ。南島を東西に横断するこの峠道は、古くはマオリの人々がヒスイ（マオリ語名ポウナム）を求めてウエストコーストへと通っていたルート。1864年に測量士で土木技師のアーサー・ドブソンArthur Dobsonが開削し、その名にちなんだ地名となった。1866年には馬車が通れる道路が開通したが、険しい山中のルートは大変な難所だった。こうした輸送のネックを解消するため、山岳地帯を長さ8.5kmのトンネルで貫くという当時としては画期的な鉄道プロジェクトが構想され、着工から15年もの歳月を経て1923年に完成。これによってアーサーズ・パスは山岳観光地として知られるようになった。

国立公園内には標高2000m以上のピークが名前の付くものだけで16もある。ベースタウンのアーサーズ・パス・ビレッジArthur's Pass Villageを起点に、いくつかのトラックが設けられている。クライストチャーチからの日帰りでも手軽に山の雰囲気を味わうことができるとあって、訪れる旅行者が多い。

アーサーズ・パス国立公園へのアクセス Access

クライストチャーチからグレイマウスへ向かうウエストコースト・シャトルWest Coast Shuttleのバスが途中でアーサーズ・パス国立公園を経由する。1日1便、所要約2時間15分。グレイマウスからは所要約1時間45分。

列車ではクライストチャーチ〜グレイマウス間を走るキーウィ・レイルのトランツ・アルパイン号が1日1便往復しており、クライストチャーチからの日帰り観光も可能だ。所要約2時間40分。

アーサーズ・パス国立公園の歩き方

観光の拠点となるアーサーズ・パス・ビレッジの中心、観光案内所アイサイトは、駅から約200m、ビジターセンターから約300mの地点にある。長距離バスが発着するのは、食料雑貨店アーサーズ・パス・ストアArthur's Pass Store前。その周辺に宿泊施設やレストランなどが点在する。DOCビジターセンターには周辺のトラックに関する詳しい情報があるので、手軽なウオーキングコースでも歩く前に立ち寄っておくのがおすすめだ。

アーサーズ・パス国立公園の見どころ

アーサーズ・パス国立公園のショートウオーク
Short Walks in Arthur's Pass National Park　Map P.213、214

以下のコースは所要時間が短く、ジーパンにスニーカー程度の軽装でも歩くことができるので、クライストチャーチからの日帰りでも十分に楽しめるだろう。

デビルス・パンチボウル・ウオーターフォール
Devil's Punchbowl Waterfall（往復約1時間）

足場の悪い所は舗装されているので歩きやすい

この一帯では最大の高さ131mの滝を見に行くコース。スタート地点はアーサーズ・パス・ストアから北へ約450mの所に駐車場があり、そこから表示に沿って進む。滝の下までは30分余り、部分的にやや急な所もある。新しく整備された展望台から滝が激しく流れ落ちる、迫力ある光景を眺められる。滝つぼ周辺は立入禁止となっている。

豪快な水しぶきを上げるデビルス・パンチボウル・ウオーターフォール

ブライダル・ベール（アーサーズ・パス・ウオーキング・トラック）
Bridal Veil（Arthur's Pass Walking Tracks）
（往復約40分）

スタート地点がデビルス・パンチボウル・ウオーターフォールと同じなので、組み合わせて歩くのに適している。ほぼ全行程が森林の中を行く平坦な道で、特別な見どころはないが、美しい森の中の静かな散歩を楽しむのにちょうどいい。"花嫁のベール"というロマンティックで美しい名前の、コース半ばにある小さな沢を越える1ヵ所だけ短いが急なアップダウンがある。スタートから1時間弱歩くと国道に出て、コースは終わる。国道を歩くのは危険なため、帰り道は行きと同じ。

オティラ・バレー　Otira Valley
（往復2〜6時間）

アーサーズ・パス・ビレッジから北へ約6km、アーサーズ・パスの峠を越えた所にある駐車場がスタート地点。オティラ川が流れる谷に沿って、タソックや灌木が茂る森の中を進んでいく。厳しいアップダウンはないが、一部足場が悪い所があるので注意。氷河に削られてできた開放感のある谷の風景が見られる。ルート最終に古い橋が架かっており、先へ進むには、あらかじめきちんとした装備が必要。冬は雪崩が発生する可能性があり危険。

アーサーズ・パス国立公園のトランピングトラック
Tramping Tracks in Arthur's Pass National Park

Map P.213、214

アバランチ・ピーク　Avalanche Peak
（往復6〜8時間）

高山植物を愛でながら歩こう

　アバランチ（崖崩れ、雪崩）という名前のとおり、大きく崩れたガレ場をもつ荒々しい山容が目立ち、標高1833mのピークからは、アーサーズ・パス国立公園の主峰マウント・ロールストンMt. Rolleston（標高2275m）と、その南斜面にある氷河を間近に望むダイナミックな山岳景観が広がる。それだけに人気も高いが、決して初心者が手軽に登れる山ではない。特に山頂直下の稜線はルートが不明瞭なうえ、不安定な岩場が続いており、視界不良時や悪天候下では危険が高い。

アバランチ・ピーク頂上。足元には十分な注意を

　スタートはDOCビジターセンターのすぐ裏側で、最初からかなり急な上りだ。森林の中で視界はあまり開けないが、どんどん小さくなっていくビレッジの風景が木々の間に見え隠れする。1時間30分ほどで標高約1200mの森林限界を越える。ここで初めて展望が開け、眼下の南北方向に延びるビーリー川の深い谷間を見渡すことができる。ここからの地形はタソックと岩場が主で、斜度はやや緩くなる。ルートは20m程度の間隔で立つポールによって示されているので、これに従って

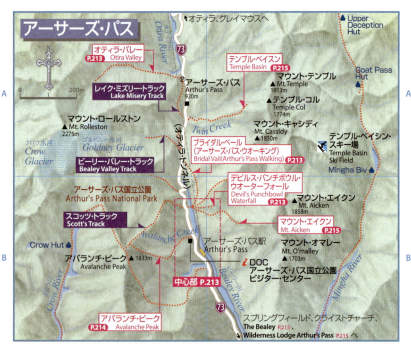

214

進む。頂上直下、最後の100mほどは非常に幅の狭い岩場で、慎重に登らねばならない。そして頂上へ。最高地点を示す標識類は何もないが、期待どおりの展望が迎えてくれる。

　帰路は往路と同じでもいいが、北側のスコッツ・トラックScott's Trackから下るのもポピュラーだ。これは山頂直下で、アバランチ・ピークをやや戻ってから始まるルートで、往路に比べると全般に斜度は緩やかだ。もちろんこれを往路に利用することもできる。正面にデビルス・パンチボウル・ウオーターフォールを見ながら下り、最後はビレッジの北端で国道脇に下り、全行程が完了する。

テンプル・ベイスン　Temple Basin
(往復約3時間)

　ビレッジから北へ約5km行った国道73号線沿いにある駐車場がスタート地点。スキー場へ向かう林道を、歩いて登っていく。1時間30分ほどでたどり着くスキークラブの山小屋を終点にして往復する。天気がよい日は、マウント・ロールストンを一望できる。山小屋から最終リフト終点のテンプル・コルまではルートの目印もなくなるので上級者向け。

マウント・エイクン　Mt. Aicken
(往復3～4時間)

　マウント・エイクンはアバランチ・ピークとはビレッジを隔てて向かい合う位置にある標高1858mの山。トラックはデビルス・パンチボウル・ウオーターフォールの駐車場から始まり、途中、トンネル工事に使用された古い発電所前を通過する。

登山届けを忘れずに
アバランチ・ピークなど本格トレッキングコースを歩いたり山小屋を使用する登山者は、事前に登山届けを出すこと。必要事項をeメールで送るか、ウェブサイトから専用フォームをダウンロードし、必要事項を記入する。詳細は下記ウェブサイトを参照。
URL www.adventuresmart.org.nz/outdoors-intentions

読者投稿
山頂でのスコッツ・トラックの探し方
2019年2月にアバランチピークから上り、スコッツ・トラックから下る登山をしました。山頂到着後、来た道（アバランチピーク）を少し戻るとスコッツ・トラックへの分岐点が見つかりました。山頂ではポールなどの案内が見当たらず、勘違いしてルートから外れる旅行者もいるようなので注意が必要です。
(神奈川県　匿名　'19)

← アーサーズ・パス国立公園の アコモデーション　Accommodation

ビーリー　The Bealey　Map P.214-B2外
アーサーズ・パスから国道73号線を南へ12kmほど行った所にある閑静なホテル。バックパッカーズロッジもあるのでグループでの宿泊にもおすすめ。レストランも併設する。

住 State Hwy. 73 Main Rd.
TEL (03) 318-9277　FAX (03) 318-9014
URL thebeaheyhotel.co.nz　Cabin $135～　Lodge S $65～　D T $165～　客室 26　CC MV

ウェルネダス・ロッジ・アーサーズ・パス
Wilderness Lodge Arthur's Pass　Map P.214-B2外
アーサーズ・パスから73号線を南へ約16km、コーラリンロードを南へ約1km行った先にあるオールインクルーシブのホテル。豊かな自然に囲まれており、客室からは美しい風景を眺めながら過ごすことができる。タイプの異なる2種類の客室がある。

住 State Hwy. 73　TEL (03) 318-9246
URL www.wildernesslodge.co.nz
S D T $450～　客室 24　CC MV

アーサーズ・パス・アルパイン・モーテル
Arthur's Pass Alpine Motel　Map P.213
国道73号線沿い、鉄道駅より少し南に位置するモーテル。少々古びているが、メンテナンスが行き届いた内部は清潔。すべてのユニットにバスルーム、トイレが付いており、冷蔵庫や電子レンジ、食器などのキッチン設備も完備。モーテル初心者でも安心。

住 52 Main Rd. State Hwy.73
TEL (03) 318-9233
URL www.apam.co.nz
D T $115～
客室 9　CC MV

マウンテン・ハウス　Mountain House　Map P.213
ビレッジの中心部にあるバックパッカーズホステル。山歩きについての情報を豊富にもつ。さまざまな客室タイプがあり、女性専用ドミトリーのほか、モーテルやコテージなどもある。個室はバス、トイレ共用。

住 84 West Coast Rd.
TEL (03) 318-9258
URL trampers.co.nz
Dorm $34～　S D T $94～
65ベッド　CC MV

215

ウエストコースト

West Coast

ウエストコーストの観光情報
URL www.westcoast.co.nz

おもなバス会社（→P.497）
インターシティ／
ニューマンズ・コーチラインズ
ウエストコースト・シャトル

鉄道会社（→P.497）
キーウィ・レイル

タスマン海に面した南島の西海岸は、ニュージーランドの"僻地"といった印象が強い。断崖の続く切り立った海岸線と、そのすぐ近くまで迫る山並みのために交通事情が悪く、大きな町が発展することはなかったからだ。国内有数の降水量をもつ地域でもあり、豊かな水量に育まれた深い森が一帯を覆う。

奇岩が連なるプナカイキのパンケーキ・ロック

この地は、古くからニュージーランドヒスイの産地であった。この宝石をマオリの人々は「ポウナム」と呼び、霊力の宿るものとして装飾品あるいは武器の材料として珍重していた。

その後ヨーロッパ人の入植とともに発達した産業は、19世紀末に始まった石炭と金の採掘だ。ウエストポートの北側で1878年に始まった石炭採掘は1910年代に産出量のピークを迎え、現在でも採掘は続いている。金が発見されたのはグレイマウスからホキティカにかけての一帯で、1865年のこと。しかし埋蔵量はさほど多くなく、幸運を手に入れた者はごくわずかだったという。

ウエストコーストへのアクセス Access

インターシティ／ニューマンズ・コーチラインズの長距離バスは、ネルソン〜フォックス氷河間を1日1便運行、ウエストポート、プナカイキを経て、グレイマウスで乗り換え、フランツ・ジョセフ氷河を経由する。ウエストコースト・シャトルはクライストチャーチ〜グレイマウス間を1日1便運行しており、スプリング・フィールドやアーサース・パスを経由する。

また、鉄道ならクライストチャーチからアーサーズ・パス国立公園を経てグレイマウスまでを走るキーウィ・レイルのトランツ・アルパイン号を利用することもできる。

ウエストコースト
ウエストポート
Westport

ウエストポートはその名が示すとおり、西海岸では数少ない港町として発展してきた町。西海岸ではグレイマウスに次ぐ大きさで、ブラー川Buller Riverの大きな流れに面し、古くは石炭、現在はおもにセメントを積んだ船が行き交っている。石炭の採掘は全盛時の勢いはないものの、現在も続いており、町の北約30kmのグラニティGranity周辺にはいくつかの炭鉱がある。

タスマン海を見渡すファウルウインド岬

人口：4111人
URL westport.nz

おもなバス会社(→P.497)
インターシティ／
ニューマンズ・コーチラインズ

ウエストポートへのアクセス Access

インターシティ／ニューマンズ・コーチラインズなどが1日1便運行するネルソン〜フォックス氷河間のバスがウエストポートを経由する。ネルソンからは所要約3時間40分、グレイマウスからは約2時間20分、フォックス氷河からは約7時間。また、ほとんどのバスはパンケーキ・ロック（→P.218）で有名なプナカイキPunakaikiに立ち寄る。バスの発着所はパーマストン・ストリートPalmerston St.沿いにあるガソリンスタンド、カルテックスCaltexの前。または観光案内所アイサイト前に停まる。

長距離バス発着所
Map P.217-A2
住 197 Palmerston St.

大通りパーマストン・ストリート

観光案内所 i-SITE
Westport i-SITE Visitor Centre
Map P.217-A1
住 123 Palmerston St.
☎ (03)789-6658
FAX (03)789-6668
URL westport.nz
開 4〜11月　9:00〜16:30
　 12〜3月　10:00〜17:00
休 無休

ウエストポートの 歩き方

商店やレストランなどは、ブラー川に並行して走るパーマストン・ストリート Palmerston St. 沿いに集中。観光案内所アイサイトもこの通り沿いにあり、バスの発着所からは3ブロックほど。

ウエストポートの見どころ

コールタウン博物館
住 123 Palmerston St.
☎ (03) 789-6658
開 12〜3月　9:00〜17:00
　　4〜11月
　　月〜金　10:00〜16:00
　　土・日　9:00〜16:30
休 無休
料 大人$10、子供$2

ウエストコースト醸造所
住 10 Lyndhurst St.
☎ (03) 789-6201
URL www.westcoastbrewing.co.nz
開 月〜金　9:30〜17:00
　　（時季によって異なる）
休 土・日

地ビールを堪能しよう

ファウルウインド岬＆シール・コロニーへの行き方
ウエストポートから国道67号線を西へ約15km進んだ所に駐車場がある。ここから徒歩で灯台まで約15分、コロニーまで約1時間。コロニー一帯にも駐車場があるので逆ルートも可。

パンケーキ・ロックへの行き方
ウエストポートから国道6号線を南へ約56km。グレイマウス行きの長距離バスがプナカイキに停車する。

パンケーキを何百枚も積み重ねたような不思議な岩

コールタウン博物館
Coaltown Museum　**Map P.217-A1**

石炭や金鉱をテーマとする博物館。炭鉱での採掘風景を実物大で再現した展示は臨場感がある。展示室には約8トンの石炭を積む大型の貨車があるが、これはウエストポートより内陸の鉱山デニストンで使われていたもの。標高600mの地点から石炭を運び下ろすため、最大47度の急斜面を走っていた様子を表している。

ウエストコースト醸造所
West Coast Brewery　**Map P.217-A1**

ウエストポートの地ビールであるウエストコースト・ドラフトWest Coast Draughtの醸造所。小さい施設だが、瓶詰めの見学ツアー（要予約。5人〜催行。）ができる。オリジナルグッズも販売。

ファウルウインド岬＆シール・コロニー
Cape Foulwind & Seal Colony　**Map P.216-A1**

ファウルウインド岬とは、"暴風の岬"の意で、キャプテン・クックが命名したものだ。岬の先端周辺には遊歩道（全長約3.4km）があり、終着点近くのニュージーランド・ファーシール（オットセイ）のコロニーでは、崖の上に設けられたデッキからファーシールの群れを観察できる。

荒々しい海岸とコロニーを見学

パンケーキ・ロック
Pancake Rocks　**Map P.216-A1**

グレイマウスとのほぼ中間にあるプナカイキPunakaiki。ここの海沿いでは石灰質の岩が層をなして重なり、パンケーキを高く積み重ねたような姿を見せている。近くにはブロウホール（潮吹き穴）もあり、満潮時には打ち寄せる波が岩盤に開いた穴から勢いよく吹き出す様子を見ることができる。国道沿いから遊歩道を歩いて1周約30分。

ウエストポートのアコモデーション　Accommodation

アシュレ チェルシー・ゲートウエイ・モーター・ロッジ
ASURE Chelsea Gateway Motor Lodge　**Map P.217-A2**

メインストリートに面した立派な構えのモーテル。部屋は広くて清潔。ステュディオユニットにテラスとガーデンが設けられくつろげる。6室はスパバス付き。最大6人まで泊まれる部屋がある。

住 330 Palmerston St.　**☎** (03) 789-6835　**FREE** 0800-660-033
URL www.chelseagateway.co.nz　**料** ⑤⑩①$130〜　**室** 20　**CC** ADJMV

ベイジル・ホステル
Bazil's Hostel　**Map P.217-A1**

観光案内所アイサイトからすぐ近く。ドミトリールームには共用のキッチン、シャワー、トイレ、テレビラウンジが備えられている。ファミリーユニットもあり、最大6人1室の利用もできる。

住 54-56 Russell St.　**☎** (03) 789-6410　**FAX** (03) 789-6240　**URL** www.bazils.com　**料** Dorm$32　⑩①$78〜　**室** 68ベッド　**CC** MV

ウエストコースト
グレイマウス
Greymouth

人口：9800人
URL greydistrict.co.nz

　小規模ながらもウエストコースト一帯では最大の町。かつては周辺で金が採れ、それ以後はウエストコースト一帯における酪農や林業の中心地、陸海の交通の要衝として栄えてきた。
　その名が示すとおり、グレイ川Grey Riverの河口の平地に広がるグレイマウスは、地元ではグレイという略称で呼ばれることが多い。かつてマオリの人々はここを"広がった河口の地"という意味のマウェラMawheraと呼び、パ（要塞をもつ集落）を設けて住み着いていた。
　河口の町グレイマウスは、過去に幾度となく水害に見舞われた歴史をもつ。1988年の5月と9月にも、立て続けに大規模な洪水が発生し、それをきっかけにようやくThe Great Wall of Greymouthと呼ばれる大堤防が完成。町の主要部分は完全に防護され、堤防の上は遊歩道としても利用されている。

堤防の上からグレイ川を望む

グレイマウスへのアクセス　Access

　ウエストコースト・シャトルのバスがクライストチャーチからアーサーズ・パス国立公園を経由してグレイスマウスへの便を運行している。クライストチャーチから1日1便、所要約4時間。また、インターシティ／ニューマンズ・コーチラインズがネルソンからウエストポートを経由し、グレイスマウスへ向かう便を1日1便運行している。ネルソンからは所要約6時間、ウエストポートからは約2時間15分。フォックス氷河からは約4時間45分。フランツ・ジョセフ氷河からは約4時間。バスは鉄道駅に発着する。
　鉄道ではクライストチャーチから1日1便運行されているキーウィ・レイルのトランツ・アルパイン号を利用。クライストチャーチを8:15に出発、グレイスマウスには13:05に到着。サザンアルプスを横断するこの鉄道からの景色は美しく、観光列車としても名高い。

おもなバス会社（→P.497）
インターシティ／
ニューマンズ・コーチラインズ
ウエストコースト・シャトル

鉄道会社（→P.497）
キーウィ・レイル

観光案内所
Greymouth i-SITE
Visitor Information
Centre
Map P.220
住 164 Mackay St.
☎ (03) 768-7080
FAX (03) 768-7090
URL www.westcoasttravel.
　co.nz
開 12〜4月　　　9:00〜17:00
　 5〜11月
　 月〜金　　　 9:00〜17:00
　 土・日、祝 10:00〜16:00
休 無休

グレイマウスの 歩き方

　鉄道駅はグレイマウスの中心部の北側、マッカイ・ストリートMackay St.に面している。観光案内所アイサイトは駅構内にある。インターシティ／ニューマンズ・コーチラインズなどのバスが発着するのもこの駅前だ。駅前の通りを西側に歩いていくとしだいに商店の数が増え、アルバート・モールAlbert Mallあたりが最もにぎわいを見せるエリアとなる。中心部に見どころは少ないので車があると便利。
　市街地にはいくつかの遊歩道が設けられている。手軽に歩くならグレイ川に沿った堤防上の道フラッドウォール・ウオークFloodwall Walkがおすすめ。外海に突き出た防波堤の上からは、晴れた日には海越しにサザンアルプスの山並みが見えるすばらしい眺望が楽しめる。

町のどこからでも見える時計台は町歩きの目印に便利

グレイマウスの見どころ

モンティース醸造所

モンティース醸造所
Monteith's Brewery

Map P.220

住	Turamaha St. & Herbert St.
☎	(03) 768-4149
URL	www.monteiths.co.nz
営	11:00～21:00
催	見学ツアー 11:30、15:00、16:30、18:00発
休	無休
料	$25(所要約45分、要予約)

モンティースは、ウエストコーストのビールとして古くから親しまれているブランドだ。今ではニュージーランド各地で飲まれるほどポピュラーだが、もともとの醸造所はグレイマウスにある。

醸造所では1日4回ツアーを行っており、醸造所の歴史や醸造工程の解説、テイスティングなどができる。$10でオリジナルボトルを作ってもらえる。

150年以上の歴史がある老舗

シャンティ・タウン

シャンティ・タウン
Shanty Town

Map P.216-B1

住	316 Rutherglen Rd. Paroa
☎	(03) 762-6634
FREE	0800-742-689
URL	www.shantytown.co.nz
開	8:30～17:00
休	無休
料	大人$33.5、子供$16.5 (パニング体験$7)
交	グレイマウスから国道6号線を約8km南下、パロアParoaという町を過ぎたら内陸に入り約3km。

グレイマウス周辺で初めて金が発見されたのは1865年のことだった。ここシャンティ・タウンは、そのゴールドラッシュ当時の町並みを再現したもの。鍛冶屋、銀行、牢獄など内部まで忠実に造られており、タイムスリップ感覚が味わえる。園内には当時の蒸気機関車が、往復20分ほどの線路を走っている。ゴールドパニング(砂金探し)の体験ができるのも楽しい。

砂金探しを楽しもう

施設内には地ビールが味わえるホテル(酒場)もある

グレイマウス郊外の 見どころ

ホキティカ
Hokitika
Map P.216-B1

グレイマウスから南へ40kmほど行った海沿いの町。町の北に流れるアラフラ川流域は、ウエストコースト一帯におけるヒスイ（グリーンストーン、マオリ語ではポウナム）の一大産地として知られ、かつてポウナムを売るマオリの商人たちが、このホキティカから国内各地へ行商に出かけていった。町には、ヒスイ製のアクセサリーを売るショップや工房もあり、カービング（彫刻）の制作体験が楽しめる。また、東へ25kmほど行くとホキティカ渓谷Hokitika Gorgeがある。エメラルドブルーに輝く水が最大の魅力で、橋から眺める風景はすばらしい。往復15分の簡単なウオーキングコースがある。

水の神秘的な青さにうっとり

ウエストコースト沿いの町だけに年間降水量は多いが、晴れた日にはもくもくとした雲に覆われたアオラキ／マウント・クックの稜線が眺められ、アクティビティも盛んに行われている。

ホキティカの観光情報
URL hokitika.com

ホキティカへの行き方
グレイマウスからの場合、グレートサイツのフォックス氷河行きが途中ホキティカに停車する。所要40～55分。

ポウナム・カービング体験
Bonz 'N' Stonz
住 16 Hamilton St. Hokitika
☎ (03) 755-6504
URL www.carveyourown.co.nz
営 9:00～20:00
（要予約）
休 無休
料 $100～（素材によって異なる）

ホキティカ渓谷
Map P.216-B1外

グレイマウスの アコモデーション — Accommodation

キングスゲート
Kingsgate   Map P.220

鉄道駅に近く、アクセスに便利。客室はゆったり落ち着いた雰囲気で、グレイ川の眺望を楽しめる客室も。バーやレストランも併設。

住 32 Mawhera Quay
☎ (03) 768-5085
URL www.millenniumhotels.com
料 ⓈⓄⓉ$118～
室 98
CC ADJMV

ゴールデン・コースト B&B
Golden Coast B&B   Map P.220

きれいな庭があるかわいらしい外観のB&B。内装も落ち着く雰囲気だ。シャンティ・タウンやパンケーキ・ロックへのツアーをアレンジしてくれる。朝食はガラス張りのダイニングで。

住 10 Smith St.
☎ (03) 768-7839
URL www.goldencoastbnb.co.nz
料 Ⓢ$100～115　ⒹⓉ$100～130
室 4
CC MV

コールレーン・スイーツ&アパートメンツ
Coleraine Suites+Apartments   Map P.220

町の中心部から徒歩で10分ほど、ハイ・ストリート沿いに立つアパートメント。2ベッドルームは最大5人まで泊まることが可能。客室はソファやテーブルが配され広々。

住 61 High St.　☎ (03)768-0077
FREE 0800-270-077　URL colerainegreymouth.nz　料 ⓈⒹⓉ$165～　室 22　CC AJMV

グローバル・ビレッジ・バックパッカーズ
Global Village Backpackers   Map P.220

鮮やかな色合いのアフリカとアジアンアートで囲まれたユニークな内装。スパバスやサウナ、ジムなど施設も充実している。カヤック、レンタサイクル、釣り竿などを無料で利用できる。

住 42-54 Cowper St.
☎ (03) 768-7272　URL www.globalvillagebackpackers.co.nz
料 Dorm$32～　ⓈⒹⓉ$82～
室 15　CC AJMV　日本語OK

ウエストランド／タイ・ポウティニ国立公園

Westland Tai Poutini National Park

ウエストランド／
タイ・ポウティニ
国立公園

クライストチャーチ

URL www.glaciercountry.co.nz

ダイナミックな氷河ウオークを体験しよう

南島の西海岸の中ほどにあるウエストランド／タイ・ポウティニ国立公園は、国内最高峰アオラキ／マウント・クックの西側が急激に海に落ち込む所である。温暖なこの国にあって、海岸線から直線距離でわずか10km余りしか離れていないのに、氷河を抱いたダイナミックな山岳風景が展開する変化の大きさには驚くばかりだ。最大の見どころは、何といってもフランツ・ジョセフ、フォックスのふたつの氷河。アオラキ／マウント・クック国立公園周辺に140近く残る氷河のなかでもこのふたつはアクセスが容易で、誰もが手軽に氷河観光を楽しめる魅力的な場所。ヘリコプターや小型飛行機でのフライト、あるいは氷河上を歩くアクティビティを、ぜひ体験したい。

ウエストランド／タイ・ポウティニ国立公園へのアクセス Access

グレートサイツの長距離バスは2路線あり、それぞれ1日1便運行。北からはグレイマウス13:30発、フランツ・ジョセフ氷河を経由してフォックス氷河に17:40到着する。所要時間は約4時間10分。南からはクイーンズタウン8:10発、ワナカやフォックス氷河を経由してフランツ・ジョセフに16:25到着する。所要時間は約8時間15分。クライストチャーチから鉄道トランツ・アルパイン号に乗り、グレイマウスで氷河行きのバスに乗り継ぐ手もある。

ワナカからハースト峠Haast Passを越えて氷河にいたるドライブルートは、車窓風景も楽しみだ。ワナカの町から北へ向かい、ハウェア湖、ワナカ湖とふたつの湖沿いに進んだ後、ハースト峠へ。標高564mのこの峠を境に草原から深い森へと風景が変わっていくのも興味深い。やがて海沿いに出て、断崖の連なる海岸線を見ながら北上していく。

ところでウエストランド／タイ・ポウティニ国立公園はアオラキ／マウント・クック国立公園のすぐ西側に位置し、両ビレッジ間の直線距離はわずか50km程度。しかし陸路の最短ルートはワナカ、ハースト峠を経由するほかになく、その距離は470kmにも及ぶ。徒歩ではコプラン・トラックCopland Trackと呼ばれる唯一のルートがあるが、氷雪登山の技術が必要とされる上級者オンリーの山越えだ。

おもなバス会社（→P.497）
インターシティ／
ニューマンズ・コーチラインズ
グレートサイツ

鉄道会社（→P.497）
キーウィ・レイル

サザンアルプスへと向かうドライブ

ウエストランド／タイ・ポウティニ国立公園の 歩き方

ウエストランド／タイ・ポウティニ国立公園では、フランツ・ジョセフ氷河、フォックス氷河のふたつが一般観光客にもアクセス可能で人気が高い。それぞれ最寄りの集落（ビレッジ）が、氷河と同じ名で呼ばれており、どちらのビレッジにも、宿泊施設、アクティビティ会社など観光の機能が揃っている。規模としてはフランツ・ジョセフ氷河ビレッジのほうがフォックス氷河よりもやや大きく、公営の観光案内所アイサイトやDOCのビジターセンターもこちらにある。フォックス氷河ビレッジはこぢんまりとしているものの機能に遜色はなく、行われるアクティビティの内容もまったく同じだ。

ハイライトはヘリコプターや小型飛行機での遊覧飛行。フライトには氷河上の雪原に着陸するものと、氷河上空を飛ぶだけのものがある。いずれのフライトも頻繁に行われるが、最低2〜4人が集まらないと催行しない。また悪天候でフライトできないこともしばしばある。逆に悪天候が続いたあとの晴れの日は観光客が集中し、早々に全便満席ということも。到着したらすぐに予約しておくほうがいい。

またヘリハイクと呼ばれるトリップは、ヘリコプターからの景観を楽しんだあとに氷河に着陸し、そこからガイドとともに氷河の上を歩いて回るもの。遊覧飛行と氷河ウオーク、ふたつの要素が楽しめて非常に人気の高いアクティビティだ。あるいはヘリコプターを使わずに、氷河末端部からガイドとともに氷河の上を歩くウオークツアーもある。氷河上部に比べれば景観の規模はやや劣るが、手軽に氷河の感触を楽しむことができる。

ふたつの氷河の違い

あえて言えば、フランツ・ジョセフのほうが氷河の表面に大きなクレバスが多く荒削りな感じ。フォックスのほうは比較的平坦な部分が多い。もっとも一般人にはその違いを実感することは難しい。

人気の高いヘリハイク

観光案内所
DOC Westland Tai Poutini National Park Vistor Centre
観光案内所 SITE
Map P.224
- 69 Cron St.
- (03)752-0360
- 11〜3月 8:30〜18:00
  4〜10月 8:30〜17:00
- 無休

ヘリコプター会社
Heli Services NZ Fox & Franz
- (03)752-0793
- FREE 0800-800-793
- URL www.heliservices.nz

Glacier Helicopters
- (03)752-0755
- FREE 0800-800-732
- URL www.glacierhelicopters.co.nz

Mountain Helicopters
- (03)751-0045
- FREE 0800-369-423
- URL mountainhelicopters.co.nz

The Helicopter Line
- (03)752-0767
- FREE 0800-807-767
- URL www.helicopter.co.nz

フランツ・ジョセフ氷河
Franz Josef Glacier
Map P.224

フランツ・ジョセフの名は、1865年に当地を探査したオーストリアの地理学者ユリウス・フォン・ハーストJulius von Haastが、自国のフランツ・ヨーゼフ皇帝の名を付けたもの。観光の拠点となるビレッジからはすぐ背後に氷河の姿が見え、山岳リゾート的な雰囲気が漂う。

人口約330人の小さなビレッジ

ビレッジの規模は小さく、メインストリートである国道にツアー、アクティビティ関係のオフィスのほか、レストランや食料品店などが並び、長距離バスの発着もこの通り沿い。

宿泊施設は国道から東へ1本入ったクロン・ストリートCron St. 沿いに多い。観光案内所アイサイトは、この通り沿いに立派な建物を構えており、温水プール施設やアクティビティのオフィスも同じ建物内にある。DOCウェストランド・タイ・ポウティニ国立公園のビジターセンターも兼ねており、周辺のウオーキングルートに関する情報も豊富にある。

フランツ・ジョセフ氷河の 見どころ
ヘリコプターでの遊覧飛行
Scenic Flights by Helicopter
Map P.224

フランツ・ジョセフ氷河では数社のヘリコプター会社が遊覧飛行を行っており、ほとんどのコースは氷河上に着陸するが、短いフライトでは着陸なしのものもある。氷河を間近に見るには、やはり着陸ありのコースがおすすめだ。気象状況がよく最低人数（2〜4人）が集まれば随時出発する。いずれも飛行時間20分$245程度で、各社で料金に大差はない。

ヘリコプターで爽快な遊覧飛行

フランツ・ジョセフ氷河ビレッジ

(地図)
- グレイマウスへ
- Franz Josef Hwy.
- SITE / i DOC ウエストランド・タイ・ポウティニ国立公園ビジターセンター / Franz Josef Glacier Guides
- Wallace St.
- H Rainforest Retreat P.228
- H Punga Grove P.228
- H Bella Vista
- Franz Josef Glacier (Douglas Graham Wings)
- Cowan St.
- Glacier Helicopters
- Air Safaris
- West Coast Wildlife Centre
- Fox & Josef Franz Heliservices
- Mountain Helicopters
- バス発着所
- H Glow Worm Cottages
- S スーパーマーケット
- i スコットベース・インフォメーション・センター
- ガソリンスタンド
- The Helicopter Line
- Cron St.
- Condon St.
- Chateau Backpackers & Motels P.228
- YHA Franz Josef Glacier P.228
- フォックス氷河、ハーストへ

小型飛行機での遊覧飛行
Scenic Flights by Plane

ビレッジから西へ約8kmの所にある飛行場を発着。小型飛行機でフランツ・ジョセフ氷河をはじめ、フォックス氷河、アオラキ／マウント・クック国立公園を巡る。氷河着陸はないが、ヘリコプターより高い視点から、広大な展望を得られるのが魅力だ。

ヘリハイク&アイスクライミング
Heli-Hike & Ice Climbing

ヘリハイクでは、ヘリコプターで氷河中央部に着陸し、さらに上部を目指して2時間ほど歩いて上っていく。ヘリコプターでの遊覧飛行もあわせて楽しむことができるので人気が高い。

また、ヘリコプターで着陸後、専門家による指導のもと、大きな氷の壁を上るアイスクライミングなどもある。難易度は高いが初心者（16歳以上）でも参加でき、用具なども貸してくれる。

フランツ・ジョセフ氷河周辺のウオーキングトラック
Walking Tracks around Franz Josef Glacier

Map P.223-A2

グレイシャー・バレー・ウオーク　Glacier Valley Walk (Franz Josef)
（約5.4km、往復約1時間30分）

フランツ・ジョセフ氷河末端部へ続くグレイシャー・ロードGlacier Rd.の終点の駐車場から、森林の中の遊歩道と、その先の河原を歩いていくと、氷河末端部分を間近に見ることができる。最近は温暖化の影響で氷河の氷が溶けているため、氷河上を歩くことはできない。氷河上を歩くにはヘリハイクなどへの参加が必須。駐車場まではグレイシャー・バレー・エコツアーズGlacier Valley Eco Toursがガイドツアーを運行している。また駐車場付近にはセンティネル・ロックSentinel Rockという氷河の見晴らし台がある。トラックは雪崩や落石で閉鎖されることもあるので、事前に観光案内所アイサイトでコンディションを確認すること。

グレイシャー・バレー・ウオーク終点

ロバーツ・ポイント　Roberts Point（約11km、往復約5時間20分）

同じくグレイシャー・ロードに入り、国道から約2km進んだ所がトラックのスタート地点。長いつり橋で川を越え、あとはひたすら一本道だ。滑りやすい岩肌を歩くことが多く、急な区間もあるので、雨のあとは要注意。

アレックス・ノブ　Alex Knob（約17.2km、往復約8時間）

標高1303mの高さだけに健脚向き。ピークからは氷河の全容、反対側にはタズマン海まで望むことができる。町から往復約8時間かかるので晴れた日を選び、水、食料、雨具などの装備を調えたうえ、早めの出発を心がけたい。トラックのスタート地点はロバーツ・ポイントと同じ場所の道を隔てた反対側。ここから1時間ほど森を歩くとウォンバット湖Lake Wombatに出る。その後3時間余りでアレックス・ノブのピークへ到着する。

小型飛行機の催行会社
Air Safaris
Map P.224
℡ (03) 680-6880
FREE 0800-806-880
URL www.airsafaris.co.nz
（日本語対応）
圏 遊覧飛行のグランド・トラバースは約50分間のフライトで大人$395、子供$295（こちらはスキープレーンではなく、雪上着陸はない）

眼下に広がる氷河を楽しもう

ヘリハイク&アイスクライミング
Franz Josef Glacier Guides
Map P.224
℡ (03) 752-0763
FREE 0800-484-337
URL www.franzjosefglacier.com
ヘリハイク
圏 大人$479〜
（所要約4.5時間）
アイスクライミング
圏 大人$575〜
（所要4〜5時間）

ガイドが足場を整えながら歩く

氷河通行情報
URL www.glaciercountry.co.nz

ガイドツアー催行会社
グレイシャー・バレー・エコツアーズ
FREE 0800-925-586
URL glaciervalley.co.nz
圏 大人$80、子供$40
所要約3時間30分。ピックアップは各宿泊施設。要予約。ほかに各種ガイドツアーも扱っている。

センティネル・ロックへは駐車場から10分ほど

ⓘ観光案内所
Fox Glacier Office
℡(03) 751-0807
開月～金10:00～14:00
休土・日

ヘリコプター会社
Heli Services NZ
Fox & Franz
℡(03) 752-0793
FREE 0800-800-793
URL www.heliservices.nz

Glacier Helicopters
℡(03) 751-0803
URL www.glacierhelicopters.co.nz

Mountain Helicopters
℡(03) 751-0045
FREE 0800-369-423
URL mountainhelicopters.co.nz

The Helicopter Line
℡(03) 751-0767
FREE 0800-807-767
URL www.helicopter.co.nz

フォックス氷河
Fox Glacier

Map P.226

小さなフォックス氷河ビレッジ

フォックス氷河ビレッジは、フランツ・ジョセフ氷河ビレッジから南西へ約25km離れた所にある。地名は1869～72年までニュージランドの首相を務めたウィリアム・フォックスWilliam Fox卿の名にちなんで付けられたものだ。

フォックス氷河のベースタウンはフランツ・ジョセフのそれよりさらに小さく、人口は約280人。町並みは"街道筋の集落"といった趣で質素な雰囲気。

ビレッジの中心にあり長距離バスの発着所を兼ねているのが、フォックス・グレイシャー・ガイディングFox Glacier Guiding、フォックス氷河の主要なアクティビティを取り扱っている。その他のヘリコプター会社など観光関係のオフィスやレストラン、宿泊施設も、同じ通りに集まっている。フォックス氷河ビレッジに公営の観光案内所アイサイトはないが、集落の北にあるフォックス・グレイシャー・オフィスには周辺のウオーキングトラックのガイドマップなどがある。

フォックス氷河の 見どころ

ヘリコプターでの遊覧飛行
Scenic Flights by Helicopter

Map P.226

ヘリコプターでの氷河着陸はぜひ体験したい

フォックス氷河からも、フランツ・ジョセフ氷河と同じく数社のヘリコプター会社がフライトを行っている。内容、料金はおおむね同じで、フォックス氷河への約20分間のフライトで$245程度。ふたつの氷河を巡る約30分のフライトは$315程度、アオラキ／マウント・クック国立公園まで行くフライトもある。

ヘリハイク
Heli-Hike

足場が悪いので注意しながら歩こう

フォックス氷河でのヘリハイクは、フォックス・グレイシャー・ガイディングFox Glacier Guidingが催行している。オフィスで専用のスパイクシューズを借りて、町外れにあるヘリポートを出発。上空からの展望を楽しんだあと、氷上のわずかな平地に慎重に着陸。ここで靴に簡易アイゼンを付け、スティックを持ってハイクに出発だ。足場の悪い所ではガイドがピッケルを使ってステップを刻んでくれる。氷河を横断して歩く途中では、青白い氷のトンネルを抜けたり、深いクレバスをのぞき込んだりと、冒険気分も味わえる。所要約4時間。

ハイクのほかには、ピッケルやアイゼンを使って氷壁をよじ登るアイスクライミングなどもある。所要8〜9時間。

ヘリハイク&氷河ウオーク催行会社
フォックス・グレイシャー・ガイディング
Map P.226
住 44 Main Rd. State Hwy. 6
電 (03)751-0825
FREE 0800-111-600
URL www.foxguides.co.nz
料 ヘリハイク
　大人$469、子供$445
　アイスクライミング
　大人$599

青色に光る氷河は幻想的

フォックス氷河周辺のウオーキングトラック
Walking Tracks around Fox Glacier
Map P.223-A1

フォックス・グレイシャー・バレー・ウオーク　Fox Glacier Valley Walk
（約2.6km、往復約1時間）

フォックス氷河末端部への道

氷河に通じるグレイシャー・ロードGlacier Rd.終点の駐車場から、氷河末端部までを歩く平坦な道。最近は温暖化の影響で末端部付近では氷河崩落の危険があるため、氷河上を歩くことは禁止されている。氷河上を歩くにはヘリハイクなどへの参加が必須。出発前に氷河の最新状況を確認しよう。グレイシャー・バレー・エコツアーズGlacier Valley Eco Toursがガイドツアーを催行している。所要時間は約3時間。

毎日の氷河通行情報
URL www.glaciercountry.co.nz

ガイドツアー催行会社
グレイシャー・バレー・エコツアーズ
FREE 0800-925-586
URL www.glaciervalley.co.nz
料 大人$80、子供$40

シャレー・ルックアウト　Chalet Lookout
（約3.6km、往復約1時間30分）

フォックス川左岸から氷河方面に進むグレイシャー・ビュー・ロードGlacier View Rd.の終点から歩いて上る道。谷沿いの小高い展望地から氷河を見下ろすことができる。

マセソン湖　Lake Matheson（約2.6km、1周約1時間30分）

トラックの入口は町から西へ約6km。そこから静かな湖を一周できる。見どころは何といっても湖面に映るサザンアルプスの山並みで、ぜひ晴れた日を狙って行きたいもの。また、湖から見る夕日の風景も美しい。ただしその場合、帰りは暗い道を歩くことになるので注意が必要だ。

シャレー・ルックアウトからの眺め

南島　ウエストランド／タイ・ポウティニ国立公園　フォックス氷河

ウエストランド国立公園の アコモデーション — Accommodation

フランツ・ジョセフ氷河

プンガ・グローブ　Punga Grove　Map　P.224

上級クラスのモーテル。背後に森が広がる静かなロケーションだ。客室には簡易キッチンが付いており5人まで宿泊できるユニットも。エグゼクティブ・スタジオにはスパバスや暖炉がある。

- 40 Cron St.
- (03)752-0001
- www.pungagrove.co.nz
- ⑤①①$165〜
- 20
- MV

レインフォレスト・リトリート　Rainforest Retreat　Map　P.224

コーン・ストリートに面しており、さまざまな客室タイプがある。熱帯雨林に囲まれた豪華なツリーハウスにはキッチン、洗濯機など設備も充実。そのほかロッジやコテージ、ハットタイプの客室やバックパッカーズもある。

- 46 Cron St.
- (03)752-0220
- 0800-873-346
- rainforest.nz
- ⓓⓣ$89〜　19　ADMV

YHA フランツ・ジョセフ・グレイシャー　YHA Franz Josef Glacier　Map　P.224外

比較的大きいホステルだが、夏のハイシーズンは混み合うので早めの予約を。奥行きのある広めの共同キッチンや、無料で利用できるサウナがうれしい。無料で利用できる駐車場もある。

- 2-4 Cron St.　(03)752-0754
- www.yha.co.nz　Share$22〜　Ⓢ$75〜　ⓓⓣ$90〜
- 103ベッド　MV

シャトー・バックパッカーズ & モーテルズ　Chateau Backpackers & Motels　Map　P.224外

共同キッチン、ランドリー、テレビ・ビデオルームなどの施設が揃うほか、周辺でのツアー、アクティビティに関する情報も豊富。専用キッチンが付いたモーテルタイプの部屋もある。スパプールや国際電話は無料で利用できる。

- 8 Cron St.　(03)752-0738
- (03)752-0743
- www.chateaunz.co.nz
- Dorm$27〜　ⓓⓣ$92〜
- 43　MV

フォックス氷河

フォックス・グレイシャー・ロッジ　Fox Glacier Lodge　Map　P.226

木の質感を生かした造りで、明るく落ち着いた雰囲気。ほとんどのユニットに無料のスパバスを備えている。自転車の貸し出しやツアーのアレンジも行っている。B&Bタイプのスイートルームも。

- 41 Sullivan Rd.　(03)751-0888
- 0800-369-800
- (03)751-0026
- www.foxglacierlodge.com
- Ⓢⓓⓣ$125〜　6
- MV

ウエストヘイブン・モーテル　The Westhaven Motel　Map　P.226

フォックス氷河ビレッジ中心部の便利な場所にあるモーテル。質の高いサービス、施設を提供する。広々とした部屋はシンプルでモダンな内装。

- 29 Main Rd.　(03)751-0084
- 0800-369-452
- www.thewesthaven.co.nz
- Ⓢⓓⓣ$102〜
- 23　AMV

アイボリー・タワーズ・バックパッカーズロッジ　Ivory Towers Backpackers Lodge　Map　P.226

町の中心部にあるホステル。3棟からなり、それぞれにキッチン、シャワーなどの設備がある。サウナやスパプールの利用は無料。

- 33/35 Sullivans Rd.
- (03)751-0838
- ivorytowers.co.nz
- Dorm$26〜　Ⓢ$56　ⓓⓣ$66〜
- 85ベッド　MV

フォックス・グレイシャー・トップ10 ホリデーパーク　Fox Glacier Top10 Holiday Park　Map　P.226

中心部からクック・フラット・ロードCook Flat Rd.を西へ徒歩約10分。テントサイトからモーテルユニットまで、いろいろなタイプの宿泊施設が揃う。街灯が周りにないため夜は注意しよう。

- Kerr Rd.　(03)751-0821
- 0800-154-366
- www.fghp.co.nz
- Cabin$68〜　Motel$109〜
- 33　MV

キッチン(全室)　キッチン(一部)　キッチン(共同)　ドライヤー(全室)　バスタブ(全室)
プール　ネット(全室/有料)　ネット(一部/有料)　ネット(全室/無料)　ネット(一部/無料)

Column 氷河の成り立ちと活動の不思議

ヘリコプターなどで氷河を上空から見ると、谷を流れる文字どおりの"氷の河"だと実感できる。しかしその氷はもとをただせば高山に降り積もった雪が、長い年月をかけて氷に変わったものだ。

ニュージーランドのサザンアルプスの山並みには、いくつものとがったピークが連なるが、その直下には比較的なだらかな平原状の部分があって万年雪を蓄えている。これがニーヴェ Névéと呼ばれる部分で、氷河はここを源として谷間を下り落ちる。ニーヴェに次々と降り積もる雪は自らの重みで圧迫され、空気を押し出し、さらに夏の間に生じる雪解け水や雨水が、冬に再び凍ることで、次第に硬い氷へと変化していく。積雪はおおむね20mの深さになると、もはや雪の姿をとどめずに完全な氷となる。そしてゆっくりと流れ落ちるに従って平らだった雪面に無数の亀裂が生じ、それが氷河上の深いクレバスCrevasseとなる。

フォックスおよびフランツ・ジョセフ氷河では、ニーヴェの深さは最大300mにも達するといわれており、これが巨大な氷河の"原料"供給源となっている。サザンアルプス一帯に数多く点在する大小の氷河のなかで、これらふたつの氷河が標高わずか300mという際立って低い位置まで下っているのは、広大なニーヴェと狭く急峻な谷間という条件が揃ったためである。

この地の氷河の観察は19世紀末から行われているが、その当時と比べて現在の氷河末端部分は数kmも後退しているという。このような氷河の大きさの変化は、気象条件と密接な関連をもっている。氷河は、まさ

長い時間をかけて流れる氷河

に河のように流れ、前進を続けている。しかし融ける氷の量が、前進する量を上回れば、氷河の末端部は後退するわけだ。このことからすると、この100年間での氷河の後退は地球温暖化の影響かとも思われる。

しかし氷河の動きは、そう単純なものでもないようだ。1960年代には再び前進が始まり、特に1965年から1968年の間でフランツ・ジョセフ氷河は180mも前進、1966年4月には1日7mという記録的な速さの進行が観察されている。

この急激な前進運動はいったん収束したが、1985年から動きが再び活発化。それ以来、かなり速いペースでしかもコンスタントな前進が、現在でも続いている。

この理由については、過去の冷夏や大雪の影響、また降雨量が多く、氷河の底で"潤滑剤"となる水の流れが増えたことなどが挙げられているが、氷河のメカニズムには未解明な部分も多い。

なおこれら氷河の活動については、フランツ・ジョセフ氷河、フォックス氷河の両観光案内所に詳しい展示がある。

氷河の断面と、各部の名称

南北島間の移動

南北ふたつの島からなるニュージーランドは、両島の間をクック海峡によって隔てられている。南北島間を移動するには、飛行機やフェリーでこの海峡を渡らなくてはならない。

飛行機の場合

　サウンズ・エアSounds Airがクック海峡間を運航。北島のウェリントン〜南島のピクトン間（所要約30分）は1日3往復。ほかにブレナム（所要約30分）、ネルソン（所要約45分）間にもフライトがある。

サウンズ・エア（料金は大人片道）
- (03) 520-3080　FREE 0800-505-005（予約）
- URL www.soundsair.com
- 料 ウェリントン〜ブレナム　$49〜（1日6便）
  ウェリントン〜ピクトン　$59〜（1日3便）
  ウェリントン〜ネルソン　$59〜（1日2〜4便）

フェリーの場合

　インターアイランダー Interislanderおよびブルーブリッジ Bluebridgeの2社がウェリントン〜ピクトン間を運航しており、所要時間は、インターアイランダー、ブルーブリッジともに、約3時間30分。バイクや自動車をフェリーに乗せることが可能（予約時に申し出ること）。
　悪天候時には2社間での振り替え輸送が行われることもある。

フェリー時刻表

インターアイランダー

ウェリントン発	3:30	9:00	14:45	17:00	20:30
ピクトン着	7:00	12:30	17:55	20:30	24:00
ピクトン発	9:05	10:45	14:15	18:45	22:15
ウェリントン着	12:35	13:55	17:30	22:15	翌1:45

ブルーブリッジ

ウェリントン発	2:30	8:00	13:30	20:45
ピクトン着	6:00	11:30	17:00	翌0:15
ピクトン発	8:00	14:00	19:00	
ウェリントン着	11:30	17:30	22:30	

＊シーズンで便数は異なるので予約時に確認を

問い合わせ先

インターアイランダー
Interislander
- (04) 498-3302
- FREE 0800-802-802
- URL www.greatjourneysofnz.co.nz
- 料 大人$65〜、子供$38〜、自転車は$15
※上記は便の変更やキャンセルの場合は払い戻しが可能なEasy Changeの運賃。Saver Changeのほうが低料金だが、キャンセルの際に手数料がかかる。

ブルーブリッジ
Bluebridge
- (04) 471-6188
- FREE 0800-844-844
- URL bluebridge.co.nz
- 料 大人$62〜、子供$29〜
※上記はSuper Sailの運賃。予約した便の24時間前までなら変更できる。払い戻しは不可。24時間前のキャンセルでキャンセル料50%。キャンセルはできないが料金の安いSaver Sail、払い戻し可能なFlexi Sailがある。

インターアイランダー

ブルーブリッジ

発着ターミナルへの行き方

インターアイランダー
●ウェリントン
ウェリントン駅から1kmほど離れた場所にある（Map P.393-A1）。駅～ターミナル間を無料シャトルバスが運行しており、所要約5分。バスは各便の50分前に駅を出発。

●ピクトン
ピクトン駅から徒歩で約4分ほど（Map P.192-A1）。フェリー到着後、長距離バスに乗り継ぐ人のために、バスはターミナル正面から発着する。

ブルーブリッジ
●ウェリントン
ウェリントン駅から徒歩2分ほどのウオータールー・キー・ターミナルWaterloo Quay Terminalにある（Map P.394-B2）。

●ピクトン
ピクトン駅から1kmほど離れた場所にある（Map P.192-A1）。観光案内所アイサイト前から、便に合わせてシャトルバスが出ている（要予約）。

乗船手続きの方法

ここでは、インターアイランダーのピクトン／ウェリントン便を例にとり、乗船手続きの方法を紹介。逆も基本的には同じだ。

①出発前日までに予約を入れる
なるべく事前に予約しておこう。各町の観光案内所、旅行会社、インターアイランダーの予約センター、公式ウェブサイトから予約できる。希望する日時、行き先、片道か往復か、人数、名前、車やバイクの有無なども伝える。観光案内所、旅行会社の場合は、その場で代金を支払う。オンライン予約、電話予約の場合はクレジットカードのナンバーと有効期限が必要だ。予約が完了すると確認番号としてリファレンス・ナンバーが伝えられるので、控えておく。

②窓口でチケットを受け取る
フェリーターミナルのチケットカウンターに行き、リファレンス・ナンバーを伝え、乗船券をもらう。

チケットカウンターで乗船手続き

③大きな荷物を預ける
大きな荷物はバゲージ・チェックインのカウンターで預け、荷物の引換券をもらう。

荷物はここで。下船後はターンテーブルで出てくる

④ゲートから乗船する
ターミナルの2階に移動し、ゲートから乗船する。2階にはカフェテリアがあり、食事も取れる。悪天候の日は遅延や運休、他社便に振り替えになることもあるので、館内放送には気を付けよう。

ブリッジを渡っていよいよ船内へ

●レンタカー利用の場合
フェリーターミナル前には、大手レンタカー会社のオフィスが並んでいる。通常、レンタカーはフェリーに乗せることはなく、フェリーターミナルでいったん車を返却し、下船後にあらためて別の車を借りることになる（→P.470）。

船内での過ごし方（インターアイランダー編）

モダンなデザインの船内には、売店とカフェテリアがあり、軽食からワインまで楽しめる。船尾部分にはガラス張りの展望室もある。海鳥が多いエリアなので、バードウオッチングを楽しむことも。船内ではWi-Fiを利用できる。

座席は自由席のほか団体客用のスペース、幼児同伴者向けのキャビン、ベッド付きキャビンなどがある。また、カイタキ号とアラテレ号にある有料ラウンジの「プレミアムプラス・ラウンジ」は新聞や雑誌も用意されており、ワイン、ビール、コーヒー、紅茶などが飲み放題。便の時間帯によって、朝食、ランチ、夕食のいずれかが無料になる。利用料は1人＄55。チケットはターミナルのチケットカウンターか、船内の売店でも購入可能。

眺めのいい展望室はクルーズ気分
さまざまなタイプのシートがある

船内で朝食

マールボロ・サウンドの美しい海と海岸線

「地球の歩き方」の書籍

地球の歩き方 GEM STONE

「GEM STONE（ジェムストーン）」の意味は「原石」。地球を旅して見つけた宝石のような輝きをもつ「自然」や「文化」、「史跡」などといった「原石」を珠玉の旅として提案するビジュアルガイドブック。美しい写真と詳しい解説で新しいテーマ＆スタイルの旅へと誘います。

- 006 世界遺産 マチュピチュ完全ガイド
- 022 グランドサークル&セドナ アメリカ驚異の大自然を五感で味わう体験ガイド
- 026 ベルリンガイドブック「素顔のベルリン」増補改訂版
- 030 世界遺産 イースター島完全ガイド
- 038 イスタンブール路地裏さんぽ
- 040 南アフリカ自然紀行 野生動物とサファリの魅力
- 041 世界遺産 ナスカの地上絵完全ガイド
- 042 世界遺産 ガラパゴス諸島完全ガイド
- 044 プラハ迷宮の散歩道
- 045 デザインとおとぎの国 デンマーク
- 050 美しきアルジェリア 7つの世界遺産を巡る旅
- 051 アマルフィ&カプリ島 とっておきの散歩道
- 052 とっておきのポーランド 世界遺産と小さな村、古城ホテルを訪ねて
- 053 台北近郊 魅力的な町めぐり
- 054 グリム童話で旅するドイツ・メルヘン街道
- 056 ラダック ザンスカール スピティ 北インドのリトル・チベット[増補改訂版]
- 057 ザルツブルクとチロル アルプスの山と街を歩く
- 060 カリフォルニア・オーガニックトリップ サンフランシスコ&ワインカントリーのスローライフへ
- 066 南極大陸 完全旅行ガイド

地球の歩き方 BOOKS

「BOOKS」シリーズでは、国内、海外を問わず、自分らしい旅を求めている旅好きの方々に、旅に誘う情報から先で役に立つ実用情報まで、「旅エッセイ」や「写真集」「旅行術指南」など、さまざまな形で旅の情報を発信します。

- ニューヨークおしゃべりノート2
- 地球の歩き方フォトブック 世界の絶景アルバム101 南米・カリブの旅
- 『幸せになる、ハワイのパンケーキ&朝ごはん』 ～オアフ島で食べたい人気の100皿～
- 地球の歩き方フォトブック 旅するフォトグラファーが選ぶスペインの町33
- ブルックリン・スタイル ニューヨーク新世代アーティストのこだわりライフ&とっておきアドレス
- MAKI'S DEAREST HAWAII ～インスタジェニックなハワイ探し～
- GIRL'S GETAWAY TO LOS ANGELES

地球の歩き方シリーズ　地球の歩き方 編集部　検索　www.arukikata.co.jp/guidebook/

北島
North Island

ワイトモの洞窟でツチボタルを観賞

北島 INTRODUCTION のイントロダクション

首都ウェリントン、そして国内最大の都市オークランドなど、主要都市を擁する北島。国内総人口の約4分の3を抱え、それぞれの町には歴史や文化にまつわる興味深い見どころがある。活発な火山活動を続けるトンガリロ国立公園、世界有数の地熱地帯であるロトルアやタウポなど、ユニークな景観も見逃せない。

1 オークランド　　P.238

ニュージーランド最大の都市であり、国際色豊かな経済の中心地。港に面し、湾内に多数のヨットが浮かぶ様子からシティ・オブ・セイルズCity of Sails（帆の町）の愛称でも呼ばれている。坂が多く、小高い場所からは美しい港の景色が望める。

2 ハミルトン　　P.287

北島の中央部に位置し、国内最長のワイカト川流域に位置する。国内第4位の人口を抱える都市であり、ハミルトンを中心とするワイカト地方は肥沃な大地を生かした有数の酪農地帯として知られる。

3 ワイトモ　　P.292

小さな町だが、ワイトモ洞窟に生息するグロウワーム（ツチボタル）を見るために年間を通じて多数の観光客が詰めかける。幻想的な洞窟探検を楽しもう。

4 ロトルア　　P.296

北島で最もポピュラーな観光地。温泉に浸かったり、地熱地帯を散策したりするほか、羊が草を食む雄大なニュージーランドの風景も堪能できる。先住民マオリの文化に触れられるスポットも数多く点在し、マオリ村を訪問するツアーも催行されている。

5 タウポ　　P.317

国内最大の湖であるタウポ湖のほとりに開けたリゾート地。湖ではウオータースポーツやクルーズが楽しめる。タウポの郊外、地熱地帯のワイラケイ・パークでは大地のエネルギーを感じられる壮観な景色を堪能したい。

6 トンガリロ国立公園　　P.327

北島の中央にそびえる山々と、その周辺が国立公園になっている。また、マオリが先祖伝来の聖地である土地を国に寄進したという歴史的な背景も相まって、複合遺産としてユネスコの世界遺産に登録されている。コニーデ型の山容が美しいマウント・ルアペフやマウント・ナウルホエの活火山を眺めながら、トランピングを楽しもう。

7 ノースランド　　P.335

オークランド以北、北島の最北部に細長く延びるエリア。島内最北端のレインガ岬やニュージーランドの国家誕生の地であるワイタンギ条約グラウンド、巨木カウリが生い茂るワイポウア・フォレストなど、数々の見どころがある。
[おもな都市] パイヒア／ケリケリ／ファンガレイ／ファー・ノース／カウリ・コースト

8 コロマンデル半島　　P.353

ハウラキ湾を挟んでオークランドの対岸に位置する。半島内には自然が多く残り、美しいビーチが点在する。メインとなるのはフィティアンガをはじめとするリゾート地としてにぎわう東海岸一帯。
[おもな都市] コロマンデル・タウン／フィティアンガ＆ハーヘイ／テームズ／タイルア＆パウアヌイ

9 タウランガ　　P.362

国内最大規模の商業港をもつ港町。マリンスポーツに適した環境で、ニュージーランド人に人気の保養地となっている。対岸のマウント・マウンガヌイとはハーバー・ブリッジで行き来できる。

10 マウント・マウンガヌイ　　P.362

美しい砂浜のビーチが約22kmも延びるビーチリゾートして人気のエリア。サーファーも多く訪れる。

11 ギズボーン　　P.366

イーストランド地方最大の町。日付変更線に最も近い「世界最初の日の出」が見られることで知られる。

12 ネイピア　　P.370

日照時間が長く穏やかな気候であることから、ネイピアをはじめとしたホークス・ベイ地方ではワインの生産が盛んに行われている。町にはカラフルなアールデコ様式の建物が多く、町歩きが楽しい。

13 ニュー・プリマス　　P.378

タラナキ地方の中心都市。町の東には富士山に似たマウント・タラナキがそびえ、映画『ラスト サムライ』のロケが行われたことでも知られる。

14 ワンガヌイ　　P.383

大河ファンガヌイの水上交通で栄えた歴史をもち、かつての繁栄を物語る古い町並みが静かにたたずんでいる。川で楽しむアクティビティも充実している。

15 パーマストン・ノース　　P.387

ウェリントンから北へ約143km、マナワツ地方の中心で、酪農の拠点として発展してきた文教都市。マッセイ大学などの大きな大学があり、学生の町でもある。

16 ウェリントン　　P.390

北島の南端に位置し、ニュージーランドの首都として政治の中枢を担う都市。港に面し、背後には丘陵地帯が立ち上がっているため坂が多く、真っ赤なケーブルカーが市民の足として活躍している。

イギリスとの条約が結ばれたワイタンギ条約グラウンドはパイヒアの近郊にある

ホット・ウォーター・ビーチでは自分で掘った天然温泉に入ることができる

北島

北島のモデルルート→P.446
現地での国内移動→P.459〜474

オークランドのシンボル、スカイ・タワー

1年を通して温暖な気候が続く港町

ロトルアではマオリショーも必見

レインガ岬 Cape Reinga
ファー・ノース Far North
ノースランド Northland 7
ワイタンギ Waitangi
カウリ・コースト Kauri Coast
ダーガビル Dargaville
ファンガレイ Whangarei
Great Barrier Island
Kaipara Harbour
ハウラキ湾 Hauraki Gulf
コロマンデル半島 Coromandel Peninsula 8
オークランド Auckland 1
Manukau
Thames
ワイカト Waikato 2
ベイ・オブ・プレンティ Bay of Plenty 9 10
プレンティ湾 Bay of Plenty
セントラル・ノース・アイランド Central North Island 3
イーストランド Eastland
Teurewera NP
ギスボーン Gisborne
Lake Taupo 5
ワイカレモアナ湖 Lake Waikaremoana 11
タラナキ Taranaki 13
Egmont NP
Mahia Peninsula
ホークス・ベイ Hawke's Bay 12
Whanganui NP
Whanganui River
マナワツ/ファンガヌイ Manawatu/Whanganui 14
15

雄大に流れるワイカト川

タウポ湖の向こうに雪をかぶったトンガリロの山々を望む

Taumatawhakatangihangakoauau
otamateaturipukakapikimaunga
horonukupokaiwhenuakitanatahu
(世界最長の地名)

ウェリントン Wellington 16
パリサー岬 Cape Palliser

"ビーハイブ"の愛称をもつ国会議事堂

235

港にはたくさんのヨットが停泊している

1Day 港町オークランドの おさんぽコース

シティ・オブ・セイルズといわれるオークランドらしい風景をベイエリアと対岸のデボンポートで満喫。国内最大の都市だけに、目抜き通りのクイーン・ストリートには多国籍な飲食店が揃い、おしゃれなショップも多い。

1 吹き抜ける潮風がきもちいい
ウィンヤード・クオーター
Wynyard Quarter P.251

市内にはたくさんのヨットが停泊し「シティ・オブ・セイルズ＝帆の町」を感じられる。とくに港の西側にあるウォーターフロントの人気スポット、ウィンヤード・クオーターにはおしゃれなレストランやバー、フィッシュマーケットなどがある。

可動橋を渡った先にある

Pick Up オーシャンジー
Oceanz P.276

ウィンヤード・クオーターの一角、フィッシュ・マーケット(Map P.246-A2)内にある店。テイクアウトして海を眺めながら食べるのもおすすめ。

フィッシュ＆チップス$12.95。魚はサーモン

Start
1. ウィンヤード・クオーター
2. デボンポート
3. マウント・ビクトリア
4. デボンポート・ストーン・オーブン・ベーカリー
5. クイーン・ストリート
6. スカイ・タワー
7. オービット

徒歩約20分＋フェリー約15分

2 クルーズ気分で対岸へ
デボンポート
Devonport P.260

オークランドのダウンタウンの対岸へ。晴れた日のクルーズは潮風が気持ちいい。ダウンタウンと比べのんびりとした雰囲気。歴史的な建物や博物館、おしゃれなカフェなどもあるのでゆっくり散策したい。

メインストリートのビクトリア・ロード

市民の足にも利用されているフェリー

徒歩約7分

3 デボンポートのランドマーク
マウント・ビクトリア
Mt. Victoria   Map P.260-A2

フェリー埠頭からまっすぐ延びるメインストリートのビクトリア・ロードを進むとウォーキングコースが見えてくる。山頂までは約15分と気軽に登れて、デボンポートの街並みやダウンタウンを一望できる。

頂上にはキノコのモニュメントがある

町からもすぐ近くなので気軽に登れる / 天気のいい日はスカイ・タワーもはっきり見える

徒歩約5分

Pick Up
オークランドを代表するチョコレート店
デボンポート・チョコレート P.279
Devonport Chocolates

手作りチョコレートショップ。ショーケースには厳選した素材を使った上品なチョコレート$2.5～が並ぶ。季節限定の味も。

マンゴーパッションフルーツ / キャラメル / キウイが描かれた板チョコ$12.9 / フラットホワイト

4 いつもにぎわう大人気カフェ
デボンポート・ストーン・オーブン・ベーカリー
Devonport Stone Oven Bakery   P.275

キャビネットにはたくさんのパイやデザートが並び、テイクアウトしていく人も多い。人気は時間をかけて作られた自家製ロスティ$21。ベーコンやポーチドエッグにオランデーズソースがかかっていてボリューム満点。

ロスティはジャガイモで作るスイス料理 / 三角屋根のベーカリー&カフェ

5 メインストリートでショッピング
クイーン・ストリート
Queen St.   P.247-A～C3

徒歩約4分 + フェリー約15分

道の両側にギャラリー・パシフィック、フロム・エヌ・トゥー・ジー（→P.277)、チャンピオンズ・オブ・ザ・ワールド（→P.280）といったおみやげショップやアイスブレーカー（→P.280）などのスポーツウエアブランドも多い。

なんでも揃うメインストリート

6 一度は訪れたい展望タワー
スカイ・タワー
Sky Tower   P.250

徒歩約8分

町の中心にそびえ立ち、オークランドを象徴するタワー。1997年に完成した観光名所のひとつだ。素晴らしい眺めはもちろん、レストランやバー、スカイジャンプ（→P.268）などアクティビティも楽しめる。

① 展望フロアから眺める市街の風景 ② 夜景も美しい ③ 展望フロアの一部がガラス張りに！

Pick Up
オリジナリティあふれる商品が揃う
パウアネシア P.278
Pauanesia

クイーン・ストリートの一本東側、ハイ・ストリートにある。ニュージーランドの作家による個性的でかわいらしい商品が見つかる。

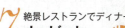
あたたかみのあるデザインのぬいぐるみ

7 絶景レストランでディナー
オービット
Orbit

52階に位置する回転展望レストラン。オークランドのパノラマ風景を堪能しながら、地元産の旬の食材を使った美食が楽しめる。

ディナーは3コース$80で展望台への入場料$32込み。

☎(09) 363-6000   URL www.skycityauckland.co.nz   圏月～金11:30～14:15、17:30～21:30 土・日11:00～16:30、17:30～21:30 休無休 CC ADJMV

オークランド

人口：166万人
URL www.aucklandnz.com

オークランド
Auckland

**在オークランド
日本国総領事館
Consulate-General of
Japan in Auckland**
Map P.246-D2
住Level 15 AIG Building 41 Shortland St.
☎(09)303-4106
URL www.auckland.nz.emb-japan.go.jp
開9:00～17:00
休土・日、祝
領事部
開9:00～12:00、13:00～15:30
休土・日、祝

オークランド国際空港
Map P.245-D2
☎(09)275-0789
FREE 0800-247-767
URL www.aucklandairport.co.nz

帆を模したオークランド国際空港

国際線到着出口

人口約166万人、国内の約3分の1の人々が暮らすオークランドは、ニュージーランド経済・商業の中心地にして、国内最大の都市だ。

オークランドはニュージーランドを代表する商業タウン

1841年から1865年までは首都に定められていた歴史もあり、文化的な施設も多い。都会でありながら、緑豊かな景観や美しいビーチに恵まれているのもオークランドの魅力のひとつ。一帯はオークランド火山帯に位置しており、マウント・イーデンをはじめ約50の火山が点在しているが、その多くは休火山となっている。また、北はワイテマタ湾、南はマヌカウ湾に面していることから、マリンスポーツが非常に盛んなのも特徴だ。ヨットやボートなど小型船舶を所有する市民の人口比率は世界一といわれており、「シティ・オブ・セイルズ（帆の町）」との愛称をもつ。おしゃれな町と美しい海、緑の公園など町歩きの楽しみは尽きないだろう。

オークランドへのアクセス Access

飛行機で到着したら

オークランド国際空港Auckland International Airportはニュージーランド国内で最も乗降客の多い空港だ。日本からオークランドへは、成田国際空港からニュージーランド航空と全日空の共同運航便がある（→P.453）。空港はシティ・オブ・セイルズをテーマに設計されたモダンなデザイン。1階は到着ロビーとチェックインカウンター、2階は出発ロビーになっている。国内線ターミナルは1kmほど離れた所にある（→P.239欄外）。

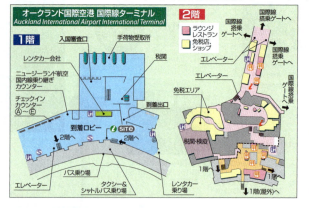

空港から市内へ

オークランド国際空港は市内中心部から南へ約22kmのマンゲレMangere地区に位置する。交通手段はいくつかあり、スカイバスSky Busの利用が最も一般的。目的地がスカイバスのルート上ではない場合や、人数が多いときは、エアポートシャトルやタクシーも便利だ。市中心部に入るまでは見晴らしのよいのんびりとした風景が続くので、明るいうちに到着すれば車窓からの景色を楽しめるだろう。

スカイバス　SkyBus

国際線ターミナルから国内線ターミナルを経て、スカイバス・シティ・ラウンジなどがある市内中心部まで向かうオークランド・シティ・エクスプレスAuckland City Expressがある。#01マウント・イーデン・ロード、#05ドミニオン・ロード経由の2線が運行している。交互に出発し、どちらでもスカイバス・シティ・ラウンジやブリトマート駅付近のカスタムズ・ストリート・イーストまで行くことができる。所要時間は約55分。降りる人がいない場合は停留所には停まらないので、降車ボタンを忘れずに押そう。チケットは空港のバス乗り場やスカイバス・シティ・ラウンジ、もしくは直接運転手から購入することもでき、ICカード乗車券のAT TOPカードも利用することができる。

オークランド中心部のスカイバス路線図

エアポートシャトル　Airport Shuttle

乗客の人数がある程度揃ったら出発する、乗合タクシーのようなもの。スーパー・シャトルSupper Shuttleが運行するバンが国際線ターミナルのすぐ外で待機しているので、目的地と人数を告げればよい。料金は行き先や人数によって変わる。

タクシー　Taxi

国際線ターミナルを出てすぐにタクシー乗り場がある。市内中心部まで所要約40分。日本と同じメーター制で、料金の目安は$75〜90ほど。自動ドアではないので、自分でドアを開閉する。

空港内の観光案内所

国際線ターミナル
☎ (09) 365-9925
営 6:00〜22:00
休 無休

国内線の乗り継ぎ

国際線ターミナルと国内線ターミナルは約1km離れており、無料シャトルのインターターミナル・バスInterterminal Busが運行している。運行は5:00〜22:30まで15分間隔。歩く場合は、表示に従って10分ほど進めばいい。ニュージーランド航空の国内線に乗り継ぐ場合は、国際線到着ゲート脇の国内線乗り継ぎカウンターで荷物のチェックインができる。ただし、受付は出発時刻の1時間前まで。

国内線ターミナルのウォークウェイの表示

スカイバス

☎ (09) 366-6400
FREE 0800-103-080
URL www.skybus.co.nz
運 国際線ターミナル間
24時間
国内線ターミナル間
6:00〜翌1:45
料 片道大人$19、子供$6
往復大人$36、子供$12

カスタム・ストリートにある停留所

スカイバス・シティ・ラウンジ

スーパー・シャトル

☎ (09) 522-5100
FREE 0800-748-885
URL www.supershuttle.co.nz
料 空港⇔市内中心部
1人 $25
2人 $35
3人 $45
空港へ向かう場合、事前に予約を入れれば、指定の場所と時刻に迎えに来てくれる。

北島　オークランド　交通

239

国内各地との交通

長距離バス

2大バス会社であるインターシティ・コーチラインズIntercity Coachlines（通称インターシティ）とニューマンズ・コーチラインズNewmans Coach Linesが提携して、北島のほぼ全域をカバーしている。オークランドを発着するバス会社には、パイヒアやカイタイアなど、ノースランドの各町とを結ぶノースライナー・エクスプレスNorthliner Express（インターシティ系列）、ロトルア、ワイトモなどへのツアーバスを運行しているグレートサイツGreat Sightsなどがある（長距離バスの利用方法→P.465）。

スカイシティ・トラベル・センターにあるインターシティの発着場

バスは、スカイ・タワーの西側のホブソン・ストリートHobson St.沿いにあるスカイシティ・トラベル・センターSkycity Travel Centreに発着する。このトラベル・センターから鉄道駅やフェリー乗り場までは徒歩でも十分歩ける距離だが、巡回バスのインナー・リンクInner Linkを利用することもできる。

長距離列車

トランスデブの列車

中心部と近郊の都市を結ぶトランスデブTrabsdevの列車はクイーン・ストリートQueen St.に面したブリトマート駅Britomart Stationに停車する。2016年から始まった地下鉄工事に伴い、2019年9月現在駅舎が閉鎖されているが、裏手に仮設駅舎が設けられている。駅周辺には市内バスの発着所も集中しており、一帯はブリトマート・トランスポート・センターBritomart Transport Centreと呼ばれている。路線はブリトマート駅を起点にスワンソンSwanson方面行きの西線、プケコヘPukekohe行きの南線、東線、オネハンガOnehunga方面行きのオネハンガ線の4本。切符は乗車前に自動券売機か窓口で購入し、改札を通って乗車する。事前に購入していないと無賃乗車とみなされ、罰金を徴収されるので要注意。また、ICカード乗車券のAT HOPカードを利用すれば割引料金になる。AT HOPカードはフェリーやバスでも利用できる。運賃はゾーンに応じて変動。ブリトマート駅から徒歩15～20分の場所にあるオークランド・ストランド駅 Auckland Strand Stationにはオークランド～ウェリントンを結ぶキーウィ・レイルKiwi Railの長距離列車、ノーザン・エクスプローラーNorthern Explorer号が発着する（長距離列車の利用方法→P.467）。

ブリトマート駅のホーム

主要都市間のおもなフライト（→P.460）

おもなバス会社（→P.497）
インターシティ／ニューマンズ・コーチラインズ グレートサイツ

ノースライナー・エクスプレス
URL www.intercity.co.nz
※予約・問い合わせはインターシティへ

インターシティのチケットオフィス
スカイシティ・トラベル・センター
Map P.246-D1
住 102 Hobson St.
☎ (09)583-5780
URL www.intercity.co.nz
営 7:00～19:50
休 無休

ブリトマート駅
Map P.246-C1～2
住 8-10 Queen St.

オークランドの交通情報
URL at.govt.nz

ブリトマート駅の仮設駅舎

駅構内の案内所
Customer Service Centres
☎ (09)366-6400
開 月～金　6:30～21:00
　　土　　8:00～20:00
　　日　　8:00～18:00
休 無休

鉄道会社（→P.497）
キーウィ・レイル

トランスデブ
☎ (09)969-7777
URL www.transdev.co.nz
料 大人運賃（右はAT HOPカード）
1ゾーン　$3.5　(1.95)
2ゾーン　$5.5　(3.45)
3ゾーン　$7.5　(4.9)
4ゾーン　$9　　(6.3)
5ゾーン　$10.5　(7.6)
6ゾーン　　　　(8.9)
7ゾーン　　　　(10)
8ゾーン　　　　(11.1)
※現金の場合はバスと電車の運賃を個別に支払う必要がある。5ゾーン以上を運行するバス、電車はない。

AT HOPカード
URL at.govt.nz/bus-train-ferry/at-hop-card/
改札はICカード専用の自動改札機にかざして通る。購入方法はP.243参照。

駅の自動改札機

240

オークランドの市内交通　Traffic

リンクバス　Link Bus

　オークランド市内を走るバスのなかで、シンプルな路線とわかりやすい料金形態で観光客でも利用しやすいのが3種類のリンクバスLink Busだ。リンクバスを上手に活用すれば、市内のほとんどの見どころを回ることができる。また、郊外まで足を延ばすならメトロリンクMetrolink（→P.242）も便利だ。運賃はいずれも現金、またはバスやフェリーなど各交通機関で共通利用できるICカード乗車券のAT HOPカードで支払うこともできる。

〈シティ・リンク　City Link〉

　目抜き通りのクイーン・ストリートを中心に、市内中心部を走る循環バス。ウィンヤード・クオーターから、ブリトマート駅、クイーン・ストリートを経由し、カランガハペ・ロードに停車する。運賃は$1だが、AT HOPカードを所有していれば$0.5で利用できる。

〈インナー・リンク／アウター・リンク　Inner Link/Outer Link〉

　ダウンタウンからパーネルやニューマーケットまで、人気の観光エリアをカバーする。インナー・リンクは緑色、アウター・リンクはオレンジ色の車体と色分けされていてわかりやすい。ほとんどの観光エリアはインナー・リンクで行くことができるが、オークランド大学や郊外へはアウター・リンクが便利。それぞれ1本のルートを時計回りと反時計回りで走っているので、路線が複雑なメトロリンクと比べて利用しやすいのが特徴だ。

〈タマキ・リンク　Tamaki Link〉

　ブリトマート駅からケリー・タールトンズ・シーライフ水族館（→P.258）やシーライフケリーミッション・ベイ（→P.258）などを経由してグレン・インズGlen Innesへ向かう。

シティ・リンク
- (09) 366-6400
- FREE 0800-103-080
- URL at.govt.nz
- 運 月～金　　6:00～24:00
　　土、日、祝　6:20～24:00
　　月～土曜は7～8分、日曜・祝日は10分ごとの運行。
- 料 現金　　　　　　　　$1
　　AT HOPカード　　$0.5

真っ赤な車体が目立つシティ・リンク

インナー・リンク／アウター・リンク
- 運 6:00～24:00
- 料 現金
　$3.5（インナー・リンク）
　$3.5～10.5（アウター・リンク）
　AT HOPカード
　$1.95（インナー・リンク）
　$1.95～7.6（アウター・リンク）
　15分ごとの運行。インナー・リンクは平日の6:10～24:00のみ10分ごとの運行。

タマキ・リンク
- 運 ブリトマート駅
　月～土　　5:30～23:15発
　日、祝　　6:40～23:15発
　毎日15分毎に運行。金・土曜減便。
- 料 現金　　　　　　　　$5.5
　　AT HOPカード　　$3.45

リンクバスでアクセスできるオークランド中心部のおもな見どころ

① ニュージーランド海洋博物館
② スカイ・タワー
③ ビクトリア・パーク・マーケット
④ ポンソンビー
⑤ アオテア・スクエア
⑥ アルバート公園／オークランド美術館
⑦ オークランド大学
⑧ オークランド・ドメイン
⑨ オークランド戦争記念博物館
⑩ ニューマーケット
⑪ パーネル

オークランド中心部のリンクバス路線図

メトロリンク
- ☎ (09)373-9100
- URL www.metrolinkbus.co.nz
- 料 大人運賃(右はAT HOPカード)
  - 1ゾーン　$3.5　(1.95)
  - 2ゾーン　$5.5　(3.45)
  - 3ゾーン　$7.5　(4.9)
  - 4ゾーン　$9　(6.3)
  - 5ゾーン　$10.5　(7.6)
  - 6ゾーン　　　　(8.9)
  - 7ゾーン　　　　(10)
  - 8ゾーン　　　　(11.1)
- ※現金の場合はバスと電車の運賃を個別に支払う必要がある。5ゾーン以上を運行するバス、電車はない。

バスに乗るときは
目的地へ行くバスが見えたら手を水平に出し運転手に乗る意思があることをアピールしよう。また、乗降者がいないバス停は通過するため早く来ることも。少し早めにバス停で待機するのが無難だ。

おもなタクシー会社
Auckland Co-Op Taxis
☎ (09)300-3000

ホップ・オン・ホップ・オフ エクスプローラーバス
- FREE 0800-439-756
- URL www.explorerbus.co.nz
- 料 1日券　$45
  - 2日券　$55

ダブルデッカーからの景色を楽しもう

メトロリンク　Metrolink
市民の足として、ダウンタウンから郊外までオークランド全域に路線を張り巡らせているバス。メトロリンクMetrolinkのほか、エリア別にノース・スターNorth Starやゴー・ウエストGo Westなど数社が運行しており、ブリトマート・トランスポート・センターやクイーン・ストリートの周辺にバス乗り場が点在している。運賃は距離に応じて変動するステージ制を採用。前方のドアから乗車し、運転手に行き先、またはステージ数を告げて支払う前払い式。

行動範囲が広がるメトロリンク

〈バスの乗降の方法〉

降りるときはバーに付いたボタンを押す

バスは前方から乗車する。運賃は前払いで、チケットを受け取る。各バス停に停まる前に車内アナウンスがあり、モニターにはどこを走行しているのか表示される。目的地が近づいたら赤いストップボタンを押す。降車は前後どちらのドアからでもよく、降りる際に「Thank you, Driver！」とひと声かけよう。

タクシー　Taxi
基本的に流しのタクシーはないのでクイーン・ストリートやカスタムズ・ストリートCustoms St.などの大通りにあるタクシースタンド、または大型ホテルから乗車する。料金はメーター制で、初乗り料金は会社によって異なるが$3前後が一般的。

タクシーではチップは不要

エクスプローラーバス　Explorer Bus
市内の主要な見どころ16ヵ所を回る観光バスで、デボンポートへの往復フェリーも無料になる。乗り降り自由で、どちらの路線も1周約1時間。1日券や2日券のほかオプションで博物館や水族館などの施設入場券がセットになったパスもある。また、パスを提示すると入場料やアトラクションの割引が受けられる施設がある。レッドツアーとブルーツアーの2路線があり、レッドツアーは9:00～17:00、ブルーツアーは9:30～16:30運行。10～4月は20分、5～9月は30分おきに出発する。バス内ではWi-Fiも使える。

エクスプローラーバス路線図
カッコ内左は始発、右は最終便の時刻を表す。

レッドツアー フェリービルディング発
1. ヴァイアダクト・ハーバー／プリンセス・ワーフ (9:00/16:00)
2. バスティオン・ポイント展望台 (9:10/16:10)
3. ケリー・タールトンズ水族館 (9:15/16:15)
4. パーネル・ローズガーデン (9:20/16:20)
5. ホーリートリニティ大聖堂 (9:25/16:25)
6. オークランド戦争記念博物館 (9:30/15:30)
7. パーネル・ヴィレッジ (9:35/16:35)
8. クイーン・ストリート (9:40/16:40)
9. スカイ・タワー (9:45/16:45)

ブルーツアー オークランド戦争記念博物館発
6. オークランド戦争記念博物館 (9:30/15:30)
10. ウィンターガーデン (9:35/15:35)
11. イーデン・ガーデン (9:45/15:45)
12. マウント・イーデン／マウンガファウ (9:50/15:50)
13. イーデン・パーク (車窓観光)
14. ウエストフィールド・セントルークス (10:00/16:00)
15. オークランド動物園 (10:10/16:10)
16. MOTAT 交通科学博物館 (10:15/16:15)

AT HOP（エーティー・ホップ）カード

　市内観光には、AT HOPカードというシティ・リンクやメトロ・リンク、電車、フェリーなどで使用できる共通IC乗車券が便利。現金を持ち歩く必要がなく、割引が適用される。シティ・リンクは現金の場合大人$1がAT HOPカードなら$0.5、子供$0.5が$0.3に、シティ・リンク以外のバスと電車はゾーンごと、フェリーは行き先によって割引価格が決まっている。スカイバスにも利用できるが割引はない。

　AT HOPデイ・パス$18は、オークランド市内すべての電車、シティ・リンク、メトロ・リンク、フラーズ・フェリーFullers Ferry（デボンポート、スタンレー・ベイStanley Bay、ベイズウォーターBayswater、ノースコート・ポイントNorthcote Point、バーケンヘッドBirkenheadの5つのエリアから発着する便のみ）が1日乗り放題になる。

AT HOPカードは車内の専用読み取り機にタッチするだけでOK

キータグ型もある

〈AT HOPカードの購入方法〉
　ブリトマート駅構内のカスタマー・サービス・センターやオークランド国際空港のインフォメーション、コンビニやスーパーなどで1枚＄10で販売。チャージ（最低$10〜）して使用する。残額が減ったらTop Up（チャージ）して繰り返し使用できる。

〈Top Up（チャージ）方法〉
　カスタマー・サービス・センター、一部のコンビニなどでもTop Up可能。駅やフェリー乗り場にあるTop Upマシーンならいつでも自分でTop Upができるので便利。
①Top Upマシーン画面のHop card userを選択。
②画面下にカードをかざすリーダーがあるので、AT HOPカードを認識させる。
③画面が切り替わり、残高が表示される。HOP money Top-upを選択。
④Top Upする金額を選択。最低金額は＄10で、画面には$10〜150までの選択表示がある。表示されていない金額をTop Upする場合はOtherを選択し、希望の金額を入力する。
⑤支払い方法を選択。現金（Cash）またはカード（Bank Card）のどちらかを選択。現金の場合は画面右上に硬貨、AT HOPカード挿入口の右に紙幣を入れる場所がある。クレジットカードの場合は硬貨挿入口の下に精算機があるのでクレジットカードを挿入し、クレジットを選択。暗証番号を入力する。
⑥レシートのプリント画面が表示され、レシートが出てきたら完了。

ブリトマート駅のカスタマー・サービス・センター

乗車券やTop Upができるマシーン

〈AT HOPカードの使い方〉
　バスの場合は前方の扉付近に専用の読み取り機があるので、そこにカードをタッチすると「ピッ」という音が鳴る。残高が不足している場合は「ブブッ」という音が鳴る。降りる際は前方、後方どちらかの読み取り機に再度タッチして降りる。乗車時に読み取り機にタッチすることをTag on、降車時はTag offという。Tag on/Tag offを忘れた場合は無賃乗車になってしまうので気を付けよう。

リーダーにかざすと残高も確認できる

駅のホームにある読み取り機

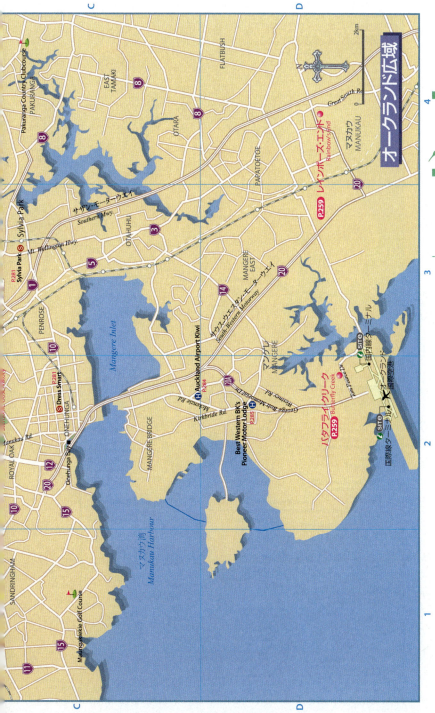

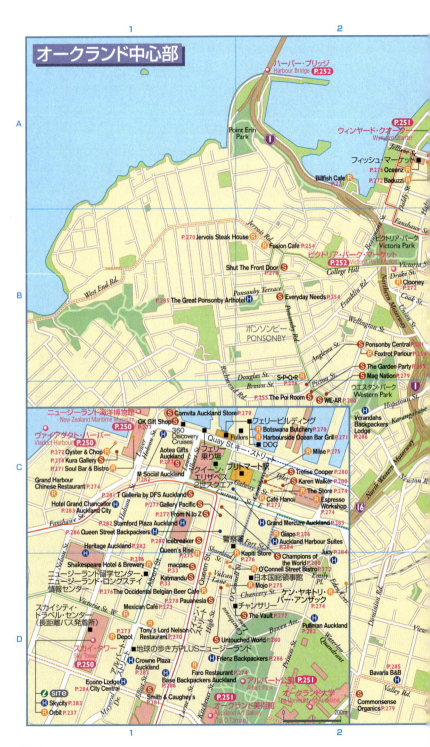

オークランドの歩き方

スカイ・タワー内の観光案内所 🌐SITE
Auckland Visitor Centre Skycity Atrium
Map P.246-D1
🏠 Cnr.Victoria & Federal St.
☎ (09) 365-9918
🕘 9:00～18:00
休 無休

町歩きの心強い味方
　ブリトマート駅の周辺やクイーン・ストリートなど、市内中心部ではオークランド・シティ・アンバサダーAuckland City Ambassadorと呼ばれる市の職員が町の風紀を守るために巡廻している。道に迷ったときなど、困ったときには声をかけてみよう。

各種地図ももらえる

ユースフルインフォメーション
病院
Auckland City Hospital
Map P.247-C3
🏠 2 Park Rd. Grafton
☎ (09) 367-0000

警察
Map P.247-B3
Auckland Central Police Station
🏠 Cnr.Cook St. & Vincent St.
☎ (09) 302-6400

レンタカー会社
Hertz
空港（国際線ターミナル内）
☎ (09) 256-8692
ダウンタウン
Map P.247-B3
🏠 154 Victoria St.
☎ (09) 367-6350

Avis
空港（国内線ターミナル内）
☎ (09) 256-8366
ダウンタウン
Map P.247-B3
🏠 17-19 Nelson St.
☎ (09) 379-2650

ダウンタウン

　町の中心部は、高層ビルが立ち並ぶニュージーランド経済の中枢エリアであり、ショップやレストラン、エンターテインメント施設が集まる国内最大の文化発信地にもなっている。

にぎやかな目抜き通りのクイーン・ストリート

　まずは、オークランド最大のランドマークであるスカイ・タワーSky Towerに上って、360度のパノラマを堪能しよう。展望台から眼下に広がるオークランドの町並みを一望できるだろう。

　クイーン・エリザベス2世スクエアから南へ延びるクイーン・ストリートQueen St.は、みやげ物店から、レストラン、映画館、銀行までひととおりの商業施設が揃うオークランドのメインストリートだ。この大通りをそぞろ歩けば、行き交う人々の人種の多さから国際色豊かな移民の町であることが実感できるだろう。この大通りに面して立つブリトマート駅は市内交通の拠点となっており、駅の東側はおしゃれなショップが並ぶ注目のエリアになっている。また、クイーン・ストリートの東に並行して走るハイ・ストリートHigh St.は、おしゃれなカフェやセレクトショップ、クラブが連なる小路になっており、地元の若者たちでにぎわっている。

　ヴァイアダクト・ハーバーViaduct Harbourやウィンヤード・クオーターWynyard Quarterといったウオーターフロントエリアには、豪華クルーズ船やカラフルなヨットが停泊し、"シティ・オブ・セイルズ"らしい光景が楽しめる。入江を囲むように洗練されたレストランやバーが立ち並び、週末の夜にはオークランダーたちでおおいに盛り上がる。

ダウンタウン周辺部～オークランド郊外

　ダウンタウン西側にあるポンソンビーPonsonbyは、おしゃれなカフェやレストランが見つかるエリア。個性的な店が集まっているビクトリア・パーク・マーケットVictoria Park Marketとあわせて訪れたい。また、ポンソンビーや市内南部を東西に延びるカランガハペ・ロードKarangahape Rd.（通称Kロード）はバーやクラブが集中するオークランドのナイトスポットとして知られており、オークランダーのナイトライフを垣間見ることができる。

　ダウンタウンから東へ約2.5km、しっとりと落ち着いた町並みのパーネルParnellはメインストリート

パーネルはこぢんまりとしたショップが軒を連ね情緒あふれる町並み

248

のパーネル・ロードParnell Rd.沿いに、雰囲気のいいレストランや雑貨店、アンティークショップが軒を連ねる。また、アートギャラリーが点在しているのもパーネルの特徴だ。ニュージーランドのアーティストたちによる作品を鑑賞したあとは、オープンカフェでお茶を楽しもう。

パーネル・ロードを南へ進むと、ブロードウエイBroadwayと通りの名前が変わる。パーネルの落ち着いた雰囲気とは打って変わって、都会的なショップがずらりと並ぶのがニューマーケットNewmarketだ。ブロードウエイを挟んだ両側にはショップが立ち並んでおり、再開発が進むエリアになっている。

郊外エリアで足を延ばしてみたいのが、市内中心部から車で東へ6kmほど行ったミッション・ベイMission Bay。小粋なカフェやレストラン、緑豊かな公園と美しいビーチが揃ったこのエリアは、老若男女を問わずキーウィたちに非常に人気がある。

フェリービルディングからフェリーで12分ほど、車だとハーバー・ブリッジを渡った先がデボンポートDevonportだ。ヨーロッパ人が最初に定住を始めた地域のひとつで、ビクトリア調の建築物が数多く残る。ビュースポットとして知られるマウント・ビクトリアMt.Victoriaに登ったあとは、19世紀そのままの雰囲気を醸し出す町並みを散策したい。居心地のいいB&Bも多いので、滞在地としてもおすすめだ。

ニューマーケットでショッピングを楽しもう

オークランド周辺の島々

オークランド周辺には約50の島々が点在している。なかでも、フェリーで35分ほどの所に位置するワイヘキ島Waiheke Islandは、良質のワインや、アーティストが多く住むことで知られている人気のリゾート地だ。ティリティリマタンギ島Tiri Tiri Matangi Islandで、絶滅の危機に瀕する鳥たちなど希少な野生動物を観察して1日過ごすのもおすすめ。自然が残されたウエストコーストをツアーで訪れるのもポピュラーだし、アクティビティの種類も豊富なのでさまざまな過ごし方で楽しむことができる。

おもなイベント
Auckland Arts Festival
☎(09)309-0101
URL www.aucklandfestival.co.nz
催3/12～29['20]

Fine Food New Zealand Auckland
☎(09)555-1141
URL www.finefoodnz.co.nz
催6月下旬['20]

ASB Auckland Marathon
☎(09)601-9590
URL aucklandmarathon.co.nz
催10/20['19]

オークランド市内ツアー
Auckland City Highlights Tour
　オークランド戦争記念博物館やハーバー・ブリッジ、ウィンヤード・クオーターなど、市内のおもな見どころを回る。市内アコモデーションからの送迎付き、日本語ガイドの手配は要問い合わせ。
Gray Line New Zealand
☎(09)583-5764
FREE 0800-698-687
URL www.graylinetours.co.nz
通年9:45発
料3時間大人$65～、子供$32～
CC AMV

　何かと便利なツアーデスク
「地球の歩き方PLUS ニュージーランド」

　ニュージーランドで人気の各種オプショナルツアーをお探しなら、ぜひ「地球の歩き方PLUS ニュージーランド」へ。本書を持参すると、各種ツアーを5％（一部商品を除く）オフで予約することができる。また、オプショナルツアーの販売だけでなく、好みに応じておすすめのレストランなどを紹介してくれる。数日のショートトリップのオリジナルプラン作りも得意。やりたいこと、見たいものをじっくり聞いて親身に手配してくれる。ツアーデスクのスタッフは、もちろん日本語OKなので、ニュージーランド旅行の強い味方だ。

■DATA Map P.246-D1
住Level 11, 120 Albert St.
SOUTH PACIFIC TOURS内
☎(09)353-0700　URL arukikata-plus.jp
営月～金9:00～17:30　休土・日、祝

オークランドの見どころ

スカイ・タワー
- 住 Cnr. Victoria St. & Federal St.
- ☎ (09) 363-6000
- FREE 0800-759-2489
- URL www.skycityauckland.co.nz
- 開 5～10月　9:00～22:00
  - 11～4月
  - 日～木　8:30～22:30
  - 金・土　8:30～23:30
  - （最終入場は30分前まで）
- 休 無休
- 料 大人$32、子供$13
- 交 インナー・リンクを利用。

スカイシティ・カジノ
- 開 24時間
- 休 無休
- ※入場は20歳以上、短パン・サンダルなどの軽装は不可。場内は撮影禁止。

青のイルミネーションはオークランドのラグビーチームBluesを表す

スカイ・タワーのアクティビティ
Sky Jump（→P.268）
Sky Walk
地上192mの高さに設けられた、幅1.2mのタワー外周のデッキをハーネスを付けてガイドとともに歩くというアクティビティ。360度のパノラマビューを楽しめる。所要約1時間15分。
- ☎ (09) 368-1835
- FREE 0800-759-925
- URL skywalk.co.nz
- 催 通年10:00～16:30間の計8回（天候による）
- 料 大人$150、学生$120、子供$120（10～15歳）
- CC MV

ニュージーランド海洋博物館
- 住 Cnr. Quay St. & Hobson St.
- ☎ (09) 373-0800
- URL www.maritimemuseum.co.nz
- 開 10:00～17:00
  - （最終入館は～16:00）
- 料 大人$20、シニア・学生$17、子供$10
- 交 シティ・リンクを利用。

クルーズ
- 催 火～日11:30、13:30発
- 料 大人$50、子供$25
  - （入場料込み）

スカイ・タワー
Sky Tower

Map P.246-D1

地上328mの南半球で最も高いタワー。年間75万人以上の観光客が訪れる、オークランドのシンボルとなっている。高さの異なる3つの展望フロアが設けられ、高さ186mのメイン展望フロアからは、オークランド市内を一望できるほか、ガラスの床を通して地上が見下ろせてスリリング。さらに220mのスカイデッキからは、一面に設けられた大きなガラス越しにはるか80km先まで見えるという大パノラマが広がる。タワー内には、景色を眺めながら食事ができるレストランやカフェ、バーなどの飲食店も充実している。

オークランドきっての観光名所

タワーの下に広がる**スカイシティSkycity**には、スカイシティ・カジノSkycity Casinoや、スカイシティ・ホテル（→P.283）、劇場、レストラン、バーなどの商業施設が入っている。

ヴァイアダクト・ハーバー
Viaduct Harbour

Map P.246-C1

ヨットが行き交う風景を眺めながら、"シティ・オブ・セイルズ"という言葉を実感できる場所がここ。港を取り囲むようにおしゃれなカフェやレストラン、バーが立ち並ぶエリア。ヨットレースの最高峰のひとつアメリカズ・カップにちなみ、アメリカズ・カップ・ビレッジとも呼ばれている。2017年の第35回大会ではニュージーランドは2度目の優勝を果たした。2021年にはオークランドで3回目となる大会が開催される。

港にはたくさんのヨットが停泊

ニュージーランド海洋博物館
New Zealand Maritime Museum

Map P.246-C1

ヴァイアダクト・ハーバー近くの港に面して立つ博物館。ポリネシアの人々が用いたカヌーからヨーロッパ人の大航海時代、ニュージーランドへの移民船、豪華客船、さらに現代のマリンレジャーのヨットまで幅広い種類の船を展示する。毎週火～日曜には1日2回、歴史的な船テッド・アシュビーTed Ashby号に乗船してクルーズ体験することもできる。

250

ウィンヤード・クオーター
Wynyard Quarter

Map P.246-A2

ヴァイアダクト・ハーバーの西側、ウィンヤード・クロッシングWynyard Crossingと呼ばれる可動橋の先に広がるウオーターフロントエリア。オークランド・フィッシュ・マーケットAuckland Fish Marketやさまざまな催しが行われるイベントセンターのほか、倉庫風の建物におしゃれな飲食店が軒を連ね、オークランダーに人気を博している。また、国内初の路面電車を55年ぶりに再現したオークランド・ドックライン・トラムAuckland Dockline Tramも運行している。

潮風を浴びてのんびり散策しよう

ブリトマート
Britomart

Map P.246-C1～2

ダウンタウンのウォーフ近くにあるブリトマート駅一帯は、ニュージーランドでラグビーワールドカップが開催された2011年前後に再開発が進んだエリア。元中央郵便局など歴史的な建築物とモダンな建物が共存する中に、トランスポート・センター、スタイリッシュなカフェやショップ、ブティック、アートギャラリーなどが連なり、独特の雰囲気を醸し出している。駅は地下にあるため喧騒とも無縁。おしゃれな雰囲気を味わいに出かけてみよう。

アルバート公園／オークランド美術館
Albert Park / Auckland Art Gallery (Toi O Tāmaki)

Map P.246-D1～2

ダウンタウンの中心部にあり、緑の芝生に大きな木々、噴水、色鮮やかな花時計が映える公園。天気のいい日には、読書を楽しむオークランド大学の学生や市民が集う。

公園の一角にあるのがオークランド美術館だ。2011年にリニューアルし、マオリの工芸品から国際的な現代アートまで、1万5000点を超す作品を所蔵、国内最大規模を誇る。館内では無料のギャラリーツアーも催行される。

緑豊かなアルバート公園

オークランド・ドメイン
Auckland Domain

Map P.247-C3

オークランド中心部を見下ろす小高い丘に広がる巨大な公園。火山活動によって形成され、その火口は現在、円形劇場として使われている。園内にはクリスマスツリーとも呼ばれるニュージーランド原産のポフツカワがたくさん植えられ、12月頃に花を咲かせる。

オークランド市内で最も古い公園

北島　オークランド　見どころ

ウィンヤード・クオーター
- (09)336-8820
- URL wynyard-quarter.co.nz

オークランド・ドックライン・トラム
- (09)377-7701
- URL www.aucklandtram.co.nz
- 大人$2、子供$1
- 2019年9月現在、工事のためトラム乗り場#1とダルディー・ストリートの区間を日・祝の10:00～16:00のみ運行。再開は、2019年後半を予定。

ブリトマート・トランスポート・センター
- 8-10 Queen St.
- (09)355-3553
- ブリトマートグループ
- URL britomart.org

おしゃれなショップが連なる

オークランド美術館
- Wellesley St.
- (09)379-1349
- URL www.aucklandartgallery.com
- 10:00～17:00
- 無休
- 大人$20、学生$17、子供無料（特別展は別途）
- シティ・リンク、アウター・リンクを利用。
- ギャラリーツアー
- 11:30、13:30発
- 無料
- ※定員15人、インフォメーションデスクで予約可。

さまざまな作品が展示されている

オークランド・ドメイン
- 20 Park Rd. Grafton
- インナー・リンク、アウター・リンクを利用。
- 無料コンサートなどの野外イベントが随時開催されている。情報は観光案内所アイサイトで確認を。毎年クリスマスの時季にはコカ・コーラ・クリスマス・イン・ザ・パークも催される(→P.259)。

オークランド戦争記念博物館
住 Auckland Domain Parnell
電 (09) 309-0443
URL www.aucklandmuseum.com
開 10:00〜17:00
休 無休
料 大人$25、子供$10
交 インナー・リンク、アウター・リンクを利用。

入館料＋館内のハイライトツアーは「キーウィ」大人$40、子供$20、入館料＋マオリのショーは「トゥイ」大人$45、子供$20、入館料＋館内のハイライトツアー＋マオリのショーは「モア」大人$55、子供$25としてパッケージ料金がある。各パッケージの開始時間はウェブサイトで確認を。

ウインター・ガーデン
住 20 Park Rd. Grafton
開 11〜3月
月〜土　　9:00〜17:30
日　　　　9:00〜19:30
4〜10月　 9:00〜16:30
休 無休
料 無料
交 インナー・リンク、アウター・リンクを利用。

色鮮やかな花々が咲き誇る

ハーバー・ブリッジのアクティビティ催行会社
AJ Hackett Bungy
電 (09) 360-7748
FREE 0800-462-8649
URL www.bungy.co.nz
CC ADMV
ブリッジクライム
→P.268
バンジージャンプ
催 通年
料 大人$165、子供$135
（10歳以上）
※ニュージーランド海洋博物館（→P.250）前からピックアップバスあり。

ビクトリア・パーク・マーケット
住 210-218 Victoria St.
電 (09) 309-6911
URL victoriaparkmarket.co.nz
交 インナー・リンク、アウター・リンクを利用。

煙突がマーケットの目印

オークランド戦争記念博物館
Auckland War Memorial Museum
Map P.247-C4

1階はマオリや南太平洋諸島の歴史コレクション、2階はニュージーランドの自然に関する展示、3階は第1次・第2次世界大戦に関するギャラリーというテーマで、膨大な量のコレクションを誇るニュージーランド最古の博物館。日本の戦闘機や原爆に関する資料も展示され、じっくり鑑賞すると半日以上かかる。

また、マオリによるショーやギャラリーツアーでは、マオリ文化に触れることもできる。

高台にそびえる重厚な建物

ウインター・ガーデン
Winter Garden
Map P.247-C3

広大な敷地をもつオークランド・ドメイン(→P.251)内にあり、1913年のオープン以来、市民の憩いの場として親しまれている植物園。敷地内にあるふたつの温室には、熱帯植物やニュージーランドの草花が栽培されており、何十種類もの色とりどりの花々が年間を通して咲き誇る。ニュージーランドの森林をそのまま都会の真ん中に再現したような100種類ものシダが生い茂るエリアは必見！　無料で楽しめる隠れた穴場だ。ニュージーランドのシンボルマークである葉裏が白いシダSilver Fernもある。

ハーバー・ブリッジ
Harbour Bridge
Map P.246-A2

シティとノース・オークランドを結ぶ全長1020m、高さ43mの橋。1959年にこの橋が完成したことにより、北側エリアの発展は目覚ましいものとなった。当初は4車線だったが、交通量の増加により8車線に変更されている。近年は朝晩の渋滞がひどく、橋の老朽化も懸念されることから建て直しの議論も行われているが、美しい橋は今もオークランドの交通の大動脈であり、町の象徴であることに変わりはない。

上下8車線ある自動車専用の橋

ハーバー・ブリッジにはブリッジクライムやバンジージャンプなどのアクティビティがあるので、ぜひ挑戦してみよう。

ビクトリア・パーク・マーケット
Victoria Park Market
Map P.246-B2

かつて清掃工場だったれんが造りの建物に、国内のアート作品や工芸品、エスニックな香り漂うファッションアイテムなどを扱うショップが軒を連ねているマーケット。週末にはフリーマーケットや生演奏、大道芸なども披露されてにぎやかになる。

パーネル&ニューマーケット
Parnell & Newmarket

Map P.247-B〜D4

ノスタルジックな雰囲気が漂うパーネル・ビレッジ

オークランドの中心部から約1km東にあるパーネル・ロードParnell Rd.。ヨーロッパの町角を思わせるオークランドで最も古い住宅地で、19世紀後半に建てられたビクトリア様式の建物が保存されている。パーネル・ロードのなかでも特に目を引くのがパーネル・ビレッジParnell Village。白壁がまぶしい建物にブティックが集まったショッピングコンプレックスになっている。

パーネルをそぞろ歩けば、地元アーティストの作品を揃えたギャラリーやハンドクラフトのアクセサリー店など、カラフルで個性的なショップに目を引かれるだろう。そのほか、西洋とマオリ文化の融合が見て取れるホーリー・トリニティ大聖堂Holy Trinity Cathedralや、パーネル・ロードと並行して延びるグラッドストーン・ロードGladstone Rd.に面したパーネル・ローズ・ガーデンParnell Rose Gardensなど、周辺の見どころも見逃せない。

パーネルをさらに南下するとニューマーケット地区へ至る。ニューマーケットといっても市場があるのではなく、パーネル・ロードから続く大通り、ブロードウエイBroadwayを中心とした商業地域を指す。再開発が進むこのエリアには店舗が密集し、特にデザイナーズブランドなどファッション関係のショップが充実している。カジュアルで実用性の高い品揃えが特徴だ。

カフェやブティックが並ぶナッフィールド・ストリート

ニューマーケットの中心は、ショッピングコンプレックスのウエストフィールド・トゥーダブルセブン・ニューマーケット。トレンドのファッションをはじめ、日用品の品揃えが豊富で、スーパーマーケットやフードコートも入っている。また、ニューマーケット駅周辺のナッフィールド・ストリートNuffield St.にも近年おしゃれな店がオープンしており、ウインドーショッピングするだけでも楽しい。

パーネル
- URL www.parnell.net.nz
- 交 インナー・リンク、アウター・リンクを利用。

ホーリー・トリニティ大聖堂
Map P.247-C4
- 住 446 Parnell Rd.
- TEL (09)303-9500
- URL www.holy-trinity.org.nz
- 開 10:00〜15:00
- 休 無休

マオリや動植物が描かれた大聖堂のステンドグラスはこの国の歴史そのもの

2017年にオークランド建築賞を受賞したガラスのチャペル

パーネル・ローズ・ガーデン
Map P.247-B4
- 住 85 Gladstone Rd.
- TEL (09)301-0101
- 開 24時間
- 休 無休
- 料 無料

ニューマーケット
- URL newmarket.co.nz
- 交 インナー・リンク、アウター・リンクを利用。また、ブリトマート駅からニューマーケット駅までトランスデブのサザン・ライン、ウエスタン・ライン、オネハンガ・ラインを利用することもできる。

ニューマーケット駅

Column 週末はフレンチ・マーケットへ

パーネルで毎週末開催されているフレンチ・マーケット。ラ・シガルLa Cigale周辺に市が立ち、生鮮食品のほか、焼きたてのクロワッサンやクレープ、肉料理やパスタ、ワインなどの屋台がずらりと並んでおり、ブランチにおすすめのスポットだ。また、ここで食材を買って、ピクニックに出かけるのもおすすめ。インテリア雑貨や食器、調理器具なども販売されているので、おみやげ探しにもぴったり。

ラ・シガル
Map P.247-B4
- 住 69 St.Georges Bay Rd.
- TEL (09)366-9361
- URL www.lacigale.co.nz
- 営 土 8:00〜13:30
  日 9:00〜13:30

オリーブ漬けの種類は19種類もある！

北島 オークランド 見どころ

253

オークランドの人気エリア
ポンソンビーでカフェ&ショップ巡り

ポンソンビー・ロードPonsonby Rd.沿いには洗練されたレストランやショップが軒を連ねている。「カフェ激戦区」とも呼ばれ、雰囲気のいいカフェが数メートルおきに点在している。

ポンソンビー Ponsonby

市内を巡回するインナー・リンクのルート上に約1kmにわたって続くポンソンビー・ロード。この通りはパーネル・ロードParnell Rd.やハイ・ストリートHigh St.と並ぶオークランドきってのおしゃれストリートとして知られている。
URL iloveponsonby.co.nz
交 インナー・リンクを利用

ネオゴシック調の歴史ある建物が残る町並み

オークランド西側のエリア

A 東洋と西洋が融合した目と舌で楽しむ創作料理
フュージョン・カフェ
Fusion Cafe　　Map P.246-B2

ベトナム人オーナーが手がける店。朝食とランチはニュージーランドらしいカフェメニューがメイン。ディナーには創作アジア料理が楽しめる。人気はエッグベネディクト、フレンチトースト、ベトナム風サンドイッチのバインミーなど。

住 32 Jervois Rd.
TEL (09) 378-4573
URL www.fusioncafe.co.nz
営 月・火6:30〜16:00、水〜金6:30〜21:00、土7:00〜21:00、日7:00〜15:30
休 無休　CC MV

暖炉がある店内。夏は裏庭のテラス席がおすすめ

旬の食材を使うのでメニューは毎回替わるんだよ♪

サーモンのエッグベニー$22。チャバッタの上にポーチドエッグをのせアップルサイダーを使ったオランデーズソースがかかっている

B オーナーのセンスが光る！NZメイドの雑貨がズラリ
エブリデイ・ニーズ
Everyday Needs　Map P.246-B2

おしゃれな店が並ぶポンソンビー・ロードで、特にセンスのよさが光る生活雑貨店。洗練されたデザインはもちろん、長く愛用できるサステナビリティを意識した商品を厳選。地元の陶芸家によるディナーウェアやアクセサリーなど、自分へのみやげを選びたい。

住 270 Ponsonby Rd.　TEL (09) 378-7988
URL www.everyday-needs.com　営 月〜金9:30〜17:00、土 10:00〜17:00、日10:00〜16:00　休 無休　CC AMV

センスが光る品揃えで、人が吸い込まれるように店内へ

1 食器や文房具、ベッドリネンが並ぶ。充実した品揃えで、思わず時間を忘れて見入ってしまう
2 手書きのポップで商品の詳細をチェックできるのもうれしい
3 自然療法の薬草師がブレンドしたオーガニック紅茶$27.5
4 かわいいネイルブラシ$28も

254

C

斬新スイーツならここ！
食材にこだわる人気カフェ

フォックストロット・パーラー
Foxtrot Parlour Map P.246-C2

注射器に入った
クリームを
自分で入れる
ホイヨドーナツ$6.5
が名物です

「料理がおいしい場所は笑い声が大きい」をモットーに、サンドイッチやオムレツなどの自家製ブランチを提供。毎朝焼くパンやパイ、キッシュ、スイーツもいろいろ。カフェには珍しく、選りすぐりの地ビールとシードル、ワインの用意もある。

- Ponsonby Central, 7 Richmond Rd.
- (09) 378-7268
- URL www.foxtrotparlour.co.nz
- 月～金8:00～17:00、土・日7:00～17:00 無休 CC MV

ポンソンビーセントラル（→P.281）内にある

[1] ヘンハウスレイド$14.5。クリーミーなスクランブルエッグ、自家製チャツネ添え。写真は$6でアボカドをトッピング [2] 週末は週替わりのかわいいケーキが並ぶ

D

NZみやげならなんでも揃う
マストで訪れたい雑貨店

ガーデン・パーティ
The Garden Party Map P.246-C2

ニュージーランドらしいモチーフを中心に、リーズナブルな雑貨を扱う店。野鳥が描かれたティータオル$15～は人気が高い。地元アーティストが手がけたかわいいデザインのアクセサリーやキッチン、ベビー用品も豊富に揃う。

- 130 Ponsonby Rd.
- (09) 378-7799
- URL www.thegardenparty.co.nz
- 月～金10:00～18:00、土・日10:00～17:00 無休 CC MV

店内にはコスメや雑貨などさまざまな名商品が

[1] アクリルをプルメリアの花の形にカットしたピアス$12 [2] 羽にゴールドかシルバーのペイントをしたイヤリング$32 [3] ボフツカワの花がプリントされたポーチ$14

地図

Franklin Rd. / Collingwood St. / Anglesea St. / Paget St. / Ponsonby Rd. / Lincoln St. / Norfolk St. / Douglas St. / Brown St. / Richmond Rd. / Mackelvie St. / Pollen St. / Picton St.

Mag Nation S
S·P·Q·R R
Ponsonby Central S
WE-AR S
C / D / E

E

ハイセンスな雑貨がみつかる
ギャラリーでお買い物

ポイ・ルーム
The Poi Room Map P.246-C2

ニュージーランド出身の現代アーティスト50人以上による作品を取り扱うギャラリーショップ。マオリのモチーフを現代風にアレンジした雑貨などが多く、おみやげ探しにぴったり。おすすめはハンドジュエリー$85～やティータオル$25～。

- 130 Ponsonby Rd. (09) 378-4364 URL www.thepoiroom.co.nz
- 月～金9:30～17:30、土9:30～17:00、日10:00～16:00 無休 CC ADJMV

フィッシュ&チップス柄のティータオル$22.5

ニューマーケットにも店舗がある

ウールで作られたボキドール$69

バッグやファッションのアクセントに！ネコのピンバッチ$95

ユニークな手刺繍の壁飾り$120。裏に丸いリングが付いている

255

オークランド郊外の見どころ

マウント・イーデン
Mt. Eden　Map P.247-D3

オークランド市街地に残る50余りの死火山のひとつで、噴火口跡にできた小高い丘。標高196mほどだが、頂上からはオークランド市街と海が一望のもとに見渡せる絶好のビューポイントだ。展望台から見下ろす噴火口跡はアリ地獄のような逆円錐形になっている。中腹には小さなレストランがあり、そこから眺める町の夜景もすばらしい。イーデン・ガーデンEden Gardenは、マウント・イーデンの東側斜面の地形を生かしたこぢんまりとした公園。1000本以上の木が植えられ、花に囲まれたイギリス式庭園で、地元の人々がベンチでくつろいだり読書を楽しんだりしている。

広々とした眺めは気持ちがいい

ワン・トゥリー・ヒル
One Tree Hill　Map P.244-B2

コーンウォール公園Cornwall Park内にあるマウント・イーデンと同じ死火山で、標高は183m。頂上にはオークランド市の創始者であるジョン・ローガン・キャンベル卿が、先住民マオリへ敬意を表して建てた塔があり、町を象徴するシンボルとして知られている。敷地内には羊が放牧され、現存するオークランド最古の建物、アカシア・コテージAcacia Cottageも保存されている。オークランド郊外を一望する景色はすばらしい。

塔の高さは33m

スタードーム天文台
Stardome Observatory　Map P.245-C2

ワン・トゥリー・ヒルの南側斜面に位置する天文台で、360度のパノラマで輝く星を観測し、南十字星をはじめとする南半球ならではの星空について学べる施設。夜間はさまざまなプラネタリウムショーを開催。プログラムは時季によって異なるのでウェブサイトで確認を。天候がよければ、ショーのあとに望遠鏡で天体観測できるプログラムもある。また、火曜の夜にはワイン、チーズとともにショーと天体観測を楽しむWine, Cheese & Astronomy (18歳以上$34.5)も行われている。

星を頼りにニュージーランドにたどり着いたというマオリの伝説も聞ける

マウント・イーデン
住 250 Mt. Eden Rd. Mt.Eden
開 夏季　7:00～20:30
　　冬季　7:00～19:00

イーデン・ガーデン
住 24 Omana Ave. Epsom
電 (09)638-8395
URL www.edengarden.co.nz
開 9:00～16:00
（カフェは10:00～15:30)
休 無休
料 大人$12、子供無料
交 市内中心部からメトロリンク#274、277で約25分。アウター・リンクも利用可。

コーンウォール公園
住 Green Lane West Greenlane
電 (09)630-8485
URL cornwallpark.co.nz
開 7:00～18:00
（時季によって異なる）
休 無休
交 ブリマート駅から車で約15分、グリーンレーン駅下車後徒歩約15分。市内中心部からメトロリンク#70、595で約30分。アウター・リンクも利用可。

アカシア・コテージ
開 7:00～日暮れ
休 無休

オークランド市内と放牧された羊が見える

スタードーム天文台
住 670 Manukau Rd. One Tree Hill Domain
電 (09)624-1246
URL www.stardome.org.nz
開 月　　10:00～17:00
　火～木　10:00～17:00
　　　　　18:00～21:30
　金　　　10:00～17:00
　　　　　18:00～23:00
　土　　　11:00～23:00
　日　　　11:00～22:00
休 無休
料 大人$2、子供$1
（プラネタリウムショーは大人$15、シニア・学生・子供$12）
交 市内中心部からメトロリンク#302で約40分、下車後徒歩約6分。アウター・リンクも利用可。

オークランド動物園
Auckland Zoo

Map P.244-B1

町の中心部から南西にある国内最大級の動物園で、138種、800匹以上の動物を飼育している。広い園内は動物の種類によって区分けされ、大人でも十分に楽しめる内容だ。おなじみのゾウ、キリン、ライオンに加え、ニュージーランドの国鳥であるキーウィ、"恐竜の生き残り"といわれるトゥアタラなど、ニュージーランド特有の動物の生態を観察することができる。キーウィは夜行性のため、昼夜逆転して暗くした小屋の中で活発に動く姿を見ることができる。

悠々と歩くキリンの姿も見られる

オークランド動物園
住 99 Motions Rd. Western Springs
電 (09) 360-3805
URL www.aucklandzoo.co.nz
開 9:30〜17:00（最終入場は〜16:15）
休 無休
料 大人$24、子供$13
交 市内中心部からメトロリンク#18、134で約20分、下車後徒歩約10分。

ウエスタン・スプリングス
Western Springs

Map P.244-B1

オークランド動物園と交通科学博物館に隣接する、芝生に覆われた広大な公園。湖の水面には、日本ではあまり見られないブラックスワンが優雅に泳いでいる。そのほかにも園内にはあちこちに鳥に関する情報が書かれた掲示板があり、バードウオッチングが楽しめる。休日にはピクニックを楽しむ家族連れやカップル、スポーツをする若者たちでにぎわっている。

ウエスタン・スプリングス
住 99 Motions Rd. Western Springs
交 市内中心部からメトロリンク#18、134で約20分。

散歩やピクニックに最適

交通科学博物館（モータット）
Museum of Transport & Technology (MOTAT)

Map P.244-B1

ニュージーランドの交通機関、農業、医療などの歴史を、当時のまま保存された車や機関車、医療器具、機械などを見ながら学ぶことができる。ライト兄弟よりも早く動力飛行に成功したといわれるリチャード・ピアスや、世界で初めて英国とニュージーランド間を飛んだことで知られるジーン・G・バッテンの貴重な資料や遺品も保存されている。また1900年代初期の町並みや人々の生活を再現したエリアでは、当時の人々の生活スタイルを垣間見ることができる。博物館からオークランド動物園の間を30分ごとに片道約12分で運行している路面電車もある。

交通科学博物館
住 805 Great North Rd. Western Springs
電 (09) 815-5800
URL www.motat.org.nz
開 10:00〜17:00（最終入館は〜16:30）
休 無休
料 大人$19、子供$10
交 市内中心部からメトロリンク#18、134で約20分。
路面電車
運 10:00〜16:45
料 片道大人$1、子供$0.5（博物館のチケットがある場合無料）

屋外にある展示物

Column　コースト・トゥ・コースト・ウオークウエイ

オークランドの北に広がるワイテマタ湾と、南にあるマヌカウ湾とを結ぶルートが、コースト・トゥ・コースト・ウオークウエイCoast to Coast Walkwayだ。まずヴァイアダクト・ハーバー（→P.250）から出発。オークランド・ドメイン、マウント・イーデン、ワン・トゥリー・ヒルを抜け、オネハンガ・ベイOnehunga Bay（Map P.245-C2）にいたる行程は約16km、所要4時間〜。

案内図は観光案内所アイサイトなどで手に入る。南から北へ向かうルートも可能だ。南の終点オネハンガからブリトマート駅までは、メトロリンクのバス#309や、ローカル列車のオネハンガ線を利用できる。

黄色の矢印をたどればいい

ミッション・ベイ
URL www.missionbay.co.nz
交 市内中心部からメトロリンク #745、756、769で約15分。

ビーチ沿いに並ぶカフェで午後のひとときを過ごそう

タマキ・ドライブへの行き方
市内中心部からQuay St.を東へ進む。メトロリンク#767、769で約15分。

タマキ・ドライブのアクティビティ
Fergs Kayaks
カヤック、スタンドアップ・パドル・サーフィンのレンタル、カヤックツアー、レッスンなどを行っている。
住 12 Tamaki Dr. Orakei
電 (09) 529-2230
URL fergskayaks.co.nz
営 9:00〜17:00
休 無休
カヤックレンタル
料 1時間$25
ランギトト島カヤックツアー
料 6時間$160

ケリー・タールトンズ・シーライフ水族館
住 23 Tamaki Dr. Orakei
電 (09) 531-5065
FREE 0800-446-725
URL www.kellytarltons.co.nz
開 9:30〜17:00
（最終入場は〜16:00）
休 無休
料 大人$39、子供$27
交 市内中心部からメトロリンク#756、769で約10分。コマース・ストリートから無料シャトルバスが9:30〜15:30の30分ごとに運行。
シャーク・ケージ
催 土・日10:00、11:30
（要予約）
料 $99

ミッション・ベイ
Mission Bay

Map P.244-A3

オークランドの町の中心部から東へ約6kmのミッション・ベイは高級住宅が立ち並ぶ市内でも屈指の人気エリア。海水浴にうってつけのビーチもあり、沖にはランギトト島の姿が望める。夏になるとヨット、ウインドサーフィンなどマリンスポーツの楽園となり、たくさんの人々でにぎわう。ビーチ沿いに延びる公園を散策するのも気持ちいい。おしゃれなレストランやカフェが多いので、食事に出かけるのもおすすめだ。

穏やかなビーチを散策

タマキ・ドライブ
Tamaki Drive

Map P.244-B3

タマキ・ドライブはホブソン湾に造られた堤防の上の道路。中心部から東へ向かって海沿いに延びており、風に吹かれて歩いていると両側の視界が開け、とても気持ちがいい。海にはヨットやボードセーリング、道にはジョギングやサイクリング、インラインスケートを楽しむ人々、釣り糸をたれる人などが多く、それぞれがのびのびと好きなことをして過ごしている。途中のオラケイ埠頭からの夕暮れや夜景も美しい。

対岸のランギトト島も望める

ケリー・タールトンズ・シーライフ水族館
Kelly Tarlton's Sea Life Aquarium

Map P.244-A3

ミッション・ベイから近く、ウオーターフロントに位置する人気の水族館。巨大な水槽とそれを貫く110mの海底トンネルが圧巻。動く歩道に乗って、周囲を泳ぎ回るサメやエイ、無数の魚たちを眺めていると、まるで海の中にいるような気分が味わえる。また、南極に関する展示も多く、南極探検の基地の様子が復元されているほか、キング・ペンギンやジェンツー・ペンギンも観察できる。水槽へダイブして、サメと間近に触れ合えるシャーク・ケージShark Cageなどのアクティビティ（有料）もある。

サメを間近に見ることができる

レインボーズ・エンド
Rainbow's End

Map P.245-D4

国内唯一の本格的アミューズメントパーク。バラエティ豊かな約15種類のアトラクションを備えている。人気アトラクションのフィアーフォールFearfallは、地上18階にあたる高さまで上った所でいったん停止し、そこから最大時速80キロの速さで一気に降下する。ねじれたコースを突進するコークスクリュー・コースターCorkscrew Coaster、金鉱の中をカートで走り抜けるゴールド・ラッシュGold Rushなど、エキサイティングなアトラクションが目白押し。また、ドーム型の180度スクリーンシアター、モーション・マスターMotion Masterでは、スクリーンの3D映像と座席が連動し、迫力満点。

スリル満点のコークスクリュー・コースター

レインボーズ・エンド
- 2 Clist Cres. Manukau
- (09) 262-2030
- rainbowsend.co.nz
- 月～金　10:00～16:00
- 土・日、祝 10:00～17:00
- 無休
- フリーパス（入場料＋乗り放題）大人$59、子供$49
- 市内中心部から南東へ約20kmのマヌカウ・シティManukau Cityにある。ブリトマート駅から列車でマナカウ駅まで約40分、下車後徒歩約10分。

バタフライ・クリーク
Butterfly Creek

Map P.245-D2

空港の国際線ターミナルから車で約2分。アジアやアメリカなど各地から収集したユニークな蝶を飼育するバタフライ・ハウスButterfly Houseでは、温室内を飛び交う色とりどりの蝶の様子を見ることができる。水族館やウサギなどの小動物と触れ合えるコーナーなど、ファミリー向けのアトラクションが充実。

バタフライ・クリーク
- 10 Tom Pearce Dr.
- (09) 275-8880
- FREE 0800-132-101
- www.butterflycreek.co.nz
- 11～3月
  - 月～金　9:30～17:00
  - 土・日、祝 9:00～17:30
  - 4～10月　9:30～17:00
  - （最終入場は1時間前）
- 無休
- フリーパス（入場料＋乗り放題）大人$28、子供$16
- オークランド空港から徒歩約15分。無料シャトルバスが運行、空港内の観光案内所アイサイトで予約可。

北島｜オークランド｜見どころ

Column 真夏のメリークリスマス

南半球のニュージーランドは、日本と季節が逆になる。そのことを特に実感させられるのがクリスマス・シーズンだ。町のあちこちにクリスマスツリーやサンタクロースをモチーフにした飾りつけが行われるものの、町行く人はみな半袖。日没も遅いので、イルミネーションが見られる時間が非常に短い。

しかし、真夏だからこそ盛り上がるクリスマスイベントも催されている。クライストチャーチとオークランドの2大都市では、コカ・コーラ・クリスマス・イン・ザ・パークCoca Cola Christmas in the Parkと題して、大規模な野外イベントを開催。ニュージーランドを代表するアーティストによるクリスマスソングのコンサートや、花火の打ち上げなどが行われ、町はおおいににぎわいを見せる。ただし12月25日は家族と過ごすのが一般的で、ほとんどの施設、レストランやショップが休みとなるので気をつけよう。

真夏の夜空をクリスマスを祝う花火が彩る

コカ・コーラ・クリスマス・イン・ザ・パーク
- www.coke.co.nz/christmas-in-the-park

【クライストチャーチ】
北ハグレー公園（→P.52）
11/30 ['19]

【オークランド】
オークランド・ドメイン（→P.251）
12/14 ['19]

デボンポートへのフェリー
Fullers
Map P.246-C1
- Pier1 99 Quay St.
- (09) 367-9111
- www.fullers.co.nz
- オークランド→デボンポート
  - 月〜金　　5:45〜翌1:00
  - 土　　　　6:15〜翌1:00
  - 日、祝　　7:15〜22:00
- デボンポート→オークランド
  - 月〜金　　6:00〜翌1:15
  - 土　　　　6:30〜翌1:15
  - 日、祝　　7:30〜22:15
- 15〜30分ごとに運航。
- 片道大人$7.5、子供$4
  往復大人$15、子供$7.5

デボンポート博物館
Map P.260-A2
- 33A Vauxhall Rd.
- (09) 445-2661
- www.devonportmuseum.org.nz
- 火〜木　　10:00〜12:00
  土・日　　14:00〜16:00
- 月・金
- 無料（寄付程度）

トービードウ湾海軍博物館
Map P.260-A2
- 64 King Edward Pde.
  Tropede Bay
- (09) 445-5186
- navymuseum.co.nz
- 10:00〜17:00
- 無休
- 無料

デボンポート
Devonport

Map P.244-A2〜3, P.260

ブリトマート駅近くにあるクイーンズ・ワーフQueens Wharfから、フェリーで約12分の対岸に位置するのがデボンポート（車でハーバー・ブリッジを利用して行く場合、所要約20分）。

マウント・ビクトリアの山頂までは徒歩15分ほど

古くからヨーロッパ人の入植が始まった場所で、ビクトリア調のクラシカルな建物が多く残る美しい町だ。デボンポート博物館Devonport Museumやトービードウ湾海軍博物館Torpedo Bay Navy Museumで周辺の歴史を学んだり、小さなB&Bも点在しているので、のんびり滞在するのもおすすめ。メインストリートであるビクトリア・ロードVictoria Rd. にはしゃれたアンティークショップやレストラン、カフェが並ぶ。

ビクトリア・ロードを北に進むと、マウント・ビクトリアMt. Victoriaがある。手軽に登ることができる標高80.69mの頂上からは、海を隔てたダウンタウンのビル群や、無数のヨットの帆が浮かぶワイテマタ湾のパノラマが開けている。

また、海沿いを東へ進むノース・ヘッドNorth Headへと続く道も散歩するのに気持ちいい。フェリー埠頭からノース・ヘッドまでは徒歩15分ほど。夏になると、ビーチは海水浴を楽しむ人々でにぎわう。

オークランド周辺の島々の 見どころ

　入り組んだ美しい海岸線を持つオークランドと、その周辺の近海には約50の島々が点在する。ここで紹介するのはいずれの島もシティから日帰り可能な距離にある5つの島だ。豊かな自然に囲まれ、トレッキングやサイクリング、などのアクティビティも楽しめる。シティからもっとも近いランギトト島（→P.265）はフェリーで約25分。ランギトト島の隣には陸続きになったモトゥタプ島（→P.265）も。ティリティリマタンギ島（→P.262）ではタカへやコカコなどニュージーランドでしか見られない貴重な鳥たちにも出合える。ワイヘキ島（→P.264）やグレート・バリア島（→P.265）には宿泊施設もあるので時間に余裕を持って島に滞在すれば、最高のリフレッシュになるだろう。

オークランドから一番遠いグレート・バリア島

鳥の楽園 ティリティリマタンギ島でバードウオッチング

オークランドの北東約30kmに位置する

ティリティリマタンギ島には絶滅危惧種の珍しい鳥が生息し、太古のニュージーランドの姿を垣間見られる。鳥のさえずりに耳を傾けながら散策してみよう。

ティリティリマタンギ島
Tiri Tiri Matangi Island

島は牧草地にするため、いったんは全島を覆っていた原生林の94%を伐採したという歴史がある。現在は森林の回復、絶滅危惧種の野鳥の保護など、DOC自然保護省とボランティア団体、サポーターズ・オブ・ティリティリマタンギSoTMにより徹底管理されている。一般にも広く開放されている自然保護区として稀有な存在だ。

アクセス
オークランドの北東約30km。フェリーで約1時間15分。水～日曜9:00発（オークランド帰着は16:50頃）
フェリー会社フラーズ Fullers（→P.260）
☎ (09) 367-9111
URL www.fullers.co.nz
料 往復大人$78 子供$47

持ち物
- ランチや飲み物は持参しよう。島内にはガイドウオークのゴール地点となる灯台付近にDOCのオフィス兼ショップがあるのみ。
- 靴は歩きやすい靴ならOK。コースは整備されているので登山靴は不要。
- 急な雨対策にレインジャケットがあれば便利。

START 9:00 オークランド出発

▽ フェリー 約1時間15分

10:15 ティリティリマタンギ島到着

島のフェリー埠頭から何組かのグループに分かれてガイドウオークがスタートする。

夏はオークランドから多くの人が訪れる

▽ 所要約10分

10:30 ホブス・ビーチ・トラック
Hobbs Beach Track

フェリー埠頭から島唯一の砂浜ビーチ、ホブス・ビーチへつながるトラック。コース上にはいくつかのブルーペンギン用の人工巣箱がある。

ブルーペンギンは夜行性なので日中は巣箱の中にいる

静かに蓋をあけてみて

▼ 所要約40分

10:45 カウェラウ・トラック
Kawerau Track

本島では絶滅してしまったスティッチバード

ホブス・ビーチから少し山を登ると、うっそうと茂る原生林が現れる。ポフツカワの大木や珍しい鳥がもっとも多く見られる場所だ。

島にわずかに残る原生林

美しい鳴き声のベルバード

▼ 所要約40分

11:30 ケーブル・トラック
Cable Track

ボランティアの手によって木が植えられ、新しくできた森。木々はまだ若く、背丈が低い分、鳥が近くで見られる。

ニュージーランドの固有種で絶滅危惧種のコカコ

▼ 所要約2時間

13:30 灯台＆ビジター・センター
Lighthouse & Visiter Centre

シャイですぐ隠れてしまうタカへ

ビジターセンター内ではおみやげも販売

灯台のあるこのエリアは芝生になっており、タカへがこの芝生を食べに現れる。タカへは島で一番人気のあるニュージーランドの固有種の鳥

のど元に白い羽がついているニュージーランドの固有種トゥイ

▼ 所要約1時間

14:30 ワトル・トラック
Wattle Track

鳥用の水浴び場がコース上に点在している。ベンチなどもあり、トゥイやベルバードなどが水浴びする様子を見られる。

体力に自信がない人にはワトル・トラックの往復がおすすめ

▼

15:30 オークランドへ

GOAL

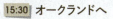

ティリティリマタンギ島に生息する鳥たち

ニュージーランドの固有種はもちろんティリティリマタンギ島でしか見られない貴重な鳥もいる。

ケレル
Kereru

ニュージーランド・ピジョンとも呼ばれる、全長約50cmの大きなハト。美しいエメラルドグリーンの羽が特徴。

サドルバック
Saddleback

茶色い背中の羽が馬のサドルに似ていることが名前の由来。本島では一度絶滅してしまった貴重な鳥。

ホワイトヘッド
Whitehead

北島にしか生息していないニュージーランドの固有種。頭の部分が白いのが特徴。小さい体で動きが素早い。

ニュージーランドロビン
New Zealand Robin

国内全土の深い森林地帯に住んでおり、長い足が特徴な鳥。人が歩いたあとをついてくるほど好奇心旺盛。

ファーンバード
Fern bird

和名はシダセッカ。飛ぶことが苦手なニュージーランドの固有種で、茂みに隠れておりなかなか見つけられない。

Column

ガイドウオークの利用方法

ボランティア団体が催行するガイドウオーク。少人数のグループで島の歴史や独自の生態系、鳥や植物にまつわる興味深い話を聞きながら、灯台付近までガイドしてくれる。所要約1時間30分。予約はフェリー会社のフラーズのウェブサイト、またはフェリー乗り場で直接予約も可能。日本人ガイドを利用する場合はウェブサイトからメールで申し込む。ガイドウオークは午前中で終わるので、フェリー出発までの2～3時間は島を自由に散策できる。

URL www.tiritirimatangi.org.nz/contact
ガイドウオーク 料 大人$10、子供$2.5

ワイヘキ島へのフェリー
Fullers（→P.260）
運 オークランド→ワイヘキ島
月～金　　5:30～23:45
土　　　　6:00～23:45
日　　　　7:00～22:15
ワイヘキ島→オークランド
月～金　　6:00～翌0:30
土　　　　7:00～翌0:30
日　　　　8:00～23:00
30分～1時間30分ごとに運航。
料 往復大人$40、子供$20

ワイヘキ島の島内バス
Fullers
フェリー埠頭があるマティアティアから、オネタンギ行きなど4ルートを運行。
料 大人$3.5
子供$2（5～15歳）
デイパス
大人$12
子供$6（5～15歳）

ワイナリー自慢のワインを飲み比べてみよう

Wine on Waiheke
上記Fullersが催行するワイナリーツアー。出発はオークランドのフェリーターミナル。
営 水～日　　　13:00発
（所要約4時間30分）
料 $145（フェリーと島内バスのデイパスが含まれる）

上記ツアーに含まれるワイナリー
Mudbrick Vineyard
URL www.mudbrick.co.nz
Cable Bay Vineyards
URL cablebay.nz
Te Motu Vineyard
URL www.temotu.co.nz

ワイヘキ島のワイナリー
Passage Rock Wines
URL www.passagerock.co.nz
Stonyridge Vineyard
URL www.stonyridge.com

ワイヘキ島のアコモデーション
Hekerua Lodge
住 11 Hekerua Rd.
☎ (09) 372-8190
URL www.hekerualodge.co.nz
料 Dorm $30～　　S $60～
　D T $86～
室数 27ベッド
CC MV

ワイヘキ島
Waiheke Island

Map P.264

シティからフェリーで約40分、人口8000人余りの豊かな自然に恵まれた島。身近なリゾート地として、シーズン中の観光客は1日3万人に達する。居心地のいいビーチで海水浴や、ピクニックやマウンテンバイクで島内を巡るのも楽しい。島の中心オネロアOneroaの町にはカフェやショップが並ぶ。またオネロアの東隣のリトル・オネロアLittle Oneroa、パームビーチPalm Beachは静かでくつろげる場所だ。

島内にはブドウ畑が点在する

島内の交通はフェリーの到着時間に合わせて出発する循環バスか、レンタカー、レンタサイクルを利用する。いくつかのワイナリーを巡るならフェリー会社が催行するツアーに参加するとよい。トレッキングやシーカヤックなどを楽しむには、島に宿泊することをおすすめする。

ワイヘキ島のワイナリー

ワイヘキ島はタンニンや色素が豊かで酸味がある最高級の赤ワイン、カベルネ・ソーヴィニヨンや、同じく高級赤ワインだがタンニンは控えめなメルローの適地として注目され、島内にはワイナリーが20ヵ所以上点在。なかにはレストランや宿泊施設を併設しているところもある。ワイナリーの多くは島の西側に集中しているが、島の各地に点在するワイナリーを回るには島内を巡回しているバスやタクシー、ツアーを利用しよう。夏季の11～3月は、どこのワイナリーも観光客向けにオープンしており、テイスティングやレストランで食事ができる。シーズンオフはクローズしているところもあるので、ウェブサイトなどで事前に確認しよう。フェリー埠頭にはワイナリーマップも設置されている。

ランギトト島
Rangitoto Island
Map P.261-B1

シティからフェリーで約25分。約600年前の噴火によって現れた比較的新しい火山島。島内にはウオーキングトラックがいくつかあり、海抜259mの山頂は片道1時間ほどで登ることができる。ルート上には溶岩が露出して足場の悪い部分もあるが、たいていの所には遊歩道が整備されていてるので安心だ。山頂からはオークランド市街から遠くコロマンデル半島まで見渡すことができる。島内の乗り物はボルキャニック・エクスプローラー・ツアーVolcanic Explorer Tourのトレーラーのみ。フェリー埠頭から、山頂近くを経由し、島内を一周する。宿泊施設は一切ないが、半日あれば十分トレッキングを楽しめる。

360度見渡せる山頂展望台

モトゥタプ島
Motutapu Island
Map P.261-B1

ランギトト島のすぐ東側に位置する島。このふたつの島は、第2次世界大戦中に建設された道で陸続きになっており、歩いて渡ることができる。ランギトト島のフェリー埠頭から歩くと約6km、所要1時間40分ほど。広々としたキャンプ場もあるが、たき火は禁止なので調理用ストーブが必要。施設は水場とトイレのみ。ランギトト島、モトゥタプ島のいずれへ行く場合も、水や食料は持参すること。

グレート・バリア島
Great Barrier Island
Map P.261-A1

ハウラキ湾に浮かぶ島のなかではシティから一番離れているが、フェリーで約4時間30分、飛行機なら約30分でアクセス可能。かつて銀の採掘やカウリ材の生産で栄えたが、今では人口800人ほど。島の総面積の約60%が自然保護区になっており、豊かな自然が広がっている。サーフィンやシーカヤックなどアクティビティの選択肢も豊富で、沈没船ダイビングが楽しめることでも有名。島の中央の森林にはいくつものトレッキングルートがあり、日帰りから本格的なコースまでさまざま。とくに湿原や森を越えて、川に湧く温泉を目指すホット・スプリング・トラックHot Spring Trackが人気。宿泊施設はバックパッカーから高級ロッジまで幅広く、ポート・フィッツロイPort FitzroyやトゥリフィナTryphenaに滞在するのが便利。島内に銀行はないが、ほとんどの施設でクレジットカードが利用できる。また、島にはたくさんのマヌカが自生しており、養蜂も盛ん。島で作られたハチミツをおみやげにするのもいい。

美しい海岸線が続くメッドランド・ビーチMedland Beach

ランギトト島へのフェリー
Fullers(→P.260)
運 オークランド→ランギトト島
9:15、10:30、12:15発、土・日は7:30、13:30発もある。
ランギトト島→オークランド
月～金
　12:45、14:30、15:30発
土・日
　12:45、14:30、16:00発
※ランギトト島14:30発以外のすべての便はデボンポートを経由する。
料 往復大人$36、子供$18

ボルキャニック・エクスプローラー・ツアー
催 月～金12:15
　土・日・祝9:15、12:15
URL www.fullers.co.nz/experiences-tours/day-tours/rangitoto-volcanic-explorer-tour/
料 大人$70、子供$35
往復のフェリーと、ガイドツアーが含まれた約4時間30分の行程。問い合わせはFullers(→P.260)まで。要予約。

モトゥタプ島への行き方
ランギトト島のフェリー埠頭から徒歩1時間10分ほど。

グレート・バリア島への飛行機
Barrier Air
☎ (09)275-9120
FREE 0800-900-600
URL www.barrierair.kiwi
料 片道
　大人$69～、子供$84(所要約30分)

フェリー会社
Sea Link
☎ (09)300-5900
FREE 0800-732-546
URL sealink.co.nz
料 片道
　大人$88、子供$64
(月～日週3便程度運航)

グレート・バリア島の観光案内所
Great Barrier Information Centre
住 Claris Airport
FREE 0800-468-622
URL www.greatbarrier.co.nz
開 8:00～17:00
休 無休

島内の交通機関
トゥリフィナからポート・フィッツロイまでバスがあるが、利用者が少ないと運行しない場合もある。レンタカーやシャトルバスも利用可。

レンタカー会社
Aotea Car Rentals
FREE 0800-426-832
URL aoteacarrentals.co.nz

シャトルバス会社
G.B.I. Shuttle Buses
☎ (09)429-0767
URL greatbarrierisland.co.nz/Transfers_&_Shuttles.htm

北島 オークランド 周辺の島々

265

Column 羊大国ニュージーランド

ニュージーランドが誇る羊も今は減少

ニュージーランドといえば真っ先に羊が連想されるほど、この国と羊との縁は深い。バスや車に乗って都市部を離れれば、行けども行けども羊の群れが視界に入る……といった経験をした旅行者も多いだろう。

ニュージーランドにおける羊の歴史は、150年以上前、イギリス人の入植時代に溯る。開拓者たちが連れてきた羊がルーツだ。以来、彼らは荒れた土地を切り開き、緑の牧場へと変えていった。国土の半分近くに及ぶ牧草地は、そうした努力のたまものなのだ。

しかし、近年では羊の数が減っているという。統計では1982年の7030万匹がピーク。畜産業者の発表によると現在では約2750万匹にまで落ち込んでいる。この原因は羊毛の消費量の減少と価格の低迷、また欧州の連合により欧州向け輸出市場での競争力が低下

最高級ウールが取れるメリノ種

したことなどがある。また、羊よりお金になる牛やアルパカ牧場に転向するという傾向もあるという。とはいえ、人口ひとり当たりの羊の数は今でも6匹程度という計算になるから、私たちから見たら十分多く感じられる。

羊の品種はロムニーが主流

ニュージーランドで飼われている羊の主流はロムニー種で、羊毛も採れるし食肉にもなる。最も質の高い羊毛が取れるメリノ種は、19世紀後半までは主流であったが、現在では全体の1割にも満たないほど激減。近年では、メリノウールと有袋類の小動物ポッサム混紡のニットが軽さや手触りのよさで人気だ。

また、湿度の低いニュージーランドではラノリンを使用したハンドクリームなどの保湿剤などが人気。ラノリンとは、羊の毛に付いている油を精製したもので、人間の皮脂油にも近く、抱水力が高いことで知られている。自然由来で再生可能なため体にも環境にも優しい。

オークランドの エクスカーション

Excursion

オークランド近郊の見どころを効率よく回るには、ツアーを利用するのが一番。手つかずの大自然が残るウエストコーストや西オークランドに点在するワイナリーも巡ってみたい。2人以上からの催行がほとんどなので、事前にツアー会社に問い合わせてみよう。

北島 オークランド エクスカーション

"専用車"で行くロトルア1日ツアー

オークランド発着の日本語ガイドツアーで、マオリ文化や自然に触れられるロトルアの観光名所を回る。世界3大間欠泉の一つであるポフツ間欠泉やマオリショーが見られるテ・プイアをはじめ、伝統料理ハンギのランチや羊の毛刈りショーも満喫。最少催行人数は2人。

Kikorangi New Zealand
☎ (021)157-2347　URL kikoranginz.com　圏通年　料$400(日本語ガイド、送迎、施設入館料、ランチ代込み)　CC不可　日本語OK

ホビット満喫ツアー

映画『ホビット』のロケ地として有名な「ホビット村」と「トロルの森」を1日かけて巡るツアー。日本語で案内してくれるので、じっくり映画の世界を楽しめる。ほかにもワイトモ洞窟とホビット村を訪れるツアー、ホビット村だけのツアーがある。

KIWIsh JaM Tour
☎ (09)413-8332　URL syakuiwana.com　Email kiwishjam@gmail.com
圏通年　料$385(日本語ガイド、送迎、施設入館料込み)　CC不可　日本語OK

遊覧飛行

水上に着陸できるフロート・プレインによる遊覧飛行。出発はウィンヤード・クオーターから。ランギトト島の上空を巡るランギトト・シーニックフライト$225〜(所要約40分、フライト20分)やハウラキ湾を一望するガルフ・アイランド・シーニック$300〜(所要約60分、フライト30分)など。

Auckland Seaplanes
☎ (09)390-1121　URL aucklandseaplanes.com　Email info@aucklandseaplanes.com
圏通年　料料金は搭乗人数によって異なる　CC AMV

ワイトモ土ボタルと野鳥保護区訪問ツアー

オークランド発着の日本語ガイドツアーで、ワイトモのフットホイッスル洞窟(→P.294)と野鳥保護区のサンクチュアリ・マウンテンを訪れる。ツチボタルが光る幻想的な洞窟はもちろん、大型オウムのカカや絶滅危惧種のNZハヤブサと出合える野鳥保護区も見どころが多い。

KIWIsh JaM Tour
☎ (09)413-8332　URL syakuiwana.com　Email kiwishjam@gmail.com　圏通年
料$365(日本語ガイド、送迎、施設入館料、ランチ代込み)　CC不可　日本語OK

ウエストコーストのブッシュ&ビーチ・ツアー

オークランド近郊のネイティブブッシュとウエストコーストを探索する。半日ツアーは毎日12:30出発、所要約5時間。オークランド市内観光と組み合わせた1日ツアーは毎日9:00出発で、所要約8時間30分。どちらも送迎付き。

Bush & Beach
☎ (09)837-4130　FREE 0800-423-224
FAX (09)837-4193　URL www.bushandbeach.co.nz　圏通年　料半日ツアー$160、1日ツアー$235　CC MV

羊牧場とワイナリー、ワイタケレ探訪ツアー

シティから北西へ約40kmのワイタケレ山脈を訪れ、周辺のワイナリーでの試飲、さらにムリワイ・ビーチ、カツオドリのコロニー(営巣地)などを訪ねるもりだくさんのツアーや、ムリワイ・バレーの私有の羊牧場見学が楽しめるツアーもある。各所要約8時間。宿からの送迎付き。最少催行人数は2人。

Coast to Coast Tours
☎ (09)963-4915
URL www.toursofauckland.com
圏通年(5〜8月のコロニー見学は要問い合わせ)　料$200〜
CC MV

267

オークランドの アクティビティ

Activity

刺激的なスカイ・タワーでのスカイジャンプから、湾に囲まれたオークランドならではのマリンスポーツまで、体験できるアクティビティにもさまざまな種類がある。また、少し郊外まで足を延ばせば、豊かな大自然との触れ合いを楽しむことも可能だ。

スカイジャンプ

国内で最も高い建造物、スカイ・タワー（→P.250）から地上にジャンプするアクティビティ。ハーネスを着け、タワーの上からワイヤーで吊り下げられた状態でのジャンプだが、高さ192mから落下するスピードは時速85キロと超高速。都会のビル群に飛び降りるスリルを楽しもう。

Sky Jump
☎(09) 360-7748　FREE 0800-759-925
URL skyjump.co.nz　通年　大人＄225、子供＄175　CC MV

ブリッジクライム

オークランドのアイコンのひとつ、ハーバー・ブリッジのアーチ部分を歩くアクティビティ。約1時間30分かけて、橋の建築様式や歴史などの解説を聞きながら歩く。最高地点は海面から約65mに達し、たくさんのヨットが浮かぶワイテマタ湾とオークランドの町が一望できる。

AJ Hackett Bungy
☎(09) 360-7748　FREE 0800-286-4958　URL www.bungy.co.nz　通年
大人＄130、子供＄90　バンジージャンプとのコンボ＄215　CC ADMV

クジラとイルカのウオッチングクルーズ

ヴァイアダクト・ハーバーからハウラキ湾までのクルーズ。「Whale & Dolphin Safari」では、コモンドルフィンやボトルノーズドルフィンといった中型のイルカを見られるほか、季節によってオルカやザトウクジラに出会えるチャンスもある。ツアー出発は13:30。所要約4時間30分。

Auckland Whale And Dolphin Safari
☎(09) 357-6032　FREE 0508-365-744　URL whalewatchingauckland.com
通年　大人＄180、子供＄125　CC MV

乗馬

オークランドから北へ車で約1時間30分のパキリビーチでの乗馬体験。初心者から経験者まで楽しめるよう、1時間の体験から5日間のコース、宿泊を伴うコースなどさまざまなコースが用意されている。波が打ち寄せる真っ白いビーチを馬に揺られながら進む体験は、ここならでは。

Pakiri Beach Horse Rides　317 Rahuikiri Rd. Pakiri Beach
☎(09) 422-6275　URL www.horseride-nz.co.nz　通年
1時間＄85　2時間＄175　半日＄285　1日＄420　CC MV

ジェットボート

ヴァイアダクト・ハーバーからジェットボートで出発。ハーバー・ブリッジの下をくぐり、ミッション・ベイ方面へ疾走し、シティビューを楽しみながら高速スピンを決める爽快なマリンアクティビティ。撮影ポイントでは、ランギトト島をバックに記念写真も撮れる。海ならではの開放感が心地いい。

Auckland Jet Boat Tours
☎(09) 948-6657　URL www.aucklandjetboattours.co.nz　通年
大人＄90、子供＄45　CC DJMV

Column 見どころ満載のウエストオークランドへ

美しい森と神秘的なビーチを訪れて

オークランドのダウンタウンから車で西へ向かうこと約1時間。緑豊かなウエストオークランドは、ハイキングやワイナリー巡りで人気を集めるエリアだ。ウエストオークランドは約160km^{2}の面積を擁するワイタケレ・レインジ・リージョナル・パークをはじめ、オークランド・センテニアル・メモリアル・パークなどの森林保護区が点在しており、ショートハイキングが楽しめる。従来は、公園内に生息する巨木・カウリを見学するハイキングツアーが行われてきたが、近年、カウリの立ち枯れの被害が見られることから、カウリ保護のため立ち入りが制限されているエリアもある。出発前に状況を確認しておくといいだろう。

ムリワイ・ビーチにあるカツオドリのコロニー

引き潮のベルス・ビーチ

西海岸には鉄分を多く含んだブラックサンドのビーチが広がっており、独特の雰囲気を漂わせている。波が引いたあとの砂浜は特に美しい。日差しが当たると美しい陰影が一面に広がり、風をはらんだ布を思わせる。映画『ピアノレッスン』のロケ地となったカレカレ・ビーチやサーフィン・スポット、ピハ・ビーチは特に有名だ。また、ムリワイ・ビーチでは海から突き出た巨岩の上にカツオドリが営巣しており、毎年8月から3月までの間、岩の上部を埋め尽くす数千羽のカツオドリを見ることができる。

ウエストオークランドには、多くのアートギャラリーやカフェ、レストランなどの見どころもあり、B&Bやロッジなどの宿泊施設も多い。ダウンタウンのブリトマート駅から鉄道のウエスタン・ライン、あるいは路線バスでもアクセスできるが、見どころを効率よく回りたいなら、ツアーへの参加がおすすめだ。

周囲にはさまざまなハイキングコースがある

ワイナリー巡りも楽しみのひとつ

さらに忘れてはいけないのがワイナリー巡りだ。ウエストオークランドはワイン産地としても有名で、マトゥア・バレー・ワイナリーやノビロ・ワインズなど多くのワイナリーで試飲や食事が楽しめる。ブドウ畑ののびやかな風景とともに、各ワイナリーが誇る自慢の1本を味わおう。そのほか

ワイナリー巡り
ウエストオークランドのブラックサンド・ビーチとカツオドリのコロニー、クメウ地区のワイナリーを巡るツアー。所要約4時間。日本語ガイドが同行する。
Navi Outdoor Tours NZ
☎ (09) 826-0011
URL navi.co.nz E-mail info@navi.co.nz 営 通年
料 ワイナリー巡りツアー$185 CC MV 日本語OK
その他、ブッシュ&ビーチ、コースト・トゥ・コースト・ツアーズなどが催行(→P.267)。

写真協力／©Auckland Tourism, Events and Economic Development Ltd.

北島 オークランド アクティビティ

グルメ天国オークランドで 肉料理 VS シーフード

ニュージーランドの大都市オークランドはグルメ激戦区。ビーフやラムなどボリュームたっぷりの肉料理と、海に囲まれた島国ならではの新鮮なシーフードの両方が楽しめる。

ハーバーを眺めつつ
ボリューム満点の肉料理をいただく
Botswana Butchery
ボツワナ・ブッチャリー　MAP P.246-C1

地元誌「Metro」でオークランドのベストレストラン50に選ばれた実力派。リッチな雰囲気の店内や、潮風が心地よいテラス席で食事ができる。旬のローカル食材を使ったメニューが揃い、ランチは$16.95〜、ディナー$35.95〜。予約がベター。

- 住 99 Quay St.
- ☎ (09)307-6966
- URL www.botswanabutchery.co.nz
- 営 11:00〜23:00
- 休 無休
- CC ADJMV

①1羽丸ごと使用したケンブリッジ・ローステッド・ハーフダック$41.95　②じっくり焼いたリブアイ・オン・ザ・ボーン450g $48.95　③フェリービルディング内にあるレストラン

Duck

Beef

長期熟成肉が食べられるステーキ専門店
Jervois Steak House
ジェーボイス・ステーキ・ハウス　MAP P.246-B2

最高級の牛肉のみを使用する、地元でも評判のステーキハウス。ニュージーランド国内に数台しかない特別なボイラーを使用し、高温で一気に焼き上げるため、肉のうま味が凝縮されたワンランク上の味が楽しめる。おすすめはアンガスビーフステーキ。ウェブサイトからも予約できる。

- 住 70 Jervois Rd.　☎ (09)376-2049
- URL www.jervoissteakhouse.co.nz
- 営 月・火・土17:30〜22:00、水〜金12:00〜14:00、17:30〜22:00、日17:00〜22:00　休 無休　CC AJMV

Lamb

①重厚感あふれるインテリア。ヨーロッパの邸宅を訪れたような気分に　②人気メニューのラック・オブ・ラム$40。サラダとチップス付きでボリューム満点

趣あるレンガ造りのレストランで
多彩な肉料理を堪能
Tony's Lord Nelson Restaurant
トニーズ・ロード・ネルソン・レストラン　MAP P.246-D1

創業38年の老舗ステーキハウス。エントランスは小さいが2フロアの店内はプライベートブースもあり、ゆったりと落ち着ける雰囲気。ラム、ビーフ、ポーク、ベニスンなど肉料理のメニューが充実し、メインは$35〜40程度。

- 住 37 Victoria St.　☎ (09)309-9273　URL www.lordnelson.co.nz　営 12:00〜14:30、17:00〜22:00　休 土・日曜のランチ　CC ADJMV

Beef

①3週間以上熟成させたアンガスビーフ・ステーキ180g $40〜。　②赤れんが造りの店内は落ち着いた雰囲気　③料理はオープンキッチンで調理される

たっぷり魚介が味わえる
ハーバービューレストラン
Soul Bar & Bistro
ソウル・バー&ビストロ　MAP P.246-C1

外光が差し込む明るく開放的な店内やテラス席で、シーフードを中心としたニュージーランド料理が味わえる。前菜は$17〜、シーフードのほかロースト・ラム・ラック$46やパスタ$18〜もある。カクテルも種類豊富でバーのみの利用も可。

- 住 Viaduct Harbour
- TEL (09) 356-7249
- URL www.soulbar.co.nz
- 営 11:00〜23:00
- 休 無休
- CC ADJMV

① ホワイトベイトのフリッター$28.5はお店の看板メニュー　② クラウディ・ベイ産のアサリを使ったアクアパッツァ仕立てのパッケリ$32　③ 花と緑があふれるテラス席

世界中の有名人も来店する
豊富な新鮮魚介が自慢の店
Harbourside Ocean Bar Grill
ハーバーサイド・オーシャン・バー・グリル　MAP P.246-C1

オークランド近海のものを中心にサーモンやエビ、カキ、ムール貝などシーフードを豊富に揃えており、刺身やグリル、フライなどの調理法が選べる。ランチのメインはフィッシュパイ$27.95〜、ディナーのメインは$38.95〜。

- 住 99 Quay St.
- TEL (09) 307-0556
- URL www.harbourside.co
- 営 11:30〜23:00
- 休 無休
- CC ADJMV

① フィヨルドランド産のクレイフィッシュ時価。調理法はスチーム、グリル、モルネー（グラタン風）　② ウオーターフロントのフェリービルディング内にある　③ 店内にはバーカウンターもある

シーフードの名店で
ハーバーの美景を眺めて
Billfish Cafe
ビルフィッシュ・カフェ　MAP P.246-A2

店は常連客が多く、アットホームな雰囲気。おすすめはシーフードチャウダー$29.5やタイフィッシュカレー$29.5、シズリングブラウン$34.5など。アンガス牛のパテとブリオッシュバンズを使ったバーガー$26.5など、肉好き向けのメニューもある。

- 住 3/31 Westhaven Dr.
- TEL (09) 379-9875
- URL www.billfishcafe.co.nz
- 営 火〜木8:30〜18:00、金・土7:30〜19:00、日7:30〜18:00
- 休 月、冬季は月・火
- CC AMV

① 人気のフィッシュ&チップス$26.5。その日の魚を聞いてみよう　② ハーバーを眺められるテラス席もある　③ 天井が高く、大きな窓が印象的

271

オークランドの レストラン

Restaurant

国際色豊かな大都市オークランドには世界各国料理のレストランが揃っている。ウオーターフロントには海を眺めながら食事できるシーフードレストランが、ブリトマート駅の裏手には洗練された雰囲気のレストランやバーが多い。

ニュージーランド料理

オコネル・ストリート・ビストロ　O'Connell Street Bistro　Map P.246-D1　シティ中心部

シックな内装が高級感を漂わせる路地裏のビストロ。旬の素材をふんだんに使用しており、ディナーのメイン料理は$40前後。おすすめは野ウサギを使ったパッパルデッレ$42や、サウスランド地方産のラム・ラック$45など。デザート各種$18～には、それぞれによく合うスパークリングワインが提案されている。

📍3 O'Connell St.　📞(09)377-1884　🌐www.oconnellstbistro.com
🕐月～金11:30～15:00、17:00～23:00、土17:00～23:00
休日　CC ADJMV

バドゥーチ　Baduzzi　Map P.246-A2　シティ中心部

ウィンヤード・クオーターに位置するおしゃれなダイニング。ロンドンやフランスのミシュラン星付きレストランで活躍したシェフによるモダンイタリア料理とニュージーランド料理が楽しめる。看板メニューは自家製のシチリアンミートボール。数種類あり、特にホークスベイ産のシカ肉ミートボール$18.5がおすすめ。

📍North Wharf, Unit 2, Cnr. Jellicoe St. & Fish Ln.
📞(09)309-9339　🌐baduzzi.co.nz
🕐11:30～23:00　休無休　CC MV

クルーニー　Clooney　Map P.246-B2　シティ中心部

ビクトリア・パーク・マーケットの裏手にある隠れ家的ファインダイニング。明かりを落としたシックな雰囲気で、特別な日のディナーにピッタリ。地元産の旬の食材を使った、見た目も美しいモダンニュージーランド料理が楽しめる。2～7皿のコース（$80～）のほか、アラカルトの用意も。

📍33 Sale St.　📞(09)358-1702　🌐clooney.co.nz
🕐火～日18:00～20:30L.O.
休月　CC AMV

オイスター&チョップ　Oyster & Chop　Map P.246-C1　シティ中心部

ヴァイアダクト・ハーバーに位置し、ヨットを眺めながら新鮮なオイスターとステーキが楽しめるダイニング。ニュージーランドの各地から仕入れる約10種類のカキはフレッシュで、生はもちろん、フリッターなど調理したメニューでいただくのもおすすめ。15～18時のハッピーアワーは生ガキが1個$2.5とお得。

📍Market Square, Viaduct Harbour
📞(09)377-0125　🌐oysterandchop.co.nz
🕐8:00～22:00　休無休　CC AMV

ワイ・ノット・レストラン&バー　Y not Restaurant & Bar　Map P.247-A3　シティ中心部

プリンセス・ワーフにあり、ワイテマタ湾などを望める。ランチは$19.9～。おすすめはエビやイカなど魚介たっぷりのシーフード・リゾット$28.5やワイ・ノット・スペシャル・フィッシュ・オブ・ザ・デイ$25.9。ディナーはパスタ$26.5やラム・シャンク$28.5など。エスプレッソは$3.5、スペシャルコーヒーは$13。

📍Shed 23, Princes Wharf　📞(09)359-9998
🌐ynotonthewharf.co.nz　🕐11:00～23:00
休無休　CC ADJMV

フィッシュ　Fish

Map P.247-A3　シティ中心部

ヒルトン・オークランド（→P.282）の2階にあり、大きな窓からワイテマタ湾の美景が望める。カキ、カニ、エビ、クレイフィッシュ、タイなどニュージーランド産のフレッシュな魚介類メニューが自慢で、鮮度抜群の刺身も楽しめる。前菜のおすすめはクイーンクラブのビスク$26。メインはメロのチャーシュー$47が人気。

Princes Wharf, 147 Quay St.　(09)978-2020
www.fishrestaurant.co.nz　12:00～14:30、17:30～23:00
無休　ADJMV

デポ　Depot

Map P.246-D1　シティ中心部

スカイ・タワーの足元、スカイシティの一角にあるオイスターバー。マールボロ地方や北オークランドなど、国内各地の新鮮なカキを1個$4～6で提供する。カキによく合う国産ワインも充実しており、グラス$18～20。人気店だが予約を受け付けていないので、時間帯によっては待つこともある。

86 Federal St.　(09)363-7048
eatatdepot.co.nz　7:00～22:00
無休　ADMV

アントワーヌズ・レストラン　Antoine's Restaurant

Map P.247-C4　パーネル

パーネル・ビレッジにある1973年創業の老舗レストラン。本場フランスのトレンドを取り入れた料理が楽しめ、予算は前菜$25～30、メイン$45～48。鴨のロースト$45や牛タンを煮込んだオックスタン$45がおすすめ。季節の旬の素材を使った特別メニューもある。予約がおすすめ。

333 Parnell Rd.　(09)379-8756　www.antoinesrestaurant.co.nz
月・火・土18:00～23:00、水～金12:00～14:00、18:00～23:00
日　ADJMV

メキシカン・カフェ　Mexican Café

Map P.246-D1　シティ中心部

陽気でカラフルな内装が印象的なメキシコ料理店。ディナーメニューはブリトーやエンチラーダなどのメインが$17～。前菜から始まりタコス、サーロインステーキなどが楽しめるボリューム満点のセットメニューは$25～30。毎週金曜はダンスやサルサDJで盛り上がる。ランチは$10とお得。

67 Victoria St. W.　(09)373-2311
mexicancafe.co.nz　12:00～23:00
無休　ADJMV

エベレスト・ダイン　Everest Dine

Map P.247-B4　パーネル

2015年4月にオープンしたネパール・インド料理レストラン。オーナーは15年以上前から日本でもレストランを経営しており、日本語堪能。料理は現地のテイストにあわせてあるのでマイルド。スパイシーなラムの焼肉、エベレスト・ラム・セクワが$16、エベレスト・マジック・ティッカが$14、餃子のようなモモは$9。

279 Parnell Rd.　(09)303-2468
www.everestdine.co.nz　12:00～14:30、17:00～22:00
火　MV

カフェ・ハノイ　Café Hanoi

Map P.246-C2　シティ中心部

店内は倉庫を改装したようなモダンな造り。北ベトナムの食堂や屋台で提供される大衆料理をベースにしたメニューが揃い、大皿をテーブルでシェアして食べるスタイルが好評。1皿$12～39程度。写真はグリルポーク$27。ベトナムの万能付けダレ、ヌクチャムで味付けられたライスヌードルがセットになっている。

Cnr. Galway St. & Commerce St.　(09)302-3478
cafehanoi.co.nz　月～土12:00～23:00、日17:00～23:00
無休　AMV

韓国料理

ファロ・レストラン　Faro Restaurant　Map P.246-D1　シティ中心部

モダンな雰囲気のなか、韓国の伝統料理や焼肉をリーズナブルに味わえるとあって地元でも人気。焼肉はカルビ$33〜、定番プルコギは5品の小皿が付いて$31。サラダからデザートまで含んだお得な焼肉セットAra$90（2人前）やMiru$180（4人前）もある。スペシャルランチの韓国BBQ$16もおすすめ。

- 5 Lorne St.　(09)379-4040　URL faro.co.nz
- 月〜金11:30〜14:30、17:30〜22:30、土・日17:30〜22:30
- 無休　ADJMV

中国料理

グランド・ハーバー・チャイニーズ・レストラン　Grand Harbour Chinese Restaurant　Map P.246-C1　シティ中心部

ヴァイアダクト・ハーバーの近くにある高級中華レストラン。香港の一流ホテルで20年以上修業したシェフが腕を振るう料理を楽しむことができ、ランチでは80種類以上ある飲茶が人気。ディナーでは蒸しエビのニンニク風味$45や北京ダック$60〜などをぜひ。ディナーコースは$45〜。ランチ、ディナーとも要予約。

- Cnr. Pakenham St. & Customs St. W.　(09)357-6889
- URL grandharbour.co.nz　月〜金11:00〜15:00、17:30〜22:00、土・日10:30〜15:00、17:30〜22:00　無休　ADJMV

日本料理

ケン・ヤキトリ・バー・アンザック　Ken Yakitori Bar Anzac　Map P.246-D2　シティ中心部

1997年創業の焼き鳥屋。本格的な炭火焼き鳥を中心に、ビールや日本酒にあう居酒屋メニューを提供する。焼き鳥は2本で$4.5〜。おすすめはモモやつくねなど5本のコンボ$13。キャベツが無料で食べられるのも嬉しい（味噌やマヨネーズは各$3）。ビールは$7〜、焼酎や日本酒は140ml$7.5〜。店内はいつも活気がある。

- 55 Anzac Ave.　(09)379-6500
- URL kenyakitori.co.nz　18:00〜翌1:00
- 無休　MV　日本語メニュー　日本語OK

ジャパニーズ・サケ・バー・タヌキ　Japanese Sake Bar Tanuki　Map P.247-B3　シティ中心部

粋な料理長、沢木さんがおもてなしする活気のある老舗和食料理店。魚の仕入れに力を入れており、ニュージーランドの新鮮な魚貝類や他店では扱っていない珍しい魚などが味わえる。5〜6品から選べるマンスリー・スペシャルではニュージーランド産の鹿肉の朴葉焼き$28など、毎月新しいメニューが提供される。

- 319 Queen St.　(09)379-5353　URL tanuki.co.nz　火・水・金〜日17:00〜22:00L.O.、木12:00〜14:00、17:00〜20:30L.O.　月
- DMV　日本語メニュー　日本語OK

カフェ

エスプレッソ・ワークショップ　Espresso Workshop　Map P.246-C2　シティ中心部

オークランドでおいしいコーヒーを飲むならここ。契約農園から直接仕入れ、生産工程にもこだわったシングルオリジンコーヒーが味わえる。コーヒーは$4〜。オリジナルブレンドの「ミスター・ホワイト」をラテで飲むのもおいしい。夏季はクリーミーな泡が特徴のナイトロブリューを楽しみたい。パイやサンドイッチなども充実。

- 11 Britomart Pl.　(09)302-3691
- URL www.espressoworkshop.co.nz
- 月〜金6:30〜16:30、土・日7:30〜16:30　無休　AMV　日本語OK

ストア　The Store　Map P.246-C2　シティ中心部

再開発されたブリトマート地区にあるおしゃれカフェ。持ち帰り部門と店内での飲食が分れている。おすすめは店内で焼かれるパンやペストリー、アグリア種のジャガイモを使ったニョッキ$24、種類豊富なエッグベネディクト$20など。食材はすべて自社栽培の野菜や果物を使用しており、メニューは季節ごとに変わる。

- 5B Gore St.　(09)366-1864
- URL www.thestorebritomart.nz
- 6:30〜16:00(15:00L.O.)　無休　ADJMV

チョコレート・ブティック　Chocolate Boutique　Map P.247-C4　パーネル

クリントン元アメリカ大統領が訪れたこともある有名店で、こぢんまりとした店内はいつも混み合っている。おすすめはホット・チョコレート＄4～6.5やチョコレート・ブラウニー＄5.95～7.95。テイクアウェイのチョコレートは1個＄1.9～4程度。マカロンは1個＄3.2で、キャラメル味が人気。おみやげ探しにも重宝する。

🏠 1/323 Parnell Rd.　☎ (09)377-8550
URL www.chocolateboutique.co.nz　🕐 11:00～22:00
休 無休　CC ADJMV

ミルセ　Milse　Map P.246-C2　シティ中心部

ブリトマート駅の裏路地にあるデザート専門店。小さな店で隠れ家のような雰囲気が漂う。スイーツには地産の食材を使って作るのがこだわりで、ジェラート、チョコレート、ケーキは＄9.5、マカロンは＄3。夕方からは見た目も美しいスイーツのアラカルトメニュー＄16も楽しめる。

🏠 31 Tyler St.　☎ (09)215-8996
URL www.milse.co.nz　🕐 10:00～22:00
休 無休　CC ADJMV

モジョ　Mojo　Map P.246-D1　シティ中心部

ウェリントン発の人気カフェ。オークランドにある5店舗の中でも、バルカンレーンの店はアットホームな雰囲気が漂う。エスプレッソ＄4、フラット・ホワイト＄4.5～など。8時間かけて水で抽出したコールド・ブリューコーヒーは＄6は豆のうま味が引き出された逸品だ。パンやクランブルなどの軽食は＄3.8～10.5。

🏠 Cnr. Vulcan Lane & O'Connell St.　☎ (09)373-9903
URL mojo.coffee　🕐 7:00～17:00
休 土・日　CC MV

デボンポート・ストーン・オーブン・ベーカリー　Devonport Stone Oven Bakery　Map P.260-A2　デボンポート

昔ながらの製法で作るパンやケーキが豊富に並ぶ。どれも人工的な添加物は使わないヘルシーなパン。朝食やランチは＄12～。各種ベーグル＄3～16。デリメニューも充実して。人気はストーン・オーブン・ハウス・ロスティ＄21やベーコン、目玉焼きといった定番朝食メニューのブレックファスト＄22など。

🏠 5 Clarence St.　☎ (09)445-3185
🕐 6:00～16:30　休 無休　CC MV

Column　注目のフードコートがオープン！

2018年6月に、オークランドの目抜き通りクイーン・ストリート沿いにフードコート、クイーンズライズがオープンした。建物の2階全体がフードコートとなっており、8軒の人気店が出店。トルコ料理店の「Ottoman Mezze Lounge」をはじめ、見た目にも楽しいパンダ形の団子が人気の中華料理店「Panda」、ボリューム満点の丼メニューがそろう「Tokyo Loco Bowl」など、多国籍のグルメが一同にそろうのが魅力だ。イートインで各店の名物を食べ比べてみるのもよし、朝食やランチメニューなどを気軽にテイクアウトするのもおすすめ。日没後には、地元キウィや観光客で満員となり、ダイニングスポットらしい活気あふれる空間が楽しめる。

Queen's Rise　Map P.246-C・D1
🏠 Level 1, 125 Queen St.
☎ 店舗によって異なる
URL www.queensrise.co.nz
🕐 月～金8:00～22:00、土・日9:00～22:00（店舗によって異なる）
休 無休　CC 店舗によって異なる

オ シャンジー　Oceanz
`Map P.246-A2` シティ中心部

フィッシュ・マーケットの一角にある。フィッシュ＆チップスは好きな魚や貝をオーダーするスタイルで、その場で揚げたてが食べられる。フィッシュ・オブ・ザ・デイ$6、スナッパー（鯛）$7.5など。マーケットフィッシュ2種とチップス、ドリンクのセットは$14～17。テイクアウエイして海を眺めながら食べるのもいい。

住 Cnr. Jellocoe St. & Daldy St.　☎(09)303-3416
URL www.oceanz.co.nz　営月～木10:00～18:00、金～日9:00～18:30（時季によって異なる）　休無休　CC ADJMV

●フィッシュ＆チップス

カピティ・ストア　Kapiti Store
`Map P.246-D1` シティ中心部

グルメなチーズ＆アイスクリームブランド「カピティ」のショップ。アイスクリームは季節によって異なる16～種類のフレーバーが楽しめる。シングル$4、ダブル$6。チェダーチーズを使ったグリルドチーズサンドイッチ$5.5もおすすめ。少しずつチーズの食べ比べが楽しめるチーズ・テイスティング・ボードは$17～。

住 19 Shortland St.　☎(09)358-3835　URL tastekapiti.co.nz
営月～水9:00～17:30、木・金8:00～17:30、土11:30～16:00
休日　CC ADJMV

●チーズ＆アイスクリーム

ギアポ　Giapo
`Map P.246-C2` シティ中心部

行列のできる有名アイスクリームパーラー。人気の秘密はアイス、コーン、トッピングのすべてに工夫を凝らしたSNS映えするゴージャスなスイーツ。地元産のオーガニック食材を使ったフレーバーは日替わりで約10種類が揃い、トリュフやクマラ（サツマイモ）＆パセリなど、ほかでは味わえないユニークなものも多い。

住 12 Gore St.　☎(09)550-3677　URL www.giapo.com
営日～木12:15～22:30、金・土12:15～23:30
休無休　CC MV

●アイスクリーム

オキシデンタル・ベルジャン・ビア・カフェ　The Occidental Belgian Beer Cafe
`Map P.246-D1` シティ中心部

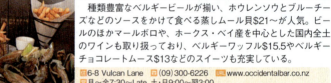

種類豊富なベルギービールが揃い、ホウレンソウとブルーチーズなどのソースをかけて食べる蒸しムール貝$21～が人気。ビールのほかマールボロや、ホークス・ベイ産を中心とした国内全土のワインも取り扱っており、ベルギーワッフル$15.5やベルギーチョコレートムース$13などのスイーツも充実している。

住 6-8 Vulcan Lane　☎(09)300-6226　URL www.occidentalbar.co.nz
営月～金7:30～Late、土・日9:00～翌3:00
休無休　CC ADJMV

●ナイトスポット

シェイクスピア・ホテル＆ブリュワリー　The Shakespeare Hotel & Brewery
`Map P.246-D1` シティ中心部

ホテルの1階にあり、カウンター越しにビールの醸造の様子が見える本格派のパブ。ビールの銘柄は5種類ありグラス$9～。テイスティングもできる。バーベキュースペア・リブ$16や種類豊富なハンバーガー$17～など食事メニューも充実。ラグビーなどの試合がある日はスポーツ中継も流れて盛り上がる。

住 61 Albert St.　☎(09)373-5396
URL shakespeare.nz　営9:00～翌4:00
休無休　CC AMV

エス・ビー・キュー・アール　S・P・Q・R
`Map P.246-B2` ポンソンビー

洗練された店が多いポンソンビーのなかでも、特におしゃれなオークランダーたちに人気の高いレストラン＆バー。新鮮なシーフードが入ったSPQRパエリアは$30.5。イタリアン・フィッシュシチュー$35.5もおすすめ。3コースのセットメニュー$55や10人以上のグループ向けのセットメニューもある。

住 150 Ponsonby Rd.　☎(09)360-1710
URL www.spqrnz.co.nz　営12:00～翌1:00
休無休　CC ADMV

オークランドの ショップ

Shop

大都市だけに、ありとあらゆるショップが揃っているオークランド。個性的なニュージーランド製品やおしゃれな雑貨などよりどりみどり。ショップ巡りをするなら、ハイ・ストリート High St.やポンソンビー、パーネルなどがおすすめだ。

●おみやげ

アオテア・ギフツ・オークランド　Aotea Gifts Auckland　Map P.246-C1　シティ中心部

国内に9店舗を展開する、総合的なみやげ店。限定ブランド「Avoca」はコスメ、サプリ、マヌカハニー、「Kapeka」は上質のメリノファッションなどを展開。特にマヌカハニーやスキンケア商品は種類も豊富で、品質にもこだわっている。日本語を話すスタッフが常勤しており、夜遅くまで買い物ができる。

住 Lower Albert St.　TEL (09) 379-5022
URL jp.aoteanz.com　営 夏季9:30〜22:00、冬季9:30〜21:00
休 無休　CC ADJMV　日本語OK

オーケー・ギフト・ショップ　OK Gift Shop　Map P.246-C1　シティ中心部

おなじみ故・大橋巨泉氏が創業したギフトショップ。日本人好みの商品を多彩に取り揃え、マヌカハニーはテーブル用$20.8〜、高品質のものは250g$60。日本人向けに開発されたプラセンタ美白美液液は$49.9。オリジナルのエコバック$9.9はバラマキみやげとしても人気。日本円も利用可。

住 131 Quay St.　TEL (09) 303-1551
URL okgiftshop.co.nz　営 10〜3月9:00〜22:00、4〜9月10:00〜22:00
休 無休　CC ADJMV　日本語OK

ギャラリー・パシフィック　Gallery Pacific　Map P.246-C1　シティ中心部

ニュージーランドヒスイ（グリーンストーン）や、カービングなどのマオリモチーフをはじめ、宝石やガラス製品を扱う店。1975年からオパールの専門家としてギャラリーを運営してきただけに、店内にある商品はどれも優れたものばかり。値は高価だが、それだけの価値があるだろう。

住 34 Queen St.　TEL (09) 308-9231　URL www.gallerypacific.co.nz
営 月〜金10:00〜17:30、土10:00〜16:30、日12:00〜17:00
休 無休　CC ADJMV

フロム・エヌ・トゥー・ジー　From N to Z　Map P.246-C1　シティ中心部

クイーン・ストリート沿いにあるこぢんまりとした雑貨店。ニュージーランドらしい雑貨を集め、パウア貝をあしらったカウリ材のフォトスタンド$69.9〜、キーウィやティキのウッドクラフト$29〜など、ユニークなアイテムがところ狭しと並んでいる。無料ラッピングサービスがあり、海外発送にも対応してくれる。

住 75 Queen St.　TEL (09) 302-1447　URL fromntoz.co.nz　営 夏季月〜金9:30〜21:00、土・日9:30〜20:30／冬季　月〜金9:30〜20:00、土9:30〜19:30、日9:30〜19:00　休 無休　CC ADJMV

●雑貨

ボールト　The Vault　Map P.246-D1　シティ中心部

アート好き、雑貨好きにおすすめのギフトショップ。雰囲気のいい店内には国内アーティストの作品を中心に、アクセサリーや食器、置物など個性的な雑貨が陳列されており、ギャラリー感覚で店をのぞくだけでも楽しい。ここでしか買えない1点物の商品も多いので、気になる商品はお早めに。ウェリントンにも店舗あり。

住 101 Chancery Sq.　TEL (09) 377-7665　URL www.thevaultnz.com　営 月〜金10:00〜17:30、土10:00〜17:00、日11:00〜16:00
休 無休、5〜10月の日　CC ADJMV

雑貨

パウアネジア　Pauanesia　Map P.246-D1　シティ中心部

商品のほとんどは国内アーティストによる作品。パウア貝を使ったアクセサリーやフォトスタンド、メリノポッサムの手袋やマフラーなど、個性的でキュートな雑貨が揃う。なかでも4人のクラフターが手作りする、ビンテージ毛布を使ったキーウィのぬいぐるみ$18.9～が人気。テーブルクロス大$139～も地元製。

住 35 High St.　電 (09) 366-7282　URL www.pauanesia.co.nz
営 月10:00～17:00、火～木9:30～18:30、金9:30～19:00、土10:00～17:00、日10:30～16:30　休 無休　CC MV

ファンテイル・ハウス　The Fantail House　Map P.247-B4　パーネル

国内アーティスト約150人によるバラエティに富んだ工芸品を扱う。なかでもウッドクラフトが人気で、マオリによる木彫り作品やカウリの組み木おもちゃ$30前後がおすすめ。フォトフレームや食器などの実用品もある。ニュージーランドならではのウール製品、グリーンストーンのアクセサリーやコスメも人気。

住 237 Parnell Rd.　電 (09) 218-7645　URL www.thefantailhouse.co.nz
営 月～金9:30～17:30、土・日10:00～17:00（時季によって異なる）
休 無休　CC AMV

シャット・ザ・フロントドア　Shut The Front Door　Map P.246-B2　ポンソンビー

インテリア雑貨やキッチン用品、リネン、ステーショナリーなど多彩なホームウエアを集めたライフスタイルショップ。イチオシはオリジナルのぬいぐるみ。ゆるいテイストがキュートで触り心地がよく、子供向けだが大人へのギフトにも人気。アパレルやジュエリーの扱いもあり、ニュージーランド製のアイテムも多い。

住 275 Ponsonby Rd.　電 (09) 376-6244　URL www.shutthefrontdoor.co.nz
営 月～土9:00～17:00、日10:00～16:00
休 無休　CC MV

アート

クラ・ギャラリー　Kura Gallery　Map P.246-C1　シティ中心部

マオリの伝統柄をモチーフにした作品や国内アーティストによる現代アート、デザイン雑貨を幅広く扱うギャラリーショップ。人気は南島で取れたグリーンストーンを使ったアクセサリー$80～。ニュージーランドの野鳥が描かれたキッチンタオル$20～やクッションカバー$60～もおすすめ。日本への郵送も受け付けている。

住 95A Customs St. West　電 (09) 302-1151　URL www.kuragallery.co.nz
営 月～金10:00～18:00、土・日11:00～16:00
休 無休　CC AMV

アート・オブ・ディス・ワールド　Art of this World　Map P.260-A2　デボンポート

郵便局として使われていた建物内にあるアート・ギャラリー。メイド・イン・ニュージーランドの作品のみを扱っており、大型の写真や絵画、陶器、鉄や木製のアート作品など多彩な作品が揃う。海外への発送・梱包も頼めるので、気になるものをチェックしてみよう。コースター、ハンドメイドの石鹸などは$9.9～20。

住 10 victoria Rd.　電 (09) 446-0926
URL artofthisworld.co.nz　営 夏季10:00～17:00、冬季10:00～16:00
休 無休　CC ADJMV

布

クシュラズ・ビレッジ・ファブリクス　Cushla's Village Fabrics　Map P.260-A2　デボンポート

地元の人が通う手芸と布の店。布は1m$20～。バティックやレトロなデザインのものなど種類豊富で、ニュージーランドの動物をモチーフにした布が人気。かわいらしいボタン$6やメリノ種の羊やポッサムの毛を使ったパステルカラーの毛糸は$13～。テーブルランナーやバッグなどの既製品もある。

住 38 Victoria Rd.　電 (09) 445-9995　FAX (09) 445-9926
URL cushlasvillagefabrics.co.nz　営 月～金10:00～17:00、土10:00～16:00、日11:00～15:00　休 無休　CC MV

コンビタ・オークランド・ストア　Comvita Auckland Store　Map P.246-C1　シティ中心部

マヌカハニーの専門店。店内の壁には商品がずらりと並ぶ。マヌカハニーはUMFという数値が高いほど効果があるといわれ値段も上がり、UMF5で250g$41、UMF10で250g$65。プロポリスと蜜蝋のリップクリーム$12や、火傷や切り傷に塗ると効果がある蜂蜜を使った抗菌ジェル$20.9〜といった商品もある。

139 Quay St.　(09) 358-2523　www.comvita.co.nz
夏季10:00〜18:30、冬季10:30〜19:00
無休　AJMV

デボンポート・チョコレート　Devonport Chocolates　Map P.260-A1　デボンポート

チョコレートは店に隣接する工房で手作りされている。人気のトリュフ・スライスはアプリコットやブランデージンジャーなど約10種類のフレーバーが揃う。パッケージもかわいいチョコレート・タブレットはおみやげにもぴったりだ。各種$12.9〜19.9。クイーン・ストリート沿いに支店あり。

17 Wynyard St.　(09) 445-6001
www.devonportchocolates.co.nz
9:30〜17:00(時季によって異なる)　無休　ADMV

コモンセンス・オーガニクス　Commonsense Organics　Map P.246-D2　シティ中心部

1991年にウェリントンにオープンした、ニュージーランドの自然派スーパーの先駆け的存在。"ナチュラル&オーガニック"をテーマに地産地消を推奨し、地元産の商品を数多く取り扱っている。野菜や果物などの生鮮食材から加工食品、コスメ、ペット用品、アルコールまで幅広い品揃えで、おみやげ探しにも最適。

284 Dominion Rd.　(09) 973-4133
commonsenseorganics.co.nz
月〜金8:00〜19:00、土・日9:00〜18:00　無休　MV

マグ・ネーション　Mag Nation　Map P.246-C2　ポンソンビー

雑誌好きが集まるマガジンショップ。ニュージーランドやオーストラリアをはじめ、世界各国から集めたさまざまなジャンルの雑誌を取り扱っている。なかでも若い人が好みそうなファッションやアート、カルチャー系の雑誌に注目したい。もちろんその他のジャンルも豊富に揃う。ハンドメイドの木製ポストカード$9.9〜もある。

63 Ponsonby Rd.　(09) 376-6933
www.magnation.co.nz　10:00〜18:00
無休　AMV

ナチュラル・スキンケア・カンパニー　The Natural Skincare Company　Map P.247-C4　パーネル

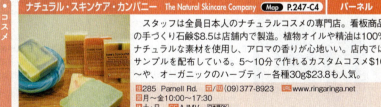

スタッフは全員日本人のナチュラルコスメの専門店。看板商品の手づくり石鹸$8.5は店舗内で製造。植物オイルや精油は100%ナチュラルな素材を使用し、アロマの香りが心地いい。店内ではサンプルを配布している。5〜10分で作れるカスタムコスメ$10〜や、オーガニックのハーブティー各種30g$23.8も人気。

285 Parnell Rd.　/ (09) 377-8923　www.ringaringa.net
月〜金10:00〜17:30
土・日　AJMV　日本語OK

イザベル・ハリス　Isabel Harris　Map P.247-D3　ニューマーケット

ニューマーケットのブロードウエイから小道を少し入った所にある。こぢんまりとした店内にはボディケアやバスグッズ、さらに高級ブランドのアロマキャンドルやディフューザーなどが陳列されており、目を楽しませてくれる。オリジナルコスメのほか輸入雑貨なども取り揃え、無料でラッピングしてくれる。

Shop 3, 1 Teed St.　(09) 522-1705
www.isabelharris.co.nz　月〜金9:30〜17:00、土10:00〜17:00、日10:30〜16:30　無休　JMV

スポーツウエア

チャンピオンズ・オブ・ザ・ワールド　Champions of the World　Map P.246-C1　シティ中心部

国内に6店舗展開するスポーツショップ。オールブラックスをはじめ、ラグビーチームのシャツやジャージがずらり。オールブラックスのジャージ$150〜、Tシャツ$60〜などが売れ筋。ベビー用から大人用まで幅広いラインナップ。ロンパースやニット帽などがセットになったキッズ用セット$46.5もある。

住 30 Queen St.　電 (09)307-2357
URL champions.co.nz　営 9:00〜20:00（時季によって異なる）
休 無休　CC ADJMV　日本語OK

アイスブレーカー　Icebreaker　Map P.246-C1　シティ中心部

南島産のメリノウール100％のアウトドアウエアを展開するニュージーランドブランド。羊毛の最高級ランクと称されるメリノウールは保温や通気性に優れ、ナノテクノロジーを駆使した防水パーカーなども販売する。普段使いできるインナーウエアやソックスなどもあり、洗っても機能が劣化しないと定評がある。

住 105 Queen St.　電 (09)969-1653　URL nz.icebreaker.com
営 月〜金9:00〜18:00、土・日10:00〜17:00
休 一部祝　CC ADJMV

ファッション

アンタッチド・ワールド　Untouched World　Map P.246-D1　シティ中心部

クライストチャーチやウェリントンなど国内各地に展開し、メイド・イン・ニュージーランドのハイクオリティな服が揃う。上質なメリノやポッサムを使ったシンプルなニットが定番。サイクリングウエアも、メリノ素材を使用したスポーティなラインもメンズ、レディスともに揃う。普段使いできるデザインも魅力的。

住 20 High St.　電 (09)303-1382
URL www.untouchedworld.com　営 月〜金10:00〜18:00、
土10:00〜17:00、日11:00〜16:00　休 無休　CC ADJMV

カレン・ウォーカー　Karen Walker　Map P.246-C2　シティ中心部

日本をはじめ、パリやニューヨークでも人気のカレン・ウォーカーは、ニュージーランドのファッションデザイナー。大人の女性のカジュアルを楽しめるアイテムが多い。カレンの服と相性がいいセントジェームスの定番ボーダーTシャツも販売。ポンソンビーやニューマーケットなど、オークランド市内に5店舗ある。

住 18 Te Ara Tahuhu Walking St.　電 (09)309-6299
URL www.karenwalker.com　営 月〜金10:00〜18:00、土10:00〜17:00、
日11:00〜17:00　休 無休　CC ADJMV

トレリス・クーパー　Trelise Cooper　Map P.246-C2　シティ中心部

国際的にも活躍するオークランド生まれのファッションデザイナー、トレリス・クーパーの直営ブティック。フェミニンなシルエットのワンピースやジャケットなど、エレガントなアイテムが揃い、地元セレブの御用達ブランドになっている。オークランドではパーネルにも店舗があり、ポンソンビーにはアウトレットもある。

住 2 Te Ara Tahuhu Walking St.　電 (09)366-1964
URL trelisecooper.com　営 月〜金9:30〜18:00、土・日10:00〜17:00
休 無休　CC AMV

ウエア　WE-AR　Map P.246-C2　ポンソンビー

オーガニックコットンやバンブー生地など環境に優しい天然繊維のみを使ったヨガウエアブランド。質がよく、シンプルでクールなデザインなので普段使いにも最適。レディスがメインだがメンズも扱う。事前にオンライン登録したヨガインストラクターには20％の割引サービスも。ワイヘキ島にも店舗がある。

住 122 Ponsonby Rd.　電 (09) 378-8140　URL we-ar.com
営 月〜金10:00〜17:30、土10:00〜17:00、日11:00〜16:00
休 無休　CC MV

280

Tギャラリア by DFS オークランド　T Galleria by DFS Auckland　Map P.246-C1　シティ中心部

かつて税関として使用され、現在は国の重要文化財に指定されているルネッサンス様式の建物「カスタムハウス」内にある免税店。売り場は4フロアからなり、1階はコスメを取り囲むようにグッチ、ヴォッテガヴェネタといった高級ブランドが。ジュエリーや高級時計も数多く取り揃えている。購入商品は空港内で受け取る。

住Customs St. & Albert St.　☎(09)308-0700　FREE0800-388-937
URLwww.dfs.com/jp/auckland　営火〜日10:30〜21:00、月13:00〜21:00
休無休　CCADJMV　日本語OK

スミス & コーウィーズ　Smith & Caughey's　Map P.246-D1　シティ中心部

1880年に創業した老舗高級デパート。ケイト・シルベスターやカレン・ウォーカー、トウェンティセブンネームズなどニュージーランド発のファッションブランドはもちろん、コスメ類も充実。メンズや子供服も取り揃え、毎年2月と7月のセール期間は要チェックだ。ニューマーケットの目抜き通りブロードウエイ沿いにも店舗がある。

住253-261 Queen St.　FREE0508-400-500
URLwww.smithandcaugheys.co.nz　営月〜木9:30〜18:30、金9:30〜19:00、土10:00〜18:00、日10:30〜17:30　休無休　CCADJMV

カウントダウン　Countdown　Map P.247-B3　シティ中心部

全国展開する大手スーパー。生鮮食材から日用品まで幅広いアイテムを扱い、デリやアルコール売り場（酒類の販売は7〜23時のみ）も充実。便利な24時間営業で、おみやげ探しにもおすすめ。館内に薬局と両替所を併設している。使い捨てレジ袋の用意はないが、オリジナルエコバッグを$1で購入できる。

住76 Quay St.　☎(09)373-5017
URLwww.countdown.co.nz　営24時間
休無休　CCMV

ポンソンビーセントラル　Ponsonby Central　Map P.246-C2　ポンソンビー

その名の通りポンソンビーの中心部にある商業コンプレックス。リネンショップ、スマートフォンアクセアリーの店、アパレルのポップアップストアなどがあり、こだわりのオーガニック食材を扱うプロダクトマーケットやワイン専門店をのぞくのも楽しい。レストランとカフェも多く、食事に出かけるのにも最適。

住136-146 Ponsonby Rd.　☎(09) 376-8300　URLwww.ponsonbycentral.co.nz
営月〜土9:00〜17:00、日10:00〜16:00、レストラン日〜水11:30〜22:00、木〜土11:30〜22:30、カフェ7:30〜17:00　休無休　CC店舗によって異なる

シルビア・パーク　Sylvia Park　Map P.245-C3　郊外

ブリトマート駅から東線で約20分、シルビア・パークSylvia Park駅の目の前にあるニュージーランド最大級のショッピングモール。人気のファッションブランドをはじめとする200以上の店舗が揃い、大型スーパーマーケットやディスカウントストア、フードコート、巨大スクリーンを有する映画館など、施設も充実。

住286 Mt. Wellington Hwy.　☎(09)570-3777　URLwww.kiwiproperty.com　営ショッピングモール　土〜水9:00〜19:00、木・金9:00〜21:00
休無休　CC店舗によって異なる

ドレスマート　Dress Smart　Map P.245-C2　郊外

100店舗以上が揃う大型アウトレットモール。人気のファッションブランドや、アディダス、ナイキといった有名スポーツブランドなどを豊富に揃え、定価の30〜70％オフとお買い得。館内にはカフェやファストフード店もある。月〜金はコーディス・オークランド（Map P.247-C3）から数ヵ所を経由する無料シャトルバスが運行。

住151 Arthur St.　☎(09)622-2400
URLwww.dress-smart.co.nz　営金〜水10:00〜17:00、木10:00〜19:00
休無休　CC店舗によって異なる

281

オークランドの アコモデーション
Accommodation

市内中心部にある高級ホテルから、気軽なバックパッカーズホステルまでアコモデーションの選択肢は豊富。個性的な宿を探すなら、少し郊外に足を延ばしてベッド&ブレックファストをチョイスしたい。予算と希望に合ったところが必ず見つかるだろう。

高級ホテル

ヒルトン・オークランド　Hilton Auckland　Map P.247-A3　シティ中心部

2016年に全面改装された高級ホテル。ワイテマタ湾に突き出したプリンセス・ワーフの先端にあり、全室にバルコニーが付く。ハーバービュールームからの眺めはすばらしく、シーフードレストラン「Fish」やスタイリッシュなバー「Bellini Bar」なども完備。

住Princes Wharf, 147 Quay St.　☎(09)978-2000　FAX(09)978-2001
URLhiltonhotels.jp
料SDT$309～　室187　CCAJMV

スタンフォード・プラザ・オークランド　Stamford Plaza Auckland　Map P.246-C1　シティ中心部

オークランドきっての高級ホテル。好立地にあり、観光やショッピングに便利。高級感のあるインテリアと、広々としたバスルームは、贅沢な気分に浸れる。館内には鉄板焼きの「Kabuki Teppanyaki Restaurant」をはじめ、4つのレストランやバーがある。

住22-26 Albert St.　☎(09)309-8888
FAX(09)379-6445　URLstamford.com.au/spak
料SDT$200～　室286　CCADJMV　日本語OK

ヘリテージ・オークランド　Heritage Auckland　Map P.246-D・C1　シティ中心部

かつてデパートとして使われていた歴史的な建物を利用し、重厚な雰囲気を満喫できるホテル棟と近代的なタワー棟からなる。客室からはワイテマタ湾やヴァイアダクト・ハーバーを一望できる。サウナやヘアサロン、レストラン、テニスコートなども完備。

住35 Hobson St.　☎(09)379-8553　FREE0800-368-888
URLheritagehotels.co.nz
料SDT$215～　室184　CCADJMV　日本語OK

プルマン・オークランド　Pullman Auckland　Map P.246-D2　シティ中心部

アルバート公園近くの高台にあり、客室から港や公園、遠くはランギトト島まで一望できる。エレガントな調度品で整えられたヨーロピアンスタイルの部屋が多く、大きなバルコニーが付いたレジデンスルームもある。ウエディングプランにも対応する。

住Waterloo Quadrant & Princes St.　☎(09)353-1000
FAX(09)353-1002　URLpullmanauckland.co.nz
料SDT$225～　室335　CCADJMV　日本語OK

エム・ソーシャル・オークランド　M Social Auckland　Map P.246-C1　シティ中心部

2017年にオープンしたコンテンポラリースタイルの新しいホテル。全室がワイテマタ湾に面しており、大きな窓からハーバービューを楽しむことができる。レストラン「Beast & Butterflies」では世界各国料理をフュージョンしたメニューを堪能することができる。

住196-200 Quay St.　☎(09)377-0349　FAX(09)377-0349
URLmsocial.co.nz　料SDT$250　室190
CCADJMV　日本語OK

エスプラネード　The Esplanade Hotel　Map P.260-A2　デボンポート

1903年に建てられた当時の外観を維持したまま、快適に改装された格式高いホテル。客室や館内のインテリアはエレガントだ。客室からはハーバーの向こうに広がるオークランドの町やマウント・ビクトリアが望める。最上階はペントハウスになっている。

住 1 Victoria Rd.　TEL (09)445-1291　FAX (09)445-1999
URL esplanadehotel.co.nz
料 ⑤①$190～　室 16　CC AJMV

スカイシティ　Skycity Hotel　Map P.246-D1　シティ中心部

町のシンボル、スカイ・タワーがあるスカイシティ内にあり、長距離バスのインターシティのバスターミナルに隣接する便利な環境だ。多くの部屋からはハーバービューが楽しめる。デイスパやレストラン、バー、さらにカジノやシアターまである。

住 Cnr. Victoria St. & Federal St.　TEL (09)363-6000
FREE 0800-759-2489　URL skycityauckland.co.nz
料 ①①$299～　室 323　CC ADJMV

グランド・ミレニアム・オークランド　Grand Millennium Auckland　Map P.247-B3　シティ中心部

アトリウムスタイルの格調高いホテル。客室はすべて天井が高く造られ、床から天井まで全面が窓になっている。視界に広がる市街中心部の景色は抜群だ。人気の日本料理レストラン「桂」をはじめ、3つのレストランやラウンジが入っている。

住 71 Mayoral Dr.　TEL (09)366-3000　FREE 0800-666-777
URL millenniumhotels.com
料 ⑤①①$217～　室 455　CC ADJMV

クラウン・プラザ・オークランド　Crowne Plaza Auckland　Map P.246-D1　シティ中心部

中心部にあり、観光にショッピング、グルメにも便利な立地のホテル。ショッピングモール「Atrium on Elliott」とは階下でつながっている。フィットネススタジオがあり、スタイリッシュにコーディネートされた客室も人気の秘密。

住 128 Albert St.　TEL (09)302-1111　FREE 0800-154-181
URL auckland.crowneplaza.com
料 ⑤①①$225.4～　室 352　CC ADJMV

グランド・メルキュール・オークランド　Grand Mercure Auckland　Map P.246-C1　シティ中心部

ブリトマート駅のすぐ近くに位置するアコー系列の4つ星ホテル。ハーバービューの部屋も多い。最上階にあるレストラン「Vue」では、絶景とニュージーランド料理とワインを楽しめる。クイーン・ストリートを一望できる「Attica Bar」は市内でも人気のスポット。

住 8 Customs St.　TEL (09)377-8920
URL www.grandmercure.com　料 ①①$202～　室 207
CC ADJMV

グランド・チャンセラー・オークランド・シティ　Hotel Grand Chancellor Auckland City　Map P.246-C1　シティ中心部

ヴァイアダクト・ハーバーのそばに立つ、近代的なホテル。日本の「マンション」に当たるアパートメントとフロアを共有しており、都心住まいのオークランダーたちとともに、暮らすような感覚で滞在できる。館内にはプールやジム、スパ、サウナもある。

住 1 Hobson St.　TEL (09)356-1000　FREE 0800-275-337
FAX (09)356-1001　URL grandchancellorhotels.com
料 ⑤①①$130～　室 65　CC ADJMV

中級ホテル

パーネル・パインズ　Parnell Pines Hotel　Map P.247-C4　パーネル

パーネルの中心部に位置するホテルで、パーネル・ビレッジすぐそばで便利。スタンダードルームから大勢で泊まれるファミリールームがある。「La La Cafe and Bar」が隣接されており、ランチやディナーは割引価格で利用できる。

住320 Parnell Rd.　TEL (09) 358-0642
URL www.parnell-pines-hotel.nz　料 S T D $100〜
室 16　CC MV

エコノミーホテル

オークランド・ハーバー・スイーツ　Aukland Harbour Suites　Map P.246-C2　シティ中心部

界隈でもひときわ目立つ、アパートメントタイプの高層ホテル。ランドリーにフルキッチンなど設備が充実。長期滞在利用者にも人気。高層階のテラスからはスカイ・タワーやワイテマタ湾が望める。玄関はオートロック、フロントは24時間オープン。

住16 Gore St.　TEL (09) 909-9999　FREE 0800-565-333
URL www.oakshotels.com
料 D T $138〜　室 150　CC ADJMV

エコノ・ロッジ・シティ・セントラル　Econo Lodge City Central　Map P.246-D1　シティ中心部

繁華街にあり観光やショッピングに便利な立地。シングルからファミリールームまでさまざまなタイプの部屋があり、全室バスルーム、テレビ、コーヒーメーカー、電話が付いている。館内1階にはインターネットコーナー（有料）やバーもある。

住37 Wellesley St.　TEL (09) 307-3388
URL econolodgecitycentral.co.nz
料 D T $77.39〜　室 105　CC ADJMV

ジューシー　Jucy Hotel　Map P.246-D2　シティ中心部

繁華街から徒歩数分、エミリー・プレイスに面した静かな場所にある。格安レンタカー会社「Jucy Rentals」のバジェットホテルで、パーキングは1泊$15。館内にはカフェも併設している。トイレ、バス共同の客室もある。

住62 Emily Pl.　TEL (09) 379-6633　FREE 0800-427-736
URL jucysnooze.co.nz
料 S $49〜　D T $99〜　室 62　CC AJMV

クオリティ・ホテル・パーネル　Quality Hotel Parnell　Map P.247-B4　パーネル

客室は日当たりが抜群で、ほとんどの客室がワイテマタ湾を一望できるハーバービュー。またキッチンやバルコニーの付いたスイートなどさまざまなタイプの部屋があり、目的に合わせた利用ができる。ウエディングプランにも対応している。

住20 Gladstone Rd.　TEL (09) 303-3789　FREE 0800-504-466
FAX (09) 377-3309　URL theparnell.co.nz
料 D T $179〜　室 105　CC ADJMV

オークランド・エアポート・キーウィ　Auckland Airport Kiwi Hotel　Map P.245-C2　郊外

大きなキーウィのオブジェが目印。空港から車で約5分という好立地で、24時間送迎もOKなのでフライト時間を気にせず利用できる。ホテル内にバー＆レストランがあり、一部の客室で朝食が無料。ゲストランドリーも完備している。

住150 McKenzie Rd. Mangere　TEL (09) 256-0046　FREE 0800-801-919
FAX (09) 256-0047　URL kiwiairporthotel.co.nz
料 D T $85〜　室 52　CC ADJMV

284

● モーテル

デボンポート・モーテル　Devonport Motel　Map P.260-A2　デボンポート

デボンポートに位置し、フェリー乗り場やビクトリア・ロード、ビーチへは徒歩3分ほどでアクセスできる便利なロケーション。1ベッドルームのユニットはゆったりとした広さで、窓が多くプライベートガーデンが付いている。

- 11 Buchanan St.　(09)445-1010
- URL devonportmotel.co.nz
- ①$170〜180　室料2　CC MV

ベストウエスタン・ビーケーズ・パイオニア・モーター・ロッジ　Best Western BK's Pioneer Motor Lodge　Map P.245-D2　郊外

空港から車で約5分の便利なロケーションなのでフライト前の宿泊に良い。敷地内には無料駐車場、無料のランドリー設備がある。レセプション、空港送迎シャトルサービスも24時間対応しており、朝はウェイクアップコールも頼める。部屋は広々として清潔。

- 205 Kirkbride Rd.　(09)275-7752　FREE 0800-222-052
- FAX (09)275-7753　URL bkspioneer.com
- ⓓⓣ$120〜　室料37　CC ADJMV

● B&B

グレート・ポンソンビー・アートホテル　The Great Ponsonby Arthotel　Map P.246-B2　ポンソンビー

19世紀末の建物を改装したラグジュアリーなB&B。各部屋は、地元アーティストによる絵画や、太平洋の島々のデザインが飾られている。コンチネンタルの朝食にはクレープのメニューもある。天気のいい日は庭でのんびりするのもおすすめ。

- 30 Ponsonby Tce.　(09)376-5989　FREE 0800-766-792
- URL greatpons.co.nz　ⓢⓓⓣ$260〜
- 室料11　CC ADJMV

バヴァリア B&B　Bavaria B&B　Map P.246-D2　シティ中心部

マウント・イーデンの近くに位置するB&B。築100年以上の建物を改装して使っており、客室に古さが感じられるものの清潔に保たれている。ゲストラウンジではコーヒー、紅茶、クッキーの無料サービスのほか、電子レンジや冷蔵庫が使えるのがうれしい。

- 83 Valley Rd.　(09)638-9641
- URL bavariabandbhotel.co.nz
- ⓢ$150〜　ⓓⓣ$169〜　室料11　CC AJMV

アスコット・パーネル・ブティック B&B　Ascot Parnell Boutique B&B　Map P247-C4　パーネル

静かな住宅街に位置するホテル。客室からはオークランドの美しい海や町並みを眺められる。朝食は豊富でベルギーのパンケーキや、フレンチトーストなどから選ぶことができ、リクエストがあればグルテンフリー料理にも対応してくれる。

- 32 St Stephens Ave.　021-334-496
- URL ascotparnell.com　ⓓⓣ$225〜375
- 室料3　CC ADJMV

ピース&プレンティ・イン　Peace & Plenty Inn　Map P.260-A2　デボンポート

ビクトリア様式のエレガントなB&B。内装や家具、食器など上品なスタイルに統一されている。朝食は放し飼いされたニワトリの卵を使ったスクランブルエッグやパンケーキ、ベルギーワッフルなどから選ぶことができ、どれもおいしいと評判。

- 6 Flagstaff Tce.　(09)445-2925
- URL peaceandplenty.co.nz
- ⓢⓓⓣ$257〜　室料7　CC ADJMV

北島　オークランド　アコモデーション

285

アドミラルズ・ランディング・ウォーターフロントB&B　Admirals Landing Waterfront B&B　Map P.260-A1　デボンポート

フェリーターミナルから徒歩2分。アットホームな雰囲気のB&B。旅好きのニュージーランド人ホストが暖かく迎えてくれる。ホスト自慢のウオーターフロントルームは、ハーバービューでオークランドシティーが一望できる。朝食が無料なのがうれしい。

住11 Queens Pde.　℡(09)445-4394
URLwww.admiralslanding.co.nz　料Ⓢ⒯＄270〜
室2　ССAJMV

ビーケー・ホステル　BK Hostel　Map P.247-C3　シティ中心部

町の中心部とおしゃれなポンソンビーエリアまで徒歩約5分という好立地のホステル。入口はマーキュリー・レーンMercury Laneにある。周辺には食料品店やレストラン、バー、銀行、郵便局などが揃っており、長期滞在にも便利な環境だ。

住3 Mercury Lane Newton　℡(09)307-0052　FAX(09)307-0017
URLbkhostel.co.nz　料Dorm＄29〜　Ｓ＄54〜　ⒹⓉ＄72〜
室90ベッド　ССMV

クイーン・ストリート・バックパッカーズ　Queen Street Backpackers　Map P.246-C1　シティ中心部

日本人のリピーターが多いバックパッカーズ。町の中心部に位置し、スーパーマーケットやコンビニにも近い。バーやビリヤード台などもあり、宿泊者同士でも気軽に楽しめる。女性専用ドミトリー、共用インターネットスペースもある。

住4 Fort St.　℡(09)373-3471　FREE0800-899-772
URLqsb.co.nz　料Dorm＄25〜　Ｓ＄65〜　ⒹⓉ＄75〜
室157ベッド　ССMV

フレンズ・バックパッカーズ　Frienz Backpackers　Map P.246-D1　シティ中心部

アルバート公園から100mほどの近さで、食事や買い物にも便利な立地。各階にバスやトイレがあって利用しやすい。寝室はかわいらしい雰囲気が漂い、女性専用ドミトリーもある。セーフティボックスや共用ヘアドライヤー、共用PCも完備。

住27-31 Victoria St. E.　℡(09)307-6437
FAX(09)307-3751　URLfrienz.com
料Dorm＄19　ⒹⓉ＄70〜　室117ベッド　ССMV

ベース・バックパッカーズ・オークランド　Base Backpacker Auckland　Map P.246-D1　シティ中心部

オーストラリアとニュージーランドに展開するホステル。名前のとおり町の中心部にあり、交通アクセスは非常に便利。インターネットカフェやバーを併設しており、市内一の規模を誇る。女性専用ドミトリーがあり、フロントは24時間対応。

住229 Queen St.　℡(09)358-4877　FREE0800-22-7369
URLstayatbase.com
料Dorm＄20〜　ⓈⒹⓉ＄60〜　室529ベッド　ССMV

ベランダーズ・バックパッカー・ロッジ　Verandahs Backpacker Lodge　Map P.246-C2　ポンソンビー

貴重なカウリの木で建てられた歴史ある民家を利用している。広いベランダからはオークランドの町並みや隣接するウエスタン・パークを望むことができ、その眺望が抜群。共同キッチンや広々としたラウンジ、ランドリー、BBQなどの設備も整っている。

住4-6 Hopetoun St.　℡(09)360-4180
URLverandahs.co.nz　料Dorm＄34〜　Ｓ＄64〜　ⒹⓉ＄88〜
室48ベッド　ССAJMV

ハミルトン
Hamilton

ニュージーランドで4番目に大きな都市ハミルトンは、タウポ湖に源を発しオークランド南に位置するワイカト港に流れ込む、国内最長のワイカト川に貫かれている。そのため、内陸でありながら水上交通の要衝として繁栄してきた。この地を含むワイカト地方は肥沃な平野で、国内有数の農業、酪農地帯が広がる。その中心として機能してきたハミルトンは歴史的に見ると、先住民マオリの部族間の戦いや、1860年代のマオリ戦争での入植者とマオリ間の戦いなど、土地をめぐる争いが頻繁に起こった場所である。

町の中心部を雄大に流れるワイカト川

ハミルトンへのアクセス Access

飛行機はウェリントン、クライストチャーチなどから直行便が出ている。ハミルトン国際空港Hamilton International Airportは、市街地の南約14kmに位置し、市内へはエアポートシャトルを利用する。

長距離バスは、インターシティ／ニューマンズ・コーチラインズの便数が多く便利。オークランドからは1日16便程度、所要1時間55分～2時間20分。ロトルアからは1日5～6便、所要1時間20～55分。発着は市内中心部にあるトランスポートセンター Transport Centreに。

鉄道はオークランドからキーウィ・レイルのノーザン・エクスプローラー号が週3便運行している。所要約2時間30分（→P.466）。

ハミルトンの歩き方

ハミルトンの町は、町のほぼ中心を流れるワイカト川によって、レストランやショップが集まる西側と、大部分が住宅地の東側に分かれる。メインストリートは、ビクトリア・ストリートVictoria St.。

ガーデン・プレイスでは無料のWi-Fiが使える

町全体を網羅するようにバスイットBUSITの市内バスが通っているので、おもな観光スポットを巡ることができる。町の中心部だけなら無料のシャトルバス、オン・ボードOn Boardも利用できる。

人口：15万2641人
URL www.visithamilton.co.nz

航空会社（→P.497）
ニュージーランド航空

ハミルトン空港
Map P.288-B2外

エアポートシャトル会社
Super Shuttle
FREE 0800-748-885
URL www.supershuttle.co.nz
料 空港↔市内中心部
1人 $32
2人 $40
3人 $48

おもなタクシー会社
Hamilton Taxis
FREE 0800-477-477
URL hamiltontaxis.co.nz

おもなバス会社（→P.497）
インターシティ／
ニューマンズ・コーチラインズ

長距離バス発着所
Map P.288-A1
住 Bryce St. & Anglesea St.
電 (07) 839-6650

鉄道会社（→P.497）
キーウィ・レイル

ハミルトン駅
Map P.288-B1
中心部までは徒歩約20分。

観光案内所 SITE
Hamilton
Visitor Centre
Map P.288-B2
住 Caro St. & Alexandra St.
電 (07) 958-5960
URL www.visithamilton.co.nz
開 月～金 9:00～17:00
土・日、祝 9:30～15:30
休 無休

ハミルトンの市内バス
バスイット
FREE 0800-205-305
URL busit.co.nz
料 大人 $3.3、子供 $2.2

オン・ボード
運 月～金 7:00～18:00
土 9:00～13:00
休 日

北島 ハミルトン 歩き方

ハミルトン近郊の町
ラグラン
URL raglan.net.nz

ハミルトンから国道23号線を西へ約50km行ったラグランRaglanは、海沿いにある小さな町。ビーチリゾートとして人気が高く、夏季には海水浴を楽しむ人々でいっぱいになる。サーフィンポイントとして有名なのは、ラグランからさらに西へ8〜9km離れたマヌ・ベイManu Bayやホエール・ベイWhale Bayだ。

ハミルトンの見どころ

ハミルトン湖（ロトロア湖）
Hamilton Lake (Lake Rotoroa)

Map P.288-B1

ハミルトン湖はマオリ語で"長い湖"を意味するロトロア湖とも呼ばれる。市中心部から歩くと30分ほど。ヨットやボート、ミニゴルフなどが楽しめ、コンサートやボート・カーニバルが随時開催される、市民の憩いの場だ。湖の周りは1周約4kmの平坦で楽な遊歩道となっていて、湖を眺めながらウオーキングを楽しめる。

湖のほとりは市民の憩いの場

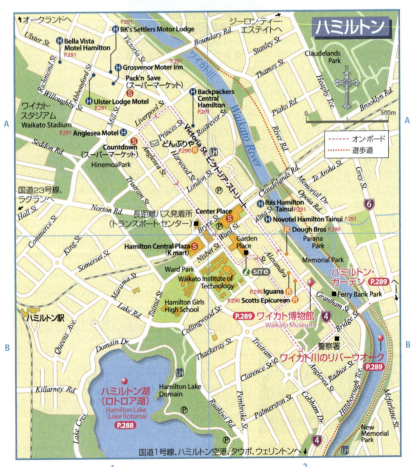

288

ハミルトン・ガーデン
Hamilton Gardens

Map P.288-B2外

インドのチャハル・バーグ形式の庭園

ワイカト川沿いにある市内最大の庭園。ハーブガーデンや日本庭園、イングリッシュガーデンなどテーマごとに造られた庭園はそれぞれが美しく、のんびりと園内散策を楽しめる。

ハミルトン・ガーデン
住 Cobham Dr.
℡ (07) 838-6782
URL hamiltongardens.co.nz
開 夏季　　7:30～19:30
　 冬季　　7:30～17:30
ビジターセンター
　　　　　 9:00～17:00
休 無休
料 無料
交 中心部からリバーオークを南下して、徒歩約30分。またはガーデン前のバス停で止まる#29 Hamilton Lakeを利用。

ワイカト川のリバーウオーク
Waikato River Walk

Map P.288-B2

川沿いには公園や遊歩道が設けられているので、散歩やピクニックを楽しみたい。ビクトリア・ストリートの南の端にあるフェリーバンクFerrybank、その対岸のパラナ・パークParana Parkは自然が多く気持ちがいい。第1次世界大戦の戦没者を追悼するメモリアル・パークMemorial Parkもある。

緑豊かな散策路を歩こう

ワイカト博物館
Waikato Museum

Map P.288-B2

ワイカト地方のマオリの歴史や装飾品などの展示が充実した博物館。150年以上前の戦闘に使用されたTe Winikaという巨大な木彫りのカヌーは、追力ある彫刻がすばらしい。また、博物館の隣には地元アーティストの作品を展示するギャラリー「Arts Post」や、ミュージアムショップもある。

斬新なデザインの建物

ワイカト博物館
住 1 Grantham St.
℡ (07) 838-6606
URL waikatomuseum.co.nz
開 10:00～17:00
休 無休
料 無料(寄付程度)

精巧な彫刻が施されている

Column　映画の『ホビット』のロケ地ホビット庄へ

ニュージーランドを代表する映画『ホビット』と『ロード・オブ・ザ・リング』の、ホビットたちの村のロケ地となったホビット庄(シャイア)。ハミルトンの東約37kmにあるマタマタMatamataから、さらに車で30分ほどのアレキサンダー牧場にある。一帯はアレキサンダー家の所有地のため、見学はホビトン・ムービー・セット・ツアーへの参加が必須。オークランドなどから各社がツアーを出している。各自で行く場合は、マタマタのアイサイトかロトルアのホビトン・ムービー・セット・ストア(**Map P.299-C2**)、ホビット庄敷地内のシャイアーズ・レストThe Shire's Rest (要事前予約) で申し込む。

Matamata
折り込みMap①
住 45 Broadway
℡ (07) 888-7260
開 9:00～17:00
(時季によって異なる)
休 無休
URL matamatanz.co.nz

マタマタのアイサイト

Hobbiton Movie Set Tours
住 501 Buckland Rd.
℡ (07) 888-1505　URL www.hobbitontours.com
開 8:30～15:30の30分ごと(時季によって異なる)。ツアーは所要約2時間。ドリンク付き。　休 無休

マタマタ、シャイアーズ・レスト発
料 大人 $84、9～16歳 $42
週に数回、夕食付きのEvening Banquet Tourを開催
料 大人 $195、9～16歳 $152.5、5～8歳 $100

ロトルア発
料 大人 $119、9～16歳 $77、8歳以下 $35

ハミルトンの エクスカーション — Excursion

キーウィ・バルーン

夜明け前にロトロア湖そばのインズコモンを出発し、約1時間の空中散歩を楽しむ。朝日に照らされるワイカト川や広大な農場、緑豊かなハミルトンの町を一望できる、爽快感たっぷりのツアーだ。着陸後にはシャンパンや軽食も提供され、特別な朝になること間違いなし。ツアーの所要時間は3時間30分程度。

Kiwi Balloon
(07)843-8538　URL www.kiwiballooncompany.co.nz
営9〜7月　料大人＄370、子供＄300　CC MV

ジーロン・ティー・エステート

ハミルトンから車で約12分の郊外にある茶園。農薬による土壌汚染がない大地でオーガニック栽培された茶葉は、「世界で一番ピュアなお茶」と称されるほど。敷地内では茶園を見学し、お茶の歴史や伝統的な製法について学んだり、お茶の飲み比べなどができる茶園ツアーを開催。ランチやハイティーも人気。

Zealong Tea Estate　(07)853-3018　URL zealong.com　住495 Gordonton Rd.　営茶園ツアー9:30、14:00(要予約。5〜10月は火〜日曜のみ)　休無休　料大人＄49、子供＄25、ハイティー付きは大人＄89、子供＄64　CC MV

ワイカトリバー・エクスプローラー

ハミルトン・ガーデンから出発するワイカト川のクルーズはリラックスムード満点。船上でランチやお酒も購入でき、原生林や滝、歴史ある橋の眺めが楽しめる。土曜のワインテイスティング・クルーズ(大人＄60〜)や南部のミステリークリーク近くまで足を延ばすクルーズなどもある(要追加料金)。

Waikato River Explorer
027-239-7567
URL www.waikatoexplorer.co.nz
営11:00、12:00、13:00、14:00 (時季によって異なる)
料大人＄35〜、子供＄18〜　CC MV

ハミルトンの レストラン — Restaurant

イグアナ　Iguana　Map P.288-B2

雰囲気のいい広々としたバー&レストラン。おすすめは、グループでシェアできるプラッター＄34.5〜や、種類豊富なピザ（Lサイズ＄29.5）など。ウェブには曜日別のお得なプランが出ている。火曜のデザートデーがとくに人気がある。

住203 Victoria St.　(07)834-2280　URL iguana.co.nz
営11:30〜Late
休無休　CC AMV

スコッツ・エピキュリアン　Scotts Epicurean　Map P.288-B2

ビクトリア・ストリート沿いにある地元客に人気のカフェ。築100年以上の建物を改装し、天井には美しい彫刻が見られる。サンドイッチやデザートまで味に定評があるフードメニューが充実。ランチは＄13〜23。ケーキ＄6.5〜もおいしい。

住181 Victoria St.　(07)839-6680　URL scottsepicurean.co.nz
営月〜金7:00〜15:00
土・日8:00〜16:00
休無休　CC MV

どんぶりや　Donburi-Ya　Map P.288-A1

オーナーはニュージーランド在住歴約20年という日本人。チキンカツ丼＄13.5やサーモン照り焼き丼＄15.5のほか、うどんや寿司などが味わえる。日本酒や日本のビールもあり、豚骨と鶏ガラでダシをとった本格的なラーメンもおすすめ。

住789 Victoria St.
(07)838-3933
営9:30〜14:30
休土・日
CC MV　日本語メニュー　日本語OK

ドウ・ブロス　Dough Bros　Map P.288-B2

生地にサワードウを使った薪窯ピザの店。モダンな店内に心地よい木の香りが漂っている。マヌカウッドで焼いたピザは＄24〜29。チキンホットウイングなどシェアプレートは＄16〜33。

住250 Victoria St.
(07)834-2363
URL doughbros.co.nz
営17:00〜22:00
休月　CC AMV

ハミルトンの アコモデーション　Accommodation

ノボテル・ハミルトン・タイヌイ
Novotel Hamilton Tainui　Map P.288-A2

町の中心部に位置し、バスターミナルから近い便利なロケーションにありながら、ワイカト川に面した気持ちのいい環境が人気のホテル。リバービューの客室もあるので、予約の際にリクエストしてみよう。館内にレストランやバーもある。

住7 Alma St.　☎(07)838-1366
FAX(07)838-1367
URL www.accorhotels.com
料SDT$198〜　室177
CC ADJMV
日本の予約先☎(03)4455-6404

イビス・ハミルトン・タイヌイ
Ibis Hamilton Tainui　Map P.288-A2

ワイカト川沿いに立ち、夜景がきれいなシティホテル。ホテル内にはニュージーランド料理が楽しめるレストランやバーもあるので、のんびり滞在したい人におすすめ。

住18 Alma St.　☎(07)859-9200
FAX(07)859-9201
URL ibis.accorhotels.com
料SDT$134〜　室126　CC ADJMV
日本の予約先☎(03)4455-6404

アルスター・ロッジ・モーテル
Ulster Lodge Motel　Map P.288-A1

清掃が行き届いた客室内は非常にきれい。スパバス付きのユニットも4室あるので、予約時にリクエストしてみるといい。敷地内に食料品や日用雑貨などを扱う小さな売店を併設しており、ちょっとした買い物にも便利。

住211 Ulster St.　☎(07)839-0374　Free0800-857-837
URL www.ulsterlodge.co.nz
料DT$100〜250
室17　CC AMV

ベッラ・ビスタ・モーテル・ハミルトン
Bella Vista Motel Hamilton　Map P.288-A1

フレンドリーなオーナーが経営するモーテル。部屋のタイプはさまざまだがゆったりとした造りでスパ付きのスタジオタイプも。庭にはBBQエリアもある。

住1 Richmond St.
☎(07)838-1234
URL www.bellavistahamilton.co.nz
料SDT$140〜350
室18　CC ADJMV

ビーケーズ・セットラーズ・モーター・ロッジ
BK's Settlers Motor Lodge　Map P.288-A1

町の中心部から徒歩約10分の好立地。2017年に改装しており、室内はおしゃれで快適。CDやDVDを楽しめるオーディオ設備も完備。スパバス付きの客室も多くグループにもおすすめ。

住200 Ulster St.　☎(07)839-3060　Free0800-222-990
URL www.b-ksettlers.co.nz
料Standard$135〜　Deluxe$145〜
Apartment$165〜　室16　CC MV

グロヴナー・モーター・イン
Grosvenor Motor Inn　Map P.288-A1

英国チューダー様式風の建物。小さな温水プールがあり、1年中無料で使える。部屋はシンプルだが電子レンジなども完備。レストランは朝だけ営業している。

住165 Ulster St.　☎(07)838-3399
URL www.grosvenor.co.nz
料SDT$110〜
Family Unit$170〜
室40　CC AJMV

アングルシー・モーテル　Anglesea Motel　Map P.288-A1

プールやジム、テニスコートなどを備えた大型の宿泊施設。オン・ボードの走行ルートにも近く、利用しやすい。客室はスパ付きのスタジオタイプからフルキッチンを備えた一軒家タイプまで、種類が豊富。パッケージプランもあるので予約時に確認を。

住36 Liverpool St.
☎(07)834-0010
URL www.angleseamotel.com
料SDT$112〜　1棟$250〜
室48　CC ADMV

バックパッカーズ・セントラル・ハミルトン
Backpackers Central Hamilton　Map P.288-A1

町の中心部にあり、部屋は清潔で居心地がいい。ドミトリーには鍵付きのロッカーがあるので貴重品の管理も安心。朝食、コーヒー、紅茶は無料。オークランドやラグラン、ロトルア、などへ有料シャトルを運行している。

住846 Victoria St.　☎(07)839-1928　URL www.backpackerscentral.co.nz　料Dorm$30　S$52〜
DT$70〜　Family Room$130
料94ベッド　CC MV　日本語OK

北島／ハミルトン　エクスカーション／レストラン／アコモデーション

291

ワイトモ
Waitomo

人口：8907人
URL www.waitomo.org.nz

ワイトモ地方最大の観光スポットは、年間25万人以上の観光客が訪れるというワイトモ洞窟（別名グロウワーム・ケーブGlowworm

ツチボタルが放つ幻想的な光

Caves）だ。付近にはアラヌイ洞窟Aranui Cave、ルアクリ洞窟Ruakuri Caveもあり、一部の洞窟内では発光性の虫、ツチボタルの神秘的な光を見ることができる。ツチボタルはニュージーランドに生息するたいへん珍しい生物。国内各地で見られるが、ここには大きな洞窟の天井一面を埋め尽くすほどの数がおり、その美しさをひとめ見ようと訪れる人があとを絶たない。

1887年、マオリの首長タネ・ティノラウTane Tinorauとイギリス人調査員フレッド・メイスFred Maceによって、初めてツチボタルの洞窟の探検が行われた。幾度となく探検を重ねたあと、タネ・ティノラウはこの洞窟を一般公開した。1906年に洞窟の所有権はいったん政府に移ったが、1989年、この洞窟と周りの土地は当初の所有者の子孫たちに返還され、現在でも彼らが管理、運営にたずさわっている。

ワイトモへのアクセス Access

ワイトモと他都市を結ぶ路線バスはない。日帰りでワイトモ洞窟を観光するためには、オークランドとロトルアを結ぶグレートサイツの観光バスツアーを利用する。

オークランドからワイトモへは1日2便運行。ワイトモ経由でロトルアへ向かうルートと、オークランドからホビット村とワイトモに停車してオークランドへ戻るルートがある。所要2時間40分～3時間。オークランドからホビット村を経由し、ワイトモへ向かうルートでは、途中ホビット村へ行くグループと別れる場合がある。バスを乗り換えることがあるのでアナウンスに注意しよう。ワイトモからオークランドへ向かう場合もこのルートのバスを利用することができる。ロトルアからワイトモへは、オークランドへ向かうルートと、ロトルア発着の往復便の1日2便が運行。所要2時間～2時間25分。

オークランド～ロトルアを結ぶルートはどちらから来てもほぼ同じ時刻に到着する。ワイトモで1時間ほど停車するので、ワイトモ洞窟を観光してから単純往復することも可能だ。

豆知識
ジブリアニメのモデル？
ワイトモ洞窟のツチボタルは、ニュージーランドの観光地のなかでも特に人気。ジブリのアニメ『天空の城ラピュタ』の飛行石のモデルになったとも言われている。暗闇のなかに幻想的な光が放たれる様子を間近で観賞しよう。

おもなバス会社 (→P.497)
グレートサイツ

オークランド発着のツアー会社
グレイ・ライン・ニュージーランド
Gray Line New Zealand
ワイトモ洞窟、マオリショー、ロトルア湖などの1日ツアー。日本語ガイドの手配も可能で、オークランド市内のアコモデーションを発着。入場料や昼食込み。
☎(09)307-7880
FREE 0800-698-687
URL www.graylinetours.co.nz
ワイトモ&ロトルア・デラックス・デイツアー
値オークランド　7:30発
（所要約13時間）
料大人$357、子供$178
CC AMV

ワイトモの歩き方

　観光の起点になるのは、観光案内所アイサイト。ワイトモ洞窟ディスカバリー・センター（→P.294）を併設、近郊のアクティビティやアクセス情報、地図などもここで入手できる。周辺には小さな店やカフェがあり、品数は多くないが日用品はここで買うことができる。

　ツチボタルが見られるワイトモ洞窟の入口へは、ここから西へ徒歩10分ほど上った所にあり、ツアーバスなら入口まで直行する。

　このエリアには、ほかにアラヌイ洞窟とルアクリ洞窟があり、これらの洞窟内で行われる、ブラック・ウオーター・ラフティング（→P.294）などのアクティビティもエキサイティングだ。洞窟周辺の広大な原生林ではハイキングも楽しめる。

観光案内所 / SITE
Waitomo Caves Visitor Information Centre
Map P.293
住 21 Waitomo Village Rd.
☎ (07)878-7640
FREE 0800-474-839
FAX (07)878-6184
URL www.waitomocaves.com
開 夏季　8:45～17:30
　 冬季　8:45～17:00
休 無休

観光案内所アイサイト

ワイトモの見どころ

ワイトモ洞窟
Waitomo Cave
Map P.293

　ワイトモにある3つの大きな洞窟のうち、最も多くの観光客が訪れるのが、ワイトモ洞窟（別名グロウワーム・ケーブ）。ツチボタル（グロウワームGlowworm）の見学ツアーは、ワイトモ観光のメインアクティビティだ。

　長い時間をかけて形成された美しい鍾乳洞を眺めながら洞窟内をガイドとともに進み、途中からはボートに乗ってツチボタルの見学へと出発する。天井一面に星のように散りばめられた、青白くミステリアスなツチボタルの光は、訪れた人の心を捉える美しさだ。

　所要時間は約45分。洞窟内は個人で立ち入ることはできず、ツアーでのみ見学可能となっている。ツチボタルは非常にデリケートな生物なので、くれぐれも手で触れたり、洞窟内で喫煙したりしないように。また、撮影は禁止なので注意。なお、まれにではあるが、大雨のあとの増水時などにはボートが使えず、入口から内部をのぞき込むだけになることもある。

神秘的なツチボタルの光は満天の星空のよう

ワイトモ洞窟
住 39 Waitomo Village Rd.
FREE 0800-456-922
URL www.waitomo.com
開 4～10月　9:00～17:00
　 11～3月　9:00～17:30
　 （15分ごとに出発）
休 無休
料 大人$51、子供$23.5
※アラヌイ洞窟、ルアクリ洞窟との共通チケット大人$96、子供$43.5。

ワイトモ洞窟の入口

ワイトモ周辺のウオーキングトラック
　洞窟周辺には、珍しい植物があふれる原生林が広がっている。森林内や川沿いには、しっかり整備された遊歩道（Map上の赤い点線）が設けられているので、気軽に散策を楽しむことができる。

ワイトモ周辺のレストラン
Waitomo Homestead
Map P.292
住 584 Main South Rd.
☎ (07)873-7397
営 8:00～16:00
　 （夏季は延長あり）
休 無休
CC MV
　国道3号線沿いにあるビュッフェ形式のレストラン。グレートサイツなどの長距離バスの停留所でもある。

北島　ワイトモ　歩き方／見どころ

293

アラヌイ洞窟
- (07) 878-8228
- FREE 0800-456-922
- URL www.waitomo.com
- 営 9:00〜最終16:00発
- 休 無休
- 料 大人$53、子供$24

ルアクリ洞窟
- (07) 878-6219
- FREE 0800-456-922
- URL www.waitomo.com
- 営 9:00〜最終15:30発
- 休 無休
- 料 大人$76、子供$30

フットホイッスル洞窟
- (07) 878-6577
- FREE 0800-228-338
- URL www.caveworld.co.nz
- 営 夏季9:00〜17:00 冬季10:00、12:00、14:00、16:00
- 休 無休
- 料 大人$64、子供$39

ガイドが光を当てて、写真撮影をサポート

ペッパーツリーと呼ばれるカワカワの葉を使った紅茶

ワイトモ洞窟ディスカバリー・センター
- (07) 878-7640
- FAX (07) 878-6184
- URL www.waitomocaves.com
- 営 夏季　8:45〜17:30
  　冬季　8:45〜17:00
- 休 無休
- 料 博物館は大人$5、子供無料

博物館やショップもある

アラヌイ洞窟 & ルアクリ洞窟
Aranui Cave & Ruakuri Cave　Map P.293

ワイトモ洞窟から約3km離れた所にあるのがアラヌイ洞窟。ツチボタルはいないが、ピンク、白、薄茶色とさまざまな色が美しいつらら石や石筍の鍾乳石（せきじゅん）は見応えがある。ツアーでのみ内部を見学することができ、所要時間は1時間ほど。

アラヌイ洞窟より奥にあるルアクリ洞窟は、18年もの間閉鎖されていたが、2005年7月に再び見学が可能に。ツチボタルが生息する洞窟内を約2時間かけて見学するツアーでは、鍾乳石など神秘の世界を探検できる。

幻想的なルアクリ洞窟

フットホイッスル洞窟
Footwhistle Cave　Map P.293

ワイトモ洞窟ディスカバリー・センター横にある受付から、シャトルバンに乗って洞窟へ。地元ガイドの解説を聞きながら、地底に広がる約3kmの鍾乳洞を歩く。頭上近くにツチボタルの糸が垂れ下がり、間近で幻想的な光を観賞できるのが最大の魅力だ。フラッシュなしなら、写真撮影もOK。道中には、巨鳥ジャイアント・モアの化石や洞窟の名前の由来になった足形の岩なども。ツアーの最後には、マオリが自然療法に用いるカワカワ茶のふるまいが楽しめる。所要約1時間15分。

ツチボタルの光が手に届きそう！

ワイトモ洞窟ディスカバリー・センター
Waitomo Caves Discovery Centre　Map P.293

観光案内所アイサイトに併設されている博物館。ツチボタルをはじめとする洞窟内の生物、鍾乳洞の成り立ち、1886年に発見されたあとの洞窟探検などについて展示。実物大の洞窟模型をくぐることもできる。

ワイトモのアクティビティ

ブラック・ウオーター・ラフティング
Black Water Rafting

19世紀のツチボタル洞窟探検ツアーを再現した、ニュージーランドならではのアドベンチャー「ブラック・ウオーター・ラフティング」。ウエットスーツを着込んでライト付きのヘルメットをかぶり、タイヤチューブを浮き袋にして洞窟内の川を進んでいく。ラフティングといっても急流下りではなく、大部分が緩い流れのなかを進んでいく。

ブラック・ウオーター・ラフティングを行うツアー会社
Waitomo Adventures
- FREE 0800-924-866　URL www.waitomo.co.nz
- 営 通年　料 $160〜　CC MV
- （所要約4時間、12歳未満、体重40kg未満は参加不可）

ワイトモの アコモデーション — Accommodation

ワイトモ・ケーブス　Waitomo Caves Hotel　Map P.293

丘の上に立つコロニアルスタイルのホテル。白い壁に赤い屋根が特徴的なこの建物は、ワイトモ村最大の建築物でもある。木造の部分は1908年に建造されたもの。一部客室にはバスタブが付いており、ダイニングルームなど、快適な施設が整っている。

Hotel Access Rd.
(07) 878-8204
URL www.waitomocaveshotel.co.nz
⑤①①131〜
33　CC MV

ウッドリン・パーク　Woodlyn Park　Map P.293

ユニークな滞在ができると評判のモーテル。1950年代に使用された電車の車両や、ベトナムで軍機として使われていた飛行機をアコモデーション用に改造しており、外観からは宿泊施設とは想像しがたい。レセプションエリアでのみインターネットが無料で利用できる。敷地内のウッドリン・パークではキーウィ・カルチャーショーなどが楽しめる。

1177 Waitomo Valley Rd.
(07) 878-6666
URL www.woodlynpark.co.nz
⑤$200〜
10　CC MV

ワイトモ・ケーブス・ゲスト・ロッジ　Waitomo Caves Guest Lodge　Map P.293

客室はそれぞれ独立したコテージ風となっており、テレビやティーセットなどの設備も充実。眺めのいいダイニングルームがあり、コンチネンタル・ブレックファストが付くのもうれしい。

7 Waitomo Village Rd.　(07) 878-7641　FREE 0800-465-762
URL waitomocavesguestlodge.co.nz
⑤①①$140〜　8　CC MV

キーウィ・パカ・ワイトモ　Kiwi Paka Waitomo　Map P.293

観光案内所アイサイトから徒歩圏内。キッチンやシャワーなどの共用スペースは広くて清潔。併設のカフェは毎日8:00〜20:00頃のオープン。

Access Rd.　(07) 878-3395
URL waitomokiwipaka.co.nz　Share$35〜
⑤①①$80〜　117ベッド　CC MV

ワイトモ・トップ10 ホリデーパーク　Waitomo Top 10 Holiday Park　Map P.293

モーテルは全室キッチン、トイレ、シャワー、テレビ付き。キャビンは共用施設を利用する。

12 Waitomo Village Rd.
FREE 0508-498-666
URL www.waitomopark.co.nz　Camp$22〜
Cabin$95〜　Motel$160〜　18　CC ADMV

Column　不思議なツチボタルの生態

ニュージーランドのツチボタル（グロウワーム Glowworm、学名 Arachnocampa Luminosa）は、蚊に似た2枚羽の昆虫の幼虫で、日本のホタルとはまったくの別種だ。生息環境は特殊で、洞窟や森の中など体が乾燥しないような湿度の高い場所、でこぼこした壁面など餌を捕らえるネバネバした糸を垂らすことができる場所、また食物になる小さな虫が集まる川の近くで、垂らした糸が絡まないように風があまり吹かない場所、放った光がわかるような暗い場所などのさまざまな条件が揃っていることが必要である。

ツチボタルのライフサイクルは、卵から孵化するまでに約3週間、幼虫でいるのは6〜9ヵ月、サナギで約2週間、そして成虫の命はわずか2〜3日間。幼虫は2mmからマッチ棒くらいの長さと形になるまでゆっくりと成長を続ける。幼虫は横糸と数本の垂れ下がった縦糸からなる罠のような巣を作り、獲物を待つ。縦糸には粘液が付いていて、獲物がかかると横糸上を移動し、餌の付いた縦糸の所で顔を出して獲物の体液を吸い取るというから、少々グロテスクだ。美しい光は、獲物をおびきよせるためなのである。やがてサナギから脱皮すると、蚊よりひと回り大きい成虫が誕生する。羽化する前の雌のサナギは一段と明るい光を放つが、これはひと足先に羽化してパートナーを探している雄虫を引きつけるためといわれている。

これが幼虫の姿

人口：7万1700人
URL www.rotoruanz.com

ロトルア国際空港
Map P.297-A1
住 State Hwy. 30
☎ (07)345-8800
URL www.rotorua-airport.co.nz

ベイ・バス
空港線(ルート10)
運 空港→市内中心部
　月～土　　　6:50～17:53
　日　　　　　7:53～16:53
　市内中心部→空港
　月～土　　　7:05～18:05
　日　　　　　7:35～16:35
　月～土曜は30分ごと、日曜は1時間ごとの運行。
料 片道大人$2.8、子供無料（5歳以下）

エアポートシャトル会社
Super Shuttle
FREE 0800-748-885
URL www.supershuttle.co.nz
料 空港↔市内中心部
　1人　　$22
　2人　　$27
　3人　　$32

おもなバス会社(→P.497)
インターシティ
ニューマンズ・コーチラインズ
グレートサイツ

ロトルア
Rotorua

ロトルアは北島中央部に位置する島内最大の観光地。マオリ語で「第2の湖」という意味の地名が表すとおり、美しいロトルア湖は、北島ではタウポ湖に次ぐ大きさを誇る。

ロトルア湖沿いでのんびりと時間を過ごす人々

ロトルアからタウポにかけての一帯は世界的にも珍しい大地熱地帯にあり、ロトルア湖をはじめとする火山湖やテ・プイアにあるポフツ間欠泉など、複雑でユニークな景観が大きな見どころとなっている。温泉を利用したスパや治療院、ミネラルプールを求めて、休養に訪れるリピーターも多い。町のいたるところから白い湯煙が出ており、温泉地ならではの独特な硫黄の臭いが漂っている。

またロトルアは古くから先住民マオリの人口が多く、特に勢力の大きかったテ・アラワ族Te Arawaの中心地であったため、その伝統文化やゆかりの場所がよく保存されているという一面もある。ロトルア郊外にあるマオリ村など、マオリの人々の生活や伝統文化を見られる貴重な機会も多い（→P.26・27）。

ロトルアへのアクセス Access

飛行機で到着したら

　ニュージーランド航空が主要都市からの国内線を運航。オークランドからは1日1～4便、所要約45分。ウェリントンからは1日2～3便、所要約1時間10分。クライストチャーチからは1日1～3便、所要約1時間45分。ロトルア国際空港Rotorua International Airportから市中心部までは約8km。空港からはベイ・バスBay Busが運行する市内巡回バスのシティライドCityrideのルート10で約20分。スーパー・シャトルSuper Shuttle社が運行するエアポートシャトルを利用することもできる。

国内各地との交通

　インターシティ／ニューマンズ・コーチラインズ、グレートサイツなどの長距離バスが運行している。オークランドから1日7～8便、所要3時間29分～6時間。ウェリントンからはパーマストン・ノースやタウポ経由で1日5便、所要7時間5～54分。バスの発着は観光案内所アイサイト前。

296

ロトルアの市内交通

 Traffic

見どころは広範囲に点在。中心部なら徒歩で十分だが、車がない人はシティライドCityrideの利用がおすすめ。シティライドには1～12番（2番はない）の11ルートがあり、市内と郊外を結んでいる。乗り場は観光案内所アイサイトのメインオフィス前。長距離バスの発着するフェントン・ストリート側ではなく、アラワ・ストリートArawa St.側に乗り場がある。（Map P.299-B2）IC乗車券のスマートライド・カードSmartride Cardでお得になる。郊外の見どころをいくつか組み合わせるなら、ロトルア発着の観光ツアーに参加するのも手だ。グレートサイツの半日ツアーでは4ヵ所の見どころを巡り、昼過ぎには町に戻る（→P.298欄外）。観光シャトルバスのサーマルランド・シャトルThermal Land Shuttleでは、ワイマング火山渓谷などを訪れる。それぞれの運行情報は観光案内所アイサイトで入手できる。

ロトルアの市内交通
Bay Bus
FREE 0800-422-9287
URL www.baybus.co.nz
運 6:40～18:50の ほぼ30分おきに運行。
料現金
　片道　$2.8
　スマートライド・カード
　片道　$2.24
　1日券（Day Saver）$7
スマートライド・カードはバス車内などで購入（$10）し、$10～チャージをして使用する。

ロトルア発着のツアー会社
サーマルランド・シャトル
FREE 0800-894-287
URL thermalshuttle.co.nz
E-mail info@thermalshuttle.co.nz（日本語）
ワイマング火山渓谷半日ツアー
運 8:15、12:00発
料 大人$85、子供$42.5
　（施設入場料含む）
ワイオタプ・サーマル・ワンダーランド半日ツアー
運 8:15、12:00発
料 大人$79、子供$39.5
　（施設入場料含む）
ワイマング&ワイオタプ1日ツアー
運 8:15発
料 大人$134、子供$67～
　（施設入場料含む）

		バスで行ける見どころ	
シティライド	ルート 1	スカイライン・ロトルア	P.306
		レインボー・スプリングス・ワイルドライフ・パーク	P.306
		アグロドーム	P.307
	3	レッドウッド・ファカレワレワ・フォレスト	P.304
	11	テ・プイア／テ・ファカレワレワ・サーマル・バレー	P.304
サーマルランド・シャトル		ワイマング火山渓谷	P.305
		ワイオタプ・サーマル・ワンダーランド	P.305

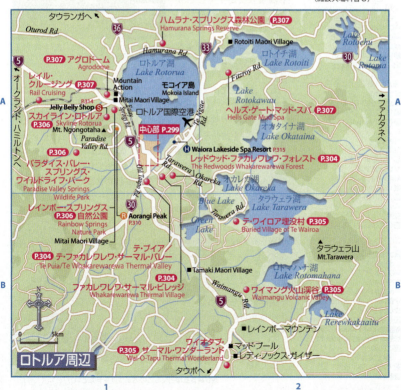

観光案内所 /site
Tourism Rotorua
Map P.299-B2
🏠 1167 Fenton St.
☎ (07)348-5179
FREE 0800-768-678
URL www.rotoruanz.com
開 9〜4月　7:30〜19:00
　 5〜10月　7:30〜18:00
休 無休

観光案内所アイサイトの前に無料の足湯もある（夏季限定）

ツタネカイ・ストリートにあるイートストリート

ユースフルインフォメーション
病院
Lakes PrimeCare Accident & Urgent Medical Care Centre
Map P.299-B1
🏠 1165 Tutanekai St.
☎ (07)348-1000

警察
Rotorua Central Police Station
Map P.299-B2
🏠 1190-1214 Fenton St.
☎ (07)349-9400

レンタカー会社
Hertz
空港
☎ (07)348-4081
ダウンタウン
Map P.299-C1
🏠 1233 Amohau St.
☎ (07)348-4081
Avis
空港
☎ (07)345-7133

ロトルア市内ツアー
Rotorua Sights
テ・プイア／テ・ファカレワレワ・サーマル・バレーやアグロドームのシープショーなど、ロトルアのおもな見どころを巡る半日ツアー。ロトルア着12:15。
グレートサイツ
☎ (09)583-5790
FREE 0800-744-487
URL www.greatsights.co.nz
発 7:25発
（観光案内所アイサイト前）
料 大人$166、子供$83
CC MV

ロトルアの歩き方

フェントン・ストリートFenton Stとツタネカイ・ストリートTutanekai St.

ロトルアの中心部は、フェントン・ストリートFenton St.沿いにある観光案内所アイサイトを中心とした半径500mほどの範囲なので、基本的に徒歩で巡ることができる。碁盤の目のように道が整備されているので、迷うことはないだろう。おもな長距離バスやツアーのシャトルバス、市内と郊外を結ぶベイ・バスはこの建物の周辺から発着する。館内には両替所やみやげ屋も併設している。

町のメインストリートは、フェントン・ストリートと、レストランやショップが軒を連ねるツタネカイ・ストリートTutanekai St.。このふたつの通り沿いには世界各国の料理が楽しめるレストランやカフェが集中している。

温泉を気軽に楽しむことができるのもロトルアの魅力のひとつ。米国の旅行誌で世界のスパ10選にも選ばれたことのあるポリネシアン・スパ Polynesian Spa（→P.301）をはじめとする温泉施設が充実しており、モーテルやB&Bなどのアコモデーションでも温泉施設を備えているところが少なくない。

赤れんがと白壁の美しい建物。営業時間内なら$5で荷物を預けることができる。

オヒネムツ・マオリ村　Ohinemutu Maori Village

ロトルア湖に面する村（→P.300）で、この地に保存されているマオリ文化の一端を垣間見ることができる。マオリのショーやハンギ（マオリ料理）ディナーは、ツアーに参加してそれぞれのマオリ村を訪れるか、市内の中・高級ホテルのディナーショーなどで楽しむことができる。ロトルア湖では、マリンスポーツやヘリコプターツアーなどでアクティブに過ごすのもいい。さらにワイルドな地熱地帯やユニークな自然を満喫したいなら郊外へ。ダイナミックな景観を楽しんだり羊のショーを見たりと、楽しみは尽きない。

宿泊施設が多く立ち並ぶのは、レイクビューを楽しめるロトルア湖畔沿いと中心部から南へ延びるフェントン・ストリート沿い。

テ・プイア内にある鉱泥泉「カエル池」。熱泥がピョンピョンと飛び跳ねる様子からこの名がつけられたという

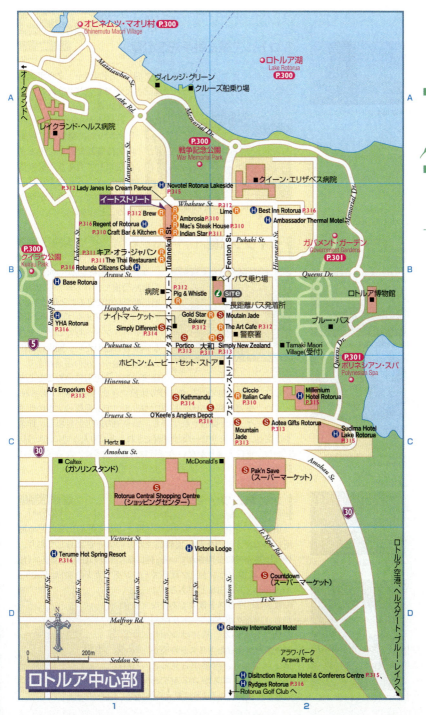

ロトルアの見どころ

ロトルア湖と戦争記念公園
Lake Rotorua, War Memorial Park

Map P.299-A1〜2

ロトルア湖に面している戦争記念公園は市民の憩いの場

市街地の北東に広がるロトルア湖は1周約40km、タウポ湖に次いで北島で2番目の大きさを誇る。湖岸には広々とした緑地が広がり、散歩やピクニックに最適だ。緑地内には遊具の置いてある子供用エリアもあり、家族連れでにぎわう。また、休日になるとマーケットが開かれることもある。

夕暮れ時はロマンチック

クイラウ公園
Kuirau Park

Map P.299-B1

クイラウ公園
住Kuirau St.
料無料

公園内にはハイキングコースが整備されている

園内北側の温泉池の上を歩こう

足湯も楽しめる

ロトルアの中心部から西に広がる地熱公園で、ロトルアらしい地熱活動を自由に見ることができる。テ・プイアやワイオタプ・サーマル・ワンダーランドへ行くことができない場合に訪れたい。園内には広大な温泉池や、泥の温泉があり、硫黄の匂いとともにいたるところから白い湯煙が出ている。のんびり休憩できる足湯スポットもある。

また、毎週土曜の6:00〜13:00はロトルアでも規模の大きいサタデーマーケットが開催されている。40〜50の露店が登場し、野菜や工芸品、アクセサリーなどが販売され、多くの人々でにぎわう。しかし、夜は人通りがないので近寄らないように。なるべく昼に散策しよう。

オヒネムツ・マオリ村
Ohinemutu Maori Village

Map P.299-A1

オヒネムツ・マオリ村
住Tunohopu St. Ohinemutu.
開年中無休
（教会は8:00〜15:00）
料無料（寄付程度）

村内各所に温泉池や間欠泉がある

教会内では美しい窓に注目

市街地の北側、観光案内所アイサイトから徒歩10分ほどの場所にあるマオリの集落。実際にマオリの人々が暮らしており、昼間は観光客に公開されている。村にはマオリの住居やマラエ（集会所）、墓地、セント・フェイス・アングリカン教会St. Faith's Anglican Churchなどがある。この教会は、キリスト教会でありながら、内部の装飾にマオリ彫刻が施されている。窓にはマオリの衣装をまとったキリストの姿が描かれており、内部から見ると湖を借景にイエスがロトルア湖の水面を歩いているように見える。

ヨーロッパ人が持ち込んだ文化をマオリの人々が受け入れ、ふたつの文化が融合した象徴的な建造物

ガバメント・ガーデン
Government Gardens

Map P.299-B2

1890年代にカミル・マルフロイCamille Malfroyによって造られた、優雅な雰囲気の漂う美しい庭園。マオリの彫刻が施された大きな門が目印だ（ポリネシアン・スパ側にも入口がある）。

園内にある**ロトルア博物館**Rotorua Museumは、1908年にニュージーランド政府が観光業における最初の投資として、ヨーロッパの温泉施設にならって建てた歴史ある建物だ。館内では、当時の浴場やユニークな治療法の様子、地下ではかつての泥風呂のシステムを見学することができ、どちらもおもしろく見応えがある。ほかに、ロトルアの火山と温泉、ヨーロッパ人とマオリの関係などの歴史をマオリの伝説にからめた映像（予約すれば日本語可）や、1886年のタラウェラ火山の大噴火の様子なども必見だ。ガイドツアーも行っている。また、屋上には展望台があり、ロトルア湖や庭園を一望できる。

ロトルア博物館手前には、1933～82年に実際に使用されていたレクリエーション施設ブルー・バスThe Blue Bathsがあり、屋外プールで泳ぐこともできる。

ガバメント・ガーデンの入口

ロトルア博物館
📍 Oruawhata Dr. Governmment Gardens
📞 (07) 350-1814
🔗 www.rotoruamuseum.co.nz
🕐 3～11月　9:00～17:00
　 12～2月　9:00～18:00
休 無休
料 大人$20、子供$8
※2019年9月現在、地震の影響によってクローズ。

ブルー・バス
📞 (07) 350-2119
🔗 www.bluebaths.co.nz
プール
🕐 10:00～17:00
料 大人$11、子供$6

温泉療養施設として使われていたロトルア博物館

美しいブルー・バスの外観

ポリネシアン・スパ
Polynesian Spa

Map P.299-C2

ロトルア湖畔にある代表的なレジャー温泉施設。硫黄泉とアルカリイオン泉の温泉があり、館内にはファミリースパや個室スパ、大人のみ利用できるスパなどもある。夜間も営業しているので星空を眺めながらの入浴もおすすめだ。タオルや水着はレンタル可（各$5）、鍵付きロッカー（$5）もある。

スパテラピーのメニューも充実しており、人気はロトルアの温泉の泥とキーウィフルーツなどで肌をツルツルにしたあと、温泉の圧力を使ったマッサージを施すポリネシアン・スパ・シグネイチャー・エイックス・セラピーPolynesian Spa Signature Aix Therapyや温泉の泥で顔と全身をパックするマッド・インダルジェンス・セラピーMud Indulgence Therapy（各45分$145～）など。トリートメントの予約をしたら朝から温泉につかり放題なので、早めに来て温泉でリラックスしておくのがお得。

ポリネシアン・スパ
📍 1000 Hinemoa St.
📞 (07) 348-1328
🔗 www.polynesianspa.co.nz
🕐 8:00～23:00
　（最終入場は～22:15）
休 無休
大人用スパ
料 $30
ファミリースパ
料 大人$23、子供$10
個室スパ
料 大人$30、子供$10
レイクスパ
料 大人$50、子供$50
CC ADMV

ロトルア湖を眺めながらゆったりくつろげる

ヘルシーなメニューがそろうカフェやショップもある

北島　ロトルア　見どころ

301

ロトルア & タウポ 満喫プラン

1日で見どころを巡るツアー

ロトルアからタウポにかけてはダイナミックな観光スポットが点在。しかし、自力で巡るのは容易ではないので、リクエストにも対応してくれる個人ツアーが便利。

1日1回限定！人工的な噴出を見る

① レディ・ノックス間欠泉
Lady Knox Geyser →P.305

ワイオタプ・サーマル・ワンダーランドの一部で、約1.5kmの場所に位置する間欠泉。1日1回開催される間欠泉ショーは石鹸を投げ入れることで人工的に間欠泉を吹き上げさせる。

国内最大級の地熱地帯を散策

② ワイオタプ・サーマル・ワンダーランド
Wai-O-Tapu Thermal Wonderland →P.305

広い地熱地帯には自然界の化学物質によって、さまざまな色に変化した温泉池やクレーターが見られる。3つの散策路があり、所要30分〜1時間15分程度。

硫黄などの天然物質よって変色している

噴出する温泉の高さは最大20mにもなる

ぐつぐつ煮えたぎるシャンパン池

ところどころに熱湯注意の看板が！

黄緑色をしたデビルズバス

悪魔の家と呼ばれる大きなクレーター

ワイオタプ・タウポ・フカ滝観光

9:30 START	10:15 ①	10:45 ②	12:00 ③	12:45 ④	13:45 ⑤	14:45 ⑥	16:00 GOAL
ホテル出発	レディ・ノックス間欠泉	ワイオタプ・サーマル・ワンダーランド	マッド・プール	ランチ&タウポ観光	フカ・ハニー・ハイブ	フカ・フォール	ホテル到着
約30分	約3分	約4分	約40分	約5分	約5分	約1時間	

煮えたぎる大きな泥温泉
3 マッド・プール
Mud Pools →P.305

地熱地帯ではよく見られる泥温泉だが、マッド・プールはほかの泥温泉に比べてスケールが大きいことで有名。泥がまるで生き物のように勢いよく池から噴き出している様子は、ずっと見ていても飽きないほど。

ワイオタプ・サーマル・ワンダーランドの一部だが1.7km離れている

タウポで自由にランチタイム！

湖沿いにあるレストランや天気の良い日はパイやサンドイッチを買って湖を眺めながらのランチもおすすめ。
ウオーターサイド・レストラン＆バー →P.325

↑ランチメニューのステーキ・ダイアン$12
→タウポ湖を望むテラス席がある

ハチミツ工房でショッピング
5 フカ・ハニー・ハイブ
Huka Haney Hive →P.321

ニュージーランド産のハチミツを使ったコスメや石鹸、ワインやウイスキーまで豊富な種類の商品を取り扱うハチミツ専門店。いろいろなハチミツをテイスティングしてみて。ハチの巣の展示もある。

店内には大きなハチのモニュメント

店内にはハチミツがずらりと並ぶ

タウポ湖を望むのどかな町
4 タウポを自由散策
Taupo →P.317

国内最大級の湖であるタウポ湖の湖畔に位置する町。観光案内所アイサイト周辺の大通りにはレストランやショップ、湖沿いにはレイクビューのカフェなどがある。

タウポ湖のクルーズ船が停泊するマリーナ

北島最高峰のマウント・ルアペフ

約2000年前の噴火によってできた湖

ニュージーで最も人気がある滝
6 フカ・フォール
Huka Falls →P.321

ニュージーランド屈指の人気の自然観光スポット。タウポ湖を水源とし、狭い川を勢いよく流れる水は、毎秒22万リットルに達することも。ミントブルーの水が滝つぼへと流れ落ちる様子に圧倒される。

滝つぼに水が勢いよく流れ落ちる

川の上に架かる橋から眺められる

タウポからレンタサイクルで訪れる人も

このツアーに参加

Japan Tourist Services
(→P.308)

参加者の希望に合ったツアーを組んでくれるので、立ち寄る場所の変更もできる。また、ロトルア半日観光なども催行。

通年
大人$225、子供$115(ワイオタプ・サーマル・ワンダーランドの入場料込み)
CC 不可

ロトルア郊外の見どころ

テ・プイア／テ・ファカレワレワ・サーマル・バレー
Te Puia / Te Whakarewarewa Thermal Valley
Map P.297-A1

テ・プイア／テ・ファカレワレワ・サーマル・バレー
住 Hemo Rd.
電 (07) 348-9047
FREE 0800-405-623
URL tepuia.com
開 9月下旬～4月上旬
　　　　　8:00～18:00
　4月上旬～9月下旬
　　　　　8:00～17:00
休 無休
料 大人$56、子供$28
交 観光案内所アイサイトから約3km。ベイ・バスのルート11を利用。
ガイドツアー
開 8:00～17:00
　（毎時出発、所要約1時間)
料 無料
マオリのショー
開 10:15、12:15、15:15
料 大人$71、子供$35.5
スチームボックスランチ・ツアー
開 11:00
料 大人$108、子供$80
　（ガイドツアー、工芸体験を含む）

　テ・プイアはマオリ文化の伝承を目的にファカレワレワ地熱地帯に創設された文化センター。広大な敷地内にはさまざまな施設があり、1967年に作られたニュージーランド・マオリ美術工芸学校New Zealand Māori Arts & Crafts Instituteでは作品の制作風景を一般に公開している。この学校に入学できるのはマオリの男性のみ、修業年数3年で、1学年5名程度が在籍する。
　一度に吹き出す湯量が世界一を誇る間欠泉、ポフツ間欠泉Pohutu Geyserでは間近でダイナミックな景観を眺められる。国鳥キーウィを飼育するキーウィハウスなど、見応えたっぷりだ。見学は個人、ガイドツアーのどちらでも可能。

ときには30mも吹き上げるポフツ間欠泉

ファカレワレワ・サーマル・ビレッジ
Whakarewarewa Thermal Village
Map P.297-A1

ファカレワレワ・サーマル・ビレッジ
住 17 Tryon St.
電 (07) 349-3463
URL www.whakarewarewa.com
開 8:30～17:00
休 無休
料 大人$45、子供$20
　（ガイドウオーキング、マオリショーを含む）
交 観光案内所アイサイトから約3km。

　中心部からフェントン・ストリートを3kmほど南下した所にあるマオリ村の復元施設。マオリのパフォーマンス見学、ファカレワレワ地熱地帯のガイドウオーキング、ハンギ料理など、マオリ文化を堪能できる。

レッドウッド・ファカレワレワ・フォレスト
The Redwoods Whakarewarewa Forest
Map P.297-A1

レッドウッド・ファカレワレワ・フォレスト
住 Long Mile Rd.
電 (07) 350-0110
URL redwoods.co.nz
開 夏季　　　 8:30～18:00
　冬季　　　 8:30～17:00
　（時季によって異なる）
休 無休
料 無料
交 観光案内所アイサイトから約6km。ベイ・バスのルート3を利用。

レッドウッド・ツリーウオーク
電 (07) 536-1010
URL www.treewalk.co.nz
営 9:00～22:30（最終入場は～22:00)
休 無休
料 大人$29、子供$19

コースは全長533mで所要約30分

　レッドウッドとは外来種セコイア杉のこと。園内には巨大なカリフォルニア・レッドウッドや最大で高さ20mにも達するシダ類が生育し、ニュージーランド固有種の鳥たちなど森のユニークな生態系を観察することができる。また、30分からのウオーキングコースをはじめ、マウンテンバイクや乗馬を楽しめるコースも整備されている。　レッドウッド・ツリーウオークRedwoods Treewalkはハーネスなどは付けず、木に架けられた吊り橋を渡るアトラクションで、一番高いところは地上から約12m。

森林浴が楽しめる静かな森

テ・ワイロア埋没村
Buried Village of Te Wairoa

Map P.297-B2

　1886年に起きたタラウェラ山 Mt. Taraweraの大噴火は、150人以上の犠牲者を出した。ここでは灰や岩、泥に埋もれ、その後掘り出されたテ・ワイロア村の跡を展示。敷地内の博物館では、当時の生活用品なども見られる。噴火前の村に住んでいたマオリ族の子孫がガイドをするツアーも行われている。

ワイマング火山渓谷
Waimangu Volcanic Valley

Map P.297-B2

　1886年のタラウェラ山の噴火で、美しい丘陵地帯から様相を変えた地熱地帯。この噴火によって7つの火口が形成され、現在の景観ができあがった。敷地内には所要45分〜4時間までのウオーキングコースがあり、湯気が立ち上るフライパン湖Frying Pan Lakeや、神秘的なミルキーブルーをたたえたインフェルノ火口湖Inferno Crater Lakeなどの、ユニークな景観を楽しめる。終点のロトマハナ湖Lake Rotomahanaまでの所要時間は約1時間30分。湖では遊覧船でクルーズもできる。

世界最大級の間欠泉が湖底にあるというインフェルノ火口湖

ワイオタプ・サーマル・ワンダーランド
Wai-O-Tapu Thermal Wonderland

Map P.297-B2

　景観保護区でもある周辺一帯の熱水循環系において最大規模の地熱活動エリア。国内で最もカラフルな地熱地帯といわれており、硫黄、酸化鉄、ヒ素等の熱泉に含まれる化学物質によって変化する、淡黄色、赤銅色、緑色といった美しい天然の色合いには驚かされる。クレーターにはそれぞれ「悪魔のインク壺」「レインボークレーター」などの名前が付いている。炭酸ガスを含んだ泡が湧き出している最大の温泉「シャンパン池」をはじめ、ヒ素によって不思議な色をした「デビルズバス」、鉱物が混ざり合ってさまざまな色を見せる「画家のパレット」、その名に納得する「ブライダルベール滝」は必見だ。また、1.7km離れた所にマッド・プールMud Pools、1.5km離れた所には、レディ・ノックス間欠泉 Lady Knox Geyserという人工の間欠泉がある。毎朝10:15に石鹸を投げ入れて、10〜20mの高さに勢いよく温泉を噴出させる光景が見られる。

炭酸ガスが湧き出している「シャンパン池」

テ・ワイロア埋没村
住 1180 Tarawera Rd.
電/FAX (07) 362-8287
URL www.buriedvillage.co.nz
開 10〜2月　9:00〜17:00
　 3〜9月　9:00〜16:30
料 大人$35、子供$10
交 観光案内所アイサイトから約17km。グランピーズトランスファー＆ツアーズを利用。
Grumpy's Transfers&Tours
電 (07) 348-2229
料 往復大人$77、子供$30（入園料込み、要予約）

復元された家

ワイマング火山渓谷
住 587 Waimangu Rd.
電 (07) 366-6137
FAX (07) 366-6607
URL www.waimangu.co.nz
開 8:30〜17:00（最終入場は〜15:30）(時季によって異なる)
休 無休
交 観光案内所アイサイトから約25km。国道5号線を南へ19km進み、左のWaimangu Rd.に入り約6km。サーマルランド・シャトル(→P.297)を利用。
ウオーキング&ハイキング
料 大人$42、子供$14
遊覧船クルーズ
料 大人$45、子供$14
ウオーキングツアー&クルーズ
料 大人$85、子供$28

ワイオタプ・サーマル・ワンダーランド
住 201 Waiottapu Loop Rd.
電 (07) 366-6333
FAX (07) 366-6010
URL www.waiotapu.co.nz
開 11〜3月　8:30〜18:00
　 （最終入場〜16:45）
　 4〜10月　8:30〜17:00
　 （最終入場〜15:45）
休 無休
料 大人$32.5、子供$11
交 観光案内所アイサイトから約30km。サーマルランド・シャトル(→P297)、またはガイザー・リンク・シャトルを利用。
ガイザー・リンク・シャトル
電 (03) 477-9083
発 ロトルア
　 9:15、12:30発(要予約)
料 片道$40、往復$60

デビルズバス

305

パラダイス・バレー・スプリングス・ワイルドライフ・パーク

パラダイス・バレー・スプリングス・ワイルドライフ・パーク
Paradise Valley Springs Wildlife Park

| Map P.297-A1 |

住 467 Paradise Valley Rd.
電 (07) 348-9667
FAX (07) 349-3359
URL www.paradisev.co.nz
開 8:00〜日没
　（最終入場は〜17:00)
休 無休
料 大人$30、子供$15
交 観光案内所アイサイトから国道5号線へ入りParadise Valley Rdを西へ約18km。グランピーズトランスファー＆ツアーズ（→P.305）を利用
料 片道$30〜、往復$54〜
　（要予約）

ニュージーランドの野生動物の保護区。天然の森に生息するマスや鳥類などを観察することができる。羊やワラビー、クネクネピッグなど、飼育されているニュージーランドの動物たちと触れ合うこともでき、毎日14:30にはライオンの餌づけの様子が披露される。敷地内には、マオリの人々が古くから嗜んできたミネラルたっぷりの湧き水もある。

迫力満点のライオンの姿

スカイライン・ロトルア

スカイライン・ロトルア
Skyline Rotorua

| Map P.297-A1 |

住 178 Fairy Springs Rd.
電 (07) 347-0027
URL www.skyline.co.nz
ゴンドラ
運 9:00〜22:00
　（時季によって異なる)
料 大人$32、子供$16
リュージュ
催 9:00〜17:00
　（時季によって異なる)
料 ゴンドラ＋1ライド　$47
交 観光案内所アイサイトから約4.5km。ベイ・バスのルート1を利用。

リュージュはスリル満点！

ノンゴタハ山 Mt. Nongotahaを上るゴンドラで、市街地とロトルア周辺を見渡すことができる展望スポットへ。標高487mの終点エリアには展望ビュッフェレストラン「ストラトスフェア・レストラン」があり、各種料理を味わえる。湖を一望できるウオーキングコースや、山の斜面を滑り下りるスリル満点のリュージュLugeをはじめ、振り子のように揺れ落ちるスカイスイングSky swing、ジップラインZiplineなど、各種アクティビティも充実。

ロトルア周辺を一望しよう

レインボー・スプリングス自然公園

レインボー・スプリングス・キーウィ・ワイルドライフ・パーク

住 192 Fairy Springs Rd.
電 (07) 350-0440
FREE 0800-724-626
URL www.rainbowsprings.co.nz
開 8:30〜17:30
休 無休
料 大人$40、子供$20
交 観光案内所アイサイトから約6km。ベイ・バスのルート1を利用。
レインボー・スプリングス＋ミタイ
催 18:30〜23:00
　（時季によって異なる)
料 大人$154、子供$47
レインボースプリングス＋キーウィ・エンカウンター
開 10:00〜16:00
　（毎正時出発、所要約30分)
休 無休
料 大人$50、子供$30

レインボー・スプリングス自然公園
Rainbow Springs Nature Park

| Map P.297-A1 |

広大な自然公園施設レインボー・スプリングスは、ニュージーランド原産の動植物の宝庫。園内では澄んだ水が豊富に湧き出る無数の泉や、野生のニジマスが泳ぐ透明度の高い池、固有種のシダ類などが見られる。ミタイMitai（Map P.297-A1）のマオリ村を訪問するナイトツアーでは、カラフルな光に照らされた木々や、池の幻想的な景色を堪能できるだろう。

敷地内には、キーウィの保護に取り組む施設キーウィ・エンカウンターKiwi Encounterも併設され、ツアーで見学することができる。

澄んだ池にたくさんのマスが泳いでいる

キーウィについての展示もある

レイル・クルージング
Rail Cruising
Map P.297-A1

廃線を再利用したユニークなアトラクション。ロトルア近郊の村ママクMamakuから、往復約19kmの行程を4人乗りのハイブリッドカーでセルフドライブする。所要約1時間30分。車窓には美しい田園風景が広がり、鉄道ファンならずとも楽しめるだろう。

アグロドーム
Agrodome
Map P.297-A1

ロトルア湖西岸の広大な敷地内に、牧場やシープショーの施設、アクティビティが楽しめるエリアがある。シープショーでは、羊たちがステージに登場し、毛刈りなどが行われる（所要約1時間、日本語同時通訳のヘッドフォンあり）。希望者は仔羊への授乳、牛の乳搾りなども体験できる。牧場ではファームツアーも行われている。羊や鹿、アルパカなどに餌やりができるほか、果樹園やオリーブ畑の散策、新鮮なキウィジュースやハチミツを味わうことができる。所要は約1時間。

ウールでおなじみのメリノ種をはじめ、19種の羊たちが登場

ハムラナ・スプリングス・レクリエーション森林公園
Hamurana Springs Recreation Reserve
Map P.297-A1

市街地から車で約20分、車があればぜひ訪れたい穴場のスポットだ。ロトルア湖の北側に位置する豊かな湧き水の湧出ポイントであり、透明度の高い泉をたたえている。もともとは地元マオリの私有地だったが、DOC自然保護省によって管理され手軽な散策路が整備されている。駐車場から小さな橋を渡って園内へ入ると3つのルートがある。おすすめはレッドウッドの森を歩く所要約20分のコース。高さ50mにも及ぶ木々の間をくぐり、泉にたどり着けば神聖な気分に浸れるだろう。

ヘルズ・ゲート・マッド・スパ
Hells Gate Mud Spa
Map P.297-A2

約20ヘクタールもの広大な地熱地帯に、「悪魔の温泉」と名づけられた活発に沸騰する泥池などが点在。ウオーキングトラックに沿って見学できる（所要約1時間、日本語ガイドマップあり）。
敷地内にあるスパ施設は、かつてマオリの人々が戦いのあとに傷を癒やしていたという温泉。園内から採取したミネラルたっぷりの天然泥を用いた泥風呂や硫黄温泉があり、水着のレンタルもある。なめらかな泥の手ざわりを感じながら入浴してみては？

ミネラルたっぷりの泥風呂

北島 ロトルア 見どころ

レイル・クルージング
住 11 Kaponga St.
FREE 0800-724-574
URL railcruising.com
開 11:00、13:00発
（夏季は15:00も催行）
料 大人$76、子供$38
（人数によって異なる）
交 観光案内所アイサイトから約20km。市街地からの送迎は$30（要予約）。

勾配のある区間を走るおもしろさもある

アグロドーム
住 141 Western Rd.
電 (07) 357-1050
FAX (07) 357-5307
URL www.agrodome.co.nz
開 8:30～17:00
休 無休
交 観光案内所アイサイトから約10km。ベイ・バスのルート1を利用。
ファームショー
開 9:30、11:00、14:30
料 大人$36.5、子供$19.5
ファームツアー
開 10:40、12:10、13:30、15:40
料 大人$49.5($69)、子供$25.5($36)
※( )内はファームショーとセットの料金。

ハムラナ・スプリングス森林公園
住 Hamurana Rd.
FREE 0800-426-8726
URL hamurana.co.nz
開 夏季　9:00～18:00
冬季　9:00～17:00
（最終入場は一時間前）
料 大人$18、子供$8
交 観光案内所アイサイトから約17km。

ヘルズ・ゲートマッド・スパ
住 351 State Hwy. 30, Tikitere
電 (07) 345-3151
URL www.hellsgate.co.nz
開 10～3月　8:30～18:30
4～9月　8:30～16:00
（施設によって異なる）
休 無休
料 大人$39、子供$19.5
ヘルズ・ゲート入場料＋マッドバス＋温泉浴
料 大人$99、子供$49
個室マッドバス＋温泉浴
料 大人$105、子供$55
（タオル付き）
交 観光案内所アイサイトから約16km。スパ予約時に無料送迎シャトルの手配可。

ロトルアの エクスカーション

Excursion

マオリの文化に触れるチャンスの多いロトルアでは、マオリショーは見逃せない。また、ロトルア湖や地熱地帯を舞台にした遊覧飛行やクルーズなどアクティブなツアーが盛りだくさん。ニュージーランドらしい体験ができるファームツアーもおすすめだ。

ロトルア半日観光

ロトルア在住8年の日本人ガイドの野崎さんが行うツアー。テ・プイアやアグロドーム、レインボー・スプリングス、レッドウッド・フォカレワレワ・フォレストなど定番スポットから3〜4ヵ所を選んで観光する。所要約4時間。そのほかパワースポットツアーやワイオタプやタウポを観光するツアー（→P.302）も催行。

Japan Tourist Services
(07) 346-2021　URL rotoruaguidejp.com　E-mail rotoruainfojts@gmail.com
通年　大人$185、子供$120　CC不可　日本語OK

トンガリロ、タウポ1日観光

ロトルア近郊のタウポ（→P.317）と世界遺産のトンガリロ国立公園（→P.327）を、地元に精通した日本語ガイドと訪れる「世界遺産トンガリロ1日観光」。国立公園では初級者向きハイキングコースを1時間ほど歩きながら自然について学ぶ。シャトー・トンガリロ（→P.333）でのランチ付き。所要約9時間。

Link New Zealand Tours
027-483-6295　E-mail info.linktours@gmail.com
通年　大人$290、子供$232　CC不可　日本語OK

ワイトモ、ロトルア1日観光

ワイトモとロトルアを1日で巡る欲張りな内容。午前中にワイトモ洞窟を観光した後、車内でピクニックスタイルのランチを楽しみながらアグロドームへ。ここではファームツアーとファームショーに参加。次にテ・プイアに移動してマオリショーを鑑賞し、ラストにファカレワレワで地熱地帯を見学。所要約9時間。

Great Sights
(09) 583-5790　FREE 0800-744-487　URL www.greatsights.co.nz
通年　大人$293、子供$146　CCMV

『ロード・オブ・ザ・リング』ロケ地巡り

ロトルアから約54km、映画のセットが残るマタマタ（→P.22、289）の牧場を訪れガイドの説明を聞きながら見学。羊の毛刈りや餌やりなど、牧場体験を楽しむこともできる。半日ツアーは8時発と13時20分発の1日2回催行。ピックアップはロトルア中心部にあるホビトン・ムービー・セット・ストア（Map P.299-C2）。

Hobbiton Movie Set Tours
(07) 888-1505　FAX (07) 888-1507
URL www.hobbitontours.com　通年　大人$119、子供$77　CCMV

タマキ・マオリ・ビレッジ

先住民マオリの暮らしを再現した村で、迫力のマオリショーを観賞しよう。所要約3時間30分で、伝統的なハンギ料理のディナーも楽しめる。市内中心部から少し距離があるが、宿泊施設からの送迎付きツアーがあるので簡単にアクセスできる。ツアーの予約は、HPから可能だ。

Tamaki Maori Village
07-349-2999　URL www.tamakimaorivillage.co.nz
通年　大人$130〜、子供$75〜　CCMV

ロトルアの アクティビティ

Activity

ロトルアの大自然を目の前にしたら、アクティブにチャレンジせずにはいられない！ 郊外にあるおもな見どころでも、手軽にできるアクティビティを併設しているところが多いので、観光ついでにチャレンジしてみよう。

ラフティング

ラフティングが盛んなロトルア周辺のなかでも、カイツナ川Kaituna Riverを下る人気のコース。高さ7mから落ちるスリル満点の滝を含む数ヵ所の滝と10ヵ所以上の早瀬があり、緑深い渓谷を流れる変化に富んだコースをラフティングできる。レクチャーも含めて所要約2時間。水着とタオルは要持参。カヤックもある。

Kaituna Cascades
027-276-5457　FREE 0800-524-8862　URL kaitunacascades.co.nz
通年　カイツナ川$95　CC MV

トラウトフィッシング

ロトルア周辺はマス釣りが盛んなエリア。ロトエフ湖に面したワイルドウッド・ロッジに宿泊し、熟練のガイドとともにロトルアやタウポ周辺でリバーフィッシングを楽しめる。4WD車のほか、ヘリコプターで穴場に向かうことも。料金は道具のレンタルやランチ込み。フィッシングライセンス$34は別途必要。

Rotorua Trout Safaris
(07) 362-0016　URL www.wildtrout.co.nz　通年
リバーフィッシング1日$1050〜　CC MV

キャノピーツアー

エコツーリズムに根差したアクティビティ。ロトルアの原生林の森の中、大きな木々を結ぶワイヤーをハーネス付きのスライダーで滑空する。10人以下のグループに専用ガイドが付くので初心者でも安心して参加できるのがうれしい。眼下に広がる森を眺めながらスリルと爽快感を味わおう。所要約3時間。

Rotorua Canopy Tours
(07) 343-1001　FREE 0800-226-679　URL canopytours.co.nz
通年　大人$159、子供$129　CC MV

ゾーブ

ニュージーランド発信の新感覚アトラクション、ゾーブZorbは、透明な巨大ボールの中に入って斜面を転がり落ちるというもの。水を入れたボールの中に水着を着用して入るH2OGOと、水なしで通常の服のまま楽しめるDRYGOの2種類がある。エキサイティングな体験ができること間違いなし。

Ogo Rotorua
(07) 343-7676
FREE 0800-646-768
URL ogo.co.nz　通年
各$45〜　CC MV

ホワイトウオーター・スレッジング

ウエットスーツ、ブーツ、ライフジャケット、ヘルメット、フィンを着けてプラスチック製ビート板のようなスレッジに上半身を乗せて激流を下る。ガイドが付いて教えてくれるので、経験がなくてもOK。アコモデーションからの送迎あり。水着とタオルは要持参。

Kaitiaki Adventures
(07) 357-2236
FREE 0800-338-736
URL www.kaitiaki.co.nz
通年　カイツナ川$120　CC MV

4WDブッシュサファリ

4WDを自ら運転し、森の中のオフロードを走り抜ける。坂を上ったり下ったり、狭い道を通過したり、沼にはまったりと、なかなかスリリングだ。運転ができない人はガイドの運転する車に乗って、同じようにスピードとスリルを体感できる。

OFF ROAD NZ
(07) 332-5748
URL www.offroadnz.co.nz　通年
大人$105〜、子供$25〜　CC DMV

ロトルアの レストラン

Restaurant

レストランやカフェの多くは町の中心部に、特にツタネカイ・ストリート沿いに集中している。観光地だけに、ラム肉やビーフを中心とするニュージーランド料理はもちろん、ヨーロッパからアジア、中近東まで、世界各国の味が楽しむことができる。

ニュージーランド料理

アンブロシア　Ambrosia　Map P.299-B1　タウン中心部

白を基調とした店内には絵が飾られ、おしゃれな雰囲気。旬の食材をふんだんに使用したニュージーランド料理が味わえる。マグロのたたき$18.5やフィッシュ＆チップス$25などランチのメインは$17.9〜。ディナーは$40前後。カウンターのあるバースペースもあるので、ゆっくりとお酒を楽しむのもおすすめ。

住 Lake End 1096 Tutanekai St.　☎ (07)348-3985
URL www.ambrosiarotorua.co.nz
営 月〜金11:30〜23:00、土・日8:00〜23:00　休 無休　CC AMV

クラフト・バー＆キッチン　Craft Bar & Kitchen　Map P.299-B1　タウン中心部

ツタネカイ・ストリートにあるカジュアルなレストラン。好みのシーフードやラム肉、シカ肉などを選んで、熱した石の上でじっくりと焼くストーングリル料理$23.9〜38.9が看板メニューで、地元客にも人気がある。ワインとシーフードはすべてニュージーランド産だ。フィッシュ＆チップスは$23.9。

住 1115 Tutanekai St.　☎ (07)347-2700
URL www.cbk.nz　営 夏季月〜金9:00〜24:00、土・日8:00〜24:00　冬季月〜金11:00〜24:00、土・日9:00〜24:00　休 無休　CC ADJMV

アオランギ・ピーク　Aorangi Peak　Map P.297-A1　郊外

ノンゴタハ山の中腹、ロトルアの町で一番高い場所に位置するレストラン。町を見渡す絶景とともに食事を楽しむことができる。メニューは鴨の胸肉マヌカハニースパイス風$42や、骨付きラム肉のロースト$45など。中心部からは車で15分ほど。メールでの問い合わせなら日本語も可。

住 353 Mountain Rd.　☎ (07)347-0036
URL aorangipeak.co.nz　営 10:00〜15:00、17:00〜22:00（ディナーは要予約）
休 無休　CC AJMV　日本語メニュー

ステーキ

マックス・ステーキ・ハウス　Mac's Steak House　Map P.299-B1　タウン中心部

数々の受賞歴をもつ人気のレストラン。冷凍肉を一切使わず、細やかな品質管理のもとに提供される肉料理はどれも美味。料金はシーズンにより変わるが、ニュージーランド産ビーフのアイフィレは約$35.9。ランチが$8.5〜16.9、ディナーは$40が目安。シーフード料理もあり、ワインも充実している。

住 1110 Tutanekai St.　☎ (07)347-9270
URL macssteakhouse.co.nz
営 11:30〜14:30、17:30〜Late　休 無休　CC ADJMV

イタリア料理

チッチオ・イタリアン・カフェ　Ciccio Italian Cafe　Map P.299-C2　タウン中心部

フェントン・ストリート沿い、真っ赤な外観が目を引くカジュアルレストラン。ニュージーランドでよく食べられるクマラというイモで作るロスティなど、ランチスペシャルはすべて$19.5。ディナーの予算は$25〜。料理にマッチする国産、イタリア産ワインの種類も豊富で、グラスワインは$10〜。

住 1262 Fenton St.　☎ (07)348-1828　URL ciccio.co.nz
営 火〜木・日11:30〜14:30、17:00〜21:00　金・土11:30〜14:30、17:00〜21:30　休 月　CC MV

310

| インド料理 | インディアン・スター　Indian Star | Map P.299-B1 | タウン中心部 |

地元の人気レストランとしてさまざまな受賞歴をもち、本格的なインド料理が味わえる。味だけではなく、ホスピタリティも評判が高い。カレーのメニューは34種類以上あり、値段は$14.5〜22.9。料理選びに迷ったらコースもおすすめ。辛さは好みに応じて選ぶことができる。テイクアウェイは10%オフ。

住1118 Tutanekai St. 電(07)343-6222
URLindianstar.co.nz 営夏季11:00〜14:00、17:00〜22:00 冬季11:00〜14:00、17:00〜21:30 休無休 CCADJMV

| タイ料理 | タイ・レストラン　The Thai Restaurant | Map P.299-B1 | タウン中心部 |

本場のタイ料理が食べたくなったらこの店へ。店内はカラフルなパラソルや紙のオーナメントが飾られたユニークな内装。人気はトムヤムクン$20.5や、まろやかな味わいのグリーンカレー$23.5〜など、定番メニューが揃う。ランチは$13.5〜17.5。テイクアウェイもOK。写真はチキン＆カシューナッツ$13.5。

住1141 Tutanekai St. 電(07)348-6677
URLthethairestaurant.co.nz 営12:00〜14:30、17:00〜23:00 休無休 CCADJMV

| 日本料理 | キア・オラ・ジャパン　Kia Ora Japan | Map P.299-B1 | タウン中心部 |

オーナーは箱根で13年間日本料理の板前をしていただけあって、味に定評がある。ボリュームのある寿司ランチ$10が人気で、地元の常連客も多い。前菜、寄せ鍋、揚げ物、握り寿司、デザートがセットになった本格的なディナーコースは$49.5。満足することと間違いなし。日本人スタッフにおすすめを聞いてみよう。

住1139 Tutanekai St. 電(07)346-0792
営火〜土12:00〜14:30、17:30〜21:30 休日・月 CCAJMV 日本語メニュー 日本語OK

| 大和　Yamato Japanese Restaurant | Map P.299-B2 | タウン中心部 |

夜になると赤提灯に明かりがともる和風の店構え。カウンター席とテーブル席の内装は、まるで日本にいるかのような気分になれる。近郊のタウランガから仕入れる魚を使った握り寿司$5〜や刺身のほか、丼物、うどんなど、メニューは幅広い。4種のおかずを選べるランチボックス$19も人気。日本酒も揃う。

住1123 Pukuatua St. 電(07)348-1938
営火〜日12:00〜14:00、18:00〜21:00L.O. 休月・祝日（5〜6月の期間中約2週間の定休日あり） CCADJMV 日本語メニュー 日本語OK

Column　木曜の夜はナイトマーケットへ

レストラン選びに迷った時におすすめなのが、ナイトマーケットだ。毎週木曜の夜に、ツタネカイ・ストリートの一角（→Map P.299-B1）で開催されており、パイや肉料理、スイーツに点心など多くの屋台が並んでいる。少しずつ好きなものが食べられるだけでなく、野菜や果物のほか、手作り石鹸やアクセサリー、工芸品などの販売も行われているので、そぞろ歩きながら、おみやげ探しも楽しめる。

また、ロトルアでは土・日曜に各地でマーケットが開かれる。土曜の朝のクイラウ公園（→P300）でチャリティーマーケットが、日曜の朝にはヴィレッジ・グリーン（→Map P.299-A1）でマーケットが開催されており、いずれもたくさんの人でにぎわう。

ローカルに人気のマーケット

アート・カフェ　The Art Café

Map P.299-B2　タウン中心部

観光案内所アイサイトのそばにある、フレンドリーなマレーシア人のジョアンさんが経営するリーズナブルなカフェ。ハンバーガー各種$15.9やチキンカレー$14.9などが人気。マレーシア料理のメニューも充実している。ディナーはボロネーゼやフェットチーネなど$15.9前後。写真はバックパッカーズスペシャル$15。

- 1195 Fenton St.　(07)348-3288
- 8:00〜15:00　無休
- MV

ライム　Lime
Map P.299-B2　タウン中心部

明るい店内は、白と黒のインテリアでまとめられたモダンな雰囲気。ベストカフェの受賞歴があり、ランチタイムや週末は非常に混み合う。すべてのメニューで手作りにこだわっている。ケースに並んだ見た目もかわいい手作りケーキ$6〜や、15:00までオーダーできるランチメニューは$23〜25.5で種類も豊富。

- 1096 Whakaue St.　(07)350-2033
- www.limecafe.co.nz　7:30〜16:30(LO15:00)
- 無休　AMV($30以上で利用可)

ゴールド・スター・ベーカリー　Gold Star Bakery
Map P.299-B1・2　タウン中心部

パイ・アワードの金賞に輝く、ロトルアで最も人気のベーカリー。常時約30種類のパイが並び、香ばしい匂いが食欲をそそる。受賞したベーコンエッグパイ$4.9、スイートラムカレーパイ$5.5のほか、ハンギ料理には欠かせないクマラとポークのパイなど、変わり種もある。またサンドイッチ類も豊富。閉店間近は品薄になる。

- 1114 Haupapa St.　(07)347-9919
- 月〜金7:00〜15:30、土8:30〜14:00
- 日　MV

レディ・ジェーンズ・アイスクリーム・パーラー　Lady Janes Ice Cream Parlour
Map P.299-B1　タウン中心部

ハチミツ&キーウィフルーツ、フィジュアフルーツ、ホーキー・ポーキーなど、約50種類のフレーバーが揃うアイスクリームのほか、カップとシュガーワッフルコーンから選べるソフトクリームサンデー$5.9〜7.9、ミルクシェイク$6.6〜なども魅力的。シングルスクープ$3.5〜。レンタサイクル1日$35も行っている。

- 1092 Tutanekai St.　(07)347-9340
- 夏季10:00〜22:00、冬季10:00〜18:00(木〜土〜21:00)
- 無休　MV

ピッグ&ホイッスル　Pig & Whistle
Map P.299-B1　タウン中心部

1940年に警察署として建てられたクラシカルな建物を利用。国内外の酒類を豊富に取り揃えるシティパブ。モンティースやタイガーなど11種類の樽生ビールは$7.5〜。芳醇な味わいのダークエールにはオーブンでカリッと焼いたポークスペアリブ$27.7がよく合う。金〜日曜の夜にはバンドの演奏も行われる。

- Cnr. Haupapa St. & Tutanekai St.　(07)347-3025
- pigandwhistle.co.nz　月〜金11:00〜翌1:00、土・日10:00〜翌1:00
- 無休　ADMV

ブリュー　Brew
Map P.299-B1　タウン中心部

ロトルアの地ビール「クロウチャー」をはじめ「トゥアタラ」、「カッスルズ&サンズ」など、全国の地ビールを数多くそろえるパブ。小さなグラスで好きなビール4種類が味わえるテイスティンググラック$18がおすすめ。ピザやステーキなどの食事も充実しており、店で焙煎するコーヒーやスイーツも美味しいと評判。

- 1103 Tutanekai St.　(07)346-0976
- www.brewpub.co.nz　11:30〜24:00
- 無休　AMV

312

ロトルアのショップ

Shop

マオリの伝統文化が根付いているロトルアでは、彼らが昔ながらの手法で手作りした木彫りやヒスイ、ボーンカービングなどの工芸品が人気のみやげ物だ。シープグッズや、温泉の泥（サーマルマッド）を使ったスキンケア用品も要チェック。

おみやげ

マウンテン・ジェイド　Mountain Jade　Map P.299-C2　タウン中心部

ニュージーランド産のネフィライトとジェダイトというヒスイを使い、店内の工房で加工したアクセサリーを中心に扱う。マオリの伝統的なデザインを取り入れたペンダントヘッドや指輪、置物などが豊富。パウア貝を使ったネックレス$49〜なども揃う。ワークショップに参加してオリジナル作品をおみやげにするのも楽しい。

- 1288 Fenton St.
- (07)349-1828
- www.mountainjade.co.nz
- 9:00〜18:00　無休　ADJMV

アオテア・ギフツ・ロトルア　Aotea Gifts Rotorua　Map P.299-C2　タウン中心部

限定ブランド「Avoca」の基礎化粧品やサプリメントをはじめ、マオリの民族品などバラエティに富んだ商品を扱う。ロトルアの温泉の泥を使った石鹸やフェイスマスク、ご当地コスメは人気が高く、おみやげにおすすめ。店内では日本語での対応も可能だ。夜遅くまで買い物できるのもうれしい。

- Hinemaru St. & Eruera St.
- (07)349-2010
- jp.aoteanz.com　9:30〜22:00
- 無休　ADJMV　日本語OK

シンプリー・ニュージーランド　Simply New Zealand　Map P.299-B2　タウン中心部

フェントン・ストリートとプクアツア・ストリートの交差点の角に位置する、おみやげチェーン店。マオリやキーウィのイラストが入ったクッションカバーやマヌカハニー、ラノリンクリームなど幅広い商品を取り扱っている。かわいい羊のぬいぐるみは$11.95。まとめ買いでお得になる商品があるのでチェックしよう。

- 1105 Pukuatua St.　(07)348-8273
- www.simplynewzealand.com
- 9:00〜17:00　無休　ADJMV

雑貨

AJ's エンポリウム　AJ's Emporium　Map P.299-C1　タウン中心部

文房具や料理道具などの日用雑貨から、仮装用のウィッグにパーティ用品、釣り道具、レジャー用品、手芸用品などありとあらゆるものが並ぶショップ。無秩序な陳列が楽しく、宝探しの気分が味わえる。地元の人の生活が見えてくるだけでなく、手頃でユニークなおみやげを探せるので、ぜひのぞいてみよう。

- 1264 Hinemoa St.　(07)350-2476
- 月〜金8:30〜17:00、土9:00〜16:00、日10:00〜16:00
- 無休　MV

ポルティコ　Portico　Map P.299-B1　タウン中心部

フレームや雑貨を扱う店。ニュージーランドの地図やビンテージ、アートポスターや、メリノウールの靴下$32などが人気。ローカルアーティストの商品では木製品、アクセサリー（ブローチ$40〜、イヤリング$35〜、ネックレス$70〜）、バンブープレート$16などを扱っていてオーナーのセレクトセンスが光る。

- 1155 Pukuatua St.　(07)347-8169
- www.porticogallery.co.nz　夏季 月〜金9:30〜17:00、土9:00〜13:00
- 冬季 月〜金9:30〜17:00、土10:00〜14:00　日　MV

北島　ロトルア　レストラン／ショップ

雑貨

シンプリー・ディファレント　Simply Different　Map P.299-B1　タウン中心部

ニュージーランドのみならず、ヨーロッパなど世界各国から集めた魅力的な商品がところ狭しと並べられている。キッチングッズ、ハンドペイントの陶器、リビング雑貨、キャンドル、ソープ、アクセサリー、ストールなど、センスのいいアイテムがたくさん。ギフト用のラッピングサービスも行っている。

住1199 Tutanekai St.　電(07)347-0960　営5～9月　月～金9:00～17:00、土10:00～15:00、日10:30～14:30、10～4月　月～水・金9:00～17:30、木9:00～20:00、土9:30～15:30、日10:30～14:30　休無休　CC ADJMV

スイーツ

ジェリー・ベリー・ショップ　Jelly Belly Shop　Map P.297-A1　郊外

ゴンドラの終点にあるジェリー・ビーンのショップ。壁一面に並ぶカラフルなジェリー・ビーンは約100種類あり、果汁や蜜蝋などから作られている。ビーンズは10gで$1。また1万7000個のジェリー・ビーンを使用して作られたモナリザの肖像画や2万5000個を使ったキャプテングラビティの立像も必見。

住178 Fairy Springs Rd. Skyline Rotorua内　電(07)347-0027
URL www.skyline.co.nz
営9:00～17:00　休無休　CC MV

アウトドア

オキーフェス・アングラーズ・デポ　O'Keefe's Anglers Depot　Map P.299-C1・2　タウン中心部

ロトルア周辺でフライフィッシングしたいならここへ。釣り具や餌の販売のほか、修理やフィッシングガイドの手配、ライセンスの発行、フライフィッシングレッスンなども行っている。初心者でも歓迎してくれる。釣り具はすべて1年以上の保証付きで、商品によっては10％の値引きサービスもある。

住1113 Eruera St.　電(07)346-0178　URL www.okeefesfishing.co.nz
営月～木8:30～17:00、金8:30～17:30、土9:00～14:00
休日　CC ADMV

カトマンドゥ　Kathmandu　Map P.299-C1　タウン中心部

国内に40店舗以上展開するアウトドア用品の専門店。広い店内ではテントや寝袋などの本格的なトレッキング器具から、カジュアルなカットソーまで幅広く取り扱い、防寒性に優れたメリノ素材のアウターなどの種類も豊富。年に数回バーゲンセールを行っている。

住1266 Tutanekai St.　電(07)349-2534　URL www.kathmandu.co.nz
営月～金9:00～17:30、土9:00～16:30、日10:00～16:00
休無休　CC AMV

Column　ロトルア・ゴルフクラブの見学ツアー

1906年にオープンしたロトルア・ゴルフクラブは、国内3番目の歴史を誇る由緒あるゴルフ場だ。グリーンの脇に泥坊主や温泉が湧いていたり、地面や池から湯気が噴き出していたりと地熱特有の風景が楽しめるのも特徴で、地熱活動によりグリーンの地形も少しずつ変化しているという。またゴルフ場の歴史を伝えるクラブハウスのカフェは、知る人ぞ知るグルメスポットとしても有名。手作りのクッキー$1.5やジューシーなハンバーガー$6など、リーズナブルな価格で楽しめる。カートに乗って場内を見学するツアーも用意されているので、ゴルフをしない人も出かけてみてはいかが。長期滞在の場合はメンバーシップの値段交渉やゴルフレッスンなどにも対応可能だ。

Rotorua Golf Club　Map P.299-D2外
住399 Fenton St.　電(07)348-4051
URL rotoruagolfclub.kiwi.nz
料グリーンフィー$70　ゴルフクラブレンタル$30
　ゴルフカート$45
CC MV

ロトルアの アコモデーション

Accommodation

町の中心部にはホステルなどが点在し、南へ延びるフェントン・ストリートからファカレワレワ地熱地帯の周辺にはモーテルが集中する。レイクビューやマオリショーを楽しめる大型ホテルや、温泉付きB&Bなど、ロトルアならではの滞在を楽しもう。

高級ホテル

ミレニアム・ホテル・ロトルア　Millennium Hotel Rotorua　Map P.299-C2　タウン中心部

ロトルア湖畔に位置し、ポリネシアン・スパの目の前にある。湖の見える部屋はやや割高になる。館内にはレストラン、バーがあるほか、スパ、フィットネスセンターなども完備。レストランではマオリコンサートを開催し、ディナービュッフェを楽しめる。

住1270 Hinemaru St.　☎(07)347-1234　FAX(07)348-1234
URL www.millenniumhotels.com　料SDT$140～
客227　CC ADJMV

ディスティンクション・ロトルア・ホテル&カンファレンス・センター　Distinction Rotorua Hotel & Conference Centre　Map P.299-D2外　郊外

上品な造りが印象的な4つ星ホテル。ファカレワレワ地熱地帯に近い静かな環境にあり、のんびりとくつろげそう。バルコニー付きの客室もある。館内にはハイティーが楽しめるレストランや焼き鳥バーを併設するほか、マオリのディナーショーも行われる。

住390 Fenton St.　☎(07)349-5200　FREE 0800-654-789
URL www.distinctionhotelsrotorua.co.nz
料SDT$129～　客133　CC ADMV

ワイオラ・レイクサイド・スパ・リゾート　Waiora Lakeside Spa Resort　Map P.297-A1　郊外

市街地から車で約7分、ロトルア湖畔に位置するスパ付きリゾートホテル。2009年のオープン以来、ベスト・スパホテルとして数々の受賞歴を誇る。本格的なトリートメントが受けられるスパやレストランも併設しているので、のんびり滞在するのにうってつけだ。

住77 Robinson Ave.　☎(07)343-5100
FAX(07)343-5150　URL www.waiorresort.co.nz
料DT$135～　客30　CC AMV

中級ホテル

ノボテル・ロトルア・レイクサイド　Novotel Rotorua Lakeside　Map P.299-B1　タウン中心部

戦争記念公園の隣に建つ近代的なホテル。目の前にはロトルア湖が広がり、クルーズ船乗り場も近い。また、ツタネカイ・ストリートに面しているので食事に出かけるのにも便利なロケーションだ。スパやサウナなどを完備し、マオリのディナーショー「マタリキ」も行う。

住Lake End Tutanekai St.　☎(07)346-3888　FAX(07)347-1888
URL www.novotel.com　料DT$134～
客199　CC ADJMV　日本の予約先☎(03)4455-6404

スディマ・ホテル・レイク・ロトルア　Sudima Hotel Lake Rotorua　Map P.299-C2　タウン中心部

ロトルア湖やポリネシアン・スパの近くにある環境のいいホテル。中心部へも徒歩数分と便利。客室の一部は湖に面し、多くの部屋から湖を望むことができる。敷地内には温泉が湧いていて、小さいがスパもある。レストランではマオリのコンサートを開催。

住1000 Eruera St.　☎(07)348-1174　FREE 0800-783-462
FAX(07)346-0238　URL www.sudimahotels.com
料SDT$140～　客247　CC ADJMV

中級ホテル

リッジズ・ロトルア　Rydges Rotorua　Map P.299-D2外　タウン中心部

フェントン・ストリート沿いにあり、中心部からは徒歩15分ほどのロケーション。館内にはレストランやバー、ジムなどを備えており、建物中央吹き抜け部分にある「アトリウム・レストラン」も人気。90室あるデラックスルームはスパとバルコニー付き。

🛏🍴
住 272 Fenton St.　℡ (07)349-0099
URL rydges.com　料 ⑤①①$134～
室 135　CC ADJMV

リージェント・オブ・ロトルア　Regent of Rotorua　Map P.299-B1　タウン中心部

町の中心部から歩いて数分という便利なロケーション。白と黒、グリーンを基調にしたスタイリッシュなデザインが特徴だ。レストランやバー、温水プール、屋内のミネラル温水プール、ジムや全室に電子レンジも完備しており、快適に過ごせる。

🛏♨🍴
住 1191 Pukaki St.　℡ (07)348-4079
URL regentrotorua.co.nz
料 ⑤①①$175～　室 35　CC ADJMV

モーテル

テルメ・ホット・スプリング・リゾート　Terume Hot Spring Resort　Map P.299-D1　タウン中心部

オーナーは親日家の中国人夫婦。硫黄泉をかけ流しにした日本風の露天岩風呂があり、男女入れ替え制で裸で入浴できる。明かりを消して星空を眺めながら湯浴みするのもおすすめ。長期滞在者にはディスカウントあり。

🛏🍴
住 88 Ranolf St.　℡ (07)347-9499　FAX (07)347-9498
URL terumeresort.co.nz　料 ⑤$140～　①①$170～
室 12　CC MV

B&B

ベスト・イン・ロトルア　Best Inn Rotorua　Map P.299-B2　タウン中心部

日本人の元フライトアテンダントとニュージーランド人のご主人の夫婦が経営するB&B。24時間利用できる源泉かけ流しの個室温泉風呂は、トロトロの硫黄泉。日本語の観光案内所も兼ねており、バスやツアーの手配も日本語で相談できるので安心。宿泊は要予約。

🛏🍴
住 1068 Whakaue St.　℡ (07)347-9769
URL bestinnrotorua.wixsite.com/best　料 ⑤$130　①①$155
室 3　CC AJ　日本語OK　現金払いは10%引き

ホステル

YHA ロトルア　YHA Rotorua　Map P.299-B1　タウン中心部

館内はスタイリッシュな造りで、展望デッキ付きのキッチンやダイニングスペースは広々として開放的な雰囲気。個人ロッカーや自転車の保管場、TVルームには無料で見られるDVDもたくさんある。レセプションではアクティビティやツアーの予約も行っている。

🛏🍴
住 1278 Haupapa St.　℡ (07)349-4088
URL yha.co.nz
料 Dorm$25～　⑤$67～　①$72～　①$72～　室 200ベッド　CC AMV

ロトルア・シティズンズ・クラブ　Rotorua Citizens Club　Map P.299-B1　タウン中心部

湖と町の間にあってロケーションがよい。リーズナブルな料金で宿泊できる。内装は清潔感が漂っており快適に過ごせる。ホテルの1階にあるバーとレストランはいつも地元の人々でにぎわっている。宿泊の際にNZクラブメンバーに入会すれば、ニュージーランドにあるほかの加盟ホテルやレストランなどで割引が受けられる（1年間有効）。

🍴
住 1146 Rangiuru St.　℡ (07) 348-3066　URL www.rotoruacitizensclub.co.nz
CC MV　料 Dorm $35～　⑤①①$90～　室 15、ドミトリー2部屋

タウポ
Taupo

北島の中央部に位置し、約616km²の面積を誇る国内最大の湖、タウポ湖Lake Taupoの北東の湖岸に開けたのどかな町がタウポだ。火山の噴火によって誕生した淡水湖であるタウポ湖は、先住民マオリの伝説では北島の心臓とされている。湖ではウオータースポーツのほか、トラウトフィッシングが盛んに行われる。

タウポからロトルアにかけては地熱地帯であり、多くの間欠泉や温泉が沸き出るエリア。町は同じ温泉地である日本の神奈川県箱根町と姉妹協定を結び、近郊のワイラケイ・パークには地熱を利用した発電所や養殖場がある。冬季には車で1時間ほどのファカパパ・スキー場の利用客も多い。

人口：3万7200人
URL www.greatlaketaupo.com

航空会社（→P.497）
ニュージーランド航空
サウンズ航空
URL www.soundsair.com

タウポ空港
Map P.320-B2
(07) 378-7771
URL taupoairport.co.nz

エアポートシャトル会社
Great Lake Taxis
(07) 377-8990
URL www.greatlaketaxis.co.nz

おもなバス会社（→P.497）
インターシティ／
ニューマンズ・コーチラインズ

観光案内所 i SITE
Taupo Visitor Centre
Map P.318-B1
30 Tongariro St.
(07) 376-0027
FREE 0800-525-382
URL www.greatlaketaupo.com
開 8:30～17:00
休 無休

国内最大の大きな湖。天気が良ければマウント・ルアペフが見られる

タウポへのアクセス Access

飛行機はニュージーランド航空がオークランドから直行便を運航。1日1～2便、所要約50分。サウンズ航空がウェリントンから直行便を運航。1日3便、所要約1時間。クライストチャーチからは経由便がある。タウポ空港Taupo Airportは町の南約6kmにあり、中心部まではエアポートシャトルを利用できる。オークランド～ウェリントンを結ぶインターシティ／ニューマンズ・コーチラインズなどの長距離バスがタウポを経由する。オークランドから1日4～5便、所要4時間50分～5時間15分。ウェリントンから1日4～5便、所要5時間55分～6時間20分。バスは観光案内所アイサイト前に発着する。

タウポ・ビジター・センター

タウポの 歩き方

観光案内所アイサイトの周辺が町の中心部。メインストリートのトンガリロ・ストリートTongariro St.やそれに交わるホロマタンギ・ストリートHoromatangi St.、ヒュウヒュウ・ストリートHeuheu St.沿いにレストランやショップが多い。中心部だけなら徒歩で回ることも可能だが、ほとんどの見どころは周辺に点在しているので、車がないと観光に不便。宿泊施設は湖岸に面したレイク・テラスLake Terraceにモーテルが集中しているが、レイクビューを楽しめるぶん値段はやや高め。比較的安めの宿を探すならヒュウヒュウ・ストリート周辺を探すとよい。

タウポの市内交通
町なかを走るタウポ・コネクタTaupo Connectorのバスがノース、セントラル、ウエストの3路線を運行しているが、便数が少ない。タウポ周辺の観光にはレンタカーやタクシーの利用が必要。

タウポ・コネクタ
FREE 0800-205-305
料 大人$2、子供$1.5

タウポ博物館
- 住 4 Story Pl.
- 電 (07) 376-0414
- URL www.taupodc.govt.nz
- 開 10:00～16:30
- 休 無休
- 料 大人$5、シニア・学生$3 子供無料

マラエ（集会所）の装飾は見事。中にも展示がある

A.C.バス
- 住 26 A.C.Baths Ave.
- 電 (07) 376-0350
- URL www.taupodc.govt.nz
- 営 6:00～21:00
- 休 無休
- 料 大人$8、シニア$5、子供$4
- 交 タウポ・コネクタのセントラルが月～土曜の1日3～5便運行。

タウポの 見どころ

タウポ博物館
Taupo Museum
Map P.318-B1

地熱地帯についての表示

町の歴史やマス養殖などの産業に関する資料、火山の仕組みなどを紹介する。目玉は、現在もタウポを中心に暮らすマオリの一部族、トゥファレトアTuwharetoa族に関する展示。トタラの木で作られたマオリのカヌーは重さ約1.2トンとこのエリア最大のものとされ、非常に貴重なものだ。マオリアートで作られた庭園オラ・ガーデンOra Gardenにも立ち寄りたい。

A.C.バス
A.C. Baths
Map P.318-A2

家族連れの利用も多い

タウポ・イベントセンターTaupo Events Centre内にあるスパ施設。中心部からは車で5分ほど。広々としたレジャープールをはじめ、個室温泉プール、サウナ、ウオーター・スライダー（$5）などが揃っており、1日楽しめる。

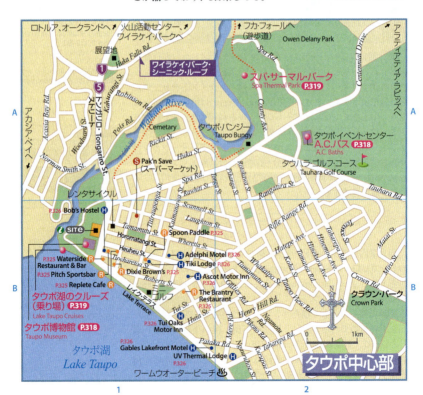

318

タウポ湖のクルーズ
Lake Taupo Cruises

Map P.318-B1

　ゆったりと水をたたえるタウポ湖を思う存分満喫できるクルーズ。乗り場はボート・ハーバー（Map P.318-B1）にある。特に人気が高いのは、湖上遊覧を楽しみながらマイン・ベイMine Bayの南端にある岩に彫られたマオリの彫刻を見るコース。この彫刻は船からのみ見ることができるものだ。そのほか、食事をしながらクルーズが楽しめるサンデー・ブランチ・シーニック・クルーズなどもおすすめ。

のんびりクルーズを楽しもう

スパ・サーマル・パーク
Spa Thermal Park

Map P.318-A2

　スパ・ロードSpa Rd.からカウンティ・アベニューCounty Ave.を入ると公園の入口がある。ここからワイカト川に沿ってフカ・フォール（→P.321）まで続く遊歩道があり、片道約1kmの散策が楽しめる。雄大に流れる川や断崖など、美しい景色が続くコースだ。歩き始めて10分ほどで、小川に架かる橋にたどり着く。この橋の下には温泉が湧いており、無料で楽しめる天然温泉としてにぎわっている。脱衣所、トイレ、コーヒースタンドがあるが、貴重品はなるべく持たずに行くのがおすすめ。

　体力がある人は、トンガリロ・ストリートTongariro St.から続く、川沿いの遊歩道を歩いてみるのもいい。タウポ・バンジーTaupo Bungy（→P.324）まで30分程度。

温泉を目当てに行く人も多い

タウポ・デブレッツ・スパ・リゾート
Taupo Debretts Spa Resort

Map P.320-B2

　ネイピア方面に向かう国道5号線から左に曲がった所にあるスパ・リゾート。レセプションの左横にある坂道を下っていくと、森に囲まれたプールとチケット売り場が見えてくる。ウオータースライダー付きのメインプールのほか、湯温が38～42℃から選べる個室温泉がいくつか揃い、観光客でにぎわっている。マッサージやトリートメントコースも充実しているので、1日ゆっくり過ごすのもおすすめだ。

温泉を利用した屋外プール

おもなクルーズ会社
Chris Jolly Outdoors
☎ (07)378-0623
FREE 0800-252-628
URL chrisjolly.co.nz
Scenic Cruise
料 大人$46、シニア$40、子供$18
Sunday Brunch Cruise
料 大人$64、シニア$58、子供$28～36

マリーナに並ぶクルーズボート

温泉を楽しむときの注意点
温泉につかる際には、絶対に顔に水をつけてはいけない。鼻から入った温泉水を介して髄膜炎になり、死にいたる危険性があるからだ。また、荷物の管理など治安には十分注意すること。

橋の下に適温の湯浴みスポットがある

タウポ・デブレッツ・スパ・リゾート
住 76 Hwy. 5
☎ (07)378-8559
URL www.taupodebretts.co.nz
営 8:30～21:30（施設によって異なる）
休 無休
料 大人$23、子供$12
ウオータースライダーは$8
交 中心部から約4km。

出口がユニークなデザインのウオータースライダー

ワイラケイ・パーク
Wairakei Park

タウポから北へワイカト川を下った一帯は**ワイラケイ・パーク**と呼ばれ、タウポ観光のハイライトといえるエリア。有名なフカ・フォールやアラティアティアの急流があるほか、国内有数の地熱地帯として、火山活動に関する見どころが多い。地熱を利用し、1958年に稼働した国内最古の発電所であるワイラケイ地熱発電所Wairakei Geothermal Power Stationは、世界史上2番目の地熱発電所としても知られている。周辺は各ポイントが線状に連なっているので、効率よく見て回れる。車がない人は現地発着のツアー（→P.325）などを利用するといい。ワイカト川沿いには遊歩道も設けられている。

タウポ周辺のツアーバス
グレート・レイク・エクスプローラー
Great Lake Explorer
アイサイト前から1時間ごとに出発し、フカ・フォール（→P.321）やクレーター・オブ・ザ・ムーン（→P.321）などの観光スポットを巡るシャトルバス。1日乗り降り自由。
☎(07)377-8990
URL www.greatlaketaxis.co.nz
料 $30

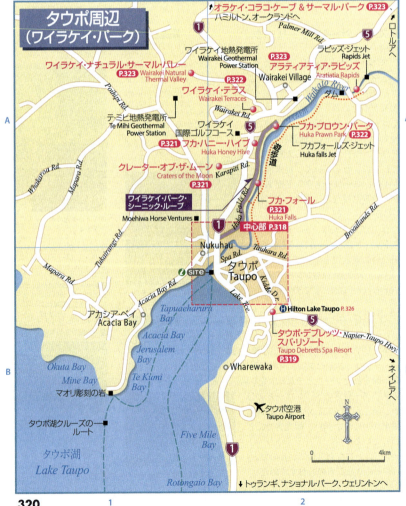

ワイラケイ・パークの見どころ

フカ・フォール
Huka Falls

Map P.320-A2

ニュージーランド国内で最も訪問者数の多い自然観光スポットといわれているフカ・フォール。Hukaの名は本来のマオリ語の地名"huka-nui"を縮めたもので、もとの意味は「巨大な泡・飛沫」。タウポ湖を水源としており、狭い峡谷を流れてきたワイカト川の青く澄んだ水の色が、ミントブルー色の白い泡となって広い滝つぼに広がっていく様子には圧倒される。高さこそ10m余りに過ぎないが、多いときには毎秒22万リットルにもなる水量、その水音とスピード感は、恐れさえ感じさせるほどの迫力だ。

フカ・フォールのダイナミックな景観は必見！

フカ・フォール
URL hukafalls.com
料 トイレは50¢
交 タウポ中心部から約4.8km。タウポ・コネクタのタウポ・ノースが観光案内所アイサイトの前から月～金曜のみ1日2便運行。9:45、13:45発。帰りは10:15、14:15発。

橋の上から眺める人々

クレーター・オブ・ザ・ムーン
Craters of the Moon

Map P.320-A2

その名のとおり月面のクレーターを思わせる、広く荒涼とした地熱地帯。ウオーキングトラックを自由に歩きながら、地面のあちこちから立ち上る噴煙や、泥の中から沸き上がる温泉を見学できる。ここはタウポ周辺にある地熱地帯のなかでも、最も活発なもののひとつであり、数年前に噴火したばかりの大きな穴も残る。駐車場からゆっくり歩くと、1周1時間ほどで見学できるだろう。サイクリングは不可。

大地からもうもうと湯気が噴き出す迫力の風景が広がる

クレーター・オブ・ザ・ムーン
☎ 027-496-5131
URL cratersofthemoon.co.nz
開 10～3月　8:30～18:00
　 4～9月　　8:30～17:00
休 無休
料 大人$8、子供$4
交 タウポ中心部から約5km。フカ・フォールから約3km。徒歩で片道約45分。

地熱地帯に生える植物にも注目しながら歩こう

フカ・ハニー・ハイブ
Huka Honey Hive

Map P.320-A2

ニュージーランド産のハチミツや、ハチミツを利用した石鹸、クリームなどの製品を販売している。種類豊富なハチミツやハニーワインなどを無料で試食、試飲できるので、自分のお気に入りの味を探してみよう。また、ガラスで囲まれたハチの巣を見学したり、ビデオによってハチの生活を学んだりすることも可能。併設のカフェでは人気の食品ブランド、カピティKapitiのハニーアイスクリームを販売している。

人気のマヌカハニーなど試食もできる

フカ・ハニー・ハイブ
住 65 Karetoto Rd. Wairakei Park
☎ (07) 374-8553
URL www.hukahoneyhive.com
営 夏季　　9:00～17:00
　 冬季　 10:00～17:00
交 タウポ中心部から約5km。フカ・フォールから約2km、徒歩で片道30分。

ハチミツを使ったスキンケアグッズは売れ筋商品

北島　タウポ　ワイラケイ・パーク

フカ・プロウン・パーク

フカ・プロウン・パーク
- Karetoto Rd.
- (07)374-8474
- hukaprawnpark.co.nz
- 月〜金　9:30〜15:00
  土・日　9:00〜15:30
  （時季によって異なる）
- 無休
- ガイドツアー
- 大人$29.5、子供$16
  （エビ釣り、アクティビティ含む）
- フカ・プロウン・パーク・レストラン
- 9:00〜16:30
- 無休
- タウポ中心部から約8km。
  フカ・フォールから約3.6km、徒歩で約45分。

フカ・プロウン・パーク
Huka Prawn Park

Map P.320-A2

地熱を利用した温水で車エビを飼養している、ユニークな養殖場。エビはマレーシア原産のもので、この施設で産卵から、飼養、出荷まで行っている。ガイドツアーで、養殖場の見学や稚エビの給餌、エビ釣りなどを楽しもう。アクアサイクルなどのアクティビティや足湯も楽しめる。また、レストランを併設しており、ワイカト川を眺めながら味わう各種エビ料理は絶品。チリソースなどが付いたエビ蒸し1/2キロ$49.9が人気。

屋根付きの養殖場

レストランではエビ料理が楽しめる

グッズショップもある

ワイラケイ・テラス
- (07)378-0913
- wairakeiterraces.co.nz
- 10〜3月　8:30〜21:00
  4〜9月　8:30〜20:30
  （サーマル・プールは木曜のみ19:00まで）
- 無休
- ウオークウエイ入場料
- 大人$15、子供$7.5
- マオリカルチャー体験
- 大人$110、子供$55
- サーマル・プール
- 大人$25
  （入浴は14歳以上）
- タウポ中心部から約7.5km。
- ※2019年9月現在、マオリカルチャー体験は休止中。

ワイラケイ・テラス
Wairakei Terraces

Map P.320-A2

1886年にタラウェラ山Mt. Taraweraの噴火によって消えてしまった段丘を、人工的に再現したもの。ウオークウエイでは泥温泉や足湯、間欠泉を見学できる。また18:00からは、マオリの伝統文化を体験できるツアーも行われている（要予約）。マラエ（マオリの集会所）入場の儀式を経て、かつてのマオリの暮らしを再現した村の見学や、歌や踊りのショー、ハンギ料理などを楽しむことができる。所要約3時間（ショーは約40分、要予約）。地熱を利用したサーマル・ヘルス・スパThermal Health Spaでは、地熱プールにつかったりマッサージなどの施術が受けられる。

見事な段丘を堪能しよう

ワイラケイ・ナチュラル・サーマル・バレー
Wairakei Natural Thermal Valley

Map P.320-A1

自然のなかに木道が走っており、ワイラケイ地熱地帯を間近に見ることができる。1周約30分の遊歩道を歩きながら、地下から噴き出した温泉が、岩や泥をピンクやグレーの不思議な色に染めてボコボコと煮え立つ様子が見学できる。それぞれの場所には"魔王の庭園""魔女の大釜"などユニークな名前が付けられている。園内は崖が崩れているような箇所もあり、誰もが歩きやすいとはいえない。山歩きのような動きやすい服装で行こう。

温泉が噴き出す様子を間近で観察できる

ワイラケイ・ナチュラル・サーマル・バレー
☎(07)374-8004
URL www.wairakeitouristpark.co.nz
圖夏季　9:30〜21:00頃
　冬季　9:30〜17:00頃
休無休
料大人$10、子供$5
　キャンプ場
　大人$19〜、子供$14〜
交タウポ中心部から約10km。

北島／タウポ　ワイラケイ・パーク

オラケイ・コラコ・ケーブ&サーマル・パーク
Orakei Korako Cave & Thermal Park

Map P.320-A2外

国内最大級の地熱地帯。オラケイ・コラコとはマオリ語で「崇拝する場所」を意味し、その名のとおり自然の神秘と偉大さを感じられるスポットだ。エメラルド色の湖をボートで渡り、蒸気が立ち昇る地熱帯に入ると、段丘の色に驚かされる。ここの段丘はシリカ（二酸化ケイ素）でできており、白い岩肌に鮮やかなオレンジ色の泥が流れ込む。ブツブツと気体を発する泥のプールやシリカがまるで氷河のようになったテラス、小さな温水を底にたたえた洞窟など見どころが多い。園内には木道が整備されており、1時間ほどで回ることができる。ボートの発着場にはオープンエアのカフェもあり、湖を眺めながらゆっくりするのもいい。

岩肌のオレンジとブラウンのコントラストが見事

オラケイ・コラコ・ケーブ・&サーマル・パーク
住494 Orakei Korako Rd.
☎(07)378-3131
URL www.orakeikorako.co.nz
圖夏季　8:00〜16:30
　冬季　8:00〜16:00
　（いずれも最終ボートの出発時間）
休無休
料大人$39、子供$15
交タウポ中心部から約36km。

氷河のようにも見えるシリカのテラス

アラティアティア・ラピッズ
Aratiatia Rapids

Map P.320-A2

ワイカト川沿いに延びているワイラケイ・パークの最北にある見どころが、アラティアティアのダム。毎日10:00、12:00、14:00（夏季は16:00も）にダムの水門が開放され、それまで少量の水が流れていた渓谷にみるみるうちに水が満たされてゆき、最後には激流となってワイカト川に注がれる。多くの観光客の目が釘付けになる人気のスポットだ。ダム上の車道から見るのがポピュラーだが、川沿いの遊歩道を10分ほど歩くと展望台もある。

毎秒9万ℓもの水が放流されている

ワイラケイ・パークへの遊歩道
　市街地の外れ（タウポ・バンジーの先）からアラティアティアのダムまで、ワイカト川の右岸沿いに遊歩道が設けられており、途中フカ・フォールなどに寄ると往復4時間の行程となる。しかし片道ならともかく、往復を歩くとなるとちょっときつい。市中心部のスポーツ店やホステルでマウンテンバイクをレンタルすれば、比較的楽に回ることができるだろう。ただし山道で、アップダウンも激しいので、慣れていない人は注意。ワイカト川沿いだけでなく、タウポ全エリアを網羅したウオーキングマップは観光案内所アイサイトで手に入る。

323

タウポの アクティビティ　　　Activity

バンジージャンプ

タウポは北島で最もポピュラーなバンジージャンプ・スポット。エメラルドグリーンに輝くワイカト川の水面から47mの高さにせり出したジャンプ台から飛び込む。景色もいいことから見物人も絶えない。10歳以上、体重45kg以上が体験できる条件だ。

Taupo Bungy
☎(07)377-1135　FREE 0800-888-408　URL www.taupobungy.co.nz
営 通年　夏季 9:30〜17:00、冬季 9:30〜16:00　休 無休
料 ソロ$180、タンデム$360（要予約）　CC ADJMV

ホール・イン・ワン・チャレンジ

タウポ湖に浮かぶグリーンに、見事ホールインワンしたら1万ドルの賞金が手に入る！ グリーンまでの距離は102m、1ボール$1.5からチャレンジが可能で、18ボールで$15、25ボール$25。はずれて湖に落ちたボールは、ダイバーが拾い集めている。

Hole in One Challenge
☎(07)378-8117
URL www.holein1.co.nz　営 通年
夏季 8:00〜24:00　冬季 8:00〜20:00
休 荒天時休業　CC MV

ジェットボート

Hukafalls Jetはジェットボートに乗ってフカ・フォールの間近まで行くツアーを催行。Rapids Jetではアラティアティア・ラピッズで、毎秒9万ℓというダムの放流に乗る迫力満点のコースが人気。滝や急流のダイナミックな景観とジェットボートならではの急旋回、360度ターンなどを満喫できる。所要約30分。ラフティングなど、ほかのアクティビティと組み合わせたお得なコンボ料金もある。

Hukafalls Jet　☎(07)374-8572　FREE 0800-485-253
URL www.hukafallsjet.com　営 通年　料 大人$139、子供$95　CC ADJMV
Rapids Jet　☎(07)374-8066　FREE 0800-727-437
URL rapidsjet.com　営 通年　料 大人$129、子供$75　CC MV

スカイダイビング

ニュージーランドのさまざまな場所で体験できるスカイダイビングだが、タウポは国内でも有名なスポット。高度1万2000フィートや1万5000フィートからの飛行時間は40秒〜1分。わずかな時間であるが、タウポ湖やトンガリロ国立公園の大迫力なパノラマを望め、爽快な気分が味わえる。天候に左右されやすいので旅程に余裕がある時に挑戦しよう。

Taupo Tandem Skydiving
☎(07)377-0428　FREE 0800-826-336
URL www.taupotandemskydiving.com　営 通年　料 9000フィート$199〜　CC AMV
Skydive Taupo　FREE 0800-586-766
URL skydivetaupo.co.nz　営 通年
料 1万2000フィート$279〜　CC MV

フライフィッシング

トラウトフィッシングで有名なタウポ周辺では、フライフィッシングを教えてくれるガイドも多い。渓流沿いの風景も楽しめるので、おすすめのアクティビティだ。ちなみに、タウポ周辺のフライフィッシングの中心はトンガリロ川。ベースは、タウポから約50km離れたトゥランギTurangiの町となる。タウポで釣りをする時は専用のフィッシングライセンス（→P.427）が別途必要となる。

Mark Aspinall Fly Fishing Guides
☎021-500-384
URL www.markaspinall.com　営 通年
料 半日$300、1日$650（2人まで）　CC MV
Fly Fishing Ninja
☎(022)034-2007　URL www.flyfishingninja.com　営 通年　料 半日$500、1日$850
CC ADMV　日本語OK

ヘリコプターや水上飛行機での遊覧飛行

ワイラケイ・パークやタウポ湖を、ヘリコプターや水上飛行機などで上空から遊覧。10〜30分の気軽なフライトから、トンガリロ国立公園などを巡る約1時間コースなどがある。

Taupo's Floatplane　☎(07)378-7500　URL www.tauposfloatplane.co.nz　営 通年（天候によって催行されない場合あり）
料 大人$109〜、子供$54.5〜　CC MV
Inflite Taupo　☎(07)377-8805　FREE 0800-435-488
URL www.infliteexperiences.co.nz　営 通年　料 $195〜　CC MV

タウポの レストラン　　Restaurant

ウオーターサイド・レストラン&バー
Waterside Restaurant & Bar　Map P.318-B1

タウポ湖を眺めるロケーション。店内にはソファ席や暖炉が配されて、アットホームな雰囲気。サーモンのグリル$29やラザニア$22、チーズケーキ$15など幅広いメニューが揃う。

住 3 Tongariro St.
☎ (07) 378-6894
URL waterside.co.nz
営 11:00～22:00
休 無休　CC AMV

ブラントリー・レストラン
The Brantry Restaurant　Map P.318-B1

65年以上前のタウンハウスを利用したレストラン。ビーフやラム、シーフードなど、国産の食材を使ったニュージーランド料理に定評がある。コースメニューは$60～。

住 45 Rifle Range Rd.
☎ (07) 378-0484
URL thebrantry.co.nz
営 火～土17:30～23:00
休 月・日　CC AJMV

ディキシー・ブラウン
Dixie Brown's　Map P.318-B1

レイクフロントにある。朝はエッグベネディクト$18.9～がおすすめ。昼と夜はハンバーガー$22.9～やサンドイッチ$10.9～、ピザ$16.9～、魚料理など。特に人気はステーキ$28.9～とデザートのバナナ・スプリット$14.5。

住 38 Roberts St.
☎ (07) 378-8444
URL www.dixiebrowns.co.nz
営 6:00～22:00
休 無休　CC AMV

リプリート・カフェ
Replete Cafe　Map P.318-B1

ヒュウヒュウ・ストリートにあるかわいらしい雰囲気のカフェ。メニューはパスタやサンドイッチが中心。朝食は$7～19.5、ランチは$8.5～17.5。キッチン雑貨のショップを併設している。

住 45 Heuheu St.　☎ (07) 377-3011　URL replete.co.nz
営 月～金8:00～17:00　土・日 8:00～16:00
休 無休　CC MV

ピッチ・スポーツバー
Pitch Sportsbar　Map P.318-B1

広々としたスポーツバー。ラグビーや競馬などの賭けも可能。国産ビールは約15種類。スコッチ・フィレ350g$26や、ステーキン・エール・スペシャル$20などと楽しもう。土曜の夜は音楽のライブもある。

住 38-40 Tuwharetoa St.
☎ (07) 378-3552
営 月～土10:00～翌3:00、日11:00～23:00
休 無休　CC MV

スプーン&パドル
Spoon & Paddle　Map P.318-B1

料理にはオーガニック食材を使っており、グルテンフリー料理なども提供する。朝食は$15～、ランチは$16～で、軽食も豊富に揃う。店内は木目調で落ち着いた雰囲気。緑豊かなガーデンに囲まれたテラス席で過ごすのもおすすめだ。

住 101 Heuheu St.
☎ (07) 378-9664
営 8:00～15:00
休 無休
CC MV

タウポの エクスカーション

ワイラケイ・パークへのツアー

パラダイス・ツアー社はタウポ湖、タウポ・マリーナ、フカ・フォール、クレーター・オブ・ザ・ムーン、フカ・ハニー・ハイブ、アラティアティア・ラピッズなど、ワイラケイ・パークを効率よく回る約3時間30分のツアーなどを催行している。毎日10:00発。宿泊施設からピックアップしてもらえるので安心だ。また、ガイドのリチャードさんは、タウポ育ちの元消防士。写真撮影のスポットを含め、タウポとその周辺を熟知しており、詳しいガイディングに定評がある。ツアーはリクエストによってアレンジもしてもらえるので、予約時に相談してみよう。

Paradise Tours
☎ (07) 378-9955　027-490-4944
URL paradisetours.co.nz　通年
料 タウポ周辺の観光ツアー
大人$99、子供$45
CC MV

タウポの アコモデーション — Accommodation

ヒルトン・レイク・タウポ
Hilton Lake Taupo　　Map P.320-B2

空港から車で約15分、中心部へのアクセスもよく、タウポ湖とトンガリロの山並みを見渡せる。19世紀に建てられたホテルを改装したヘリテージウイング、マウンテンウイングからなり、一流レストラン「ビストロ・ラーゴ」を併設。

📍80-100 Napier Rd.　📞(07)378-7080　URL www3.hilton.com
⑩⑪$197～　🛏113　CC ADJMV
日本の予約先
📞(03)6864-1633

アスコット・モーター・イン
Ascot Motor Inn　　Map P.318-B1

町の中心部からは徒歩約7分、閑静な住宅街にあるが、送迎サービスがあり便利。広々とした客室はくつろげる雰囲気でバスタブ付きの客室も多い。朝食は$10～。

📍70 Rifle Range Rd.　📞(07)377-2474　FREE 0800-800-670　FAX (07)377-2475　URL www.ascottataupo.co.nz　⑤⑩⑪$125～　Family Room $265～　🛏15　CC AJMV

トゥイ・オークス・モーター・イン
Tui Oaks Motor Inn　　Map P.318-B1

タウポ湖に面しており、町歩きにも便利な立地。半数以上の客室から湖を見渡すことができる。朝食$10～もある。BBQ設備あり。

📍84 Lake Tce.　📞(07)378-8305　FREE 0800-884-6257　URL www.tuioaks.co.nz　⑤⑩⑪$89～　🛏18　CC AMV

UV サーマル・ロッジ
UV Thermal Lodge　　Map P.318-B2

町の中心部から徒歩15分ほど。温泉が引かれており、スパプールや個室温泉、ジャクージの付いた部屋が多いのが魅力だ。プレイグラウンドがある。全室エアコン完備。

📍2 Taharepa Rd.　📞(07)378-9020　URL www.thermal-lodge.co.nz　⑤⑩⑪$125～　🛏17　CC JMV

ゲーブルズ・レイクフロント・モーテル
Gables Lakefront Motel　　Map P.318-B1

タウポ湖に面したモダンなデザインのモーテル。客室は1ベッドルームから3ベッドルームまであり、キッチンが充実しているのが特徴。家族やグループでの滞在にも便利。スパバス付きの客室もある。

📍130 Lake Tce.　📞(07)378-8030　URL gableslakefrontmotel.co.nz　⑤⑩⑪$180～　Family Room $400～　🛏15　CC AMV

アデルフィ・モーテル　Adelphi Motel　Map P.318-B1

ヒュウヒュウ・ストリートにあるアットホームな雰囲気のモーテル。客室が広々としているうえ、非常に清潔で快適に過ごせる。町の中心から徒歩約5分の好立地とリーズナブルな宿泊費も魅力。6人まで泊まれる2ベッドルームは家族旅行にも便利。ヘアドライヤーは全室完備。

📍Cnr. Kaimanawa & Heu Heu St.　📞(07)378-7594　FREE 0800-233-574　URL www.adelphitaupo.co.nz　⑩⑪$100～190　🛏10　CC MV

ティキ・ロッジ　Tiki Lodge　Map P.318-B1

きれいで、ロッカーなど設備の整ったバックパッカーズ。共用キッチンからは、タウポ湖やマウント・ルアペフを望める。無料の紅茶とコーヒー、朝食のサービスもあり。ダブルルームはバスルーム付き。

📍104 Tuwharetoa St.　📞(07)377-4545　FREE 0800-845-456　URL tikilodge.co.nz　Dorm $23～　⑪$80～　🛏14　CC MV

ボブズ・ホステル
Bob's Hostel　　Map P.318-B1

1階はアイリッシュバーで2階がレセプションになっている。ドミトリーからファミリールームまでさまざまなタイプの部屋を揃えている。ランドリー、BBQ設備なども完備。インターネットは無料。週末はバーで音楽イベントも。

📍8 Tuwharetoa St.　📞(07)377-0044　URL www.bobshostel.co.nz　Dorm $20～　⑩⑪$42～　🛏32　CC MV

世界遺産
トンガリロ国立公園
Tongariro National Park

www.tongariro.org.nz
www.nationalpark.co.nz

雄大なトンガリロ国立公園の3ピーク。左からトンガリロ、ナウルホエ、ルアペフ

北島中央部に位置する山岳国立公園トンガリロは1887年に制定されたニュージーランド最古の国立公園で、年間約100万人もの観光客が訪れる。北島の最高峰であるマウント・ルアペフMt. Ruapehu（標高2797m）を筆頭に、マウント・ナウルホエMt. Ngauruhoe（標高2287m）、マウント・トンガリロMt. Tongariro（標高1967m）などの山々がそびえる。これらの山々は、古くからマオリの聖地であり、当時の首長のホロヌク・テ・ヘウヘウ・トゥキノ4世 Horonuku Te Heuheu Tukino Ⅳは、ヨーロッパ人入植者たちによる乱開発を防ぐべく、国家による管理を求めて土地を寄進した。現在は、さらに周辺地域も加えた7万ヘクタール以上もの土地が国立公園になっている。トンガリロ国立公園がユネスコの世界遺産に登録されているのは、こうした歴史的、文化的意義と、火山活動による自然景観の貴重さという両面の価値が認められているからなのだ。

一帯は火山活動が盛んなため、周囲の森林は未発達で、クレーターや火口湖が点在するユニークな風景を造り出している。この山岳風景を楽しめるトレッキングコース、トンガリロ・アルパイン・クロッシング（→P.330）は、ニュージーランドを代表する観光ルートだ。また、荒涼とした火山独特の景観は、映画『ロード・オブ・ザ・リング』や『ホビット』のロケ地として使われた。

主峰マウント・ルアペフにファカパパ Whakapapa、トゥロア Turoaの2大スキー場があるスキーエリアでもある。

トンガリロ国立公園へのアクセス Access

観光の拠点となるのは、トンガリロ国立公園の中心であるファカパパ・ビレッジWhakapapa Village。目の前にマウント・ルアペルがそびえ、周辺にいくつかのトレッキングルートが設けられている。ナショナル・パーク駅National Park Station周辺や、トゥランギTurangi、タウポ（→P.317）も拠点となる。ファカパパ・ビレッジはタウポから約100km、トゥランギから約56km、ナショナル・パーク駅から約15km。

オークランドやウェリントンからのバスはトゥランギ乗り換えとなる。トゥランギへは、インターシティのバスが、オークランドから1日4便、所要5時間55分。ウェリントンからは1日5便、所

北島 トンガリロ国立公園

DOCトンガリロ・ナショナル・パーク・ビジターセンターにあるマオリの首長の胸像

おもなバス会社（→P.497）
インターシティ／
ニューマンズ・コーチラインズ

鉄道会社（→P.497）
キーウィ・レイル

ファカパパ・ビレッジへのバス
Tongariro Crossing Shuttle
07-892-2993
tongarirocrossingshuttles.co.nz
ナショナル・パーク駅～ファカパパ・ビレッジ
片道$20、往復$35
（要予約）
Adventure Headquaters
027-226-5440
www.adventurehq.co.nz
トゥランギ～ファカパパ・ビレッジ
片道$75、往復$150
タウポ～ファカパパ・ビレッジ
片道$75、往復$150

トンガリロ・アルパイン・クロッシングのバス
→P.330

327

トンガリロ国立公園の山小屋情報を確認

2012年のマウント・トンガリロの噴火でトンガリロ・アルパイン・クロッシング（→P.330）のケテタヒ小屋はアコモデーションとして利用できなくなった。コースは今までどおりオープンしているが、事前に最新情報を確認すること。

要5時間10〜35分。タウポからは1日5便、所要40〜50分。

　鉄道では最寄りのナショナル・パーク駅National Park Stationに、キーウィ・レイルのノーザン・エクスプローラー号が、オークランドから月・木・土曜、ウェリントンからは水・金・日曜のそれぞれ1日1便運行（→P.468）。駅からトンガリロ・アルパイン・クロッシングへのバスも運行されている。

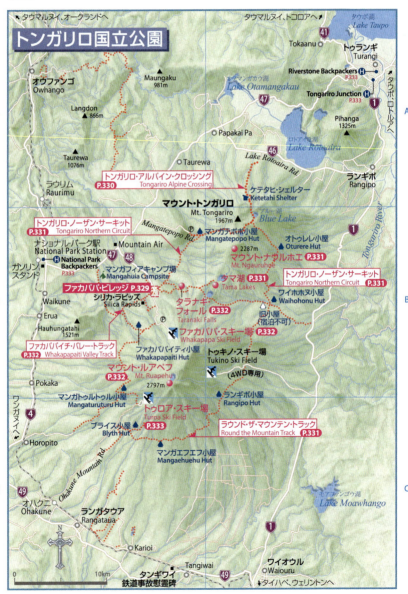

トンガリロ国立公園の 歩き方

観光のベースとなるのは、ファカパパ・ビレッジ。DOCトンガリロ・ナショナル・パーク・ビジターセンターやいくつかの宿泊施設が集まっている。国立公園の西側を通る国道47号線から分岐する48号線に入って、広大な裾野の上り坂を進むと最初にある目印が、シャトー・トンガリロ・Chateau Tongariro（→P.333）という立派なホテル。DOCのトンガリロ・ナショナル・パーク・ビジターセンターは、坂をもう少し上った所にある。山岳国立公園だけに、メインのアクティビティは、やはり歩くこと。ビジターセンターでは、周辺でのウオーキングや登山に関する情報を揃えている。手軽なウオーキングトラックから、数日間かかるトンガリロ一周の本格的トレッキングまで、簡単な地図入りのパンフレットが用意されているので入手しておこう。また、国立公園全域のジオラマや地図もあるので、地形のイメージをつかんでおくといい。宿泊施設情報や、山小屋を使用するためのハットパス、防寒具の販売も行っている。

まず立ち寄りたいビジターセンター

ビレッジ自体が標高1157mの高い位置にあるため、夏でもフリースや風を遮るジャケットなど、防寒着は必需品だ。

ファカパパ・ビレッジ内で食事ができるのは、シャトー・トンガリロ内のレストランや、スコーテル・アルパイン・リゾートSkotel Alpine Resort（→P.333）内のレストランくらいで、ホテル内のレストランは値段もやや高めとなっている。ファカパパ・ホリデーパーク・ストアでは雑貨、食料品、サンドイッチなどの軽食が買える。

ファカパパ・スキー場（→P.332）は、ビレッジから山に向かってさらに6kmほど上った所にあり、スキーシーズンにはシャトルバスが運行する。トンガリロ国立公園は冬季（だいたい7〜10月頃）はスキー客で混み合うので、特に週末の宿泊予約は早めに行うのがおすすめだ。

シャトー・トンガリロの背後にそびえるマウント・ルアペフ

観光案内所
Tongariro National Park Visitor Centre
Map P.329
(07)892-3729
URL www.doc.govt.nz/tongarirovisitorcentre
10月中旬〜4月
　　　8:00〜17:30
5月〜10月中旬
　　　8:00〜16:30
無休
火山の生成や当地の歴史に関するビジュアルショー（$3〜）も見られる。

ファカパパ・ビレッジの売店
ファカパパ・ホリデーパーク・ストア
Whakapapa Holiday Park Store
Map P.329
State Hwy. 48, Whakapapa Village
(07)892-3897
URL whakapapa.net.nz
8:00〜18:00
無休
CC MV
ファカパパ・ビレッジ唯一のショップ。水やジュース、インスタント食品、スナックなどの食料が揃う。閉まる時間が早いので、必要な物があるなら早めに行っておこう。

北島　トンガリロ国立公園　歩き方

トンガリロ国立公園の 見どころ

トンガリロ・アルパイン・クロッシング
Tongariro Alpine Crossing

Map P.328-A～B2

トンガリロ・アルパイン・クロッシング
URL www.tongarirocrossing.org.nz

トンガリロ・アルパイン・クロッシング（マンガテポポ）へのバス
Tongariro Expeditions
☎(07) 377-0435
FREE 0800-828-763
URL www.tongariroexpeditions.com
料片道
　ケテタヒ駐車場から$35
　往復　トゥランギから$50
　　　　タウポから$70

Turangi Alpine Shuttles
料片道
　ケテタヒ駐車場から$35
　マンガテポポから$35
　往復
　トゥランギから$50

持ち物リスト
①十分な食料、水
②レインウエア
③ウインドブレーカー
④履き慣れた登山靴
⑤ウールかポリプロピレンの上着
⑥ウールの帽子
⑦グローブ
⑧日焼け止め
⑨簡単な救急用具
⑩地図、方位磁針
⑪携帯電話
※冬季はピッケル、アイゼン、ゲータ（登山用スパッツ）なども用意のこと。

車上荒らしに注意
　ニュージーランドではトンガリロ国立公園に限らず、人里離れた場所で車を狙う窃盗事件が非常に多い。マンガテポポ、ケテタヒの駐車場に長時間車を置くのは、防犯上避けた方がいい。どうしても駐車するという場合も、貴重品は絶対に車内に残さないこと。

トレッキングのシーズン
　通常、10～5月がトレッキングのベストシーズンだが、通年で歩くことができ、冬季もガイドツアーは行われている。ただし、冬季は氷点下となり、雪や強風などの厳しい気象条件となることから、十分に装備を整えた経験者にしかおすすめできない。

　日帰りで歩けるトレッキングコースとして人気が高く、このトンガリロ・アルパイン・クロッシングを歩くためにニュージーランドのみならず海外からも、年間約8万人もの観光客が訪れる。夏季（10～5月）の週末はピーク

マンガテポポ小屋側からトンガリロ・アルパイン・クロッシングに出発

時で1日およそ500～600人もの観光客がトレッキングルートを歩く。片道縦走のコースであるため、標高が変わるにつれて、風景の彩りに変化が見られ、さまざまな景観を楽しめるのが人気の理由のひとつだ。

トンガリロ・アルパイン・クロッシングへのアクセス
　夏季にはトレッキングを楽しむ観光客向けの日帰りバスが数多く運行されるので、これらを利用すると便利。バスはファカパパ・ビレッジ、ナショナル・パーク駅周辺、トゥランギ、タウポなどの各宿泊施設からマンガテポポ小屋Mangatepopo Hut近くのコース入口まで送ってくれ、終点のケテタヒ小屋Ketetahi Hut側の駐車場で同じ会社のバスが待っているというシステムになっている。
　どの町を起点にするにしても出発の時間は早朝。特にタウポからのバスは5:00～7:00と早い。トゥランギからは6:00～9:00にピックアップとなる。帰りの出発時刻は、バス会社により異なるが、だいたい15:00～17:00の間で決められているので、それまでにコース終点の駐車場にたどり着く必要がある。
　途中でトレッキングを断念する場合、携帯電話でコース入口の駐車場に迎えに来るよう頼むことになっている。終点ではすべてのバス利用者が乗車したかチェックしているので、集合の時間に間に合わない場合は早い段階で電話で連絡を入れるか、同じバスだった人に言づけを頼んだほうがいい。バスを利用する場合は、前日までに予約が必要。
　トンガリロ・アルパイン・クロッシングは、山岳地帯を縦走するコースであるため、夏でも登山をするための十分な装具が必要だ。また天候が非常に変わりやすいので、すべての天候に対応できる衣類を準備しよう（出発前の装備について→P.417）。
　また、天候不良の際は、無理せず中止も検討したほうがいい。送迎バスはかなりの荒天の場合以外は運行するので、天候が心配な場合は前日にビジターセンターに問い合わせを。

トンガリロ・アルパイン・クロッシングの行程
　約19kmの行程。マンガテポポの駐車場を出発後、川沿いの広々とした草地へ。右側前方にはマウント・ナウルホエがはっきり見

える。川の源流部に近づく頃からは急な登り坂になり、岩の多いジグザグ道を登り切るとサウス・クレーター South Crater へ。ナウルホエに登る場合、ここで右側に分岐。

平坦なサウス・クレーターを横切ると再び急な登りで、噴煙を上げるレッド・クレーター Red Crater へ。登り切った所がトラックの最高地点のレッド・クレーターRed Craterで、好展望が広がる。この手前からはトンガリロ山頂への道が分岐する(往復約2時間)。トラックはこのあと、セントラル・クレーター Central Craterに向かって緩やかに下る。足元にはエメラルド・レイクEmerald Lake。下り切って振り返ればレッド・クレーターとナウルホエの整った姿が並び、いかにも火山地帯といった風景だ。少し登り返すと、周辺の火口湖のなかで最大のブルー・レイク Blue Lakeが間近に見える。これらの湖が最大の見どころだ。

このあと急な坂を下ってケテタヒ小屋を通過、高度を下げるにつれ、風景にも緑が戻ってくる。ケテタヒ・スプリングス Ketetahi Springs(温泉だが私有地のため一般の利用は不可)を過ぎ、最後の急坂を過ぎればほどなくトラック終点だ。

最高地点を過ぎると見えるエメラルド湖の姿は感動もの

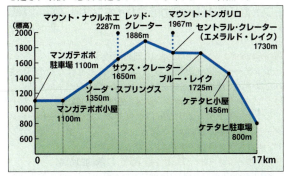

マウント・ナウルホエの登山
Mt. Ngauruhoe Climb

Map P.328-B2

マウント・ナウルホエは、2500年ほど前にできた山と推定され、トンガリロ3峰のなかで最も若い。どこか富士山にも似た円錐形をした美しい姿だ。トンガリロ・アルパイン・クロッシング縦走とあわせて登ることができ、標高2287mの頂上からは北側にブルー湖、南側の足元にはタマ湖とマウント・ルアペフ、はるか西の彼方にはマウント・タラナキまで見える。所要時間は、サウス・クレーターから往復で約3時間。砂礫と岩石だらけの急斜面でかなり歩きにくい。ルートを示すものは皆無なので要注意。落石にも注意が必要。マンガテポポからナウルホエ山頂への往復は6〜7時間。ただしバス利用には時間的に不向きなので、自分の車、あるいはマンガテポポ小屋での1泊が必要となる。ファカパパ・ビレッジからの日帰り徒歩往復は不可能。

山小屋の利用
トンガリロ・アルパイン・クロッシングのコース上には、マンガテポポ小屋とケテタヒ小屋がある。ピーク時は1泊$36、それ以外は$15。予約はDOCのウェブサイトからできる。夏季(10月下旬〜4月)は、ガスコンロの利用も可能だ。ベッドの利用は予約制ではなく先着順。ケテタヒ小屋は噴火の影響で宿泊は不可。

月面のような光景が広がる

北島
トンガリロ国立公園 | 見どころ

そのほかのトラック
山小屋に泊まりながら数日かけて歩く、長いトランピングとしてポピュラーなトラックをふたつ挙げる。トラックに関してのパンフレットやハットパスはビジターセンターで入手しておこう。

トンガリロ・ノーザン・サーキット
Tongariro Northern Circuit
Map P.328-B1〜2

DOCの定めるグレートウオークのひとつ。マウント・ナウルホエの周りをぐるりと巡る。マンガテポポ、ワイホホヌ、オトゥリリ、マンガテポポの山小屋を経て、3〜4日で一周する。

ラウンド・ザ・マウンテン・トラック
Round the Mountain Track
Map P.328-C1

マウント・ルアペフを大きく一周。完歩には4〜6日かかる。

タマ湖
Tama Lakes
Map P.328-B2

マウント・ルアペフとマウント・ナウルホエとの中間に位置するふたつの火口湖を巡る、往復約17kmのコース。往復5〜6時間。

331

マウント・ルアペフ中腹へのサマーリフト
Summer Scenic Chairlift
- (07) 892-4000
- URL skywaka.co.nz
- 運 12月中旬～4月下旬
  9:00～16:00
  (最終は15:30発)
- 料 往復大人$49、子供$29

リフト乗り場はファカパパ・ビレッジから車道を約6km上った所にある。

ファカパパイチ・バレー・トラック
Whakapapaiti Valley Track
Map P.328-B1

ファカパパ・ビレッジからファカパパイチ川、ファカパパイチ小屋を経てビレッジまで戻るコース。往復4～5時間。

トレッキングの注意
左記のトラックはいずれも運動靴で歩ける程度の気軽なコース。ただし長いルートの場合は防寒具、水・食料などを準備すること。出発前にDOCトンガリロ・ナショナル・パーク・ビジターセンターで天候やトラックの状況を十分確認しておくのを忘れずに。ビレッジ周辺のコース案内はDOCのウェブサイトでも入手できる。

高さ20mから落ちる豪快なタラナキ・フォール

ファカパパ・スキー場
- (07) 892-4000
- URL www.mtruapehu.com/whakapapa
- 運 6月下旬～10月中旬の
  9:00～16:00 (天候による)
- 料 リフト1日券
  大人$129、子供$79
  半日券 (午後からのみ)
  大人$109、子供$74

マウント・ルアペフの登山
Mt. Ruapehu Climb
Map P.328-B1

マウント・ルアペフの標高は2797m。2本のサマーリフトを乗り継ぐと標高2020mにまで行くことができ、天気がよければ壮大な景色を期待できる。サマーリフトの終点から頂上を目指すことになる。往復約5時間。防寒装備、食料、地図などは必携。全行程が、目印の乏しい岩場や砂礫帯にあり、山頂へのコースを

マウント・ルアペフ山頂では、巨大なクレーターが眼下に広がり"地球離れ"した光景を見られる

歩けるのは、山歩きに慣れ体力に自信のある上級者限定だ。ガイド付き登山も行われているので、初心者はこれに参加しよう。

上部には1995、96年の噴火の際の泥流の跡が残る。頂上部は直径1km近い巨大なクレーターが広がり、まるで月面にいるかのような光景だ。

ファカパパ・ビレッジからのハイキング
Whakapapa Walks
Map P.328、329

ファカパパ・ネイチャー・ウオーク
Whakapapa Nature Walk (1周約15分)

ビジターセンター裏側にあり、車椅子でも通れるよう舗装されたコース。植物や生態系のインフォメーションパネルも多い。

リッジ・トラック　Ridge Track (往復30～40分)

ビジターセンターより150mほど坂上の、売店の向かいからスタート。森の中の短いコースだが、マウント・ルアペフやマウント・ナウルホエのパノラミックな姿も見られる。

タラナキ・フォール　Taranaki Falls (1周約2時間)

約1万5000年前にマウント・ルアペフが噴火したときの溶岩流の間から流れ落ちる、ダイナミックな滝を目指して歩く人気コース。特に雨の降った翌日は、水量も多く迫力満点だ。ファカパパ・ビレッジからは2本のルートがあり、滝付近で合流している。山側ルート「Upper Track」はおもに広々とした草原地帯、下側ルート「Lower Track」は涼しげな雰囲気の渓流沿いを進む。

ファカパパ・スキー場
Whakapapa Ski Field
Map P.328-B1

マウント・ルアペフの北東側斜面に広がるスキー場。ニュージーランド国内でも屈指の滑走面積を誇り、標高差は実に675mもある。ゲレンデは、初・中級者に適した緩・中斜面が充実しており、ファミリー客にも好評。65本以上のバラエティに富んだコースがある。スキーシーズンにはファカパパ・ビレッジからマウンテン・シャトルMountain Shuttleのシャトルバスが運行している。

トゥロア・スキー場
Turoa Ski Field

Map P.328-B・C1

マウント・ルアペフの南西斜面に広がるトゥロア・スキー場。幅約2kmにも及ぶワイドな滑走エリアが特徴。オセアニア地域で最も長い滑走距離で、雪質もベストコンディションに保たれている。また、コースの上部から見下ろす景色や、ゲレンデから見上げるマウント・ルアペフの稜線のシルエットが美しい。ベースタウンはゲレンデから約18km離れた小さな町オハクニOhakuneになる。

トゥロアのゲレンデ。マウント・ルアペフの眺めがすばらしい

トゥロア・スキー場
☎(06)385-8456
URL www.mtruapehu.com/turoa
圏6月下旬～10月中旬の9:00～16:00（天候による）
料リフト1日券
大人$129、子供$79
半日券（午後からのみ）
大人$109、子供$74

北島 トンガリロ国立公園 見どころ／アコモデーション

トンガリロ国立公園の アコモデーション Accommodation

ファカパパ・ビレッジ

シャトー・トンガリロ Chateau Tongariro Hotel Map P.329

1929年創業の歴史ある高級リゾートホテル。雄大なマウント・ルアペフをバックにブルーの屋根が映える美しい建物だ。レストランやバーはもちろん、ゴルフコース、プールなども完備。

住State Hwy. 48, Mt. Ruapehu
☎(07)892-3809 FREE 0800-242-832 FAX(07)892-3704 URL www.chateau.co.nz
料SDT$115～
室115 CCADJMV

スコーテル・アルパイン・リゾート Skotel Alpine Resort Map P.329

ホテル棟のほか、バックパッカースタイルのホステル棟あり。ホテルは一部バスタブ付き。共同キッチンやシャワールームなども清潔で使いやすい。出発日も無料でシャワーが利用可。レストランとバーあり。

住Whakapapa Village, Mt. Ruapehu
☎(07)892-3719 FREE 0800-756-835 URL www.skotel.co.nz
料ホテル棟DT$155～ ホステル棟Dorm$79～ D$125～ Cabin$215
室46 CCMV

ファカパパ・ホリデーパーク Whakapapa Holiday Park Map P.329

テントサイトやキャビン、ロッジがある。ランドリー、BBQ施設も完備。シーツやブランケットなどはないので要持参だが、予約時にリクエストすれば用意してくれる（無料）。売店を併設（→P.329欄外）。

住Whakapapa Village, Mt. Ruapefu
☎(07)892-3897 FAX(07)892-3026
URL whakapapa.net.nz 料Camp$22～
Lodge$28～ CabinDT$76～ Unit$130～
室Lodge32ベッド Cabin6 Unit1 CCMV

ナショナル・パーク駅周辺

ナショナル・パーク・バックパッカーズ National Park Backpackers Map P.328-B1

小さな売店を併設しており滞在に便利。隣にはレストラン＆バーも。ほとんどの部屋にシャワールーム、トイレが付いている。クライミングウオール（$15）は宿泊者以外も利用でき人気。バスやツアーの予約も可。

住4 Findlay St. National Park ☎FAX(07)892-2870 URL www.npbp.co.nz
料Dorm$26～ SDT$62～ Camp$15
（夏季のみ）室28 CCMV

トゥランギ

トンガリロ・ジャンクション Tongariro Junction Map P.328-A2

トゥランギの観光案内所アイサイトから徒歩約5分。さまざまなタイプの客室があり、シンプルだが清潔で過ごしやすい。共用のスパバス付き。エグゼクティブユニットには専用キッチン付き。

住25 Ohuanga Rd. Turangi ☎(07)386-7492
URL www.tongarirojunction.co.nz
料Dorm$50～ S$$120～ Unit$135～
室38 CCAJMV

リバーストーン・バックパッカーズ Riverstone Backpackers Map P.328-A2

トゥランギのきれいなバックパッカーとして評判。建物が緑に囲まれており、庭には広々としたデッキにハンモックがある。トンガリロ・アルパイン・クロッシングへのシャトルサービス（$45）やその他アクテビティ・ツアーも予約ができる。

住222 Te Rangitautahanga Rd.
☎(07)386-7004 URL www.riverstonebackpackers.com
料Dorm$45～ ST$80～
D$98～ 室40 CCMV

キッチン(全室) キッチン(一部) キッチン(共同) ドライヤー(全室) バスタブ(全室)
プール ネット(全室/有料) ネット(一部/有料) ネット(全室/無料) ネット(一部/無料)

Column　ニュージーランドの火山地帯

北島を貫くタウポ火山帯

　ニュージーランドを巡っていて、湖の形状が北島と南島とで異なっているということに気づいただろうか。北島には火山の噴火によって生まれた円形の湖が多いのに対し、南島には氷河の浸食によってできた、水が流れ出たような複雑な形をしているものが多い。北島にある国内最大の湖、タウポ湖と南島最大のテ・アナウ湖を比較するとその差がよくわかる。

　トンガリロ国立公園の約50km北東にあるタウポ湖は、紀元186年に起きた火山の大爆発によってできた。かつて地球上で起きた火山爆発のなかでも最大級と推定されるもので、この時代のローマや中国の古文書にも「日中に日が陰ったり異様に赤い夕日が見られた」と、この噴火の影響とみられる記述があり、そのすさまじさをうかがい知ることができる。

　円を描いた湖の形が示すとおり、北島では多くの火山を見ることができる。それはニュージーランドという国が、太平洋プレートとオーストラリアプレートがちょうど互いに重なり合う上に位置しているからで、このプレート境界に近い北島に多くの火山が生まれたというわけだ。特に、トンガリロ国立公園を含む北島中央部は、今なお火山活動が活発なエリアで、この一帯はタウポ火山帯と呼ばれる。

　このタウポ火山帯とは、トンガリロ国立公園のマウント・ルアペフ、マウント・ナウルホエ、マウント・トンガリロの3つの活火山を通って、タウポ、ロトルアの町を抜け、1886年に大噴火を起こしたマウント・タラウェラを経て、ベイ・オブ・プレンティの海上に浮かぶホワイト・アイランドまでの一帯のこと。マウント・ルアペフは、1995年、1996年、さらに2007年と噴火。さらに、2012年にはマウント・トンガリロも噴火しており、現在も火山活動は活発だ。

地熱の利用と火山の悲劇

　タウポとロトルアでは火山帯特有の風景が連なり、さらにその火山活動を利用している地熱地帯としてよく知られている。温泉の利用も盛んに行われており、多くの旅行者たちを魅了している。また、タウポのワイラケイ地熱発電所も有名だ。地熱を利用した蒸気タービンによる発電で国内の電力消費量の5%をまかなっている。

　しかし、火山は恩恵ばかりでなく悲劇を生んだこともあった。ロトルア近郊のマウント・タラウェラが1886年に噴火した際には、8000ヘクタールもの土地が溶岩流や火山灰の下に埋まり、153名もの命が奪われた。

　また1953年のクリスマスイブの夜には、ニュージーランド歴史上、最悪の鉄道事故が起きた。トンガリロ周辺のタンギワイで、火口湖にたまっていた土砂があふれ、土石流となって鉄道橋を押し流したのだ。不幸にも数分後に通った列車が谷間に落ち、151人もの命が失われた。原因は、1945年のマウント・ルアペフ噴火の際にできた火口湖がこのとき決壊し、多量の火山灰や岩石、氷などを押し流したためだった。

北島に見られる火山活動の名残

　そのほかにも、北島では過去から現在にいたるまでの火山活動の痕跡を、国内のあらゆる地域で見ることができる。例えば、ニュー・プリマス近郊に位置し、富士山そっくりの整った円錐形を見せるマウント・タラナキ（別名マウント・エグモント）。この山は2万年前に起こった火山活動によって今の形が造られたと推定される。最後の爆発は1775年だ。

　トンガリロ国立公園から200kmほど北東のベイ・オブ・プレンティには、今も噴煙を上げ続ける火山島ホワイト・アイランドWhite Islandがある。ファカタネWhakataneの沖合約50kmに浮かぶこの島は個人の所有だが、ヘリコプターやボートを使って上陸するツアーや、遊覧飛行などでクレーターを上空から見るツアーなども行われている。このほかにも、オークランドでは市街地に60ほどの小さな火口跡が点在しているし（マウント・イーデンやワン・トゥリー・ヒルなどが有名）、首都のウェリントンが面する湾も、実は巨大な噴火口の跡なのだ。ニュージーランドの北島では、そこかしこに火山の影響を見ることができるのである。

ノースランド
Northland

オークランド以北、北島最北端であるレインガ岬までの縦に細長いエリアがノースランド地方と呼ばれている。入り組んだ海岸線と大小144の島々からなる南太平洋側の湾岸地帯、ベイ・オブ・アイランズ地方は年間を通じて温暖な気候でリゾートとして有名なエリアだ。

クルーズ船の発着する埠頭があり、観光の拠点として一番のにぎわいを見せるパイヒアをはじめ、最北部ファー・ノース地方は、約100kmにわたって延びる砂浜でのドライブや、砂丘をボディボードで滑り下りるツアーが人気。タズマン海に面した西海岸は、カウリ・コーストと呼ばれ、うっそうと茂る亜熱帯植物の森が続いている。なかでもワイポウア・フォレストでは、天高く伸びるカウリの巨木が見ものだ。

1000年以上も昔、マオリの祖先が伝説上の故郷ハワイキからカヌーで海を渡りたどり着いたのがファー・ノース地方だといわれている。マオリ文化が色濃く残るゆかりの地であることは、マオリ語の地名が目立つことからもわかるだろう。また、1840年にマオリの人々とイギリス女王との間で交わされたワイタンギ条約が結ばれたワイタンギなど歴史的に重要なスポットも多く、ニュージーランド建国の土地ともいえる。

ワイポウア・フォレストに伸びるカウリの巨木

ノースランドへのアクセス　Access

オークランドからノースランドのゲートウエイのファンガレイまでは約158km。インターシティと共同運行のノースライナー・エクスプレスNorthliner Expressのバスが各町を経由して運行している（詳細は各都市のページを参照）。ノースランド北端のファー・ノース地方へは、ツアーまたはレンタカーを利用することになる。また、カウリ・コーストの起点となるダーガビルへの直通バスはあるが、オークランドやノースランド各地発着のツアーに参加するか、レンタカーの利用がおすすめ。

ノースランドの観光情報
URL www.northlandnz.com

おもなバス会社（→P.497）
インターシティ
ノースライナー・エクスプレス
URL www.intercity.co.nz
※予約・問い合わせはインターシティへ

ノースランド地方への便利な定期運行バス

ノースランドの周遊について
バスを使ってノースランドを周遊するなら、まずオークランドからファンガレイ経由で東海岸を北上し、パイヒアまたはカイタイアからファー・ノースへのツアーに参加。帰りは西海岸を南下するルートと、その反対回りが考えられる。1〜3泊程度でベイ・オブ・アイランズとファー・ノースを巡るツアーも多くの旅行会社が催行しており、パイヒア発着の半日クルーズを楽しむだけなら日帰りツアーという選択肢もある。

オークランド発着ツアー
Bay Of Islands Day Tour With Hole In The Rock Cruise
　オークランドを7:30に出発。ファンガレイを経由してワイタンギ条約グラウンドを見学。そのあと、パイヒアでホール・イン・ザ・ロックのクルーズに参加する（天候による）。
Gray Line New Zealand Coach Tours
住 102 Hobson St.（出発）
☎ (09)307-7880
FREE 0800-698-687
URL www.graylinetours.co.nz
通年7:30発
料 大人$265、子供$132
CC ADMV

北島　ノースランド

335

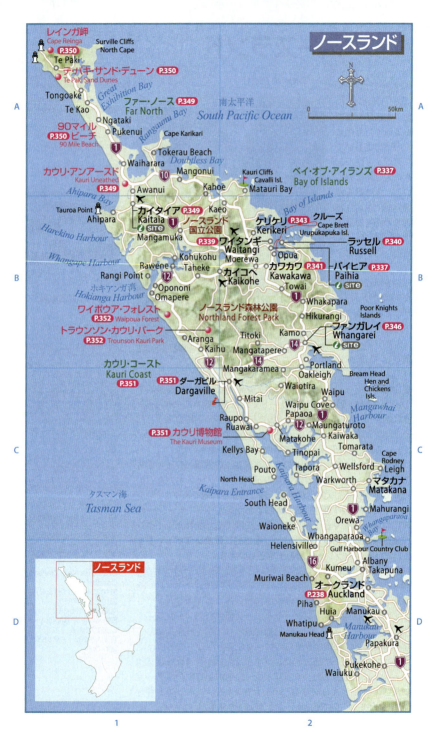

ノースランド
パイヒア
Paihia

名前の由来は、マオリ語で"よい"という意味のpai、英語で"ここ"を意味するhereを組み合わせて、"ここはよいところ"と表したものだといわれている。ノースランドのなかで最もリゾート色が濃いベイ・オブ・アイランズBay of Islands地方の中心であり、さまざまなマリンアクティビティの拠点でもある。また、町の中心部から海岸沿いに北へ約2km行った所には、国立のワイタンギ自然保護地区がある。ワイタンギ条約グラウンドには、条約について、マオリの人々とイギリス人入植者それぞれの観点から学べる施設が整う。

人口：2010人
URL paihia.co.nz

夏は海水浴客でにぎわう

パイヒアへのアクセス Access

飛行機はニュージーランド航空およびシンガポール航空とカンタス航空のコードシェア便がオークランドから便を運航。1日2〜4便程度、所要約45分。ベイ・オブ・アイランズ空港Bay of Islands Airportはケリケリの西に位置し、パイヒアまで約25km。

長距離バスはオークランドからはインターシティと共同運行のグレートサイツなどの便が1日4〜5便程度あり、所要3時間50分〜4時間15分。ファンガレイからは1日3〜4便、所要1時間10〜20分。バスはパイヒア埠頭の広場前に発着する。

パイヒアの歩き方

海沿いに走るメインストリート、マーズデン・ロードMarsden Rd.を中心にしたにぎやかなリゾート地。この通り沿いにアコモデーションやレストランが軒を連ね、週末ともなると夜遅くまで観光客のにぎわいが絶えない。特に夏の週末はどのアコモデーションも満室になることが多いので、早めに予約をしたほうがいい。宿泊施設は高級ホテルだけでなく、エコノミーなホステルなども数多くあるので、予算に合わせた宿選びができる。みやげ物店やショップなどは、観光案内所アイサイトから西へ延びるウィリアム・ロードWilliams Rd.に多い。町の中心部は歩いて回れる。中心部から北へ2kmほどのワイタンギ条約グラウンドへは歩いて30分ほど。レンタサイクルで行くのもいい。

パイヒア埠頭Paihia Wharfには、多くのクルーズ船が発着する。観光案内所アイサイトやツアー会社のデスクも埠頭入口の建物内にある。各種アクティビティは各社のツアーデスクのほか、観光案内所アイサイトでも申し込みができる。

航空会社（→P.497）
ニュージーランド航空

ベイ・オブ・アイランズ空港
Map P.336-B2
218 Wiroa Rd. Kerikeri
(09) 407-6133
URL www.bayofislandsairport.co.nz

空港からパイヒアへ
飛行機の発着に合わせてシャトルバスが運行されている。
スーパー・シャトル
URL www.supershuttle.co.nz
FREE 0800-748-885
料 空港↔市内中心部
　1人　　$35
　2人　　$40

おもなバス会社（→P.497）
インターシティ
URL www.intercity.co.nz

長距離バス発着所
Map P.338-B1
Maritime Building, Paihia Wharf

観光案内所 ●site
Bay of Islands Visitor Centre
Map P.338-B1
The Wharf, 101 Marsden Rd.
(09) 402-7345
URL www.northlandnz.com
開 8:00〜17:00
　（時季によって異なる）
休 無休

埠頭にあるアイサイト

北島　ノースランド　パイヒア

おもなクルーズ催行会社

Fullers Great Sights Bay of Islands
- (09) 402-7421
- 0800-653-339
- www.dolphincruises.co.nz

Hole in the Rock Dolphin Cruise
- 通年13:30発
- 大人$120、子供$60

The Cream Trip
- 10月中旬～4月　9:30発
- 大人$138、子供$69

R. Tucker Thompson Full Day Sail
- 11～3月　10:00発
- 大人$159、子供$79.5

Sundowner Sail
- 11～3月　16:00発
- 大人$67.5、子供$33.75

Explorer NZ
- (09) 359-5987
- 0800-397-567
- www.exploregroup.co.nz
- AMV

Discover the Bay
(Hole in the Rock & Dolphin Watching)
- 5～9月　10:00発
- 10～4月　9:00、14:00発
- 大人$155、子供$90

パイヒアの 見どころ

ベイ・オブ・アイランズのクルーズ
Cruises in Bay of Islands
Map P.338-B1

ホール・イン・ザ・ロック／ドルフィン・クルーズ
Hole in the Rock ／Dolphin Cruise

　大型のカタマランに乗って近海をクルーズし、イルカたちを至近から観察する。年間を通じてイルカとの遭遇率は高く、ときにはクジラやシャチなどに出合えることもある。見られるイルカの種類はボトルノーズドルフィンやコモンドルフィンなど。パイヒア近海はイルカたちが子育てをする場所にもなっており、11～4月には愛らしい赤ちゃんイルカの姿が見られることも。

　また、ウルプカプカ島Urupukapuka Islandや、そそり立つ岸壁の上に立つブレット岬Cape Brettの灯台や岩場に開いた大きな穴、ホール・イン・ザ・ロックをくぐり抜けるなどパイヒア周辺の海の見どころも回る。

クリーム・トリップ
Cream Trip

　ティティ湾内に浮かぶ島々への配達船「クリーム・トリップ」と観光クルーズがドッキングしたもの。船は配達先に近づくと汽笛を鳴らし、船のデッキから桟橋に立つ受取人に荷物を投げる。ここで80年以上も繰り返されている光景だ。また、前述のブレット岬やホール・イン・ザ・ロックにも立ち寄る。

アール・タッカー・トンプソン
R. Tucker Thompson

　上記クルーズ会社（Fullers Great Sights）が、伝統的な大型帆船「R・タッカー・トンプソン号」でラッセル発着のセイリングを催行。100年以上の歴史をもつアメリカのスクーナーをモデルに造船されたもので、趣たっぷり。所要6時間のフルデイ・セイルと夕暮れ時のサンダウナー・セイルの2コースがある。

海にぽっかり開いたホール・イン・ザ・ロック

Full Day SailではBBQランチも楽しめる

パイヒア近郊の見どころ

ワイタンギ条約グラウンド
Waitangi Treaty Grounds

Map P.338-A1

1840年、ここでイギリスとマオリの人々との間で結ばれた条約は、この地名を取って「ワイタンギ条約」と呼ばれている。これは、マオリの人々にイギリスの主権を認めさせ、ニュージーランドがイギリスの植民地となることを規定した契約。ワイタンギ自然保護区内にある見どころを訪ねるには、入口にあるビジターセンターへ行き、入場料を払う。まず、ミュージアムがあり、シダの茂る遊歩道を通って条約記念館へ。そのさらに奥には、マオリの人々の集会場。はためく3つの国旗、青々と広がる芝と海のコントラストを眺めながら海寄りの遊歩道を下ると、マオリの大型戦闘カヌーが飾られているカヌーハウスに到着。ゆっくり回れば、すべてを見学するのに半日はかかる。

現在の国旗と入植当時に作られた最初の国旗が掲げられている

ワイタンギ博物館　Museum of Waitangi
2016年2月にオープンした博物館。条約締結の文書のレプリカなど、歴史にまつわる貴重な資料が展示されている。

条約記念館　Treaty House
1833年、イギリス公使ジェームズ・バスビーJames Busbyの公邸として建てられた屋敷で、現存する国内最古の民家とされている。海を見晴らす前庭で調印が行われた。1932年に土地の所有者が国に寄付したことにより、史跡となった。内部にはバスビー家の歴史やパイピア、ケリケリ、周辺にある島々の、当時の生活がわかる展示やパネルなどがある。

マオリ集会所　Meeting House
マオリの人々が集会を開く場所で、独特の力強い彫刻が柱や屋根に施されている。先祖の魂が集まる神聖な場所でもあり、昼間でも薄暗い内部へ入場するには、靴を脱ぐことが求められる。夜にはマオリショーの会場となり、マオリ文化を学びながら伝統的なパフォーマンスを楽しめる。

カヌーハウス　Canoe House
長さ約35m、80人乗りの大型戦闘用カヌーが展示されている。国民の祝日に指定されている2月6日のワイタンギデーには、式典の一環として実際に海へ漕ぎ出す様子を見られる。上記のマオリ集会所とともに、1940年に条約締結100周年を記念して造られた。

圧倒されるほど大きなカヌー

ワイタンギ条約グラウンド
1 Tau Henare Dr.
(09) 402-7437
FREE 0800-9248-2644
URL www.waitangi.org.nz
開 12月下旬～2月
　9:00～18:00
　3～12月下旬
　9:00～17:00
休 無休
料 大人$50、子供無料
　（ミュージアム入館料、ガイドツアー、マオリショーの料金込み）

ガイドツアー
催 12月下旬～2月10:00～16:30の30分毎に出発。
3～12月下旬10:00～16:00の1時間毎に出発。

マオリショー
催 12月下旬～2月
　11:00、12:00、13:00
　14:30、15:30、16:30
　3～12月下旬
　11:00、13:00、15:00
交 パイヒア中心部からタクシーで約5分、あるいは海岸沿いを歩いて約30分。公共の交通機関はない。

雰囲気たっぷりのマオリショー

ハンギ＆コンサート
催 10～4月の火・木・金・日曜18:00～20:30(要予約) ファレ・ワカ・カフェで開催される
料 大人$120
　子供$55（5～18歳）

ハンギ料理の作り方も見られる

ビジターセンターの横にあるワイタンギ博物館

邸内には多くの展示物が並ぶ

北島／ノースランド／パイヒア

サイドバー

ラッセルの観光情報
URL russellnz.co.nz

ラッセルへの行き方
パイヒア〜ラッセル間をフェリーが運航している。チケットはそれぞれの埠頭で購入できる。

運 10〜5月　7:00〜22:30
　 6〜9月　　7:00〜19:30
料 往復大人$12.5、子供$6.2
30分に1便程度の運航。このほか不定期に運航する高速船も出ている。

ラッセルへのツアー
Fullers Great Sights Bay of Islands (→P.338)
Discover Russell
催 通年10:00〜16:00の1時間ごと
料 大人$32、子供$16

デューク・オブ・マールボロ・ホテル
住 35 The Strand
℡ (09) 403-7829
URL www.theduke.co.nz

ポンパリエ
住 The Strand
℡ (09) 403-9015
URL www.heritage.org.nz
開 11〜4月　10:00〜17:00
　 5〜10月　10:00〜16:00
（フレンチコーヒーハウスは夏季10:00〜15:30)
休 無休
料 大人$15、子供無料

ラッセル博物館
住 2 York St.
℡ (09) 403-7701
URL russellmuseum.org.nz
開 1月　　　10:00〜17:00
　 2〜12月　10:00〜16:00
休 無休
料 大人$10、子供$3
（大人同伴なら子供は無料）

クライスト教会
住 Church St.
開 8:00〜17:00
休 無休
料 寄付程度

ラッセル
Russell

パイヒアからフェリーで約5分の対岸にあるラッセルはかつて、マオリ語で"おいしいペンギン"を意味するコロラレカKororarekaという名前で、1800年代前半には捕鯨船の基地として栄えた。1840年にワイタンギ条約が締結され、約8km離れたオキアトOkiatoの町がラッセルと名を変えてニュージーランド最初の首都となるが、1842年の火事により全焼したため、コロラレカがラッセルの名を引き継いだのである。過去にはマオリの人々とヨーロッパ移民の間で数多くの衝突が起こったという複雑な歴史をもつこの町だが、国内で最初に酒類販売許可を得たバーをもつデューク・オブ・マールボロ・ホテルThe Duke of Marlborough Hotelや、現存する最古の教会など、歴史的建造物も少なくない。見どころはフェリー埠頭前に集中し、いずれも徒歩で回れる距離にある。

歴史的な建造物が集う小さな町

ラッセルの見どころ

ポンパリエ
Pompallier
Map P.340

1841年建造の2階建て木造一軒家。フランス人宣教師、フランシス・ポンパリエが、布教のために印刷技術を紹介し、ここでマオリ語が初めて活字になったといわれている。当時どのようなプロセスで本が作られていたか、ガイドの解説付きでじっくり学ぶことができる。

2016年にオープンしたミュージアムショップ

ラッセル博物館
Russell Museum
Map P.340

1769年に周辺の海を航海したキャプテン・クックに関する資料が中心。彼の乗っていたエンデバー号5分の1サイズの模型は見事。

クライスト教会
Christ Church
Map P.340

1836年に入植者らによって建造された、現存する最古の教会。マオリの人々と入植者の抗争の舞台となっていたこともあり、壁には今でも砲弾の跡が残っている。

パイヒアの レストラン
Restaurant

ゼングレイズ・アクアリウム・レストラン＆バー
Zane Grey's Aquarium Restaurant & Bar　Map P.338-B1

パイヒア埠頭に立つ六角形の建物は、かつて水族館だった建物。ベイ・オブ・アイランズで捕れたオイスター$39〜やグリーンマッスル$15〜など、ヨーロッパの有名店で活躍したシェフによる新鮮なシーフードが味わえる。

住 69 Marsden Rd.
☎ (09) 402-6220
URL zanegreys.co.nz
営 8:00〜翌1:00
休 無休　CC MV

シャーロッツ・キッチン
Charlotte's Kitchen　Map P.338-B1

パイヒア埠頭にあるウォーターフロントダイニング。新鮮な魚料理$37やスコッチフィレ$39、種類豊富なピザ$20〜などメニューはどれもボリューミー。毎週水・金・土曜には音楽ライブを開催。

住 69 Marsden Rd.
☎ (09) 402-8296
URL www.charlotteskitchen.co.nz
営 11:30〜L.O.21:00　※季節によって異なる
休 無休　CC MV

アルフレスコス・レストラン＆バー
Alfresco's Restaurant & Bar　Map P.338-B1

地元で人気のオーシャンビューを堪能できるおしゃれなレストラン。メイン料理は$26.5〜で揃い、看板メニューのシーフードプラッター$45はグルテンフリーで調理されておりヘルシー。ベジタリアンメニューにも対応している。朝食は$11.5〜、ランチは$12〜。

住 6 Marsden Rd.
☎ (09) 402-6797
URL www.alfrescosrestaurantpaihia.com
営 8:00〜23:00
休 無休　CC AMV

サーティ30
Thirty30　Map P.338-B1

ニュージーランド各地のクラフトビールが楽しめるダイニングバー。人気は自家製バーガー$12〜18でビーフ、ラム、プルドポークなど種類も豊富。生ビール$8〜のほか、ワインも揃う。週に数回ライブがあり、毎週日曜には複数のミュージシャンが参加するジャムナイトが開催される。

住 16 Kings Rd.
☎ (09) 402-7479
URL thirty30.co.nz
営 15:00〜翌1:00
休 無休　CC MV

北島　ノースランド　ラッセル

Column　カワカワを有名にした公衆トイレ

カワカワKawakawa (Map P.336-B2) は、パイヒアとファンガレイの間にある小さな町。この町に世界的に有名な建築家、フリーデンスライヒ・フンデルトヴァッサー Friedensreich Hundertwasserがデザインした公衆トイレがある。ウィーン生まれのフンデルトヴァッサーは曲線を多用した独自の様式を編み出し、日本での作例では東京・赤坂にある「21世紀カウントダウン時計」などが知られている。

自然を愛した彼は晩年をカワカワで過ごし、町の要請に応えて「生きている財産」をコンセプトにこの公衆トイレをデザインした。タイルは地元の高校生によって作られ、れんがは解体した建物より再利用している。

彼はデザインの依頼

屋根の草が印象的

空瓶を利用した窓が美しい

を断ることで有名だったが、第二の故郷であるカワカワからの依頼は快く引き受け、実際には町全体のデザインを申し出たといわれる。しかし町にそれだけの予算がなく、結局実現したのはトイレのみ。この公衆トイレによりカワカワの町は、観光客が訪れる名所になった。カワカワの役所は、生前に町全体のデザインをお願いしていれば、もっと多くの観光客が来たかもしれないのに……とボヤいているとかいないとか。この公衆トイレはメインストリートのほぼ中央に位置しており、もちろん使用は無料。

パイヒアの アコモデーション — Accommodation

アラ・モアナ・モーテル　Ala Moana Motel　Map P.338-B1

パイヒア埠頭のすぐ近く、ウオーターフロントのモーテル。すべての客室にキッチンが付いているほか、BBQスペースやランドリー設備もある。

- 52 Marsden Rd.
- (09) 402-7745
- www.alamoanamotel.co.nz
- ⓓⓣ$99〜
- 9　CC MV

アドミラルズ・ビュー・ロッジ　Admirals View Lodge　Map P.338-B1

比較的新しいモーテルで、白を基調とした明るいリゾート風の建物。緩やかな坂の中腹にあるので、2階にある客室からは一面のオーシャンビューを楽しむことができる。一部客室はスパバス付き。別料金で朝食のリクエストも可。

- 2 Macmurray Rd.
- (09) 402-6236
- 0800-247-234
- www.admiralsviewlodge.co.nz
- ⓓ$89〜389　11
- CC ADJMV

シャレー・ロマンティカ　Chalet Romantica　Map P.338-B1

急坂の頂上にある、スイス人夫妻の経営するかわいらしい雰囲気のB&B。全室にバルコニーが付いており、海を一望できる。1室にはキッチンも備えている。サンデッキの付いた屋内プールやスパも豪華。冬季休業あり。

- 6 Bedggod Close
- (09) 402-8270
- www.chaletromantica.co.nz
- ⓓⓣ$180〜360
- 4　CC MV

ブルー パシフィック クオリティ アパートメンツ　Blue Pacific Quality Apartments　Map P.338-A1

2012年にリニューアルした高級アパートメント。町の中心部から約1km、ワイタンギ・ゴルフ・クラブへ3kmほどと、周辺施設へもアクセス便利。薄型テレビ（デジタル放送付き）のほかに、キッチン（冷蔵庫付き）、電子レンジ、食器洗浄機などが備わっており、5室はスパバス付き。

- 166 Marsden Rd.
- (09) 402-0011
- 0800-86-2665
- www.bluepacific.co.nz
- ⓓⓣ$245〜690　10　CC ADJMV

アヴリル・コート・モーテル　Averill Court Motel　Map P.338-B1

ビーチまで徒歩約1分、町の中心部までも徒歩圏内という好ロケーション。客室は明るく広々としており、TVやキッチン、冷蔵庫、テーブルなど、十分な設備が整っている。屋外にはプールやジャクージ、BBQスペースもある。

- 62 Seaview Rd.
- (09) 402-7716
- 0800-801-333
- www.averillcourtmotel.co.nz
- Ⓢ$80〜　ⓓⓣ$95〜
- 20　CC MV

ペッパーツリー・ロッジ　Peppertree Lodge　Map P.338-B1

ビーチから約80m、バス発着所からは約380mと便利なロケーション。BBQも楽しめる広い屋外ラウンジがあるほか、カヤックやビデオ、自転車などは無料レンタル可能。近くのテニスコートも無料で利用可。

- 15 Kings Rd.
- (09) 402-6122
- 0800-473-7737
- peppertree.co.nz
- Dorm$26〜　ⓓ$75〜　Studio$125〜
- 72ベッド　CC MV

マウストラップ・バックパッカーズ　Mousetrap Backpackers　Map P.338-B1

"ネズミ捕り" と名づけられたユニークなバックパッカーズ。屋根の上のネズミのオブジェが目印。室内は清潔で木製ベッドが置かれている。3つのキッチン、ふたつのバスルームを完備しており、スタッフも親切で居心地がよい。

- 11 Kings Rd.
- (09) 402-8182
- 0800-402-8182
- mousetrap.co.nz
- Dorm$22〜34　Ⓢ$55〜　ⓓⓣ$64〜82
- 35ベッド　CC MV

シーベッズ・バックパッカーズ　Seabeds Backpackers　Map P.338-A1

ビーチまでは約30m、にぎやかなメイン通りから少し入った静かな通りにある。館内は明るくモダンな内装で、デザイナーズキッチンを取り入れるなどバックパッカーズと思えないほど洗練された雰囲気。広々としたラウンジにはプラズマテレビもある。冬季休業あり。

- 46 Davis Cres.
- (09) 402-5567
- seabeds.co.nz
- Dorm $35〜　Ⓢ$75〜
- ⓓⓣ$95〜　8　CC MV

ノースランド

ケリケリ
Kerikeri

ベイ・オブ・アイランズ地方のなかでも内陸の川沿いに開けた町で、ファー・ノース地方に含まれることもある。入植初期、耕作馬と鋤を使って畑を耕している宣教師サミュエル・マーズデンを見たマオリの少年が興奮し、"掘る"を意味する「ケリ」を連呼。それがそのまま町名となったとされている。

温暖な気候に加えて、ケリケリ川という水源もあるため、キーウィフルーツやオレンジ、レモンなどの果樹園が多いことで有名。華やかさには欠けるが、歴史的建造物、アーティストの工房など、のどかな風景の中に見どころは多い。

ケリケリ川に面して立つ、ストーン・ストア(手前)とミッション・ハウス(奥)

ケリケリ ★
オークランド

人口：6507人
URL kerikeri.co.nz

航空会社(→P.497)
ニュージーランド航空

ベイ・オブ・アイランズ空港
(→P.337)

空港からケリケリへ
空港の発着に合わせてシャトルバスが運行されている。
Super Shuttle
FREE 0800-748-885
空港⇔市内中心部
1人　$15
2人　$20
3人　$25
URL www.supershuttle.co.nz

おもなバス会社(→P.497)
インターシティ／ニューマンズ・コーチラインズ

長距離バス発着所
Map P.343
9 Cobham Rd.

北島｜ノースランド｜ケリケリ

ケリケリの 歩き方 Access

ケリケリへのアクセス

飛行機はニュージーランド航空がオークランドから直行便を運航。1日3〜4便程度、所要約50分。空港はケリケリの西約6kmにあるベイ・オブ・アイランズ空港Bay of Islands Airportを利用。

インターシティがオークランドから1日3〜4便を運行している。所要4時間15〜40分。ファンガレイからも1日2〜4便が運行しており、所要1時間35〜50分。

見どころはケリケリ・ロードKerikeri Rd.とケリケリ川が交わる橋の周辺に集まっている。長距離バス発着所のあるエリアからストーン・ストアまでは歩いて20分ほどだが、坂が多く少々きつい。アーティストの工房やチョコレート工場などの見どころは各地に点在している。車のない人は、パイヒア発着のケリケリ観光ツアーに参加するといい(→P.345)。川沿いから往復約3時間のウオーキングコース途中には、フェアリー・プールと名づけられたピクニックエリアや、美しいレインボー・フォールなどがある。

343

ケリケリの見どころ

ストーン・ストア＆ミッション・ハウス
住 246 Kerikeri Rd.
電 (09) 407-9236
URL www.heritage.org.nz
開 11〜4月　10:00〜17:00
　 5〜10月　10:00〜16:00
休 無休

ストーン・ストア（1階）
料 無料

ストーン・ストアの2階ギャラリー＋ミッション・ハウス見学ツアー
料 大人＄15、子供無料
催 10:30、11:30、14:15
（夏季のみ15:30も実施）

すべてが当時のまま

ストーン・ストア
Stone Store

Map P.343

ケリケリ川の橋のたもとにある、1835年建造という国内最古の石造建築物。1階部分には入植当時を再現したショップが開かれており、イギリスから輸入した陶器や布地、キャンディなどが実際に売られている。販売員も当時の宣教師やマオリの服を再現したユニホームを着ており、タイムスリップしたかのような気分を味わえる。2階部分には、当時使われていた用具や宣教師とマオリの開拓の歴史などが展示されている。

マオリの伝統的なピューピュー（腰巻き）を着たスタッフ

ミッション・ハウス
Mission House

Map P.343

ストーン・ストアの隣に立つ白い2階建ての木造建築で、1822年に建てられたもの。国内に現存する最古のヨーロッパ式建造物である。宣教師として渡ってきたケンプ一家が住んでいたことから、別名「ケンプ・ハウスKemp House」とも呼ばれている。家具やリネン、食器などの細部にいたるまでほぼ完全に再現されている。建物内の損傷を防ぐため、玄関で靴を脱いで上がること。

建物前の庭園も入植当初から整備されていた

レワズ・ビレッジ＆ディスカバラーズ・ガーデン
住 1 Landing Rd.
電 (09) 407-6454
URL rewasvillage.co.nz
開 夏季　9:00〜17:00
　 冬季　10:00〜16:00
休 無休
料 大人＄10、子供＄5

レワズ・ビレッジ
Rewa's Village

Map P.343

ストーン・ストアやミッション・ハウスから、橋を越えた対岸に位置する。今から200年ほど前に実在していたマオリの村を1969年に復元したもので、住居や食料貯蔵庫などから当時の生活の様子がわかるだろう。隣接の敷地内には、ノースランド原産の植物すべてが体系的に栽培されている、ディスカバラーズ・ガーデンDiscoverer's Gardenもある。

身をかがめないと入れないほどの小さな玄関

ピートの開拓者と交通博物館
住 460 Kerikeri Rd.
電 (09) 407-7618
開 火〜日　10:00〜16:00
休 月
料 大人＄10、子供＄4

石畳に街灯が立つ開拓時代の町を再現

ピートの開拓者と交通博物館
Pete's Pioneer & Transport Museum

Map P.343外

1900年代のビンテージやクラシックカーの展示と、当時の町並みを再現したスペースに分かれており、大きな施設ではないが、開拓者たちの暮らしぶりをしのばせる展示品が充実している。

ケリケリの レストラン —— Restaurant

ペア・ツリー　The Pear Tree　Map P.343

2013年のビーフ＆ラム料理アワードをはじめ、多くの受賞歴をもつレストラン。ポークベリー＄36などメインは＄30〜40程度。シーフードメニューも充実。ランチは＄16〜26。

- 215 Kerikeri Rd.
- (09)407-8479
- URL thepeartree.co.nz
- 木〜月11:00〜17:00
- 火・水
- CC MV

ブラック・オリーブ　The Black Olive　Map P.343

ケリケリ・ロード沿いに立つイタリアン＆ニュージーランド料理のレストラン。豊富なメニューのなかでもとりわけピザ＄12〜28が人気。約10種類ある。テイクアウエイも可。

- 308 Kerikeri Rd.
- (09)407-9693
- URL www.theblackolive.net
- 3〜12月 火〜日16:00〜Late、1・2月16:00〜Late
- 3〜12月の月
- CC MV

ケリケリの アコモデーション —— Accommodation

アヴァロン・リゾート　Avalon Resort　Map P.343

緑豊かな7エーカーの敷地に広がるモーテル。客室はコテージとスタジオの2タイプ。亜熱帯をイメージして設計された屋外プールもある。

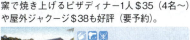

- 340A Kerikeri Rd.
- (09)407-1201
- URL avalonresort.co.nz
- ⓈⒹⓉ＄130〜250
- 7
- CC ADJMV

ストーン・ストア・ロッジ　Stone Store Lodge　Map P.343

ストーン・ストアの近くにあるおしゃれなB&B。窯で焼き上げるピザディナー1人＄35（4名〜）や屋外ジャクージ＄38も好評（要予約）。

- 201 Kerikeri Rd.
- (09)407-6693
- URL www.stonestorelodge.co.nz
- ⓈⒹⓉ＄170〜
- 3
- CC ADJMV

オーチャード・モーテル　Orchard Motel　Map P.343

敷地内に果樹園があり、収穫シーズン中は、宿泊者は自由に取って食べることができる。スパバス、電子レンジ、BBQ設備も完備。

- Kerikeri Rd. & Hall Rd.
- (09)407-8869
- FREE 0508-808-869
- ⒹⓉ＄95〜150
- 9
- CC ADJMV

ウッドランズ　Woodlands　Map P.343

大通りから少し奥まった所にあり、周囲を原生林が覆う。一部客室はプライベートデッキ付き。バス、トイレ共同の客室は1泊＄75〜。

- 126 Kerikeri Rd.
- (09)407-3947
- URL woodlandskerikeri.co.nz
- ⓈⒹ＄75〜
- 20
- CC MV

Column　アーティストの住む町ケリケリ

オレンジ畑やワイナリーが点在する明るい雰囲気のケリケリには、南島のネルソンと並びアーティストが多く住む。赤いくちばしの鳥プケコのモチーフと鮮やかなブルーを組み合わせた陶器で有名な「ケリブルーKeriblue」をはじめ、ギャラリーやジュエリーなどさまざまな工房兼ショップが集まる。各工房は町の中心部から離れており、公共の交通機関もないので、レンタカーが便利。また、Fullers Great Sights Bay of Islands社（→P.338）が催行している半日ツアーがある。このツアーはパイヒアから出発し、ケリケリのストーン・ストア（→P.344）やミッション・ハウス（→P.344）、などを巡りながら歴史やグルメを楽しむ内容になっている。

日本でもファンの多い、ケリブルーのテーブルウエア

Discover Kerikeri
- パイヒア発13:00
- 大人＄64、子供＄32（所要約3時間）

ファンガレイ
Whangarei

ノースランド

人口：7万6995人
URL whangareinz.com

航空会社 (→P.497)
ニュージーランド航空
ファンガレイ空港
Map P.336-B2
URL whangareiairport.co.nz
空港～市内間はタクシー利用が便利だが、市バスのシティリンク(→P.347)#2も利用できる（日曜、祝日運休）。

おもなバス会社 (→P.497)
インターシティ
URL www.intercity.co.nz

長距離バス発着所
Map P.346-A2
91 Dent st.

オークランドから国道1号線を北上し、約160km。ノースランド最大の町で、天然の良港に恵まれた漁業と産業の中心地。火力発電所、石油精製基地があり、タウン・ベイスンのマリーナは、夏の間、南太平洋のハリケーンを避けて寄港する世界各国のヨットやクルーザーで埋め尽くされる。近海には有名なダイビングスポットもあり、マリンアクティビティを楽しむよい拠点となる町だ。

タウン・ベイスンに浮かぶ無数のヨット

ファンガレイへのアクセス　Access

飛行機はニュージーランド航空がオークランドから毎日1～4便を運航しており、所要時間は約40分。ファンガレイ空港Whangarei Airportから中心部までは7kmほど。インターシティの長距離バスがオークランドから1日3～4便あり、所要2時間40～55分。デント・ストリートDent St.沿いにある観光案内所アイサイトに発着する。

ファンガレイの歩き方

見どころは広範囲に点在しているので、車での移動が便利。市内にはバスが運行しているが本数が少なく、日曜は運行しないルートもあるので注意。観光案内所アイサイトは中心部から離れたタレワ・パーク内にある。

ファンガレイの見どころ

タウン・ベイスン
Town Basin
Map P.346-A2

町の中心部近く、ハテア川Hatea Riverのヨットハーバーを囲むエリアで、「ベイスン」とは係船地のこと。帆を休める無数のヨットやクルーザーを正面にして、テラス席がおしゃれなレストランやバー、インフォメーション・センター、雑貨店などが並ぶ。巨大な日時計の置かれた広場にあるのは、**クラファム時計博物館 Claphams National Clock Museum**。新旧、世界各国の時計、約1300個がテーマごとにずらりと展示されており、館員が解説をしながらユニークな仕掛け時計や優雅なオルゴール時計を動かしてくれる。

シーフードレストランなども集うウォーターフロント

ファンガレイ・フォール
Whangarei Falls
Map P.346-A2外

町の中心部から北へ約5kmのティキプンガTikipunga地区にある滝で、落差は26mとなかなかの迫力。滝の周辺は公園になっており、遊歩道やピクニックエリアも整備されている。

滝つぼまでは遊歩道が整備されている

パリハカの丘
Mt. Parihaka
Map P.346-A2外

ファンガレイの全景を見渡すことのできる標高241mの展望スポット。戦争記念碑が立つ頂上まで、徒歩ならタウン・ベイスンの対岸のダンダス・ロードDundas Rd.から遊歩道を通って登れる。車なら、メモリアル・ドライブMemorial Dr.を上がっていくと、頂上へ続く石段の手前に駐車場がある。ただし、夕方以降はあまり治安がよくないので注意。

天高くそびえる戦争記念碑

観光案内所 i SITE
Whangarei Visitor Centre
Map P.346-B1
住92 Otaika Rd.
☎(09)438-1079
URL whangareinz.com
開夏季　　　　　9:00～17:00
　冬季月～金　　9:00～17:00
　　　土・日　　9:00～16:30
休無休

ファンガレイの交通
Citylink Whangarei
☎(09)438-7142
URL citylinkwhangarei.co.nz
料一回券
　大人$2、子供$1
月～土

緑色の車体が目印のシティリンク・ファンガレイCitylink Whangareiが市内を網羅している。発着はトラベルセンターの前。路線は、ファンガレイ北のティキプンガTikipunga方面や、ヘリテージ公園を経由するマウヌMaunu方面など8路線。運行は平日の6:00～18:30頃で、土曜は減便。

クラファム時計博物館
住Dent St. Quayside Town Basin
☎/FAX(09)438-3993
URL claphamsclocks.com
開9:00～17:00
休無休
料大人$10、シニア・学生$8、子供$4

コレクションのなかで一番古いものは1720年に作られたもの

ファンガレイ・フォールへの行き方
ティキプンガ方面行きのシティリンク#3を利用。

パリハカの丘
住Memorial Dr.

博物館&キーウィ・ハウス・ヘリテージ公園

博物館&キーウィ・ハウス・ヘリテージ公園
Museum & Kiwi House Heritage Park　**Map P.346-B1外**

住 500 State Hwy. 14, Maunu
電 (09) 438-9630
URL kiwinorth.co.nz
開 10:00～16:00
休 無休
料 大人$20、シニア・学生$15、子供$5
交 マウヌ方面行きのシティリンク#6を利用。

約25ヘクタールの広大な敷地の中に、キーウィをガラス越しに見られるキーウィ・ハウスと、1886年に建てられた歴史的建造物ホームステッドHomesteadがある。開拓時代に使用されていた機関車を見ながら、その線路を横切って丘を登っていくと、マオリに関する展示やヨーロッパ移民入植当時の船の大型模型など、ニュージーランドの歴史的資料が充実した博物館がある。

ファンガレイの レストラン　Restaurant

キー・キッチン
The Quay Kitchen　**Map P.346-A2**

ハテア川沿いの好立地にあるレストラン。自家栽培の野菜と仕入れ先にこだわった肉やシーフードが自慢。ランチは$16～とリーズナブル。ワカナイビーフのサーロインステーキ$39などが人気だ。

住 31 Quayside
電 (09)430-2628
URL www.thequaykitchen.co.nz
営 9:00～23:00
休 無休　CC MV

スプリット・バー&レストラン
Split Bar & Restaurant　**Map P.346-A1**

兄弟で運営しているレストラン。シーフードやラム肉といった、地元の食材を使った料理が味わえる。ランチは$16～とリーズナブル。ディナーのメインは$25～で、ボリューム満点のセットメニュー$44.5～も人気だ。屋外のバーではニュージーランド産のワインも楽しめる。

住 15 Rathbone St.　電 (09) 438-0999
URL splitrestaurant.co.nz
営 11:00～23:00　休 日　CC AJMV

ファンガレイの アコモデーション　Accommodation

ディスティンクション・ファンガレイ
Distinction Whangarei　**Map P.346-A2**

タウン・ベイスンからハテア川を挟んだ対岸にある。ファンガレイ・フォール、パリハカの丘などへ行くにも便利。ほとんどの部屋にバスタブが付いており、冷蔵庫、TV、エアコン、コーヒーメーカーも完備している。

住 9 Riverside Dr.
電 (09)430-4080
URL www.distinctionhotelswhangarei.co.nz　料 SⒹⓉ$159～
駐 115　CC ADJMV

ファンガレイ・セントラル・ホリデーパーク
Whangarei Central Holiday Park　**Map P.346-B1**

町から徒歩約10分の場所にあるホリデーパーク。ショッピングセンターも徒歩2分内にあり便利。バックパッカータイプのシンプルな部屋からキッチン付きのアパートメントタイプまであり、料金もリーズナブル。キャンプサイトもあり、テントでの宿泊も可。

住 34 Tarewa Rd.　電 (09)438-6600　FREE 0800-580-581
URL www.whangareicentral.co.nz
料 Motel$129～　SS$55～
TD$84～　駐 19　CC MV

ラプトン・ロッジ　Lupton Lodge　**Map P.346-A2外**

ファンガレイ・フォールの近くにあるラグジュアリーなB&B。もとは1896年に建築された名士の邸宅で、ファンガレイ地区の歴史的建造物にも指定されている。オムレツやイングリッシュマフィンが並ぶ朝食も人気。

住 555 Ngunguru Rd. Glenbervie
電 (09) 437-2989
URL luptonlodge.co.nz
料 S$135～　DT$155～
駐 5　CC ADJMV

チェビオット・パーク・モーター・ロッジ
Cheviot Park Motor Lodge　**Map P.346-B1**

国道1号線沿いにあるきれいなモーテル。客室は広々としており、ソファ、テーブルを完備。キッチンに電子レンジもあり、長期滞在にもおすすめだ。朝食のリクエストもできる。

住 1 Cheviot St.　電 (09)438-2341　FREE 0508-243-846
URL cheviot-park.co.nz
料 Motel$130～210　駐 17
CC AJMV

ノースランド
ファー・ノース
Far North

レインガ岬には小さな白い灯台が立つ

ノースランドの北端部分はさらに細長い半島状になっており、付け根部分にある小さな町カイタイアKaitaiaから、北端のレインガ岬までをファー・ノースと呼んでいる。ニュージーランドの最北端となるこのエリアへは、国道1号線をひたすら北上する。しだいに民家が少なくなっていき、視界には木々のないなだらかな丘が続き、まさに地の果てに来たような気持ちになる。

ファー・ノースへのアクセス Access

ファー・ノースへの起点となるのはカイタイア。飛行機はバリア・エアーがオークランドから直行便を土曜を除き1日1～2便運航している。所要1時間～1時間30分。カイタイア空港Kaitaia Airportは町の北、約7kmの所に位置する。

長距離バスは、インターシティが運行している。オークランドからの直通バスはないため、ケリケリで乗り継ぎをすることになる。1日1便あり、乗り換えも含めて所要は約6時間25分。またカウリ・コーストからカイタイアへの陸路は、途中にホキアンガ湾Hokianga Harbourがあるため東へ回り道をしなければならないが、ホキアンガ・フェリーHokianga Ferryがホキアンガ湾沿いのラウェネRaweneとコフコフKohuKohuを結ぶフェリーを運航しており、このフェリーを利用すると1時間30分ほど時間を節約できる。

ファー・ノースの見どころ

カウリ・アンアースド
Kauri Uneathed
Map P.336-A1

カイタイアから約8kmほど北上した小さな町アワヌイAwanuiにある、カウリ木材加工のワークショップ。カウリは現在絶滅の危機にある貴重な木で、伐採は禁じられているため、使われているのはすべて数万年前に地形の変化や天災によって地中に埋もれていた古代のカウリ、スワンプ・カウリだ。広い店内ではカウリのさまざまな木工品が売られているほか、カフェも併設している。

マオリや動物をモチーフにしたニュージーランドらしい木工品が揃う

航空会社(→P.497)
ニュージーランド航空

バリア・エアー
Barrier Air
☎(09)275-9120
FREE 0800-900-600
URL www.barrierair.kiwi

カイタイア空港
Map P.336-B1
⌂ Quarry Rd.
空港からカイタイアまではタクシーを利用する。

おもなタクシー会社
Kaitaia Taxis
☎(09)408-1111

おもなバス会社(→P.497)
インターシティ
URL www.intercity.co.nz

長距離バス発着所
⌂ 9 Cobham Rd.

観光案内所
Far North Visitor Centre
Map P.336-B1
⌂ Te Ahu Cnr. Matthews Ave. & South Rd. Kaitaia
☎(09)408-9453
URL www.kaitaianz.co.nz/i-site
営 8:30～17:00
休 無休

ホキアンガ・フェリー
☎(09)405-2602
FAX (09)405-2607
運 ラウェネ発
　月～金　7:00～19:30
　土・日　7:30～19:30
　30分～1時間おきに運航、所要約15分。
料 片道$2
　車1台片道$20～

カウリ・アンアースド
⌂ 229 SH1 Awanui
☎(09)406-7172
URL www.ka-uri.com
営 7:30～17:00
　（時季によって異なる）
休 無休

349

ファー・ノースのツアー
Far North Outback Adventures
☎027-388-8429
URL farnothtours.co.nz
營通年
料2～4人で$800（5人以上は1人につき$50追加）

テ・パキ・サンド・デューン、90マイルビーチを経由してレインガ岬を訪れる、プライベートツアー。アヒパラ、カイタイア、カイタイア空港、カウリ・アンアースドのいずれかからピックアップ。9:00発、戻りは17:00頃。ルートは選択可能。

90マイルビーチ
90 Mile Beach
Map P.336-A1

　ファー・ノース地方の西側、アヒパラAhiparaから北へ延々と続く広大なビーチはこの地方の観光名所でもある。実際の距離は64マイル（約100km）ほどだが、タスマン海に面した長い砂浜は公道を兼ねており、豪快に波しぶきを上げながら海辺を走るバスツアーが催行されている（レンタカーでの走行は禁止）。ツアーの出発はパイヒアやケリケリなど。

バスは波打ち際を勢いよく走る

テ・パキ・サンド・デューン
Te Paki Sand Dunes
Map P.336-A1

　レインガ岬に向かう途中にある巨大な砂丘。90マイルビーチから半島の少し内側に入った所にある。砂丘の高さは15m以上あり、砂丘の上に登るのもひと苦労だ。頂上までは10分ほど。

ビギナーはボードよりもソリのほうがおすすめ

丘の上からは青い海と砂丘の雄大なコントラストが眺められる。ボードやソリで砂丘の急斜面を下るアクティビティが人気で、ボードはカイタイアの観光案内所アイサイトでレンタルすることができる。初めは小さな斜面で練習しよう。

レインガ岬への行き方
　カイタイアから約110km。カイタイアから先は公共の交通機関はないため、ツアーに参加するかレンタカーの利用となる。道は国道1号線をひたすら北上するのみなので迷うことはないだろう。岬への入口を示す看板からさらに進むと駐車場がある。途中、ガソリンスタンドはないので、あらかじめ給油をしておこう。

カイタイアのアコモデーション
Beachcomber Lodge & Backpacker
　カイタイアの目抜き通りに立つバックパッカーズ・ホステル。
住235 Commerce St.
☎(09)408-1275
URL www.beachcomberlodge.com
料Dorm $30～　D/T $70～
室数49ベッド
CC MV

レインガ岬
Cape Reinga
Map P.336-A1

　ニュージーランドの北端レインガ岬は、ファー・ノース観光のハイライト。レインガとはマオリ語で"飛び立つ場所"という意味。死者の魂が旅立つ神聖な場所とされる。先端部分の標高156mの高台には、小さな白い灯台と世界各国の都市への方角と距離を記した案内が立つ。一面に開ける海を眺めれば、太平洋とタスマン海の潮流がぶつかり合ってできる潮の目が見られる。
　ちなみに、実際のニュージーランド本土最北端は、ここから東に約30km離れたサービル・クリフSurville Cliffsという場所。道が悪いため一般人が立ち入ることは難しい。

岬の先に立つ灯台

ノースランド
カウリ・コースト
Kauri Coast

国内で一番胴回りが太いワイポウア・フォレストのテ・マトゥア・ナヘレ

タズマン海に面したノースランド西海岸沿いには、細く曲がりくねった国道12号線が走っている。特に大きな町はなく、拠点となるのはダーガビルDargavilleという小さな町だ。この一帯はカウリ・コーストと呼ばれており、ニュージーランド北島固有の木、カウリの森林保護区が大部分を占めている。かつてはカウリの大木で覆われた深い森だったが、19世紀の開拓時代にヨーロッパ移民が乱伐し、その大半が失われてしまった。それでも樹齢2000年以上、円周10m以上に及ぶ貴重な巨木がかろうじて残り、幼木とともにゆっくりと成長を続けている。カウリとそれにまつわる歴史について深く学ぶには外せないエリアだ。

カウリ・コーストへのアクセス Access

オークランドからダーガビルの町をつなぐ直通のバスはないため、インターシティの長距離バスでファンガレイ（→P.346）まで行き、そこからウエスト・コースターWest Coasterのダーガビル行きのローカルのバスに乗り換える。平日のみ1日2便運行しており、所要時間は約50分。ただし、見どころは広範囲にわたって点在しているので、カウリ・コーストへはレンタカーの利用かオークランド発のツアーに参加するのがおすすめ。

カウリ・コーストの 見どころ

カウリ博物館
The Kauri Museum
Map P.336-C2

マタコヘMatakoheという小さな町にある、カウリについてのすべてがわかる充実の博物館。

世界最大のカウリの平板。22mもの長さがある

館内は広く、カウリの巨大さがわかる実物の展示から、カウリで作られた見事な家具、人形や機械を使っての伐採方法や運搬の様子など、いくつもの展示コーナーからなり、見応え満点。カウリの樹液が固まってできたカウリガム（琥珀）も、部屋全体を埋め尽くしている。

カウリ・コーストの観光情報
URL kauricoast.co.nz

おもなバス会社（→P.497）
インターシティ

ウエスト・コースター
📞021-380-187
URL www.dargaville.co.nz/bus-service.cfm
ファンガレイ〜ダーガビル
　10:20発〜11:25着
　16:20発〜17:20着
ダーガビル〜ファンガレイ
　7:30発〜8:30着
　12:30発〜13:30着
運行 月〜金曜
料 片道$10

観光案内所
Visitor Infomation Centre Dargaville and the Kauri Coast
Map P.336-C2
住 4 Murdoch St.Dargaville
電 (09) 439-4975
URL kauriinfocentre.co.nz
開 月〜金　　9:00〜17:30
　土・日　　10:00〜17:30
休 無休（時季によって日・月・火曜が休みとなる場合がある）

オークランド発カウリ・コーストへのツアー（日本語催行）
KIWIsh JaM Tour
電 (09) 413-8332
URL syakuiwana.com
ワイポウア
カウリの神に出会う旅
　カウリ博物館見学後、ワイポウア・フォレストへ。オークランド発8:00、所要約12時間。
催 通年
料 $295（2人以上参加時の1人分の料金。日本語ガイド、博物館入場料、ランチ含む。参加者が1人の場合は$380で催行可、ランチ別）

カウリ博物館
住 5 Church Rd. Matakohe
電 (09) 431-7417
URL www.kau.nz
開 9:00〜17:00
休 無休
料 大人$25、シニア・学生$21、子供$8
交 ダーガビルからルアワイRuawaiという町経由で45km、国道12号線から4km入った所。

北島　ノースランド｜カウリ・コースト

351

トラウンソン・カウリ・パークへ
ダーガビルから国道12号を約30km行き、右手の山道へ約8km ほど入ったところ。キャンプサイトの先にループ状の遊歩道が設けられている。

🏛 観光案内所
Waipoua Forest Visitor Center
- 1 Waipoua River Rd.
- (09) 439-6445

ワイポウア・フォレストのウオーキング・トラック
ワイポウア・フォレストの巨木に出合える左記のスポットのほかにも、ルックアウト・トラックやトアトア・ウオークなど、7本の遊歩道が整備されている。シダ類やコケ類が密生する神秘的な森を楽しもう。いずれも国道12号沿いに道標があり、駐車場からアクセスできる。

トラウンソン・カウリ・パーク
Trounson Kauri Park　Map P.336-B1

ダーガビルの北西、ワイポウア・フォレストの南東に位置する国立自然保護区。1周40分ほどのウオーキングコースを歩けば、樹齢1000年を超えるカウリをはじめ、何本ものカウリの大木に出合える。野鳥保護区でもあり、国鳥キーウィも生息している。

ワイポウア・フォレスト
Waipoua Forest　Map P.336-B1

カウリ・コースト内に数ヵ所ある、カウリの木に出合えるスポット。ハイライトはワイポウア・フォレスト北部。国道12号沿いの駐車場から木道を行くと、圧倒的な存在感をもつカウリがそびえ立つ。タネ・マフタは国内最大のカウリで、幹回り13.77m、総樹高51.2m。屋久杉と姉妹木提携を結んでいる。テ・マトゥア・ナヘレは国内2番目に大きなカウリで幹回り16.1m、総樹高は29.9m。樹齢は2000年を超える。4本のカウリが1ヵ所に集まるフォー・シスターズ（4姉妹）と7番目に大きなヤカス・カウリは保護のため2019年9月現在は立入禁止。

マオリ語で"森の神"を意味するタネ・マフタ

Column　ノースランドに育つ巨木カウリ

カウリKauriとは、南太平洋一帯に生育するアガチス（ナンヨウスギ）の仲間。カウリという種は、ニュージーランドの北部、ノースランドとコロマンデル半島でしか見ることができない、世界でも最大級の巨木だ。過去には樹齢4000年、つまりこの国に人間が住み始めるより古い木も多数あった。カウリの太い幹が天を突くようにスッと立っている姿は実に印象的だが、若木のうちは幹にたくさんの枝をつけ、成長していくにつれ自然に枝を落として、上のほうにだけ枝葉を茂らせる。これは太陽光を存分に浴びるためだ。

これほど大きなカウリの木はかねてから材木として重用された。古く、マオリの人々は戦闘用の大きなカヌーを、カウリの木を彫って作っていた。しかし本格的な伐採が始まったのは、ヨーロッパ人の入植が盛んになってからのことだ。19世紀の間、カウリの木は造船、建築から家具まで多様な用途のためにどんどん伐採された。さらに森を切り開いて牧場に変えられていった。こうして20世紀初頭までに、カウリの森の多くは失われてしまったのだ。

1940年代に入ってようやく、カウリの伐採は許可制となったが、この時点で残されたカウリの森の面積は、往時の数％に過ぎなかったという。ノースランドはそうしたカウリの森が、かろうじて名残をとどめている貴重な場所である。

コロマンデル半島
Coromandel Peninsula

約400kmもの海岸線が続いている

オークランドの東、ハウラキ湾 Hauraki Gulfを挟んで対峙するコロマンデル半島は、全土の大部分が深い森に覆われた、この国の太古の姿を思わせる自然豊かな場所。約3分の1が森林保護区に指定されており、今では希少となったカウリの大木を間近に見られるエリアである。

半島の中央を貫くコロマンデル山脈を境に、西側と東側ではその趣もずいぶん異なる。19世紀後半に巻き起こったゴールドラッシュで大いに沸いたコロマンデル・タウンやテームズがある西海岸は比較的山がちで、繁栄当時の面影が残る落ち着いた町並みが特徴だ。

一方、入り組んだ海岸線と美しい白浜が続く東海岸は、常に陽光が降り注ぐ明るいリゾート地といった雰囲気が強い。特にフィティアンガを中心とするマーキュリー・ベイ Mercury Bay一帯はオークランドからも車で約3時間と手頃な距離にあり、国内屈指のホリデースポットとして知られている。

コロマンデル半島へのアクセス Access

インターシティの長距離バスのほか、ゴー・キーウィ・シャトルズGo Kiwi Shuttlesのシャトルバスが運行している。ルートとしてはオークランドから西海岸の付け根に位置するテームズに入り、バスを乗り継いでそのまま北上、コロマンデル・タウンまで行き東海岸を抜けてフィティアンガへといたるコースや、テームズからフィティアンガ、タイルアへそれぞれ向かうコースなどが利用できる。

フェリーでは360 ディスカバリー・クルーズ360 Discovery Cruisesがオークランドとコロマンデル・タウン間を結んでいる。所要約2時間。

コロマンデル半島の 歩き方

コロマンデル半島観光のベースとなる町は西海岸のテームズ、北部のコロマンデル・タウン、東海岸のフィティアンガなど。いずれも海沿いに開けるリゾートムードたっぷりのエリアで、モー

コロマンデル半島の観光情報
URL www.thecoromandel.com

おもなバス会社(→P.497)
インターシティ

オークランド〜コロマンデル半島のシャトルバス
ゴー・キーウィ・シャトルズ
☎(07) 866-0336
FREE 0800-446-549
URL www.go-kiwi.co.nz
運通年
　オークランド市内
　　　　　　　　13:15発
　オークランド国際空港
　　　　　　　　14:00発
料片道
　コロマンデル・タウンまで $79〜
　フィティアンガまで　 $69〜
　テームズまで　　　　 $54〜
　タイルアまで　　　　 $59〜
乗車人数が多いほど料金は安くなる。フィティアンガ、テームズ、タイルアまではドア・トゥ・ドアの料金プランもある。

フェリー会社
360 ディスカバリー・クルーズ
☎(09) 307-8005
URL www.fullers.co.nz
運月・土・日　　8:45発
※月〜金曜は時季によって異なるため、ウェブサイトを確認すること。
料片道大人$64、子供$42
出発はオークランドのQuay St.沿いにある360 ディスカバリー・クルーズのフェリー乗り場(**Map P.246-C1**)のそばから。到着はコロマンデル・タウンのハンナフォーズ・ワーフ Hannaford's Wharf。そこから中心部まではフェリーの発着に合わせてシャトルバスが運行されている。

フィティアンガはキーウィにも人気のリゾートエリア

北島　コロマンデル半島　歩き方

テルやホステルなどの宿泊施設も充実している。手つかずの自然が随所に残るこのエリアでは、森やビーチの散策が楽しめる。マーキュリー・ベイ一帯で盛んなマリンアクティビティに挑戦すれば、複雑に入り組んだ海岸線の景観美を海上から楽しむこともできる。半島内は交通機関の便数が少ないので、数ヵ所を巡りたいという人はやはりレンタカーがあると便利だ。ただし、一部、悪路のため乗り入れ禁止エリアがあるので要注意(→P.470)。

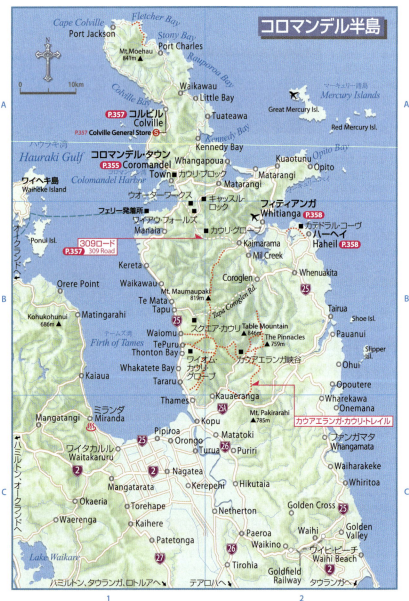

コロマンデル半島

コロマンデル・タウン
Coromandel Town

町の名は1820年、船のマストに使用するカウリ材を求めて寄港したヨーロッパの貨物船「H.M.S.コロマンデル号」に由来する。ここも、かつてはゴールドラッシュでおおいに栄えた町のひとつだ。1852年、製材業に携わっていたチャールズ・リ

美しいコロマンデル湾の入江にあるコロマンデル・タウン

ングが、町の北部を流れるカパンガ・ストリーム近くで金を発見。以来、国内各地から人々が押し寄せ、現在のカパンガ・ロードKapanga Rd.を中心に教会や学校、銀行などができていった。現在でも当時の姿そのままの建造物が残り、今なお歴史ある町の風景を維持している。また、この町を拠点に活動する芸術家も多く、"アートタウン"としても知られる。

コロマンデル・タウンへのアクセス Access

テームズから国道25号線を北に約55km。歪曲した海岸沿いの道を走るため多少の運転技術が必要だが、小さな入江や湾が次々と現れる風光明媚なドライブルートだ。インターシティ／ニューマンズ・コーチラインズの長距離バスは、オークランドからテームズで乗り換えるフィティアンガ行きの便と、ハミルトンで乗り換えるコロマンデル行きの便が1日3便運行している。所要時間は3時間35分～7時間10分。バスは観光案内所前に発着する。

かわいらしい建物

コロマンデル・タウンの 歩き方

町の中心は、カパンガ・ロード Kapanga Rd.周辺の小さなエリアのみ。観光案内所やカフェ、ショップなどもすべてこの通り沿いに集約されており、ぐるりと歩いても10分とかからない。しかし郊外へ足を延ばしてみれば、地元アーティストの工房やギャラリー、美しいビーチや庭園などが点在する。

コロマンデル・タウンの 見どころ

コロマンデル鉱業・歴史博物館
School of Mines & Historical Museum
Map P.356-B1

町の北東部、リングス・ロードRings Rd.沿いにたたずむ小さな博物館。カウリの伐採、搬出が経済の中心だった1800年代初期と、1870年代にピークを迎えたゴールドラッシュ時代を中心に、

オークランド
コロマンデル・タウン

人口：1660人
URL www.thecoromandel.com

おもなバス会社 (→P.497)
インターシティ

観光案内所
Coromandel Town Information Centre
Map P.356-B1
85 Kapanga Rd.
(07) 866-8598
URL www.coromandeltown.co.nz
10:00～16:00
無休

コロマンデル鉱業・歴史博物館
841 Rings Rd.
(07) 866-8311
1～3月　11:00～15:00
4月～12月
水～日　11:00～15:00
10月下旬～12月下旬、5月～6月上旬の月～金
大人$5、子供無料

北島 ｜ コロマンデル半島 ｜ コロマンデル・タウン

この町がたどってきた変遷を如実に物語る貴重な写真が数多く展示されている。カウリの巨木を伐採した大きなノコギリや、金の採掘に使用したレトロな道具なども見応えがある。

ゴールドラッシュ時代の写真が多数展示されている

ドライビング・クリーク鉄道
Driving Creek Railway

Map P.356-A1

ドライビング・クリーク鉄道
住 380 Driving Creek Rd.
☎ (07) 866-8703
URL dcrail.nz
運 10:15、11:30、12:45、14:00、15:15、16:30発
(10〜4月は9:00発が増便。5人以上の場合は事前予約で増便あり)
休 無休 料 大人$35、子供$13

町の名物アトラクションとして人気を博しているのが、レール幅わずか38cmというこのミニ鉄道。もともとは土地所有者である陶芸家のバリー・ブリッケルが、陶芸のための土やパイン材を工房へ搬送するために作った手作りのトロッコ列車で、1975年にスタートした線路の建設は徐々に延長され、現在は全長約6km。標高165mの所にある展望台アイフル・タワー Eyeful Towerまで、トンネルや鉄橋を通りながらシダの生い茂る森の中をくねくねと進む。誰もが童心に返って楽しめる、変化に富んだ往復約1時間のツアーだ。

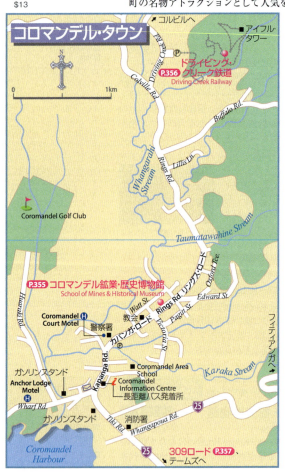

3つのトンネルや鉄橋を走る人気のミニ鉄道

356

309ロード
309 Road

Map P.354-B1〜2

　コロマンデル・タウンから南東へ約3km、国道25号線と分岐して内陸へ進む309ロードは、野趣あふれる見どころが詰まったルート。マーキュリー・ベイ地方への近道であるこの道路は、ほとんどが未舗装のダートロードだが、寄り道したくなるスポットが道沿いに散りばめられている。

ウオーターワークス　The Waterworks
　国道25号線との分岐点から4.7kmほど進んだ所にある、ファミリー向けの遊園地。遊園地といっても広い庭園内に点在するのはすべて"水"にまつわる手作りの遊具だ。水力のみで動く大時計やメロディアスな曲を奏でる水のジュークボックスなど、遊び心たっぷりのアイテムがいっぱい。子供のためのプレイグラウンドや無料で使用できるBBQエリアのほか、カフェもある。

キャッスル・ロック　Castle Rock
　森林地帯にまるで城砦のようにそびえ立つ岩山は、半島随一の絶景を望める場所として有名。ウオーターワークスを過ぎた所で左折し、さらに2.6kmほど進むと山の麓にたどり着く。頂上へ続く2時間ほどのトラックはところどころ急な区間があり、特に頂上付近はかなり傾斜がきついので、雨のあとや風の強い日などは十分注意しよう。

ワイアウ・フォールズ　Waiau Falls
　国道25号線との分岐点から7kmほど走ると、向かって左側にごく小さな駐車スペースがある。ここから始まる遊歩道を歩き出して間もなく、階段状に流れ落ちる美しい滝が現れる。滝の高さは約10m。標識がわかりにくいので注意。

カウリ・グローブ　The Kauri Grove
　ワイアウ・フォールズへの入口からさらに1kmほど進むとカウリの森の中にトレイルが設けられている。双子のカウリ、サイアミーズ・カウリ Siamese Kauriで有名なカウリをはじめ、トレイル沿いにカウリの大木が天高くそびえ、カウリの群生が望める展望スポットもある。トラックはDOCによる整備が行き届いており、1周約30分。

ほとんど伐採され大きなカウリは少ない

コルビル以北
Upper Area from Colville

Map P.354-A1

　コロマンデル・タウンの北、約25kmの所にある**コルビル Colville**は、半島最北端に位置する町。とはいえ、日用雑貨・食料品店、ガソリンスタンド、カフェを兼ねる名物商店「コルビル・ジェネラル・ストア Colville General Store」があるのみの小さな町だ。コルビルから半島最北端の湾、フレッチャー・ベイ Fletcher Bayまでは未舗装の道路が続く。ここから隣のストーニー・ベイStony Bayまでは約7km、片道3時間ほどのウオーキングコースが整備されいる。

ウオーターワークス
住 471, The 309 Rd.
☎ (07) 866-7191
URL thewaterworks.co.nz
開 5〜10月　10:00〜16:00
　 11〜4月　10:00〜18:00
休 無休
料 大人$25、シニア・学生$20、子供$20

309ロードとキャッスル・ロック

夏は泳ぐ人もいるワイアウ・フォールズ

2本が1本になったサイアミーズ・カウリ

ファミリー・ツリーと名付けられたカウリの群生

コルビル以北のツアー
Coromandel Discovery
住 39 Whangapoua Rd.
☎ (07) 866-8175
URL www.coromandeldiscovery.com
催 通年
料 大人$140、子供$95
　（1〜2人の場合は1人$300で催行）

北島
コロマンデル半島 | コロマンデル・タウン

コロマンデル半島

フィティアンガ&ハーヘイ
Whitianga & Hahei

オークランド
フィティアンガ&ハーヘイ

人口：4368人
（フィティアンガ）
URL www.whitianga.co.nz

おもなバス会社（→P.497）
インターシティ

ゴー・キーウィ・シャトル
TEL (07) 866-0336
FREE 0800-446-549
URL www.go-kiwi.co.nz
運 オークランド　13:15発
　　テームズ　　　15:15発
　　ハーヘイ　　　17:00着
　　フィティアンガ 17:15着
料 オークランド～ハーヘイ $79
　 オークランド～フィティアンガ $69

観光案内所 i SITE
Whitianga i-SITE Visitor Information Centre
Map P.359-A1
住 66 Albert St. Whitianga
TEL (07) 866-5555
URL www.thecoromandel.com
開 10～4月　　9:00～17:00
　 5～9月
　　月～金　　 9:00～17:00
　　土　　　　9:00～16:00
　　日　　　　9:00～14:00
休 無休

おもなシャトルバス会社
Cathedral Cove Shuttle
TEL 027-422-5899
URL cathedralcoveshuttles.co.nz
料 フェリー・ランディングから（片道）
　 クックス・ビーチ　　$15
　 ハーヘイ　　　　　　$38
　 カセドラル・コーブ　$50
　 ホット・ウオーター・ビーチ $58
　 1人あたりの料金（1～3人）
CC 不可

工房でカービング体験
マーキュリー・ベイ博物館に隣接するカービング工房では、プロの彫刻家に指導を受けながらマオリデザインのオリジナルアクセサリーを作ることができる。所要1時間30分～2時間。

ベイ・カービング
Bay Carving
Map P.359-A1
住 5 Coghill St.
TEL 021-105-2151
URL www.baycarving.com
催 通年
休 無休
料 $65～（要予約）

半島の東側、入り組んだ海岸線が続くこの地域はマーキュリー・ベイ Mercury Bayと呼ばれ、半島内でもひときわ明るくにぎやかな観光エリア。カヤックやダイビングなど、半島きってのマリンスポーツの盛んな土地でもある。その名は1769年にこの地を訪れたキャプテン・クックが、水星（マーキュリー）の観測をしたことに由来するという。

観光のベースとなるのが小さな町、フィティアンガ。大きなヤシの木が植えられたビーチ沿いに宿泊施設やレストランが林立し、リゾート気分も満点だ。

自然のなかで手軽にアクティビティを楽しめるのもマーキュリー・ベイの魅力

フィティアンガ&ハーヘイへのアクセス Access

オークランドからフィティアンガまで約202km。インターシティの長距離バスが1日2便運行しており、所要約4時間35分。直行便はなく、テームズで乗り換える。ゴー・キーウィ・シャトルGo Kiwi Shuttleが毎日オークランドとフィティアンガを1往復している。長距離バスの発着所は観光案内所アイサイト前。コロマンデル・タウンからは約45km。車の場合、半島を横断する309ロードで東海岸へ抜けるコースがあるが、途中未舗装の道を走る。

フィティアンガ&ハーヘイの 歩き方

観光の拠点となるフィティアンガは、小規模ながら年間を通して陽気なリゾートムードが漂う町。フィティアンガ・ワーフWhitianga Wharfから北へ延びるバッファロー・ビーチ Buffalo Beach沿いには、モーテルなどの宿泊施設が並ぶ。ショップや銀行、公共機関などは町の目抜き通り、アルバート・ストリートAlbert St.を中心とする一角に集中している。フィティアンガ・ワーフの対岸へはフェリーで5分ほど。町にバスなどの公共交通機関はないので、ハーヘイ方面の見どころは、レンタカーやシャトルバス、もしくはツアーを利用することになる。

ハーヘイは、フィティアンガから東へ約35kmの所にある静かなリゾート地。町の中心を走るハーヘイ・ビーチ・ロードHahei Beach Rd.沿いに小さなB&Bやホステルが点在する。この道の突き当たりにあるのがハーヘイ・ビーチ。ビーチから徒歩1時間ほどでカセドラル・コーブへ行けるウオーキングトラックもある。カセドラル・コーブは映画『ナルニア物語』のロケ地としても有名だ。ホット・ウオーター・ビーチへはハーヘイ・ビーチから約7km。

358

フィティアンガの見どころ

フェリー・ランディング
Ferry Landing

Map P.359-A1

フィティアンガ・ワーフの対岸、目と鼻の先に見えるフェリー・ランディングは、この地域一帯の地名。両岸を隔てるわずか100mほどの水路を乗客用のフェリーが行き来しており、これを利用しないと陸路で遠回りすることになるため、地元の人々の足として活躍している。フェリー乗り場の横には、1837年に建設されたオセアニアで最も古い石造りの波止場がある。

マーキュリー・ベイ博物館
Mercury Bay Museum

Map P.359-A1

フィティアンガの埠頭の向かいにある1979年創設の博物館。年間入場者数は6000人を超え、周辺の博物館のなかでは屈指の人気を誇る。1840年に難破し、その後バッファロー・ビーチの名前の由来にもなった貨物船「H.M.S. Buffalo」の写真をはじめ、マオリの先祖ともいわれる航海者クペがこの地に上陸したという紀元800年から現在にいたる貴重な展示がある。

町の歴史を垣間見る博物館

フィティアンガ・ロック
Whitianga Rock

Map P.359-A1

かつてこの地に住んでいたマオリの人々がパ（要塞）として利用していた場所。国内に数多く残る要塞跡地のなかでも、最も古いもののひとつとされており、ダイナミックな眺望が広がる頂上までは、看板がある岩山の麓から始まる遊歩道を歩いて約8分。山道のところどころで視界が開け、ビーチ沿いに広がるフィティアンガの町並みを眼下に望むことができる。

かつてマオリの人々により掘られた岩場を行く

フェリー会社
Whitianga Ferries Ltd.
(07)866-3462
URL whitiangaferry.co.nz
7:30～19:30、20:30～22:30
休無休
料片道大人$5、子供$3 往復大人$7、子供$5
10～15分間隔で運航。

フィティアンガとハーヘイを行き来するフェリー

マーキュリー・ベイ博物館
住11A The Esplanade, Whitianga
(07)866-0730
URL mercurybaymuseum.co.nz
開夏季 10:00～16:00
冬季 10:00～15:00
休無休、冬季は月
料大人$7.5、学生・シニア$6、子供無料

フィティアンガ・ロックへの行き方
フェリー・ランディングの駐車場の脇から坂を登る。標識に従って進めば迷うことはないが、滑りやすいので足元に注意。フェリー・ランディングから小さな入江のバック・ベイBack Bayまでは徒歩約2分。

木の間からフィティアンガ方面が望める

北島 / コロマンデル半島 / フィティアンガ＆ハーヘイ

**フィティアンガの
おすすめスポット
ロスト・スプリング
The Lost Spring**
Map P.359-A1
　フィティアンガの中心部にある温泉プール。温泉はオーナーが約20年の歳月をかけて地下644mから掘り当てたもので、湯温は38〜40℃とややぬるめ。野趣あふれる造りで、ラグジュアリーなリゾート気分を味わえる。レストランやスパ施設も併設している。
🏠 121A Cook Dr.
☎ (07) 866-0456
URL www.thelostspring.co.nz
営 日〜木　　9:30〜19:00
　　金〜土　　9:30〜21:00
休 無休
料 1時間30分 $45、
　半日 $60、1日 $80
　(入場は14歳以上)

施設の入口

カセドラル・コーブへの行き方
　車の場合、ハーヘイ・ビーチ・ロードを海に向かって進み、道路沿いにあるハーヘイ唯一のショップ、ハーヘイ・ジェネラル・ストアHahei General Storeを左折し、約1.5km行ったところに駐車場がある。ここからウオーキングトラックが整備されており、ジェムストン・ベイGemstone Bayまで約15分、スティングレイ・ベイStingray Bayまで約20分、カセドラル・コーブまで約40分。

トンネルの先に行く場合は、波にさらわれないよう注意

シェイクスピア・クリフ
Shakespeare Cliff
Map P.359-A1

右奥にはクックス・ベイが広がる

　海に向かって右にロンリー・ベイLonly Bay、左にフラックスミル・ベイ Flaxmill Bayを望むこのシェイクスピア・クリフは、海へ突き出すようにそそり立つ白い岩の断崖がシェイクスピアの横顔に見えるということからこのように呼ばれるようになった。駐車場から坂を上ると、緩やかな曲線を描くマーキュリー・ベイの海岸線を一望できる岬の先端へ到着する。ここにはキャプテン・クックの水星観測を記念する石碑がある。

ハーヘイの見どころ

カセドラル・コーブ
Cathedral Cove
Map P.359-A2

　ハーヘイ市街から北の海岸線は、長年にわたる波の浸食により複雑な地形を形成している。断崖の上に遊歩道が整備されており、入江にある波の穏やかなビーチや、沖に浮かぶ島々を眺めながらの散策が楽しめる。

ビーチとカセドラル・コーブ

長い階段を降りるとカセドラル・ビーチに到着。青い海とそそり立つ白い奇岩、サクラ貝の貝殻でピンクに染まるビーチが美しい景勝地だ。ビーチの左手のトンネル状になった岩がカセドラル・コーブで、トンネルの先にも小さなビーチがある。

ハーヘイ・ビーチ
Hahei Beach
Map P.359-A2

　海洋保護区域の先端に位置するハーヘイ・ビーチは、海水浴やマリンスポーツを楽しむ絶好のスポットとしてローカルにも愛されるビーチ。約1.5kmにわたって続く美しい海岸線は朝夕のビーチウオークにもぴったりだ。砂浜全体がふんわりとしたピンク色に輝いて見えるのは、白砂にたくさんのサクラ貝のかけらが混じっているため。ビーチ近くに栄えるハーヘイの町は、シーカヤックやクルーズなど、湾内を巡る各マリンアクティビティの拠点になっている。

緩やかな海岸線が続くハーヘイ・ビーチ

360

ホット・ウオーター・ビーチ
Hot Water Beach

Map P.359-A2外

ハーヘイから7kmほど南下した所にあるこのビーチは、砂浜を掘ると天然の温泉が湧き出すことで有名。しかしこの天然温泉が実現するのは、干潮の前後1時間程度。ビーチを訪れる前に、フィティアンガの観光案内所アイサイトで干潮時刻を確認しておこう。砂を掘るためのスコップはビーチ入口のショップ兼レストランでレンタル可。簡素ではあるが着替えもできるトイレや足洗い場がある。サーフィンスポットでもあるが潮の流れが強く、泳ぐ際には注意が必要。海上に旗が立っている場合は、そのエリア内でのみ遊泳が許可されている。

海遊びと天然温泉を一度に楽しめる

ホット・ウオーター・ビーチのショップ
Hotties
住 29 Pye Pl.
☎ (07)866-3006
営 4〜9月　10:00〜16:00
　 10〜3月　8:30〜21:00
休 無休
スコップのレンタル
料 $10

水着やサンダルなども販売している

北島　コロマンデル半島　フィティアンガ&ハーヘイ

フィティアンガ&ハーヘイの エクスカーション Excursion

湾内クルーズ
自称"探検家"というナイジェルさんが催行する湾内クルーズ。8人乗りのゴムボートで、鳥類の営巣地になっているモツエカ島やブロウホールなどの穴場を巡るワイルドなツアーだ。海洋保護区にも指定されるマーキュリー・ベイ一帯の魅力を堪能できる。所要約1時間。

Hahei Explorer
☎ (07)866-3910
URL haheiexplorer.co.nz
催 通年
料 Hahei Explorer Tour 大人$95、子供$50
CC MV

カセドラル・コーブ&ホット・ウォーター・ビーチ&シェクスピアクリフ・ツアー
コロマンデルの人気観光スポット、シェイクスピア・クリフ、カセドラル・コーブ、ホット・ウォータービーチを1日で回る贅沢なツアー。シェイクスピア・クリフからはフィティアンガのパノラマビューが堪能でき、ホット・ウォーター・ビーチではスコップで砂を掘り、自分のプールを作ることができる。2名以上で催行。所要約7時間。

Explore Paradise
☎ (07)869-5291
URL www.exploreparadise.co.nz
催 通年
料 大人$375、子供$75
CC MV

カセドラル・コーブ&アイランド・アドベンチャー
全長8.5mのボートに乗り、カセドラル・コーブや海洋保護区にある島々を訪れたあと、ハーヘイとホット・ウオーター・ビーチの間にある海岸沿いの個性的な風景を見学する。8:00、11:00、14:00出発で所要約2時間。観光案内所アイサイトでも申し込み可。

Whitianga Adventures
FREE 0800-806-060
URL whitianga-adventures.co.nz
催 通年
料 大人$80、子供$50
CC MV

フィティアンガ&ハーヘイの アクティビティ Activity

シーカヤック
点在する小島や、波の浸食でできた奇岩が個性的なマーキュリー・ベイ一帯はシーカヤックに最適。経験豊かなスタッフが案内してくれるので、初心者でも安心だ。ハーヘイ・ビーチを出発し、近くの島々を巡ってからカセドラル・コーブへ向かう。コーブではコーヒーを楽しむこともできる。所要3時間。

Cathedral Cove Kayak Tours
☎ (07)866-3877　FREE 0800-529-258
URL www.kayaktours.co.nz　催 通年　料 大人$115〜、子供$75〜　CC AJMV

361

タウランガ&マウント・マウンガヌイ
Tauranga & Mount Maunganui

人口：12万8200人
URL www.tauranga.govt.nz

航空会社（→P.497）
ニュージーランド航空

タウランガ空港
Map P.363-A1
(07)575-2456
airport.tauranga.govt.nz
空港から中心部までは約5km。タクシー、シャトルバス、またはベイ・ホッパー（→P.363）の#2を利用。

おもなバス会社（→P.497）
インターシティ

マウント・マウンガヌイまでのアクセス
シティ・リンク
FREE 0800-422-9287
URL www.baybus.co.nz
運
月〜金　6:40〜8:40
土・日　6:10〜8:20
料大人$3.4 子供 $2

タウランガの観光案内所 i-SITE
Tauranga i-SITE
Map P.363-B1
住 95 Willow St.
(07)578-8103
URL www.bayofplentynz.com
開 月〜日　　8:30〜17:00
　　祝　　　9:00〜17:00
休 無休

ベイ・オブ・プレンティ全体の情報を扱う

タウランガの海沿いのメインストリート

オークランドから南東へ約204km、北島の東海岸部に位置するこの地域はベイ・オブ・プレンティ地方Bay of Plentyと呼ばれる国内屈指のキーウィ・リゾート地。ベイ・オブ・プレンティという地名は、古くからカヌーを使ったマオリによる海上交通の中継地として発展したこの地を1769年に航海者ジェームス・クックがヨーロッパ人として初めて訪れ、"豊穣の湾"という地名を付けたことに由来する。年間を通して温暖な気候が続き、ドルフィンスイムをはじめとしたさまざまなマリンアクティビティを楽しめる。

また、肥沃な土壌によってニュージーランドを代表する果物、キーウィフルーツの約80％がこの地方で生産されている。この地方最大の町、タウランガはマオリ語で「囲まれた水、カヌーを休める安全な場所」という意味。国内最大規模の天然港としてさまざまな商船が往来し、今もなお活気にあふれている。

タウランガの対岸、ハーバー・ブリッジでつながるマウント・マウンガヌイは細長い半島状の陸地をふちどる砂浜と、その先端にある火山マウアオ（マウント・マウンガヌイ）を有する美しい町。リタイアした人々の邸宅や別荘が多く、ニュージーランド人の憧れのスポットでもある。北東側のパパモア・ビーチは約20km以上も続き、国内屈指の長さを誇る。

タウランガ&マウント・マウンガヌイへのアクセス Access

ニュージーランド航空がタウランガ空港Tauranga Airportまでオークランドからの直行便を運航しており、1日4〜8便、所要約40分。ウェリントンからは1日3〜5便、所要約1時間15分。空港からタウランガ中心部までは5kmほど。

インターシティの長距離バスが各都市とタウランガを結ぶ。オークランド〜タウランガ間は1日2〜3便、所要約4時間。ハミルトン〜タウランガ間も1日2便程度、所要約2時間。ウェリントン〜タウランガ間が1日1便、所要約9時間。タウポなどを経由する便もある。各都市からマウント・マウンガヌイまでの直行便はなく、タウランガ中心部までアクセスし、市内巡回バスのベイ・バスBay Busが運行するシティ・リンクCity Linkに乗り換える。

362

タウランガ&マウント・マウンガヌイの 歩き方

タウランガとマウント・マウンガヌイは1988年に完成したハーバー・ブリッジ Harbour Bridgeによって楽に行き来できるようになっている。車がなくてもベイ・ホッパーBay Hopperと呼ばれる市バスのベイ・ホッパー♯1、♯2がタウランガの中心部とマウント・マウンガヌイのふもとのマウント・ホット・プール（→P.364）を行き来している。

タウランガの市街地は細長い半島内に収まっている。メインストリートは海沿いのデボンポート・ロードDevonport Rd.だ。デボンポート・ロードに交わるザ・ストランドThe Strandやワーフ・ストリートWharf St.周辺にも、レストランやショップが集まっている。ビーチを楽しみたいならマウント・マウンガヌイへ行こう。

マウント・マウンガヌイ市街地のメインストリートは、マウアオの麓から延びるマウンガヌイ・ロード Maunganui Rd。特にマウアオ寄りがにぎやかで、リゾートホテル、レストラン、サーフショップなどが並ぶ。マウント・マウンガヌイの大きな魅力はどこからでも海とビーチが近いこと。宿泊施設もマウアオ寄りと、マリン・パレードMarine Pde.沿いに集中している。夏季や週末は早めの予約が望ましい。

町のシンボル、マウアオ

ベイ・ホッパー
FREE 0800-422-9287
URL www.baybus.co.nz
運 月～金　6:00～21:30頃
　　 土・日　6:00～19:00頃
　　（ルートによって異なる）
料 大人$3.4、子供$2
　 1日券
　 大人$7.8、子供$5.6

ヒストリック・ビレッジ
住 17 Ave. West
電 (07)571-3700
URL www.historicvillage.co.nz
開 ビレッジ　7:30～22:00
　 ショップ／カフェ
　 店舗によって異なる
休 ビレッジは無休、ショップ／カフェは店舗によって異なる
料 無料
交 タウランガ中心部からベイ・ホッパーのホスピタルリンク、♯59で約10分。

タウランガの 見どころ

ヒストリック・ビレッジ　Historic Village
Map P.363-B1

19世紀の植民地時代、タウランガに建てられた銀行や歯科医院、住居などの建物を移築したり、復元したりした、かわいらしいミニビレッジ。各建物はすべてチャリティーショップとなっており、ポッサム製品やウールセーター、ウッドカービングやジュエリーなど、手作りの商品が並べられている。平日はひっそりとしているが週末は開いている店が多くにぎわいを見せる。

コロニアルな木造の建物がかわいらしい

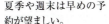

北島　コロマンデル半島　タウランガ&マウント・マウンガヌイ

森の中にひっそり残るモンマス砦

エルムス・ミッション・ハウス
住 15 Mission St.
☎ (07) 577-9772
URL www.theelms.org.nz
圏 10:00～16:00
休 無休
料 庭は無料
　家と図書館ツアー＝$15

木々に囲まれた小さな建物

マウアオへの行き方
　タウランガ中心部からはベイ・ホッパーの#1、#2で約20分。マウント・マウンガヌイ中心部からは#1、#30を利用。

パパモア・ビーチへの行き方
　タウランガ中心部からはベイ・ホッパーの#33で約50分。マウント・マウンガヌイ中心部からは#30を利用。

マウント・ホット・プール
住 9 Adams Ave.
☎ (07) 577-8551
URL mounthotpools.co.nz
圏 月～土　6:00～22:00
　　日　　 8:00～22:00
休 無休
料 大人$14.7、子供$9.4
交 タウランガ中心部からはベイ・ホッパーの#1、#2で約20分。マウント・マウンガヌイ中心部からは#1、#30を利用。

ウオーキング後のプールは気分爽快

ロビンズ・パーク
Robbins Park　　　Map P.363-A1

　市街地の北側、海側から一段高くなった場所にあるこの公園には歴史的な見どころがある。1860年代初頭、北島中央部のワイカト地方（ハミルトン周辺）で土地の所有を巡って、マオリとヨーロッパ人との間に勃発したマオリ戦争は、のちにタウランガに飛び火する。一連のマオリ戦争のなかでも最大の激戦のひとつ、ゲート・パGate Paの戦いである。公園の一角には、堤防状の盛り土をしたモンマス砦Monmouth Redoubtがある。1864年に造られたこの砦にイギリス人女性や子供たちが避難、オークランドへ脱出するための船を待ったという。
　公園下側には、かつてマオリが航海に使った大型カヌーを1973年に復元したテ・アワヌイ・カヌーTe Awanui Canoeがある。

エルムス・ミッション・ハウス
The Elms Mission House　　Map P.363-A1

　1838年、この地域に西洋人として最初に永住目的でやってきた、イギリス人伝道師の住居。ミッション・ハウスは1847年に建てられ、マオリ戦争中には、傷病者を収容する施設としても使われた。

マウント・マウンガヌイの見どころ

マウアオ（マウント・マウンガヌイ）
Mauao (Mount Maunganui)　　Map P.363-A1

　"ザ・マウント"の愛称でも呼ばれるマウント・マウンガヌイの町の名所。海に突き出した円錐形の山で標高は232m。周囲は平坦な地形で、特別な装備の必要なく登ることができる手軽なハイキングコースとなっている。かつてはマオリの要塞として使用されていた。頂上へは歩いて約30分。海沿いを一周する約45分のコースもある。頂上から見る360度のパノラマは最高だ。

メイン・ビーチ＆パパモア・ビーチ
Main Beach & Papamoa Beach　　Map P.363-A1, P.363-A1外

　町の北東に広がるメイン・ビーチは、外海側のためやや波があり、サーファーが多い。マウアオから離れたパパモア・ビーチは人も比較的少なく、のんびりできる。町の反対側のパイロット・ベイは内海、遠浅で海水浴にも適している。メイン・ビーチからモトウリキ島Moturiki Islandまでは徒歩10分ほど。波の荒いときは岩間から海水の噴き上がるブロウホールが見られる。

マウント・ホット・プール
Mount Hot Pools　　Map P.363-A1

　海水をろ過し、地下からの温水を用いた屋外温水プール。マウアオの山麓にあり、ウオーキング後にくつろぐのもおすすめ。マッサージも受けられる。

タウランガ&マウント・マウンガヌイの エクスカーション Excursion

スイム・ウィズ・ドルフィン・ツアー

ボートで野生のイルカの群れに接近し、一緒に泳ごう。移動中にブルー・ペンギンやニュージーランド・ファーシールが見られることも。ウエットスーツ、スノーケルなど装備の一式はレンタルできる。

Dolphin Seafaris
(07)577-0105　FREE 0800-326-8747
URL www.nzdolphin.com
営 11〜5月　料 大人$150、子供$110
CC MV

タウランガ&マウント・マウンガヌイの アクティビティ Activity

タンデム・スカイダイビング

小型飛行機から飛び出し、パラシュートでビーチに着陸するまで、ガイドと一緒で安心のタンデム・スカイダイビング。飛ぶ高さは高度1万と1万2000フィートを選ぶことができ、それによって料金も異なる。空を飛びながらマウント・ルアペフ、ホワイト・アイランドなどを眺められる。

Skydive Tauranga
(07)574-8533
URL www.skydivetauranga.com　営 通年
料 1万フィート$325
　 1万2000フィート$375
CC MV

サーフィン

ビギナーでも乗りこなしやすいように角が丸く危険の少ないサーフボードを使用して、わかりやすくレッスンしてくれる。初心者レッスンは毎日13:30〜、所要約2時間。ウエットスーツなどはレンタルできる。

Hibiscus Surf Lessons & Hires
(07)575-3792
URL surfschool.co.nz　営 通年
料 初心者レッスンは$79、プライベートレッスン$159　CC MV

タウランガ&マウント・マウンガヌイの アコモデーション Accommodation

マウント・マウンガヌイ

ビーチサイド B&B　Beachside B&B　Map P.363-A1

ラウンジから海が一望できる眺めのいいB&B。3種類の部屋があり、各部屋には専用のシャワールームがあるのもうれしい。親切でフレンドリーなホストジムとロレーヌが迎えてくれる。町の中心部までは約3km。ゲスト用バイクあり。

住 21B Oceanbeach Rd.
(07)574-0960
URL www.beachsidebnb.co.nz
料 S$105〜　D$125〜
客室 3　CC MV

マウント・バックパッカーズ　Mount Backpackers　Map P.363-A1

町の中心部に近く、日本人の利用も多い。館内にはトラベルデスクがあり、各種アクティビティを申し込める。インターネットカフェを併設。リーズナブルに済ませたい人におすすめ。

住 87 Maunganui Rd.
(07)575-0860
URL www.mountbackpackers.com
料 Dorm$26〜36　D$82
客室 40ベッド　CC MV

パパモア・ビーチ・リゾート　Papamoa Beach Resort　Map P.363-A1外

パパモア・ビーチに面したホリデーパーク。キャンプサイトからヴィラまで、さまざまな滞在スタイルが可能。客室や共用入浴施設はとてもきれい。町の中心部までは約10km。

住 535 Papamoa Beach Rd.　(07)572-0816　URL papamoabeach.co.nz
料 Camp1人$23〜　Cabin $99〜　Unit $159〜　Villa $193〜　客室 Camp260　Cabin9　Unit7　Villa19　CC MV

タウランガ

トリニティ・ワーフ　Trinity Wharf B&B　Map P.363-A1

タウランガ湾に面しており、海側の部屋からの景色は別格。ホテルには、イタリアンレストランも併設されており、タウランガ湾を眺めながら朝食からディナーまで楽しめる。

住 51 Dive Crescent, Tauranga
(07)577-8700
URL www.trinitywharf.co.nz
料 S T D $192〜
客室 120　CC ADJMV

ギズボーン
Gisborne

オークランド
ギズボーン

人口：3万6100人
URL gdc.govt.nz

航空会社（→P.497）
ニュージーランド航空

ギズボーン空港
Map P.367-A1外
住 Aerodrome Rd.
TEL (06)867-1608
URL www.eastland.nz
空港から町の中心部へはタクシーを利用する。

おもなタクシー会社
Gisborne Taxis
TEL (06)867-2222
FREE 0800-505-555

おもなバス会社（→P.497）
インターシティ／
ニューマンズ・コーチラインズ

観光案内所 SITE
Gisborne Visitor Centre
Map P.367-A1
住 209 Grey St.
TEL (06)868-6139
FAX (06)868-6138
URL tairawhitigisborne.co.nz
開 月～金　　8:30～17:00
　　土・日　　10:00～17:00
休 無休

イーストランド地方内の交通
ギズボーンから海岸線を北上したヒックス・ベイHicks Bayまで、シャトルバスが運行している。出発は観光案内所アイサイト前から。要予約。
Cooks Couriers
TEL 021-371-364
運 月～土　13:30～13:45発
（時季によって異なる）
休 日

高台に立つクック上陸記念碑

温暖な気候が魅力的な海沿いの町

北島の東岸、半島のように突き出た一帯はイーストランド地方Eastlandと呼ばれ、入り組んだ海岸線沿いにのどかな風景がどこまでも続くエリアだ。このイーストランド地方で最大の都市がギズボーン。都市としては国内で最も東端に位置しており、「世界最初の日の出」が見られる町でもある（ただしさらに日付変更線に近い太平洋の島国はある）。豊かな日照に恵まれ、良質なワインの産地としても有名だ。また、いい波が立つためサーファーたちにも人気が高い。

1769年10月、イギリス人航海者ジェームス・クックが、初のヨーロッパ人としてギズボーンに上陸した。しかし一行とマオリの人々との交流はうまくいかず、クックは期待した水や食料の補給ができなかった。そのときに付けられたポヴァティ・ベイPoverty Bay（不毛の湾）という名前が現在も残っている。

ギズボーンへのアクセス　　Access

飛行機はニュージーランド航空などが主要都市からギズボーン空港Gisborn Airportまで、直行便を運航している。オークランドから1日3～5便程度、所要約1時間。ウェリントンからは1日1～3便ほど、所要約1時間5分。空港は市街地の西約5kmに位置する。

長距離バスはインターシティ／ニューマンズ・コーチラインズがオークランドから直行便を運行。1日1便、所要約9時間15分。ウェリントンからは途中ネイピアを経由する便があり、1日1便、所要約9時間35分。バスは観光案内所アイサイト前に発着する。

ギズボーンの 歩き方

グラッドストーン・ロードGladstone Rd. がにぎやかなメインストリートであり、この通りと交差するピール・ストリートPeel St. 周辺にレストランやショップが集中する。グラッドストーン・ロード沿いの町の北西部にはモーテルが多く、ポヴァティ湾Poverty Bayに臨むワイカナエ・ビーチWaikanae Beach沿いにもホリデーパークとモーテルが点在する。

また、町なかにはジェームス・クックに由来するモニュメントなど、歴史にまつわるスポットが点在している（→P.368）。観光案内所アイサイトで配布している「A Historic Walk」を手に、散策してみるのもおもしろい。

ギズボーンの見どころ

タイラフィティ博物館
Tairawhiti Museum

Map P.367-A2

タルヘル川Taruheru River沿いに立つ博物館。この地域の地学、マオリ文化、ヨーロッパからの入植の歴史などを紹介している。ほかにもイギリス人航海者ジェームス・クックのギズボーン来訪に関するコーナーが充実。博物館の後ろには、1912年にギズボーン沖で沈んだ大型船、スター・オブ・カナダ Star of Canadaのブリッジなど、一部を引き揚げたものが展示されている。博物館前庭には、1872年の開拓時代に建てられた住居、ウィリー・コテージWyllie Cottageも公開されている。

ギズボーン・ワイン・センター
Gisborne Wine Centre

Map P.367-B2

「ニュージーランドのシャルドネの首都」と称されるほど、国内有数のワインの生産地として知られるイーストランド地方。ギズボーン周辺には16軒ほどのワイナリーがあり、センターではワイナリー価格で地域のワインを販売。ワインバーも併設しているので、飲み比べて気に入ったものを購入することができる。

タイラフィティ博物館
住 Kelvin Rise, Stout St.
電 (06)867-3832
URL www.tairawhitimuseum.org.nz
開 月～土　10:00～16:00
　 日　　　13:30～16:00
休 無休
料 大人$5、子供無料(12歳以下)

マオリ文化が色濃く残る町の歴史を展示する

ギズボーン・ワイン・センター
住 Shed 3, 50 Esplanade St.
電 (06)867-4085
URL gisbornewinecenter.co.nz
開 火～土　11:00～21:00
　 日　　　11:00～17:00
　 (時季によって異なる)
休 月

北島　ギズボーン　歩き方／見どころ

367

テ・ポホ・オ・ラウィリ
住 Queens Dr.
開 内部見学は要予約、観光案内所アイサイトで予約可。
料 無料

イーストウッドヒル森林公園
住 2392 Wharekopae Rd. RD2, Ngatapa
電 (06) 863-9003
FAX (06) 863-9093
URL eastwoodhill.org.nz
開
夏季 月〜金　8:30〜17:30
　　 土・日　9:00〜16:30
冬季 月〜金　9:00〜17:00
休 無休（ビジターセンター・ショップは冬季の土・日）
料 大人$15、子供$2
交 ギズボーン中心部から国道2号線を南へ進み、Wharekopae Rd.に入り、そこから約23km。

テ・ポホ・オ・ラウィリ
Te Poho O Rawiri
Map P.367-B2

カイティ・ヒルの北側にあるマラエ（マオリの集会所）。1930年に建てられた、国内最大級のものだ。近くにはマオリの小さな教会であるトコ・トル・タプ教会Toko Toru Tapu Churchもある。

芸術性の高い彫刻が見られる

イーストウッドヒル森林公園
Eastwoodhill Arboretum
Map P.367-A1外

ギズボーンから車で約30分、北アメリカやヨーロッパのオークから原生種まで、4000種ものさまざまな木々や低木、ツタ類を有する広大な公園。その種類の豊富さと広さで世界的にも名が知られており、四季を通してすばらしい景観を誇る。観光案内所アイサイトを起点とする6つのウオーキングトラックもあり、所要1時間から楽しめるので、森林散歩をする人も多い。

Column　太平洋の探検家ジェームス・クック

偉大なる航海者としての功績

キャプテン・クックとして知られるジェームス・クックJames Cook（1728〜79年）は、太平洋の探索に尽力したイギリス人航海者。1768年に帆船エンデバー号でイギリスを発ち、1769年10月にヨーロッパ人として初めて現在のニュージーランドに上陸した。その地がギズボーンの海岸だ。その後約6ヵ月にわたる入念な調査の結果、ほぼ正確なニュージーランドの地図を作り上げた。このときに名づけられた地名の多くが、現在も使用されている。以後ニュージーランドはイギリスの植民地となり、近代国家への歴史を歩み始めることとなった。クックはおよそ10年間にわたる3度の航海で太平洋の島々を調査し、当時信じられていた南方大陸「テラ・アウストラリス」の存在を否定した。しかし、補給のために立ち寄ったハワイ島で、先住民と争いが起こり殺害されてしまった。

クックの功績としてもうひとつ有名なのが、当時深刻だった壊血病の予防だ。船内を清潔に保ち、酢漬けキャベツや果物からビタミンCを摂取することで、ひとりも壊血病患者を出さなかったという。

クックにまつわる記念碑

ギズボーンには、ジェームス・クックにまつわる記念碑や像がいくつかあるので巡ってみよう。

ワイカナエ・ビーチに立つクック像（Map P.367-B1）は1999年に造られた比較的新しいもので、地球儀のような球形の台座裏に、3度の大航海のルートが刻まれている。

同じくワイカナエ・ビーチに立つのはヤング・ニックYoung Nick像。最初にニュージーランドの陸地を見つけた乗組員は、12歳の少年ニコラスだったのだ。この像は彼にちなんで名づけられたヤング・ニックス・ヘッドを指さして「陸地だ！」と叫んだ様子を表している。

実際にクックが上陸したのはカイティ・ビーチKaiti Beachで、湾内にエンデバー号を停泊し、ボートで上陸したと推測されている場所には記念碑が立つ（Map P.367-B1）。

ワイカナエ・ビーチにたたずむクック像

ギズボーンの レストラン — Restaurant

マリーナ・レストラン　The Marina Restaurant　Map P.367-A2

マリーナ公園内にある高級フレンチレストラン。歴史ある舞踏室を利用している店内は雰囲気がある。メインは$34～。メインにデザートが付いたランチのコース$40も好評。

住 Marina Park, 1 Vogel St.
電 (06) 868-5919　FAX (06) 868-5949　URL www.marinarestaurant.co.nz
営 火・水18:00～23:00　木～土12:00～14:00、18:00～23:00
休 日・月
CC AJMV

ワークス　The Works　Map P.367-B2

インナーハーバーに面した歴史的な建物を利用し、盛りつけも洗練されたニュージーランド料理を提供する。ディナーのメイン料理は$35前後。シャルドネをはじめ、料理によく合うローカルワインも取り揃えている。

住 41 Esplanade St.
電 (06) 868-9699
FAX (06) 868-9897
営 10:00～21:00
休 無休
CC MV

ギズボーンの アコモデーション — Accommodation

エメラルド・ホテル　Emerald Hotel　Map P.367-A2

町の中心部にあり、食事や買い物に便利なロケーション。客室はシンプルながら高級感のある造りで、専用バルコニーが付いたリバービューの部屋も。スパ、レストランもある。

住 13 Gladstone Rd.　電 (06) 868-8055　FREE 0800-363-7253
FAX (06) 868-8066
URL emeraldhotel.co.nz
料 ⓈⒹⓉ$170～　室49　CC ADMV

ポートサイド　Portside Hotel　Map P.367-B1

ポヴァティ湾を望む静かな立地。半数以上の客室がハーバービューになっており、シングルから広々としたリビングとキッチンの付いたスイートまでさまざま。ジムやプールも完備している。ロビーはラグジュアリーな雰囲気。

住 2 Reads Quay　電 (06) 869-1000　FREE 0800-767-874
URL www.heritagehotels.co.nz/hotels/portside-hotel-gisborne
料 ⓈⒹⓉ$165～650　室56　CC AJMV

ウィスパリング・サンズ・ビーチフロント・モーテル　Whispering Sands Beachfront Motel　Map P.367-A・B1

全室ビーチに面しており、2階の客室はバルコニー付き。1階からはビーチまでそのまま歩いていける。全室に冷蔵庫、キッチン、テレビ完備で長期滞在にもおすすめ。

住 22 Salisbury Rd.　電 (06) 867-1319　FREE (0800) 405-030
FAX (06) 867-6747　URL www.whisperingsands.co.nz
料 ⓈⒹⓉ$170～220　室14　CC ADJMV

ワイカナエ・ビーチ・モーテル　Waikanae Beach Motel　Map P.367-A1

モーテルが立ち並ぶソールズベリー・ロードSalisbury Rd.にあり、ワイカナエ・ビーチまでは徒歩約1分。シンプルな客室は落ち着いた雰囲気。リクエストすれば、ベーコンエッグなどの朝食$10～も作ってくれる。

住 19 Salisbury Rd.　電 (06) 868-4139　FREE 0800-924-526
FAX (06) 868-4137　URL www.waikanaebeachmotel.co.nz
料 ⓈⒹⓉ$100～160　室15　CC ADJMV

フライング・ナン・バックパッカーズ　Flying Nun Backpackers　Map P.368-A1

修道院だった建物を利用した、"空飛ぶ尼さん"というユニークな名前のホステル。町の中心部から約1.5kmと少し離れた静かな住宅地に立つ。シーツや毛布は別途$2。TVラウンジとBBQエリアがある。

住 147 Roebuck Rd.　電 (06) 868-0461　URL www.bbh.co.nz
料 Dorm$25～　Ⓢ$40～
ⒹⓉ$60～　室15　CC 不可

YHA ギズボーン　YHA Gisborne　Map P.367-B2

川を越えた所にあり町の中心部からは徒歩約15分。長期滞在のサーファーに人気がある。ランドリーやBBQのできる広い庭がある。レセプションは8:00～10:00、16:00～20:00の営業。

住 32 Harris St.
電 (06) 867-3269
URL www.yha.co.nz
料 Dorm$29～　Ⓢ$52～
ⒹⓉ$68～　40ベッド
CC MV

北島　ギズボーン　見どころ／レストラン／アコモデーション

キッチン(全室)　キッチン(一部)　キッチン(共同)　ドライヤー(全室)　バスタブ(全室)
プール　ネット(全室／有料)　ネット(一部／有料)　ネット(全室／無料)　ネット(一部／無料)

ネイピア
Napier

人口：6万2800人
URL www.hawkesbaynz.com

航空会社（→P.497）
ニュージーランド航空

ホークス・ベイ空港
Map P.371-A2外
☎(06)834-0742
URL hawkesbay-airport.co.nz
　空港から中心部まではエアポートシャトルを利用できる。

エアポートシャトル会社
Super Shuttle
FREE 0800-748-885
URL www.supershuttle.co.nz
料 空港↔市内中心部
1人 $20
2人 $25
3人 $30

おもなバス会社（→P.497）
インターシティ／
ニューマンズ・コーチラインズ

長距離バス発着所
Map P.372-A1
住 12 Carlyle St.

観光案内所 i-SITE
Napier i-SITE
Map P.372-A1
住 100 Marine Pde.
☎(06)834-1911
FREE 0800-847-488
FAX (06)835-7219
URL www.napiernz.com
時 9:00～17:00
　（時季により異なる）
休 無休

美しい海岸沿いに開けたネイピアは開放的な雰囲気が漂う明るい町だ。アールデコ様式の建築物が軒を連ね、独特の美しさを誇っている。これ

アールデコ様式の建物が軒を連ねるクラシックな町並み

は、1931年2月3日にこの地域一帯に大地震が発生し、町が壊滅的な打撃を受けたあと、当時流行していたアールデコ様式を取り入れた町造りが進められたためだ。現在でも「アールデコの首都」と呼ばれており、毎年2月には「アールデコ・ウイークエンド」が開催され、1920～30年代のファッションに身を包んだ人であふれかえる。ネイピアは19世紀のヨーロッパ人入植以来、港町として繁栄してきた。木材、羊毛、食料品などの世界的な積み出し港があり、日本の製紙会社のパルプ供給基地でもある。この町の名前に由来したティッシュペーパーの商品名を、聞いたことがあるのではないだろうか。また、ネイピアを中心とした東海岸ホークス・ベイHawke's Bay地方は、ニュージーランドきっての良質なワイン産地でもある。美しいブドウ畑が広がるこの地を訪れたなら、ぜひ数多くあるワイナリー巡りを楽しみたい。

ネイピアへのアクセス　Access

　飛行機はニュージーランド航空が国内のおもな都市から運航しており、オークランドからは1日7～10便、所要約1時間。ウェリントンから1日3～5便、所要約1時間。クライストチャーチからは1日2～3便、所要約1時間30分。ジェットスター航空もオークランドから1日1～3便運航。最寄りのホークス・ベイ空港 Hawkes Bay Airportは市街地の北、約7kmに位置する。
　バスはインターシティ／ニューマンズ・コーチラインズが運行。経由便を含めオークランドから1日1～5便、所要7時間～12時間50分。ウェリントンから1日2～4便、所要5時間40分～6時間。

ネイピアの歩き方

　町の中心はエマーソン・ストリート Emerson St.。背の高いヤシの木が並ぶ500mほどの通りが、ショッピングモールになっている。この通りを中心に、美しいアールデコ様式の建物が多数立っている。海岸沿いに延びる風光明媚なマリン・パレード Marine Pde.も、のんびり散歩するのに最適だ。通り沿いにはB&Bやモーテルが並ぶ。また、町の西側、アフリリAhuriri地区は、再開発が進みおしゃれなレストランが多い。

ネイピアの観光案内所
アイサイト

ネイピアの見どころ

アールデコ・ウオーク
Art Deco Walk

　1931年の大地震によって町が崩壊し、復興に当たり当時流行していたアールデコ様式の建築物が多く建てられたことから、ネイピアは別名アールデコ・シティと呼ばれる。町歩きには、観光案内所アイサイトで無料のシティマップを入手、もしくは広域地図$8.99が購入できる。アールデコ・トラストThe Art Deco Trustが行うガイド付きツアーもおすすめ。アールデコ・ショップThe Art Deco Shopでは、グッズや書籍などの販売も。

　また毎年2月の第3週目の週末に開催されるアールデコ・フェスティバルでは、ジャズコンサート、クラシックカー・パレードなどでにぎわう。1920〜30年代のファッションで参加する人々も多い。期間中の宿の予約はお早めに。

ビデオを見たあとでの学習とウオーキングのツアー

アールデコ・ツアー
アールデコ・トラスト
☎ (06) 835-0022
FREE 0800-427-833
URL www.artdeconapier.com
モーニング・ウオーク
催 アールデコ・ショップ前から10:00発、11:00発(夏季のみ)
料 大人$24、子供$5
アフタヌーン・ウオーク
催 アールデコ・ショップ前から14:00発
料 大人$26、子供$5
イブニング・ウオーク
催 アールデコ・ショップ前から16:30発(夏季のみ)
料 大人$25、子供$5

アールデコ・ショップ
Map P.372-A1
住 7 Tennyson St.
☎ (06) 835-0022
営 9:30〜16:30　休 無休

かわいい雑貨が揃う

北島／ネイピア　歩き方／見どころ

371

ニュージーランド国立水族館
ニュージーランド国立水族館
National Aquarium of New Zealand

Map
P.372-B1

住 Marine Pde.
☎ (06) 834-1404
URL www.nationalaquarium.co.nz
開 9:00〜17:00
　（最終入場は〜16:30）
休 無休
料 大人$23、子供$11.5
ペンギン餌やりショー
開 9:30、13:30、15:30
クロース・エンカウンター・ウィズ・リトル・ペンギン
開 9:00、13:00
料 $130（要予約）

トンネル水槽の中を歩いて行く

魚はもちろん、トゥアタラやキーウィといったニュージーランドならではの動物も見られる水族館。一番の見どころは、全長50mのガラス張りのトンネルが設けられた、深さ3mの大水槽。大きなサメやエイが頭上を泳ぐ様子を、動く歩道に乗って見学できる。ダイバーが水槽の中で魚たちに餌をやるショーや、愛らしいペンギンに餌をあげ、間近で触れ合えるプログラム、クロース・エンカウンター・ウィズ・リトル・ペンギンClose Encounters with Little Penguinsも実施している。

ホークス・ベイ博物館＆劇場＆美術館
ホークス・ベイ博物館＆劇場＆美術館
Museum, Theatre, Gallery Hawke's Bay

Map
P.372-A1

住 1 Tennyson st.
☎ (06) 835-7781
URL www.mtghawkesbay.com
開 9:30〜17:00
休 無休
料 無料

観光案内所アイサイトの近くにあり便利

美術館、劇場、ギャラリーの複合施設。マオリの装飾品、地元アーティストの作品、近代の工業デザインなど幅広いジャンルの作品が展示されている。また、1931年2月3日の大地震に関する貴重な記録も必見だ。そのほか劇場も併設している。

パニアの像
パニアの像
Pania of the Reef

Map
P.372-A1

マリン・パレード沿いに立つのが、マオリの首飾りを付けた美しい少女パニアの像。この像には悲しい恋の伝説がある。海の民の娘パニアはマオリ族の青年カリトキと恋に落ち、陸で暮らすことにした。しばらく時が経ち、夫が長く戦争に出ている間にパニアは一度海に戻る。しかしもう一度陸に上がろうとしたところ海の王の怒りを買ってしまい、岩棚に姿を変えられて二度と愛する人のもとに帰れなくなってしまったのだ。

マリン・パレード沿いの公園にたたずむパニアの像

ネイピア中心部

ホークス・ベイ・サイクルトレイル
Hawke's Bay Cycle Trail

Map P.372-A1

ネイピア周辺に設けられた全長200km以上に及ぶサイクリングロード。ワイナリーを巡る36～47kmのコースやケープ・キッドナッパーズ（→P.374）へ続く海沿いのルートなど、ホークス・ベイの絶景と見どころを押さえた道が整備されている。自転車のレンタルスポットや途中で休憩できるカフェ、公衆トイレの場所などが記載された無料のルートマップは観光案内所アイサイトで入手できる。

自転車でのツアーなどもある

ネイピア・シティバイクハイヤー＆ツアーズ
住117 Marine Pde.
☎021-959-595
FREE 0800-245-344
URL www.bikehirenapier.co.nz
営10:00～16:00
（時季によって異なる）
料自転車レンタル1時間$20～
CC MV

平坦で走りやすい道が多い

オーシャン・スパ
Ocean Spa

Map P.372-A1

マリン・パレード沿いに立つスパ施設。ふたつの大きなレジャープールや25mプールがあり、家族連れでも楽しめる。スチームルームやサウナなども揃うので、のんびり過ごしたい人にもおすすめだ。

海を眺めながら楽しめる

オーシャン・スパ
住42 Marine Pde.
☎(06)835-8553
URL www.oceanspanapier.co.nz
営月～土 6:00～22:00
日・祝 8:00～22:00
休無休
料大人$10.7、子供$8

町の中心部からアクセスしやすい

ブラフ・ヒル
Bluff Hill

Map P.371-A2

市街地の北側にある丘が展望地となっており、丘の頂上からは、足元にネイピア港とホークス・ベイの長い海岸、そして遠く青い海の奥にはケープ・キッドナッパーズ（→P.374）も望むことができる。晴れた日の景色は、非常にすばらしい。

丘の上周辺一帯には、イギリス人入植者たちの建てた木造の家が地震の被害を免れて多く残っているので、地震以前のネイピアの町並みが想像できるだろう。

ブラフ・ヒルからネイピア港を見下ろす

ブラフ・ヒルへの行き方
徒歩の場合、マリン・パレード北側からクート・ロード Coote Rd.に入り、トンプソン・ロード Thompson Rd.で右折。案内標識に従って道なりに約30分。後半はかなりの急坂になる。途中から森の中を通る歩道もある。日没以降は、展望台へのゲートが閉められるので注意。

Napier Prison Tours
住55 Coote Rd.
☎(06)835-9933
URL www.napierprison.com
営9:00～17:00
料大人$20、子供$10

ブラフ・ヒルにある元刑務所では、日本語オーディオガイドと地図を借りて、独房や牢屋などを個人で回るツアーが催されている。囚人番号を持って撮る顔写真も人気。

北島 ネイピア 見どころ

373

ケープ・キッドナッパーズ へのツアー
Gannet Beach Adventures
☎(06) 875-0898
FREE 0800-426-638
URL www.gannets.com
催 10～4月
料 大人$48、学生$37、子供$26

大きなトレーラーで浜辺を進んでいく

ケープ・キッドナッパーズ
Cape Kidnappers

Map P.371-B2外

マリン・パレードからも望むことができるケープ・キッドナッパーズは、ネイピア市街から30kmほど南にある岬。この地は、ガネット（カツオドリ）の繁殖地として保護されている。カツオドリが見られるベストシーズンは、11月上旬にヒナが産まれてから2月下旬までの子育ての時季。7月から10月までは、営巣期のため立ち入り禁止になるので注意。

カツオドリが見られるコロニー（営巣地）は岬の手前と、岬の先端の休憩所から徒歩20分ほどの所にある。ツアーに参加して見るのが一般的だが、道路の終点クリフトンから約8kmの砂浜を片道約2時間かけて歩くことも可能だ。クリフトンからコロニーまで歩けるのは干潮時のみなので、必ず観光案内所アイサイトで満潮時刻の確認と出発時間の相談をしておこう。

Column　アールデコ・シティ、ネイピア

大地震の災害のあと、人々が協力し合って復興を遂げたネイピアの町。一つひとつの建物を眺めながら、散策を楽しもう。

T&Gビルディング　Map P.372-A1
T&G Building

1935年の建築。銅製のドームと時計台が美しい。当初は禁酒者用の保険を扱う会社が所有していたが、現在はレストランや宿泊施設として利用されている。

旧ナショナル・タバコ・カンパニー　Map P.371-A2
National Tabacco Company Building

徒歩で30分ほどの市街地から少し離れた所に立っている。内部の装飾も美しい。

ASB銀行　Map P.372-A1
ASB Bank

1932年建造。以前はニュージーランド銀行、現在はASB銀行のネイピア支店として利用されている。マオリのモチーフとアールデコが絶妙に融合しており、内部も必見。

旧ホテル・セントラル　Map P.372-A1
The Former Hotel Central

エマーソン・ストリート沿いにあり、ネイピアでも指折りの規模を誇るアールデコ建築。現在は店舗が入っている。

アールデコ・マソニック・ホテル　Map P.372-A1
Art Deco Masonic Hotel

1932年に建て替えられ、現在もホテルとして営業している（→P.378）。モダンな外観が印象的。趣のあるロビーには当時の調度品が数多く残されている。

旧デイリー・テレグラフ社　Map P.372-A1
The Daily Telegraph Building

かつて新聞社デイリー・テレグラフの社屋として使用されていた。典型的なアールデコ様式を取り入れている。

ミッション・エステート・ワイナリー&チャーチ・ロード・ワイナリー
Mission Estate Winery & Church Road Winery
Map P.371-A～B1

　ホークス・ベイ地方に70軒以上点在するワイナリーのなかでも、特に有名なのがミッション・エステート・ワイナリーMission Estate Winery。1851年にフランス人宣教師によって設立されたニュージーランド最古のワイナリーだ。数々の受賞歴を誇るワインは、併設のセラードアで試飲（有料）できる。庭から眺めるブドウ畑の風景や、レストラン（→P.376）も評判がいい。また、600mほど南には、国内で2番目に古いチャーチ・ロード・ワイナリーChurch Road Wineryがある。ここではワイナリーツアーを開催しており、スタッフの解説を聞きながら、ワイン醸造所やブドウ畑、熟成樽倉庫、地下のワイン博物館などを見学することができる。

神学校としても使われてきたミッション・エステート・ワイナリーの建物

シルキー・オーク・チョコレート・カンパニー
The Silky Oak Chocolate Company
Map P.371-B1

チョコレートについて楽しく学べる

　ベルギーからチョコレートを輸入して加工製造している、チョコレート工場。敷地内には、南半球で唯一のチョコレート博物館があり、チョコレートの歴史などを紹介している。また、ショップではさまざまなチョコレートを販売しているほか、隣にはカフェもある。おすすめのメニューは、ものすごく濃いホットチョコレートにチリパウダーのかかったホットチョコレート・エクストリーム・ウィズ・チリHot Chocolate Extreme with Chilli＄6。

アラタキ・ハニー・ビジターセンター
Arataki Honey Visitor Centre
Map P.371-B2外

　アラタキ・ハニーはニュージーランド随一のシェアを誇るハチミツメーカー。ホークス・ベイ地方で生産しており、中心部から南へ約22kmの所にビジターセンターがある。ハチの生態や花の種類、生産工程などについての展示があるほか、実際に生きたハチのいる巣から女王バチを探したり、蜜ろうを顕微鏡で見たりと、感覚的にも学ぶことができる。また、約10種類のハチミツを試食できるコーナーが人気。ショップも併設している。

マヌカやクローバーなどさまざまな味が楽しめる

北島 ネイピア 見どころ

ミッション・エステート・ワイナリー
住198 Church Rd.,Taradale
TEL(06) 845-9350
URL missionestate.co.nz
開月～土　9:00～17:00
　日　　10:00～16:30
休無休
試飲
料＄6
　5～6種類のワインテイスティングとミッション・エステート特製グラス付き。

チャーチ・ロード・ワイナリー
住150 Church Rd.,Taradale
TEL(06) 833-8225
URL www.church-road.co.nz
開10:30～16:30
休無休
ワイナリー&博物館ツアー
住15:00発
料＄35（試飲含む）

ワイン樽がずらりと並ぶ貯蔵庫

シルキー・オーク・チョコレート・カンパニー
住1131 Links Rd.,Hastings
TEL(06) 845-0908
URL silkyoakchocs.co.nz
開月～木　9:00～17:00
　金　　　9:00～16:00
　土・日　9:00～16:00
　（博物館とカフェは16:00まで、冬季月～金の博物館は15:00まで営業）
休無休
交市バスGo Bay Busの#12で所要約30分。
博物館
開ショップに準ずる
　（最終入場は～15:30）
料大人＄8.5、子供＄5
シルキー・オーク・カフェ
営ショップに準ずる

アラタキ・ハニー・ビジターセンター
住66 Arataki Rd., Havelock North
TEL(06) 877-7300
URL aratakihoneyhb.co.nz
開9:00～17:00
休無休
料無料

1944年創業の老舗

ネイピアの エクスカーション — Excursion

ホークス・ベイ・ワイナリー・ツアー

ニュージーランドの一大ワイン産地、ホークス・ベイで人気のエクスカーションのひとつ。半日ツアーで2軒、1日ツアーで3〜4軒のワイナリーを訪ねる。同様のツアーを開催する会社は多いので、観光案内所アイサイトで確認しよう。

Bay Tours & Charters
TEL (06) 845-2736　FREE 0800-868-742
URL www.baytours.co.nz　営 通年
料 半日 $135〜　1日 $215〜　CC MV

ネイピア・ローカルツアー

自転車に乗り、ガイドの案内でネイピアの見どころを巡るツアー。アールデコ様式の町並み、美しいコースタルエリアのアフリリ、ストリートアートなどを見学する。走行距離は約12km。電動自転車も$20でレンタル可能。

FISHBIKE
住 26 Marine Pde.　TEL (06) 833-6979
FREE 0800-131-600　URL fishbike.co.nz
営 通年（10:30、14:00の1日2回出発）　料 $75　CC MV

ワイン&ビールツアー

ホークス・ベイの名ワイナリー3軒を訪ねて見学とテイスティングをし、さらに地元で人気のエールハウスでクラフトビールとシードル（リンゴ酒）を味わうツアー。ブドウ畑が広がる田園風景も楽しめる。所要約4時間。

Hawkes Bay Scenic Tours
住 2 Neeve Pl.　TEL (06) 844-5693　URL www.hbscenictours.co.nz
営 通年（12:00出発、冬季に1週間程度の休みあり）
料 $125　CC MV

ネイピアの レストラン — Restaurant

パシフィカ　Pacifica　Map P.372-B1

数々の受賞歴をもつ、おしゃれなレストラン。ホークス・ベイで捕れた新鮮な魚介を無国籍風にアレンジした料理が自慢。セットメニューは5品で$65。ワインリストも豊富。こぢんまりとした店なので予約が望ましい。

住 209 Marine Pde.
TEL (06) 833-6335
URL pacificarestaurant.co.nz
営 18:00〜23:00（時季によって異なる）　休 日・月　CC ADMV

カフェ・テニソン+ビストロ　Café Tennyson + Bistro　Map P.372-A1

アールデコ風のインテリアがおしゃれな店内。アオラキサーモンのエッグベネディクト$19.9が人気。コーヒーや紅茶はオーガニック。

住 28 Tennyson St.
TEL (06) 835-1490
営 7:00〜17:00（14:00L.O.）
休 無休　CC MV

ミッション・エステート・ワイナリー・レストラン　Mission Estate Winery Restaurant　Map P.371-A1

ワイナリー（→P.375）に併設のレストラン。ラム肉やシカ肉をメインにした料理はどれもワインによく合う。予算はランチ$30〜、ディナー$40〜。地元客にも人気なので予約がおすすめ。

住 198 Church Rd.　TEL (06) 845-9354　FAX (06) 844-6023
URL missionestate.co.nz
営 11:30〜Late
休 無休　CC MV

エンポリウム　Emporium　Map P.372-A1

シェフはビーフ&ラム・アンバサダーに選ばれた実力派で、12時間煮込んだラム$36やリブアイステーキ$37など肉料理に定評がある。

住 Tennyson St. & Marine Pde.
TEL (06) 835-0013
URL emporiumbar.co.nz
営 7:00〜23:00
休 無休　CC MV

ネイピアの アコモデーション　Accommodation

シーニック・ホテル・テ・パニア
Scenic Hotel Te Pania　Map P.372-A1

マリン・パレード沿いに曲線を描くようにして立つ、全面ガラス張りの近代的な外観の高級ホテル。全室エアコンを完備しており、ほとんどの客室からはホークス・ベイを望める。

住 45 Marine Pde.
☎(06) 833-7733
FREE 0800-696-963
URL www.scenichotelgroup.co.nz
料 ⓈⒹⓉ$185～
室 109　CC ADJMV

アールデコ・マソニック・ホテル
Art Deco Masonic Hotel　Map P.372-A1

観光案内所アイサイトからすぐの所に立つ、アールデコ様式のホテル（→P.374）。客室ごとに異なるインテリアで、どれもモダンな雰囲気。共同のバルコニーは広々として気持ちいい。レストランやアイリッシュパブを併設。

住 Tennyson St. & Marine Pde.
☎(06) 835-8689
URL masonic.co.nz
料 ⓈⒹⓉ$189～1199
室 43　CC AMV

ナビゲート・シーサイド・ホテル&アパートメント
Navigate Seaside Hotel & Apartments　Map P.371-A2

アフリリ地区にできた新しいホテル。客室は広々としており、最新の設備を備える。1階は中庭、2階以上は海の見えるバルコニー付き。周辺にはカフェやギャラリーなどがある。

住 50 Waghorne St.　☎(06) 831-0077　FAX (06) 831-0079
URL navigatenapier.co.nz
料 Ⓢ$185～　ⒹⓉ$205～
室 28　CC AMV

モーテル・ド・ラ・メール　Motel de la Mer　Map P.372-B1

客室ごとに異なる豪華なインテリアと、広々とした造りが魅力。ほとんどがスパバス付きで、海を望むバルコニー付きの部屋もある。ファミリータイプやバリアフリーの客室も備える。

住 321 Marine Pde.
☎(06) 835-7001
FREE 0800-335-263
FAX (06) 835-7002
URL www.moteldelamer.co.nz
料 ⓈⒹⓉ$160～　室 11　CC MV

ペブル・ビーチ・モーターイン
Pebble Beach Motor Inn　Map P.372-B1

国立水族館近くにあるスタイリッシュなモーテル。スイートルームはスパバスを完備。ストゥディオもキングサイズのベッドで快適に過ごせる。バルコニーからは海が見渡せ、爽快感も抜群。

住 445 Marine Pde.　☎(06) 835-7496　FREE 0800-723-224
FAX (06) 835-2409
URL pebblebeach.co.nz
料 ⓈⒹⓉ$199～　Family Unit $249～　室 25　CC ADMV

バリーナ・モーテル
Ballina Motel　Map P.371-B1

ワイナリーが点在するエリアにある、ラグジュアリーなモーテル。中心部からは車で10分ほど。アメニティや寝具にもこだわっており、快適に過ごせる。オーナーは周辺の観光に精通しているので気軽に相談してみよう。高速Wi-Fiも完備。

住 393 Gloucester St.　☎(06) 845-0648　FREE 0508-225-542
URL www.ballinamotel.co.nz
料 ⒹⓉ$155～　室 16
CC ADJMV

クリテリオン・アールデコ・バックパッカーズ
Criterion Art Deco Backpackers　Map P.372-A1

築80年以上の建物を利用したバックパッカーズ。部屋はシンプルだが、シャンデリアやアーチ型の窓を備えたロビーはアールデコ調でおしゃれ。グループでの1部屋貸し切りもOK。

住 48 Emerson St.
☎(06) 835-2059　URL criterionartdeco.co.nz　Dorm$22.99～
Ⓢ$39.99～　ⒹⓉ$49.99～
室 63ベッド　CC MV

アーチーズ・バンカー　Archies Bunker　Map P.372-A1

アールデコ建築を利用したバックパッカーズ。広いラウンジには無料で使えるビリヤード台が置かれ、くつろげるテラスやBBQ設備を用意。マオリ語とマオリ文化を学ぶツアーも主催する。

住 14 Herschell St.
☎(06) 833-7990
URL www.archiesbunker.co.nz
料 Dorm $22～　Ⓓ$62～
Family Room $105～
室 48ベッド　CC AJMV

377

ニュー・プリマス
New Plymouth

オークランド
ニュー・プリマス

人口：7万4184人
URL www.newplymouth
nz.com

航空会社（→P.497）
ニュージーランド航空

ニュー・プリマス空港
Map P.379-A2外
TEL (06) 759-6594
URL www.nplairport.co.nz
　空港から中心部まではエアポートシャトルを利用。

エアポートシャトル会社
Scott's Airport Shuttle
TEL (06) 769-5974
FREE 0800-373-001
URL www.npairportshuttle.co.nz

おもなバス会社（→P.497）
インターシティ／
ニューマンズ・コーチラインズ

長距離バス発着所
Map P.379-A1
住 19 Ariki St.

観光案内所 SITE
New Plymouth
i-SITE
Map P.379-A1
住 Puke Ariki, 65 St. Aubyn St.
TEL (06) 759-0897
FREE 0800-639-759
URL visitnewplymouth.nz
開 月〜金　9:00〜18:00
　 土・日、祝　9:00〜17:00
休 無休

長さ45mもあるウインド・ワンド。風向きに合わせて動く

やわらかな陽光が心地よい海沿いの遊歩道

ニュー・プリマスは北島南西部、タズマン海に突き出た半島上に位置する。その恵まれた地形により、一帯のいくつかのポイントに年間を通して常時高い波があり、サーファー、ウインドサーファーの憧れの地とされている。また、多くのプロ級ライダーのベースにもなっており、世界的にも知られている場所だ。

町の南方には、北島第2の高峰マウント・タラナキMt. Taranaki（別名マウント・エグモントMt. Egmont）がそびえている。日本の富士山に似た美しい形をしており、登山やスキーの対象としても人気が高く、周辺はエグモント国立公園に指定されている。一帯のタラナキ地方は、トム・クルーズ主演の映画『ラスト サムライ』のロケ地としても注目を集めた。

ニュー・プリマスはこの地方の中心都市であるほか、国内のエネルギー資源の中心という顔ももつ。

ニュー・プリマスへのアクセス Access

　飛行機はニュージーランド航空がニュー・プリマス空港 New Plymouth Airportまでオークランドやウェリントンなどから直行便を運航。オークランドから1日6〜9便、所要約50分。ウェリントンからは1日1〜4便、所要約55分。空港は中心部の東約12kmの所にある。

　長距離バスはインターシティ／ニューマンズ・コーチラインズのバスが運行している。オークランドからは1日1〜2便、所要約6時間20分。ウェリントンからは1日1〜2便、所要6時間40分〜7時間。バスは中心部にあるトラベルセンターに発着する。

ニュー・プリマスの 歩き方

　町のシンボルは海沿いに立つウインド・ワンドWind Wand。すぐそばのプケ・アリキ内に観光案内所アイサイトがあり、市内観光やマウント・タラナキの登山情報が手に入る。周辺にはレストランやショッピングセンターなどが集まっており、海沿いには遊歩道が整備されている。モーテルを探すなら国道45号線沿いへ。スーパーマーケットなどもこの通りに多い。中心部は歩いて回れる広さだが、車があったほうが便利。

ニュー・プリマスの 見どころ

プケ・アリキ
Puke Ariki

Map P.379-A1

博物館、図書館、観光案内所アイサイトの3つが融合した複合施設で、エアブリッジでつながったふたつの建物からなる。ノースウイングには、タラナキ山のできた過程や、キーウィなど野生動物に関する展示、絶滅した幻の鳥モアの骨格標本のほか、マオリの文化を紹介するギャラリーなどがある。サウスウイングには、リサーチセンターや図書館が入っており、地域の資料が豊富に収蔵されている。カフェも併設。

見応えのある展示物が並ぶ

プケ・アリキ
住 1 Ariki St.
TEL (06) 759-6060
URL pukeariki.com
開 月〜金　9:00〜18:00
　 土・日　9:00〜17:00
休 無休
料 無料

プケ・アリキとはマオリ語で"首長の山"の意

リッチモンド・コテージ
Richmond Cottage

Map P.379-A1

プケ・アリキの隣にひっそりと立つ石造りの家は、1853年に開拓移民リッチモンド家の住居として海沿いに建てられたもの。1962年にこの地に移築されたときには、構成している石の一つひとつに番号を付け解体したあと、再び正確に組み直すという手間のかかる作業が行われた。

リッチモンド・コテージ
住 2-6 Ariki St.
開 土・日　11:00〜15:30
休 月〜金
料 無料

内部は当時の様子が再現されている

北島／ニュー・プリマス　歩き方／見どころ

プケクラ・パーク
- URL www.pukekura.org.nz
- 開 24時間
  - 夏季(駐車場) 7:30〜20:00
  - 冬季(駐車場) 7:30〜19:00
- 休 無休

ブルックランズ動物園
- ☎ (06)759-6060
- 開 9:00〜17:00
- 休 無休
- 料 無料

ゴベット・ブリュースター美術館
- 住 42 Queen St.
- ☎ (06)759-6060
- URL govettbrewster.com
- 開 10:00〜17:00
- 休 無休
- 料 大人$15

海沿いの遊歩道にあるウインド・ワンドを創作したレン・ライの作品を集めたレン・ライ・センターが同館に隣接している。

マースランド・ヒルの天文台
- 開 火曜の夜のみ一般公開
  - 夏季 20:30〜23:00
  - 冬季 19:30〜21:00
  - (天候によって異なる)
- 料 大人$5、子供$3

タラナキ大聖堂聖メアリー教会
- 住 37 Vivian St.
- ☎ (06)758-3111
- URL taranakicathedral.org.nz
- 開 月〜土 8:30〜18:00
  - 日 7:30〜20:30
- 休 無休
- 料 無料

※2019年9月現在、大聖堂の修理のため閉館中。完了は2021年予定。

聖メアリー教会の祭壇

タラナキ・サーマル・スパ
- 住 8 Bonithon Ave.
- ☎ (06)759-1666
- URL pureone.co.nz/taranaki-thermal-spa.html
- 営 5〜11月
  - 火〜日 10:00〜21:00
  - 12〜4月
  - 火〜金 10:00〜19:30
  - 土・日 14:00〜20:00
- 休 月
- 料 施術によって異なる

プケクラ・パーク&ブルックランズ動物園
Pukekura Park & Brooklands Zoo Map P.379-B2

1876年に開園したプケクラ・パークは、もともと不毛な沼地だった所に人工的に造られたもの。約140年もたった今となれば、人工とは思えない自然の風景が気持ちいい。プケクラ・パークの奥にはブルックランズ・パークが続く。

半日以上かけてのんびり過ごしたい

ボート遊びができる池や、ツツジやベゴニアが咲く庭園などがあり、地元の人々の憩いの場になっている。野外劇場では、コンサートやオペラなどが上演されることも。また、ミーアキャットなどが飼育されているパーク内の動物園、ブルックランズ動物園Brooklands Zooもおすすめる。

ゴベット・ブリュースター美術館
Govett Brewster Art Gallery Map P.379-A1

ニュージーランド国内でも希少な、現代アートのみを集めた美術館。規模は小さいながらも、国内はもちろん、オーストラリア、アメリカなど環太平洋諸国のアーティストの作品が展示され、見応えがある。

斬新な外観が目を引く

マースランド・ヒル
Marsland Hill Map P.379-B1

丘の上に立つモニュメント

もともとマオリの砦があった場所。ローブ・ストリートRobe St.から緩やかな丘を上がると晴れた日にはタズマン海や、マウント・タラナキが展望できる。一角にはカリヨンや天文台もある。

タラナキ大聖堂聖メアリー教会
The Taranaki Cathedral Church of St. Mary Map P.379-A1

1846年に設立された国内最古の石造りの教会。道に面した壁はオリジナルのもの。毎週火曜の7:30〜10:00は、大聖堂に付設するハザリー・ホールやメインエントランスの広場がコミュニティ・カフェとなり、人々の交流の場となっている。

タラナキ・サーマル・スパ
Taranaki Thermal Spa Map P.379-A1外

町の中心部に近く、気軽に行ける温泉施設。2万9000年もの歳月をかけた地層から湧き出る純度の高い鉱泉を満喫できる。温泉につかるのはもちろん、マッサージやフェイシャルパックなどと温泉を組み合わせたオプションメニューも豊富に揃うので、自分に合ったコースを選ぼう。旅で疲れた体を癒やしてくれるに違いない。

サーフ・ハイウエイ45
Surf Highway 45

Map P.379-A1外

半島西海岸沿いをぐるっと105km以上も延びるサーフ・ハイウェイ45には、バック・ビーチBack Beach、フィッツロイ・ビーチFitzroy Beach、ステント・ロードStent Rd.などすばらしいサーフポイントが揃っている。観光案内所アイサイトには、ハイウエイ沿いのカフェやアコモデーション、ビーチの情報などを掲載したマップがある。

マウント・タラナキ
Mt. Taranaki

Map P.379-B2外

日本の富士山を彷彿とさせる美しい姿でそびえるマウント・タラナキMt. Taranaki（別名マウント・エグモントMt. Egmont）は、標高2518m。独立峰ゆえに山頂からの展望もよく、夏には多くの登山者でにぎわう。10分ほどで歩ける遊歩道コースから、数日間かけて山の周辺を歩くコースなど、合計300km以上ものウオーキングトラックがある。

代表的なのは、ノース・エグモントNorth Egmontから出発するマウント・タラナキ・サミット・トラック。ニュー・プリマス市街から約30km、標高936mにある、DOCビジターセンターには出発前に必ず立ち寄ってコース状況を把握しておこう。ここから頂上への往復は所要8～10時間。近くに山小屋もあるので、ここに前泊して早朝に出発するのも一案だ。このコースは、険しい岩場や遅くまで雪渓の残る所もあり、特に視界の悪いときにはコースを見失う危険もある。標高が高いので気温が低く天候も急変しやすいため、十分な装備が必要だ。どんなに暑い夏の日でもTシャツと半ズボンというような軽装はやめよう。美しい山にも厳しい自然があることを忘れてはいけない。初心者だけでの登山は絶対に避けること。

観光案内所
North Egmont Visitor Centre
住2679 Egmont Rd.
(06) 756-0990
開11～4月　8:00～16:30
　5～10月　8:30～16:00
休無休

ノース・エグモントまでのトランスポートサービス
Taranaki Tours
FREE 0064-6757-9888
URL taranakitours.com
料往復$75
　2人以上で利用の場合は1人$50。ニュー・プリマスからビジターセンターまでは所要約30分。

朝日を浴びるマウント・タラナキ

ニュー・プリマスのアクティビティ
ヘリコプターでの遊覧飛行

海も山も美しいニュー・プリマスの大自然を満喫するならヘリコプターでの遊覧飛行がおすすめ。ヘリコプターから眺める西海岸線や、マウント・タラナキは、言葉で説明できないほど美しい。

雪に覆われた頂上周辺を一周するルートなので、方角によって表情を変える山の姿を楽しみたい。所要45分～（飛行時間25分～）。

BECK
(06) 764-7073
URL www.heli.co.nz
催通年（荒天時中止）
料マウント・タラナキ$365～

空から眺める海岸線

北島　ニュー・プリマス　見どころ／アクティビティ

ニュー・プリマスの レストラン　Restaurant

ソルト　Salt　Map P.379-A1

ミレニアム・ホテル・ニュープリマス・ウォーターフロントの2階、海が見えるおしゃれなレストラン。気持ちのいいオープンテラス席もある。スープやサンドイッチなどのランチは$10〜45。ディナーはブルーコッドやサーモンなどの魚料理や、ステーキなど肉料理は$35〜。

住 1 Egmont St.
☎ (06)769-5304
URL www.millenniumhotels.com
営 月〜金6:30〜23:00
　 土・日7:00〜23:00
休 無休　CC ADJMV

ポルトフィーノ・レストラン　Portofino Restaurant　Map P.379-A2

オークランドやウェリントンなどに展開し、本場の味を楽しめると評判のイタリアンレストラン。おすすめは窯焼きピザで、エビやスモークサーモンをトッピングしたシーフードピザは$26.5。パスタは$19.5〜28.5。ワインも充実している。

住 14 Gill St.
☎ (06)757-8686
URL www.portofino.co.nz
営 17:00〜23:30　休 日
CC ADMV

ニュー・プリマスの アコモデーション　Accommodation

ミレニアム・ホテル・ニュー・プリマス・ウォーターフロント　Millennium Hotel New Plymouth Waterfront　Map P.379-A1

観光案内所アイサイトを併設するプケ・アリキの隣という便利な場所にあるホテル。ほとんどの部屋からタスマン海が見えるのもうれしい。レストランとバーも併設している。

住 1 Egmont St.
☎ (06)769-5301
URL www.millenniumhotels.com
料 ⓈⒹⓉ$179〜
室数 42　CC ADJMV

ダックス&ドレイクス　Ducks & Drakes Hotel　Map P.379-A2

町の中心部にあり、プケクラ・パークからもほど近い。1920年代に建てられた2階建ての母屋と、離れにあるコテージルームで構成されている。BBQスペースやサウナ、ランドリーを完備。徒歩圏内にスーパーマーケットもある。

住 48 Lemon St.　☎ (06)758-0404
URL ducksanddrakes.co.nz
料 Dorm$29〜36　Ⓢ$60〜
　 ⒹⓉ$80〜
室数 50ベッド　CC MV

コプソーン・ホテル・グランド・セントラル　Copthorne Hotel Grand Central　Map P.379-A1

白と黒を基調にしたモダンな雰囲気の客室は、ほとんどがスパバス付き。全室にエアコン、アイロン、スカイTV、ミニバーなどを完備している。館内にはスポーツジムもある。

住 42 Powderham St.
☎ (06)758-7495
URL www.millenniumhotels.co.nz
料 ⓈⒹⓉ$149〜
室数 62　CC ADJMV

ノースゲート・モーターロッジ　Northgate Motorlodge　Map P.379-A2外

中心部からのアクセスがよく、周辺にはスーパーやレストランなどが充実。モダンなインテリアでまとめられた客室には、それぞれキッチンが付いている。館内には、スパプールやバーベキューエリアを完備。アパートメントタイプの部屋もある。

住 16 Northgate　☎ (06)758-5324　FREE 0800-668-357
URL www.northgatemotorlodge.co.nz　料 ⓈⒹ$125〜　Ⓣ$145〜
室数 23　CC MV

ブルーム・ハイツ・モーテル　Brougham Heights Motel　Map P.379-A1

白壁にれんが色の屋根がひときわ目立つきれいなモーテル。ほとんどの客室にスパバスが付いており、用途によって選べる各ユニットは広々と快適。ゲストランドリーも完備している。

住 54 Brougham St.　☎ (06)757-9954
FREE 0800-107-008　URL www.broughamheights.co.nz　Studio$140〜
Apartment $165〜　室数 34　CC MV

エグモント・エコ・レジャー・パーク　Egmont Eco Leisure Park　Map P.379-B1

町の中心部から約1.5km、森に囲まれた7エーカーもの広い敷地に立つ、快適ホステル。BBQ設備などもあるので自然を満喫したい人にはうってつけの環境だ。

住 12 Clawton St.　☎ (06)753-5720　URL www.egmont.co.nz
料 Dorm$28〜　ⓈⒹⓉ$70〜
室数 100ベッド　CC MV

ワンガヌイ
Wanganui

繁栄の名残をとどめる町並み

北島西海岸南部のワンガヌイ地方は、トンガリロの山並みを水源とし、タズマン海に流れ込むファンガヌイ川Whanganui Riverを中心に広がる。このファンガヌイ川は航行可能流域が国内最長であり、比較的穏やかでありながら239もの早瀬を有している。流域は森林に囲まれ、ファンガヌイ国立公園に指定されている。カヌーをはじめ、ジェットボート、ラフティング、蒸気船など、ファンガヌイ川を満喫する方法は多いので、積極的にアクティビティを楽しみたい。

かつて川を交通の手段として繁栄したワンガヌイの町には、現在でも、当時の美しく古風な建物が残されている。

ワンガヌイへのアクセス　Access

飛行機はエア・チャタム（Air Chathams）がワンガヌイ空港Wanganui Airportまで運航している。オークランドからの直行便は1日1〜3便。所要約1時間。空港は中心部の南、約7kmに位置する。

長距離バスはインターシティ／ニューマンズ・コーチラインズが各地から直行便を運行している。オークランドから1日1便、所要約8時間25分。ウェリントンから1日1〜3便、所要3時間40分〜4時間25分。ニュー・プリマスからは所要約2時間30分で1日1〜2便ある。バスの発着は町の中心部にあるトラベルセンター。

ワンガヌイの 歩き方

メインストリートのビクトリア・アベニューVictoria Ave.には、古い石造りの建物が多く残っており、レストランやショップが軒を連ねる。石畳の舗道にガス灯がともされる趣ある町並みは、ゆっくり散策するのがおすすめ。

町の主要部分はファンガヌイ川に沿って西岸に集まっている。ビクトリア・アベニューには通りを挟んでふたつの公園があり、クイーンズ・パークQueen's Parkには博物館などの文化施設が集まる。ファンガヌイ川に架かる橋の近くに観光案内所アイサイトがある。橋を渡った東側にあるデュリー・ヒルからの眺めはすばらしい。

人口：4万900人
URL www.wanganuionline.com

ワンガヌイとファンガヌイ
町の名前は、マオリの言葉で"大きな港""大きな湾"といった意味。町の名称は「ワンガヌイ」、川や国立公園については「ファンガヌイ」と表記され混乱してしまうが、もとの意味は同じ。地元マオリの方言では「whanga」をワンガと発音するため、ふたつの表記が混在することとなった。

航空会社
エア・チャタム航空
FREE 0800-580-127
URL www.airchathams.co.nz

ワンガヌイ空港
Map P.384-B2外
空港から中心部まではタクシーを利用。

おもなタクシー会社
Blue Bubble Taxi
FREE 0800-228-294
URL www.bluebubbletaxi.co.nz

おもなバス会社（→P.497）
インターシティ／ニューマンズ・コーチラインズ

長距離バス発着所
Map P.384-B2
156 Ridgeway St.

観光案内所
Whanganui i-SITE
Map P.384-B2
31 Taupo Quay
FREE 0800-926-426
URL www.visitwhanganui.nz
月〜金　9:00〜17:00
土・日　9:00〜16:00
無休

観光案内所アイサイトはトラベルセンターから徒歩10分ほど

ワンガヌイの見どころ

ファンガヌイ川
Whanganui River

Map P.384-A1〜B2

ワンガヌイの町をゆったりと流れる全長約290km、国内第3位の長さを有するファンガヌイ川は、古くから内陸への重要な輸送ルートであり、マオリの人々もカヌーで行き来した川だ。ヨーロッパ人入植後も重要な水路として機能し続け、19世紀末には外輪の蒸気船が通るようになった。1900年代には「ニュージーランドのライン川」と呼ばれていたという。1908年にオークランドとウェリントン間に定期列車が運行を開始。当初は水上交通もさらに活発になったが、その後、鉄道や道路網が整備されるにともなって、水上輸送はしだいに下火になり、行き交っていた蒸気船も1950年代後半には姿を消した。

ファンガヌイ川のリバークルーズ

ファンガヌイ川でのリバークルーズも人気。クルーズ会社はいくつかあり、いずれも一定の人数が集まったときにのみ実施。前日までに観光案内所アイサイトなどで申し込んでおくといい。詳細は(→P.385)。

ファンガヌイ川の雄大な流れ

ワイマリー・センター
Waimarie Centre

Map P.384-A2

19世紀から1950年代まで続いたファンガヌイ川水上交通の歴史を伝える展示館。館内では、川を行き来した船舶に関する展示などを、パネルや写真を使って紹介している。また、1952年に一度は沈んだ外輪船、ワイマリー号Waimarieでファンガヌイ川を約13km上流まで遊覧する往復約2時間のクルーズも行っている(→P.385)。

ワイマリー・センター
住 1A Taupo Quay
☎ (06)347-1863
FREE 0800-783-2637
URL waimarie.co.nz
開 10〜4月
　毎日　10:00〜15:00
　(時季によって異なる)
休 5〜9月
料 無料(寄付程度)

ファンガヌイ川沿いに立つ

ファンガヌイ地方博物館
Whanganui Regional Museum

Map P.384-B2

クイーンズ・パーク内にあるこの博物館は巨鳥モアに関するコレクションでは世界屈指を誇り、5個しか現存しない卵のひとつを展示する。1階では地域のマオリについて、2階ではヨーロッパ人の入植の歴史や自然科学についての展示も行う。

博物館の奥、丘を上がった所には絵画や彫刻など幅広い作品を収蔵するサージェント・ギャラリーSarjeant Galleryがある。

ファンガヌイ地方博物館
住 Queens Park, Watt St.
☎ (06) 349-1110
URL wrm.org.nz
開 10:00～16:30
休 無休
料 無料（寄付程度）

サージェント・ギャラリー
住 38 Taupo Quay
☎ (06) 349-0506
URL sarjeant.org.nz
開 10:30～16:30
休 無休
料 無料（寄付程度）

2019年9月現在、リニューアルのため閉館中。38 Taupo Quayにある仮施設にて展示を行っている（MAP P.384-B2）。

モウトア・ガーデン
Moutoa Garden

Map P.384-A2

1995年2月、マオリの先住権に関わる事件によって有名になった場所。1840年代にワンガヌイに入植したヨーロッパ人がマオリの土地を接収したのは違法である、と抗議したマオリ人たちがこの公園を占拠。ウェリントンの高等裁判所で「接収は合法」と判決され、長時間の話し合い後、マオリの人々は約2ヵ月半に及んだ占拠に幕を閉じ、公園からの退去を承諾した。

サージェント・ギャラリー

ワンガヌイの アクティビティ

ジェットボート・ツアー

原生の低地林で覆われたファンガヌイ国立公園には、手つかずの自然が残されている。ジェットボート・ツアーではワンガヌイから約120kmの所にあるピピリキPipirikiを出発し、そこからマンガプルアMangapuruaまで、ファンガヌイ川をダイナミックに遡りながら原生林に囲まれたすばらしい風景が楽しめる。マンガプルアからは約40分間のウオーキングでブリッジ・トゥ・ノーウェアBridge to Nowhereへ。

Whanganui River Adventures
☎/FAX (06) 385-3246　FREE 0800-862-743
URL www.whanganuiriveradventures.com
催 通年（冬季はチャーター利用）　料 ブリッジ・トゥ・ノーウェア　大人$150、子供$75（所要4時間～4時間30分）　CC MV

蒸気船クルーズ

かつてファンガヌイ川における貴重な交通として活躍した1899年製の外輪船ワイマリー号が修復され運航を再開したのが2000年のこと。約2時間のクルーズでは、ノスタルジックな情緒あふれるひとときを堪能できる。ファンガヌイ川ボートセンターで催行。

Waimarie Centre（→P.384）
☎ (06) 347-1863　FREE 0800-783-2637
URL waimarie.co.nz
催 随時（開業時季は変わるのでアイサイトなどで要確認）
料 デイリー・クルーズ　大人$45、子供$15
休 5～9月　CC MV

メモリアル・タワー
☎0800-92-6426
圏8:00～18:00
休無休

デュリー・ヒル・エレベーター
FREE 0800-92-6426
開月～金　8:00～18:00
　土・日　10:00～17:00
休無休
料片道$2
2019年9月現在、修復のためクローズ。

デュリー・ヒル
Durie Hill

Map P.384-B2

　ビクトリア・アベニューからワンガヌイ・シティ・ブリッジを渡った、川の東岸にある丘陵。頂上には戦没者慰霊の塔メモリアル・タワーMemorial Towerが立っており、191段もの階段を上って展望台に上がると、ワンガヌイの町とファンガヌイ川、タズマン海が広がり、天気がよければタラナキやルアペフの山々までも望むことができる。

　丘の上へはエレベーターか、入口横の階段で上る。エレベーターは、1919年に丘の上の住宅地に住む人々の足として建設されたもので、南半球で唯一地中に設けられたエレベーターという珍しいもの。手動で開閉する木製のドアや、ゆっくりとした上昇速度などが歴史を感じさせる。高さ66m、所要約1分間のこのエレベーターは、丘の麓に真っすぐに205mも延びた長く狭いトンネルの終点にあり、初めて行く人は思わず立ちすくんでしまうだろう。

丘の上にそびえ立つメモリアル・タワー

メモリアル・タワーから望む見事な景色

ワンガヌイの アコモデーション　Accommodation

アオテア・モーター・ロッジ
Aotea Motor Lodge　Map P.384-B1

　メインストリートに位置するラグジュアリーなモーテル。全室スパバス、液晶テレビ、エアコンを完備している。スーパーマーケットやレストランが徒歩圏内にあり便利。エッグベネディクトやパンケーキといった朝食も好評（別料金）。

住390 Victoria Ave.　☎(06)345-0303　FAX(06)345-1088
URL www.aoteamotorlodge.co.nz
料⑤⓪①$145～
室28　カードADMV

ブレーマー・ハウス　Braemar House　Map P.384-A1

　B&Bとバックパッカーズの2タイプある。テラス付きもあるB&Bの客室は、ヴィクトリアン調でかわいらしい雰囲気。リビングやバスルームはとても清潔。

住2 Plymouth St.　☎(06)348-2301　URL braemarhouse.co.nz
料バックパッカーズ　Dorm $30～
⑤$60～　①$75～
B&B　⑤$100～　①$130～
室22ベッド+8室　カードMV

リバービュー・モーテル　Riverview Motel　Map P.384-A2

　川沿いにあり、町の中心部まで徒歩7～8分。レセプションではアイルランド人の元気な女性が迎えてくれる。各ユニットにはテレビなどの設備が整い、とても清潔。長期滞在にも最適。

住14 Somme Pde.　☎(06)345-2888　FREE 0800-102-001
FAX(06)345-2843
URL www.wanganuimotels.co.nz
料⑤⓪$98～　室15　カードMV

タマラ・リバーサイド・ロッジ
Tamara Riverside Lodge　Map P.384-A2

　かわいらしい外観のバックパッカーズホステル。ラウンジやキッチンなどの共同スペースはゆったりしており、スタッフもとてもフレンドリーだ。おすすめは眺めのいいリバービューの部屋。

住24 Somme Pde.
☎(06)347-6300
URL tamaralodge.com
料Share$29～　⑤$54～
⓪①$62～　室16　カードMV

パーマストン・ノース
Palmerston North

中心部にあるザ・スクエア

北島南部、マナワツ地方の中心都市であるパーマストン・ノースは、パーミー"Palmy"という愛称で親しまれている。一帯は、マナワツ川 Manawatu River流域に広がる肥沃な平野となっており、古くから酪農の盛んな都市として栄えてきた。

パーマストン・ノースには1927年にもともと農業大学として創設されたマッセイ大学Massey Universityがある。現在は総合大学となっているが、今でも農業関係の研究で有名だ。大学周辺には、ほかにも国立の研究機関があり、パーマストン・ノースはこの国の基幹産業である農業、酪農業の研究基地のひとつとして機能している。観光的な見どころが多い都市とはいえないが、明るい文教都市なのでのんびりとしたステイができるだろう。

パーマストン・ノースへのアクセス Access

町の中心部から6kmほどの所にパーマストン・ノース国際空港 Palmerston North Airportがあり、ニュージーランド航空が国内各地から直行便を運航している。オークランドから1日7〜11便ほど、所要約1時間10分。クライストチャーチからは1日4便、所要約1時間15分。空港からはエアポートシャトルを利用できる。

長距離バスはインターシティ／ニューマンズ・コーチラインズが各地から運行。オークランドから1日7便、所要9時間〜10時間5分。ロトルアからは1日3〜4便、所要約5時間25分で、タウポを経由する便もある。ウェリントンから1日11〜12便、所要約2時間10〜20分。バスは町の中心部にあるザ・スクエアに発着する。

鉄道ではウェリントンとオークランド間を結ぶキーウィ・レイルのノーザン・エクスプローラー号がパーマストン・ノースにも停車する。また、ウェリントンからはキャピタル・コネクション号も運行されている。鉄道駅は中心部から2.5kmほど。

パーマストン・ノースの 歩き方

町の中心はザ・スクエアThe Squareと呼ばれる広い緑地になっている。観光案内所アイサイトもザ・スクエア内にあり、市内やマナワツ地方一帯の観光情報を提供している。メイン・ストリートMain St.がスクエアを挟んで東西に延び、1本北側にあるブロードウエイ・アベニューBroadway Ave.とともにショッピングエリアになっている。

パーマストン・ノース

人口：8万8700人
URL www.manawatunz.co.nz

航空会社 (→P.497)
ニュージーランド航空

パーマストン・ノース国際空港
Map P.388-A2外

エアポートシャトル会社
スーパー・シャトル
(09)522-5100
FREE 0800-748-885
URL www.supershuttle.co.nz
空港↔市内中心部
1人 $18
2人 $22
3人 $26

おもなバス会社 (→P.497)
インターシティ／
ニューマンズ・コーチラインズ

長距離バス発着所
Map P.388-B1
住 The Square

鉄道会社 (→P.497)
キーウィ・レイル

パーマストン・ノース駅
Map P.388-A1外
住 Mathew Ave.

観光案内所
i-SITE Palmerston North
Map P.388-B1
住 The Square
(06)350-1922
FREE 0800-626-292
URL www.manawatunz.co.nz
開 月〜金 9:00〜17:00
　 土・日 9:00〜14:00
休 無休

観光の相談はここで

パーマストン・ノースの見どころ

テ・マナワ
Te Manawa

Map P.388-B1

テ・マナワ
📍326 Main St.
📞(06) 355-5000
🌐www.temanawa.co.nz
🕐10:00～17:00
休無休
料無料

マオリの彫刻を施した赤いピアノは弾くこともできる

ザ・スクエアから徒歩3分ほど、博物館や美術館などが集結した複合文化施設「テ・マナワ」。博物館ではパーマストン・ノースをはじめとするマナワツ地方の歴史や文化を紹介する資料が展示され、見応えたっぷり。館内には「ニュージーランド・ラグビー博物館」も併設している。また、美術館にはローカルアーティストの作品をはじめ、国内外のアートの数々を展示。常時さまざまな特別展を催しているので、いつ訪れても楽しむことができる。

印象的なオブジェがひときわ目を引く

ニュージーランド・ラグビー博物館
📍326 Main St.
📞(06) 358-6947
🌐rugbymuseum.co.nz
🕐10:00～17:00
休無休
料大人$12.5、子供$5

ニュージーランド・ラグビー博物館
New Zealand Rugby Museum

Map P.388-B1

ラグビーファンは必見だ

パーマストン・ノースは、ニュージーランドにおけるラグビーの創始者、チャールズ・ジョン・モンローが45年にわたって住んだ土地。国内唯一のラグビー博物館では、ニュージーランドの代表チームであるオールブラックスはもちろん、国内でのラグビーの歴史に関する展示や、ジャージ、ボールなどが数多く展示されている。

ビクトリア・エスプラネード・ガーデンズ
Victoria Esplanade Gardens

Map P.388-B1外

町の中心部から徒歩約20分の広大な緑地。ヤシの並木道やローズガーデン、さまざまな植物が育つ温室、子供用のミニ鉄道やプールなどがある。マナワツ川沿いに遊歩道が設けられ、散策するのにぴったり。特に週末は多くの市民が集う。ヤシの並木沿いにあるカフェの雰囲気もいいのでお茶やランチを楽しもう。

広大な敷地に豊かな緑があふれる気持ちのいい公園

ビクトリア・エスプラネード・ガーデンズ
住 Manawaroa St. Fitzherbert Ave. & Park Rd.
開 4～9月　8:00～18:00
　 10～3月　8:00～21:00
休 無休
料 無料

ハーブファーム
The Herb Farm

Map P.388-A2外

ナチュラル志向の人におすすめのハーブ農園。園内には、ハーブガーデンや、ハーブを使って作られたスキンケア用品のショップ、雰囲気のいいカフェなどがある。また、観光案内所アイサイトでもソープやクリームなどの一部商品を購入できる。

ハーブファーム
住 86 Grove Rd. RD10
電 (06)326-8633
FAX (06)326-9650
URL www.herbfarm.co.nz
開 10:00～16:30
休 無休
料 無料
ガイドツアー
料 $5 (10人以上で催行。前日までに要予約)
交 中心部から約16km。Kelvin Grove Rd.を北上し、突き当たりのAshhurst Rd.を右折、さらに2kmほど進みGrove Rd.を左折して、約1.5km進んだ左側。

パーマストン・ノースの アコモデーション Accommodation

ローズ・シティ・モーテル
Rose City Motel　Map P.388-B1

クォールマーク (→P.480) で4つ星のきれいなモーテル。中心部までは徒歩3分ほど。無料のDVDライブラリーや、スパプールなどの館内設備が充実。多くの部屋がバスタブ付き。

住 120-122 Fitzherbert Ave.
電 (06)356-5388
FREE 0508-356-538
URL rosecitymotel.co.nz
料 ⑤①$135～
室数 26　CC MV

コーチマン　Coachman　Map P.388-B1

市内でも高級クラスのコロニアルスタイルのホテル＆モーテル。バスタブ付きの部屋が多く、テレビやコーヒーメーカーなど設備も十分に整っている。屋外のプールやスポーツジムもある。

住 140 Fitzherbert Ave.
電 (06)356-5065
URL coachman.co.nz
料 ⑤①$150～　Motel $125～
室数 72
CC ADMV

プリムローズ・マナー　Primrose Manor　Map P.388-A1

キッチンやラウンジは共用ながら各客室や設備に清潔感があり、快適に過ごせる宿。インテリアもかわいらしく、女性の1人旅にもおすすめ。全9室のうち4室は専用バスルームとトイレを完備。別料金で朝食を頼むことも可能。

住 123 Grey St.
電 (06)355-4213
URL www.primrosemanor.co.nz
料 ⑤①①$145～
室数 5　CC 不可

ペッパー・ツリー・ホステル
Pepper Tree Hostel　Map P.388-A1

清潔でフレンドリーな雰囲気のBBH加盟ホステル。シンプルな部屋と、使いやすく広いキッチンが好評だ。入口にある黄緑色に塗られた靴のオブジェたちが愛らしい。ビデオ、DVD無料。町の中心部からも近く、観光にも便利。

住 121 Grey St.
電 (06)355-4054
URL peppertreehostel.co.nz
料 Dorm$31　⑤$65～　⑪①$78～
室数 35ベッド　CC 不可

人口：49万6000人
URL www.wellingtonnz.com

**在ニュージーランド
日本国大使館
The Embassy of Japan**
Map P.394-C1
住 Level 18, Majestic Centre, 100 Willis St.
電 (04) 473-1540
FAX (04) 471-2951
URL www.nz.emb-japan.go.jp
開 月〜金　　9:00〜12:30
　　　　　　13:30〜17:00
休 土・日・祝
領事班
開 月〜金　　9:00〜12:00
　　　　　　13:30〜16:00
休 土・日・祝

ウェリントン
Wellington

クイーンズ・ワーフからラムトン港を眺めよう

ニュージーランドの首都ウェリントンは、国家の首都としては世界最南端に位置する。都市としての歴史は比較的古く、イギリスの移民を送り出す組織であるニュージーランド会社New Zealand Company設立後、その最初の入植地となった場所である。1860年代初めにはオタゴ地方や西海岸で次々と金鉱が発見されたことにより、南島はゴールドラッシュに湧いた。そこで1865年、南島に近く、かつ国全体のほぼ中央に位置するウェリントンに、オークランドから首都が移転されたのだ。

町は港を囲むように広がっており、海峡から強風が吹き付けることも多いため"ウィンディ・ウェリントン（＝風の町）"とも呼ばれている。海外貿易の中心であるほか、南島ピクトンへのアクセス拠点でもある。

市内には国会議事堂や大企業のビル、大学や博物館、美術館、劇場などが集まり、まさに政治と芸術、そして文化の中心地といえる。特に質の高い劇場や映画館はウェリントンが文化都市として愛される理由のひとつであり、近年は映画産業でも世界の注目を集めている。

ウェリントンはコーヒーの町としても有名（→P.404）

**航空会社
カンタス航空**（→P.459）
**ニュージーランド航空、
ジェットスター航空**（→P.497）

ウェリントン国際空港
Map P.393-C〜D2
電 (04) 385-5100
URL www.wellingtonairport.co.nz

空港には巨大なワシに乗ったガンダルフが

ウェリントンへのアクセス Access

飛行機で到着したら

日本からのウェリントンへの直行便はないが、オーストラリアのシドニーからカンタス航空やニュージーランド航空が運航しているので、経由便を利用することができる。シドニーからは所要約3時間15分。国内の主要都市からはニュージーランド航空とジェットスター航空のフライトがある（→P.460）。空港は1階が到着ロビー、2階が出発ロビーになっている。

空港から市内へ

ウェリントン国際空港Wellington International Airportは市内中心部から南東に約8kmほど行ったロンゴタイRongotai地区

にある。市内への交通手段は市バスのエアポート・フライヤーAirport Flyerが安くて便利。乗り合いで目的地に行くエアポートシャトルなども利用できる。それぞれ乗り場は空港の到着ゲートを出てすぐの所にある。

エアポート・フライヤー　Airport Flyer

空港から市内中心部のラムトン・キーLambton Quayや鉄道駅を経由して市の北東部の郊外へ抜ける#91の市バスがエアポート・フライヤー。空港と市内中心部間は10〜20分間隔で運行され、走行位置がわかる車内モニターやアナウンスがあるので観光客にも利用しやすい。運賃はゾーン制で中心部まではゾーン4で片道大人$12、所要20〜30分程度。現金のほか、IC乗車券のスナッパー・カードSnapper Cardでドライバーに直接支払う。

オレンジ色の車体が目立つ空港バス

エアポートシャトル　Airport Shuttle

乗客の人数がある程度揃ったら出発するスーパー・シャトルSuper Shuttleが運行するシャトルバン。空港から市内へ行く際は予約なしで利用でき便利だが、それぞれの目的地を回るので他の移動手段に比べると少々時間がかかる。料金は人数や行き先によって変わるが、人数が多いほど割安になる。

タクシー　Taxi

市内中心部までの料金の目安は$30〜40。所要約20分。ほとんどの場合クレジットカードでの支払いもできる。ドアの開閉は自動ではないので、自分でドアを開けて乗り降りする。

国内各地との交通

長距離バス

長距離バスはインターシティ／ニューマンズ・コーチラインズなどが主要都市間を運行している（長距離バスの利用方法→P.465）。インターシティ／ニューマンズ・コーチラインズのバスの発着所はウェリントン駅の9番プラットホームの横にある。

長距離列車

オークランドとウェリントンを結ぶキーウィ・レイルのノーザン・エクスプローラーNorthern Explorer号が運行している。オークランドのブリトマート駅からは、月・木・土曜の7:45発、ウェリントンからは水・金・日曜の7:55発。所要約10時間55分。パーマストン・ノースからはキャピタル・コネクションCapital Connection号もあり、所要約2時間5分（長距離列車の利用方法→P.467）。ウェリントン駅はバスターミナルと直結しており、ここから市内の各方面へと市バスを利用できる。

また、ウェリントン駅には都市部とワ

陸路の玄関口であるウェリントン駅

エアポート・フライヤー
☎(04)569-2933
URL www.airportflyer.co.nz
運 空港→市内中心部
　月〜金　6:35〜21:25
　土・日　7:00〜20:45
　市内中心部→空港
　月〜金　5:30〜20:20
　土・日　5:50〜19:45
料 現金
　片道　$12
　スナッパー・カード
　片道　$10

エアポートシャトル
Super Shuttle
FREE 0800-748-885
URL www.supershuttle.co.nz
運 空港↔市内中心部
　1人　$15
　2人　$20
　3人　$25

24時間運行しているので深夜の到着にも便利

おもなバス会社（→P.497）
インターシティ／
ニューマンズ・コーチラインズ
オークランドから
運 1日4便
　所要11時間20〜30分
ロトルアから
運 1日2便（直行便）
　所要7時間55分
タウポから
運 1日5便
　所要6時間5〜35分

長距離バス発着所
Map P.394-B2
住 Railway Station

鉄道会社（→P.497）
キーウィ・レイル
ウェリントン駅
Map P.394-B2
住 Bunny St. & Thorndon Quay

ウェリントン駅構内
トランツ・メトロ
FREE 0800-801-700
URL www.metlink.org.nz

フェリー会社（→P.230）
インターアイランダー
Map P.393-A1
ブルーブリッジ
Map P.394-B2
ゴー・ウェリントン
☎ (04)387-8700
URL www.metlink.org.nz
⏰ 6:00～23:00頃（ルートにより異なる）
💰 ゾーン１（片道）
　現金　　　　　　　$2.5
　スナッパー・カード $1.71
スナッパーカードの場合30分以内の乗り換えは無料。オフピーク時（9:00～15:00、18:30以降、および土・日、祝）はNZ$1.28になる。販売はウェリントン駅や観光案内所アイサイトなどで$10。

スナッパー・カードはケーブルカーやフェリーにも利用できる

ケーブルカー乗り場はラムトン・キー沿いの少し奥まった所にあるので看板を目印にしよう

おもなタクシー会社
Corporate Cabs
☎ (04)387-4600
Hutt & City Taxis
☎ (04)570-0059
Wellington Combined Taxi
☎ (04)384-4444

主要バス路線
━━━ #2
━━━ #3
━━━ #7・8
━━━ #9
━━━ #10・11・30
━━━ #13
━━━ #14
━━━ #17
━━━ #18
━━━ #20
━━━ #21
━━━ #22、23
━━━ #24
━━━ #43・44
━━━ #91(エアポート・フライヤー)

イララパWairarapa地方などの郊外を結ぶトランツ・メトロ社Tranz Metro運営のローカル列車も発着する。

フェリー

　南島のピクトン間のクック海峡Cook Straitを運航している（南北島間の移動→P.230）。インターアイランダーは3時間30分、1日5便運航。ブルーブリッジは約3時間30分、1日3便程度運航。インターアイランダーのターミナルは市中心部より約1km北にあり、ウェリントン駅の9番プラットホームから無料シャトルバスが運行されている。ブルーブリッジのターミナルはウェリントン駅付近。

ウェリントンの市内交通　 Traffic

メットリンク　Metlink

ゴー・ウェリントン Go Wellingtonと呼ばれている

　ウェリントン駅に直結するバスターミナルを起点に、メットリンク社が運営する市バス。ほとんどのバスが主要通りを走り、郊外の見どころへもアクセスできるので上手に活用すれば観光の幅が広がるだろう。料金はゾーン制で、市内中心部なら大人$2.5。現金のほか、バスやローカル列車、フェリー、一部のタクシーで共通利用できるスナッパー・カードSnapper CardというIC乗車券で支払う。

ケーブルカー　The Wellington Cable Car

　ウェリントン名物の真っ赤な車体のケーブルカー（→P.398）。10分ごとにラムトン・キー沿いの乗り場から丘の上の住宅地ケルバーンKelburnまで運行し、市民の足としても活用されている。

タクシー　Taxi

　日本と同じメーター制。流しで走行中はあまり停まってくれないので、主要ホテルやウェリントン駅などにあるタクシースタンドから乗車する。初乗り料金は会社によって異なるが$3.5くらい。

ウェリントン広域

北島
ウェリントン
交通／広域MAP

0　　1km

ビートン、ポリルアへ

デイズ・ベイ マティウ／サムズ島

Chruchill Dri.
Kaiwharawhara Rd.
Hutt Rd.
Wadestown Rd.
WADESTOWN
Wilton Rd.
WILTON
NORTHLAND
Glenmora St.
KELBURN
HIGHBURY
Aro St.
Brooklyn Rd.
Todman St.
BROOKLYN
Karepa St.
VOGEL TOWN
KINGSTON
BELHAM PORE
Berhampore Golf Course
ISLAND BAY
SOUTH GATE
OWHIRO BAY
The Parade
The Esplanade
Island Bay
Houghton Bay
Taputeranga Island

タウンベルト
中心部 P.394
ウェリントン駅
THORNDON
The Terrace
Willis St.
Victoria St.
Taranaki St.
Kent Tce.
Webb St.
Buckle St.
Wallace St.
Adelaide Rd.
Riddiford St.
NEW TOWN
KILBIRNIE
Cobham Dri.
Rongotai Rd.
MELROSE
RONGOTAI
ウェリントン動物園
Wellington Zoo
P.401
マウント・アルバート・パーク
Mt. Albert Park
LYALL BAY
Lyall Parade
Lyall Bay
HOUGHTON BAY

Herz
Avis
インターアイランダー・フェリーターミナル

キャサリン・マンスフィールドの生家
Katherine Mansfield House & Garden
P.399

ウェリントン港
Wellington Harbour

The Dominion Post Ferry

ラムトン港
Lambton Harbour
ジャーニンガム岬
Point Jerningham

ジーランディアへ
P.402

オリエンタル・ベイ
Oriental Bay P.402
ORIENTAL BAY
Oriental Pde.

Copthorne Hotel Wellington,Oriental Bay P.410

MT.VICTORIA
Paltser Rd.
マウント・ビクトリア P.400
Mt.Victoria

The Richmond Guest House P.412
Pirie St.
Brougham St.

HATAITAI
Evans Bay Pde.
Ruahine St.

エバンス・ベイ
Evans Bay

MIRAMAR
Miramar Ave.

ウェタ・ケープ
P.25/401 Weta Cave
Shark Bay
Weka St.
MAUPUIA
Camperdown Rd.
Shelly Bay Rd.
Darlington Rd.
Marine Parade
Broadway
SEATOUN

ウェリントン国際空港
Miramar Golf Course
BREAKER BAY
Moa Point Rd.
Breaker Bay Rd.
BREAKER BAY
Moa Point
Palmer Head
Point Dorset
Breaker Bay

ハルスウェル岬
Point Halswell
Kau Bay
Massey Rd.
Mahanga Bay
Shelly Bay
Karaka Bay
Kanpira Rd.
Worser Bay
Marine Parade

P.402へ

393

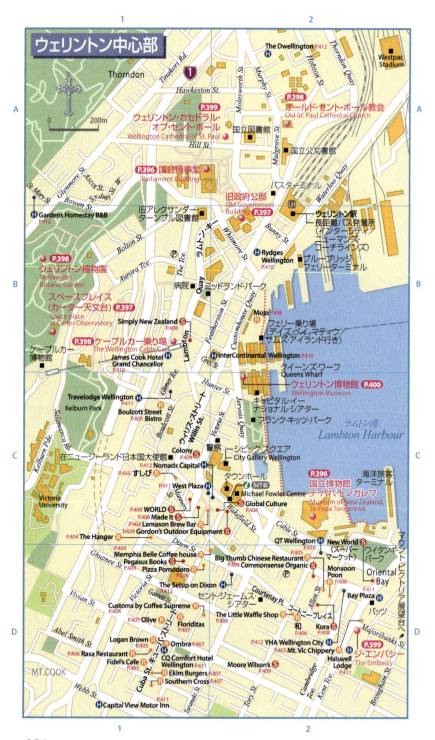

ウェリントンの歩き方

港に面した政治経済の中心地

町の中心部はウェリントン港を取り囲むように広がっており、直径は2kmほど。繁華エリアは端から端まで20分ほどで、徒歩でも十分に観光できる。

レストランが並ぶコートニー・プレイス

鉄道やバスでウェリントン駅に到着すると、付近には国会議事堂や旧政府公邸など、国家の首都であるウェリントンを代表する歴史的建物が点在している。ここから海岸まで出て港沿いに南下すると、ウォーターフロントのクイーンズ・ワーフQueen's Wharfに着く。このエリアにはしゃれたカフェやレストランが数軒あり、海の町らしい雰囲気を満喫することができるだろう。

クイーンズ・ワーフから少し内陸側に入ると、曲がりくねったラムトン・キーLambton Quayという通りが延びる。この周辺は、スーツを着たビジネスマンたちが早足で歩く官庁、ビジネス街。都会的な雰囲気が漂うカフェやショップが多い。

ラムトン・キーを南下してウィリス・ストリートWillis St.に入ると、シビック・スクエアCivic Squareがある。ここは観光案内所アイサイトをはじめ、図書館や市役所、アートギャラリーなどの建物に囲まれた広場になっている。

にぎやかなダウンタウンを歩く

シビック・スクエアから延びるキューバ・ストリートCuba St.は、若者の多いにぎやかな学生街。一部歩行者天国になっていて、個性的なストリートミュージシャンやパフォーマーなどの姿も目立つ。ただし、深夜のひとり歩きは十分注意したい。

週末や夜に最もにぎわう繁華街は、コートニー・プレイスCourtenay Place。各国料理のレストラン、バーなどのほか、フードコートも多く、食事をする場所には事欠かない。

足を延ばして町の南東へ

町の南東側には、オリエンタル・パレードOriental Pde.と呼ばれる気持ちのよい海沿いの道や、ウェリントンの町が一望できるマウント・ビクトリアMt. Victoriaがある。さらに、ウェリントン出身の映画監督ピーター・ジャクソンが手がけた『ロード・オブ・ザ・リング』シリーズの大成功により、この町は「ウェリウッド」と呼ばれるほど映画産業の発展が目覚ましい。空港近くのミラマー地区にある「ウェタ・ケーブ」（→P.401）では映画制作の現場が垣間見られるため、世界中から映画ファンが訪れる。

図書館やギャラリーなどが立つシビック・スクエア

観光案内所 ⓘsite
Wellington Visitor Centre
Map P.394-C2
111 Wakefield St.
(04)802-4860
www.wellingtonnz.com
月〜金　　8:30〜17:00
土・日　　9:00〜17:00
祝　　　　9:00〜16:00
無休

ユースフルインフォメーション
病院
City Medical Centre
Map P.394-B1
Level 2 190 Lambton Quay
(04)471-2161

警察
Wellinton Central Police Station
Map P.394-C2
41 Victoria St.
(04)381-2000

レンタカー
Hertz
空港
(04)388-7070
インターアイランダー・フェリーターミナル
(04)384-3809

Avis
空港
(04)802-1088
インターアイランダー・フェリーターミナル
(04)801-8108

おもなイベント
New Zealand International Film Festival
www.nziff.co.nz
7月下旬〜8月中旬［'20］

Montana World of Wearable Art Awards Show
(03)547-4570
www.worldofwearableart.com
9月下旬〜10月中旬［'20］

ウェリントン・ウオーキングツアー
Walk Wellington
毎日10:00に観光案内所アイサイトの前からスタートする約2時間のウオーキングツアー。ガイドの案内でシビックセンター、ウォーターフロントやラムトンキー周辺の見どころを巡る。また12〜3月は17:00にスタートする1時間半のイブニングウオークも催行。
www.walkwellington.org.nz
information@walkwellington.org.nz
通年
大人$20
MV

北島　ウェリントン｜中心部MAP／歩き方

ウェリントンの見どころ

国立博物館テ・パパ・トンガレワ
Museum of New Zealand, Te Papa Tongarewa

Map P.394-C2

国立博物館テ・パパ・トンガレワ
住 55 Cable St.
電 (04) 381-7000
URL www.tepapa.govt.nz
開 10:00〜18:00
休 無休
料 無料(寄付程度)
※企画展などは一部有料。
Introducing Te Papa Tour
催 10:15、11:00、12:00、13:00、14:00、15:00発
(時季によって異なる)
料 大人$20、子供$10
(所要約1時間)

1998年に完成した、ニュージーランドで唯一の国立博物館は、ウェリントンの文化的見どころとして見逃せない。6階からなる館内は、地理や歴史、マオリの文化など、フロアごとにテーマが異なる。展示内容も非常に充実していて大人から子供まで楽しめるので、半日以上かけてゆっくりと見てもよいだろう。

特に注目したいのが、2019年5月に公開された新ゾーンの「Te Taiao / Nature」。開館以来のビッグプロジェクトで、約1400㎡の空間に「Unique NZ」「Active Land」「Nest」「Guardians」の4つのコーナーが集まる。展示数は約1200点。かつてニュージーランドに生息していた鳥類最大種ジャイアントモアの卵をはじめ、ダイオウホウズキイカの標本展示、地震の疑似体験ができるアトラクションの「The Earthquake House」など、見どころが多い。

2018年3月にオープンした4・5階のアートギャラリー「Toi Art」は参加型の展示作品が多く、ファミリーで楽しめるのが魅力だ。そのほか、施設内では洗練された雰囲気のカフェや港の見えるレストランなども利用できる。入口の左側にあるミュージアムショップはセンスのいいおみやげを探すのにおすすめだ。

町の雰囲気に調和する外観

「Toi Art」では、参加型のアート作品が見どころ

2階にオープンした「Te Taiao / Nature」

国会議事堂
Parliament Building

Map P.394-A1

国会議事堂
住 Molesworth St.
ビジターセンター
電 (04) 817-9503
URL www.parliament.nz
開 9:30〜16:30
ガイドツアー
催 10:00〜16:00の毎正時発
(10人以上の場合要予約)
料 無料

国会議事堂は首都ウェリントンを象徴する建物。ウェリントン駅からほど近い、芝生と木々のある広場を囲むようにして、一連の議会ビル群が立ち、柵などはなくオープンな雰囲気だ。向かって左側の建物エグゼクティブ・ウイングExective Wingは、議事堂ではなく、閣僚の執務棟となっている。ハチの巣のようなユニークな外観で、議会ビル群のなかでもひときわ目立つため、ニュージーランドでは国会の代名詞として"ビーハイブBeehive(=ハチの巣)"という愛称が使われている。ちなみに、右側の建物が議事堂。

議事堂内では、無料のガイド付きツアーを催行しているので、参加してみよう(所要約1時間)。申し込みは建物1階にあるビジターセンターでできる。ツアーは出発時間の15分前に集合する。

ウェリントンはニュージーランドの政治の中心都市

旧政府公邸
Old Government Building

ニュージーランド最大の木造建築であるこの真っ白な建物は、1876年に政府の公邸として建てられ、1990年までの115年間実際に使われていた。1996年に約2500万ドルを費やして大がかりな修復作業が行われた。一般公開されているのは1、2階の一部のみとなっているが、古い建物の内部と、建物の構造や建築に関する展示を見学できる。現在は名門ビクトリア大学のロースクール（法科大学院）として利用されている。

石造りを模しており一見しただけでは木造とはわからない

旧政府公邸
- 55 Lambton Quay
- (04) 472-4341
- URL www.heritage.org.nz
- 開 月～金 9:00～17:00
- 休 土・日
- 料 無料

夜も美しい旧政府公邸

スペースプレイス（カーター天文台）
Space place at Carter Observatory

ウェリントン植物園の中にある、ニュージーランド最大級の天文観測施設。数台の天体望遠鏡を備えており、見学することができる。

天気がいい日には、実際に天体望遠鏡を使って夜空の星を観測できる。観測見学が開催される曜日や時間は季節によって変更されるので、事前に確認と予約をしよう。

たとえ天気が悪くても、館内のプラネタリウムでは南十字星など南半球の星空を見ることができる。

巨大なトーマス・クック望遠鏡

スペースプレイス
- 40 Salamanca Rd. Kelburn
- (04) 910-3140
- URL museumswellington.org.nz
- 開 火～金 16:00～23:00
  土 10:00～23:00
  日 10:00～17:30
  （時季によって異なる）
- 休 月・水・木
- 料 大人$14、シニア・学生$12、子供$9
- 交 ケーブルカー終点から徒歩約2分。中心部から市バス#3で約15分。Botanic Garden下車後徒歩約10分。

南半球の天体観測を楽しもう

Column 週末はマーケットに出かけよう

毎週日曜の朝に国立博物館テ・パパ・トンガレワ（**Map P.394-C2**）の横の広場で開催されているのが、ハーバーサイド・マーケットHarbourside Market。野菜や果物のほか、漁船から直接仕入れた魚を売る店などもある。大道芸人やさまざまな屋台も出るので、訪れるだけでも楽しい。

またフランク・キッツ・パークFrank Kitts Park（**Map P.394-C2**）で土曜に開かれるウェリントン・アンダーグラウンド・マーケットWellington Underground Marketは、工芸品や衣類、アート、アクセサリーなどが充実。毎月、特定のテーマを設けたマーケットも開かれる。

ハーバーサイド・マーケットの様子

ハーバーサイド・マーケット
- URL harboursidemarket.co.nz
- 開 夏季 日7:30～14:00　冬季 日7:30～13:00

ウェリントン・アンダーグラウンド・マーケット
- URL www.undergroundmarket.co.nz
- 開 土10:00～16:00

ウェリントン植物園
🏠 101 Glenmore St.
📞 (04) 499-1400
🔗 wellington.govt.nz
🕐 日の出から日没まで
休 無休
料 無料
交 入口はGlenmore St.、Salamanca Rd.、Upland Rd.、ケーブルカーの終点のすぐ近くなどにある。中心部から市バス#3、#21などで約15分。

ビジターセンター
開 月～金　9:00～16:00
　（9～4月は土・日も営業　10:00～15:00）

ベゴニアハウス
開 4～8月　9:00～16:00
　9～3月　9:00～17:00
休 無休

ケーブルカー
🏠 280 Lambton Quay
📞 (04) 472-2199
📠 (04) 472-2200
🔗 www.wellingtoncablecar.co.nz
運 月～金　7:00～22:00
　土　　　8:30～22:00
　日・祝日　8:30～21:00
料 大人片道$5、往復$9、学生・子供片道$2.5、往復$4.5

ケーブルカー博物館
Map P.394-B1
🏠 1A Upland Rd.
📞 (04) 475-3578
🔗 museumswellington.org.nz/cable-car-museum
開 9:30～17:00
休 無休　料 無料
交 ケーブルカーの終点からすぐ。

ケーブルカー博物館

オールド・セント・ポール教会
🏠 34 Mulgrave St.
📞 (04) 473-6722
🔗 www.osphistory.org
開 10:00～17:00
休 無休
料 寄付程度（ガイドツアーは$5）
※改修により2019年末までクローズ。

天井のアーチが見事

ウェリントン植物園
Wellington Botanic Garden
Map P.394-B1

　ケーブルカーの終点を降りてすぐ、ケーブルカー博物館の横から園内に入れる。面積約25ヘクタールの園内には、保護された原生林、ベゴニアハウス、300種類以上のバラが咲くノーウッド・ローズガーデン、水鳥の集まる池などが点在し、季節によって変化に富んだガーデン歩きが楽しめる。ケーブルカーの駅から町の中心部までは徒歩約30分。景色を眺めながら、のんびりと下っていくのもおすすめだ。

天気のいい日に散歩したい

ケーブルカー
The Wellington Cable Car
Map P.394-B1

　1902年に開通したウェリントン名物のケーブルカー。乗り場はラムトン・キー沿いにあり、市街地と急な斜面の上にある住宅地ケルバーンKelburnを5分ほどで結び、地元の人々の足として活躍している。運行は10分間隔で、ウェリントンの町に真っ赤に映えるケーブルカーは、車内から市街が一望できて観光客にも大人気。晴れた日に海と町を望む日中の鮮やかな景色もいいが、夕刻に住宅の明かりがともる頃の眺めも美しい。
　上の駅には、昔のケーブルカーが展示されたケーブルカー博物館Cable Car Museumもあり、ちょっとしたおみやげなども販売されている。

真っ赤なケーブルカーは観光客に大人気

オールド・セント・ポール教会
Old St. Paul Cathedral Church
Map P.394-A2

　1866年に建てられた木造建築の真っ白な教会。内部はアーチ型の天井柱から、壁のステンドグラス、祭壇までシンプルであたたかみのある雰囲気。平日の昼間には、オルガンやフルートなどのコンサートが行われることも。結婚式会場としても人気がある。

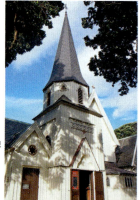
物語に出てきそうなかわいらしい外観

キャサリン・マンスフィールドの生家
Katherine Mansfield House & Garden

世界的に知られる短編小説家のひとりで、ニュージーランドで最も有名な作家であるキャサリン・マンスフィールドの生家。1888年10月14日にこの家で生まれ、14歳までニュージーランドで教育を受けて19歳で渡英、1923年に34歳で亡くなるまで、100編以上の作品を残している。作品はフィクションだが、この家がモデルになっていると思われる箇所が見られ、特に『前奏曲』や『誕生日』の読者には、作品を通してなじみ深い家だろう。この地方原産のリムなどの木材で建てられた簡素な造りで、当時の典型的な上流階級の都市住宅である。

19世紀末の上流階級の家として、建築学的にも貴重な存在

ウェリントン・カセドラル・オブ・セント・ポール
Wellington Cathedral of St. Paul

現在の建物は1998年に建て替えられた

国会議事堂の近くに位置する大聖堂。見どころは、内部の立派なインテリアで、天井まで続く高いステンドグラスや、3531本のパイプが並ぶパイプオルガンなどがある。建物の奥にある、リム材で造られたレディ・チャペルThe Lady Chapelは素朴な雰囲気。頻繁に聖歌隊の合唱も行われているのでウェブサイトで確認を。ギフトショップもある。

ジ・エンバシー
The Embassy

1924年、世界的に映画が流行し始めた最中に建てられた歴史ある映画館。2003年の改装後には、トリロジー完結編『ロード・オブ・ザ・リング／王の帰還』の世界初上映シアターとしても注目を浴びた。ワールドプレミアでは、このジ・エンバシーから国会議事堂までを監督のピーター・ジャクソンはじめ、主人公フロド役のイライジャ・ウッド、アルウェン役のリヴ・タイラー、レゴラス役のオーランド・ブルームなど豪華スターが大パレード。総製作費約340億円、スタッフ約1万人を要した、この作品のロケはニュージーランドの首相自らが先頭に立って誘致したという。シアター内部は壮麗な装飾が施され、キャラクター名と演じた俳優の名前が書かれたプレート付きの座席もある。

大きなスクリーンで映画を楽しめる

キャサリン・マンスフィールドの生家
住 25 Tinakori Rd.
電 (04) 473-7268
URL www.katherinemansfield.com
開 10:00〜16:00
休 月
料 大人$8、子供無料
交 中心部から市バス#54、#83、#211などで約5分。Thorndon Quay at Motor way下車後徒歩すぐ。

ミッドランド・パークのキャサリン・マンスフィールド像

ウェリントン・カセドラル・オブ・セント・ポール
住 Cnr. Molesworth St. & Hill St.
電 (04) 472-0286
URL wellingtoncathedral.org.nz
開 月〜金　8:00〜17:00
　 土　　　10:00〜16:00
　 日　　　8:00〜18:15
　 (時季によって異なる)
休 無休

キリストのモザイク画

ジ・エンバシー
住 10 Kent Tce.
電 (04) 384-7657
URL www.eventcinemas.co.nz
開 10:00〜翌1:00
休 無休

大きな柱がある2階ロビー

北島　ウェリントン　見どころ

ウェリントン博物館
- Queens Wharf, 3 Jervois Quay
- (04)472-8904
- museumswellington.org.nz/wellington-museum
- 10:00～17:00
- 無休
- 無料

1階にはミュージアムショップがある

ウェリントン博物館
Wellington Museum

Map P.394-C2

海洋関係の展示を行っている博物館。もともとは1890年代にクイーンズ・ワーフがウェリントン港の中枢だった頃、保税倉庫として使われていた歴史的にも貴重な建物。館内は、当時の倉庫内の様子が再現されているほか、1階の大スクリーンには1900年代のウェリントンの様子などが原寸大で映し出されている。3階にあるウェリントンのマオリの伝説を紹介したホログラムシアターのショーも人気だ。

クイーンズ・ワーフの一角にある

マウント・ビクトリアへの行き方
コートニー・プレイス沿いのバス停をはじめ、中心部から#20のバスで約15分。車や徒歩なら、Kent Tce.からMajoribanks St.を上がり、「Mt. Victoria」や「Look Out」という案内標識に従って、Hawker St.、Palliser Rd.と進む。帰路はPalliser Rd.から海沿いのOriental Pde.に下る道もある。

マウント・ビクトリア
Mt. Victoria

Map P.393-B1

町の中心部から南東方面にある標高196mの丘。頂上の展望台からはウェリントンの市全体がぐるりと見渡せ、ウェリントンが海沿いに開けた町だということがよくわかる。車で行くのが便利だが、途中遊歩道もありハイキングも可能。オリエンタル・パレードから歩くと展望台までは約45分ほど。夜景はすばらしいが、暗くなってからのひとり歩きは避けよう。

マウント・ビクトリアからの眺め

Column 映画の町ウェリントン

ウェリントンは『ロード・オブ・ザ・リング』や『ホビット』の映画監督ピーター・ジャクソン氏の出身地として知られている。また、数多くの世界的映画の製作拠点にもなっている。ウェリントン空港では、『ロード・オブ・ザ・リング』や『ホビット』のキャラクターが歓迎してくれたり、町中でも映画の町を思わせるトライポッドのオブジェなどを見ることができる。

2015年、ピーター・ジャクソン氏による大規模な映画博物館の建設が決定された。映画の製作会社「ウェタ」社が手掛けたデザイン画や小道具のほか、ハリウッド映画に関するコレクションも展示される予定で、博物館はコンベンションセンターの複合施設として、国立博物館テ・パパ・トンガレワの向かいに建設予定。ただし、増大するコストにより完成時期は未定となっている。

ウェリントン空港の入口では映画『ホビット』に登場するドラゴンが迎えてくれる

ジ・エンバシーの向かいにある「ウェタ」社製作のトライポッドのオブジェ

ウェリントン郊外の見どころ

ウェタ・ケーブ
Weta Cave

ミラマー地区にあるウェタ・ケーブは、映画『ロード・オブ・ザ・リング』や『ホビット』、2017年に公開された『ゴースト・イン・ザ・シェル』などの特殊効果や小道具制作を手掛けた「ウェタ」社が運営する複合施

Map P.393-C2

巨大トロルが待ち構える入口

設。同社が携わった作品のグッズやフィギュアを販売するほか、撮影裏話をまとめたビデオも30分おきに上映されている。映画の世界をより深く楽しみたい人には、ビデオ鑑賞や小道具の制作現場見学も含めた約45分の有料ツアーがおすすめ。ミニチュア・ステージ・ツアーMiniatures Stage Tourでは、サンダーバード・アー・ゴーの撮影に使われた模型の鑑賞や、それらがどのように製作されたかなど現場の秘話を聞くことができる。

芸者ロボットのマスクの製作工程を展示

オリジナルグッズも販売しているショップ

ウェタ・ケーブ
住 Camperdown Rd. & 1 Weka St. Miramar
電 (04)909-4000
URL www.wetaworkshop.com
開 9:00～17:30
休 無休
料 無料

Workshop Tour
開 9:00～17:00の間の15分～1時間ごとに催行
料 大人$28、子供$13

There & Back Again Guided Transfer
ウェリントンの観光案内所アイサイトから出発するツアー。
開 9:00、10:30、12:00、13:30発
料 大人$68、子供$42（ワークショップの料金込み）

Miniatures Stage Tour: Thunderbirds Are Go
開 9:50～16:50の間の30分～1時間ごとに催行
料 大人$28、子供$13

グッズも豊富に揃う

ウェリントン動物園
Wellington Zoo

ニュージーランド最古の動物園。夜行性の動物を集めたドーム型のトワイライトゾーンは、長さ25mの真っ暗な通路の中に、キーウィや絶滅寸前の動物たちが飼育されている。暗いので目が慣れるまで待って、じっくりと探してみよう。毎日ガイドトークも行われているので、入口のボードで時間をチェックするといい。

Map P.393-C1

愛らしいレッサーパンダ

ウェリントン動物園
住 200 Daniell St. Newtown
電 (04)381-6755
FAX (04)389-4577
URL wellingtonzoo.com
開 9:30～17:00（最終入場は～16:15）
休 無休
料 大人$27、子供$12
交 中心部から市バス#11、#22で約20分、下車後徒歩15分。

オリエンタル・ベイへの行き方
中心部から市バス#14、#20、#24で約5分。

海沿いに延びるオリエンタル・パレード

ジーランディア
住 53 Waiapu Rd. Karori
☎ (04)920-9213
URL www.visitzealandia.com
開 9:00〜17:00
（最終入場は〜16:00）
休 無休
料 大人$21、子供$10
（展示＋トレイル）
交 観光案内所アイサイトやケーブルカー終点から無料シャトルが運行(9:30〜14:30)。
ナイトツアー
催 通年
料 大人$85、子供$40
（参加は12歳以上）

マティウ／サムズ島への行き方
マティウ／サムズ島へは、クイーンズワーフからイーストバイウエストがフェリーを運航。所要約20分。
イースト・バイ・ウエスト
☎ (04)499-1282
URL eastbywest.co.nz
運 クイーンズワーフ発
月〜金10:00、12:00、14:05
土・日10:00、12:00、14:30、15:45
マティウ／サムズ島発
月〜金10:55、13:00、15:30
土・日10:50、11:30、12:55、13:30、15:20、16:40
料 大人往復$25、子供$13

島の南側にある岩礁「シャグロック」。オットセイや鵜が見られる

オリエンタル・ベイ
Oriental Bay

Map P.393-B2

市街地から東南方向に広がるウオーターフロントの一帯で、オリエンタル・ベイと呼ばれている。東へ向かって海沿いに延びる通り、オリエンタル・パレードOriental Pde.には松の木が植えられ、ロー

海水浴など夏は多くの人でにぎわう

ラーブレイドやジョギングにいそしむ地元の人々の姿が絶えない。潮風を感じながら散歩し、点在するカフェやレストランで休憩するのがおすすめ。

ジーランディア
Zealandia

Map P.393-B1外

原生林を再生させ、絶滅の危機にある鳥類を保護している美しいサンクチュアリ（旧カロリ野生鳥類保護区）。約2.25km²もの広大な再生森林に30km以上のトレイルが張

バードウオッチングはもちろん、展示室では鳥の生態について学ぶこともできる

り巡らされており、鳥図鑑入りのガイドマップに従って散策が楽しめる。またサンクチュアリ内には、19世紀の金を掘った跡やダムなど、歴史的な遺跡が点在する。キーウィやトゥアタラを見られる所要約2時間30分のナイトツアーもある。

マティウ／サムズ島
Matiu / Somes Island

Map P.393-B2外

クイーンズ・ワーフから船で約20分の沖合に浮かぶ島。過去にはマオリの砦、入植時代以降は監獄や家畜検疫所などが置かれていたが、現在は自然保護区として管理されている。島内には遊歩道が延びており、海越しにウェリントンの町並みを見渡せる。また野鳥やウェタ、オットセイなどが観察でき、ハイキングにおすすめだ。島内に売店などはないので食事や飲み物は持参しよう。

イーストバイウエストのフェリー

ウェリントンの エクスカーション — Excursion

シール・コースト・サファリ

4WDで南海岸をドライブしながら、ファームを訪れたり、群生する野生のアザラシを観察する、所要約3時間のツアー。出発は9:30と13:30。市内のアコモデーションなどからの送迎あり。休憩時の紅茶やコーヒーとマフィン付き。

Seal Coast Safari
☎ (04) 471-0044　FREE 0800-732-527
URL www.sealcoast.com
通年　大人$125、子供$62.5　CC MV

映画『ロード・オブ・ザ・リング』ロケ地ツアー

ウェリントン近郊の『ロード・オブ・ザ・リング』のロケ地を訪れる1日ツアー。マウント・ビクトリアやカイトケ自然公園、ハット・リバー渓谷などのほか、市内観光も含めたガイディングが充実。ウェタ・ケーブ（→P.401）にも訪れる。『ロード・オブ・ザ・リング』をイメージした特製ランチもお楽しみに。

Rover Rings
☎ (04) 471-0044　FREE 0800-426-211
FAX (04) 472-9634
URL roverringstours.co.nz　通年
大人$210、子供$105
CC MV

ウェリントンの アクティビティ — Activity

サイクリング

自然の多いウェリントンには数々のマウンテンバイク用のトレイルがある。レンタルして気ままに楽しむのもいいが、観光ルートや、スリルたっぷりのトレイルなど個人のレベルに合わせたガイドサービスも充実。

Mud Cycles
424 Karori Rd.　☎ (04) 476-4961
URL www.mudcycles.co.nz　通年　半日$40～、1日$70～（レンタル）　CC ADMV

アスレチック

町の中心部から車で約20分、カピティ海岸の南端に位置する港町ポリルアPoriruaで、木々に張り巡らされたロープを伝って遊ぶ本格アスレチック体験ができる。難易度によって異なる7つのルートがあり、参加は身長130cm以上。

Adrenalin Forest Wellington
☎ (04) 237-8553
URL www.adrenalin-forest.co.nz　通年
大人$44、子供$19～29　CC MV

Column　ウェリントンは劇場が充実

ウェリントンは劇場が多く、さまざまなジャンルのショーやライブが行われている。チケット予約会社「Ticketek」ではインターネット予約、クレジットカード払いもOK。観光案内所では、当日公演の格安チケットが見つかる可能性もあるので、要チェック。
Ticketek
URL premier.ticketek.co.nz

セント・ジェームス・シアター　Map P.394-D2
St. James Theatre
77/87 Courtenay Pl.　☎ (04) 801-4207
URL venueswellington.com

1912年に完成した歴史ある劇場。バレエやオペラ、演劇などの演目を上演。

キャピタル・イー・ナショナル・シアター　Map P.394-C2
Capital E's National Theatre
4 Queens Wharf　☎ (04) 913-3740
URL www.capitale.org.nz

おもに子供向け、ファミリーが楽しめる現代的なショーなどを上演している。

バッツ　Map P.394-D2
Bats
1 Kent Tce.　☎ (04) 802-4176
URL bats.co.nz

コメディなどの芝居が見られる小劇場。ローカルタレントの出演も多い。

コーヒーの町ウエリントンで人気カフェ巡り

「角を曲がるたびにカフェがある」と言われるほどコーヒー文化が盛んなウェリントン。アメリカのCNNが行った「世界のコーヒーの町」で、トップ8に選ばれたことも。カフェが集まるキューバ・ストリートをはじめ、海辺や郊外にもおしゃれな店がたくさん！

ムード満点のサイフォンに注目！
ラマソン ブリュー バー
Lamason Brew Bar　Map P.394-C1

オーナーはロースターのピープルズコーヒー出身。小さな店はいつも満員で、「いつもの」と注文する常連客の姿も。店内に並ぶサイフォンが印象的で、聞けば日本の喫茶店でその美しさに感動し、道具を取り寄せたという。コーヒーを淹れる手順を間近で見るなら、カウンター席を狙おう。

住 Cnr. Lombard St. & Bond St.
電 (04) 473-1632
営 月〜金7:00〜16:00、土9:30〜15:00
休 日　CC MV

1 ブラックベリーの香りを感じるルワンダ・ルベンゲラなど、有機栽培のフェアトレードコーヒーがサイフォン$6で味わえる　2 手さばきに注目　3 おちゃめなスタッフがお出迎え

人気沸騰のスープリーム旗艦店
カスタムズ バイ コーヒー スープリーム
Customs by Coffee Supreme　Map P.394-D1

1992年創業の小さなカフェからロースターカンパニーへと展開したウェリントン発のコーヒーブランド。ストリート風のロゴやグッズでトレンドスポットとしても注目を集め、2017年に東京へも進出。豆の種類が豊富で、購入もできる。

住 39 Ghuznee St.　電 (04) 385-2129
URL www.coffeesupreme.com　営 7:30〜16:00
休 無休　CC MV

1 コンクリートやウッドを多用した店内は、インダストリアルな雰囲気　2 フラットホワイト$4.5〜　3 マグカップはみやげに最適

1 幅広い年代のファンが訪れる　2 新商品のインスタントコーヒーやマグカップが並ぶ　3 フラットホワイト$4.5〜

バリスタチャンピオンを生んだ名店
ハンガー
The Hangar　Map P.394-C1

ニュージーランド発のコーヒーブランドFlight Coffeeが手がける直営店。国内のバリスタチャンピオンを生むなど、質の高いコーヒーを味わうことができる。違う種類の豆を使ったフラットホワイトの飲み比べなどを試してみよう。

住 119 Dixon St.　電 (04) 830-0909
URL www.hangarcafe.co.nz　営 月〜金7:00〜16:00、土・日8:00〜17:00　休 無休　CC MV

ウェリントンの レストラン

Restaurant

クイーンズ・ワーフやオリエンタル・パレードには海が見える眺望のよさが自慢のカフェが、コートニー・プレイスにはエスニックグルメを堪能できるレストランが多い。キューバ・ストリート沿いには深夜まで営業するバーもあり、夜もにぎわう。

ローガン・ブラウン　Logan Brown　Map P.394-D1　シティ中心部

ニュージーランド料理

数々の受賞歴をもつウェリントン随一のファインダイニング。1920年代の建物を利用しており、内装はこのうえなく優雅だが、気取った店ではなくリラックスできる。17:30〜のビストロメニュー$50は、前菜、メイン、デザートに、パンとコーヒーが付くお得な内容。ランチの人気メニューはパウアのラビオリ$21.5。

192 Cuba St.　(04)801-5114
www.loganbrown.co.nz　水・木12:00〜13:30、金・土12:00〜14:00、火〜日17:30〜22:00　休月　CC ADJMV

ボウルコット・ストリート・ビストロ　Boulcott Street Bistro　Map P.394-C1　シティ中心部

フランス料理の手法をうまく取り入れた、ニュージーランド料理のレストラン。1870年代後半に建てられた民家を利用しており、サービス、雰囲気ともに洗練された空間で楽しむ料理は、ラムやシカなどの肉の料理をはじめ、どれも定評がある。日〜金曜の$20ランチや日曜限定のサンデーロースト$49も人気。

99 Boulcott St.　(04)499-4199　boulcottstreetbistro.co.nz
月〜金12:00〜14:30、17:30〜22:00、土17:30〜22:00、日11:30〜14:00、17:30〜21:00　無休　CC AMV

マウント・ビック・チッパリー　Mt. Vic Chippery　Map P.394-D2　シティ中心部

シーフード

ジ・エンバシーの近くにあるフィッシュ＆チップスの人気店。捕れたて、揚げたての魚を味わえるだけでなく、オーダーの手順が分かりやすく説明されており、ポテトやソースの見本もあるので、旅行者でも注文しやすい。ボリュームたっぷりなので、買い過ぎには注意。写真はフィッシュ・バーガー$13。

5 Majoribanks St.　(04)382-8713
www.thechippery.co.nz　月〜木12:00〜20:30、金〜日12:00〜21:00　休無休　CC DJMV

ビッグ・サム・チャイニーズ・レストラン　Big Thumb Chinese Restaurant　Map P.394-D2　シティ中心部

中国料理・飲茶

香港出身のシェフが用意するランチタイムの飲茶が人気。飲茶ひと皿が$5.5〜で、約70種類のメニューから注文できるうえ、ワゴンで運ばれてくるできたての料理から好きなものを選べる。海老焼売や餃子、春巻、ちまき、ゴマ団子など、いずれもキッチンで作りたてのものが供されるので、満足度が高い。夜はアラカルトメニューが充実。

9 Allen St.　(04)384-4878　www.bigthumbchineserestaurant.co.nz　11:00〜14:30、17:00〜Late　無休　CC AMV

すしび　Sushi Bi　Map P.394-C1　シティ中心部

日本料理

巻き寿司のテイクアウエイ店。すべての商品が半額になる16:00以降は行列ができることも。巻き寿司は1切れ$1〜1.6、稲荷や握りは$1.6〜2で、目移りするほど種類も多彩だ。また日本人スタッフが店頭で焼くたこ焼きは3個$3、6個$6でこちらも美味。ウッドワード・ストリートやウェリントン駅にも店がある。

99 Willis St.　(04)499-8578　www.sushibi.co.nz
月〜金9:30〜18:30、土10:00〜18:30　休日　CC MV　日本語OK

北島　ウェリントン　レストラン

405

和 Kazu

Map P.394-D2 シティ中心部

ウェリントンで4店舗展開する和の焼き鳥バー。コートニー・プレイスでは建物の2階で営業しており、どこか隠れ家的な雰囲気がある。焼き鳥メニューは約20種類あり、おすすめは鳥のモモや、エビのベーコン巻きなどがセットになったマスターコンボ$17。ラーメンは$17〜。日本のビールや日本酒も豊富に揃う。カウンター席とテーブル席がある。

📍Level1 43 Cortenay Pl. ☎(04)802-4868
URL kazu.co.nz 営日〜木11:30〜23:00、金〜土11:30〜24:00
休祝 CC ADJMV 日本語OK

モンスーン・プーン Monsoon Poon

Map P.394-D2 シティ中心部

店内に仏像が置かれているなどユニークな内装のレストラン。広々としたオープンキッチンの厨房が豪快だ。マレーシア、タイ、ベトナム、インドなどのさまざまなアジア料理のメニューが楽しめる。ベトナム風生春巻き$14、インド風ラムカレー$25などがおすすめ。カクテルは各種$13〜15。写真はイエローカレー$24。

📍12 Blair St. ☎(04)803-3555 FAX(04)803-3556
URL www.monsoonpoon.co.nz 営月〜水11:30〜22:00、木・金11:00〜23:00、土・日17:00〜23:00 休無休 CC AMV

ラサ・レストラン Rasa Restaurant

Map P.394-D1 シティ中心部

南インドとマレーシアの料理を供する人気のレストラン。マレーシアの麺料理ラクサはシーフード、チキン、ベジタブルなどの種類があり$17〜。クレープ状にした生地に具材を巻く南インド料理ドーサ$14〜は、ラムやチキン、さまざまなスパイスを混ぜたマサラの3種類がある。そのほかカレーなども味わえる。

📍200 Cuba St. ☎(04)384-7088 URL www.rasa.co.nz
営12:00〜14:00、17:30〜23:00 休無休 CC MV

ピザ・ポモドーロ Pizza Pomodoro

Map P.394-D1 シティ中心部

ナポリピザ協会認定の人気ピザ屋。週末は行列になることも。路地にある小さな店舗には小さなテーブルが2つあるだけ。ピザは23種類あり、基本のソースはトマト、クリーム、ガーリック。一番人気はマルゲリータ$17やマリナーラ$15。ファンタジスタ$14.5〜はソースやトッピングを選んでオリジナルピザがオーダーできる。

📍13 Leeds St. ☎(04)381-2929 URL www.pizzapomodoro.co.nz
営月17:00〜21:00、火〜木12:00〜14:00、17:00〜21:30、金・土12:00〜22:00、日12:00〜21:00 休無休 CC MV

リトル・ワッフル・ショップ The Little Waffle Shop

Map P.394-D2 シティ中心部

テイクアウェイのみのワッフル店。こぢんまりとした店舗は、水色の窓が印象的。ワッフルは13種類あり各$9。オーダーを受けてから作るので香ばしく、中はフワフワ。一番人気は自家製ホワイトチョコレートソースやオレオクッキー、生クリームなどをトッピングしたクッキー&クリーム。週替わりのワッフルもある。

📍53 Courtenay Pl. なし 営月・火・木13:00〜22:00、水13:00〜24:00、金13:00〜翌1:00、土10:00〜翌1:00、日10:00〜22:00
休無休 CC ADJMV

モジョ Mojo

Map P.394-B2 シティ中心部

ウェリントン発祥のカフェで、ウェリントンのほか、オークランドにも支店をもつ。市内に21もの店舗があり、フェリー乗り場近くにある焙煎所では中の見学もできる。自慢の香り高いコーヒーを、おしゃれな雰囲気とともに楽しみたい。軽食もあり、テイクアウェイもOK。オリジナルブレンドの豆も販売している。

📍33 Customhouse Quay ☎(04)473-6662 URL mojo.coffee
営月〜金7:00〜17:00、土・日8:00〜16:00
休無休 CC ADJMV

406

フロリディータス　Floridritas　Map P.394-D1　シティ中心部

ヨーロッパ調のインテリアが印象的なカフェレストラン。地元の旬の野菜を使った幅広いメニューが揃う。クラウディ・ベイで捕れた貝を使ったパスタ$29〜やニュージーランドのブランド牛、ワカヌイビーフのステーキ$32.5〜などが人気。パブロバは$14.5。写真はポーチドエッグやサーモンがのったトースト$23。
161 Cuba St.　(04)381-2212　floriditas.co.nz
月〜土7:00〜22:00、日7:30〜21:30
無休　ADJMV

サザン・クロス　Southern Cross　Map P.394-D1　シティ中心部

ポップでおしゃれな内装と味に定評があり、地元の人で常ににぎわっているカフェ＆バー。子供が遊べるスペースもあり、ファミリーでの利用も多い。使用する食材にこだわりがあり、ビーガンやベジタリアン、グルテンフリーの料理も充実。メニューには料理の種類がひとめでわかるマークが付いている。
39 Abel Smith St.　(04)384-9085
www.thecross.co.nz　月〜金8:00〜23:00、土・日9:00〜23:00
無休　AMV

オンブラ　Ombra　Map P.394-D1　シティ中心部

1922年に建てられた古い建物を利用したカフェレストラン。2面に取られた大きな窓から差し込む光が心地いい。食事はイタリア料理がベースで、クロワッサンやチャバタ、ゆで卵にサーモン、チーズなどが並ぶ。シカ肉やラム肉のひと口ミートボール$13〜15などの小皿料理や小ぶりのピザ$13〜17も人気。
199 Cuba St.　(04)385-3229　ombra.co.nz
11:30〜22:30(22:00L.O.)
無休　MV

オリーブ　Olive　Map P.394-D1　シティ中心部

カフェやショップがひしめくキューバ・ストリートにある人気店。カントリー風のインテリアや緑豊かな中庭があり、自宅のようにくつろげる。種類豊富なコーヒーやスイーツだけでなく、地中海料理をベースにした料理やワインも好評。夜は、おしゃれなレストランバーとして利用したい。
170 Cuba St.　(04)802-5266　www.oliverestaurant.co.nz
火〜土8:00〜Late、日・月8:00〜15:00
無休　MV

フィデルズ・カフェ　Fidel's Cafe　Map P.394-D1　シティ中心部

キューバの革命家フィデル・カストロがモチーフとなった名物カフェ。1950年代のキューバをイメージした店内は、原色があふれているのに、なぜか落ち着ける不思議な空間。ランチタイムは満員になるほどの人気ぶりだ。コーヒーはハバナ社の豆を使用。ローストが強めで、濃い味がくせになる。
234 Cuba St.　(04)801-6868　www.fidelscafe.com
月〜金7:30〜22:00、土・日8:00〜22:00
無休　JMV

エキム・バーガー　Ekim Burgers　Map P.394-D1　シティ中心部

キューバ・ストリートとアベル・スミス・ストリートが交差する角で、キャラバンで営業するハンバーガー・ショップ。昼間から音楽を大音量でかけているので、個性的な店が集まるキューバ・ストリートの中でもひときわ目立つ。ハンバーガー$7〜は23種類あり、どれもボリューム満点。机や椅子があるのでイートインもできる。写真はベーコンとワカモレのビーフィーピート$10。
257 Cuba St.　なし　日〜木11:30〜22:00、金・土11:30〜Late　無休　MV

ウェリントンの ショップ

Shop

首都だけにショップのバリエーションが豊富。ラムトン・キー沿いには大小のショッピングモールが並び、衣類や靴などを探すには最適。通りのランドマークでもある老舗デパートにも立ち寄りたい。ギャラリーが多いのもウェリントンの特徴だ。

●おみやげ

シンプリー・ニュージーランド　Simply New Zealand　Map P.394-B1　シティ中心部

ラムトン・キーにあるショップ。キーウィフルーツの石鹸やハンドペイントの食器、シープスキンのルームシューズやニュージーランド原産の木材を使ったキッチン用品、ヒスイのアクセサリーなどがずらり。定番のラノリンオイルが含まれたクリームや、ロトルア温泉の泥を使ったパックや石鹸$4.95〜が人気。

住195b Lambton Quay　☎(04)472-6817　URL www.simplynewzealand.com　営月〜金9:00〜17:30、土10:00〜17:00、日10:00〜16:00(時季によって異なる)　休無休　CC AJMV

●インテリア

クラ　Kura　Map P.394-D2　シティ中心部

ニュージーランドの現代アートやデザインが一堂に集められている。クラという店名は、マオリの言葉で"貴重な物"という意味。自然やマオリの伝統をモチーフにしたニュージーランドらしい品々のほか、陶器、ガラス器、アクセサリーなども豊富に揃っている。鉄や流木を組み合わせたオブジェも人気。

住19 Allen St.　☎(04)802-4934　URL kuragallery.co.nz　営月〜金10:00〜18:00、土・日11:00〜17:00　休無休　CC AJMV

●雑貨

メイド・イット　Made It　Map P.394-C1　シティ中心部

個性的なショップが並ぶビクトリア・ストリート沿いにある小さな雑貨店。すべての商品がニュージーランドのアーティストによる手作りで、洋服や布小物、器、文房具など幅広い雑貨が並ぶ。ニュージーランドの鳥をモチーフにしたグッズやシンプルなアクセサリー、ポストカードなどは種類豊富で、おみやげにもおすすめ。

住103 Victoria St.　☎(04)472-7442　URL madeitwgtn.co.nz　営月〜金10:00〜17:30、土10:00〜17:00、日11:00〜16:00　休無休　CC MV

●ファッション

グローバル・カルチャー　Global Culture　Map P.394-C2　シティ中心部

ニュージーランドの自然や文化をテーマにしたポップなTシャツやパーカー、トートバッグなどが揃う。キーウィがデザインされた定番Tシャツ$39は3枚で$99になるのでお得。パーカーは$79。またアクセサリー・ブランドのイボルブEvolveは、ニュージーランドならではのシルバー・チャームが人気。

住30 Cuba St.　☎(04)473-7100　URL www.globalculture.co.nz　営月〜木9:30〜17:30、金・土7:30〜18:00、日11:00〜17:00　休無休　CC AJMV

●コスメ・ファッション

ワールド　WORLD　Map P.394-C1　シティ中心部

30年前にスタートしたニュージーランドのハイファッション・ブランド「WORLD」のショップ。シンプルながら洗練されたデザインのアイテムが充実。また、ヨーロッパやオーストラリアのコスメも販売。1643年創業、世界最古の蝋製品メーカーでルイ14世も愛したというシールトゥルードンのアロマキャンドルも販売。

住102 Victoria St.　☎(04)472-1595　URL www.worldbrand.co.nz　営月〜金9:30〜18:00、土10:00〜17:00、日11:00〜17:00　休無休　CC ADMV

ムーア・ウィルソンズ　Moore Wilson's　Map P.394-D2　シティ中心部

ウェリントンを中心に4店舗を展開するスーパーマーケット。もともと外食産業向けの卸問屋だったため、現在もプロ好みの上質な食材を扱う。店内では試飲や試食もあり、デパ地下の気分で買い物できるのが魅力。またウェリントンのコーヒーやショコラティエなどの商品も豊富。充実のワイン売り場は一見の価値あり。

- 93 Tory St.　(04)384-9906　URL moorewilsons.co.nz
- 月～金7:30～19:00、土7:30～18:00、日8:30～18:00
- 無休　CC MV

コロニー　Colony　Map P.394-C1　シティ周辺部

国内で採取されたハチミツを扱う専門店。マヌカハニーは500gの小瓶で$33.99～。3本セット$36.9（125g）などもあり、日本への配送もOKだ。試食もできるので買う前にじっくりと選ぶことができる。ハチミツを使ったコスメやスムージー、ホーキーポーキーやフローズンヨーグルト味などのアイスクリームも販売。

- Cnr. Victoria St. & Mercer St.　(04)473-8487
- URL www.honeymeisters.com　月～金10:00～18:00、土9:00～17:30、日10:00～16:00　無休　CC ADJMV

コモンセンス・オーガニクス　Commonsense Organics　Map P.394-D2　シティ中心部

国立博物館テ・パパ・トンガレワから徒歩約3分。ウェリントン周辺のオーガニックストアの先駆けとなったスーパーマーケット。ガレージ風の広々とした店内にはオーガニック農法で生産された新鮮な野菜が並び、世界各国の種類豊富な豆類や玄米、チアシードなども量り売りで販売している。

- 260 Wakefield St.　(04)384-3314
- URL commonsenseorganics.co.nz
- 月～金8:00～19:00、土・日9:00～18:00　無休　CC AMV

ペガサス・ブックス　Pegasus Books　Map P.394-D1　シティ中心部

キューバ・ストリートの脇道に入った所にある古本屋。店頭に「本日のポエム」が展示してあったり、至るところに世界各国の置物が飾られていたりと、楽しそうな雰囲気が漂う。写真集や小説、世界各国の文学、実用書、雑誌、哲学書などジャンルも多彩で、レズビアン＆ゲイに関する書籍をまとめたコーナーもある。

- Left Bank, Cuba St.　(04)384-4733
- URL pegasusbooksnz.com
- 月～土10:30～20:00、日10:30～18:00　無休　CC MV

ワインシーカー　Wineseeker　Map P.394-C1　シティ中心部

国産を中心にフランスやイタリア、スペイン、アメリカ産など約300種類のワインを取り扱っているワイン専門店。毎日1種類、ニュージーランドワインの無料試飲も行っている。また、ワインの作り手を招いての試飲会やテイスティングのコツ、料理との合わせ方を学ぶレッスンなども開催している。

- 86-96 Victoria St.　(04)473-0228　URL wineseeker.co.nz
- 月～水10:00～19:00、木・金10:00～20:00、土11:00～18:00
- 日　CC AMV

ゴードンズ・アウトドア・イクイップメント　Gordon's Outdoor Equipment　Map P.394-C2　シティ中心部

1937年にウェリントンで創業した老舗アウトドアショップ。アイスブレーカーなど国産ブランドだけでなく、ノースフェイスやマーモット、ファウデ、キーンなど有名ブランドも多数販売。登山やクライミング、キャンプはもちろんスキー関連の商品も多彩。セールアイテムが充実しているのもうれしい。

- Cnr. Cuba St. & Wakefield St.　(04)499-8894
- 月～木9:00～18:00、金9:00～19:00、土・日10:00～17:00
- 無休　CC ADJMV

ウェリントンの アコモデーション
Accommodation

町の中心部ならどこでも便利だが、ウェリントン駅近くよりは、ラムトン・キーの南からコートニー・プレイスにかけてのほうが食事や買い物へのアクセスがよい。高層ホテルの上層階の客室からはウェリントン港が見渡せるだろう。

高級ホテル

インターコンチネンタル・ウェリントン　InterContinental Wellington　Map P.394-B2　シティ中心部

町のど真ん中にあり、観光にもビジネスにも便利な立地。目の前には港が広がり、上階からの眺めがいい。ゆったりとした広さの部屋は機能的で、ケーブルテレビやアメニティなど設備も充実。フィットネスやスパもあり、リラックスした滞在ができそう。

住2 Grey St.　(04)472-2722
URL www.ihg.com　料⑩①$399.84～　室数236
CC ADJMV　日本の予約先無料0120-677-651

QT ウェリントン　QT Wellington　Map P.394-D2　シティ中心部

一見ホテルらしからぬ真っ黒な建物で、ホテルの外やロビー、廊下はアーティスティックな雰囲気。客室からはウェリントンの港や市街が見渡せ、一部の部屋はバルコニーやバスタブを備えている。週末割引料金あり。併設のレストラン「Hippopotamus」もユニークな造り。

住90 Cable St.　(04)802-8900　FREE 0800-994-335
URL www.qthotelsandresorts.com　料Ⓢ⑩$299～　①$529～
室数180　CC ADMV

中級ホテル

リッジズ・ウェリントン　Rydges Wellington　Map P.394-B2　シティ中心部

ウェリントン駅に近い便利な立地のホテル。部屋にはミニバーやSky TVなどのほか、電子レンジやトースター、コーヒーメーカーが備わり、機能性抜群。バルコニー付きの客室もある。併設のモダンなレストラン「Portlander Bar & Grill」も人気。

住75 Featherston St.　(04)499-8686
URL www.rydges.com　料Ⓢ⑩①$209～
室数280　CC ADJMV

ジェームス・クック・ホテル・グランド・チャンセラー　James Cook Hotel Grand Chancellor　Map P.394-B1　シティ中心部

ケーブルカー乗り場の近く。食事やショッピングに便利なラムトン・キー周辺の立地だが、車利用だとやや入りにくい。客室は白が基調の、すっきりとしたインテリア。併設のスパは、2013年の世界ラグジュアリースパ賞で国内1位に輝いた実力派だ。

住147 The Tce.　(04)499-9500　FREE 0800-275-337
FAX(04)499-9800　URL www.grandchancellorhotel.com　料Ⓢ⑩①$200～
室数268　CC ADJMV

コプソーン・ホテル・ウェリントン オリエンタル・ベイ　Copthorne Hotel Wellington Oriental Bay　Map P.393-B1　シティ周辺部

オリエンタル・ベイの正面に位置するスタイリッシュなホテル。スーペリアルームなど4タイプの客室があり、すべてバルコニー付き。レストラン＆カクテルラウンジでは夜景を眺めながら、季節の食材を使った料理や種類豊富なカクテルが楽しめる。

住100 Oriental Parade, Oriental Bay　(04)385-0279
URL www.millenniumhotels.com　料⑩①$179～
室数118　CC ADJMV

中級ホテル

ベイ・プラザ　Bay Plaza Hotel　Map P.394-D2　シティ中心部

オリエンタル・ベイの近くにあり、ビーチまで歩いてすぐというリゾート気分を満喫できるロケーション。部屋はシンプルですっきりとまとめられており機能的。目の前に大型スーパーマーケットがあるほか、周辺にはレストランが多く、食事に出かけるのに便利。

- 40 Oriental Pde.　(04) 385-7799　0800-857-799
- (04) 385-7436　URL bayplaza.co.nz
- ⑤①①$101～　76　ADMV

ウエスト・プラザ　West Plaza Hotel　Map P.394-C1　シティ中心部

観光案内所アイサイトのそばにあるビジネスタイプのホテル。部屋はベッドリネンやソファなど同系色でまとめられ、シンプルな造り。1階にはレストランとバーがあり、宿泊客以外の利用もできる。季節により、週末割引を行っている。

- 110 Wakefield St.　(04) 473-1440
- 0800-731-444　URL westplaza.co.nz
- ⑤①①$140～　102　ADJMV

エコノミーホテル

CQ コンフォート・ホテル・ウェリントン　CQ Comfort Hotel Wellington　Map P.394-D1　シティ中心部

キューバ・ストリート沿いにある、20世紀初頭の建物を利用した雰囲気のあるホテル。2011年にモダンな造りに改装した客室にはテレビやティーセットなどが備わり、快適に過ごせる。フィットネスルームなども併設する。敷地内に専用駐車場あり。

- 213-223 Cuba St.　(04) 385-2156
- 0800-888-5999　URL www.cqwellington.com
- ⑤①①$99～　115　ADJMV

トラベロッジ・ウェリントン　Travelodge Wellington　Map P.394-C1　シティ中心部

ラムトン・キー側とグリマー・テラスGlimer Tce.側の2ヵ所にエントランスがある。各客室には液晶テレビやミニ冷蔵庫、電子レンジ、ケトルなどを完備。高層階からの眺望もよい。ビュッフェ形式の朝食を付けることもできる。駐車場は1泊$28。

- 2-6 Glimer Tce.　(04) 499-9911　0800-101-100
- (04) 499-9912　URL www.travelodge.com.au
- ①①$149.25～　132　ADMV

モーテル

ホールスウェル・ロッジ　Halswell Lodge　Map P.394-D2　シティ中心部

コートニー・プレイスの外れに位置し、便利な立地ながら比較的静かな環境。客室はホテルタイプ、キッチンやダイニングがあるモーテルユニット、1920年代の家を改装したロッジなどさまざま。モーテルとロッジの一部はスパバス付き。共用のランドリーもある。

- 21 Kent Tce.　(04) 385-0196
- URL www.halswell.co.nz　⑤①①$100～
- Motel$145～　Lodge$145～　36　MV

キャピタル・ビュー・モーター・イン　Capital View Motor Inn　Map P.394-D1　シティ中心部

町の中心部から徒歩約10分、小高い場所にある6階建てのモーテル。いずれのユニットも日当たりがよく、眺めがいい。部屋はゆったりとした造りで、長期滞在にも便利。2人で泊まれるペントハウスもある（$260～）。コンチネンタル式の朝食は$15。

- 12 Thompson St.　(04) 385-0515　0800-438-505
- URL www.capitalview.nz　①①$130～260
- 21　JMV

北島　ウェリントン　アコモデーション

キッチン(全室)　キッチン(一部)　キッチン(共同)　ドライヤー(全室)　バスタブ(全室)
プール　ネット(全室／有料)　ネット(一部／有料)　ネット(全室／無料)　ネット(一部／無料)

411

B&B

ガーデンズ・ホームステイ B&B　Gardens Homestay B&B　Map P.394-A1　シティ中心部

高台にあり町やハーバーを一望できるロケーション。朝食はベランダで景色とともに楽しみたい。各客室は清潔に保たれており、アンティークな雰囲気。美しく手入れされた庭にはプールもある。植物園やケーブルカー、国会議事堂に近く、観光に便利。

住 11 St Mary St.　電 (04) 499-1212
URL gardenshomestay.co.nz
料 ⓈD$295〜　①$425　室数 2　CC 不可

リッチモンド・ゲスト・ハウス　Richmond Guest House　Map P.393-C1　シティ周辺部

コートニー・プレイスから徒歩10分ほど、マウント・ヴィクトリア地区の静かな環境にあるB&B。1881年に建てられた建物を改装しており、親切なホストによるアットホームな雰囲気が快適。部屋は清潔で、全室シャワールーム付き。共用のキッチンやダイニングルームなどもある。

住 116 Brougham St.　電 (04) 939-4567
URL www.richmondguesthouse.co.nz
料 Ⓢ$99〜　D$⓵$117〜　室数 10　CC ADJMV

ホステル

YHA ウェリントン・シティ　YHA Wellington City　Map P.394-D2　シティ中心部

大型スーパーが目の前にあり、コートニー・プレイスにも近いという非常に便利なロケーション。館内には共用キッチンとラウンジがふたつずつあり、朝食は$6。日本人スタッフがおり、レセプションの営業時間は7:00〜22:30。

住 292 Wakefield St.　電 (04) 801-7280　FREE 0800-278-299
FAX (04) 801-7278　URL www.yha.co.nz　料 Dorm$30〜　Ⓢ$83.3〜
D①$94.4〜　室数 320ベッド　CC AJMV

セットアップ・オン・ディクソン・ホステル　The Setup on Dixon　Map P.394-D2　シティ中心

町の中心ディクソン・ストリートにあり便利な立地。オートロック式の入口から入り3階にフロントがある。客室は窓がない部屋もあるが清潔感があり、モダンな雰囲気。シングル、ダブル、ツインルームはエンスイートタイプもある。

住 Level 3/15 Dixon St.　電 (04) 830-0991
URL www.setupdixon.co.nz　料 Dorm$30〜　Ⓢ$59〜　D$79〜　①$79〜
室数 47　CC ADVM

ドウェリントン　The Dwellington　Map P.394-A2　シティ中心部

地元の一軒家に宿泊するような気分が味わえるスタイリッシュなホステル。ドミトリーやプライベートルームを完備し、毎朝8:00〜10:00はシリアルやトーストなどの朝食が無料。映像配信サービスのNetflixが利用できるシネマルームもある。

住 8 Halswell St.　電 (04) 550-9373　URL www.thedwellington.co.nz
料 Dorm$32〜　D$90〜　①$90
室数 13　CC MV

ノマズ・キャピタル　Nomads Capital　Map P.394-C2　シティ中心部

観光案内所アイサイトの近くで便利な立地。ドミトリーや個室、キッチンなどの共用スペースも清潔。ツアーデスクを設置しており、レセプションは24時間体制。毎日17:30〜18:30にはスナックのサービスもある。エレベーターはキーを差し込むタイプになっている。

住 118-120 Wakefield St.　電 (04) 978-7800　FREE 0508-666-237
URL nomadsworld.com　料 Dorm$25〜　D$125〜　①$135〜
室数 181ベッド　CC ADJMV

412

アクティビティ
Activity

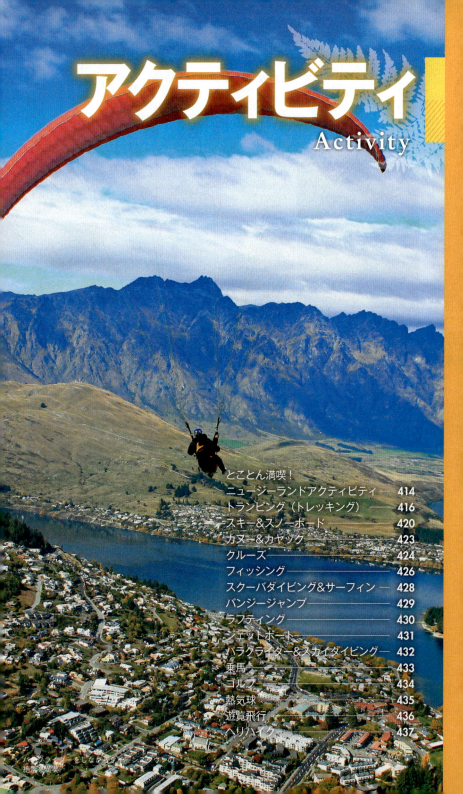

とことん満喫！
ニュージーランドアクティビティ	414
トランピング（トレッキング）	416
スキー＆スノーボード	420
カヌー＆カヤック	423
クルーズ	424
フィッシング	426
スクーバダイビング＆サーフィン	428
バンジージャンプ	429
ラフティング	430
ジェットボート	431
パラグライダー＆スカイダイビング	432
乗馬	433
ゴルフ	434
熱気球	435
遊覧飛行	436
ヘリハイク	437

パラグライダーをしながらクイーンズタウンの絶景を満喫

とことん満喫！
ニュージーランド アクティビティ

美しく豊かな自然に恵まれたニュージーランドは、世界屈指のアクティビティ大国。定番のアウトドアアクティビティから、ちょっと奇抜なアクティビティまで、ダイジェストでご紹介。陸に、海に、空にと、大自然を存分に楽しもう。

写真協力 © AJ Hackett Bungy

地上めがけて真っ逆さま！
バンジージャンプ
AJ Hackett Bungy → P.113 / Taupo Bungy → P.324

クイーンズタウン / タウポ

高所から命綱1本で地上めがけて飛び降りる、まさに命知らずのアクティビティ。発祥国だけに、「発祥の場所で」、「夜景に向かって」など選択の幅もいろいろ。

- スリリング度 ★★★★★
- リピーター度 ★★★
- パフォーマンス度 ★★★★

写真協力 © AJ Hackett Bungy

高所恐怖症の人は要注意!?
スカイウオーク
Sky Walk → P.250

オークランド

高さ192mのスカイ・タワーのへりを歩くというとんでもないアクティビティ。慣れてくれば、360度視界に広がるオークランドの町並みを楽しめるかも。

- スリリング度 ★★★★★
- リピーター度 ★★★
- パフォーマンス度 ★★★★★

オークランド

オークランドの真ん中へダイブ
スカイジャンプ
Sky Jump → P.268

スカイ・タワーから高層ビルが立ち並ぶ町並みに向かってダイブする。頑丈なハーネスを装着した状態で飛ぶため、多少は恐怖心も薄れるかも!?

- スリリング度 ★★★★★
- リピーター度 ★
- パフォーマンス度 ★★★★★

ぐるぐる回って大興奮
ゾーブ
Ogo Rotorua ➡ P.309

スリリング度 ★★★
リピーター度 ★★★
パフォーマンス度 ★★★

ロトルア

巨大な透明ボールの中に入り急斜面をぐるぐる転がり落ちるユニークなアクティビティ。なかでもボール内に入れた水を活用して滑り落ちるゾイドロがおすすめ。

時速130キロを肌で体感
スウープ
Velocity Valley

ロトルア

芋虫のような袋に入り背中から吊るされた状態で、高さ40mの場所から地上めがけて弧を描くように空中をスイング。最大時速はなんと130キロ！

スリリング度 ★★★
リピーター度 ★★★
パフォーマンス度 ★★★★★

世にも恐ろしい空中ブランコ
キャニオン・スイング
Shotover Canyon Swing ➡ P.113

クイーンズタウン

ショットオーバー川の109m上空から落下したのち時速150キロで渓谷の合間をスイング。椅子に乗りながら落下……なんていうまさかのパターンもある。

スリリング度 ★★★★
リピーター度 ★★★
パフォーマンス度 ★★★★

クイーンズタウン

木から木へ、気分はターザン♪
ジップトレック
Ziptrek Ecotours ➡ P.113

湖を見下ろす高台で、木と木の間につながれたワイヤーを滑空。眼下に広がる絶景を見渡せば、スリルよりも感動が込み上げてくるはず。

スリリング度 ★
リピーター度 ★★★
パフォーマンス度 ★★★

専用の吹き穴から出る風を利用して高さ4mまで飛ぶという笑撃アクティビティ。うまくメインストリームを捉えないともれなく派手に落下します！

スリリング度 ★★
リピーター度 ★★★
パフォーマンス度 ★★★★★

風を捉えて空を舞う
フリーフォール・エクストリーム
Velocity Valley

ロトルア

415

大自然 Return to the Nature!

豊かな自然のなかを歩いて楽しむ
Tramping
トランピング（トレッキング）

ベストシーズン
10月上旬～4月下旬

大自然のなかを自分の足で歩くのがいい

ニュージーランドで国民的人気を誇るスポーツ、トランピング。コースはよく整備されており、本格的な「登山」よりも気軽に楽しめる所が多いので、ぜひ体験してみよう。

●トランピングとは

トランピングとは"てくてく歩く、旅行する"といった意味の英語から派生した、登山やハイキング、トレッキングなどを全部含めたニュージーランド流の言い回しだ。登山と聞くと敬遠しがちな人も多いかもしれないが、トランピングは頂上を目指すストイックなスポーツというより、自然のなかを歩き回り、その景観やプロセスを楽しむレジャーというほうが理解しやすいかもしれない。この国では国技といっても過言でないほど親しまれており、ファミリーから若いカップル、初老の夫婦まで、トランピングを楽しむ年齢層は幅広い。

ニュージーランドの山々には、世界でも類を見ないほど美しい木々や動物、植物、すばらしい自然の景観が広がり、キーウィ、タカヘなど非常に特殊なかたちで進化した生き物たちが息づいている。こうした自然のありのままの姿を実感し楽しむには「歩く」というスタイルは最適である。

●行き届いたニュージーランドのトランピング事情

ほとんどのトランピングコースが自然保護省（DOC＝Department of Conservation）によって管理されており、山小屋Hutや標識など実に行き届いた整備、配慮がなされている。また、ニュージーランドには蛇や毒蛇がいない。クマなど大型の猛獣もいない。途中、草むらでガサゴソと物音がしても心配する必要はなく、それは飛べない鳥のウェカなどニュージーランド独特の鳥たちとの遭遇という程度。ヒヤッとするよりワクワクする体験となるはずだ。ユニークな生態系を育てた自然は、初心者から経験豊かなトランパーまで安心して歩ける環境となっているのである。

●トランピングのスタイル

トランピングは、大きく分けて個人ウオークとガイド付きウオークのふたつがある。個人ウオークは、自己責任のもとに歩くことから費用的には格段に安い。ただし、装備の用意や天候などの情報収集、山小屋や交通アクセスの手配まですべて自分で行う。対して、ガイド付きウオークは面倒な手配や準備を催行会社が行ってくれる。さらに道中では歴史や動植物の解説が付くという充実ぶり。費用は相応に高いが、万一のことを考えると未経験者にはこちらが安心だろう。

注意点として、ガイド付きウオークは早めの予約が必要。シーズン中は、現地に来てからでは締め切られていることも多く、半年前には予約を入れるのが望ましい。また、人気コースの予約は個人では難しいこともある。その場合、日本のトレッキング専門のツアー会社を利用するのも手だ。

山小屋に泊まるには

日帰りコースでない限り、DOC自然保護省の運営する山小屋に宿泊するのが一般的。山小屋は5つのカテゴリーに分かれており、料金も無料～$54程度と異なる。Great Walk Hutでは、マットレス付きベッド、石炭用のストーブ、トイレ、水場といった設備があり、夏季のみ管理人が駐在する。基本的に清潔で快適だが、宿泊予定の山小屋の設備は事前に確認しておこう。ガイド付きウオークでは、より設備が整ったロッジなどを利用できる。

出発前に、現地のDOCビジターセンターでハットパスHut Pass（山小屋の利用券）を購入しなければならない。また、1年を通じて、または夏季のみ事前予約が必要な山小屋もある。現地の予約オフィスへ電話、ファクス、メールするか、DOC自然保護省のウェブサイト（→P.418）からオンライン予約も可能。

同じ山歩きを楽しむ者同士、国籍や年齢を超えて山小屋で語り合う経験は、かけがえのない思い出となるに違いない。

トランピングのシーズン

南半球にあるニュージーランドでは、一般的に10月上旬から4月下旬の夏季に当たる時季がトランピングのベストシーズン。トラックへの交通機関なども夏季のみ運行されるものが多い。なかでも12～3月のピーク時は予約を取るのもひと苦労だ。シーズンを過ぎると、標高の高いエリアでは積雪の可能性もあり注意が必要。気象条件などは年によって変動があるので、出発前の情報収集は忘れずに。

出発前の装備について

夏場に通常のトランピングを行うと想定して、必要な装備や服装について簡単にまとめておこう。ただし、氷河地帯などに行くような場合はこの限りでないので注意。

▶日帰りでトランピング

食料と水、防寒着とレインウエアが基本。山は天候や気温が変わりやすいので、寒暖の差に対応できるように。レインウエアは防寒着にもなる。

次に服装だが、ジーンズなど普段着でのトランピングは絶対に避けるべき。濡れると、乾きにくい・重い・動きにくいと3拍子揃って最悪。水を吸いやすい木綿素材も避けよう。ポリプロピレン製またはウールのシャツや長ズボンなどが、乾きやすいうえ保温性に優れている。夏ならショートパンツでもいいが、サンドフライ用の虫除けを忘れずに（→P.127）。ゴミ袋やサングラス、日焼け止め、帽子も必携だ。

▶1泊以上で山小屋に泊まる

日帰り用の装備にプラスして持参すべきものを紹介する。ニュージーランドにはアウトドア専門店がたくさんあるので、使い慣れたもののみ日本から持参してもいい。食料に関しては、国外からの持ち込みに非常に厳しいので現地調達が無難。

服装	日帰りの場合よりしっかりとした物を準備しよう。加えてフリースやウールの薄手の上着、下着や靴下など。着用する衣類と同様の物をもうひと揃えは用意したい。雨具は、防寒着にもなる上下セパレート型の透湿防水素材（ゴアテックス製など）がベスト。
装備	スリーピングバッグ（シュラフ、寝袋）、ヘッドランプ、フレーム内蔵型ザック、地図、調理道具、燃料、マッチ、ナイフ、食器、水筒、洗面道具、トレッキング用登山靴、サンダル（小屋利用時に館内を汚さないため）、カメラ、簡単な救急用具。
食料	ニュージーランドのスーパーマーケットは、トランピングに向いたフリーズドライ商品が充実している。ゴミが出にくく、軽量で高エネルギー、日持ちして調理が簡単な物がベスト。米、パスタ、目の詰まったパン、サラミ、チーズ、ドライフルーツ、乾燥野菜、粉末ジュース、行動食として菓子類など。

アクティビティ

トランピング

417

●トランピングのマナーと注意点

　ニュージーランドは、環境保全に対して非常に意識の高い国である。永久的にこの国の美しい自然を誰もが楽しめるよう細かくルールが設けられ、訪れるトランパーたちも厳密に従っている。どれも基本的な事項ばかりだが、この当たり前の常識を一つひとつ守ることこそが今日までニュージーランドの自然保護を支え、この国をトランピング天国と呼ぶにふさわしい環境にしてきたことにほかならない。訪れる前に注意点を一読し、以下の事項は必ず守るよう心がけたい。

- 植物を採取したり、鳥や動物に餌を与えたりしない。
- 貴重な植物を傷める恐れがあるので、トラックから外れて歩かない。
- ゴミはすべて持ち帰る。たばこの吸い殻、ティッシュなどのポイ捨ては厳禁。
- トイレは小屋でのみ行う。どうしても我慢できないときは、トラックや水場から離れた場所で。土を掘るなどして痕跡を残さないような配慮をすること。
- 川や湖を汚さないように注意する。洗剤などの使用は禁止。
- 水は必ず3分以上煮沸して飲むこと。
- 山小屋でのマナーを徹底する。汚れた靴や濡れたウエアは入口で脱ぎ、室内には持ち込まない。また、山小屋内は禁煙。飲食も決められた場所で行う。寝室で夜中に必要以上に物音を立てたりしない。早発ちの予定があれば、外で静かにパッキングするなどの配慮を。
- キャンプは指定地のみで。キャンプに関しても山小屋同様にあらかじめDOCビジターセンターで利用券を購入すること。
- 火の取り扱いには十分気をつける。基本的にたき火は禁止されており、ストーブを使用する。

●トランピングを安全に楽しむために

　「トランピングは特別な技術を必要としないスポーツ」と紹介したが、ある程度の知識や装備、そして体力は必要だ。初心者でも気軽に楽しめるが、危険が伴う場合もあるのだということを忘れないでほしい。

　普通の観光と違うのは、大自然のなかで、大なり小なり自分の責任のもとに行うスポーツだということ。そのぶん、知識や技術が足りないと思う場合は、事前の情報収集と準備で補いたい。山歩きの経験の浅い人は特に、自分の実力を把握したうえでレベルに合ったコースを選び、単独行動を避けることが大切だ。パートナーがいないというときは、宿泊先で経験のあるトランパーと同行させてもらうのもひとつの方法。1泊以上のトランピングでは、DOCビジターセンターに予定および終了報告をするシステムがあるので、必ず行おう。

　また、ニュージーランドでは、ツアーやアクティビティなどで何か事故が起きた場合、主催した会社が慰謝料の支払いをするという習慣がない。万一に備えて、海外旅行保険には必ず加入しておこう（→P.451）。トランピングを行う際の装備の状態によっては、保険の対象外になる場合もあるので注意が必要だ。

現地の情報はDOCビジターセンターで

　トランピングをする際に欠かせないのが、DOCビジターセンターだ。主要なトランピングルートの拠点となる町には必ずあり、ガイドブック、ルートマップ、見どころや周辺の自然環境・動植物を紹介したパンフレットなど、必要な情報はすべてここで得られる。出発前には必ず立ち寄り、最新の気象やルートの情報なども忘れずにチェックしよう。

　また、ハットパスの販売もここで行っており、出発前に購入しなければならない。なお、1泊以上のトランピングをする場合はDOCビジターセンターへコースや日程を届けること。終了後の報告も忘れずに行うことが義務付けられている。
URL www.doc.govt.nz

ニュージーランドの トランピングルート・ガイド
Tramping Route Guide

数あるトランピングルートのなかから、景観が美しく歩行環境が整っているものをDOCが選定した、国を代表する9つのトランピングルート、グレートウオーク。ここでは、グレートウオークを中心に、おすすめしたいいくつかのルートを紹介しよう。

南島

アオラキ／マウント・クック国立公園
Aoraki/Mount Cook National Park →P.84

国内最高峰を有する国立公園内に、日帰りの気軽なものから上級者向けまでさまざまなルートがある。なお、アオラキ／マウント・クックへの登頂は上級者のみ。

ミルフォード・トラック
Milford Track →P.140

「世界一の散歩道」ともいわれる世界中のトレッカー憧れのルート。峠のあたりは急な登り坂だがおおむね谷間の穏やかな道が続く。夏季の入山は定員制なので早めの予約が必要。3泊4日の行程。

ルートバーン・トラック
Routeburn Track →P.144

フィヨルドランド国立公園とマウント・アスパイアリング国立公園をつなぐ2泊3日のルート。うっそうとしたブナ林に澄んだ清流、湖や山岳風景など変化に富んだ景観が魅力だ。

ケプラー・トラック
Kepler Track →P.148

拠点となるテ・アナウの町から徒歩でアクセスできるフィヨルドランド国立公園内のルート。氷河に育まれた地形とスケールの大きい山脈のパノラマを楽しめるのがこのトラックならではの見どころ。

エイベル・タスマン・コースト・トラック
Abel Tasman Coast Track →P.210

年間を通して最も多くの人が訪れる人気ルート。ほかのトラックとは大きく趣を異にし、青く澄み切った海、緑濃い原生林など森歩きと海歩きの両方を楽しめる。

アーサーズ・パス国立公園
Arthur's Pass National Park →P.212

クライストチャーチに近く日帰りで訪れる人も多い。数あるルートはレベルもさまざま。とりわけ中上級者向けではあるが、山岳風景がすばらしいアバランチ・ピークへのルート（→P.214）がおすすめ。

北島

トンガリロ・アルパイン・クロッシング
Tongariro Alpine Crossing →P.330

トンガリロ・ノーザン・サーキットの一部分を1日かけて縦走するルート。噴煙を上げる活火山や、荒涼とした一面の大地、月面を思わせるクレーターなど、ほかでは見られないダイナミックな景観が広がる。

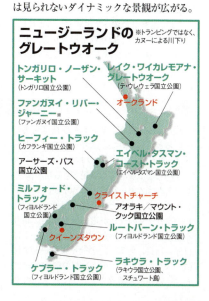

ニュージーランドのグレートウオーク
※トランピングではなく、カヌーによる川下り

- トンガリロ・ノーザン・サーキット（トンガリロ国立公園）
- ファンガヌイ・リバー・ジャーニー※（ファンガヌイ国立公園）
- ヒーフィー・トラック（カフランギ国立公園）
- アーサーズ・パス国立公園
- ミルフォード・トラック（フィヨルドランド国立公園）
- レイク・ワイカレモアナ・グレートウオーク（テ・ウレウェラ国立公園）
- エイベル・タスマン・コースト・トラック（エイベルタスマン国立公園）
- アオラキ／マウント・クック国立公園
- ルートバーン・トラック（フィヨルドランド国立公園）
- ケプラー・トラック（フィヨルドランド国立公園）
- ラキウラ・トラック（ラキウラ国立公園、スチュワート島）

オークランド
クライストチャーチ
クイーンズタウン

アクティビティ / トランピング

大自然 Return to the Nature!

パウダースノーを疾走する快感！
Ski & Snowboard
スキー&スノーボード

ベストシーズン
6月下旬～10月中旬

山々をバックに豪快な滑りを楽しもう

山全体に広がるゲレンデ、極上の雪質を満喫しよう。そして、ヘリコプターで移動しパウダー＆バージンスノーを滑るヘリスキーもぜひ体験してみたい。

● ニュージーランドのゲレンデはここが違う！

　ニュージーランドのゲレンデの特徴といえば、何といってもコースのワイド感が挙げられる。日本と違い標高の高い場所にあるゲレンデが多いため、コース内に樹木がほとんどない。したがって、ほぼ山全体にピステ（圧雪車）が入るのでひと山どこでも滑れるといった印象だ。また、頂上部に近いコース上部に立つと、すばらしい眺望が楽しめる。滑り出す前に自然をバックにして記念写真を1枚撮っておくのもいい。

　コースの長さは日本並みか、ややもすると日本の大規模スキー場のほうが長いくらい。週末やスクールホリデーなどには、ゲレンデやリフト乗り場が混雑することもある。雪量や雪質は、季節や天候のほかスキー場の立地条件に左右されるものの、シーズン中はおおむね安定していて良質といえる。

　自己責任での滑走が基本のニュージーランドだが、初心者向け緩斜面にはロープトゥやマジックカーペット（ベルトコンベヤータイプのリフト）が設置されている。そういった場所にはスタッフが待機していて、転んでもすぐに助けてくれるので安心だ。たいていのスキー場には、ほぼ平面に近い超緩斜面もあるので初心者も一から始められる。また、スキー＆スノーボードスクールには経験豊富な講師がいるので、参加してみるのもいいだろう。風の影響を受けやすい場所にはTバーリフト、規模の大きいスキー場にはコース上部まで高速でアクセスできる高速クワッドリフトもあり、設備的にも充実している。

● レンタルについて

　場所にもよるが、レンタル事情は充実しているといっていい。スキー＆スノーボードはもちろん、ブーツ、ウエア、ポール（ストック）など上級者でも満足できる品が揃う。レンタルはスキー場でもできるが、最新モデルやブランドなどにこだわるなら、町なかのショップのほうが選択肢は豊富。借りる際は、ショップに用意されているシートに自分の身長、体重、足のサイズを記入すれば、スタッフがビンディングの解放値やブーツとのサイズ調整を行ってくれる。板や

ブーツのグレードは、初心者（Beginner）、中級者（Middle-class/Standard）、上級者（Expert）などから選べる。一式セットのほか、板のみのレンタルも可能。数日間レンタルしたり、リフトやシャトルバスのチケットとセットにすると割引になる場合が多い。ゴーグル、サングラス、帽子、グローブなどアクセサリーのレンタルは乏しい。これらはスキー場のショップでも購入できるが種類が限られるので、日本から持参するか町であらかじめ買っておいたほうがいい。

●滑走中はここに注意！

　ニュージーランドのスキー場では自己責任が大原則。日本のように滑走禁止エリアがしっかりと柵で囲われていないし、コース取りに関してはパトロールもうるさくないので、地元のスキーヤー＆スノーボーダーはオフピステにもどんどん入っていくが、軽い気持ちでリスクの高い場所に挑まないこと。コースの幅が広く、日本のように樹木などもないためスピード感がつかみにくいが、速度超過もけがの要因だ。コース合流点やリフト乗り場近くなど「SLOW」の看板のある所では特にしっかり減速しよう。これらの場所は減速しないと危険なため、パトロールが監視しており看板を無視した滑りを行うスキーヤー＆スノーボーダーに対し、1度目は注意、2度目はパスの没収を行っている。また、ゲレンデが広いとはいえリフト乗り場は混雑することも多い。近年各スキー場で人気のスノーパークではやはりけがにつながる事故や転倒が多い。自分のレベルを考慮するのはもちろん、ヘルメットやプロテクターを必ず装着することが大事。

リフトからゲレンデを見下ろすとその広大さがよくわかる

●もしけがをしてしまったら……

　自力で動けない場合はコースを巡回しているパトロールか、リフトスタッフに助けを求める。付近に仲間や係員がいないときは、誰でもいいので周りの人に、手もしくはストックを左右に振るなどしてけがをしたとアピールする。無理をして自分で動くのは、ほかのスキーヤーやスノーボーダーとの接触を招く恐れもあるので非常に危険。また、外傷はなくとも、転倒して気分が悪くなったときは脳内出血の可能性もある。スキー場には必ず専門の医療スタッフがいるメディカルセンターがあるので、多少でも身体の変調を感じたときは我慢せず相談しよう。

　治療の際、海外旅行保険（→P.451）のコピーもしくは原本の提示を求められるのでスキー場には必ず持参すること。

●ヘリスキー＆スノーボーディングとは？

　圧雪されていない自然のままの滑走地にヘリコプターや小型飛行機で飛び、壮大な山々をバックにパウダースノーでの浮遊感を楽しみながら滑り込むヘリスキー＆スノーボーディング。ゲレンデとはまったく違った、宙に浮くような独特の感覚は、一度やったらやみつきになるはず。ニュージーランド最高峰のアオラキ／マウント・クックエリアでは、標高3000mを超える山々をダイナミックに滑ることができる。そのほかのエリアとしては、クイーンズタウンの北にあるハリス・マウンテンやワカティプ湖西側に位置するサザン・レイクスなどが有名だ。

　ヘリスキー＆スノーボーディングに必要な滑走レベルだが、基本的には急斜面でも暴走せずスピードをコントロールできるレベル、すなわち一般的な中級者以上ならば問題はない。スキーよりもスノーボードのほうが雪面に接する面積が大きいぶん、雪からの揚力を得られるので滑りやすいといわれる。スキーヤーには、パウダースノー滑走用に従来のスキー板より幅を広くした"ファットスキー"という板があるので使ってみよう。ファットスキーはレンタルもあるので特に自前で用意する必要はない。

アオラキ／マウント・クック国立公園でのヘリスキー
Mount Cook Heliski→P.88欄外

ニュージーランドの
おもなスキー場ガイド
Ski Field Guide

南島

マウント・ハット・スキー・エリア
Mt. Hutt Ski Area　　　　　→P.60

クライストチャーチやメスベンから日帰りでアクセスできるスキー場。ゲレンデはマウント・ハットの斜面にあり、6月上旬～10月上旬とシーズンが長いのが特徴。コースは初心者から上級者まで楽しめるバランスの取れた構成だ。

トレブル・コーン・スキー場
Treble Cone Ski Field　　　　→P.95

中上級者向けのコースが多い。ベースタウンはワナカ。山々に囲まれた立地なので、強風など悪天候の影響を受けにくい。比較的スノーボーダーよりもスキーヤーが多い。

カードローナ・アルパイン・リゾート
Cardrona Alpine Resort　　　→P.95

マウント・カードローナの東斜面を利用したスキー場。初心者にも適した緩・中斜面のコースが多く、雪質もシーズンを通して安定している。ベースタウンはワナカ。

コロネット・ピーク・スキー場
Coronet Peak Ski Field　　　→P.111

クイーンズタウンから車で30分足らずでアクセスできる。各レベルにバランスの取れたコース構成。通常のコースのほかに、各種セクションを揃えたスノーパークや、南島のスキー場では唯一のナイター設備も完備している。

リマーカブルス・スキー場
The Remarkables Ski Field　　→P.111

クイーンズタウンがベースタウンとなる大規模スキー場。初心者向けの緩斜面や迂回コースがあるかと思えば、ゲレンデ上部には息をのむような急斜面があるなどバラエティに富んだコースが揃う。中上級者向けコースのホームワード・バウンドが特徴。

北島

ファカパパ・スキー場
Whakapapa Ski Field　　　　→P.332

マウント・ルアペフの北東斜面に展開する、ニュージーランドでは最大の滑走面積を誇るスキー場。スノーマシンも導入されている。トゥロア・スキー場と同じで標高が高いため、雪質はいい。ベースタウンはファカパパ・ビレッジ。

トゥロア・スキー場
Turoa Ski Field　　　　　　→P.333

マウント・ルアペフの南西斜面に開かれたスキー場。標高1600～2300mはオセアニアで最も高いゲレンデで、良質のドライスノーに毎年多くのスキー＆スノーボード客が集まる。コースは中級者向けで中斜面中心の構成。ベースタウンはゲレンデから約17km離れた所にあるオハクニ。

各スキー場のベースタウンには、たいていレンタルショップがある

ニュージーランドのおもなスキー場

- オークランド
- ファカパパ・スキー場
- トゥロア・スキー場
- トレブル・コーン・スキー場
- マウント・ハット・スキー場
- コロネット・ピーク・スキー場
- クライストチャーチ
- ラウンドヒル・スキー場
- クイーンズタウン
- カードローナ・アルパイン・リゾート
- リマーカブルス・スキー場

大自然 Return to the Nature!

水面を滑るように漕ぎ進む

Canoe & Kayak

カヌー&カヤック

ベストシーズン
10～4月

澄んだ水と戯れるように、自分でパドルを操って進む手応えがカヤックの醍醐味

地元キーウィたちの多くが自分専用のカヤックを所有し、日常的なレジャーとして楽しむ。ニュージーランドと関わりが深いカヌー&カヤックは、全身で自然を感じるのにうってつけのアクティビティだ。

●キーウィはカヌー&カヤック好き

周りを海に囲まれ、たくさんの川や湖を有するニュージーランドでは、カヌー&カヤックの人気は絶大。大自然のなかで透明度の高い水と一体化する快感を味わってみたい。

カヌーののんびりとしたイメージとは裏腹に、山がちな国土を流れる川は流れが激しく、初心者がいきなりカヌーでの川下りに挑戦するのは難しいところが多い。キーウィたちは、白く泡立つ急流を下ったり、滝を落ちたりとエキサイティングなカヌーを楽しんでいるが……。初心者でもOKなのは、北島西部を緩やかに流れるファンガヌイ川（→P.384）。緑豊かな自然景観を楽しみながら、のんびり川下りができる。

北島ワンガヌイの現地ツアー
Bridge To Nowhere Whanganui River Lodge
☎(06) 385-4622　FREE 0800-480-308
URL www.bridgetonowhere.co.nz　CC MV

●澄んだ海でシーカヤックに挑戦してみよう

初心者でも気軽にチャレンジできるニュージーランドのアクティビティといえば、安定性が高く小回りが利くシーカヤックだろう。ガイド付きツアーに参加すれば、パドルの持ち方から漕ぎ方まで教えてもらえるし、その日の状況に応じたコースを案内してもらえるので、安心して楽しむことができる。

北はベイ・オブ・アイランズ地方から南のスチュワート島まで、ニュージーランド国内のいたるところにカヤック会社があり、なかでも南島のエイベル・タスマン国立公園は有名。キャンプやウオーキングなどと組み合わせたツアーも出ており、多彩な楽しみ方ができる。陸からでは行けない場所へもアクセスできたり、船とは異なる高さから風景を眺めたりすることができるのはカヤックならでは。また、モーターボートなどと違ってゆっくり静かに動けるので野生動物たちを驚かせることも少なく、海鳥に近づいたり、イルカやニュージーランド・ファーシール、ペンギンなどに出合うチャンスが高いのもうれしい。

南島ミルフォード・サウンドのアクティビティ
Go Orange→P.136

南島ダウトフル・サウンドのアクティビティ
Go Orange→P.139

南島ピクトン発着の現地ツアー
Marlborough Sounds Adventure Company→P.194

南島エイベル・タスマン国立公園の現地ツアー
The Sea Kayak Company→P.209

北島ハーヘイのアクティビティ
Cathedral Cove Kayak Tours
→P.361

アクティビティ　スキー&スノーボード／カヌー&カヤック

大自然 Return to the Nature!

ベストシーズン 通年

船上で過ごす優雅な時間、野生動物たちとの触れ合い

Cruise

クルーズ

手頃な値段で楽しめるランチクルーズやロマンティックな夕暮れ時などシチュエーションもさまざま

きれいな海や湖、川を満喫したいのなら、クルーズはいかが？ のんびりと波に揺られてリラックスした時間が過ごせる。また、海鳥やクジラ、イルカなど、たくさんの野生動物たちに出合えるのも魅力だ。

● 種類豊富なクルーズがよりどりみどり

　北島から南島まで各地でクルーズが行われている。1時間程度の気軽なものから、丸1日かけるもの、さらには泊まりがけのツアーまで各種揃っている。船体も、かつて住民の移動や物資の輸送手段として使われていた船を転用したり、古風な外輪船を復元したりしたものがあって、バラエティに富んだ雰囲気を楽しめる。

　南島では、何といってもミルフォード・サウンドでのクルーズが観光のハイライト。氷河に削り取られたフィヨルド地形は、息をのむほどの美しさだ。濃いブルーの水の色、途中で待ち受ける滝、切り立つ崖、密生した原生林、空に向かってそびえる山々……と見どころは尽きない。

　また、クイーンズタウンのTSSアーンスロー号も人気が高い。風光明媚なワカティプ湖を走り、ウォルター・ピークに上陸してからはファームツアーやBBQを楽しめるコースがある。船内で昔ながらに石炭を燃やしている様子を見学できるのも興味深い。

　北島のベイ・オブ・アイランズ地方では、ホール・イン・ザ・ロックを中心としたクルーズが人気。巨大な岩に開いた穴を通り抜けたり、エリア内の144にも及ぶ島々のなかでも最大のウルプカプカ島を訪れたりするツアーがある。

　いずれも空きがあれば参加できるが、夏季は混み合うので事前の予約が必須だ。

南島クイーンズタウン発着の現地ツアー
Real Journeys →P.105

南島テ・アナウ発着のアクティビティ
Cruise Te Anau→P.128

南島ミルフォード・サウンドの現地ツアー
Real Journeys, Southern Discoveries, Mitre Peak Cruises, Jucy Cruize→P.133

南島ダウトフル・サウンドの現地ツアー
Real Journeys, Go Orange→P.139

南島ピクトン発着の現地ツアー
Maori Eco Cruises, The Cougar Line, Beachcomber Cruises→P.194

北島オークランド発着のアクティビティ
Auckland Harbour Sailing
TEL (09) 359-5987
FREE 0800-397-567
URL exploregroup.co.nz
CC ADMV

北島タウポ発着の現地ツアー
Chris Jolly Outdoors→P.319

北島パイヒア発着の現地ツアー
Fullers Great Sights Bay of Islands, Explorer NZ→P.338

北島ハーヘイ発着のアクティビティ
Hahei Explorer→P.361

424

●海上は珍しい野生動物の宝庫

　動物観察をメインにしたエコクルーズも盛んに行われている。南島のカイコウラやオタゴ半島では、クジラやイルカ、ニュージーランド・ファーシール（オットセイ）、ブルー・ペンギン、ロイヤル・アルバトロスなど、実にさまざまな動物たちと出合うことができるだろう。

南島ダニーデン発着の現地ツアー
Monarch Wildlife Cruise→P.167

南島カイコウラ発着の現地ツアー
Dolphin Encounter, Seal Swim Kaikoura, Albatross Encounter→P.182

●雄大なクジラとの出合い

　ニュージーランド近海には、約40種類ものクジラがすんでいる（→P.186）。マオリ語でクジラを「パラオア」と呼ぶが、"クジラの湾"という意味の「ファンガ・パラオア」という地名が北島の何ヵ所かに今も残っていることから、昔からクジラが目撃されていたことがわかる。19世紀に入ると、捕鯨を目当てにヨーロッパ人が入植し、その流れは、ニュージーランドがイギリス植民地となるひとつのきっかけにもなった。

　現在では捕鯨は禁止され、ホエールウオッチングが注目を集めている。南島のカイコウラは、体長11〜18mと巨大なマッコウクジラ（スパームホエール）を高い確率で見られる場所として有名だ。ジャンプなどの派手なパフォーマンスはないが、波間から潮を吹く様子、潜水間際に尾を振り上げるフルークアップという動作が見られる。

マッコウクジラ（スパームホエール）が潜水する瞬間

南島カイコウラ発着の現地ツアー
Whale Watch Kaikoura→P.181

●愛嬌たっぷりのイルカと一緒に泳ぎたい

　ボートに併走してきたり、見事なジャンプを見せてくれたりする愛らしいイルカたち。大きな群れをつくって泳ぐダスキードルフィン、ニュージーランドだけでしか見られない小さなヘクターズドルフィン、ボトルノーズドルフィン、コモンドルフィンなどの種類がいる（→P.187）。イルカたちをボートの上から眺めるだけでも楽しめるが、ウエットスーツやスノーケルを着けて一緒に泳ぐのがおすすめだ。好奇心旺盛な彼らは、向こうから寄ってきて遊んでくれる。

　ただし、状況によってはイルカがあまり現れないことや、天候が悪くてボートが出航しない場合もあるので、スケジュールに余裕をもったうえで参加したい。また、ニュージーランドの海は水温が低めだというのも覚悟しておこう。

フレンドリーなダスキードルフィンは船のすぐそばまで寄ってくる

おもなドルフィンスイムのポイント
- パイヒア P.337
- オークランド P.238
- タウランガ P.362
- ピクトン P.191
- カイコウラ P.180
- アカロア P.74

アクティビティ　クルーズ

大自然 Return to the Nature!

"釣り大国"の実力を堪能する！

ベストシーズン 11〜4月

Fishing
フィッシング

広大な自然のなかでの釣りは心まで広々とさせてくれる

海での大物釣り、淡水でのトラウトフィッシング……ニュージーランドは、世界に名を轟かせる"釣り大国"。豊かな自然が守られた国ならではの釣りを思う存分楽しもう。

● ニュージーランドのフィッシング事情

ニュージーランドには、海や川、湖に手つかずの自然が多く残されている。そこに生息する魚たちの種類も驚くほど豊富で、しかもかなり大物が多いのが特徴だ。

この国でフィッシングといえば、海での豪快なトローリング（カジキやマグロ、ヒラマサを狙う）と、淡水湖や渓流でのトラウトフィッシングに人気が集まる。

● 盛んなトラウトフィッシングとは？

河川や湖ではレインボートラウト、ブラウントラウトの釣りが最も盛ん。これらは皆、もともとニュージーランドには生息していなかった種で19世紀末頃にイギリス、北米から人の手によって持ち込まれた魚たちの子孫ということになる。南島、北島両方で釣れるが、南島にはブラウントラウトが、北島にはおもにレインボートラウトが多く生息している。

スタイルではフライフィッシングが有名だが、ルアーを使う人もいる（ルアーフィッシングを指す言葉はSpinning）。餌釣りは許可されている水域が少ないこともあり少数派。また、日本から釣り具を持ち込む場合、生態系保護のため厳しくルールが設けられているので注意が必要。

● 頼もしいフィッシングガイドの存在

ニュージーランドでのフィッシングは、ガイドを雇うのが得策。釣り場への案内のみならず、各種ライセンスの確保、ランチや道具の用意とすべての環境を整えてくれる。レベルや釣り方に合わせて案内してくれるので、大物との遭遇率も高まる。

ガイドの手配は、直接連絡のほか現地の釣具店や観光案内所で。また、海釣りの場合ほとんどがチャーター船となるので事前予約が必須。交渉が不安だったり面倒な場合はツアーに参加するのが一番手軽だ。日本でツアーを申し込むことも可能。

● ベストシーズン

海釣りのベストシーズンは11〜4月頃。大物のマダイを狙うなら産卵期の12〜1月頃がいい。

トラウトフィッシングは、釣り方やその醍醐味によって人それぞれにベストシーズンは異なる。河川や湖には乱獲を防ぐために禁漁期（5月〜9月末頃まで。北島では7月頃〜）が設けられている。しかしすべてがオフとなるわけではないので、ほぼ1年中釣りができる。タウポ湖やロトルア湖の周辺などでは年間を通して楽しめる。

絶好の釣りスポット

▶海釣り

北島の北東海域での大物釣りが有名。ベイ・オブ・アイランズ地方、ツツカカなどを拠点としてメカジキやマカジキ、マグロ、サメなどを狙うトローリングが人気。また、ベイ・オブ・アイランズ地方は地形的に入り組んでおり魚影が濃く、ヒラマサやオオカサゴなど底物も狙える。西海岸ではヒラマサが、湾内や島などではほぼ国内全域でタイやシマアジなどが釣れる。特にマダイは気軽な海釣りの魚として人気。

ちなみに、ニュージーランドの魚は全体的にサイズが大きい。トローリングで釣り上げる大物もさることながら、磯からでもヒラマサ、マダイ、シマアジなど日本では記録に残るようなサイズの魚が揚がっている。

▶河川・湖釣り

南島ならマタラウ川、モトゥエカ川、クルーサー川など。北島のトンガリロ川が代表格。さらにタウポ湖やロトルア湖周辺、マナワツ川、ルアカトゥリ川なども有名。

また、サーモンが遡上するのは1〜3月のシーズン。南島のラカイア川、ランギタタ川、ワイカマリリ川に押し寄せる大きく太ったサーモンは圧巻だ。

フィッシングをする際の注意点

▶海釣り

各地で釣ってよい魚のサイズと尾数を定めた漁獲規定がある。釣った魚の売買は厳禁だ。罰則や罰金は実に厳しいので規定はくれぐれも守るように。また、自分で道具を用意する場合、ジグは日本製のもののほうがよいので持参するのが無難。マダイなら90g前後、ヒラマサだと200〜400gクラスは必要。ニュージーランドの紫外線は強力なので、帽子や日焼け止め、サングラスは必携。

▶河川・湖釣り

河川や湖でフィッシングをする際は専用のライセンスが必要。ライセンスの種類にはシーズン中や24時間有効のものなどがあり、エリアによって料金が異なる。現地の観光案内所や釣具店、ウェブサイト（URL fishandgame.org.nz）で購入可。また、タウポではローカルのライセンスが必要だったり、国立公園や個人管轄の植林地に入る場合は別途「Forest Permit」と呼ばれる入林許可証がいるなど、管轄エリアによってルールが細かく異なっている。

また、漁場により持ち帰れる魚のサイズや量などにも明確なルールが決められている。規則破りを犯した場合、釣りに利用した財産のすべてを没収されることもある。フィッシングの理想ともいえるニュージーランドの自然は、厳しいルールとアングラー各人の責任によって守られていることを忘れてはならない。

日本にあるフィッシングツアー取り扱い会社

トラウト アンド キング（海&河川釣り）

🏠 東京都中央区銀座7-12-4 友野本社ビル6階
📞(03)3544-5251　📠(03)3544-5532
URL troutandking.com　CC不可

ビックトラウト（海&河川釣り）

🏠 東京都町田市上小山田町2356
📞(042)798-2672
URL bigtrout.jp　CC MV

南島ワナカ発着の現地ツアー

Hatch Fly Fishing, Telford Fishing and Hunting
→P.96

南島クイーンズタウン発着の現地ツアー

River Talk Guiding New Zealand

📞027-347-4045　URL rivertalkguiding.co.nz
CC AJMV　日本語OK

北島タウポ発着のアクティビティ

Mark Aspinall Fly Fishing Guides, Fly Fishing Ninja→P.324

アクティビティ

フィッシング

大自然 Return to the Nature!

ベストシーズン 10〜4月

海の中を散歩したい！
波を感じたい！
Scuba Diving & Surfing

スクーバダイビング&サーフィン

ニュージーランドの海中はとにかく魚影が濃い

まだあまり知られていないものの、ニュージーランドは世界のダイバー、サーファーたちの注目を集めつつあるエリア。海洋公園をはじめ、25を超える海洋保護区に囲まれ、自然色豊かで他に類を見ないダイビングやサーフィンを楽しめる。

●ダイビングの魅力はその豊かな海中景観

ニュージーランドの周囲には、何百ものダイビングスポットが散らばる。

南島では、海岸線が入り組んだマールボロ・サウンズや、ダイビング中にイルカやニュージーランド・ファーシール（オットセイ）と出合えるカイコウラなど。フィヨルドランド国立公園周辺の海は、山々から多量の雨が流れ込むため、水面約10mが淡水という特殊な環境をもつ。黒サンゴの群生が見られるほか深海の生物に出合えることも珍しくない人気のポイントだ。

北島ノースランドの東海岸沖に位置するプア・ナイツ・アイランズ海洋保護区は、海洋探検家ジャック・クストーに「世界で10の指に入るダイビングスポット」と言わしめたポイント。ベイ・オブ・アイランズ周辺も格好のダイビングスポットとなっている。そのほか、100年以上前に沈んだ沈没船ダイブが楽しめるグレート・バリア島や、海中洞窟でゴールデンスナッパーに遭遇できるホワイト・アイランドもある。

ニュージーランドではダイビングによるハンティングが一部認められている。新鮮な魚や貝をダイビング後にいただくのも新たな楽しみ方のひとつといえるだろう。

北島パイヒア発着の現地ツアー
Paihia Dive
☎(09)402-7551
FREE 0800-107-551
URL divenz.com CC MV

●知られざる南半球のサーフィンパラダイス

ニュージーランドの特徴は、縦に細長い地形と複雑な海岸線。そこに太平洋側からの熱帯性低気圧とタズマン海側の南氷洋からの影響を受けたうねりが常に打ち寄せ、変化に富んだクオリティの高い波を生み出している。「波はワールドクラス！」と絶賛するサーファーも多いのだとか。

何百というサーフィンスポットがあるなかで、特に北島西海岸のラグラン（ハミルトン郊外）は国内で1、2を争う人気のスポット。南からのグランドスウェル（低気圧などで生じる大きなうねり）がやってくると、国内外から多くのサーファーが訪れる。そのほか、北島ではオークランド、タウランガ、ギズボーン、南島ではクライストチャーチ、ダニーデン、グレイマウスが有名。

夏でも水温は全体的に低め。シーガル（半袖、長ズボン）か、南へ行くにつれ水温が下がるのでフルスーツ（長袖、長ズボン、ブーツ、手袋）を用意したい。

地元キーウィへのマリンスポーツの浸透度は非常に高い。子供の頃から自然なかたちで海と触れ合う機会が多く、ヨットレースなどの競技が強いのもうなずける。

428

エキサイティング
How Exciting!

ベストシーズン
通年

アドレナリン全開！発祥の地で楽しもう
Bungy Jump
バンジージャンプ

ニュージーランド発祥のアクティビティは数多いが、これほどユニークなものはない。人生観も変わるかも!?

今やニュージーランドを代表するアクティビティ、バンジージャンプ。これを目的にニュージーランドを訪れる観光客も少なくない。夜間に飛ぶタイプやパラセイルから行うバンジーなど、進化型も続々と登場している。

● バンジージャンプ発祥の地、ニュージーランド

　もともとバンジージャンプは、バヌアツ共和国やニューカレドニア諸島の通過儀礼（成人の儀式）として行われていたものといわれている。それをヒントに、ニュージーランド人の起業家A. J. ハケット氏が1980年代にクイーンズタウン近郊カワラウ川で始めたのが、アクティビティとしての始まりである。今や、バンジージャンプはニュージーランドを代表するアクティビティとなっており、多くの人がその魅力に取りつかれている。

　バンジージャンプの基本は、命綱であるバンジー（弾性ゴム）を足に装着し、飛ぶだけのいたってシンプルなもの。複数のゴムをより合わせ直径2.5cmに強化したコードと、度胸だけを携えてジャンプ！このシンプルさゆえ、恐怖やスリル、快感などさまざまな感情が増幅され、他に類を見ない究極のアクティビティとなっている。

● バリエーション豊富なバンジーを楽しむ方法

　バンジージャンプを体験できるのは、南島ではクイーンズタウン、北島ではオークランドやタウポなど。ひと口にバンジージャンプといっても、そのバリエーションは実に豊富だ。

　南島のクイーンズタウンには国内最高レベルの134m地点からのジャンプや、峡谷の中央のゴンドラから夜間に飛び下りるジャンプ、カワラウ・ブリッジから川に飛び込むジャンプなどがある。ロケーションだけでなく、飛び下りる高さもさまざま。

　また、北島のタウポでは、47mの高さからワイカト川の澄んだ美しい水へと飛び下りる。オークランドでスカイタワーの高さ192mからの高層ビルを眺めながらのジャンプは、特別な体験になるだろう。オークランドではほかに、高さ40mのハーバー・ブリッジからもジャンプできる。

　バンジージャンプの記念に、自分がジャンプしたときの撮影ビデオや写真、Tシャツなどのグッズを買うこともでき、勇気の証として一生の思い出になりそうだ。

南島クイーンズタウン発着のアクティビティ
AJ Hackett Bungy→P.113

北島オークランド発着のアクティビティ
Sky Jump→P.268

北島ロトルア発着のアクティビティ
Velocity Valley
☎(07) 357-4747　FREE 0800-949-888 URL velocityvalley.co.nz　CC ADJMV

北島タウポ発着のアクティビティ
Taupo Bungy→P.324

アクティビティ

スクーバダイビング＆サーフィン／バンジージャンプ

429

ベストシーズン
9〜12月

迫力満点の急流を自分の力で進んでいく感動
ラフティング
Rafting

豪快な急流を下る南島ランギタタ川のラフティング

ニュージーランドの大自然をダイナミックに体感したいなら、ラフティングはまさにうってつけのアクティビティ。ガイドリーダーの指示に従ってパドルを漕ぎ、力を合わせて急流を越えていく。この達成感と感動はほかでは味わえない体験だ。

● 激流を下る！ニュージーランドのラフティング

　ラフティングは直訳すると"いかだ流し"。かつて山奥から切り出した丸太を組んで川に流していたのが、ゴムボートでの川下りへと受け継がれ、この急流下りを楽しむ現在のラフティングへと進化したというわけである。

　ラフティングは、ガイドリーダーを中心に6〜8人で力を合わせてパドルを漕ぎ、ときに現れる大きな岩を避けたり、水をかぶりながら、激流を下るというスリリングなスポーツ。初めてでも大丈夫なのかと不安があるかもしれないが、もちろん安全が第一。天候や水位によってレベル調節があり、初心者は基礎を練習してから川へ出る。さらに、ヘルメットやライフジャケット、ウエットスーツなど用意された装備を身に着ける。ボートから転落したときの対応などのレクチャーも受けるので安心して臨もう。とはいっても、ラフティングはやはり危険をともなうアクティビティだ。日本とは違い、アクティビティでの事故はすべて自己責任。説明を念入りに聞くことは当然として、わからない場合も臆せず質問したい。

　また、万一の場合に備えて、海外旅行保険には必ず入っておきたい（→P.451）。

　ベストシーズンは9〜12月頃。ツアー料金は、数時間か半日程度のもので$80〜、数日間にわたる泊まりがけのもので$350〜が一般的。必要な装備はすべて貸してもらえるので、特別に用意する物はない。ただ日差しが予想以上に強いので、日焼け止め、サングラスなど日差し対策を忘れずに。

● ラフティングはどこで楽しめる？

　国内各地でラフティングツアーが行われているが、南島カンタベリー地方にあるランギタタ川も国内屈指のラフティングの人気スポット。ランギタタ峡谷をスリル満点に通り抜けたり、10mも高さのある滝を落下したりと、かなりエキサイティングな体験ができるだろう。クイーンズタウン近郊では、変化に富んだショットオーバー川やカワラウ川で、ラフティングを楽しめるツアーもある。

　北島のタウポ、ロトルア周辺は特に盛ん。最も人気があるコースは、高さ7mのオケレ滝を真っ逆さまに落ちるというお楽しみが付いた、カイツナ川でのラフティングだ。

南島クライストチャーチ発着のアクティビティ
Rangitata Rafts→P.62

北島ロトルア発着のアクティビティ
Kaituna Cascades→P.309

エキサイティング How Exciting!

ベストシーズン 10〜4月

雄大な自然のなかを駆け抜ける！
スリル満点のアクティビティ

Jet Boat
ジェットボート

美しい峡谷の景色が飛ぶように過ぎていく

水しぶきを上げて豪快にターンしたり、時速80キロの猛スピードで駆け抜けたりと、スリリングなアクティビティ、それがジェットボートだ。ハラハラドキドキしながらも、何とも爽快！ ぜひ一度ニュージーランドで体験してみたい。

●ニュージーランド発信のアクティビティ

　ジェットボートは、ニュージーランド人のC. W. F. ハミルトン卿によって、1957年にこの国で発明された。ボート内のエンジンで水を取り込み、船尾から勢いよく噴射させて、推進力を得るという仕組み。もともとカンタベリー地方によくある浅い川で利用できるボートとして作られたものなので、時速80キロという豪快なスピードを出しながら、わずか10cmの浅瀬でも走り抜けられるというのだから驚きである。そのジェットボートを、アクティビティ分野へとすぐに応用してしまうのが、ニュージーランド人の遊び上手なところだろうか。

　ジェットボートはエキサイティングなアクティビティでありながら、年齢・体力を問わず、1年中楽しめるのも魅力だ（ただし、一部子供に対する年齢制限、身長制限がある）。座席に座って、手すりを握ったら、あとはアドレナリン全開の興奮を味わうだけ。自然いっぱいの美しい景観のなかを、ものすごいスピードで走り抜けることを想像してほしい。そして、岸壁すれすれの所まで迫ったかと思うと、川原まで数cmの所を滑り抜け、さらにターン！ ここまで読んで血が騒いでしまった人は、もう実際に体験するしかない。

　操縦を担当するのは訓練に訓練を重ねたえり抜きのパイロットたちで、川のことを知り尽くしている。そのため安全に楽しむことができる。

●ジェットボートを満喫するなら

　ジェットボートで有名なのは、南島では、クイーンズタウン、ウエストポート、カンタベリー地方の各所。ウエストポート近くのブラー川、クイーンズタウン近郊のショットオーバー川、カワラウ川、グレノーキーのダート川は絶好のスポットといえるだろう。

　北島ではランギタイキ川、ファンガヌイ川、ワイカト川など。なかでもワイカト川を下るツアーは特に人気で、1秒間に270トンもの膨大な水を落とすフカ・フォールへ、ジェットボートで間近に迫ることができる。白い水しぶきを上げる滝つぼは、言葉を失うほどの迫力だ。またこのツアーは、熟練パイロットによる360度のスピンも売り物のひとつ。さらにこれを上回るスリルが、ダムの放水に合わせて川下りを行うラピッズ・ジェットだ。

南島ワナカ発着のアクティビティ
Lakeland Adventures→P.96

南島クイーンズタウン発着のアクティビティ
KJet→P.113

北島タウポ発着のアクティビティ
Hukafalls Jet, Rapids Jet→P.324

アクティビティ　ラフティング／ジェットボート

431

エキサイティング How Exciting!

ベストシーズン 通年

澄んだ空を鳥のように飛べたなら
Paraglider & Skydiving
パラグライダー＆スカイダイビング

丘を駆け下りてふわりと空中に舞い上がるパラグライダー

ニュージーランドの広大な大自然と真っ青な大空を、まるでひとり占めしているみたい……。そんな気分さえ起こさせるアクティビティが、パラグライダーとスカイダイビング。ダイナミックに空を舞い、鳥のように空中を駆ける！

●パラグライディングで空中を舞う、圧倒的な開放感

パラグライダーは、ハンググライダーとパラシュートを合わせたようなアクティビティ。パラパンティングParapentingとも呼ばれる。パラシュートを改良して作られたもので、もともと登山家たちが下山の手段として用いたのが始まりだ。

ひとりで飛ぶにはライセンスと経験が求められるが、タンデムフライト（インストラクターとのふたり乗り）なら初心者でも気軽に体験できる。初めて挑戦する場合は簡単な講習を受け、経験豊富なインストラクターとともに飛行する。15～30分のフライトの間、眼下に広がる美しい景色に心奪われるだろう。また、エンジンを用いないため比較的ゆっくりとした速度で飛行するのも魅力。聞こえるのは風の音だけ。鳥と一緒にフライト……というチャンスもある。

南島のクイーンズタウン、ワナカ、クライストチャーチがパラグライダーの盛んなエリア。特にクイーンズタウンでは、ゴンドラの丘からワカティプ湖の向こうにリマーカブルス山脈など2000m超級の山々を眺めながら飛ぶ。また、すでに経験豊富な人には、滑走に最適な場所や上昇温暖気流が多い中央オタゴ地方がおすすめだ。

南島クイーンズタウン発着のアクティビティ
GForce Paragliding→P.113

●スリルと浮遊感覚を同時に味わえるスカイダイビング

最初の30秒間は、時速約200キロのスピードで急降下！そしてパラシュートが開いたあとは、地上に広がる風景を眺めつつ空中散歩を楽しむ……それが、スカイダイビングだ。ニュージーランドではメジャーなアクティビティのひとつで、インストラクターとともに飛ぶタンデムジャンプなら、初心者でも安心して参加できる。料金は高度によって変動し、9000フィート（約2700m）$299～程度。

南島ならクイーンズタウン、クライストチャーチ、ワナカ、北島ならタウポ、ロトルアなどで体験できる。

思い切って空に飛び出せば今まで経験したことのない感動が待っている

南島クイーンズタウン発着のアクティビティ
NZONE Skydive→P.113

リラックス
Feeling Relaxed...

ベストシーズン
通年

馬とともに大自然の
ただ中へ……
Horse Riding
乗馬

馬に乗って大自然を散歩！すがすがしい休日の過ごし方だ

広々とした自然のなかを、馬の背にまたがって颯爽と歩く……何とも気持ちのいい光景だ。ニュージーランドの乗馬は、自然を楽しむひとつのスタイルとして確立されている。初心者でも気軽に参加できる人気の高いアクティビティだ。

●ニュージーランドの自由な乗馬スタイル

体験乗馬というと、限られた敷地内で、馬につながれたロープを係員が引いて歩く姿を思い浮かべる人も多いのではないだろうか？

しかし、ニュージーランドでいうところの乗馬は、高原や山岳地帯、海岸などの美しい自然のなかを馬とともに進んでいくホーストレッキングのこと。歩きながら自然を楽しむのがトランピングなら、馬をパートナーに楽しむのが乗馬というわけだ。初心者も経験者に交じってひとりで乗ることができるのだが、心配は無用。

必要最低限の馬のコントロール方法は教えてもらえるので、あとは自分で馬とスキンシップを取りながら会得できる。靴に関しては、自分の靴で参加できるところ、長靴を貸してくれるところがある。

国内の主要都市であれば、たいてい乗馬のツアーが行われているので、自分のレベルや予算に合ったコースを選ぼう。初心者向けの半日体験から宿泊をともなうツアーまで、さまざまな種類が用意されている。料金は1時間＄55〜、1日ツアー＄365〜が目安。

●どんな乗馬を楽しむか？

乗馬とひと口にいっても、ツアー内容は実に豊富だ。南島クイーンズタウンでは、牧場を周遊したあとサザンアルプスの山々を眺めるツアーが人気。氷河で削られた峡谷沿いを歩いたり、流れの速いリーズ川を越えたりと冒険心あふれる乗馬が楽しめるグレノーキーでの乗馬もおもしろい。北島オークランドの北にあるパキリ・ビーチでは、真っ白なビーチの波打ち際をのんびりと歩いたり、森林地帯を散策するツアーが行われている。

また、ニュージーランド独特の体験としてファームステイがある。言葉どおり農場にステイして、農家の生活を体験しながら乗馬、家畜の世話や農作物の収穫の手伝いなどを行うもので、乗馬も一緒に体験できるところもある。

馬は非常に賢い動物だ。それぞれに個性があって、旅先で出会った友人たちのように別れがたい思い出となるに違いないだろう。

南島クライストチャーチ発着のアクティビティ
Rubicon Valley Horse Treks→P.62

南島グレノーキー発着の現地ツアー
Dart River Adventures
☎(03) 442-9992　FREE 0800-327-853
URL www.dartriver.co.nz　CC MV

北島オークランド発着の現地ツアー
Pakiri Beach Horse Rides
☎(09) 422-6275　FAX (09) 422-6277
URL www.horseride-nz.co.nz　CC MV

リラックス Feeling Relaxed...

ベストシーズン
通年

恵まれた環境で、
抜群のプレイを
Golf

ゴルフ

雄大な景色を心ゆくまで満喫したい

ニュージーランドにあるゴルフコースは400以上。人口に対するゴルフ場の数としては世界一だ。そのスタイルも、仕事帰りにふらっと立ち寄れるカジュアルなものから、国際トーナメントが開かれる世界トップレベルまでさまざま。

● ニュージーランドのゴルフ事情

　ニュージーランドにゴルフが持ち込まれたのは、開拓時代の1860年代。スコットランド系移民によって伝えられた。今では400を超えるゴルフ場が造られ、年間約500万ラウンドがプレイされている。

　ほとんどのコースはキャディが付かず、自分たちでカートを引きながらラウンドする英国式スタイル。むろんセルフプレイなので、ディボット跡への目土、バンカーならし、グリーンでのボールマークなども各自行う。目土用のサンドバッグの携帯も義務付けられている。また、途中休憩を挟まない18ホールスルーでのプレイ方式が一般的で、1ラウンド約3時間30分が目安。

　また料金が安い。パブリックコースで$20〜、プライベートコースで$150前後〜。パブリックコースは面倒な予約も必要なく、思い立ったときにプレイでき、しかもTシャツにジーンズ、スニーカーでも大丈夫という気軽さ。夏場なら朝5:30から夜21:00頃までプレイ可能だ。レンタル利用なら、手ぶらでも出かけられる。

● 優雅にプレイしたいなら有名ゴルフコースで

クリアウォーター　●クライストチャーチ
Clearwater　Map P.46-A2 外

　PGAトーナメントにも利用される国内屈指のコース。比較的新しく、プールやスパホテルなども併設しており、リゾート色が強い。

住 40a Clearwater Ave. Christchurch
TEL (03)360-2146　FAX (03)360-2134
URL www.clearwatergolf.co.nz　CC ADJMV

ミルブルック・リゾート　●クイーンズタウン
Millbrook Resort　Map P.108-A2

　南島を代表する宿泊施設を備えた名門。コースはフェアウェイが狭く、ビーチ状のバンカーや湖があり、なかなかの難関。(→P.122)

ガルフ・ハーバー・カントリー・クラブ　●ノースランド
Gulf Harbour Country Club　Map P.336-C2

　1998年にワールドカップが開催された。美しく刈られたフェアウエイや、海岸線の地形が起伏を生み出すタフなコースが自慢。

住 180 Gulf Harbour Dr. Gulf Harbour Whangaparaoa
TEL (09)428-1380　URL www.gulfharbourcountryclub.co.nz　CC ADJMV

カウリ・クリフス　●ノースランド
Kauri Cliffs　Map P.336-A2

　国内NO.1の呼び声も高い、海岸線沿いの伸びやかな地形を取り入れたゴルフコース。抜群の展望が魅力だ。豪華なロッジを併設し、幅広いレベルのゴルファーが楽しめる。

住 139 Tepene Tablelands Rd. Matauri Bay, Northland
TEL (09)407-0060
URL kauricliffs.com　CC AMV

パラパラウム・ビーチ・ゴルフ・クラブ　●ウェリントン
Paraparaumu Beach Golf Club　Map 折り込み ①

　1929年設立の歴史あるコース。過去にアメリカの「ゴルフマガジン」誌で国内NO.1に輝いた。海風や起伏の多いフェアウエイが特徴的だ。

住 376 Kapiti Rd. Paraparaumu Beach, Paraparamu
TEL (04)902-8200
URL www.paraparaumubeachgolfclub.co.nz　CC MV

リラックス
Feeling Relaxed...

ベストシーズン
通年

ロマンティックな冒険旅行に出かけよう
Hot Air Balloon

熱気球

ロマンをいっぱい詰め込んだ熱気球で、ニュージーランドの空の旅はいかが？

気球に乗って、どこまでも続く美しい世界を旅してみたい……。誰もが一度は思い描く冒険旅行が、ニュージーランドでならアクティビティとして気軽に楽しめる。のんびりとロマンティックな飛行を楽しもう。

● ゆったりとした時間が流れる空中散歩

空を飛ぶアクティビティのなかで、ロマンを感じたいという人に何よりおすすめなのが熱気球だ。澄み切ったニュージーランドの青空を、風に乗ってのんびりとたゆたいながら、青々とした森林や色彩豊かな田園風景、美しい湖や川をはるか眼下に眺める。熱気球を膨らませる準備から着陸まで参加するツアーでは、ワクワクするような冒険心を味わうこともできるだろう。日本では体験する機会が少ないだけに人気が高い。

さて、熱気球のツアーに参加したいのなら、早起きをしなくてはならない。なぜなら、1日のうち熱気球の出発に最適な時間帯が、大気の安定している夜明け前後だからだ。朝まだ暗いうちに集合し、出発の準備を行う。日の出の時間帯により変動するが、夏場で5:00頃、冬場で7:30頃と早朝から行われるのが一般的。ツアーは所要4時間程度で、そのうち空を飛んでいるのは約1時間というところ。料金は$370～。

上空は気温が低いので、夏でも暖かい上着を用意しよう。特に冬場は帽子や手袋などを持参したほうが快適に過ごせる。

● おすすめの熱気球スポット

南島ではメスベン、クイーンズタウン、北島はオークランド、ハミルトン、タウポなどがある。メスベンをはじめとする南島カンタベリー地方は、特に人気の高いエリア。雪を頂いた壮大なサザンアルプスを背景に、パッチワークのような模様のカンタベリー平野がゆっくりと眺められる。オークランドでは、郊外の町並みを眼下に眺めながら、島々の点在するハウラキ湾を見渡せる。

熱気球の飛行後に、着陸した農場でピクニック形式のシャンパンブレックファストが楽しめるツアーや、熱気球でウエディングを行う企画なども人気だ。

クライストチャーチ発着のアクティビティ
Ballooning Canterbury →P.62

南島クイーンズタウン発着の現地ツアー
Sunrise Balloons
☎(03)442-0781　FREE 0800-468-247
URL www.ballooningnz.com　CC AMV

北島ハミルトン発着の現地ツアー
Kiwi Balloon Company
☎(07)843-8538　021-912-679
URL www.kiwiballooncompany.co.nz
CC MV

アクティビティ

ゴルフ／熱気球

435

リラックス
Feeling Relaxed...

ベストシーズン
通年

ニュージーランドならではの景色を楽しみたい
Scenic Flight
遊覧飛行

氷河や火山地帯へもひとっ飛び

氷河や火山、美しい山々などバラエティに富んだ自然景観が魅力のニュージーランド。この大自然を自分の目で見たいなら、空から眺めるのが正解だ。地上からは想像もつかない、壮大な景色を見下ろせるだろう。

● 南島はダイナミックな氷河観光が人気

　地上からアクセスできないポイントへ気軽に連れていってくれるのが、ヘリコプターや小型飛行機での遊覧飛行だ。各地でさまざまなツアーが催行されている。
　南島では、アオラキ／マウント・クック国立公園、ウエストランド国立公園のフランツ・ジョセフ氷河とフォックス氷河、ミルフォード・サウンドなどへの遊覧飛行が人気。機上からは、巨大な氷河の青い割れ目をのぞいたり、サザンアルプスの雄大な山並みを一望できる。スキープレーンやヘリコプターは、氷河付近や雪上に着陸し、実際に白銀の世界を体感できる場合が多いが、一般の小型機では着陸しないツアーもあるので、申し込む前にツアー内容をよく確認しておきたい。
　また、カイコウラでは遊覧飛行でホエールウオッチングという選択肢もある。

南島テカポ発着のアクティビティ
Air Safaris→P.82

南島アオラキ／マウント・クック国立公園発着のアクティビティ
Mt Cook Ski Planes and Helicopters, The Helicopter Line→P.89

南島ワナカ発着のアクティビティ
Wanaka Flightseeing, Wanaka Helicopters→P.96

南島テ・アナウ発着のアクティビティ
Fiordland By Seaplane→P.128

南島ミルフォード・サウンド発着のアクティビティ
Milford Sound Seanic Flights→P.136

南島カイコウラ発着の現地ツアー
Kaikoura Helicopters, Wings Over Whales→P.181

● 北島ではユニークな火山風景を上空から堪能

　北島のワイカト、ベイ・オブ・プレンティ地方では、ロトルア周辺に多く点在する火山湖、1886年に大爆発を起こしたマウント・タラウェラ、活火山のホワイト・アイランドなど、火山による独特の自然美が見られることで有名。火山のクレーターに、ヘリコプターで着陸するツアーもある。そのほか、農場見学やワイナリー訪問、優雅なレストランでの食事などと組み合わせたツアーもお得感があって人気だ。

北島オークランド発着の現地ツアー
Inflite Charters
☎(09)377-4406　Free 0800-835-083
URL www.inflitecharters.com　CC AMV

北島タウポ発着のアクティビティ
Taupo's Floatplane, Inflite Taupo→P.324

リラックス Feeling Relaxed...

ベストシーズン 通年

遊覧飛行とウオーキングで
輝く氷河を堪能しよう
Heli Hike

ヘリハイク

フォックス・グレイシャー・ガイディングのヘリハイク

ニュージーランドの氷河を存分に楽しみたい、そんな人にぴったりなのがヘリハイクだ。ヘリコプターで空から景色を味わったあと、氷河上をウオーキング。氷河に足を踏み入れた時の驚きと、感動は貴重な経験となるだろう。

● ヘリハイクの概要と注意点

ヘリハイクは、南島で注目のアクティビティで、ヘリコプターによるスリル抜群のフライトと、氷河ウオーキングを組み合わせたものだ。フライトとウオーキングをあわせて楽しめることから人気が高く、氷河を登らずに済むため、誰もが気軽に参加できる。ツアーは、一般的に所要3〜4時間で、そのうちウオーキングは2〜3時間ほど。ヘリコプターで景色を堪能したあと、氷河に着陸してウオーキングに出発する。氷でできた洞窟

ツアーは2〜4人の場合が多い

や、谷間を歩いて回るので冒険気分が味わえると同時に、氷河の透き通るような青さに魅了されること間違いないだろう。ルートは、ガイドがピッケルで足場を削って整えてくれるので安心して歩くことができる。また、冬季はヘリスキーを行う会社もあり、ダイナミックな滑走を味わえる（→P.88・421）。

ウオーキングのための用具は借りることができ、料金に含まれていることが多い。また多くの会社で8〜10歳以上の年齢制限が設けられているので、子供をつれて参加する場合は注意が必要。天候によってツアーがキャンセルになる場合があるので、ツアー会社に事前確認しておこう。

● 南島でヘリハイクを楽しむなら

南島には、アオラキ／マウント・クック国立公園のタスマン氷河や、ウエストランド国立公園のフランツ・ジョセフ氷河、フォックス氷河をはじめ、ワナカ郊外のロブ・ロイ氷河など数多くの氷河がある。特に人気が高いのがフランツ・ジョセフ氷河とフォックス氷河だ。ツアー会社や、宿泊施設も揃っており、誰もが気軽に楽しめる。

南島ウエストランド／タイ・ポウティニ国立公園のアクティビティ

Franz Josef Glacier Guides →P.225
Glacier Helicopters →P.226
The Helicopter Line →P.226
Fox Glacier Guiding →P.227

南島アオラキ／マウント・クック国立公園のアクティビティ

Southern Alps Guiding
☎(03)435-1890 URL www.mtcook.com

Glentanner Park Centre
☎(03)435-1855 FREE 0800-453-682
URL www.glentanner.co.nz

南島ワナカのアクティビティ

Eco Wanaka Adventures
☎(03)443-2869 FREE 0800-926-326
URL www.ecowanaka.co.nz

アクティビティ

遊覧飛行／ヘリハイク

437

地球の歩き方　投稿　検索

『地球の歩き方』は、たくさんの旅行者から
ご協力をいただいて、改訂版や新刊を制作しています。
あなたの旅の体験や貴重な情報を、これから旅に出る人たちに分けてあげてください。
なお、お送りいただいたご投稿がガイドブックに掲載された場合は、
初回掲載本を1冊プレゼントします！

あなたの旅の体験談をお送りください

ご投稿は次の3つから！

インターネット

www.arukikata.co.jp/guidebook/toukou.html
画像も送れるカンタン「投稿フォーム」
※「地球の歩き方　投稿」で検索してもすぐに見つかります

郵便
〒160-0023　東京都新宿区西新宿 6-15-1
セントラルパークタワー・ラ・トゥール新宿 705
株式会社地球の歩き方メディアパートナーズ
「地球の歩き方」サービスデスク「○○○○編」投稿係

ファクス
(03) 6258-0421

郵便とファクスの場合
次の情報をお忘れなくお書き添えください！　①ご住所　②氏名　③年齢　④ご職業
⑤お電話番号　⑥E-mail アドレス　⑦対象となるガイドブックのタイトルと年度
⑧ご投稿掲載時のペンネーム　⑨今回のご旅行時期　⑩「地球の歩き方メールマガジン」
配信希望の有無　⑪地球の歩き方グループ各社からの DM 送付希望の有無

ご投稿にあたってのお願い

★ご投稿は、次のような《テーマ》に分けてお書きください。
《新発見》ガイドブック未掲載のレストラン、ホテル、ショップなどの情報
《旅の提案》未掲載の町や見どころ、新しいルートや楽しみ方などの情報
《アドバイス》旅先で工夫したこと、注意したいこと、トラブル体験など
《訂正・反論》掲載されている記事・データの追加修正や更新、異論・反論など
※記入例：「○○編 201X 年度版△△ページ掲載の□□ホテルが移転していました……」

★データはできるだけ正確に。
ホテルやレストランなどの情報は、名称、住所、電話番号、アクセスなどを正確にお書きください。
ウェブサイトの URL や地図などは画像でご投稿いただくのもおすすめです。

★ご自身の体験をお寄せください。
雑誌やインターネット上の情報などの丸写しはせず、実際の体験に基づいた具体的な情報をお待ちしています。

ご確認ください

※採用されたご投稿は、必ずしも該当タイトルに掲載されるわけではありません。関連他タイトルへの掲載もありえます。
※例えば、「新しい市内交通バスが発売されている」など、すでに編集部で取材・調査を終えているものと同内容のご投稿をいただいた場合は、ご投稿を採用したとはみなされず掲載本をプレゼントできないケースがあります。
※当社は個人情報を第三者に提供いたしません。また、ご記入いただきましたご自身の情報については、ご投稿内容の確認や掲載本の送付などの用途以外には使用いたしません。
※ご投稿の採用の可否についてのお問い合わせはご遠慮ください。
※原稿は原文を尊重しますが、スペースなどの関係で編集部でリライトする場合があります。
※従来の、巻末に綴じ込んだ「現地最新情報・ご投稿用紙」は廃止させていただきました。

旅の準備と技術

旅の準備

旅の情報収集 ──────── **440**
日本での情報収集／現地での情報収集／便利なウェブサイト

旅のシーズン ──────── **442**
南のほうが寒い!?　日本と逆の気候／四季それぞれの魅力を知ろう／ニュージーランド各地の気温と降水量／2019～2020年のイベントカレンダー

旅のモデルルート ──────── **444**
南島のモデルルート／北島のモデルルート

旅の予算とお金 ──────── **448**
旅行費用を見積もってみる／お金の準備

出発までの手続き ──────── **450**
パスポート（旅券）の取得／ビザの取得／海外旅行保険に加入する／国外運転免許証の取得／ISIC（国際学生証）／YHA（ユースホステル協会）会員証の取得

航空券の手配 ──────── **453**
航空会社を選ぶ

旅の持ち物 ──────── **454**

旅の技術

出入国の手続き ──────── **455**
日本を出国／ニュージーランドに入国／ニュージーランドを出国／日本に入国／空港へのおもなアクセス

現地での国内移動 ──────── **459**
飛行機で移動する／長距離バスで移動する／鉄道で移動する／レンタカーで移動する

ショッピングの基礎知識 ──────── **475**
ショッピングタイム／ニュージーランドならではのおみやげ／スーパーマーケットに行ってみよう

レストランの基礎知識 ──────── **477**
レストランの種類と探し方／レストランのライセンス／ニュージーランドのファストフード／ニュージーランドのカフェ／キーウィはアルコール好き

ホテルの基礎知識 ──────── **479**
アコモデーションのタイプ／アコモデーションの探し方と予約／ホテルのインターネット設備

チップとマナー ──────── **483**
チップについて／マナーについて

長期滞在の基礎知識 ──────── **484**
長期滞在に必要なビザ／ワーキングホリデー

電話と郵便 ──────── **485**
電話／郵便

インターネット ──────── **487**
ニュージーランドのインターネット事情

旅のトラブルと安全対策 ──────── **488**
トラブルに遭わないために／トラブルに遭ったらどうするか／病気になってしまったら／病院で治療を受けるには／薬を購入するには

旅の英会話 ──────── **492**

イエローページ ──────── **497**

映画&書籍で知るニュージーランド ──────── **498**

ニュージーランドの歴史 ──────── **499**

旅の準備

旅の情報収集

出発前にニュージーランドの情報を集めるなら、ニュージーランド政府観光局やニュージーランド大使館を利用しよう。同政府観光局、大使館の公式ウェブサイトで多くの情報が得られるので、まずはチェックしてみるのがおすすめ。現地では各地域の観光案内所が頼りになる。

ニュージーランド政府観光局
URL www.newzealand.com

在日ニュージーランド大使館
住 〒150-0047
東京都渋谷区神宮前20-40
電 (03) 3467-2271
FAX (03) 3467-2278
URL www.mfat.govt.nz/jp/countries-and-regions/north-asia/japan/new-zealand-embassy
開 9:00～17:30
休 土・日、祝
（任意の休館日もあるので、ウェブサイトなどで確認のこと）

ニュージーランドビザ申請センター
住 〒105-0014
東京都港区芝1-4-3
SANKI芝金杉橋ビル4階
電 050-5578-7759
URL www.vfsglobal.com/newzealand/japan/Japanese
開 8:00～14:00
休 土・日、祝
（時季によって異なる）

観光案内所アイサイトは観光の強い味方

ニュージーランド情報が満載のフリーペーパー

現地のレストランやショップなど、旅行者にも役立つ情報が豊富なフリーペーパー。日本人向けのものは日本大使館や観光案内所、空港などで入手できる。
URL www.gekkannz.net

日本での情報収集

ニュージーランド政府観光局
　ニュージーランドの情報を集めるなら、インターネットの利用が便利。ニュージーランド政府観光局のウェブサイトでは、歴史や基本情報、見どころ案内はもちろん、宿泊施設、交通、アクティビティや現地発のパッケージツアーをはじめとする観光情報など多岐にわたるコンテンツが揃う。また、空港や観光案内所アイサイトの情報、各都市間の距離や所要時間などが検索できる実用的な地図など盛りだくさんの内容。とにかく情報量の多い充実したサイトなので、まずはアクセスしてみよう。
　日本にあるニュージーランド政府観光局では、インターネットの普及により、直接訪問できる資料閲覧室などは設けていない。旅の相談やホテル・アクティビティの予約手配は現地の観光案内所アイサイトが担っている。
　また、ソーシャル・ネットワーキング・サービスのFacebookやTwitterでも旬な旅行情報を発信しているのでこちらも活用しよう。

ニュージーランド大使館
　ニュージーランド大使館のウェブサイトではニュージーランドの留学や起業に関する情報、入国に関する情報などを入手することができる。
　ビザの問い合わせについてはビザ申請センターで対応している。ただし、ウェブサイトで詳しい情報が得られるので、事前にチェックしてからにしよう。

現地での情報収集

観光案内所 i SITE
　まず観光案内所へ行ってみよう。たいていの町の中心部に観光案内所が設けられているが、なかでも全国的なネットワークをもつ公共の観光案内所であるアイサイトがとても便利だ。アコモデーションやレストラン、交通機関、現地ツアー、アクティビティなどの情報が揃うだけでなく、無料の地図やパンフレットも用意されている。予算に合わせたホテルの予約や、交通機関の予約、発券（一部除く）などもしてくれるのでたいへん便利。開館時間はだいたい9:00～17:00だが、夏季は長く、冬季は短くなるところが多い。トランピングや自然についての情報なら、各地にあるDOC自然保護省のビジターセンターへ。そのほか、アクティビティなどに特化した私営の観光案内所もある。

便利なウェブサイト

インターネットを駆使すれば、事前にかなりの情報を入手することができる。またクチコミ情報がいっぱいの個人サイトも、旅行のツールとして積極的に活用しよう。

『ニュージーランド政府観光局』

URL www.newzealand.com （英語・日本語）

ニュージーランド政府観光局の公式ウェブサイト。渡航情報や観光情報が充実している。アクティビティやツアーを催行している会社へのリンクも数多い。

『ニュージー 大好きドットコム』

URL nzdaisuki.com （日本語）

ニュージーランドの生活、学校、就職、賃貸、移住、お金のことなど、あらゆる情報が満載。掲示板が充実しており、現地に住む人からの投稿が多く役に立つ。

『日刊ニュージーランドライフ』

URL nzlife.net （日本語）

首都ウェリントンに暮らす著者によるブログサイト。現地発ならではの最新情報や暮らしにまつわる情報が満載。

『Linknz.com』

URL www.linknz.com （日本語）

オークランドをメインにしたレストランやショップ、旅行会社などを紹介する日本人向けのリンクサイト。

『ニュージー探検』

URL www.nyuujitanken.co.nz （日本語）

ニュージーランド国内の詳細なツアー情報が満載のサイト。現地でのアクティビティ参加を考えている人は要チェック。ホテルやモーテルなど宿泊施設の情報もある。

『Access NZ』

URL www.accessnz.co.nz （英語）

旅行にまつわる事柄から、ショッピング、食べ物、交通など、あらゆる情報が見られるサイト。地域別検索もできて便利。

『ニュージーワインズ』

URL www.nz-wines.co.nz （日本語）

ニュージーランド産ワインの総合サイト。品種やワイナリーなどを検索できる。

『Stuff』

URL www.stuff.co.nz/life-style/food-wine（英語）

ニュージーランドで人気のニュースサイト。最新トレンドを知りたい人に最適だ。レストラン情報、ワイナリー情報、国内旅行情報は、日本人旅行者にもすぐ役立つ。また、料理のレシピなど楽しめるページもある。

『Ecotours New Zealand』

URL www.ecotours.co.nz （英語）

エコツアー情報サイト。ニュージーランドの野生動物に関する解説も充実しており、ちょっとしたカラー図鑑としても楽しめる。

『Department of Conservation』

URL www.doc.govt.nz （英語）

DOC自然保護省のサイトは、トレッキングをする予定の人や、自然に興味がある人なら、のぞいておきたい。

『New Zealand Tourism Guide』

URL www.tourism.net.nz （英語）

旅行者にとって役立つ情報を紹介するサイト。掲載情報はアコモデーションからアクティビティ、ツアー、移動方法など幅広い。「ニュージーランドでやりたいこと」なども紹介しているのでチェックしよう。

『Japanese Downunder』

URL www.jdunz.com （日本語）

クライストチャーチで放送されているラジオ番組サイト。ニュージーランドの生活情報や旅行、留学などに役立つ情報が満載。日本語と英語のラジオ番組も要チェック。

『ニュージーランドの歩き方』

URL www.arukikata.co.nz （日本語）

観光情報やレストラン情報など、ニュージーランド国内の最新情報を網羅した総合サイト。ツアーやホテルのオンライン予約も可能。各地域の現地発情報なども見ることができ、旅の計画の参考になる。

旅の準備と技術

旅の情報収集

旅の準備 — 旅のシーズン

南半球に位置するニュージーランドは日本と季節が正反対になり、日本の夏に当たる6月下旬から9月上旬にニュージーランドでは真冬を迎える。ただし、四季それぞれの魅力があるのは日本と同じ。旅の目的に合わせて訪れる季節を選ぼう。

現地の天気をチェック
インターネットなら、当日の天気や予報もチェックできる。
MetService
URL metservice.com
Weather From NZCity
URL home.nzcity.co.nz/weather

アウトドアスポーツのシーズン
アウトドアスポーツを旅のメインにするならば、その内容によって行く季節を選ぶ必要がある。スキーシーズンはだいたい6月上旬〜10月下旬。トレッキングでは、南島のフィヨルドランド国立公園周辺の場合、10月下旬〜4月下旬くらいを目安に。

スキーリゾートは別格
冬は予約が取りやすい、といっても、もちろんスキー関係は別。スキーリゾート地ではシーズン中の週末は予約が取りにくく、料金も高い。人気の高い宿泊施設では、半年前には予約がいっぱいなんてことも。拠点となる町から離れれば宿が取れないということはないが、なるべく事前に予約をして行こう。

服装
1年を通じて比較的気温差はないが、1日のうちで寒くなったり、暑くなったりする。昼間は半袖でも朝は長袖やセーターが必要となるので、どんな季節でも着脱の容易なジャケットかパーカーは必要。また、氷河ウオークやホエールウオッチングを予定している人は、夏の気候でもかなり寒いので、長袖やジャケットを持っていこう。軽い防水ジャケットやレインコートもあると便利。また、機内や車中などでは冷房の設定温度が低いため、クーラー対策を。さらに、夏でなくても日中の日差しが強いので、サングラスや帽子、日焼け対策も欠かせない。

花の盛りも日本とは逆の10〜1月頃になる

南のほうが寒い!? 日本と逆の気候

日本の冬はニュージーランドの夏
日本が冬の時季はニュージーランドは夏、日本が夏の時季はニュージーランドは冬になる。しかし、日本のように夏と冬の平均気温の差が20℃を超えるということはなく、せいぜい10℃程度。むしろ「1日のなかに四季がある」といわれるほど、1日の気温差が日本よりも激しいのが特徴だ。気温の変化に備えて着脱しやすい重ね着にしたり、羽織り物を持参するといいだろう。また、南北に長い国のため、国内での気温の差は大きい。南半球に位置しており、南に行くほど寒くなることも覚えておきたい。

四季それぞれの魅力を知ろう

春はガーデン巡りのベストシーズン
ニュージーランドの春は9〜11月頃。おすすめなのがガーデン巡り。ウェリントンからニュー・プリマスにいたる火山地帯の「庭園街道」や、"ガーデンシティ"と呼ばれるクライストチャーチなどで、ガーデナーのセンスと愛情あふれる庭園を満喫しよう。

快適な夏は最も混雑する季節
ニュージーランドの夏は12〜2月頃。北半球の国々が寒い冬の間、避寒を兼ねて多くの観光客がニュージーランドを訪れる。この時季、平地では気温がおおむね20℃台、最高でも30℃ちょっとという適度な暖かさとなり、同時に日照時間も長くなる。真夏では21:00を過ぎても明るいのだ。ただし、ベストシーズンゆえ観光施設や宿泊施設、交通機関の混雑度はアップする。予約は早めに行ったほうがいいだろう。

ゴールデンカラーの秋を楽しむ
ニュージーランドの秋は3〜5月頃。日本の春休みやゴールデンウイークに当たり、旅行に最適のシーズンといえる。この季節は「黄葉」のシーズンで、ポプラなどの葉がゴールデンカラーに染まる。特に美しいのは、ワナカやアロータウンなど南島南部だ。

リーズナブルに楽しむ冬の旅
ニュージーランドの冬は6〜8月頃。冬といっても山間部や南島の一部地域を除けば、大雪に見舞われることはまずない。7月のオークランドの平均最低気温は7.1℃で凍えるような寒さもない。スキーリゾート地を除けば全般に旅行者が少ないため宿の予約などが取りやすく、航空運賃も低め。また、冬季割引を実施する宿泊施設も多い。

ニュージーランド各地の気温と降水量

地名		1月	2月	3月	4月	5月	6月	7月	8月	9月	10月	11月	12月	年間平均
クライストチャーチ（南島東海岸中部）	平均最高気温（℃）	22.7	22.1	20.5	17.7	14.7	12.0	11.3	12.7	15.3	17.2	19.3	21.1	17.2
	平均最低気温（℃）	12.3	12.2	10.4	7.7	4.9	2.3	1.9	3.2	5.2	7.1	8.9	11.0	7.3
	平均降水量（mm）	38.3	42.3	44.8	46.2	63.7	60.9	68.4	64.4	41.1	52.8	45.8	49.5	51.5

地名		1月	2月	3月	4月	5月	6月	7月	8月	9月	10月	11月	12月	年間平均
クイーンズタウン（南島内陸南部）	平均最高気温（℃）	21.8	21.8	18.8	15.0	11.7	8.4	7.8	9.8	12.9	15.3	17.1	19.7	15.0
	平均最低気温（℃）	9.8	9.4	7.2	4.3	2.3	-0.3	-1.7	0.2	2.5	4.3	6.0	8.3	4.4
	平均降水量（mm）	64.7	50.3	53.4	56.2	68.5	71.5	50.3	66.2	62.4	66.4	63.6	75.3	62.4

地名		1月	2月	3月	4月	5月	6月	7月	8月	9月	10月	11月	12月	年間平均
ミルフォード・サウンド（南島西海岸南部）	平均最高気温（℃）	18.9	19.3	17.8	15.5	12.4	9.6	9.2	11.4	13.1	14.5	16.0	17.5	14.6
	平均最低気温（℃）	10.4	10.3	8.8	6.6	4.5	2.2	1.3	2.4	4.1	5.7	7.5	9.3	6.1
	平均降水量（mm）	722.0	454.7	595.1	533.2	596.6	487.1	423.7	463.5	551.4	640.3	548.0	700.1	559.6

地名		1月	2月	3月	4月	5月	6月	7月	8月	9月	10月	11月	12月	年間平均
インバーカーギル（南島南端）	平均最高気温（℃）	18.7	18.6	17.1	14.9	12.3	10.0	9.5	11.1	13.1	14.4	15.8	17.5	14.4
	平均最低気温（℃）	9.6	9.3	7.9	5.8	3.8	1.9	1.0	2.2	4.0	5.4	7.0	8.6	5.5
	平均降水量（mm）	115.0	87.1	97.4	95.9	114.4	104.0	85.2	75.6	84.2	95.0	90.4	105.0	95.7

地名		1月	2月	3月	4月	5月	6月	7月	8月	9月	10月	11月	12月	年間平均
オークランド（北島北西部）	平均最高気温（℃）	23.1	23.7	22.4	20.1	17.7	15.5	14.7	15.1	16.5	17.8	19.5	21.6	19.0
	平均最低気温（℃）	15.2	15.8	14.4	12.1	10.3	8.1	7.1	7.5	8.9	10.4	12.0	14.0	11.3
	平均降水量（mm）	73.3	66.1	87.3	99.4	112.6	126.4	145.1	118.4	105.1	100.2	85.8	92.8	101.0

地名		1月	2月	3月	4月	5月	6月	7月	8月	9月	10月	11月	12月	年間平均
ロトルア（北島中央部）	平均最高気温（℃）	22.8	22.9	20.9	18.0	15.1	12.6	12.0	12.8	14.6	16.4	18.6	20.8	17.3
	平均最低気温（℃）	12.6	13.0	11.1	8.5	6.3	4.3	3.5	4.1	5.8	7.6	9.2	11.5	8.1
	平均降水量（mm）	92.7	93.9	99.2	107.2	116.9	136.1	134.5	131.4	109.3	112.3	93.8	114.2	118.1

地名		1月	2月	3月	4月	5月	6月	7月	8月	9月	10月	11月	12月	年間平均
ウェリントン（北島南部）	平均最高気温（℃）	20.3	20.6	19.1	16.6	14.3	12.2	11.4	12.2	13.7	14.9	16.6	18.5	15.9
	平均最低気温（℃）	13.5	13.8	12.6	10.7	9.1	7.2	6.3	6.7	7.9	9.0	10.3	12.2	9.9
	平均降水量（mm）	75.7	69.8	87.1	83.6	112.9	132.8	137.5	113.7	97.8	114.9	97.0	84.4	100.5

※出典はNational Institute of Water & Atmospheric Research

2019～2020年のイベントカレンダー

オークランド・マラソン
10/20（'19）　北島 オークランド
URL aucklandmarathon.co.nz

テイスト・オブ・オークランド
10/31～11/3（'19）　北島 オークランド
URL www.tasteofauckland.co.nz

マールボロ・ワイン＆フード・フェスティバル
2/8（'20）　南島 ブレナム
URL wine-marlborough-festival.co.nz

パシフィカ・フェスティバル
3/14・15（'20）　北島 オークランド
URL www.aucklandnz.com

バルーンズ・オーバー・ワイカト
3/17～21（'20）　北島 ハミルトン
URL balloonsoverwaikato.co.nz

アロータウン・オータム・フェスティバル
4/16～20（'20）　南島 アロータウン
URL arrowtownautumnfestival.org.nz

ブラフ・オイスター＆フード・フェスティバル
5/23（'20）　南島 スチュワート島
URL bluffoysterfest.co.nz

フィールデイズ
6/10～13（'20）　北島 ハミルトン
URL fieldays.co.nz

クイーンズタウン・ウインター・フェスティバル
6/18～21（'20）　南島 クイーンズタウン
URL www.winterfestival.co.nz

ウインター・プライド
9/1～9（'20）　南島 クイーンズタウン
URL winterpride.co.nz

クライストチャーチ・アート・フェスティバル
8月下旬～9月中旬（'20）　南島 クライストチャーチ
URL artsfestival.co.nz

ワールド・オブ・ウエアラブルアート
9月下旬～10月上旬（'20）　北島 ウェリントン
URL www.worldofwearableart.com

旅の準備 旅のモデルルート

豊かな自然を満喫するアクティビティがいっぱいのニュージーランドだからこそ、短期間で北島から南島へと走り抜ける忙しい旅よりも、じっくりスローな旅をおすすめしたい。そこで南島、北島それぞれに絞って周遊するモデルルートをご紹介。

南島のモデルルート

南北両ループをつなぐと驚きの超ロングルートに!?

南島へのアクセスは、北島のオークランドから飛行機で各都市にアプローチするのが一般的。オークランド、ウェリントンに次ぐニュージーランド第3の都市であるクライストチャーチから南島の旅を始めるパターンが多い。町自体が南島でも最も大きな都市であり、人気のアオラキ／マウントクック国立公園やクイーンズタウンへも移動しやすいからだ。

南北に細長い南島のほぼ真ん中に位置するクライストチャーチがゲートウエイになるため、そこからの旅行ルートは南北ふたつの大きなループとなる（下図参照）。このうちの南ループには、アオラキ／マウント・クック国立公園、クイーンズタウン、フィヨルドランドエリア、ウエストランドエリアの氷河地帯など、国を代表するメジャーな見どころがすっぽり入ってしまう。一方の北ループのポイントは南に比べると数も知名度も劣るが、トランピングやシーカヤックが人気のエイベル・タスマン国立公園など、見どころがある。時季により通行可能な時間が設定されるカイコウラ〜ブレナム間の道路も一部は24時間通行可となっている。

しかし、南北ふたつのループをつなぐと、南島をほぼ一周する超ロングルートとなり、日数は相当長くなってしまう。南に集まるメジャーな見どころを押さえつつ、北側のポイントも見たい、というのはかなり難しい。時間を有効に使うために、例えばクイーンズタウンからネルソンへ飛行機で飛ぶ（直行便はなく、クライストチャーチ乗り継ぎ）といったプランも効率的だ。

南部では西海岸へ行くか、東海岸へ行くかが問題

見どころいっぱいの南島南部だが、ルーティング上、悩むのが西海岸へ行くか、東海岸へ行くか。例えば、クライストチャーチからアオラキ／マウント・クック国立公園を経てクイーンズタウン方面に入るメインルートを取ったあと、帰路にダニーデンのある東海岸ルートを使うか、それともウエストランド／タイ・ポウティニ国立公園など西海岸ルートを通るか、という選択だ。次ページにそれぞれのルーティング例を紹介するので参考にしてほしい。

Plan 1 南ループの中央＋西海岸ルート
標準的な所要日数＝7〜12日間

クライストチャーチからアオラキ／マウント・クック国立公園を経てクイーンズタウンにいたるメインルートを行く。ミルフォード・サウンドへは単純往復のサイドトリップで。そのあとはクイーンズタウンからワナカ、ウエストランド（フランツ・ジョセフ、フォックスの氷河地帯）と回り、グレイマウスからは南島横断の人気列車トランツ・アルパインでクライストチャーチに帰ってくる。南島ならではの自然景観をたっぷり楽しめる。

Plan 2 南ループの中央＋東海岸ルート
標準的な所要日数＝7〜12日間

クライストチャーチからアオラキ／マウント・クック国立公園を経てクイーンズタウンにいたるのは上記と同じだが、そのあとはテ・アナウへと進む。ここはフィヨルドランド国立公園の中心、トランピングの聖地だ（ただし本格的なトランピングに要する日数はここには入っていない）。そのあとは東海岸を通るバスに乗ってダニーデンへ。スコットランド風の町並みが美しい都市で、見どころも多い。時間があればオアマルなどにも行ってみよう。

Plan 3 南島"北ループ"をぐるっと回る
標準的な所要日数＝7〜10日間

クライストチャーチから北側のルートは、レンタカー利用でない限り、左記のルート以外に選択肢はない。クライストチャーチからカイコウラまでは日帰り可能。カイコウラ〜ブレナムの道路の一部は24時間通行が可能となっているが、道路工事のため車の流れが遅くなる場合も。またネルソンからエイベル・タスマン国立公園や、さらに先のゴールデン・ベイ一帯へは道路が行き止まりのため、ネルソンから往復のサイドトリップとなる。

Plan 4 ドーンと南島大周遊ルート
標準的な所要日数＝12〜20日間

南島の主要ポイントを網羅する例。といっても東海岸のダニーデンなどは入っていないし、フィヨルドランド国立公園は、ミルフォード・サウンドへの往復のみで考えている。このあたりに物足りなさを感じる人は、上の各プランを参考に、自分なりのアレンジを考えてみてほしい。なおここではクライストチャーチ発着の周遊コースとしたが、ピクトンで終わりにして北島へのフェリーに乗り継ぐプランも現実的だろう。

北島のモデルルート

東西方向の交通機関の少なさには注意が必要だ

　旅のルーティングは、1度通った所を2度以上通らずに済むルートを考えるのが理想的。しかしニュージーランド北島では、なかなか理想どおりにいかないのだ。

　北島でのメジャーな見どころといわれるロトルア、タウポなどは、中央部に直線的に並んでいる。これらを訪れるだけなら、2大都市であるオークランド〜ウェリントン間の南北ルートでカバーできるので好都合だ。しかしこれを外れ、ネイピアやニュー・プリマスといった東・西海岸のポイントを加えるとなると時間も移動距離も相当なものになる。

　ここでネックとなるのが、主要なハイウエイはおもに南北方向に限られ、東西方向のものは少ないということ。当然長距離バスのルートも南北方向が中心で、例えばネイピアからニュー・プリマスへの移動は、パーマストン・ノースを経由する大回りしかなく、1日がかりの大移動となる（Plan 3参照）。

中央のメインルートと、東西のサブルートに分けてプランを練ろう

　以上のような理由から北島での旅は、北島を南北方向に縦貫するルートをメインルートと考える。このルート周辺にはワイトモ洞窟があるワイトモ、ロトルア、タウポ、トンガリロ国立公園といった北島のハイライトとなる見どころが、ほぼ同一ルート上に並んでいて、比較的移動の効率がいい。

　そしてこのルートの西側、東側のルートをそれぞれサブルートと考えよう。特に長距離バス利用の場合、メインルートから東西のサブルートに接続できるポイントは、ハミルトン、パーマストン・ノースなどに限られている。時刻表をじっくり見て、ていねいに計画を練ったほうがよさそうだ。

　また、中央のルートから東西両方にアクセスする（つまりほとんど北島一周に近い）には、かなりの日数（最低でも2週間）が必要になるため、よほど日程に余裕のある人でない限りは事前に行きたい場所を考えて、西側中心で行くのか、それとも東側をメインに攻めるのか決めなくてはならない。

　なお、北島最北部のノースランド地方もとても魅力的だが、細長い半島のためルートに組み込むのは不可能。周遊ルートとは切り離して、オークランドから数日をかけて単純往復するコースと考えるといいだろう。

車窓からの景色も楽しみたい

目的を絞り効率よいコース作りをしよう

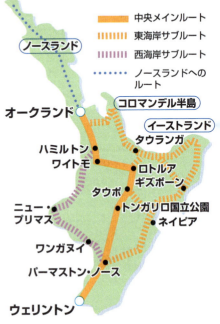

Plan 1 定番を押さえた南北縦断コース
標準的な所要日数＝7〜10日間

　北島では最もポピュラーなルーティング例。ノースランドはオークランドからの周回トリップで。この区間も距離はかなり長いので、2泊3日くらいを取りたい。その後はおもに南北方向だけの移動で、ポピュラーな見どころをカバーする。ただ、ネイピアを加えたのが、ちょっと寄り道。きれいな町なので、立ち寄る価値は大だが、もし時間的に厳しければこれを削り、タウポから真っすぐウェリントンに下ってしまう手もある。

Plan 2 開放的な海沿い"夏向き"ルート
標準的な所要日数＝5〜10日間

　コロマンデル半島やタウランガ&マウント・マウンガヌイというビーチリゾートを入れた、どちらかというと夏向きのコース（ただし冬に不向きというわけではない）。これらのリゾート地では、のんびり過ごすのが理想的。後半のロトルア以降は、オーソドックスな南北メインルートに入っている。タウポ、トンガリロ国立公園は、日数と相談しながら選択することになるだろう（両方行くには全8日間では少々厳しい）。

Plan 3 西メインに、中央部も加えた"ミニ一周"
標準的な所要日数＝8〜13日間

　ほか地域との接続に少々難ありの西海岸ルートに、多少ポピュラーな見どころを加えたルート。距離はやや長いが、回り方には無駄がない。北島を一周するだけの時間的余裕がない人にも、おすすめだ。なおニュー・プリマス、ワンガヌイから内陸メインルートへは、バスは走っていないが国道自体は通じている（左図の点線区間）。ちょっとした山越えではあるが、ドライブ旅行の場合はショートカットしていくことが可能だ。

Plan 4 北島の主要部分を押さえる欲張りコース
標準的な所要日数＝10〜18日間

　北島の主要部分を海岸線伝いに一周する長いルート。ただしノースランド、コロマンデル、イーストランドといった半島部分や、内陸のタウポやトンガリロは入れていないので、好みや日程の余裕と相談しながら選択するといいだろう。左図に示したルートだけでも10日間はかなりハイペースの旅なので、特にバス利用の場合だと移動するのに精いっぱいという日程。できれば15日間、あるいはそれ以上あるに越したことはない。

旅の準備と技術　旅のモデルルート

447

旅の準備　旅の予算とお金

　旅行するのにいったいどれくらいの予算が必要なのか、まずは見積もりを立ててみよう。滞在中のおもな出費は宿泊費と食費。ここをどう調整するかで予算取りがだいぶ変わってくる。また、持っていくお金の準備方法や、現地でのお金の持ち方も確認しておこう。

スーパーマーケット

　ニュージーランドの各都市には大型チェーンのスーパーマーケットがある。大都市では日本の食材を扱っているところもかなりあり、軽食や調味料類なども置いてあるので便利。コンビニエンスストアも増加中。多くはないが大都市では24時間営業のところも増えてきている。

物価の目安

両替レート	$1＝ 約68.66円
ミネラルウオーター（750mℓ）	$3 （約206円）
コカコーラ（600mℓ）	$3.5 （約240円）
マクドナルドのハンバーガー	$3 （約206円）
カプチーノ	$4.5 （約309円）
タバコ（マルボロ1箱20本入り）	$22 （約1511円）
カフェでのランチ	$15〜 （約1030円〜）

※2019年9月9日現在。

旅行費用を見積もってみる

ひとり1日の生活費は最低＄60必要

　個人旅行で行く場合、航空運賃を除きニュージーランド国内での①宿泊費②交通費③現地のツアー、アクティビティ参加費④食費⑤おみやげなどの必要経費に加え、雑費や予備費が必要となる。

　まず①の宿泊費だが、最も安いのは、バックパッカーズやYHAのホステルで、ドミトリー（大部屋）もしくはシェアルーム（2〜4人での相部屋）利用でひとり1泊$25〜35程度。中級クラスのホテル、モーテルならダブルまたはツイン1室$80〜150の範囲。これらの料金は1室のもので、シングル利用でも値引きされないことが多い。

　②の交通費や、③の現地でのツアー費などは、本書などを参考にして見積もることができる。旅行の楽しみの最も大事な部分なので、予算はしっかり取っておきたい。④の食費はちょっとしゃれたレストランでディナーを食べれば、ひとり$30〜50くらいはかかる。安く上げたいならショッピングセンターのフードコートやテイクアウエイ（持ち帰り）店を利用しよう。ひとり$6〜15ほどで十分おなかいっぱいになる。また、ホステルやモーテルにはキッチンが完備されているので、何泊かするなら食材だけ調達し、自分で料理すればリーズナブルだ。

　最も安上がりな旅行スタイルで、ひとり1日の生活費が最低$60というのを一応の目安と考えておこう。それから⑤の雑費、予備費は、ショッピングの額によって変わってくるが、不測の事態に備えてある程度の予備費は持っていたいところだ。

　なお、子供料金は、おもな交通機関ではおおむね4〜15歳を子供とみなし、大人料金の半額ないし60％程度というケースが多い。観光施設などの入場料も、ほぼ同様。ファミリー料金を設定しているところも多い。

お金の準備

持っていくお金

　ニュージーランドの場合、銀行や町なかの両替所ならほぼどこでも日本円から両替ができるので、必ずしも出国前にニュージーランドドルに両替していく必要はない。銀行の営業時間は通常9:30〜16:30、土・日曜、祝日は休み。町なかの両替所は曜日に関係なく換金できるメリットがあるものの、割高な手数料をとるところもあるので、両替後の金額がいくらになるのかを確認し、納得がいってからお金を渡すようにしよう。また、大都市を中心に治安は年々悪くなっており、置き引きやひったくりなどの犯罪被害も

多発している。財布を紛失した場合、戻ってくることはほぼないので、旅行費用は1ヵ所にまとめず、分けて持つようにしたい。

安全面やレートのよさでおすすめなのは、国際キャッシュカードやクレジットカードでのキャッシング。どちらも手数料がかかるが、現金の両替よりもレートがいい場合が多い。国際キャッシュカードの場合、日本の口座にある預金から現地通貨で直接引き出しができる。ただし金融機関によっては専用の口座が必要となることがあるので、渡航前に確認をしておくこと。

上記のように便利なキャッシングだが、日本でも被害が出ている「暗証番号を盗み見てから、キャッシュカードを奪われる」という犯罪に遭わないためにも、暗証番号入力の際はキーの部分を体や手のひらで覆って利用する、後ろから声をかけられても反応しないなど、常に警戒を怠らないように。

また、ニュージーランドではクレジットカードの通用率も高いため、これらの状況を考えると、クレジットカードをメインにし、出国や帰国時に困らない程度の日本円と、現地で両替して使う分の日本円（または国際キャッシュカード）を組み合わせるのが理想的だ。

クレジットカード

クレジットカードは最低でも1枚は持っていきたい。というのも普及率の高さはもちろん、一種の身分証明書の役割も果たしてくれるからだ。ホテルやレンタカー、ツアーの申し込みの際にはデポジットとして提示を求められる場面が多いほか、多額の現金を持ち歩かなくて済むという安全面や、両替手数料がかからないぶん、現金の両替より割がいいというメリットもある。

新規に申し込むなら、出発の1ヵ月前くらいには海外でも使えるカードの加入手続きを済ませたい。ニュージーランドで通用度が高いのはMasterCard、VISAなど。

国際キャッシュカード

日本の口座に入金してあるお金を、海外にあるATMから引き出せるのが国際キャッシュカードだ。ATMはニュージーランドのたいていの都市に設置されている。

カードにはシーラスCirrusやプラスPlusなど提携機関のマークが記載されていて、同じマークの記載されているATMからお金を引き出すことができる。各金融機関などでそれぞれの商品があるので問い合わせてみるとよい。手数料は利用金融機関やカードの種類、提携機関、また利用するATMによって異なる。

海外専用プリペイドカード

海外専用プリペイドカードは、外貨両替の手間や不安を解消してくれる便利なカードのひとつ。

多くの通貨で国内での外貨両替よりもレートがよく、出発前にコンビニATMなどで円をチャージ（入金）し、渡航先のATMでその範囲内での現地通貨が引き出しできる。別途、各種手数料がかかるが、多額の現金を持ち歩く不安がないうえに、プリペイド式なので使い過ぎる心配もない。

カードの暗証番号

クレジットカードや国際キャッシュカードを申し込んだ際に設定した暗証番号は、ATMなどでキャッシングをするときに必要となるので、出発前に確認しておこう。

ニュージーランドの口座を開設できる銀行

ワーキングホリデーや留学などで長期滞在する場合は、あらかじめ日本にあるオーストラリア・ニュージーランド銀行ANZ（東京・大阪）で口座を開き、そこに入金しておく方法もある。

オーストラリア・ニュージーランド銀行（東京）
☎ (03) 6212-7777
FAX (03) 6212-7779
URL www.anz.co.jp

ATM（自動現金支払機）の操作方法

①カードを挿入。
②暗証番号(PIN Number)を入力し、Enterを押す。
③手続きを選択。
（引き出しならWithdraw）
④口座の種類を選択。
（Credit Card）
⑤金額を指定Enterを押す。
⑥現金を受け取る。
⑦続けて操作するならEnterを、終了するならClearを押す。
⑧カードとレシートを受け取る。
マシンによっては、1回の引き出しに限度額があるので注意。

旅の準備と技術

旅の予算とお金

449

旅の準備

出発までの手続き

　ニュージーランドへ出発する前に、まず必要なのはパスポートの取得。ビザは3ヵ月以内の観光目的や留学滞在であれば不要だ。また、海外旅行保険にもぜひ加入しておこう。

ニュージーランド入国の注意点
　観光目的でニュージーランドに入国の際には、パスポートの有効期限が滞在期間プラス3ヵ月以上必要。

パスポートに関する情報
外務省パスポート情報ページ
URL www.mofa.go.jp/mofaj/toko/passport
※問い合わせは住民登録をしている都道府県のパスポートセンターへ。

パスポート（旅券）の取得

　パスポートは、海外で持ち主の身元を公的に証明する唯一の書類。これがないと日本を出国することもできないので、海外に出かける際はまずパスポートを取得しよう。パスポートは5年間有効と10年間有効の2種類がある。ただし、20歳未満の人は5年旅券しか取得することができない。パスポート申請は、代理人でも行うことができるが、受け取りは必ず本人が行かなければならない。

　パスポートの申請は、原則として住民登録している都道府県のパスポートセンターで行う。申請から受領までの期間は、パスポートセンターの休業日を除いて1～2週間程度。申請時に渡される旅券引替書に記載された交付予定日に従って6ヵ月以内に受け取りに行くこと。受領時には旅券引換書と手数料が必要となる。発給手数料は5年用が1万1000円（12歳未満は6000円）、10年用は1万6000円。

　申請書の「所持人自署」欄に署名したサインがそのままパスポートのサインになる。署名は漢字でもローマ字でもかまわないがクレジットカードなどと同じにしておいたほうが無難。また、パスポートの名前と航空券などのローマ字表記が1文字でも違うと、航空機などに搭乗できないので気をつけよう。結婚などで姓名が変わったときは、パスポートを返納し、記載の内容を変更したパスポートの発給を申請する必要がある。

● パスポート申請に必要な書類 ●

①一般旅券発給申請書（1通）
用紙は各都道府県のパスポートセンター等で手に入る。5年用と10年用では申請書用紙が異なる。

②戸籍抄（謄）本（1通）
6ヵ月以内に発行されたもの。本籍地の市区町村の役所で発行してくれる。代理人の受領、郵送での取り寄せも可。有効期間内の旅券を切り替える場合、戸籍の記載内容に変更がなければ省略可。家族で申請する場合は、家族全員の載った謄本1通でよい。

③顔写真（1枚）
タテ4.5cm×ヨコ3.5cmの縁なし、無背景、無帽、正面向き、上半身の入ったもので6ヵ月以内に撮影されたもの。白黒でもカラーでもよい。スナップ写真不可。

④身元を確認するための書類
失効後6ヵ月以内のパスポート、運転免許証、住民基本台帳カード、個人番号カード（マイナンバーカード）など官公庁発行の写真付きの身分証明書ならひとつでOK。健康保険証や年金手帳などならふたつ必要（うち1点は、写真付きの学生証、会社の身分証明書でも可）。コピーは不可。

⑤旅券を以前に取得した人は、その旅券

※住民票は、住民基本台帳ネットワークシステム（住基ネット）運用の自治体では、原則として不要。居所申請など特別な場合は必要となる。

ビザの取得

ニュージーランド入国は、日本国民の場合、3ヵ月以内の観光や留学であればビザは必要ない。

ただし、2019年10月1日より、電子渡航認証NZeTAと環境保護・観光税IVLが導入され、3ヵ月以内の観光や留学などのほか、ニュージーランド以外の国へ乗り継ぐために入国する場合も手続きが必要となった。NZeTAの費用は、専用モバイルアプリからの支払いの場合$9、ニュージーランド移民局ホームページからは$12。IVLは一律$35。NZeTAとIVLともに、取得から2年間有効となる。

長期滞在の場合は、ビザの申請が必要。例えば、ワーキングホリデーメーカーはワーキングホリデービザ（ワーキングホリデーについての詳細は→P.484）、3ヵ月を超える留学の場合には学生ビザ、働く目的なら就労ビザを申請しなければならない。ビザに関する詳細は、ニュージーランドビザ申請センター（→P.440）へ問い合わせること。

海外旅行保険に加入する

海外旅行保険は安心料だと思って加入する

海外旅行保険は、海外で被るけがや病気、その他旅行中に発生する予期せぬ事故を補償する保険だ。海外では、治療費や入院費は日本と比べてはるかにかかる。保険に加入していれば、ほとんどの保険会社で日本語によるサービスも受けられ心強い。

保険の種類と加入タイプ

保険料は保険金額、補償限度額、旅行地域、期間、目的によって変わってくる。

加入タイプは、旅行中に発生すると予想されるアクシデントやトラブルに対しての補償が組み合わせてある「セット型」、旅行者のニーズに合わせ、各種保険のなかから予算に合わせて補償内容を選択できる「オーダーメイド型」（いわゆるバラ掛け）保険に大別される。海外旅行保険は、旅行会社のほか、空港、インターネットなどで加入できる。近年は「セット型」にもさまざまなタイプがあり、健康な単身者向けや子供連れのファミリー向けなど、ニーズに合わせて選べる。

クレジットカード付帯保険の "落とし穴"

カードそのものに海外旅行保険が付帯されていることが多い。補償内容はカード会社や種類によっても異なる。またカード所有者のみを対象とする、あるいは所有者の家族全員をカバーするなど、その条件はさまざま。

ただし、クレジットカード付帯保険では、「疾病死亡補償」がない、補償金額が不足して多額の自己負担金がかかった、旅行代金をカードで決済していないと対象にならないなどといった "落とし穴" に注意。補償金額や内容が不十分な場合は、それを補うようなかたちで別途保険を掛けるとよい。

NZeTA・IVLに関する情報
移民局NZeTA情報ページ
URL www.immigration.govt.nz/new-zealand-visas/apply-for-a-visa/about-visa/nzeta

おもな保険会社の問い合わせ先
損保ジャパン日本興亜
新・海外旅行保険【off!】
カスタマーセンター
TEL 0120-666-756
URL www.sjnk.co.jp/kinsurance/leisure/off
東京海上日動
TEL 0120-868-100
URL www.tokiomarine-nichido.co.jp
AIG損保
TEL 0120-016-693
URL www.aig.co.jp/sonpo

インターネットで申し込む海外旅行保険
「地球の歩き方」ホームページからも申し込める。
URL www.arukikata.co.jp/hoken

警察や病院では証明書をもらっておく
加入すると渡される保険証書、保険金領収書、保険についての小冊子は必ず携行すること。また、大半の保険会社は24時間体制の緊急ダイヤルを備えているので、緊急時の電話番号も控えておこう。現地で盗難などに遭った場合、すぐに警察に届け証明書をもらっておくこと。病院を利用した場合は、支払った金額の領収書や診断書を発行してもらう。証明書がないと、帰国後の払い戻し手続きができないので注意。保険会社指定の用紙に医師の診断を書くようになっている場合もあるので、医者にかかる事態が起こったら、まず保険会社に連絡を取ろう。また、保険会社の提携病院ではキャッシュレスで診てもらえることもあるので、目的地に提携病院があるかどうか、保険を申し込む際に確認しておくとよい。

旅の準備と技術

出発までの手続き

国外運転免許証の取得

国外運転免許証に関する問い合わせ先
警察庁運転関係諸手続
URL www.npa.go.jp/policies/application/license_renewal/index.html

警視庁運転免許テレホンサービス（東京）
☎ (03) 3450-5000

国外運転免許証申請に必要なもの
①有効な運転免許証（有効期限の切れた国際免許を持っている場合は、その免許証）
②写真1枚（タテ5cm×ヨコ4cm、枠なし。上三分身、正面、無帽、無背景、6ヵ月以内に撮影されたもの。白黒でもカラーでもよい。
※パスポート用写真とはサイズが異なるので注意。
③有効なパスポート（コピー、申請中の場合には、旅券引換書でも可）
④備え付けの申請書。発行手数料は2350円

現地で車を運転するなら、国外運転免許証International Driving Permitを取得する必要がある。所持する日本の運転免許証を発行している都道府県の運転免許更新センターまたは運転免許試験場で手続きすると、同日に取得できる。出発まで期間がある場合は、住所地を管轄する指定警察署でも取得することができるので、問い合わせてみよう。日本の運転免許証の有効期限が1年未満の場合は、原則、手続きをしてから取得することになるが、短期間の旅行の場合には特例もあるので、窓口で相談を。現地には日本の運転免許証も携帯すること。有効期限は1年間。

発行されたら顔写真の下にサインをすること

ISIC（国際学生証）

ISICカードに関する問い合わせ先
ISIC Japan
アイジック・ジャパン
URL www.isicjapan.jp
E-mail info@isicjapan.jp

ISICカード申請に必要なもの
①申請書（ホームページから印刷可能）
②学生証のコピー（有効期限が記載されている面も含む）または在学証明書、休学証明書
③写真1枚（タテ3.3cm×ヨコ2.8cm、6ヵ月以内に撮影されたもの。背景無地、無帽正面向き、上半身。カラー写真のみ。）
④発行手数料1750円。オンラインおよび郵送の場合2300円

IYTCカード申請に必要なもの
①申請書（ホームページから印刷可能）
②パスポートまたは免許証のコピー
③写真1枚（タテ3.3cm×ヨコ2.8cm、6ヵ月以内に撮影されたもの。背景無地、無帽正面向き、上半身。カラー写真のみ。）
④発行手数料1750円。オンラインおよび郵送の場合2300円

学生はユネスコ承認のISICカード（国際学生証）を持っていると国際的に共通の学生身分証明書として有効なほか、国内、海外で美術館や博物館などの入館料、交通機関の割引など世界中で約15万件以上の特典が適用される。また「STUDENTカード」には、EFオンライン英語レッスンが90日間無料で学習できるサービス（1500円相当が無料）やSTA TRAVELでお得な留学生用往復航空券が購入できる特典が付帯されている。ISIC Japanのウェブサイトや大学生協、各大学の書店などで販売しており、必要書類と代金1750円（オンラインおよび郵送の場合は2300円）が必要。

有効期限は発行日から翌年の発行月末日まで。また、国際学生証の資格条件がなくても、30歳以下の人はIYTC（国際青年証）を取得することができる。

YHA（ユースホステル協会）会員証の取得

（一財）日本ユースホステル協会
住 東京都渋谷区代々木神園町3-1国立オリンピック記念青少年総合センター センター内
☎ (03) 5738-0546
URL jyh.or.jp

YHA New Zealand
ニュージーランド国内
☎ (03) 379-9970
FREE 0800-278-299
URL www.yha.co.nz

ユースホステル協会は格安の宿泊施設を提供する国際的組織。ユースホステルに会員料金で宿泊できるほか、交通機関や観光施設、ツアー、アクティビティなどで会員割引の特典を受けられることが多いので、取得しておきたい。会員証の発行はユースホステル協会本部や支部、入会案内所のほか、郵送やオンラインでも受け付けている。会員証は年齢などによって発行手数料が異なる。満19歳以上の「成人パス」の新規発行手数料は2500円、1年間有効。クレジット機能が付いたものもある。

日本で取得できなくても、現地のYHAで直接会員申し込みができる。世界中のYHAを利用できるホステリング・インターナショナル・カードHostelling International Cardは大人＄25（1年間有効）。

ニュージーランドで発行されたYHAのカード

旅の準備 航空券の手配

日本とニュージーランドを結ぶ航空便には、直行便のほか、アジア諸国やオーストラリアに立ち寄る経由便がある。直行便は経由便に比べて短時間でアクセスでき便利だが、料金は経由便よりも高め。予算やスケジュールと相談して航空会社を決めよう。

航空会社を選ぶ

直行便の場合

ニュージーランドの玄関口となるのはオークランド。ニュージーランド航空（NZ）と全日空（ANA）の共同運航で成田国際空港から直行便が出ている。2019年10月25日～2020年4月5日は、関西国際空港からのオークランド直行便も運航する。2017年から就航している羽田空港発のオークランド行きは2019年9月現在運休中となっている。なお、フライトスケジュールは変更になることもあるので、事前に確認しよう。

ニュージーランド航空の飛行機

日本出発便（2019年10月25日～2020年4月5日） 2019年9月現在

	月	火	水	木	金	土	日
便名	NZ90	NZ90	NZ90	NZ90	NZ90	NZ90	NZ90
成田発	18:30	18:30	18:30	18:30	18:30	18:30	18:30
オークランド着	8:05 +1	8:05 +1	8:05 +1	8:05 +1	8:05 +1	8:05 +1	8:05 +1
便名	※NZ92			※NZ92		※NZ92	
羽田発	22:05			22:05		22:05	
オークランド着	11:40 +1			11:40 +1		11:40 +1	
便名			※NZ98		※NZ98		※NZ98
関空発			21:00		21:00		21:00
オークランド着			11:25 +1		11:25 +1		11:25 +1

日本到着便（2019年10月25日～2020年4月5日） 2019年9月現在

	月	火	水	木	金	土	日
便名	NZ99	NZ99	NZ99	NZ99, NZ95	NZ99	NZ99	NZ99
オークランド発	9:50	9:50	9:50	0:05, 9:50	0:05, 9:50	9:50	9:50
成田着	16:50	16:50	16:50	7:00, 16:50	7:00, 16:50	16:50	16:50
便名			※NZ91		※NZ91		※NZ91
オークランド発			22:00		22:00		22:00
羽田着			5:55 +1		5:55 +1		5:55 +1
便名			※NZ97		※NZ97		※NZ97
オークランド発			11:55		11:55		11:55
関空着			19:00		19:00		19:00

※NZ97便、NZ98便は2019年10月25日～2020年4月5日の季節運航。
※NZ91・92便は2019年9月現在運休中。

おもな航空会社
（日本の問い合わせ先）

ニュージーランド航空
☎0570-015-424
URL www.airnewzealand.jp

全日空（ANA）
☎0570-029-333
URL www.ana.co.jp

ジェットスター航空
☎0570-550-538
URL www.jetstar.com

カンタス航空
☎(03)6833-0700
無料 0120-207-020
（市外局番03、04以外）

シンガポール航空
☎(03)3213-3431
URL www.singaporeair.com

マレーシア航空
☎(03)4477-4938
URL www.malaysiaairlines.com

タイ国際航空
☎0570-064-015
URL www.thaiairways.com

大韓航空
☎(06)6264-3311
無料 0088-21-2001
URL www.koreanair.com

キャセイパシフィック航空
無料 0120-46-3838
URL www.cathaypacific.com

経由便の場合

ジェットスター航空（JQ）、カンタス航空（QF）、シンガポール航空（SQ）、マレーシア航空（MH）、タイ国際航空（TG）、大韓航空（KE）、キャセイパシフィック航空（CX）など数多くの航空会社が、経由便を運航している。QFの場合、オーストラリアのシドニー、ブリスベンを経由。MHの場合、マレーシアのクアラルンプール経由という具合に、オセアニア系の航空会社はオセアニア経由、アジア系の航空会社はアジア経由となる。

旅の準備

旅の持ち物

機内に持ち込めないもの

万能ナイフやはさみなどの刃物は、受託手荷物に入れること。ガスやオイル（ライター詰替用も）、キャンピング用ガスボンベは受託手荷物に入れても輸送不可。

自転車を飛行機で運ぶ場合

飛行機に自転車を持ち込む方法は、国際線でも国内線でも基本的に同じ。分解するなどして自分の手荷物としてチェックインするのが最もポピュラーで簡単な方法だろう。自転車は以下のように的確に梱包されている場合は、受託手荷物の許容範囲内で預かってもらえる。マウンテンバイクは圧縮窒素のガス圧が200キロパスカルまたは29ポンド・スクエア・インチを超えない場合のみ可。
① ハンドルとペダルを内側に折り曲げる、もしくは取り外す。
② 自転車を自転車専用ケースや梱包箱などに入れる。
ニュージーランドのすべての空港で梱包箱（$25）を購入できる。

国土交通省航空局
URL www.mlit.go.jp/koku

受託手荷物

ニュージーランド航空を利用する場合の受託手荷物（Checked in Baggage）は、国際線、国内線とも、エコノミークラスの場合はひとり23kg以内のものを1個（縦＋横＋高さの総寸法158cm以内）までという制限がある。小児にも同様の許容量が適用される。

また、ベビーカーやチャイルドシートは無料で預けることができる。許容量を超える手荷物（32kg未満）を預ける場合は、個数、重量、サイズによって超過料金が発生する。ゴルフクラブ、スキー、スノーボード、自転車、サーフボードなどのスポーツ用品は、通常の手荷物と同様に扱われる。そのほかの詳細は、各利用航空会社に問い合わせのこと。

機内持ち込み手荷物

ニュージーランド航空の国際線エコノミークラスもしくは国内線を利用する場合、機内持ち込み手荷物（Cabin Baggage）はひとり7kg以内、総寸法は118cm以内で個数は1個まで。ハンドバッグや薄型のノートパソコン、カメラなどは身の回り品として、手荷物のほかに1個持ち込むことができる。

また、国際線においては100mℓ以上の容器に入った液体物の機内持ち込みが制限されている。ただし、100mℓ以下の容器に入った液体を、容量1ℓ以下のジッパー付きの透明プラスチック製の袋（ひとりにつき1枚）に入れれば持ち込むことができる。詳細は国土交通省や各利用航空会社へ問い合わせのこと。

持 ち 物 チ ェ ッ ク リ ス ト

	品名	重要度	コメント
貴重品	パスポート	◎	コピーを取っておこう
	航空券（eチケット）	◎	コピーを取っておこう
	現金（日本円）	◎	自宅からの往復交通費も必要
	現金（NZドル）	◎	現地でも両替できる
	クレジットカード	◎	身分証明書代わりにもなる
	海外旅行保険証	○	万一に備え加入しよう
	国際運転免許証	○	日本の運転免許証も忘れずに
	国際学生証、YH会員証	△	使用する人は忘れずに
	ホテルのバウチャーもしくは予約確認書	○	パッケージツアーでは、ないこともある
	顔写真	○	パスポート紛失などに備えて2、3枚
衣類	下着類	◎	なるべく最小限を使い回そう
	運動着	△	アクティビティに参加する場合
	上着	○	セーターやフリースなどが便利
	水着	○	温泉は水着着用なので注意
	サンダル	△	部屋で履くのも快適
	帽子、サングラス	○	日差しはかなり強烈
	パジャマ	△	必要に応じて
日用品	洗面用具	◎	歯ブラシ、洗顔料など
	メガネ、コンタクトレンズ用品	△	必要に応じて
	化粧品	○	乾燥対策、日差し対策も
	日焼け止め	◎	日差しが強いので必携
	石鹸、シャンプー	△	たいていのホテルに備わっている

	品名	重要度	コメント
日用品	ティッシュペーパー	○	ウエットティッシュも便利
	洗剤	○	洗剤は小袋に分けておこう
	旅行用物干し	○	靴下や下着を干すのに便利
薬品類	常備薬	○	自分に合ったものを用意していこう
	ファーストエイド	○	応急手当のために
	虫除けスプレー	△	現地で買えるもののほうが効果的
	かゆみ止め	△	外国の薬は体質に合わないことも
	生理用品	△	持っていったほうが安心
その他	ガイドブック	◎	『地球の歩き方』など
	会話集、辞書	○	ポケットタイプのもの
	デジタルカメラ	○	小型で軽いもの。使い慣れたもの
	充電器、バッテリー	○	スマホなどの電子機器用に
	プラグアダプター	◎	変圧器など小型のものがあると便利
	メモリーカード	△	予備がひとつあると安心
	雨具	○	折りたたみ傘やレインウエアなど
	電卓	○	小型で軽いもの。使い慣れたもの
	ノート、筆記用具	○	買い物の記録や日記を書こう
	目覚まし時計	△	ホテルにある場合も多い
	ドライヤー	△	ホテルにある場合も多い
	爪切り、耳かき	△	綿棒は何かと重宝する
	エコバッグ	○	ちょっとしたお出かけに便利
	お箸	◎	ちょっとした食事に便利。スプーンやフォークも
	十徳ナイフ	◎	機内持ち込み不可なので注意

454

旅の技術 出入国の手続き

日本からニュージーランドへの直行便は、成田空港から運航。空港で出国手続きを行い、ニュージーランドへ。到着前に、機内で入国審査カードの記入を済ませておこう。

日本を出国

　ニュージーランド航空（全日空との共同運航）が成田国際空港からオークランドへ直行便を運航。2019年10月25日から2020年3月29日は関西国際空港からもオークランドへの直行便が再開。ジェットスター航空やカンタス航空などの経由便もある。羽田空港発のオークランド行きは2019年9月現在運休中。

出国手続き

❶**出発空港に到着**　チェックイン時刻は通常出発の2時間前から。

❷**搭乗手続き**　利用する航空会社のカウンター、または自動チェックイン機にてチェックイン。パスポートと旅程表（eチケット控え）を提示。持ち込み手荷物以外を預けて、搭乗券とクレームタグ（荷物引換証）を受け取る。

❸**手荷物検査**　ハイジャック防止のため金属探知器、持ち込み手荷物のX線検査を受ける。

❹**税関**　日本から外国製の時計、カメラ、貴金属などの高価な品物を持ち出す場合は、「外国製品の持出し届」に記入し、係官に提出する必要がある。

❺**出国審査**　原則として顔認証ゲートを利用し、本人照合を行う。パスポートにスタンプは押されないが、希望者は別のカウンターで押してもらえる。

❻**搭乗**　案内時刻に遅れずゲートに集合しよう。搭乗開始は通常、出発時刻の40分前から。なお、搭乗時間やゲートは変更になることがあるので、こまめにモニター画面などでチェックしよう。

ニュージーランドに入国

　飛行機の中で入国審査カードが配られるので、到着する前までに記入を済ませよう。牧畜国ニュージーランドでは口蹄疫や狂牛病感染阻止のために、検疫は非常に厳しくなっている。従来の持ち込み禁止品に加え、持ち込む食品すべてに対して申告が必要。クッキー、せんべいなどのスナック類も必ず申告しよう（→P.456記入例❷アの質問）。申告といっても、質問のYES欄にチェックを入れ、検査官の前で見せるか、口頭で説明すれば問題ない。食料を持参したのに、していないと申告し見つかった場合は、その場で多額の罰金が科せられる。また、入国審査カードには荷物の中身を把握しているか（荷造りは自分でしたか）、という項目もあるが、これは上記の内容確認のためや麻薬など持ち込み禁止物のチェックでもある（→P.456記入例❶と㉒カの質問）。

成田国際空港
総合案内（24時間対応）
☎(0476)34-8000（自動音声）
URL www.narita-airport.jp
　ニュージーランド航空（全日空との共同運航）を利用する場合、搭乗手続きは第1ターミナル南ウィングの自動チェックイン機、またはカウンターで行う。ジェットスター航空は第3ターミナルのB・C・Dカウンター。便によって変更する場合もあるので事前に各航空会社に確認しよう。

関西国際空港
総合案内
☎(072)455-2500（自動音声）
URL www.kansai-airport.or.jp

入国手続きの流れ
①**入国審査**
　到着後、Passport Controlの順路に従って入国審査の自動端末機に並ぶ。パスポートをかざし、必要事項を入力する。

②**受託手荷物の受け取り**
　モニターで便名を確認し、ターンテーブルで荷物が出てくるのを待つ。荷物の破損や紛失は窓口へ。

③**税関・検疫**
　検査官に入国審査カードを見せ、持ち込む食品を申告する。荷物をすべて食品検査用のX線にかける。検査官により持ち込み禁止の物品と判断された場合、その場で処分もしくは有料で日本に返送する手続きをとる。持ち込み禁止の物品として、乳製品、肉製品、植物、鳥類、魚類、動物類など。詳しくは在日ニュージーランド大使館のウェブサイトを参照。

在日ニュージーランド大使館
URL www.mfat.govt.nz/jp/countries-and-regions/north-asia/japan/new-zealand-embassy

ニュージーランド免税範囲（17歳以上の旅行者）
酒類
　アルコール飲料はビールまたはワインが4.5ℓ（6×750mℓボトル）、スピリットまたはリキュールは1125mℓボトル3本まで。
たばこ
　50本まで。葉巻、刻みたばこは50g。その他合計金額$700相当額までの物品。

ニュージーランド税関のホームページ
URL www.customs.govt.nz

入国審査

飛行機の中で入国審査カードNew Zealand Passenger Arrival Cardが配られるので、ニュージーランドに到着する前に記入を済ませよう。

(表)

(裏)

入国審査カード記入例
❶搭乗便名　❷座席番号
❸搭乗地　❹パスポート番号
❺国籍
❻姓　❼名
❽生年月日（日／月／年）　❾出生国
❿職業（例：会社員Office Clerk）
⓫ニュージーランド国内での連絡先または住所
⓬メールアドレス
⓭携帯電話／電話番号
⓮ニュージーランドに居住している人のみ回答する
⓯ニュージーランドでの滞在期間
⓰ニュージーランド入国のおもな目的
ア、友人／親戚訪問　イ、ビジネス　ウ、観光　エ、学会／会議　オ、留学　カ、その他
⓱最後に1年以上住んでいた国
ア、国　イ、都道府県　ウ、郵便番号
⓲過去30日以内に訪れた国名をすべて記入
⓳荷物の中身を把握しているか
⓴下記のものを持ち込んでいるか
ア、食品（調理済み、生鮮、保存食品、加工食品、乾燥食品を含む）　イ、動物および動物製品（肉、乳製品、ハチミツ、羽毛、皮類、羊毛などを含む）　ウ、植物および植物製品（果実、野菜、花、葉、種、球根、木材、わらなどを含む）　エ、動物への薬剤、生物培養物、土壌、水　オ、釣りやウォータースポーツなどに動物や植物、水に接触した装備　カ、キャンプ用品や登山靴など土が付着している恐れのあるもの
㉑過去30日以内の間に、ニュージーランド以外で下記のことをしたか
キャンプやハイキング、ハンティングで森林へ行った、または何らかの動物（飼っている犬や猫を除く）と接触した、または牧場、食肉や植物の処理場を訪れた
㉒下記のものを持ち込んでいるか
ア、禁止、または制限されている可能性のあるもの　イ、個人の免税額を超えるアルコール類　ウ、個人の免税額を超えるたばこ　エ、個人使用目的の$700以上の品物（贈物品を含む）　オ、ビジネス・商用目的の物品　カ、他者の所有物　キ、1万ニュージーランド・ドル以上、または同等する外貨（トラベラーズチェックや銀行小切手などを含む）
㉓ニュージーランドもしくはオーストラリアに居住、またはそれらの国籍をもつ人のみ、該当に印を付ける（一般の日本からの旅行者はすべてNoに印を付ける）
㉔治療あるいは出産のための訪問か
㉕次のうち、1つを選択。
ア、一時滞在ビザを保持している（旅券にビザラベルが貼られていない場合でも、ビザの保持者は印をつける）
イ、ビザを保持しておらず、ニュージーランド到着時に短期訪問ビザを申請する（3ヵ月以内の滞在を予定している人はこちらに印をつける）
㉖刑務所で12ヵ月以上の服役、もしくは国外への追放、移送をされたことがあるか
㉗署名（パスポートと同じもの）
㉘日付（日／月／年）

ニュージーランドを出国

空港へは2時間くらい前に到着するようにしよう。搭乗手続きを航空会社のカウンターや自動チェックイン機で済ませ、セキュリティチェックへ向かう。なお、2018年11月より出国審査カードは廃止となった。

日本からの出国と同様に、ニュージーランドを出国する際も機内への液体物の持ち込みには制限がある（→P.454）。おみやげで購入したワインなどは受託手荷物に入れること。

日本語にも対応している

オークランド国際空港空港の自動チェックイン機

日本に入国

機内で配られる「携帯品・別送品申告書」に記入する。これは免税範囲を超える物品や別送品の有無にかかわらず提出する必要があるので、帰国便の機内または日本の空港で入手して必ず記入しよう。飛行機を降りたらまず検疫を通過。体に不調がある人は検疫のオフィスに相談しよう。入国審査では、顔認証ゲートでパスポートを読み取り本人確認を行う。従来のようにスタンプをうける必要はない（希望者はパスポートに押してもらえる）。

受託手荷物を、搭乗便名が表示されているターンテーブルからピックアップする。荷物を受け取ったら税関手続きへ。免税範囲内の場合には緑のサインの列に、免税範囲を超えている場合には赤のサインの列に並ぶ。このとき、携帯品・別送品申告書も提出する。別送品がある場合は2通を税関に提出。確認印が押されて1通控えを渡されるが、これは後日別送品を受け取る際に必要になるので保管しておこう。免税範囲を超えている場合には、用紙をもらい窓口で税金を支払う。

〈 日本入国時の免税範囲（成人ひとり当たり）〉

品名	数量または価格	備考
酒類	3本	1本760mlのもの
たばこ	※紙巻きたばこのみの場合400本、葉巻きのみの場合100本、またはそのほかのたばこ500g	2021年10月より各たばこの数量が変更予定
香水	2オンス	1オンス約28ml(オーデコロンなどは含まない)
その他の物品	20万円（海外市価の合計金額）	同一品目の海外市価の合計金額が1万円以下のものは、原則免税。

※上記は携帯品と別送品（帰国後6ヵ月以内に輸入するもの）を合わせた範囲。
詳しくは、税関のホームページ URL www.customs.go.jp を参照。

リコンファーム
航空会社によっては帰国便のリコンファーム（予約再確認）が必要。出発の72時間前までに航空会社へ連絡を。なお、ニュージーランド航空は不要。

空港での免税品受け取り
オークランドとクライストチャーチの空港では、市内や空港内の免税店で購入した品物の受け渡しが行われる。出国審査のあと、商品受け取りカウンターに寄るのを忘れずに。受け取りの際には購入時のレシートを提示するので、すぐ出せるようにしておく。カウンターは非常に混み合うので、時間には余裕をもって。

輸入規制のかかる品目
ワシントン条約に基づき、規制の対象になっている動植物および加工品（象牙、ワニやヘビ、トカゲなどの皮革製品、トラ・ヒョウ・クマなどの動物の毛皮や敷物など）は、輸出許可証がなければ日本国内には持ち込めない。また検疫証明書の添付がない肉、ハム、ソーセージなどの加工品、ビーフジャーキーなど牛肉加工品、一部の植物類も日本に持ち込めない。そして個人で使用する医薬品2ヵ月分以内（処方せん医薬品は1ヵ月分以内）、化粧品1品目24個以内など、一定数量を超える医薬品類は厚生労働省の輸入手続きが必要。

経済産業省
URL www.meti.go.jp
厚生労働省
URL www.mhlw.go.jp
植物防疫所
URL www.maff.go.jp/pps
動物検疫所
URL www.maff.go.jp/aqs

免税範囲を超えた場合の簡易税率

品　名		税率
1.酒類	ウイスキー、ブランデー	600円/ℓ
	ラム、ジン、ウオッカ	400円/ℓ
	リキュール、焼酎など	300円/ℓ
	その他(ビール、ワインなど)	200円/ℓ
2.紙巻きたばこ		1本につき12.5円
3.その他の物品		15%

旅の準備と技術　出入国の手続き

空港へのおもなアクセス

成田国際空港へのおもなアクセス
第2ターミナル〈空港第2ビル駅〉→第1ターミナル〈成田空港駅〉

手段／出発地			時間	料金	問い合わせ先
JR	JR特急成田エクスプレス	東京駅	約55分	3020円	JR東日本お問い合わせセンター ☎(050)2016-1600 URL www.jreast.co.jp
		新宿駅	約80分	3190円	
		池袋駅	約90分	3190円	
		横浜駅	約90分	4290円	
	JR成田線快速	東京駅	約85分	1320円	
		横浜駅	約120分	1940円	
京成電鉄	京成スカイライナー	京成上野駅	約45分	2470円	京成お客様ダイヤル ☎0570-081-160 URL www.keisei.co.jp
		日暮里駅	約40分	2470円	
	京成アクセス特急	京成上野駅	約75分	1240円	
		日暮里駅	約70分	1240円	
	京成電鉄特急	京成上野駅	約80分	1030円	
		日暮里駅	約75分	1030円	
京浜急行電鉄	京急エアポート快特(直通)	羽田空港国際線ターミナル駅	約110分	1800円	京急ご案内センター ☎(03)5789-8686 URL www.keikyu.co.jp
		品川駅	約80分	1520円	
西武バス	ONライナー	大宮駅西口	120〜130分	2800円	西武バス座席センター ☎(03)5910-2525 URL www.seibubus.co.jp
リムジンバス	①都内主要ホテル ②東京駅八重洲口北口 ③バスタ新宿 ④羽田空港 ⑤東京ディズニーリゾート ⑥東京シティエアターミナル ⑦横浜シティエアターミナル ⑧八王子		①70〜125分 ②約90分 ③95〜125分 ④65〜95分 ⑤55〜95分 ⑥約60分 ⑦85〜110分 ⑧120〜165分	①2800〜3200円 ②2800円 ③3200円 ④3200円 ⑤1900円 ⑥2800円 ⑦3700円 ⑧3900円	リムジンバス予約・案内センター ☎(03)3665-7220 URL www.limousinebus.co.jp
京成バス	①大江戸温泉物語 ②東雲車庫 ③東京駅八重洲口前 ④銀座駅(有楽町)		①約105分 ②約95分 ③約65分 ④約69分	1000円(事前予約で900円。深夜・早朝便は2000円)	京成バス、成田空港交通、京成バスシステム、リムジン・パッセンジャーサービスによる共同運行 URL www.keiseibus.co.jp/kousoku/nrt16.html

関西国際空港へのおもなアクセス

手段／出発地			時間	料金	問い合わせ先
JR	JR特急はるか	京都駅	約90分	3170円	JR西日本お客様センター ☎(0570)00-2486 URL www.jr-odekake.net
		新大阪駅	約50分	2650円	
		天王寺駅	約35分	2030円	
	JR関空快速	京橋駅	約80分	1190円	
		大阪駅	約65分	1190円	
		天王寺駅	約55分	1060円	
南海電鉄	南海特急ラピートα、β	なんば駅	約40分	1270円	南海テレホンセンター ☎(06)6643-1005 URL www.nankai.co.jp
リムジンバス	①新梅田シティ ②大阪駅前地区 ③神戸三宮 ④京阪守口		①約70分 ②50〜70分 ③約65分 ④70〜80分	①1550円 ②1550円 ③1950円 ④1850円	関西空港交通リムジンバスセンター ☎(072)461-1374 URL kate.co.jp

※乗車時間と料金は2019年9月現在。JRの特急券は繁忙期と閑散期で料金が変動する。上記は通常期

旅の技術 現地での国内移動

飛行機で移動する

　ニュージーランドの面積は日本よりひと回り小さいとはいえ、主要な観光ポイントは国内各所に点在している。限られた日数で効率よく見どころを回るためには、国内線の飛行機利用もひとつの手段。おもなフライトはフライトマップ（→P.461）を参照。

ニュージーランドの航空会社

　ニュージーランド航空（NZ）、ジェットスター航空（JQ）の便が主要都市間を結んでいる。この2社と提携航空会社を含め、地方都市まできめ細かな国内線航空ネットワークがある。

ニュージーランド航空　Air New Zealand（NZ）
　日本からの国際線のキャリアとしてよく使われており、ニュージーランド国内の路線も多い。傘下の中小航空会社の路線はエア・ニュージーランド・リンクAir New Zealand Linkと呼び分けているが、これらもウェブサイトなどからニュージーランド航空のフライトと同様に予約し、利用することができる。

国内の路線網の細かさでは一番のニュージーランド航空

ジェットスター航空　Jetstar Airways（JQ）
　オーストラリアとニュージーランドを拠点に運航しているジェットスター航空が、カンタス航空（QF）とのコードシェア便を運航。オークランド、ウェリントン、クライストチャーチ、クイーンズタウン、ダニーデンなどの9都市間を結んでいる。

国内線航空券の購入方法

日本国内で手配する
　日本からニュージーランドへの国際線チケットを旅行会社で手配した場合、国内線のチケットも一括して頼むのがいい。この方法が最も簡単で、割引運賃が適用されるメリットもある。
　また、各航空会社のウェブサイトからも予約ができる。ニュージーランド航空の場合、発券手数料が無料。また、受託手荷物の有無や、フライトの変更ができるかどうかなどによって、3つのオプションから運賃体系を選択できるシステムとなっている（2019年9月現在）。チケットはeチケットなので印刷して持っていけば問題ない。ほかに、ジェットスター航空などローコストキャリア（LCC）も低価格な運賃が魅力だ。

おもな航空会社（ニュージーランドの問い合わせ先）

ニュージーランド航空
FREE 0800-737-000
URL www.airnewzealand.jp

ジェットスター航空
FREE 0800-800-995
URL www.jetstar.com

カンタス航空
FREE 0800-808-767
URL www.qantas.com

旅の準備と技術

出入国の手続き／現地での国内移動（飛行機）

国内線の搭乗方法

基本的な搭乗の流れは以下のとおり。

①チェックイン

出発の1時間前までに空港に到着し、カウンターか自動チェックイン機で行う。自動チェックイン機の場合、eチケット控え(バーコード)をかざし、氏名や座席、荷物などの情報をタッチパネルで入力すると搭乗券が発行される。受託手荷物がある場合にはタグが出てくるので自分で荷物に付けてベルトコンベヤーに乗せる。受託手荷物がない場合は直接搭乗ゲートへ。

②搭乗

チェックインが済んだら早めに搭乗ゲートへ向かう。搭乗ゲートの番号はロビーにあるテレビモニターで確認できる。

③到着

Baggage ClaimもしくはBaggage Pick-upなどと表示された場所へ向かい、受託手荷物をピックアップする。いずれの空港でも受け取った荷物と、預かり証半券との照合は行われない。

グラブアシート
URL grabaseat.co.nz

ニュージーランド国内で購入する

長期の旅行などでは出発前に詳細な行動予定が立たず、旅行中に国内線航空券を購入することもあるかもしれない。その場合は現地にある航空会社のオフィスや、全国各地にある代理店などに発券してもらうのが便利。航空会社の予約デスクに直接電話をかけて予約することもできる。また、ウェブサイトからのオンライン予約ももちろん可能だ。いずれもクレジットカード情報が必要。

国際線の格安航空券を探す

LCCとはローコストキャリアの略で、業務やサービスなどを簡略化することで、安いチケット代を実現させた航空会社のこと。ニュージーランド国内でおもに運行しているLCCはジェットスター航空。ニュージーランド航空と比べて運賃は低く設定されているが、預ける荷物に追加料金がかかったり、便の変更ができない、取り消しができない(または手数料がかかる)という条件があったりするので、それらを理解したうえで上手に利用したい。

また、ニュージーランド航空の格安航空券を販売する、グラブアシートGrabaseatという英語のウェブサイトがある。路線、利用可能期間が限定されたチケットを販売する、いわばタイムセールのようなもので、希望のチケットがいつも見つかるという保証はないものの、格安で購入することができる。正規運賃で購入した場合とサービスは変わらない。

■ 主要都市間のおもなフライト(直行便のみ)

NZ:ニュージーランド航空／JQ:ジェットスター航空

区間	所要時間	1日あたりの便数(航空会社)
クライストチャーチ ～ クイーンズタウン	55分～1時間10分	3～4便(NZ)
クライストチャーチ ～ オークランド	約1時間25分	12～16便(NZ) 3～6便(JQ)
クライストチャーチ ～ ウェリントン	50分～1時間	12～17便(NZ) 1～2便(JQ)
クライストチャーチ ～ ダニーデン	約1時間5分	4～6便(NZ)
クライストチャーチ ～ ネルソン	約55分	4～6便(NZ)
クライストチャーチ ～ ロトルア	約1時間45分	1～3便(NZ)
クライストチャーチ ～ ニュー・プリマス	約1時間30分	2便(NZ)
クイーンズタウン ～ オークランド	約1時間50分	7～9便(NZ) 2～3便(JQ)
クイーンズタウン ～ ウェリントン	約1時間20分	1～2便(NZ)、0～1便(JQ)
オークランド ～ ウェリントン	約1時間5分	11～19便(NZ) 5～6便(JQ)
オークランド ～ ダニーデン	約1時間50分	3便(NZ)、1便(JQ)
オークランド ～ ネルソン	約1時間25分	7～9便(NZ) 2～4便(JQ)
オークランド ～ ロトルア	約45分	1～3便(NZ)
オークランド ～ ニュー・プリマス	約50分	6～8便(NZ)、1～2便(JQ)
ウェリントン ～ ダニーデン	約1時間15分	2～3便(NZ) 0～1便(JQ)
ウェリントン ～ ネルソン	約40分	7～9便(NZ)、2～3便(JQ)
ウェリントン ～ ロトルア	約1時間10分	1～3便(NZ)
ウェリントン ～ ニュー・プリマス	約55分	1～3便(NZ)

※2019年9月現在。所要時間や便数は時季や日によって異なる。

フライトマップ

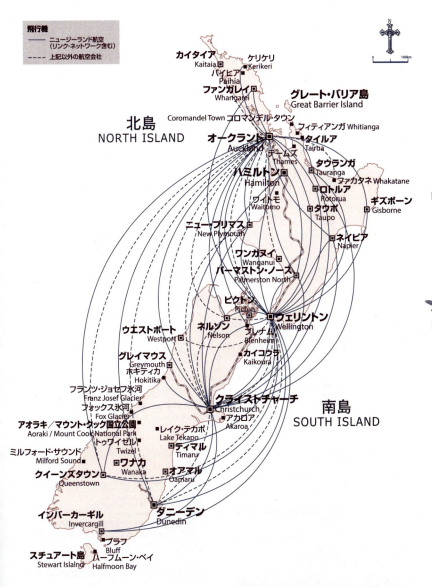

FREE 0800-737-000（ニュージーランド国内）
URL www.airnewzealand.jp

★2019年9月現在。本書掲載地域に関連し、定期的に運行（航）する交通機関を掲載。
それ以外については割愛した区間もあります。

461

長距離バス・鉄道マップ

★2019年9月現在。本書掲載地域に関連し、定期的に運行(航)する交通機関を掲載。
それ以外については割愛した区間もあります。

長距離バスで移動する

　国内の交通機関のうち、最も細かくネットワークが整備され、かつ低料金で利用できるのが長距離バスだ。主要都市やおもな観光地の間を網羅し、予算に応じてバス会社を選ぶこともできる。移動の途中でさまざまな風景に出合いながら、ニュージーランドの素顔をじっくり見てみよう。おもなルートは長距離バス・鉄道マップ（→P.462）を参照。

おもなバス会社

全土をカバーするインターシティ／ニューマンズ・コーチラインズ

　ニュージーランド国内で最大手のバス会社は、インターシティ・コーチラインズ InterCity Coachlines（通称インターシティ）。前身は旧ニュージーランド国鉄で、現在は民営化され、南北両島で主要都市間を中心としたサービスを行っている。自社便のほか、各地で地方のバス会社と提携しており、それらを含めたネットワークは相当に細かい。大手バス会社のニューマンズ・コーチラインズNewmans Coach Lines、グレート・サイツGreat Sights、ノースライナー・エクスプレスNorthliner Expressとも提携関係にあり、これら提携各社の便を含めた時刻表も発行している。この時刻表はバスターミナルや、主要都市の観光案内所などで入手できるので、バスをメインに使って旅行する人はぜひ手に入れておきたい。

提携会社が多く利用しやすいインターシティ

シャトルバス

　南島にはアトミック・トラベルAtomic Travelやリッチーズ Ritchiesなど、中小のバス会社もある。特徴は大手バス会社が運行していないエリアへアクセスできること。
　短距離間ではミニバスやバンを使用することもあるが、長距離になると大手と同様の大型バスを採用している。

バックパッカーズバス

　都市間輸送ではなく、観光地を巡ることを主目的にしたのがバックパッカーズバス。キーウィ・エクスペリエンスKiwi Experienceがその代表格だ。これらのバスは、北島・南島それぞれに主要都市と観光ポイントを巡る大きな周回ルートで運行している。利用者は各ルートごとに有効なパスを買えば、そのルート上の同一方向のバスに何度でも乗り降り自由になるという仕組み。あるいは通常の路線バスと同様に、区間ごとにチケットを買って利用することも可能だ。

旅行者同士の交流も楽しいバックパッカーズバス

インターシティ／ニューマンズ・コーチラインズ
URL www.intercity.co.nz
クライストチャーチ
(03)365-1113
クイーンズタウン
(03)442-4922
ダニーデン
(03)471-7143
オークランド
(09)583-5780
ウェリントン
(04)385-0520

長距離バスの料金
　インターシティ／ニューマンズ・コーチラインズでは季節や便によって料金が変動するため、時刻表などには運賃を明示していない。電話かウェブサイトで確認すること。

シャトルバス
アトミック・トラベル
(03)349-0697
FAX (03)349-3868
URL www.atomictravel.co.nz

バックパッカーズバス
キーウィ・エクスペリエンス
(09)336-4286
URL www.kiwiexperience.com

キーウィ・エクスペリエンスのバックパッカーズバス
● Funky Chicken $1249
出発地の設定は自由（最終地は出発した都市）で、ニュージーランド全土の指定ルートを巡る。最少日数は21日間。
Tiki $1209
オークランド発、クライストチャーチ着で、ニュージーランド全土の指定ルートを周遊する。最少日数は18日間。
Southern Round Up $699
発着地はクライストチャーチやクイーンズタウンなどで、南島の指定ルートを周遊する。最少日数は11日間。

割引運賃／お得な周遊パス

インターシティ／ニューマンズ・コーチラインズの割引運賃

手軽に利用できるバックパッカー割引は、YHA、BBH、VIPなどの各バックパッカーズ組織の会員証（→P.481）をチケット購入時に提示するだけでノーマル運賃の10〜15%割引になるというもの。ほかにノンリファンダブル料金Non-Refundable Fare（払い戻し不可）があり、正規料金より25〜50%割引されるものもある。両社の周遊パスは、それぞれ以下のとおり。

長距離移動に便利なインターシティのバス

トラベルパス　TravelPass

トラベルパスはあらかじめルートが決まっており、そのルート間で乗り放題になるバスだ。全15種類のルートが用意されており、南北島全域3ルート（南北島間のフェリー利用可能）、北島6ルート、南島6ルートから選択できる。訪れるのはニュージーランドのなかでも人気の観光スポットばかり。自分の行きたい場所と、ルートが重なっている人には適しているだろう。また、有効期限が12ヵ月あるため、ルートが決まっているとはいえ、自分のペースで楽しむことができる。

フレキシーパス　FlexiPass

フレキシーパスは全国乗り降り自由で、15〜80時間の時間単位を購入するプリペイドシステム。購入した時間分のバスに乗ることができる。有効期限は12ヵ月で、時間の追加購入や南北間を移動するフェリーにも利用可能。自分の好きな時に、好きな場所に行くことができるため、バックパッカーや、自由気ままに旅行を楽しみたい人に向いているだろう。足りなくなったら買い足しできる。ウェブサイトから入手できるネットワークマップNetwork mapには、都市間を移動するための所要時間が記載されているおり、時間単位を購入する目安になる。

チケットの予約

バスは完全予約制となっており、インターシティ／ニューマンズ・コーチラインズのウェブサイト（→P.463）から予約できる。チケットの追加などもウェブサイトを通してできる。バスまたはフェリーの予約の変更やキャンセルは、出発の2時間前までに行う必要がある。

トラベルパス、フレキシーパスとも予約方法はほとんど同じだ

トラベルパス
URL www.intercity.co.nz/bus-pass/travelpass

Aotearoa Explorer　$1045
パイヒアからのベイ・オブ・アイランズのクルーズやホビトン・ムービー・セット・ツアー、ミルフォード・サウンドのクルーズを含むナショナル・バス。最少日数は9日間。

North Island Adventure　$405
発着地はオークランドやウェリントンなどで北島の指定ルートを周遊する。最少日数は4日間。

Alps and Fiords　$485
出発地の設定は自由で、ミルフォード・サウンドのクルーズあり。最少日数は3日間。

フレキシーパス
URL www.intercity.co.nz/bus-pass/flexipass

15時間 $132
20時間 $172
25時間 $209
30時間 $245
35時間 $282
40時間 $319
45時間 $355
50時間 $389
55時間 $425
60時間 $459
追加3時間 $35
追加10時間 $95

チケット購入の手順

❶ウェブサイトにアクセス
インターシティ／ニューマンズ・コーチラインズのウェブサイトにアクセスし、ヘッド部分のNew Zealand Bus Passesという項目からトラベルパスかフレキシーパスを選択。

❷ルート／モデルコースの確認
トラベルパスの場合はHow TravelPass works、フレキシーパスの場合はHow Flexipass worksが表示される。Choose your itineraryに記載されているView passesに進むと15種類のルート（フレキシーパスの場合はモデルコース）の情報が表示されるので、自分のプランに合ったコースを選択する。

How TravelPass worksの画面

❸チケットの購入
購入はルートの詳細ページからBuy Pass now、または前画面のBuy your PassからBuy nowを選択。あとはインターシティリワーズInterCity Rewardsに登録して、クレジットカードなどの手続きを進めるだけだ。

※2014年の夏より、インターシティは車内でWi-Fiが無料で利用できるようになっている。ただし、バスによっては利用できない場合もある。

長距離バスの利用方法

予約は必ずしておこう
インターシティ／ニューマンズ・コーチラインズに限らず、路線バスは完全予約制なので、予約を忘れないようにしよう。電話や各バス会社のウェブサイトで予約できるほか、観光案内所アイサイトやアコモデーションなどでチケットを購入することも可能。特に観光シーズンの12〜3月は、観光名所を結ぶ路線では2〜3日前までの予約を心がけよう。また大都市以外の町や小さなバス会社では、それぞれのホテルを回って乗客を乗せてくれることもある。

バスの乗り方
長距離バスの発着場所は、大都市では専用ターミナル、それ以外の小さな町では観光案内所アイサイト前や、一般の商店、ガソリンスタンドなどに業務を委託していることが多い。

バスの乗り場には発車時刻の15分前までに集合することになっている。荷物は、手回り品以外すべてトランクに預ける。

のどかなバスの旅
一部のシャトルバスを除き、バスは大型で座席はゆったりしている。道中ドライバーが見どころのアナウンスをしたり、写真を撮るためしばし停車してくれたりもする。また2時間に1回程度の割合で、途中の町のカフェなどに立ち寄り30分程度のトイレ休憩がある。到着地の町では乗客の要望に応じて、目的の場所に近い所で降ろしてもらえることもある。

バスのパンフレットは観光案内所アイサイトやトラベルセンターでもらえる

ゆったりとしたインターシティの車内

バスは町なかに発着するので便利

旅の準備と技術　現地での国内移動（長距離バス）

鉄道で移動する

車社会のニュージーランドにあって鉄道の路線は数少ないが、キーウィ・レイルKiwi Railによって、展望車両の導入や車内サービスのグレードアップなど工夫を凝らした観光列車が運行されている。ゆったりとした座席でくつろぎながら、のんびりとのどかな車窓風景を楽しむ……そんな鉄道の旅をぜひ体験してみたい。

キーウィ・レイル
FREE 0800-872-467
URL www.kiwirail.co.nz

キーウィ・レイルの列車

[南島]

1.コースタル・パシフィック　Coastal Pacific号
クライストチャーチ～ピクトン

夏季の間のみ、毎日1往復の運行。上記の区間を約5時間20分で結ぶ列車で、車窓からは気持ちのいい海沿いの景色を楽しめる。ホエールウオッチングで有名なカイコウラは、この区間のほぼ中間に位置している。クライストチャーチから列車を利用したツアーなどもあったが2016年11月に起きた地震の影響により列車は運休となっていたが、2018年12月に再開した。

2.トランツ・アルパイン　The TranzAlpine号
クライストチャーチ～グレイマウス

こちらも毎日1往復、通年で運行する。片道4時間20～30分。サザンアルプスを横断する車窓の山岳風景がすばらしく、国内の列車のなかで人気、知名度ともに高い。途中、山越えのピーク部分に位置するアーサーズ・パス国立公園（→P.212）は、トレッキングの拠点としてよく利用されている。アーサーズ・パス国立公園からの日帰りを楽しむほか、クライストチャーチからウエストコースト方面への移動手段としても便利だ。

そのほかの鉄道
ここに挙げたキーウィ・レイルの列車のほか、観光客に人気の高い鉄道には、ダニーデン～ミドルマーチを運行するタイエリ峡谷鉄道（→P.165）がある。

ダニーデン駅に停車するタイエリ峡谷鉄道

山あいに位置するアーサーズ・パス駅

[北島]

3. ノーザン・エクスプローラー　Nothern Explorer号
オークランド～ウェリントン

キーウィ・レイルkiwi Railの長距離列車。途中、トンガリロ国立公園最寄りのナショナル・パーク駅やハミルトン駅、パーマストン・ノース駅などを通る。片道10時間40～55分。運行はオークランド・ストランド駅発が月・木・土曜、ウェリントン発は水・金・日曜のそれぞれ1日1便。

オークランド・ストランド駅に停車するノーザン・エクスプローラー

4. キャピタル・コネクション　Capital Connection号
パーマストン・ノース～ウェリントン

月～金曜の朝6時15分発の上り、夕方17時15分発の下りの1往復で、旅を楽しむというより、どちらかというと通勤や通学の利用者をメインに考えた列車。片道約2時間。途中、海沿いのワイカナエ駅や有名ゴルフコースがあるパラパラウム駅などに停車する。

車窓からは雄大な景色を堪能できる

長距離列車の利用方法

予約は必ず入れておく
列車は通常それほど混むことはないが、予約は必ずしなくてはならない。予約した乗降客のいない途中駅は、通過してしまうこともあるからだ。夏季は乗車の2～3日前までに予約することが望ましい。左ページの電話およびウェブサイトで、あるいは各地の観光案内所アイサイトでも予約とチケットの購入ができる。

チェックインは早めに行おう

出発20分前までにチェックイン
乗車当日は、定刻の20分前までに駅に到着するようにしたい。駅に改札口はなく、ホームへの出入りも自由だ。スーツケースやバックパックなど大きな荷物は列車の荷物室に預けるので、駅のカウンターにてチェックインする。荷物室には自転車も積み込み可能。予約時に自転車の積み込みを伝え、荷物料金を当日支払うことが規定となっている。

すべての乗客が乗り込むと、列車は静かに発車する。日本では考えられないことだが、予約した乗客がすべて乗ったことが確認されると、定刻より早くても列車は出発してしまうこともある。発車すると間もなく車掌の検札が行われる。

ホームへは自由に出入りでき、見学も可能だ

割引運賃のいろいろ
列車の運賃にはいくつかの割引制度がある。ピークシーズン以外の時季には、席数を限定して大幅な割引運賃が販売される。早めにチケットを買ったほうが有利になるので、予定が決まったら問い合わせてみよう。ただし払い戻しなどに条件が付くので、必ずチェックしておくこと。

列車とフェリー（ウェリントン～ピクトン間）を通しで利用する際にも、割引運賃が設定されている。さらに、列車を思いきり利用したいという人には、7日間、14日間、21日間有効のフィックスドパスFixed Passがおすすめ。どの列車も乗り放題で、インターアイランダーのフェリー乗船も含まれている。旅程に余裕があるときや、行き先が確定していない場合は、購入日から12ヵ月間有効のフリーダムパスFreedom Passを利用してもいい。利用の際は、乗車の24時間前までに席の予約を入れること。

大きな荷物は、あらかじめ荷物室にチェックインする

※コースタル・パシフィック号の運休に伴い、すべての路線で割引運賃が適用されるレールパスは2019年9月現在、販売されていない。

列車時刻表（2019年9月現在）

南島 South Island

1. コースタル・パシフィック号
（クライストチャーチ～ピクトン）

おもな停車駅		
07:00	クライストチャーチ	20:30
07:30	ランギオラ	20:04
10:23	カイコウラ	17:20
12:48	ブレナム	14:46
13:15	ピクトン	14:15

2. トランツ・アルパイン号
（クライストチャーチ～グレイマウス）

おもな停車駅		
08:15	クライストチャーチ	18:31
09:20	スプリングフィールド	17:39
10:52	アーサーズ・パス	16:28
12:06	モアナ	15:03
13:05	グレイマウス	14:05

● 主要区間のフレキシー運賃
クライストチャーチ～アーサーズ・パス大人 $139、子供$97
クライストチャーチ～グレイマウス大人 $179、子供$125
グレイマウス～アーサーズ・パス大人 $139、子供$97

トランツ・アルパイン号では車窓からサザンアルプスの山々に囲まれた美しい渓谷風景が楽しめる

北島 North Island

3. ノーザン・エクスプローラー号
（オークランド～ウェリントン）

＊オークランド発は月・木・土曜、
ウェリントン発は水・金・日曜

おもな停車駅		
07:45	オークランド	18:50
10:15	ハミルトン	16:30
13:15	ナショナル・パーク	13:15
13:45	オハクニ	12:45
16:20	パーマストン・ノース	10:00
18:25	ウェリントン	07:55

● 主要区間のフレキシー運賃
オークランド～ナショナル・パーク大人 $109、子供$76
オークランド～ウェリントン大人 $179、子供$125
ウェリントン～ナショナル・パーク大人 $109、子供$76

4. キャピタル・コネクション号
（ウェリントン～パーマストン・ノース）

＊月～金曜運行

おもな停車駅		
06:15	パーマストン・ノース	19:20
08:20	ウェリントン	17:15

● 運賃
ウェリントン～パーマストン・ノース 1人 $35

ウェリントン駅の外観

※時刻・料金は2019年9月現在のもの。

レンタカーで移動する

日本と同じ左側通行であるうえ、全般的に交通量が少なく渋滞もほとんどないので、ドライブ旅行に非常に適した国だといえる。国中をカバーする道路網を利用して、快適で効率のいい旅を楽しめる。なお、ニュージーランドで車のことはビークルVehicleが一般的。

レンタカーの手続き

レンタカー会社の種類

大手レンタカー会社として、ハーツHertz、エイビスAvis、バジェットBudgetなどがある。これらの会社は空港ロビーや、町の中心部にオフィスを構えているので便利だ。車のクオリティや整備、事故や故障時のバックアップ体制もしっかりしているうえ、国内各地にオフィスがあるので、プランによっては"乗り捨て"（One Way Rentalという）もできる。上記の大手3社はいずれも日本国内にも予約窓口がある。日本での予約を条件とする割引もあるので、出発前に各社に問い合わせてみよう。

これら大手のほか、ジューシー・レンタルJucy Rentalなど中小規模のレンタカー会社もある。全般に大手よりも料金は割安なので、限られた地域内でのドライブ旅行には好都合だ。

レンタカーの料金システム

大手・中小を問わず、ほとんどのレンタカーは走行距離無制限（Unlimited Kilometres）、すなわち走った距離に関係なく料金は一定。ただ、安さをうたった期間限定のキャンペーン料金などでは、走行距離によって料金が変わるものもある。

料金はすべて1日（24時間）が単位だ。これ以下の時間単位の設定はない。ガソリンは料金に含まれないので、満タンにして返却する。乗り捨て料金は、区間などによってかかるかどうかが違うので、これも要確認だ。一般的に大都市間（例えばオークランド〜ウェリントン間など）は乗り捨て無料とする会社が多い。

レンタカーを予約する

予約する際に伝えることは、以下の3つ。これは日本で予約する場合でも、ニュージーランド国内で予約する場合でも同じだ。

1. レンタル開始・終了の日にちと時刻

料金設定は24時間単位になっているので、例えば月曜の正午から3日間借りる場合、返却のタイムリミットは木曜の正午ということになる。期限の時間を過ぎると追加料金がかかるので、ある程度の計画を立ててからレンタル日数を決めよう。

2. 借りる場所と返す場所

乗り捨て料金の有無、金額はこの段階で確認をしておこう。

3. 車のタイプ

レンタカー会社では車をクラスによって分けており、予約の際は車種でなくクラスによって指定する。レンタカーのほとんどは日本車だ。また小型車の多くはマニュアル車なので、オートマチック車を希望する場合は、中型車以上に限定されることがある。

国外運転免許証について
（→P.452）
国外運転免許証は、日本の運転免許証と一緒に携帯しなければならない。

日本国内での予約先
ハーツ
無料 0120-489-882
URL www.hertz.com
エイビス
無料 0120-311-911
URL www.avis-japan.com
バジェット
無料 0120-150-801
URL www.budgetrentacar.jp
OTSレンタカー
無料 0120-34-3732
URL www.otsinternational.nz/otsrentacar/ja

レンタカーの年齢制限

会社によって25歳または21歳以上の年齢制限を設けている。上記の大手3社の日本窓口では以下のように対応している。
ハーツ=21歳以上
エイビス=21歳以上
バジェット=21歳以上
※上記3社も車種によっては25歳以上のこともある。また、上記は日本国内の規定であり、ニュージーランド国内で予約手続きを行う場合は同じ会社でも対応が異なることがある。

レンタル料金の相場

会社や時季、利用期間によって異なるが、コンパクトカー（トヨタカローラのクラス）の場合、1日$100〜150くらいが大まかな目安。保険やカーナビなどのオプションを追加すると1日$10〜20程度が加わる。また、25歳未満の場合、別途ヤングドライバー料金が必要な場合もある。

おもな空港内には大手レンタカー会社のカウンターが並んでいる

南北両島にまたがる レンタル
Interisland Rental
最初に借りる際にフェリー乗船予定日を聞かれる。そして、乗船する日時が確定した段階で、再度レンタカー会社に連絡し予約番号を伝える。

クレジットカードについて
どこのレンタカー会社でも、アメリカン・エキスプレス、MasterCard、VISAが使える。

レンタカー乗り入れ禁止のおもな区域
会社によってはレンタカーの乗り入れを禁止している区域がある。下記は多くのレンタカー会社が乗り入れを禁止している区域。

南島
- クイーンズタウン近郊のスキッパー・ロード
- アオラキ／マウント・クック国立公園周辺のタズマン・バレー・ロード

北島
- コロマンデル半島最北端部（コルビル以北）
- レインガ岬にいたる90マイルビーチの砂浜

バスや四輪駆動車でなければ砂に埋まってしまうので90マイルビーチは走行不可

JAF海外サポートについて
JAF（日本自動車連盟）は国際自動車連盟（FIA）に加盟しており、同じく加盟国であるニュージーランドの自動車クラブ、NZAA（ニュージーランド自動車協会）と相互サポートを提携している（FIAグローバル・サービス）。JAF会員は、NZAAのロードサービスや旅行・道路情報サービスなどを受けることができる。サービスの利用法などはJAFのホームページ URL www.jaf.or.jp/interや、JAF総合案内サービスセンターで確認しておこう。

JAF
☎ 0570-00-2811（日本）

NZAA（オークランド本社）
FREE 0800-500-222（24時間救援）
URL www.aa.co.nz

南北島間のレンタル
　ニュージーランドは南島と北島とのふたつに分かれた国である。そこでニュージーランド全土をレンタカーでドライブする際には、いくつか知っておくべきことがある。
　まず大手レンタカー会社の場合は基本的に、借りた車をフェリーで勝手に移動させてはいけない。例えばクライストチャーチからオークランドまで片道レンタルする場合、ピクトンでいったん車を返し、フェリーで海峡を渡った後にウェリントンで別の車を新たに借りるという手続きを踏む。会社によっても異なるがレンタルの契約がひと続きの場合は、ピクトンでは精算の手続きなどはなく、単純に車を返すだけ。ウェリントンでも同様に契約書へのサインなどは必要なく、新たな車のキーを受け取るだけでいい。
　ただしこのような流れはピクトン、ウェリントンにオフィスをもつ大手のレンタカー会社に限られ、それ以外の会社ではそのまま車でフェリーへ乗り入れる。どちらのケースに当たるのか、レンタル開始時に確認を忘れずに。

ピクトン発のフェリーに乗船する

レンタカーを借りる
　まずは空港や町のレンタカー会社のカウンターへ。その際に必要なのは、国外運転免許証（→P.452）。これはもちろん、日本出発前に取得しておく。またクレジットカードも必要となる。これは支払いの手段だけではなく、信用保証のためにも求められるもの。日本で料金前払いのクーポンを購入した場合でも、やはりクレジットカードなしには車を借りることができないので注意が必要だ。
　そのほか借りる際に聞かれることは、任意保険（対人・対物）をどうするかということ。必要に応じて選択する。日本で予約済みの場合は、契約内容に含まれる保険と重複していないかも確認したい。また契約本人以外に車を運転する人がいる場合、その人の名前も契約書に記載する。以上で手続きは終わり。予約してあれば、ほんの数分で済んでしまう。

レンタカーの返却方法
　期間内のレンタルを終了して、目的地のオフィスに車を返却する。ここでの手続きはごく簡単だ。時間帯などによってオフィスが無人の場合は車を駐車場に停めて鍵を返却ボックスに投入するだけでいい。ガソリンはあらかじめ満タンにしておく。もし何らかの事情でできなかった場合は、一般のガソリンスタンドよりはやや割高になるが、精算時に上乗せして支払うこともできる。あわせて帰着時点のキロ数をメーターどおりに記入してカウンターに持って行く。また、これらの記入作業をスタッフが代行してくれる場合は、最後に自分で数字を確認するだけで済む。料金はレンタル開始時にチェックしたクレジットカードによって後日引き落とされる。

ニュージーランド南島のレンタカーといえば

OTS RENT A CAR
PREMIUM DRIVING

OTS

安心・安全・快適なレンタカー

沖縄ツーリスト (OTS) が、クライストチャーチと
クイーンズタウンで運営するレンタカーサービス。
日本国内と同様の質の高いサービスを提供しております。

日本人スタッフが
親切・丁寧に
サポート！

OTSを
選ぶポイント

① **日本語**でのご案内で安心！
② **安全機能付き**の高品質車両！（日本語対応の GPS ナビあり）
③ 現地の交通ルール、道路事情、観光情報を**丁寧にご案内**！
④ **クライストチャーチ・クイーンズタウン**での**乗捨て可能**！

CHRISTCHURCH
クライストチャーチ営業所
+64-3-358-4923
営業時間 9 時～18 時

QUEENSTOWN
クイーンズタウン営業所
+64-3-441-4926
営業時間 9 時～18 時

ご予約・
お問合せは

> OTS ニュージーランド　🔍検索

【日本での問合せ先】**0120-34-3732**
www.otsinternational.nz/otsrentacar/ja/

沖縄＆北海道でも**OTSレンタカー**♪　　OTS レンタカー　🔍検索
おかげ様で 60 周年！沖縄ツーリスト (OTS)

3つの高速道路

オークランド・ノーザン・ゲートウェイ
Auckland Notherm Gateway
　ノースランドに行く際に利用することになる高速道路。オークランドから北に延びる国道1号の、シルバーデールSilverdaleとプーホイPuhoiの7.5km区間。
🅿 一般乗用車＄2.4

タウランガ・イースタン・リンク・トール・ロード
Tauranga Eastern Link Toll Road
　タウランガ郊外のパパモアPapamoaとパエンガロアPaengaroaを結ぶ、国道2号の15km区間。
🅿 一般乗用車＄2.1

タキトゥム・ドライブ・トール・ロード
Takitumu Drive Toll Road
　タウランガから南に延びる国道29号沿いの5km区間。
🅿 一般乗用車＄1.9

高速道路のサイト
URL nzta.govt.nz

高速道路の支払い方法
　高速道路の入口で支払うのではなく、事前、または通行後に支払う。
・事前にオンライン決済
・通行後3日以内にオンラインまたは電話で支払い
・有料道路手前のガソリンスタンドなどにある支払機で支払い
　通行前か通行後にオンラインで決算するのが一般的。方法は以下の通り。
1.以下のサイトにアクセス
URL nzta.govt.nz/online-services/
2.通行前はBuy a toll、通行後はPay a tollを選択
3.Declatationのチェックボックスにチェックを入れてContinueへ
4.車のナンバーを入力してContinueへ
5.車両情報を確認してContinueへ
6.通る道と回数を選びContinueへ
7.クレジットカード支払いの手続きへ。使えるカードはVISAとMaster Cardのみ

ラウンドアバウト
　Aのほうが優先。Bは右から車が来ないことを確認してから進入する。右側の車はもちろん、正面にいる車も左折して優先車となるので注意すること。

ニュージーランドの道路事情

ハイウェイとモーターウェイ

　ニュージーランドの道は日本と同じ左側通行で日本人には運転しやすい。といっても、日本とは交通事情や法規の違う部分も少なくない。
　ニュージーランドでは国中にステート・ハイウェイ網が整備されている。日本ではハイウエイHighwayというと高速道路を意味するが、英語では一般国道を指す。乗用車の制限時速は、市街地では50キロ、郊外では100キロと定められている。しかし実際には郊外では120キロ以上で飛ばす車も少なくなく、車の流れは相当に速い。カーブやアップダウンが多い道でこのスピードなのだから、日本の感覚だと最初はかなり戸惑うかもしれない。慣れないうちは無理に飛ばさず、速い車は先に行かせればいい。ただし極端に遅いのは逆に危険で、時速50〜60キロで走っていては、流れに乗ることができない。
　これとは別にトール・ロードToll Roadと呼ばれる有料の高速道路、モーターウエイMotorwayという無料の自動車専用道路がある。緊急時以外の一時停止は禁止され、自転車、歩行者は入れない。高速道路は北島に3ヵ所ある。日本のように高速道路の入口はなく、国道を走っていると高速道路に入る。

交通ルールやマナーなど

ラウンドアバウト　Roundabout
　日本の駅前によくあるロータリーと形は似ているが、信号がなくても交差点の車をスムーズに流す働きをもつ。基本は「自分の右側にいる車が優先」。先にラウンドアバウトに入っている車が優先なので、右から来る車をやり過ごしてから進入する。ラウンドアバウト内を走っている間は、一時停止の必要はない。

ギブウェイ　Give Way
　優先道路に合流する手前にある。「道を譲れ」のサインで、合流先の道路が優先であることを示す。路面には白い停止線が引かれているが、完全な一時停止が義務付けられているわけではない。見通しがよく、安全が確認できれば、そのまま進入していい。ラウンドアバウト進入時にもこのルールが適用される。

右折と左折
　交差点では日本と同様に左折車が優先となる。なお、このルールは2012年3月に変更されたものなので、これ以前にニュージーランドで運転したことがある人は要注意。

キープレフト
　日本同様、常に左側を通行するというルール。特にモーターウエイは、追い越し以外は必ず左側車線を走行しなくてはならない。

踏切
　踏切での一時停止は必要ない。幹線道路にある踏切はすべて警報器付きだが、郊外の田舎道では警報器がない場合もある。踏切手前の標識（Railway Crossing）に注意すること。

1車線の橋（One Lane Bridge）
郊外の道では、対面の2車線道路でも橋だけ1車線になることがある。この場合いずれかの側に、橋の手前にギブウエイの標識があるので、これに従う。見通しの悪いことが多いので、優先側でも注意をすること。

横断歩道
横断歩道上での歩行者優先は、かなり徹底している。渡ろうとしている人を見たら必ず停まり道を譲ること。

運転のマナー
クラクションは非常時を除いて使わない。停車中、不要なアイドリングは禁物。エンジンのかけっぱなしは、騒音と排気ガスの両面で非常に嫌われる。

1車線の橋の手前ではどちらが優先車か確認すること

そのほか、知っておきたいこと

駐車時の注意
町なかでは、駐車できる場所と可能な時間などが細かく決められ、標識に示されている。違法駐車はもちろん、時間超過も係官が厳しくチェックしているので注意しよう。パーキングメーターも多いが、ある程度長くなる場合は駐車場に入れたほうが割安だ。場所によって夜間・休日はパーキングメーターは無料で開放され、その曜日や時間は個々に表示されている。

なお車上荒らしも多いので、車を離れる際に荷物を車内の見える場所に放置するのは危険だ。

ガソリンについて
ニュージーランドではガソリンのことをペトロルPetrol、ガソリンスタンドはPetrol Stationと呼ぶ。土・日曜はほとんどの商店が閉まるニュージーランドでも、ガソリンスタンドだけは毎日営業している。軽食やドリンクなども売っており、ちょっとしたコンビニ的役割を果たしている。人家の少ない地域では、ガソリンスタンドの間隔も数十km以上ということが珍しくないので、郊外に出たら早めの給油を心がけよう。給油は基本的にセルフサービスで、ガソリンの値段はリットル当たり＄2くらいから。レンタカーの場合、ガソリンはレギュラー（無鉛アンレディッドUnleaded）が一般的。車を借りる際に確認しておこう。

事故に遭遇してしまったら
万一事故に遭った場合にどうするか。さまざまな状況があるので一概に決めるのは難しいが、基本的には現場を保存すること。日本ではほかの交通に配慮してすぐに事故車を移動することが多いが、ニュージーランドでは事故が起こると現場周辺の交通はただちに停まるのが通例。もちろん負傷者がいれば、応急手当を最優先して行う。

そのほかでは、事故関係者の連絡先、ナンバープレートなどを控えること、警察やレンタカー会社に連絡することなどが必要となる。会話力が不十分な場合、その場での交渉ごとは避けるべきだ。

コインパーキングは現金のほかクレジットカードでも支払いが可能

ガソリンの入れ方

1.ガソリンの種類を確認する。レンタカーの場合はレギュラー（アンレディッド）が一般的。

2.給油する料金を入力する（リットルではないので注意）。満タンにする場合はFULLボタンを押す。

3.ノズルを上げ給油を行う。給油量を満たすと自動的にストップするのでノズルを戻す。店内のレジで給油ナンバーを告げて支払いをする。

キャンピングカーのレンタル会社
Maui
FREE 0800-688-558
URL www.maui-rentals.com
Tui Campers
☎ (03) 359-7410
URL www.tuicampers.co.nz
New Zealand Motorhomes
☎ (07) 578-9895
FREE 0800-579-222
URL www.newzealand-motor homes.com

キャンピングカーの注意点
キャンピングカーはほとんどがマニュアル車。マニュアルの車を運転したことがない人は、事前に練習をしておいたほうがいい。ディーゼルエンジンなので燃料はガソリンではなく軽油になる。

暮らすように移動できるキャンピングカー

ホリデーパークのリスト
ホリデーパークのリストとして信頼性が高いのは、Holiday Accommodation Parks New Zealand(HAPNZ)が発行している小冊子。主要都市の観光案内所アイサイトなどに置いてあり、無料で手に入る。各ホリデーパークが略図入りで紹介され、特色や施設などがコンパクトに記されていて便利だ。

アウトドア派におすすめのホリデーパーク

キャンピングカー（モーターホーム）

ニュージーランドを旅していると、キャンピングカー（モーターホームMotor Home、キャンパーバンCamper Vanなどと呼ぶ）の姿をよく見かける。車に寝台、キッチンなど居住空間を備えた車で、各地にあるホリデーパーク（→下記、P.481）を泊まり歩くのは、旅のスタイルとしてポピュラーなものだ。

キャンピングカーの設備と使い方
キャンピングカーのおもな設備は、ベッド、キッチン（食器、調理器具一式含む）、ダイニングテーブルなど。大型のものにはトイレ、シャワーも付いている。2、4、6人用のタイプが一般的。レンタル料金は季節により変動するので要チェック。ニュージーランド各地にあるホリデーパークでは、キャンピングカー用に電源付きのスペース（Power Site）が用意されているので、充電することで、照明、冷蔵庫などを使用できる。利用料金はひとりにつき＄20前後。

キャンピングカーのレンタル
ニュージーランドでは、キャンピングカー専門のレンタル会社がいくつかある。日本に支店はないので、自分で現地のオフィスに直接コンタクトを取って予約しなければならない。レンタルは21歳以上が対象となる。夏のシーズンはかなり需要が高いので、日本を発つ前に予約を済ませておきたい。

ホリデーパーク

ニュージーランド各地にはホリデーパークHoliday Park（Caravan Park、Motor Camp、Motor Parkも同意）と呼ばれる自動車利用型のキャンプ場がある。キャンピングカー用の電源施設や水道、排水施設をもつキャンプ地をパワーサイトPower Site、通常のテント用の芝地をノンパワーサイトNon-Power Siteといい、その他ベッドが付いた個室（キャビンCabin）や、牽引型のキャンピングカーを地面に固定した宿泊施設（オンサイトキャラバンOn-Site Caravan）、モーテルに近い大型ユニットタイプの客室（ツーリストフラットTourist Flat）などさまざまな宿泊施設が用意されている。共同施設はキッチン、バスルーム（シャワー、トイレ）、ラウンジ（場所によっては兼ダイニングルーム）、ランドリー（洗濯機、乾燥機、屋外での物干し場）などが一般的だ。

寝袋やバスタオルは有料でのレンタルを行っているところもあるが、基本的には自分で用意する必要がある。共同キッチンには電熱式の調理台、湯沸かしポット、トースター、冷蔵庫などがあり、自由に使うことができる。また、キッチン付きユニットにはひととおりの調理器具と食器類が室内に揃っている。パークのオフィスに貸し出し用の調理道具類があることも。なお、車で長旅をする人はクーラーボックスを買っておけば、飲み物や生鮮食品の保管に重宝する。

旅の技術 ショッピングの基礎知識

ウール製品やマオリの工芸品など、ニュージーランドならではのおみやげ（→P.32）を探してみよう。それぞれの地方では、地元のアーティストによる作品も見つかるだろう。スーパーマーケットの食品コーナー（→P.33）などをのぞいてみるのもいい。

ショッピングタイム

商店は月～金曜は9:00～17:00、土曜は10:00～16:00、日曜は11:00～15:00の営業時間が一般的。ショッピングセンターやスーパーマーケットなどは年中無休で営業しているところが多い。

ニュージーランドならではのおみやげ

ウール製品
羊の国といわれているだけあって、セーターや帽子、手袋、ぬいぐるみなど上質のウール製品を購入することができる。専門店も数多く、日本では手に入れることができないデザインのものが見つかるだろう。近年では、害獣として駆除の対象となっている有袋類の樹上動物ポッサムの毛を混紡したものが、軽くて暖かいと人気。国産の上質なメリノウールを使ったアウトドアブランド、アイスブレーカーIcebreaker社の製品も注目されている。

シープスキン製品
人気が高い羊皮のコートやジャケットは、内側がふわふわで、外側はバックスキンで肌触りがよい。日本に比べると安いし、その温かさは抜群だ。室内履きやシープスキンブーツも手頃な価格でおみやげにおすすめ。また、シープスキンの敷物はいろいろなインテリアに重宝し、とても暖かいと好評だ。品質も段階別に表示されているので購入の目安にしたい。

マオリの工芸品
精巧な技術で彫り込まれた木彫りの工芸品が多数ある。マオリが海洋民族であったことをしのばせるカヌーや船具のミニチュアに、ワハイカ（平たい棍棒）、テコテコ（マオリの神の像）、ティキ（胎児の形をした人形でマオリの幸運のお守り）などの置物だけでなく、ペーパーナイフなど実用品もあり、手作りのぬくもりを味わえるおみやげとして喜ばれている。このほか、麻で編んだ手提げや籠もマオリ独特の工芸品として、ニュージーランドの思い出となるだろう。牛の骨などを削って作ったボーンカービングのアクセサリーもおもしろい。

南島のウエストコーストで産出し、その昔マオリの人々が武器を作っていたことで知られるニュージーランドヒスイ（グリーンストーン）は、現在では数々のアクセサリーに利用されており、プレゼントされたヒスイを持つと、幸せになれるという言い伝えもある。ただし、安く売られているものはニュージーランド産ではない場合もあるので気をつけよう。

荷物が多くなったら
免税店や大きなみやげ物店では、日本への配送サービスを行っている。送付の際に、別送品として帰国者本人の宛先に送ってもらうと、税関での手続きがスムーズだ。ただし、帰国便の飛行機内で「別送品申告書」の記入を忘れずに。また日本入国の際の免税範囲は、携帯品と別送品を合わせたものであることに注意しよう。

質のいいニットは安くはないがそれだけの価値がある

ニュージーランドならではのスキンケアはいかが
羊毛からとれるラノリンを使用した化粧品や、温泉に沈殿した泥を主成分としたスキンケア製品などが知られている。近年ではマヌカハニーを配合したスキンケアや、オーガニックコスメも注目を集めている。（→P.34）

コスメの値段はピンキリ

国民的人気の料理本
ニュージーランドで知らない人はいないといっても過言ではない料理本が『The Edmonds Cookery Book』。1908年の初版発行から現在までの累計発行部数はなんと300万部以上の大ヒットセラー。幅広いジャンルのレシピがわかりやすく掲載され、書店やスーパーマーケットで売っているので、おみやげにもおすすめだ。

旅の準備と技術 / 現地での国内移動（レンタカー）／ショッピングの基礎知識

サイズ比較表

日本	ニュージーランド	
紳士服（シャツ）	34	S	13
	35		13 1/2
	36		14
	37		14 1/2
	38	M	15
	39		15 1/2
	40		16
	41		16 1/2
	42		17
	43		17 1/2
	44	L	18
婦人服	7	10	
	9	10	38
	11	12	40
	13	12	42
	15	14	44
		16	46

日本（単位:cm）	ニュージーランド（単位:inch）
紳士靴	24	6
	24.5	6 1/2
	25	7
	25.5	7 1/2
	26	8
	26.5	8 1/2
	27	9
	27.5	9 1/2
	28	10
	28.5	10 1/2
婦人靴	21	
	21.5	4
	22	4 1/2
	22.5	5
	23	5 1/2
	23.5	6
	24	6 1/2
	24.5	7
	25	7 1/2

スポーツグッズ

ヨット、ゴルフ、釣り、ラグビーなどのスポーツ用品はたいへん充実している。特にラグビーで世界的に有名なチーム「オールブラックス」のユニホームやロゴ入りのグッズは、ニュージーランドならではのおみやげになるだろう。ニュージーランドのシンボルでもあるシダの葉をかたどったマークが目印だ。

アウトドア派は、防寒着やキャンプ用品などの専門店も要チェック。機能的なアイテムを日本で買うよりもリーズナブルに手に入れられるだろう。おすすめはニュージーランド各地に店舗展開するアウトドアメーカー、カトマンドゥKathmanduなど。

ワイン

温暖な気候を利用して造られているワインは、ここ数十年で飛躍的にその地位を確立し、「世界のワイン100選」にも選ばれるほどになった。特にソーヴィニヨン・ブランは世界的にも評価が高い。また、変わり種のキーウィフルーツワインは、甘口のフルーティな口当たりで女性に人気がある（→P.98）。

スーパーマーケットに行ってみよう

スーパーマーケットにはニュージーランドらしいお菓子や雑貨もあって、友達へのみやげ物や、話のネタ集めに、一度寄ってみたい。品物が充実しているスーパーマーケットは、カウントダウンCountdownやニュー・ワールドNew Worldなど。食料品だけでなく、日用品や衣料、電化製品まで幅広い品揃えだ。価格の安さではパクンセーブPak'nSaveなどがある。

スーパー健康食品、マヌカハニー

マヌカとは

ニュージーランドを旅していると、さまざまな種類のハチミツが売られているのを目にするだろう。数あるニュージーランド産のハチミツのなかでも、最も有名なのがマヌカハニーだ。

マヌカハニーとは、ニュージーランドに自生するフトモモ科の植物、マヌカManuka（英語ではティー・ツリーTea Tree）の花から取れるハチミツのことで、古くから万能の薬としてマオリ人の間で珍重されてきた。抗菌作用があり、消化不良や炎症を和らげる効果があるとされることから、現在では高品質なオーガニックハーブとして認知されている。

胃ガンの救世主!?アクティブ・マヌカハニー

ニュージーランドで民間療法として愛用されてきたマヌカハニーだが、近年、医学的に優れた効果をもつと注目を浴びている。

ニュージーランドのハチミツ研究の第一人者、国立ワイカト大学のピーター・モラン教授の研究によって、マヌカハニーにはサルモネラ菌やぶどう球菌などの食中毒菌に対して抗菌性があることが学術的に証明されたのだ。ニュージーランドのなかでも特にこの抗菌性が強いものをアクティブ・マヌカハニーActive Manuka Honeyと呼び、その抗菌作用をUMF（ユニーク・マヌカ・ファクター）という数値で表す。

アクティブ・マヌカハニーはニュージーランドで生産されるマヌカハニー全体のなかでも2割から3割ほどしか収穫されないとても希少なハチミツで、UMF値が高いほど抗菌活性度が強い。

また、モラン教授は1994年に「UMFは胃潰瘍の原因であるヘリコバクター・ピロリ菌を死滅させる」と発表。世界的にも胃潰瘍や胃ガンの予防への効果が期待されている。

効果的な食べ方

さわやかな香りとハチミツ特有のコクのある濃厚な風味が特徴のマヌカハニー。温かいものと一緒に摂取すると熱によって成分が壊れてしまうので、生で食べるのがおすすめ。1日3～4回程度、空腹時にスプーン1杯を食べるのが効果的という。

もちろん、普通のハチミツのようにパンに塗ったり、ヨーグルトに入れてもよい。吹き出物には直接塗布してもよいというので、ぜひお試しを。

スーパーマーケットや薬局などで販売されているマヌカハニー

旅の技術 レストランの基礎知識

何といってもニュージーランドは牧畜王国。ラム肉やビーフステーキなどの肉料理は、新鮮で上質なものが日本より安価に食べられる（→P.30）。海に囲まれているのでシーフードもおいしい。近年人気が高まっているニュージーランドワインも見逃せない。

レストランの種類と探し方

食糧自給率の高いニュージーランドのレストランでは、さまざまな食材を楽しむことができる。特に"これぞニュージーランド料理"といったものはないが、ラムやビーフなどの肉料理や、イギリスから伝わってきた料理が基本となっている。また、各国からの移民を受け入れてきた国だけあって、いろいろな国の民族料理を手頃な価格で味わうことができる。

ラム（仔羊）肉にビーフ、ポークとどれもポピュラーで、ステーキで食べたり、ローストにしたりといろいろな調理法で食されている。畜産の本場だけに食肉の値段は日本の10分の1ほど。鶏肉より牛肉のほうが安く、スーパーマーケットでは牛フィレの大きなステーキが1枚$4〜5で購入できる。

また、日本と同様に新鮮なシーフードも豊富で、専門レストランも多い。特産品といえばカイコウラのクレイフィッシュをはじめ、ムール貝（グリーンマッスル）やカキ、ブリ、マダイ、ウナギなどさまざまなものが挙げられる。よく脂がのっていて口の中でとろけるような感じのアカロア産のサーモンも絶品だ。

レストラン選びは本書で紹介しているほか、空港や観光案内所アイサイトに置いてあるフリーペーパーや、電話帳のイエローページ（職業別のページ）などを活用できる。また、宿のレセプションで、どんな食べ物を、どんな雰囲気で食べたいか、予算はどのくらいかを伝えれば、近所にある地元の人のおすすめレストランをいくつか候補に挙げてくれるはずだ。

レストランのライセンス

ニュージーランドでは各レストランが店内で酒類を提供するにはライセンスが必要とされており、ライセンスをもっているか否かは広告や看板に、"Fully Licensed"あるいは"BYO"という表示で書かれている。

"Fully Licensed"とは、店内でアルコールの販売が許可されていることを意味する。高級レストランはだいたい"Fully Licensed"で、ニュージーランド産のビールやワインなどを揃えている。

"BYO"とは"Bring Your Own"の略。これは大衆的な店に多く、アルコール類を飲みたい場合は、客が酒類を持参して飲んでよいということを意味している。"BYOW"という表示もあるが、これは"Bring Your Own Wine"の略で、ワインやシャンパンの持ち込みだけを許可しているところ。"Fully Licensed

レストランの営業時間
ニュージーランドのレストランは昼から夜まで通しでオープンしているところと、ランチタイム、ディナータイムと分けてオープンしているところがある。閉店時間はただ"Till Late"と書いてあるところも多く、これは客の入り次第で遅くまでやっているという意味で、はっきりした閉店時間は決められていない。

ニュージーランドの飲酒ルール
飲酒に関するルールは日本より厳しく、特定の場所以外の公共の場所での飲酒は禁止され、お酒の自動販売機はない。ビール、ワインはスーパーマーケットでも購入できる。

飲酒禁止のステッカー

レストランの祝日料金
ニュージーランドのレストランでは、祝日に働く従業員に1.5倍の給料を出さなくてはならないことが、法律で定められている。そのため、祝日には閉める店や、10〜15％の割増料金を加算する店が多いので注意しよう。

地域によってさまざまなビールがある（→P.30）

シカ肉も人気
日本人にはあまりなじみのないシカ肉（ベニソンVenison）もニュージーランドではよく食べられる。たたきやステーキなどにして食べるのが人気。値段はビーフよりやや高いが、一度試してみては？

クレイフィッシュ
「フィッシュ」といっても魚ではなく、ロブスターの仲間で日本のイセエビに近い。これはさすがに値が張り、1匹まるごとの料理は高級レストランで$50以上。

ブラフ・オイスター
南島南端のブラフで捕れるブラフ・オイスターは、4月に解禁され、冬季の短い期間だけ出回る。通常のパシフィックオイスターより小ぶりで価格も高いが、クリーミーでおいしいと大人気だ。

冬季にニュージーランドを訪れるなら、必ず食べたいブラフ・オイスター

テイクアウエイ
日本でいう「テイクアウト」のことをニュージーランドでは"テイクアウエイTake Away"という。ピザや中華料理のテイクアウエイもあって、いろいろな味を格安で楽しめる。テイクアウエイしてホテルや公園で食事するのもいい。

ニュージーランドでポピュラーなフラット・ホワイト

ニュージーランドの代表的なワイン"マトゥア"

& BYOW"という店も多い。持ち込みの場合、無料でグラスを貸してくれる店もあるが、高級レストランではグラス代やワインを開ける手数料としてひとり当たり$4～5加算されるのが一般的。それでもレストランで注文するより、割安になることが多い。

ニュージーランドのファストフード

手軽で安価な人気の食べ物といえば、フィッシュ＆チップス。これは、白身魚のフライにチップス（フライドポテト）をこんもりと盛り合わせたもので、ボリュームがあって値段は$10前後。そのほか、ステーキパイ、ミンスパイなど種類豊富なパイは、かなりボリュームがあっておいしい。街角のベーカリーや雑貨屋などの一角で売られており、手軽に味わうことができる。また、サーモンの寿司をはじめ、握り寿司や巻き寿司もヘルシーフードとして人気が高い。ファストフードとして思わぬところで目にするだろう。

ついつい食べたくなるフィッシュ＆チップス

ニュージーランドのカフェ

町を歩いているとおしゃれなオープンカフェを多く目にするはず。こうしたカフェではたいていおいしいコーヒーを飲むことができる。コーヒーのメニューは日本とはちょっと異なり、一般的によく飲まれているのが、エスプレッソ3分の2にスチームミルク3分の1を加えたフラット・ホワイトFlat White。ラテLatte（カフェオレと同じ）、カプチーノCappuccinoなどもおいしい。ブラックで飲みたい場合は、ロング・ブラックLong Blackを。アルコールのライセンスのあるカフェでは、ワインやビールも注文でき、サンドイッチやパスタ、シーフードなどの食事を取ることもできる。

キーウィはアルコール好き

ニュージーランド人はビールとワイン好きが多く、国内での生産も盛んだ。ビールは地方によって扱う銘柄も異なっており、オークランドならライオン・レッドLion Red、クライストチャーチならカンタベリー・ドラフトCanterbury Draftが人気。また、スタインラガーSteinlager（通称スタイニー）は全国に流通しているポピュラーなビールだ。地域限定ビールや、キーウィ・ラガーKiwi Lagerなどニュージーランドらしい名前の付いたビールもある。普通に買うと1缶（350ml）$2～3くらい。ワインでは、北島のホークス・ベイやギズボーン一帯、南島のマールボロ地方などが良質のワインの産地として知られている。値段は1本$10前後から$100以上するものまでさまざま。

旅の技術 ホテルの基礎知識

旅行者の多いニュージーランドには、さまざまな種類の宿（アコモデーション）がある。バリエーションが豊富なので、旅のスタイルや予算に合わせて、賢い宿探しをしよう。

アコモデーションのタイプ

ホテル

全体的に数はあまり多くなく、高・中級ホテルの多くはクライストチャーチ、クイーンズタウン、オークランド、ウェリントンなど主要都市に集中している。高級ホテルは1泊$180くらいからで、客室や建物の高級感はもちろん、サービスがきめ細かく、レストランやバー、プールなどの設備が整っている。

クライストチャーチには新しいホテルがどんどん建っている

モーテル

総数はホテルよりも多く、より一般的な宿泊施設。客室内に簡単なキッチンを備えたところが多い。駐車スペースが広く、部屋の近くに車を停められる。モーテルの多くはダブル（ツイン）ルーム1室で、だいたい$80〜200。2〜3のベッドルームがある3〜4人用のグループ、ファミリー向けユニットを備えたところもある。

モーテルなら深夜の到着に対応してくれることが多い

道路に面して、VACANCY（空室あり）やNO VACANCY（空室なし）の看板が出ているのでドライブしながら空室を探すことができる。車がない旅行者にとっても便利な宿泊施設だ。

ベッド＆ブレックファスト（B＆B）

朝食付きで客室を提供している宿でB＆Bと略称される。一般家庭の空室を利用しているところ、客室数や設備を整えホテル形式で経営しているところなど、雰囲気はさまざま。朝食の内容もシリアル、トースト、飲み物のみのコンチネンタルブレックファストから、ゲストの好みに合わせて焼きたてのパンや卵料理を出してくれるところまで、千差万別だ。一般的にひとり1泊$90〜120くらいだが、高級B＆Bになると高・中級ホテル並みになる。

都市の郊外や地方にあるB＆Bには、歴史的な建物をアンティークで飾っていたり、ガーデニングにこだわっていたりと、優雅な雰囲気のところも多い。ホスピタリティあふれるホストとの交流も、B＆B滞在の楽しみのひとつだ。

コロニアルな一軒家タイプのB＆Bも多い。ニュープリマスのエアリー・ハウスB&B

オンスイート

安いホテル、B&B、ホステルの個室では、シャワー、トイレは共用となる場合が多い。客室内にシャワー、トイレ設備を備えている場合は、オンスイートEnsuiteと表示され、当然料金は高くなる。

モーテルの料金システム

基本的にふたり1室の料金で表示されることが多い。3人以上の場合はひとりにつき$15〜20程度を追加する。シングルルームはなく、料金はふたり利用の場合と同じか、若干安くなるだけ。たいていのモーテルでは、ひとつの部屋に4〜6人泊まれる大型のファミリーユニットがある。

キーデポジット

ホステルではカギの保証金として最初に$5〜20ほど払うことがあるが、これはカギを返すときに全額戻ってくる。また都市では玄関ドアに暗証番号を設定している宿も多いので番号は忘れないようにしよう。

貴重品はしっかり管理

残念ながら、ドミトリーでは盗難がよく起きるという事実がある。カメラや財布など、貴重品は肌身離さず、あれば金庫に入れる。なければ抱いて眠るくらいの気持ちでしっかりと管理することだ。

客室のタイプ
Double & Twin
ダブルとツイン

ふたり用の寝室で、ダブルベッドがひとつの部屋と、シングルベッドがふたつあるタイプのものとがある。

Unit & Studio
ユニットとステュディオ

トイレ、シャワー、キッチン付きのユニット（客室）のことをいう。モーテルはたいていこのタイプだ。

Dormitory & Share
ドミトリーとシェア

ドミトリーはドームDormとも呼ばれる。大部屋に2段ベッドが並んでいて5〜10人ぐらいで利用するタイプをバンクルームといい、小さな部屋を2〜4人の相部屋で利用するものをシェアルームと呼んで区別する場合もある。

バックパッカーズホステル

最も安い料金帯の宿で、どの町に行っても数多く揃っている。部屋は基本的にドミトリーと呼ばれる相部屋で、料金はひとり$25前後から。女性のみのドミトリールームを用意しているところもある。トイレ、シャワーは共用が基本。共同キッチンや、テレビが置いてあるゲストラウンジもある。庭にBBQスペースを設けているところも多い。衛生上の問題から寝袋の利用は原則禁止されており、ほとんどのホステルで枕やシーツは無料で利用できる。

BBHやVIPというバックパッカーズホステルの団体があり、カードを購入すると宿泊割引などの特典が受けられる（→P.481）。

低料金が魅力的なバックパッカーズホステル

ファームステイの斡旋組織
WWOOFジャパン
〒065-0042
札幌市東区本町2条3-6-7
(03)4496-6370
www.wwoofjapan.com

WWOOF New Zealand
P.O. Box 1172, Nelson
(022)052-6624
wwoof.nz

Rural Holidays New Zealand
P.O. Box 2155, Christchurch
(03)355-6218
www.ruralholidays.co.nz

ファームステイ

ニュージーランドならではの体験をしたいという人におすすめの農場・牧場滞在。ファームでの作業や暮らしぶりを見学しながら過ごしてもよいし、実際に家畜の世話などを手伝わせてもらうのもいい経験になるだろう。料金は3食込みでひとり1泊$100くらいから。現地の観光案内所で紹介してもらえる。ほかに、有機農場で農業体験というかたちで手助けをする代わりに、農場に宿泊できるウーフWWOOFがあり、滞在費は無料。

かわいい動物に癒やされよう　餌やりは定番の体験メニュー

クォールマークを有効に活用

ニュージーランド政府観光局とNZAA（ニュージーランド・オートモービル・アソシエーション）によるニュージーランド国内の信頼できる観光業者を厳しく審査した品質表示が、クォールマークQualmarkだ。5段階の★が付けられており、どの観光業者のサービスが信頼できるか迷った際の参考になる。従来はアコモデーションのみに適用されていたが、現在はアクティビティや文化施設、交通機関などにまで審査対象が拡大され、ますます便利なシステムとなった。旅行中に、シダをモチーフにしたロゴを幾度となく見かけることだろう。

このシステムが優れているのは、例えばアコモデーションなら「Hotel（ホテル）」「Motel（モーテル）」「Holiday Parks（ホリデーパーク）」「Bed & Breakfast（B&Bなど）」「Backpacker（ホステル）」などのカテゴリーに分けられているところ。各カテゴリーのなかで5段階の等級が付けられるので、必要なサービスをひとめで見分けることができる。ただし、クォールマークがないから信用できないと判断するのは早計。あくまでもひとつの判断材料として利用したい。
www.qualmark.co.nz

YHAホステル（ユースホステル）

クライストチャーチのYHAロールストン・ハウスは伝統的な建造物をリフォーム

青少年が自由に旅行することを趣旨として、ユースホステル協会（YHA）が運営しているホステル。設備の内容はバックパッカーズホステルと同様だが、全体的に水準が高い。ニュージーランド国内には37ヵ所のネットワークがあり、会費を払ってYHAの会員になればすべてのホステルの全客室がいつでも10％割引で利用できる。

また、会員はチェックイン時にWi-Fiアクセス用のカードがもらえるので、滞在中は無料でインターネットを利用できる。さらに国内のアクティビティや交通機関の中には、YHA会員を対象とした割引も多数ある。公式ホームページ（www.yha.co.nz）で確認してみよう。

ユースホステルというと、消灯時間や食事時間が決まっているとか、宿泊者全員参加の集会があるなどの誤解を受けがちだが、そうした制約は一切ない。キッチンやラウンジは共用で、バックパッカーズホステルと同様、無料で利用できる調理器具や食器、調味料が置かれている。門限もなく自由に出入りできるのもうれしい。

部屋のタイプはドミトリーのほか、シングル、ツイン、ダブルなどの個室、グループ用の客室などがある。また、シャワー、トイレ付きの個室もあり、こちらはホテル感覚で利用できる。

ニュージーランドのYHAは、バックパッカーズホステルからYHAのネットワークに加わったホステルも多い。そのため宿の造りやサービス内容も均一的ではなく、個性的なホステルが多いのが特長だ。ホステル独自のサービスがあるので、チェックしてみよう。

人気の高いマウント・クックYHA

ホリデーパーク（キャンプ場）

日本のキャンプ場と違い、テントサイトのほか、キャンピングカー専用のスペース、ロッジ、キャビン、コテージなど、同じ敷地にさま

YHAホステルの予約

多くのYHAホステルでは、次に泊まるホステルの予約をしてくれるサービスがある。ホステルには協会直営のホステル以外に、民間の宿泊施設と契約した協定ホステル（Associate Hostel）もある。各ホステルの所在地は、協会が発行する小冊子に掲載されており、主要ホステル、観光案内所などで入手できる。

ユースホステル協会の会員証の取得
→P.452

会員証は18歳未満は無料、18歳以上は1年有効のカードは$25、2年有効のカードは$40。

旅の準備と技術

ホテルの基礎知識

ホステルの会員システム

YHAホステル（ユースホステル）

ニュージーランドに37ヵ所ある、会員制のホステル。非会員でも1泊につき$2〜3追加すれば宿泊できる。会員証（1年間有効、大人$25、18歳未満無料）は日本ユースホステル協会を通じて、出発前に日本で会員になることも可能（→P.452）。また、現地のホステルで直接申し込むこともできる。そのほか、交通機関や各地のツアー、アクティビティで割引などの特典が受けられる。
URL www.yha.co.nz

BBH

バジェット・バックパッカー・ホステルズBudget Backpacker Hostelsの略で、ニュージーランド国内に約300ヵ所の加盟ホステルがある。BBHクラブカードは$35で、オンライン上で宿を予約すると1泊につき$4の払い戻しを受けることができる。YHA同様に各交通機関やツアー、アクティビティ会社などで割引も受けられる。詳しくはBBH加盟店で確認しよう。
URL www.bbh.co.nz

ざまなタイプの宿泊施設があり、選ぶことができる。共同のキッチンスペースやシャワー、プールがあるホリデーパークもあり、特にレンタカーで回る旅行者には利用価値が高い。ただし、人気の高いホリデーパークは早くから予約でいっぱいになってしまうので、事前の予約が必須だ。

テントサイトやモーテルのあるレイク・テカポ・モーテル＆ホリデーパーク

アコモデーションの探し方と予約

観光シーズンやホリデーシーズン中は混雑し、宿が取りにくくなることもあるということを念頭におこう。観光シーズンのピークは、夏季に当たる12月から3月いっぱいくらいまで。南島ではクイーンズタウン、テ・アナウ、ワナカ、北島ではロトルア、タウポといったリゾート地が特に混雑している。たいていは2～3日前の予約で問題ないが、予定がはっきりと決まっている場合は早めに予約するに越したことはない。冬季も、人気のあるスキー場の拠点となる都市は、半年も前から予約でいっぱいになるので気をつけよう。

また、クリスマスから年明けの10日間余り、次いで3月下旬～4月中旬のイースター休暇（年ごとに変わる）の時季に限っては、ホテルやモーテルなどは数週間前に満室になってしまうため、確実に早めの予約が必要だ。

予約方法

最も簡単なのは、宿の公式ウェブサイトから予約フォームを利用して、直接予約する方法だ。時季によっては割引料金が設定されていることもある。予約フォームがない場合は、eメールやFAXを利用して予約をしよう。予約内容、料金の明細、支払い方法、キャンセル条件についてはしっかり確認を。トラブルを避けるため、予約確認書は必ず持参しよう。

また、日本語や英語で運営されているアコモデーション予約ウェブサイトも便利だ。さまざまアコモデーションを取り扱っているので比較検討しやすく、クチコミ情報もアコモデーション選びの参考になる。料金も"最低価格保証"をうたっているところもあり、直接予約するよりも安い場合が多い。支払いは現地アコモデーションや、ウェブサイトでのクレジットカード決済などサイトによりまちまち。

そのほか、各地の観光案内所アイサイトでは、アコモデーションの紹介から予約まで行ってくれる。

ホテルのインターネット設備

高級ホテルからホステルまで、ニュージーランドにあるほとんどの宿泊施設で有線、または無線LANによるインターネット接続が可能。ただし有料が一般的で、料金はホテルにより異なる。1時間、24時間など、時間単位で設定料金が決められている場合が多く、時間が長くなるほど割安になる。ウェブサイト上でプランを選んでクレジットカードで精算するタイプなどさまざまだ。ロビーでは無料で利用でき、客室内で利用する場合は有料の場合が多い。

クレジットカードのデータとは
カードの種類や番号、有効期限など。最初からカード番号を伝えるのではなく、予約が確実に取れてから後送するようにしよう。

キャンセルする場合
宿を予約するときにクレジットカード番号を告げた場合、その宿をキャンセルしたいときは予約日の1日前の夕方（16:00）までにその旨を伝えないと、初日分の料金をカードから引かれることが多い。宿ごとにキャンセルポリシーが決められているので、予約時に必ず確認するようにしたい。

便利なホテル予約サイト
Booking.com
URL www.booking.com
Expedia
URL www.expedia.co.jp
Agoda
URL www.agoda.com

旅の技術 チップとマナー

海外旅行をすると日本では見慣れない習慣やマナーに戸惑うことも多いはず。渡航前に予習して、現地ではそれぞれの国の習慣に従うようにしよう。ニュージーランドにはあまりかしこまった決まりはないが、以下の基本的なことは押さえておきたい。

チップについて

チップとは受けたサービスに対する感謝の気持ちを表す少額の金銭のこと。日本にも旅館などで部屋の担当に心付けを渡す程度のことはあるが、欧米諸国をはじめ海外では習慣としてより日常的にチップの受け渡しを行う国も多い。そのような国では、タクシーやレストランでの会計時、ホテルでの荷物の持ち運びや客室の清掃をしてもらった際に小銭を渡すのが常識とされている。ただし、ニュージーランドには基本的にチップの習慣がないのであまり堅苦しく考える必要はなく、好感のもてるサービスを受けたと感じたときに個々の判断で渡す程度でよい。レストランならクレジットカードで支払いする際に、渡されたレシートの「Tip」欄にチップの金額を記入するか、「Total」欄にチップを含めた合計金額を記すのがスマートだろう。

端数を切り上げた額を記入してもいい

マナーについて

厳しい喫煙マナーにご注意を

愛煙家にとってニュージーランドは非常に厳しい国のひとつである。禁煙への意識が高く、たばこの平均価格は1箱＄22（約1700円）もする。「禁煙環境改正法」という法律によってレストランやバー、ナイトクラブなども含めたすべての屋内の公共施設で喫煙が禁じられており、違反者には罰金が科せられる。喫煙する場合は灰皿が設置された屋外へ。無論、歩きたばこも厳禁。「Smoke Free」は禁煙という意味なので注意しよう。

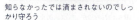
知らなかったでは済まされないのでしっかり守ろう

アクティビティでは環境への配慮が必要

環境保全の先進国でもあるニュージーランド。トランピングなど自然のなかでアクティビティを楽しむ際には、野生動物に餌づけしない、ゴミは残さず持ち帰るなどの常識的なマナーを心にとどめておこう（→P.418）。

日本とは異なるマナーを身に付けよう

日本車だらけのニュージーランドだが、タクシーは日本のような自動ドアではない。慣れるまで戸惑うこともあるが、自分でドアを開閉するのを忘れないようにしよう。乗車は後部座席と助手席のどちらでもかまわないが、ひとりで乗るなら助手席に座るのが一般的。タクシーやバスを降りる際には、「Thank You, Driver !」とひと声かけるのもニュージーランド流のマナーだ。

環境に配慮したタクシーも走る

服装について

服装については比較的寛容なお国柄。気持ちよさそうに裸足で道を歩くキーウィも少なくない。ただし、アクティビティ帰りにショップやレストランに立ち寄る場合など、最低限のTPOはわきまえておきたい。ディナーで中級以上のレストランを利用するなら、スマートカジュアルがベターだ。

旅の技術 長期滞在の基礎知識

旅行だけでなく、留学やワーキングホリデー、リタイア後の移住といったかたちでの渡航者も増加しているニュージーランド。豊かな自然環境と治安のよさ、そして経済的に過ごせるという好条件が長期滞在をより身近なものにしている。

ビザに関する問い合わせ
ニュージーランド
ビザ申請センター（→P.440）

滞在延長を希望する場合
ビザ不要の3ヵ月、あるいは訪問者ビザの9ヵ月以降も滞在を希望する場合は、ニュージーランド国内の移民局で所定の手続きを行えば、延長が可能になる場合もある。しかし、就労者には適用されない。
ニュージーランド移民局
URL www.immigration.govt.nz

現地での住まい
一戸建てからアパート（フラットあるいはユニットと呼ばれる）までさまざまな住居形態がある。若者に人気の経済的な方法はフラッティングと呼ばれる共同生活。また、ホームステイをしながら英語学校に通うケースも増えている。さらにニュージーランドならではの滞在を望むならファームステイという方法もある。

ワーキングホリデービザの取得条件
・滞在予定期間プラス3ヵ月以上の残存有効期間があるパスポートを所有していること。
・健康で犯罪歴がないこと。
・日本国籍を有する18歳から30歳までの独身者および子供を同伴しない既婚者。
・申請は同一申請者に対して1回のみに限る。

長期滞在に必要なビザ

日本人が3ヵ月以上の長期の滞在を希望する場合は、「訪問者ビザ」、「就労ビザ」、「学生ビザ」、「ガーディアンビザ（保護者のビザ）」、そして「ワーキングホリデービザ」などのビザの取得が必要となる。「訪問者ビザ」であれば18ヵ月の間に最長で9ヵ月の滞在が可能だが、9ヵ月滞在した場合はニュージーランド出国後9ヵ月間の再入国ができない。就労は認められていないが、観光はもちろん3ヵ月までのフルタイム通学も可能だ。

2019年10月1日より入国に際して、電子渡航認証と環境保護・観光税（→P.451）が必要となったので、ビザ申請時に詳細を確認すること。

ワーキングホリデー

ワーキングホリデーとは、18～30歳の若者を対象に、お互いの国の生活や文化などを相互理解するために設けられた国際交流制度のひとつで、入国時から1年間ニュージーランドに滞在できる。観光や6ヵ月までの語学研修以外にアルバイトをすることもできる。ビザの取得申請は、ニュージーランド移民局のウェブサイトで行う。

ワーキングホリデーの過ごし方は、国内を旅行したり、語学学校に通ったり、アルバイトをしたりと人それぞれ。アルバイトの場合、最低賃金が時給$16.5と決められており、あくまでも生活費を補う程度。なお、ビザ申請条件として「滞在費として申請時に最低$4200ほどの資金を所有していること」となっている。滞在中の生活資金はあらかじめ一定以上用意しておくこと。

長期滞在の情報収集

■ロングステイ全般に関する情報
ロングステイ財団
〒102-0084
　東京都千代田区2-9-3
　THE BASE麹町
TEL (03)6910-0681
FAX (03)6910-0682
URL longstay.or.jp

■留学やワーキングホリデーに関する情報
成功する留学
URL www.studyabroad.co.jp
＜東京本社＞
〒170-6025　東京都豊島区東池袋
　3-1-1サンシャイン60　25階
TEL (03)6634-3360
※大阪、名古屋にデスクあり

旅の技術　電話と郵便

電話

国内電話
　ニュージーランドの市外局番は5種類（北島04、06、07、09。南島03）。同じ局番同士でもごく近いエリア以外は市外局番からプッシュする。0800や0508で始まる番号は、ニュージーランド国内のみで使える無料番号。ホテル予約時などに使える。

国際電話
　国際電話はホテルの客室にあるほとんどの電話からダイヤル直通でかけられるほか、公衆電話からもかけることができる。公衆電話は機種によりコイン式、コインとテレホンカード併用式、クレジットカードが使用できるものがある。テレホンカードは電話に差し込んで使用するICチップが埋め込まれたタイプ（フォンカードと呼ばれている）のほか、PIN方式のものがあり、どちらも一般的に使用されている。PIN方式の場合は、購入したら裏側の銀色の部分を削り、この下に書かれている番号（PIN）を露出させる。かけるときは裏面にある電話会社のアクセス番号をプッシュ、ガイダンスに従いPINコードを入力、残高がアナウンスされたら相手先の番号を押す。

町なかに普及している公衆電話

日本の電話会社の各種サービス
　KDDIジャパンダイレクトを利用すれば、日本語オペレーターを通して、ニュージーランドから日本へ電話がかけられる。支払いはクレジットカードかコレクトコール。クレジットカードを使用し、日本語音声ガイダンスに従って電話をかけることもできる。

日本での国際電話会社の問い合わせ先

KDDI
無料 0057
無料 0120-977-097
URL www.kddi.com

NTTコミュニケーションズ
無料 0120-506-506
URL www.ntt.com

ソフトバンク（国際電話）
無料 0120-0088-82
URL tm.softbank.jp

au
☎157（auの携帯電話から無料）
無料 0077-7-111
無料 0120-977-033
URL www.au.com

NTTドコモ
☎151（ドコモの携帯電話から無料）
無料 0120-800-000
URL www.nttdocomo.co.jp

ソフトバンク（モバイル）
☎157（ソフトバンク携帯電話から無料）
無料 0800-919-0157
URL www.softbank.jp

日本語オペレーターに申し込むコレクトコール
KDDIジャパンダイレクト
FREE 0800-88-1810
URL www.001.kddi.com/accessnumber

国際クレジットカード通話
KDDIスーパージャパンダイレクト
FREE 0800-88-1811
URL www.001.kddi.com/accessnumber

日本からニュージーランドの☎(09)123-4567に電話をかける場合

国際電話会社の番号	国際電話識別番号	ニュージーランドの国番号	市外局番（頭の0は取る）	相手先の電話番号
001　（KDDI）※1 0033　（NTTコミュニケーションズ）※1 0061　（ソフトバンク）※1 005345　（au携帯）※2 009130　（NTTドコモ携帯）※3 0046　（ソフトバンク携帯）※4	010	64	9	123-4567

※1 「マイライン」「マイラインプラス」の国際区分に登録している場合は不要。詳細はURL myline.org
※2 auは005345をダイヤルしなくてもかけられる。
※3 NTTドコモは事前にWORLD WINGに登録が必要。009130をダイヤルしなくてもかけられる。
※4 ソフトバンクは0046をダイヤルしなくてもかけられる。
※　携帯電話の3キャリアは「0」を長押しして「+」を表示し、続けて国番号からダイヤルしてもかけられる。

ニュージーランドから日本の☎(03)1234-5678または📱(090)1234-5678に電話をかける場合

国際電話識別番号	日本の国番号	市外局番と携帯電話の最初の0を除いた番号	相手先の電話番号
00 ※1	81	3または90	1234-5678

※1 公衆電話から日本へかける場合は上記のとおり。ホテルの部屋からは、外線につながる番号を頭に付ける。

旅の準備と技術　長期滞在の基礎知識／電話と郵便

**プリペイドカード通話
問い合わせ先
KDDIスーパーワールドカード**
0057/0120-977-097

プリペイド式携帯電話
　長期滞在者は携帯電話を購入する人も多いが、日本からプリペイドタイプの携帯電話もある。値段は通常プリペイドカード$100ほどが付いて$150〜。残高がなくなったらプリペイドカードを購入し、裏に記載されたPINコードを自分の携帯電話に入力すると、カード金額分の通話ができる。

SIMフリー携帯電話
　インターネットを使う機会が多い場合は、日本からSIMフリーの携帯電話などを持参し、現地でSIMカードを購入するのがおすすめだ。SparkやVodafoneといった主要ブランドは、空港内の店舗で購入でき、スタッフが設定を教えてくれるので安心。費用は1ヵ月1GBで$29など。
Spark NZ
www.spark.co.nz
Vodafone NZ
www.vodafone.co.nz
Skinny Mobile
www.skinny.co.nz

New Zealand Post
0800-501-501
www.nzpost.co.nz

おみやげに切手はいかが
　ニュージーランドの切手は、日本と比べてサイズが大きく、きれいな絵が映えるものが多い。美しい風景からマオリ、映画『ロード・オブ・ザ・リング』の切手まで、幅広い品揃え。ちょっとしたおみやげにもぴったりだ。
stamps.nzpost.co.nz

**安心＆便利な
ドコモの海外パケット
定額サービス**
　ドコモの「パケットパック海外オプション」は、1時間200円からいつものスマートフォンをそのまま海外で使えるパケット定額サービス。旅先で使いたいときに利用を開始すると、日本で契約しているパケットパックなどのデータ量が消費される。利用時間が経過すると自動的にストップするので高額請求の心配もない。詳細は「ドコモ　海外」で検索してみよう。

日本国内の国際空港やコンビニエンスストアで購入できるKDDIの「スーパーワールドカード」は、まず、電話会社のアクセス番号にダイヤルし、日本語音声ガイダンスに従って操作すればよい。

海外で携帯電話を利用するには
　海外で携帯電話を利用するには、日本で使用している携帯電話を海外でそのまま利用する方法や、レンタル携帯電話を利用する、モバイルWi-Fiルーターを日本の出発空港でレンタルする、SIMカードを購入するといった方法がある。定額料金で利用できるサービスもあるので、現地でのネット利用に便利。
　スマートフォンなどの利用方法をまとめた特集ページを公開中。 www.arukikata.co.jp/net

携帯電話の紛失について

携帯電話を紛失した際の、ニュージーランドからの連絡先
（利用停止の手続き。全社24時間対応）

au	（国際電話識別番号00）+81+3+6670-6944	※1
NTTドコモ	（国際電話識別番号00）+81+3+6832-6600	※2
ソフトバンク	（国際電話識別番号00）+81+92+687-0025	※3

※1　auの携帯から無料、一般電話からは有料。
※2　NTTドコモの携帯から無料、一般電話からは有料。
※3　ソフトバンクの携帯から無料、一般電話からは有料。

郵便

　ニュージーランドの郵便には、国営のNew Zealand Postのほかに、Fastway Couriersという民間会社も参入。営業時間は一般的に月〜金曜の8:00〜17:30と土曜の9:00〜12:00。ファクスや国際電話も利用可。国際郵便は、1〜5日で配達される国際エクスプレス郵便

町なかにある郵便局

International Express Courierと、2〜6日ほどかかる国際エコノミー郵便International Courier、3〜10日ほどかかる通常の郵便International Airがある。

郵便料金
　国内郵便は大きさ13cm×23.5cm、厚さ6mm、重さ500g未満の普通郵便が$1.2。以降、サイズが大きくなるほど高くなる。
　通常の国際郵便の場合、日本へははがき$2.4、封書（大きさ13cm×23.5cm、厚さ1cm、重さ200g以内）$3。国際エコノミー郵便ははがきや封書など250gまでなら$32.07、500gまで$36.81。国際エクスプレス郵便は500gまで$70.81、1kgまで$82.87。万一の破損や紛失に備える場合は、補償額設定や追跡調査サービスを利用しよう。

日本と同じ赤色のポスト

旅の技術　インターネット

日本から持ち込んだスマートフォンやパソコンで、インターネットにつなげるかどうかは気になるところ。無線LANのWi-Fiが使えるところが増えているが、パソコンならLANケーブルも用意しておくと安心。携帯電話会社の海外パケット定額サービスや、モバイルWi-Fiルーターをレンタルする方法もある。

ニュージーランドのインターネット事情

ニュージーランドでは電話回線を利用したアナログブロードバンドADSLが主流だが、無線のWi-Fiが使えるところも増えている。速度は日本よりも遅く、ダウンロード時間にストレスを感じる人もいるだろう。また、一般的には使用料がかかり、なおかつ1日にダウンロードできる容量が決められているケースも多い。

ウェリントンでは無料のWi-Fiスポットがあるが、時間制限や容量制限などがある。地方都市では無料Wi-Fiは、まだほとんど普及していないのが現状だが、図書館や公衆電話などで無料Wi-Fiが使えるところがある。

マクドナルドやバーガーキング、スターバックスなどのファストフード店や、チェーン店のコーヒーショップなどの多くで、無料でWi-Fiを利用できる。インターネットカフェもあり、1時間$3ほどで利用できる。まれに日本語の表示ができないことも。自分のノートパソコンが持ち込める店もある。

ニュージーランドの無線LANネットワーク
Zenbu
[URL] www.zenbu.net.nz
ウェリントンの無料Wi-Fiスポット
[URL] cbdfree.co.nz

海外向けモバイルWi-Fiルーターのレンタル会社
グローバルWiFi
[無料] 0120-510-670
[URL] townwifi.com
イモトのWiFi
[無料] 0120-800-540
[URL] imotonowifi.jp

INFORMATION
ニュージーランドでスマホ、ネットを使うには

まずは、ホテルなどのネットサービス（有料または無料）、Wi-Fiスポット（インターネットアクセスポイント。無料）を活用する方法がある。ニュージーランドでは、主要ホテルや町なかにWi-Fiスポットがあるので、宿泊ホテルでの利用可否やどこにWi-Fiスポットがあるかなどの情報を事前にネットなどで調べておくといいだろう。ただしWi-Fiスポットでは、通信速度が不安定だったり、繋がらない場合があったり、利用できる場所が限定されたりするというデメリットもある。ストレスなくスマホやネットを使おうとするなら、以下のような方法も検討したい。

☆各携帯電話会社の「パケット定額」
1日当たりの料金が定額となるもので、NTTドコモなど各社がサービスを提供している。
いつも利用しているスマホを利用できる。また、海外旅行期間を通してではなく、任意の1日だけ決められたデータ通信量を利用することのできるサービスもあるので、ほかの通信手段がない場合の緊急用としても利用できる。なお、「パケット定額」の対象外となる国や地域があり、そうした場所でのデータ通信は、費用が高額となる場合があるので、注意が必要だ。

☆海外用モバイルWi-Fiルーターをレンタル
ニュージーランドで利用できる「Wi-Fiルーター」をレンタルする方法がある。定額料金で利用できるもので、「グローバルWiFi（[URL] https://townwifi.com/）」など各社が提供している。Wi-Fiルーターとは、現地でもスマホやタブレット、PCなどでネットを利用するための機器のことをいい、事前に予約しておいて、空港などで受け取る。利用料金が安く、ルーター1台で複数の機器と接続できる（同行者とシェアできる）ほか、いつでもどこでも、移動しながらでも快適にネットを利用できるとして、利用者が増えている。

ほかにも、いろいろな方法があるので、詳しい情報は「地球の歩き方」ホームページで確認してほしい。
【URL】http://www.arukikata.co.jp/net/

ルーターは空港などで受け取る

旅の技術 旅のトラブルと安全対策

安全なイメージの強いニュージーランドといえども、犯罪が起こり得る。自分の身は自分で守ることが鉄則だ。万一に備えて緊急時の連絡先や対処法を心得ておこう。

警察・救急車・消防の緊急電話
すべて **111**（警察・消防は無料、救急車は有料）

日本外務省の海外安全情報サービス
外務省領事局
領事サービスセンター
〒100-8919
東京都千代田区霞が関2-2-1
(03) 3580-3311
www.anzen.mofa.go.jp
（海外安全ホームページ）
9:00～12:30、
13:30～17:00
土・日、祝

大使館などの連絡先
在ニュージーランド
日本国大使館
Embassy of Japan in New Zealand
Level 18, The Majestic Centre, 100 Willis St. Wellington
(04) 473-1540
(04) 471-2951
www.nz.emb-japan.go.jp
9:00～12:30、
13:30～17:00
土・日、祝
領事班
月～金　　　9:00～12:00
13:30～16:00

在クライストチャーチ
領事事務所
Consular Office of Japan in Christchurch
12 Peterborough St. Christchurch
(03) 366-5680
(03) 365-3173
www.nz.emb-japan.go.jp
9:00～12:30、
13:00～17:00
土・日、祝
領事事務受付
月～金9:15～12:15、
13:30～16:00

在オークランド日本国総領事館
Consulate-General of Japan in Auckland
Level 15 AIG Building, 41 Shortland St. Auckland
(09) 303-4106
(09) 377-7784
www.auckland.nz.emb-japan.go.jp
9:00～17:00
土・日、祝
領事班
月～金9:00～12:00、
13:00～15:30

トラブルに遭わないために

ニュージーランドの治安状況

かつてはとても治安のよい国とされていたニュージーランドだが、現在は人口の集中しているオークランドやクライストチャーチなどの都市部を中心に窃盗や空き巣が多くなっている。また、犯罪の多くをスリや置き引きなどの軽犯罪が占めている一方で、殺人や強盗などの重犯罪も増加している。特に都市部では、観光客を含めて人口が増加しているにもかかわらず、警察官の数が足りないというのが現状のようだ。

事故や事件はどこで待ち受けているかわからない。安全な国だからと過信しないで、自分の身は自分で守る気構えでいよう。

トラブルの事例と対策

人災ばかりでなく、天災など何が起こるかわからない。海外に長期滞在する場合、日本の家族に居場所を教えておくことが大切だ。また、3ヵ月以上滞在する場合はニュージーランドの日本大使館や領事館に在留届を出さなければならない。緊急時の身元の確認や事故に巻き込まれた場合の手続きや身分証明などが迅速に行われることにもなる。

●置き引き・盗難

都市部に限らず全国で頻繁に起こっており、盗難に遭う場所はさまざまだ。ホテルのロビーで荷物を置いたまま一瞬そばを離れた、荷物を公衆電話の横に置いたまま夢中で話していた、レストランで荷物を椅子の背にかけておいた、ホステルで寝ている間（または外出時）に管理を怠ったなどちょっとした油断が盗難を誘発する。また、長距離バスで移動中に荷物を盗まれた例もある。特に夜間、暗い車内などは注意が必要だ。対応策としては大きな荷物は足で挟む、ハンドバッグは肩からたすき掛けにして提げる、レストランでは荷物から目を離さない、宿泊先（特にホステルのドミトリー部屋など）では荷物にカギをかけ、貴重品は身に付けるなどが挙げられる。

●ひとり歩き

都市部で暗い路地をひとりで歩くのはたいへん危険。窃盗や強姦事件は、こうした路地やひと気のない場所で起こることが多い。ニュージーランドはレイプ事件が年間約1000件も起こっているので、女性の夜のひとり歩きは特に避けたい。

●車の窃盗

車の窃盗事件にも注意したい。都市部では停めてある車の窓を割って車内に残したものを盗む、いわゆる車上荒らしも頻発している。具体的な対策としては、カギのかけ忘れをしない、

ひと気のない路上に駐車しないで、多少なりとも管理されたパーキングに停めるなどが挙げられる。また、車内の目に付く所にガイドブックや地図など、すぐに観光客とわかるようなものを残さないように気をつけること。ニュージーランド警察本部が作成した、日本語版安全パンフレットが、観光案内所アイサイトなどに置いてあるので参考にしよう。

●女性に対する誘惑

近年増加しているのが、女性に対する誘惑。特にワーキングホリデーや留学で滞在している女性の被害が増えている。共通している手口はカフェやクラブでカタコトの日本語で親しげに話しかけてくること。アルコールに薬物を混入させ飲ませたあと強姦したうえ、クレジットカードや現金を強奪するようなケースも起こっている。ニュージーランドでは日本人女性は人気があるが、自分の身は自分で守る、そして人物を見分ける賢明さが必要である。

●車の事故

ニュージーランドの国道の制限速度は都市部で時速50キロ、郊外では時速100キロ。車の数は日本より少ないとはいえ、アップダウンやカーブが多いことに加え、慣れない土地での運転は十分注意しよう。日本人旅行者が事故を起こしたり、巻き込まれる例も少なくない。時速100キロ前後のスピードで事故を起こせば、生命にかかわるダメージを受けることは言うまでもない。また、街灯がほとんどないので、夜間の長距離移動は極力避けたほうがいいだろう。

また、山間部以外は積雪がほとんどないとはいえ、冬季の夜間や早朝は路面が凍結する所もある。スピードを抑え車間距離をしっかり取って運転しよう。

トラブルに遭ったらどうするか

盗難・紛失

●現金

現金をなくしたら戻ってくることはまずないが、警察に盗難届けを出し、滞在費をどうするか考える。日本から送金してもらうか、クレジットカードでキャッシングするか、対策を講じるしかない。日本から送金してもらう場合は、近くにある銀行の支店宛に送金してもらうこともできる。日本からは、銀行の外国為替取扱店に行けば海外送金の手続きをしてもらえる。送金日数は各銀行によって違うが、2～10日ほどかかる。

●クレジットカード

すぐにカード発行会社に連絡をして、カードの無効手続きをとる。きちんと紛失や盗難の届けが出ていればカードが不正使用されても、通常、保険でカバーされるので、カード番号などのデータと各カード発行会社の緊急時連絡先は控えて、カードとは別に保管しておこう。

海外で再発行を希望する場合はその手続きもとる。手続きや所要日数はカード会社によって異なり、カード番号と有効期限、

駐車時に注意を促す警察の看板

緊急時の公的通訳サービス

政府 (The Office of Ethnic Communities) の行っている通訳サービス。ACC事務所、移民局、警察などで言葉に困ったときに、電話して通訳を電話口に頼めるサービス。電話番号は必要機関によって異なるので、ウェブサイトを参照。
URL ethniccommunities.govt.nz/language-line

飛行機から荷物が出てこない場合

自分の荷物が出てこなかった場合には、航空会社のカウンターに行って紛失届を提出する。見つかるまでの荷物の補償と見つかった場合の対処方法を確認する必要がある。航空会社によって、荷物相当の現金や当座の衣類などを補償してくれるなど対応はさまざまだ。

出てきた荷物が壊れていた場合

飛行機から出てきた荷物が壊れていたときには、その場で航空会社のカウンターに行って、航空会社に書類を作成してもらう。航空会社が補償金を支払ってくれる場合もあるが、海外旅行保険 (携帯品の破損) に加入していれば、後日、保険会社への書類提出のために、航空会社の責任者のサインのある事故証明書が必要。破損した荷物の写真なども撮っておく。

主要クレジットカード紛失時の連絡先
アメリカン・エキスプレス
FREE 0800-44-9348
ダイナースクラブ
FREE 81-3-6770-2796
JCB
FREE 00-800-0009-0009
MasterCard
FREE 800-441-671
VISA
FREE 0800-103-297

■旅レジ

URL www.ezairyu.mofa.
go.jp/tabireg
日本の外務省が提供する
「たびレジ」に登録すれ
ば、渡航先の安全情報メ
ールや緊急連絡を無料で
受け取ることができる。
出発前にぜひ登録しよう。

**パスポート申請に必要な
書類**
新規発給を申請する場合
①一般旅券発給申請書　1通
②戸籍謄本または抄本　1通
③顔写真　　　　　　　1枚
　（タテ45mm×ヨコ35mm、
　無帽無背景で6カ月以内に撮
　影したもの）
④手数料
　10年用は$208
　5年用は$143
　（12歳未満$78）
⑤窓口にある届出書
　※1
　改正旅券法の施行により、
　紛失した旅券の「再発給」制
　度は廃止されている。

**帰国のための渡航書の
発給を申請する場合**
①渡航書発給申請書　　1通
②戸籍謄本または抄本　1通
　または日本国籍であること
　を確認できる書類
③顔写真1枚
　（タテ45mm×ヨコ35mm）
④日程が確認できる書類
　（eチケットや旅行会社作
　成の日程表）
⑤手数料$32
⑥窓口にある届出書
　手数料の支払いは現地通貨の
　現金でのみ。
※「パスポート申請手続きに
　必要な書類」の詳細は、外
　務省ウェブサイトで確認を。
外務省ウェブサイト
URL www.mofa.go.jp/mofaj/
toko/passport/pass_5.
html

ACC
FREE 0800-101-996
URL www.acc.co.nz

主要都市のおもな警察署
クライストチャーチ
🏠40 Lichfield St.
☎(03)363-7400
クイーンズタウン
🏠11 Camp St.
☎(03)441-1600
オークランド
🏠Cook & Vincent St.
☎(09)302-6400
ウェリントン
🏠41 Victoria St.
☎(04)381-2000

パスポートなどの身分証明書が必要。日数は2日～1週間程度。

●持ち物、貴重品

持ち物や貴重品を紛失、または盗難に遭った場合、最寄りの警察署で紛失・盗難届出証明書を作成してもらう。この証明書がないと海外旅行保険に加入していても、補償が受けられなくなるので忘れずに取得しよう。作成の際、紛失、盗難された日にちや場所、物の特徴などを聞かれるので、最低限の内容は伝えられるようにしておくこと。特にバッグや財布の被害の場合、中身について把握していれば手続きがスムーズに進む。

帰国後は各保険会社に連絡をし、保険金請求書類と紛失・盗難届出証明書を提出し、保険金の請求を行うこと。

●パスポート（旅券）をなくしたら

もしパスポートを紛失や焼失、盗難に遭った場合は速やかに警察に届けたのち、在外公館（日本大使館、総領事館）で手続きを取る。まずは在外公館備え付けの紛失一般旅券等届出書1通、警察の発行した紛失を証明する書類または消防署などが発行した罹災証明書など、そして写真1枚、身分確認書類を用意し紛失届け出を行う。同時に新規旅券発行（欄外※注1）または帰国のための渡航書の発給申請を行う。一般旅券発給申請書の発給までは約1週間、帰国のための渡航書の発給には1～3日かかる。手続きをスムーズに進めるためにパスポートの顔写真ページと航空券や日程表のコピーを取り、原本と別に保管しておこう。

●航空券

近年では、紙の航空券ではなくeチケットが利用されている。従来の航空券の代わりにフライトスケジュールが記載された旅程表（eチケット控え）が発行され、その用紙をチェックインカウンターに持っていけば搭乗券が発行される。eチケット控えは航空券の代わりに携帯することになるが、コンピューター管理されているので、もし紛失してしまっても各航空会社、または購入した旅行代理店に連絡すればすぐに再発行してもらえるので、安全面でもメリットが多い。

交通事故

●事故補償金制度（ACC）について

ニュージーランドには、国内で起こった事故によるけがの治療にかかる補償金や医療費を、国が補償するという制度（ACC = Accident Rehabilitation and Compensation Insurance Corporation）がある。旅行者やワーキングホリデーメーカーにも適用される補償制度だが、すべての事故が対象となっているわけではない。基本的な支給対象は救急車（有料）を含む緊急時の交通費、治療費、入院費などである。補償請求は医師が申請をし、適用になるかはACCの判断に委ねられる。

●レンタカー運転中の事故

道路事情はよく、車の量も少ないので走りやすいが、交通事故には十分気をつけよう。事故を起こしたら、まずレンタカーを借りる際に加入した保険の緊急連絡先と警察へ電話をして指示を仰ぐ。警察の事故証明は必ずもらっておくこと。

病気になってしまったら

　ニュージーランドの医療水準は高いので、専門医による応急処置を要する場合など、日本語の通じる医師にこだわらず適切な状況判断を心がけたい。
　ACCの補償金制度では、病気は補償対象外なので、治療費は自己負担になる。入院や手術になると高額な費用がかかるので、海外旅行保険の加入は忘れずにしておきたい（→P.451）。また、保険会社への請求の際に必要なので、診療を受けたあとは領収書や診断書は必ずもらうようにする。

病院で治療を受けるには

　ニュージーランドの医療システムは、1次医療のプライマリーケア（GP＝General Practitionerが対応）と2次医療のセカンダリーケア（病院や専門医が対応）のふたつのステップに分かれている。病気でもけがでも医師の診察が必要なときにはまず最初にGPと呼ばれる一般開業医の診察を受け、そこで治療が難しいと判断された場合のみ病院や専門医にかかるという仕組みだ。GPの紹介がないとセカンダリーケアが受けられないので、まずはプライマリーケアを受診しよう。
　プライマリーケアは基本的に予約制。週末や祝日は休診する場合が多いので、夜間や急を要する場合は時間外診察を行っているメディカルセンターや救急外来病院を訪ねよう。治療を受ける際には、いつから、どのくらいの頻度で、どのような症状が出ているかを英文でメモして持参するとスムーズだ。常用している薬があればあらかじめその薬に含まれている成分の英語名を調べておき、診察の際、必ず医師に伝えるといい。
　英語で治療を受けることに不安を感じる場合、日本語の医療通訳者を依頼することができる。セカンダリーケア機関であればどこでも医療通訳者の派遣が可能。プライマリーケアでも通訳サービスが整いつつあるので、GPに尋ねてみるといいだろう。緊急時の医療会話（→P.496）も参照のこと。

薬を購入するには

　医療機関で処方箋を発行してもらったら、薬局（Pharmacy、またはChemist）へ行こう。処方箋受付場所には「Prescription」と明記されているので、そこで薬剤師に処方箋を見せればよい。薬局では、市販の風邪薬や頭痛薬、胃腸薬なども扱っており、こうした薬なら日本と同様に処方箋なしでも購入できる。どの薬がいいかわからないときは、薬剤師に相談するといいだろう。
　代表的な薬局はニュージーランド全土に展開するユニチェム・ファーマシーUnichem PharmacyやラディウスRadius Pharmacyなど。大手スーパーマーケットなどでも処方箋のいらない一般的な薬が販売されている。

医療費の目安
救急車を呼ぶ　$800〜
クリニックで診察　$76〜
病院で緊急治療　$76〜
入院（1日当たり）　$1300〜
※料金は病院によって異なる。

主要都市の医療サービスと病院
ヘルスライン
Healthline
FREE 0800-611-116（24時間）
URL www.health.govt.nz

クライストチャーチ
Christchurch Hospital
住 Riccarton Ave.
TEL (03) 364-0640

クイーンズタウン
Lakes District Hospital
住 20 Douglas St. Frankton
TEL (03) 441-0015

ダニーデン
Dunedin Hospital
住 201 Great King St.
TEL (03) 474-0999

オークランド
Auckland City Hospital
住 2 Park Rd. Grafton
TEL (09) 367-0000
Ascot White Cross
（24時間対応メディカルセンター）
住 Ground Floor, Ascot Hospital, 90 Greenlane Rd. E. Remuera
TEL (09) 520-9555

ロトルア
Lakes Care Medical Centre
住 1165 Tutanekai St.
TEL (07) 348-1000

ウェリントン
City Medical Centre
住 Level 2, 190 Lambton Quay
TEL (04) 471-2161

町なかにあるメディカルセンター

品揃え豊富な薬局チェーンのユニチェム・ファーマシー

旅の技術　旅の英会話

アメリカ英語と違う単語

薬局	drugstore（米）
	chemist（NZ）
エレベーター	elevator（米）
	lift（NZ）
アパート	apartment（米）
	flat（NZ）
水着	swimming suit（米）
	togs（NZ）
トレッキング	trekking（米）
	tramping（NZ）
ガソリン	gasoline（米）
	petrol（NZ）

ニュージーランド国内にもある方言

　日本語に各地方で異なる発音や言葉の違いがあるように、ニュージーランドでもウェリントン中心部などと地方の言葉を比べると、その地方の方言が入っていることがわかる。違いを聞き比べてみるのもおもしろい。

キーウィ・イングリッシュのABC

　ヨーロッパの影響が大きいニュージーランド英語は、キーウィ・イングリッシュと呼ばれている。アメリカよりもイギリス英語に近いが、発音などではイギリスとも異なる場合もある。同じ英語といえども私たちが習ったアメリカ英語との違いに、最初はとまどうこともあるだろう。

イギリス式の言い回し

　日常的かつ重要な言い回しの違いに、時刻の表現がある。例えば2時45分は、「two forty five」ではなく、「クオーター・トゥ・スリーquarter to three（3時15分前）」という言い方をする場合が多い。また、4時50分は「テン・トゥ・ファイヴten to five（5時10分前）」、9時10分は「テン・パスト・ナインten past nine」になる。単語の綴りもイギリス式で、Center→Centre、Theater→Theatreとなる。また、1階はグラウンドフロアGround Floor、2階をファーストフロアFirst Floorと呼ぶ。ファストフード店などではテイクアウトTake OutのことをテイクアウエイTake Awayと言う。

発音の違い

　発音はオーストラリア英語に近い。代表的なものとしては、「エイ」が「アイ」に聞こえる場合や（例：Todayトゥデイ→トゥダァイ）、「エ」の音を「イィ」と伸びるように発音する（例：Penペン→ピィン、Yesイエス→イィース）などが挙げられる。また、「イ」が「エ」に近い発音になることもあるので、数字のシックスSixなど聞き間違えて思わず赤面してしまわないように。

マオリ語の基礎知識

　英語と並んでニュージーランドの公用語になっているマオリ語。これは先住民マオリが話す言語で、白人との邂逅までは文字をもたず、歴史や伝説なども口承口伝により伝えられていた。もともとは普通の、自然の、という意味である「マオリ」という言葉が彼ら自身の民族を指すようになったのも、白人種と交流が始まった頃からである。

　マオリ語の音節の基本は、母音のみか、母音と子音の組み合わせになっている。ローマ字読みに近いので、日本人にも発音しやすく親しみやすい。ニュージーランドの書店には、コンパクトサイズのマオリ語会話集や地名辞典なども販売されているので興味のある人は見てみよう。

【マオリ語の基本単語と会話】

Aotearoa アオテアロア＝
　　　　　細長く白い雲のたなびく国
　　　　　（ニュージーランドのこと）
Pakeha パケハ＝イギリス系
　　　　　　　　　ニュージーランド人
Maori マオリ＝普通の、通常の、自然の
Kia Ora キアオラ＝こんにちは、ありがとう
Tena Koe テナ コエ＝
　　　　　はじめまして、ごあいさつ申し
　　　　　上げます（相手がひとりの場合）
Haere mai ハエレ マイ＝ようこそ
E Noho Ra イ ノーラ＝さようなら
Ae アエ＝はい
Kaoreカオレ＝いいえ

● 飛行機内／空港で ●

3月16日のオークランド発クライストチャーチ行きの便を予約したいのですが	I'd like to make a reservation for a flight from Auckland to Christchuch, March 16th.
通路側／窓側の席にしてください	An aisle／A window seat, please.
私たちを隣り合わせの席にしてください	We'd like to sit together.
荷物を預かって貰えますか	Could you store my baggage?
ニュージーランド航空118便の搭乗口はどこでしょうか	Where's the boarding gate for Air New Zealand 118?
すみません、前を通らせていただけますか	Excuse me, can I get through?
毛布をもう1枚いただけませんか	May I have another blanket?
すみませんシートを倒してもいいですか	Excuse me, may I put my seat back?
日本語の新聞はありますか	Do you have a Japanese newspaper?
この書類の書き方を教えていただけますか	Could you tell me how to fill in this form?
申告するものはありません	I have nothing to declare.
旅行の目的は何ですか	What's the purpose of your visit?
観光です	Sightseeing.
1週間滞在する予定です	I'll stay here about a week.
荷物が出てきません	My luggage is not coming yet.

● 交通手段 ●

道に迷ってしまいました。	I think I'm lost.
大聖堂スクエアはこの地図でどこですか	Where's the Cathedral Square on this map?
駅／バスターミナル／フェリー乗り場はどこですか	Where's the station／bus terminal／bording gate?
ここからクイーンズタウンまではどのくらいかかりますか	How long does it take from here to Queenstown?
クイーンズタウンまでの片道／往復切符をください	One-way (Single)／Round trip (Return) to Queenstown, please.
どれがオークランド行きのバス／電車ですか	Which bus／train goes to Auckland?
こんにちは。車を借りたいのですが	Hello. I'd like to rent a car.
ウェリントンで乗り捨てできますか	Can I drop the car off in Wellington?
どこでタクシーをひろえますか	Where can I get a taxi?
トランクを開けてください	Can you open the trunk?
空港までどのくらいかかりますか	How long does it take to go to the airport?

● 観光／町歩き ●

ここは何という通りですか	What's this street?
この住所に行きたいのですが	I'd like to go to this address.
すみません、無料の市街図をもらえますか	Excuse me. May I have a free city map?
私／私たちの写真を撮ってもらえますか	Could you take a picture of me／us?

旅の準備と技術

旅の英会話

493

近くの公衆電話はどこですか	Where is a pay phone near here?
この近くに公衆トイレはありますか	Is there a public restroom around here?
ペンギン・ウオッチングツアーに参加したいのですが	I'd like to take a penguin watching tour.
予約はここでできますか	Can I make a reservation here?
ツアーの出発は何時／どこからですか	Where／When does the tour start?

● 宿 泊 ●

日本で予約をしました	I made a reservation in Japan.
今夜シングルルームの空きはありますか	Do you have a single room tonight?
今日から3日間インターネットで予約していたんですが。名前は○○です	I have a reservation getting by internet for 3 nights from tonight. My name is ○○.
予約をキャンセルしたいのですが、キャンセル料はかかりますか	I'd like to cancel the reservation. Will I have to pay cancellation fee?
チェックイン／アウトをしたいのですが	Check in／out, please.
エアコンの調子が悪いので、修理してください	The air conditioner doesn't work. Could you fix it?
部屋のカギをなくしてしまいました	I lost my room key.
カギを部屋に忘れてしまいました	I'm locked out.
お湯が出ません	The hot water isn't running.
トイレの水が流れません	The toilet doesn't flush.
明朝7:30にモーニングコールをお願いできますか	Can I have wake up call tomorrow morning at 7:30?
もう1日滞在を延ばしたいのですが	I would like to stay one more night.
貴重品を預かっていただけますか	Could you keep my valuables?

● ショッピング ●

いえ、見ているだけです	No, thank you. I'm just looking.
おみやげ用のマヌカハニーはありますか	Do you have a Manuka Honey for souvenirs?
これをください	Can I have this one?
あれを見せてもらえますか	Could you show me that?
これを試着してもいいですか	Can I try this on?
手に取ってみてもいいですか	May I hold it?
もう少し大きいサイズはありますか	Do you have any larger one?
合計金額が正しくありません	This total cost isn't correct.

● レストランで ●

今晩8:00に、3名で夕食を予約したいのですが	I'd like to reserve a table for 3 people tonight at eight.
メニューをお願いします	May I have the menu?
この土地の名物料理はありますか	Do you have any local specialties?
ラム肉のローストをください	I'll take a roast lumb.
取り分けて食べたいので皿をください	Can we have some small plates for sharing?

494

これを持ち帰りにできますか	キャナイ テイク ディス アウェイ Can I take this away?
これは注文したものと違います	ディス イズ ナッ マイ オゥダァ This is not my order.

● ト ラ ブ ル ●

旅行を続けてもいいですか	キャナイ コンティニュー マイ トリップ Can I continue my trip?
パスポートをなくしました	アイ ロスト マイ パスポート I lost my passport.
財布を盗まれました	サムワン ストール マイ ウォリット Someone stole my wallet.
盗難／紛失証明書を発行してください	クッジュー メイク ア リポート オヴ ザ セフト ロス Could you make a report of the theft／loss?
タイヤがパンクしてしまいました	アイ ハヴ ア フラット タイァ I have a flat tire.
交通事故に遭いました	アイ ハド ア トラフィック アクシデント I had a traffic accident.

● 英 単 語 ●

【飛行機／空港】

片道／往復 ....one way／return
通過 .... transit
乗り換え .... transfer
搭乗券 ....boarding pass
料金 .... fare (fee)
予約再確認 .... reconfirm
出発 .... departure
到着 .... arrival
目的地 .... destination
荷物受取所 ....baggage claim

【バス／電車／レンタカーなど】

時刻表 .... timetable
乗車 .... get on
下車 .... get off
交差点 .... crossing
距離 .... distance
タイヤ交換 ....retire the tire

【宿泊】

予約 ....reservation
空室／満室..vacancy／no vacancy

【ショッピング】

シャツ .... shirt
ネクタイ .... tie
ズボン ....trousers
バウア貝 ....paua shell
ヒスイ .... jade
羊のなめし革 ....sheepskin
羊毛セーター ...wool sweater

【食材】

仔羊肉 .... lamb
仔牛肉 .... veal
シカ肉 .... venison
エビ ....shrimp／prawn
カキ .... oyster
ムール貝 ....mussels

【両替】

両替 ....money exchange
手数料 ....commission
暗証番号 ....PIN number
現金引き出し ....withdraw

【トラブル】

警察............................police
救急車 .... ambulance
旅行者保険 .. travel insurance
再発行 .... reissue
発行の控え ...record of checks
日本大使館 ...embassy of Japan

日本総領事館 ....
Consulate-General of Japan
盗難証明書 ...theft certificate
遺失証明書 ....loss certificate

ニュージーランドで食べられるおもな魚

メカジキ	Swordfish	タイ、マダイ	Snapper
マカジキ	Spriped Marlin	タラキヒ（フエダイ）	Tarakihi
ミナミマグロ	Southern Bluefin Tuna	ホウボウ	Gurnard
キハダマグロ	Yellowfin Tuna	ブルーコッド	Blue Cod
カツオ	Skipjack Tuna	ミシマオコゼ	Monkfish
ヒラマサ	Kingfish	シタビラメ	New Zealand Sole
マトウダイ	John Dory	サケ	Salmon
ハプカ（アラ）	Groper	マス	Trout

旅の準備と技術

旅の英会話

495

緊急時の医療会話

●ホテルで薬をもらう

具合が悪い。
アイ フィール イル
I feel ill.

下痢止めの薬はありますか。
ドゥ ユー ハヴ ア アンティダイリエル メディスン
Do you have a antidiarrheal medicine?

●病院へ行く

近くに病院はありますか。
イズ ゼア ア ホスピタル ニア ヒア
Is there a hospital near here?

日本人のお医者さんはいますか。
アー ゼア エニー ジャパニーズ ドクターズ
Are there any Japanese doctors?

病院へ連れて行ってください。
クッデュー テイク ミー トゥ ザ ホスピタル
Could you take me to the hospital?

●病院での会話

診察を予約したい。
アイドゥ ライク トゥ メイク アン アポイントメント
I'd like to make an appointment.

グリーンホテルからの紹介で来ました。
グリーン ホテル イントロデュースド ユー トゥ ミー
Green Hotel introduced you to me.

私の名前が呼ばれたら教えてください。
プリーズ レッミー ノウ ウェン マイ ネイム イズ コールド
Please let me know when my name is called.

●診察室にて

入院する必要がありますか。
ドゥ アイ ハフ トゥ アドミッテド
Do I have to be admitted?

次はいつ来ればいいですか。
ホェン シュッダイ カム ヒア ネクスト
When should I come here next?

通院する必要がありますか。
ドゥ アイ ハフ トゥ ゴー トゥ ホスピタル レギュラリー
Do I have to go to hospital regularly?

ここにはあと2週間滞在する予定です。
アイル ステイ ヒア フォー アナザー トゥ ウィークス
I'll stay here for another two weeks.

●診察を終えて

診察代はいくらですか。
ハウ マッチ イズ イット フォー ザ ドクターズ フィー
How much is it for the doctor's fee?

保険が使えますか。
ダズ マイ インシュアランス カバー イット
Does my insurance cover it?

クレジットカードでの支払いができますか。
キャナイ ペイ イット ウィズ マイ クレディットカード
Can I pay it with my credit card?

保険の書類にサインをしてください。
プリーズ サイン オン ザ インシュアランス ペーパー
Please sign on the insurance papar.

※該当する症状があれば、チェックをしてお医者さんに見せよう

☐ 吐き気 nausea	☐ 悪寒 chill	☐ 食欲不振 poor appetite		
☐ めまい dizziness	☐ 動悸 palpitation			
☐ 熱 fever	☐ 脇の下で計った armpit	＿＿＿＿ ℃／°F		
	☐ 口中で計った oral	＿＿＿＿ ℃／°F		
☐ 下痢 diarrhea	☐ 便秘 constipation			
☐ 水様便 watery stool	☐ 軟便 loose stool	1日に ＿＿ 回 times a day		
☐ ときどき sometimes	☐ 頻繁に frequently	絶え間なく continually		
☐ 風邪 common cold				
☐ 鼻詰まり stuffy nose	☐ 鼻水 running nose	☐ くしゃみ sneeze		
☐ 咳 cough	☐ 痰 sputum	☐ 血痰 bloody sputum		
☐ 耳鳴り tinnitus	☐ 難聴 loss of hearing	☐ 耳だれ ear discharge		
☐ 目やに eye discharge	☐ 目の充血 eye injection	☐ 見えにくい visual disturbance		

※下記の単語を使ってお医者さんに必要なことを伝えましょう

●どんな状態のものを

生の raw
野生の wild
油っこい oily
よく火が通っていない uncooked
調理後時間が経った a long time after it was cooked

●けがをした

刺された・噛まれた bitten
切った cut
転んだ fall down
打った hit
ひねった twist

落ちた fall
やけどした burn

●痛み

ヒリヒリする buming
刺すように sharp
鋭く keen
ひどく severe

●原因

蚊 mosquito
ハチ wasp
アブ gadfly
毒虫 poisonous insect
サソリ scorpion
クラゲ jellyfish

毒蛇 viper
リス squirrel
（野）犬 （stray）dog

●何をしているときに

ジャングルに行った went to the jungle
ダイビングをした diving
キャンプをした went camping
登山をした went hiking (climbing)
川で水浴びをした swimming in the river

イエローページ

● 航空会社 ●

【ニュージーランド航空 Air New Zealand】
☎ 0570-015-424（日本）
FREE 0800-737-000
URL www.airnewzealand.jp
日本から直行便を運航する、ニュージーランド最大手の航空会社。ニュージーランド国内20都市以上を結んでいる。

【ジェットスター航空 Jetstar Airways】
☎ 0570-550-538（日本）
FREE 0800-800-995
URL www.jetstar.com
オーストラリアとニュージーランドを拠点に運航している航空会社。オークランド～ウェリントン間など主要区間を運航する。

● 空 港 ●

【クライストチャーチ国際空港 Christchurch International Airport】
☎ (03)353-7777
URL www.christchurchairport.co.nz

【オークランド国際空港 Auckland International Airport】
☎ (09)275-0789
FREE 0800-247-767
URL www.aucklandairport.co.nz

● 長距離バス会社 ●

【インターシティ・コーチラインズ Intercity Coachlines】
クライストチャーチ	☎ (03)365-1113
クイーンズタウン	☎ (03)442-4922
ダニーデン	☎ (03)471-7143
オークランド	☎ (09)583-5780
ウェリントン	☎ (04)385-0520

URL www.intercity.co.nz
通称インターシティ。国内最大手のバス会社として、南北両島を網羅しており、ニューマンズ・コーチラインズやグレートサイツ、ノースライナー・エクスプレスなどと提携する。

【グレートサイツ Great Sights】
☎ (09)583-5790
FREE 0800-744-487
URL www.greatsights.co.nz
オークランド～ワイトモ間など、南島、北島の主要都市間の各種デイツアーを催行する。車内では目的地到着ごとにドライバーによるガイドがアナウンスされる。

【アトミック・トラベル Atomic Travel】
☎ (03)349-0697
FAX (03)349-3868
URL www.atomictravel.co.nz
クライストチャーチ～ダニーデンを結ぶシャトルバス。途中ティマルやオアマルを経由する。

【リッチーズ Ritchies】
☎ (03)443-9120
URL www.ritchies.co.nz
南島のワナカ以南をシャトルバスで運行。ワナカやクイーンズタウンからはダニーデンのタイエリ鉄道の時刻に合わせた便を運行する。

【ウエスト コースト・シャトル West Coast Shuttle】
☎ (03)768-0028
URL m.westcoastshuttle.co.nz
グレイマウス～クライストチャーチをシャトルバスで運行。途中アーサーズ・パス国立公園を経由する。

● 鉄道会社 ●

【キーウィ・レイル Kiwi Rail】
FREE 0800-872-467
URL www.kiwirail.co.nz
クライストチャーチ～グレイマウス間のトランツ・アルパインTranz Alpine号、クライストチャーチ～ピクトン間のコースタル・パシフィックCoastal Pacific号、オークランド～ウェリントン間のノーザン・エクスプローラーNorthern Explorer号、パーマストン・ノース～ウェリントン間のキャピタル・コネクションCapital Connection号を運行する。

● フェリー会社 ●

【インターアイランダー Interislander】
FREE 0800-802-802
URL www.greatjourneysofnz.co.nz
ウェリントン～ピクトン間を所要約3時間30分で行き来するフェリーを運航。

【ブルーブリッジ Bluebridge】
FREE 0800-844-844
URL www.bluebridge.co.nz
ウェリントン～ピクトン間を所要約3時間30分で行き来するフェリーを運航。

● 大使館・領事館 ●

【在ニュージーランド日本国大使館】
Embassy of Japan in New Zealand
Map P.395-C1
🏠 Level 18,The Majestic Centre
  100 Willis St. Wellington
☎ (04)473-1540 FAX (04)471-2951
🕐 9:00～12:30、13:30～17:00 休 土・日、祝
（領事班）🕐 9:00～12:00、13:30～16:00

【在クライストチャーチ領事事務所】
Consular Office of Japan in Christchurch
Map P.48-A2
🏠 12 Peterborough St. Christchurch
☎ (03)366-5680 FAX (03)365-3173
🕐 9:00～12:30、13:30～17:00 休 土・日、祝
（領事事務受付）🕐 9:15～12:15、13:30～16:00

【在オークランド日本国総領事館】
Consulate-General of Japan in Auckland
Map P.243-B2
🏠 Level 15 AIG Building, 41 Shortland St. Auckland
☎ (09)303-4106 FAX (09)377-7784
🕐 9:00～17:00 休 土・日、祝
（領事部）🕐 9:00～12:00、13:00～15:30

● クレジットカード紛失時の緊急連絡先 ●

アメリカン・エキスプレス	FREE 0800-44-9348
ダイナースクラブ	FREE 81-3-6770-2796
JCB	FREE 00-800-0009-0009
MasterCard	FREE 800-441-671
VISA	FREE 0800-103-297

● 緊急時の連絡先 ●

【警察・救急車・消防】
☎ 111（警察・消防は無料、救急車は有料）

旅の準備と技術

旅の英会話／イエローページ

旅の技術 映画&書籍で知るニュージーランド

[映画]

『戦場のメリークリスマス』（1983年）
監督／大島渚
出演／デビット・ボウイ、坂本龍一、ビートたけし

日本、ニュージーランド、イギリス、オーストラリアの合作映画。オークランドなどで撮影が行われた。

『ピアノ・レッスン』（1993年）
監督・脚本／ジェーン・カンピオン
出演／ホリー・ハンター、ハーヴェイ・カイテル

ウェリントン出身の女性監督ジェーン・カンピオンの代表作。カンヌ国際映画祭パルムドール受賞。

『ワンス・ウォリアーズ』（1994年）
監督／リー・タマホリ
出演／レナ・オーウェン、テムエラ・モリソン

監督はマオリの血を引くリー・タマホリ。現代のマオリ社会の問題を描くことで、人類共通のテーマを追及する衝撃的な作品。

『ピートと秘密の友達』（2016年）
監督／デヴィッド・ロウリー
出演／オークス・フェグリー

『ピートとドラゴン』のリメイク作品でディズニー映画として初めてニュージーランドで製作。ロトルアなどで撮影が行われた。

『ゴースト・イン・ザ・シェル』（2017年）
監督／ルパート・サンダース
出演／スカーレット・ヨハンソン、ビートたけし

日本の漫画『攻殻機動隊』を原作に製作。ウェリントンを拠点に約5ヵ月間撮影された。

『ロード・オブ・ザ・リング』3部作
（2001〜2003年）
監督／ピーター・ジャクソン
出演／イライジャ・ウッド、イアン・マッケラン

ニュージーランド映画ブームの火付け役。映像化不可能といわれた世界を、ニュージーランド各地の自然を背景に、見事に再現。

『クジラの島の少女』（2003年）
監督／ニキ・カーロ
出演／ケイシャ・キャッスル＝ヒューズ

マオリの女流作家の原作小説を、同じくマオリの血を引く女性監督が映像化した作品。

『ラスト サムライ』（2003年）
監督・脚本・製作／エドワード・ズウィック
出演／トム・クルーズ、渡辺謙、真田広之

日本を舞台にした映画ながら、富士山によく似たマウント・タラナキを背景に、19世紀の日本の古い農村を忠実に再現している。

『ナルニア国物語』第1章・第2章
（2006・2008年）
監督／アンドリュー・アダムソン
出演／ウィリアム・モーズリー、アナ・ポップルウェル

オークランドやクライストチャーチ近郊、北島のコロマンデル半島で撮影が行われた。

『ホビット』（2012〜2014年）
監督／ピーター・ジャクソン
出演／マーティン・フリーマン、イアン・マッケラン

『ロード・オブ・ザ・リング』の60年前を舞台としたファンタジー映画。全3部作。

[書籍]

『ニュージーランド入門』（1998年）
慶應義塾大学出版会 日本ニュージーランド学会編

ニュージーランド滞在生活の経験に基づく知識がまとめられている。

『ニュージーランドすみずみ紀行』（1999年）
凱風社 佐藤圭樹

通りすがりの旅行では出合えないニュージーランドの素顔をつづる。

『「小さな大国」ニュージーランドの教えるもの ―世界と日本を先導した南の理想郷』（2012年）
論創社 日本ニュージーランド学会ほか編

反核、社会保障・福祉、女性の権利、子どもの保護など多彩なテーマを検証。

『71歳、初めてのロングステイ in ニュージーランド』（2016年）
文芸社 立島三恵子

古希を過ぎてから挑戦した2ヵ月半の海外生活。滞在の日々を綴ったエッセイ集。

『LOVELY GREEN NEW ZEALAND 未来の国を旅するガイドブック』（2018年）
ダイヤモンド社
四角大輔、富松卓哉、長田雅史、野澤哲夫

本当のニュージーランドを知ってほしいという思いの詰まった新視点ガイドブック。

旅の技術 ニュージーランドの歴史

カヌーで移住してきたマオリ

　この国土に最初に到来した人間は、今からおよそ1000年前、南太平洋ポリネシア方面からカヌーで移住してきたマオリとされている。本格的なマオリの移住は13〜14世紀頃。巨大な双胴のカヌーに乗り、星の位置や風、波の向きから方角を決める、優秀な航海術でやってきたのだという。彼らは森や草原を火で焼いて開墾する焼畑農耕と狩猟の生活で、タロイモやヤムイモ、サツマイモなどの作物、鳥や魚介などを食していたようである。マオリは部族で暮らし、時代とともに一部族の構成人数が増えるといくつにも分かれていった。彼らの村ではマラエ（集会場）で大事な儀式などが行われ、それが今も各地に残っている。また、マオリにとって土地は部族共有の大切な財産だった。マオリの戦士は誇り高く勇敢な戦いぶりで知られている。当時のマオリは鉄などの金属は未開発で、石でいろいろな道具や装身具を作っていたが、その細工は極めて精巧なものである。マオリはヨーロッパ人と出会うまで文字を知らず、自分たちの歴史は口伝えで残してきた。

18世紀の終わりに西欧人が

　先住民マオリが住むこの島国に、最初にやってきたのはオランダの帆船航海者エイベル・ジャンツーン・タスマンで、1642年のことである（→P.211）。しかし、彼はマオリ戦士の襲撃などで上陸を断念し、この地を去った。後にこの島はオランダの地名にちなんでノヴォ・ゼーランディアNovo Zeelandiaと呼ばれるようになったが、長らく忘れられた存在となっていた。そして100余年後の1769年、イギリス人ジェームス・クックが半年がかりでニュージーランド全周の沿岸を調査し、正確な地図を作成した（→P.368）。1790年頃から捕鯨やアザラシの毛皮、木材や麻などの資源を求めて多くのヨーロッパ人たちがやってくるようになり、西欧人とマオリとの交流が活発化していった。マオリは豚肉やイモ類の食料を提供する代わりに、斧、釘などの鉄製品、鉄砲、火薬、毛布などを物々交換で手に入れた。

イギリス人入植とワイタンギ条約

　西欧人とマオリとの交流活発化につれて、この地への本格的な移民を事業化しようとエドワード・ギボン・ウェイクフィールドが1838年、ロンドンにニュージーランド会社を設立し、組織移民を始めた。この事業展開に対する懸念などから、イギリス政府は1840年にニュージーランド統治に乗り出し、ウィリアム・ホブソン海軍大佐に植民地化への施策を命じた。2月5日、北島北部のワイタンギに集まったマオリの各部族の酋長たちが協議

マオリ・タンガ
　マオリ・タンガとはマオリの文化のこと。マオリ村には、今も伝統芸術や儀式などが残されており、マオリ・タンガのひとつとして訪れる人々に紹介されている。
　マオリのあいさつは、ホンギと呼ばれる鼻と鼻をくっつける親しみのあるもの。マオリ戦士の勇敢さは有名だが、昔、よそ者を迎えるときには、大きく目をむき、舌をべろりと出すポーズで威嚇した。マオリ人の集会場の柱の彫刻には、魔除けとしてこの「おどかしのポーズ」が彫られている。

マオリであることを自分で選ぶ
　現在、ニュージーランドの統計では、自分がマオリであると認識している人が全体の約15％程度いるとされている。この「認識している」という曖昧な表現の背景には、マオリの定義が時代によって変化しているという事実がある。
　本来、マオリとはマオリ族の血を半分以上受け継ぐ人々を指してきた。しかし、1986年、1991年の国勢調査では、「ソロ・マオリ」という定義が用いられ、このソロ・マオリを選択した人はすべて、ニュージーランド・マオリであるとされた。
　前回の2013年に行われた国勢調査によると、国民の7人にひとりが、マオリの子孫だと認識していることが明らかになった。ただしこの調査では、ひとりで複数のエスニックグループに所属することが認められたため、全体数と回答数が一致しない結果となった。

旅の準備と技術　映画＆書籍で知るニュージーランド／ニュージーランドの歴史

499

イギリスの「海外農園」

1860～1870年代は、この国の風土に合った羊の品種改良や小麦栽培が軌道にのり、牧畜農業の基礎ができた。1880年代には、集約的農業が発展し、バターやチーズなどの輸出が増え、また冷凍技術の進歩で、イギリスへ冷凍船による羊肉輸出が伸びた。20世紀に入ってからも羊毛や羊肉、酪農製品の輸出は盛んで、農畜物輸出国の地位が確立し、なかでもその絆の強さから、ニュージーランドはイギリスの「海外農園」とまでいわれた。

ゴールドラッシュ

1861年、オーストラリアの鉱山師がダニーデンに近いローレンス付近で多量の金を発見し、ゴールドラッシュが起こった。その後、クイーンズタウン周辺でも発見され、オタゴ地方の人口は2年ほどで5倍になったというが、その金はわずか3年足らずで掘り尽くされた。これに前後して南島西海岸や北島コロマンデル・タウンなどでも金が発見されたが、埋蔵量は少なく、1868年頃にはゴールドラッシュはまさに夢のように消え去った。

世界初の女性参政権

ニュージーランドが世界で初めて女性の参政権を認めたのは1893年。アメリカ、イギリスがこれに続いたのは25年後のこと。ちなみに日本での婦人参政権行使は戦後の1946年で、ニュージーランドに遅れること53年である。

の結果、条約へのサインが行われた。これがニュージーランドをイギリスの植民地とすることを約束したワイタンギ条約である。条約は次のわずか3項目の簡単な内容。「ニュージーランドの主権はイギリス国王にある」「マオリの土地所有は引き続き認められる。ただし、土地の売却はイギリス政府へのみとする」「マオリはイギリス国民としての権利を認められる」。

ニュージーランドが正式にイギリスの植民地となったことで、移民の流入が盛んになり、1840年に最初の移民がウェリントンに入ってからわずか6年後には、その数は9000人に及んだ。

土地をめぐる紛争でマオリ戦争

条約締結の結果、1850年代後半にはイギリス人の数はマオリの人口を超え、土地の需要は急増した。しかしマオリの多くは土地を容易に売ろうとはせず、特に土地が肥沃で農耕に適したワイカト、タラナキ地方では、双方の対立が激化し、ついにイギリス人は兵力で強引に土地を接収。このため1860年、イギリス軍とマオリとの戦争になった。これは12年も続いたが、結局マオリの敗北に終わり、この間にマオリの人口も減った。これは戦争のためばかりではなく、ヨーロッパ人がこの国にもたらした病気も原因だった。戦争はおもにマオリが多く住む北島で行われたが、この間、南島では牧畜農業が盛んになったばかりでなく、金鉱が発見され、移民も増えて発展した。

本格的な政党政治で近代国家へ

19世紀後半になって、国内では鉄道や通信網の整備が始まり、これまで各地に入植地が点在するのみだったニュージーランドも、しだいに国家としての姿を整えてきた。また、それまで南島に比べてはるかに優位だった北島も、ゴールドラッシュで起きた南島への人口流出、マオリ戦争による荒廃などで、政治の中心となり得なくなってきた。そこで南北両島のバランスを考えて、当時オークランドにあった首都が1865年にウェリントンへ移転された。これを機にニュージーランドは本格的な政党政治の時代を迎え、特に1890年、総選挙で圧勝した自由党が次々と政治改革を行ったことが、大きな転換期となった。世界最初の女性参政権の確立、土地改革、老齢年金法などが制定され、安定した政権下で経済も好況を呈した。移民の増加にともない人口も増え、1890年の約50万人が1912年には約100万人に倍増した。現在のニュージーランドは地理的・経済的につながりの深いオーストラリア、アメリカや日本、アジア諸国との関係を強化している。輸出総額の半分以上が農・畜産物で、石油や工業製品の多くは輸入に依存。日本との貿易では農・畜産物のほかアルミニウムなどの非鉄金属、魚介類、羊毛などを輸出、自動車、通信機械、鉄鋼などを輸入している。近年では豊かな自然にスポットを当てた観光事業にも力を入れ、観光大国としての一面も見せている。

500

INDEX

索引

あ

アーサーズ・パス国立公園………… 212、419
アーサーズ・パス国立公園のショートウオーク
………………………………………… 213
アーサーズ・パス国立公園のトランピングトラック
………………………………………… 214
アートセンター………………………… 50
アールデコ・ウオーク………………… 371
アールデコ・マソニック・ホテル……… 374
アイザック・シアター・ロイヤル ……… 55
アオラキ／マウント・クック国立公園
………………………………… 84、419
アオラキ／マウント・クック国立公園の
ウオーキングトラック……………… 86
アカロア・ハーバー・クルーズ……… 75
アグロドーム…………………………… 307
アラタキ・ハニー・ビジターセンター… 375
アラティアティア・ラピッズ………… 323
アラヌイ洞窟…………………………… 294
アルバート公園………………………… 251
アルバトロス観察ツアー（カイコウラ）… 182
アロータウン…………………………… 110
アンダーウオーター・オブザーバトリー… 105

い

イーストウッドヒル森林公園………… 368
イーヘイズ……………………………… 173
イエロー・アイド・ペンギン・コロニー… 154
イルカと泳ぐツアー（パイヒア）……… 338
イルカやオットセイと泳ぐツアー（カイコウラ）
………………………………………… 182

う

ヴァイアダクト・ハーバー…………… 250
ウィロウバンク動物公園……………… 57
ウインター・ガーデン………………… 252
ウィンヤード・クオーター…………… 251
ウェタ・ケーブ………………………… 401
ウェリントン・カセドラル・オブ・セント・ポール
………………………………………… 399
ウェリントン植物園…………………… 398
ウェリントン動物園…………………… 401
ウェリントン博物館…………………… 400
ウエスタン・スプリングス…………… 257
ウエストコースト醸造所……………… 218
ウエストランド／タイ・ポウティニ
国立公園……………………………… 222
ウルバ島………………………………… 179

え

エイベル・タスマン・コースト・トラック
………………………………… 210、419
エイベル・タスマン国立公園………… 208
ASB銀行………………………………… 374
A.C.バス………………………………… 318
エグアンタイ・アートギャラリー…… 157
エコワールド・アクアリウム………… 193
エドウィン・フォックス海洋博物館… 193
エルムス・ミッション・ハウス……… 364
エレファント・ロック………………… 154

お

オアマル・オペラ・ハウス…………… 153
オアマル・パブリック・ガーデン…… 152
オークランド戦争記念博物館………… 252
オークランド動物園…………………… 257
オークランド・ドメイン……………… 251
オークランド美術館…………………… 251
オーシャン・スパ……………………… 373
オールド・セント・ポール教会……… 398
オケインズ湾マオリと入植者博物館……… 76
オタゴ大学……………………………… 163
オタゴ男子高校………………………… 163
オタゴ入植者博物館…………………… 161
オタゴ博物館…………………………… 161
オヒネムツ・マオリ村………………… 300
オラケイ・コラコ・ケーブ＆サーマル・パーク
………………………………………… 323
オラナ・ワイルドライフ・パーク…… 56
オリエンタル・ベイ…………………… 402
オルベストン邸………………………… 162

か

カードボード・カセドラル(仮設大聖堂)… 49
カードローナ・アルパイン・リゾート 95,422
カイコウラ博物館……………………… 182
カイコウラ半島ウオークウエイ……… 183
カウリ・アンアースド………………… 349
カウリ博物館…………………………… 351
カセドラル・ケーブ…………………… 175
カセドラル・コーブ…………………… 360
カセドラル・スクエア………………… 49
ガバメント・ガーデン………………… 301
カンタベリー博物館…………………… 51

き

キーウィ＆バードライフ・パーク…… 107
キーウィ・スポッティング…………… 178
ギズボーン・ワイン・センター……… 367
キャサリン・マンスフィールドの生家… 399
キャピタル・イー・ナショナル・シアター 403
キャロライン・ベイ…………………… 157
90マイルビーチ ……………………… 350
旧政府公邸……………………………… 397
旧デイリー・テレグラフ社…………… 374
旧ナショナル・タバコ・カンパニー… 374
旧ホテル・セントラル………………… 374
旧郵便局………………………………… 153

く

クイーン・シャーロット・サウンドのクルーズ
………………………………………… 194
クイーン・シャーロット・サウンドのシーカヤック
………………………………………… 194
クイーン・シャーロット・サウンドの
ドルフィンウオッチ………………… 194
クイーン・シャーロット・トラック… 195
クイーンズタウン・ガーデン………… 106
クイーンズタウン周辺のウオーキングトラック
………………………………………… 108
クイーンズ・パーク…………………… 172
クイラウ公園…………………………… 300

501

空軍博物館……………………… 56
クエイク・シティ………………… 51
クライスト教会………………… 340
クライストチャーチ・アートギャラリー
……………………………………… 50
クライストチャーチ・カジノ…… 54
クライストチャーチ・ゴンドラ… 59
クライストチャーチ植物園……… 53
クライストチャーチ大聖堂（ネルソン）… 198
クライストチャーチ・ファーマーズ・マーケット
……………………………………… 54
グリーンストーン・トラック…… 147
クレーター・オブ・ザ・ムーン… 321
グレート・バリア島…………… 265
グレノーキー…………………… 110
グレンドゥー・ベイ……………… 94

け

ケープ・キッドナッパーズ…… 374
ケーブルカー（ウェリントン）… 398
ケイプレス・トラック／グリーンストーン・ト
ラック…………………………… 147
ケトリンズ・コースト………… 174
ケプラー・トラック………… 148、419
ケリー・タールトンズ・シーライフ水族館258

こ

コールタウン博物館…………… 218
交通科学博物館（モータット）… 257
小型飛行機での遊覧飛行（フランツ・ジョセフ氷河）
……………………………………… 225
国際南極センター……………… 56
国土交通＆おもちゃ博物館…… 93
国立博物館テ・パパ・トンガレワ… 396
国会議事堂……………………… 396
ゴベット・ブリュースター美術館… 380
コルビル以北…………………… 357
コロネット・ピーク・スキー場…… 111、422
コロマンデル鉱業・歴史博物館… 355

さ

サー・エドモンド・ヒラリー・アルパイン・セ
ンター…………………………… 86
サーフ・ハイウェイ45 ……… 381
サウス・カンタベリー博物館… 157
ザ・タナリー…………………… 58
サムナー・ビーチ………………… 57
309ロード……………………… 357

し

シーカヤック（エイベル・タスマン国立公園）
……………………………………… 209
ジーランディア………………… 402
シェイクスピア・クリフ……… 360
ジ・エンパシー………………… 399
市議会議事堂…………………… 163
シグナル・ヒル………………… 164
ジャイアンツ・ハウス…………… 75
ジャックス・ブロウ・ホール… 175
シャンティ・タウン…………… 220
シルキー・オーク・チョコレート・カンパニー
……………………………………… 375

す

スーター美術館………………… 199
水道塔…………………………… 172
スカイシティ・クイーンズタウン・カジノ107
スカイシティ・ワーフ・カジノ… 107
スカイ・タワー………………… 107
スカイライン・ゴンドラ・レストラン＆リュージュ
……………………………………… 106
スカイライン・ロトルア……… 306
スキッパーズ・キャニオン…… 109
スタードーム天文台…………… 256
ストーン・ストア……………… 344
スパイツ醸造所………………… 162
スパ・サーマル・パーク……… 319
スペースプレイス（カーター天文台）…397
スポーツ・ホール・オブ・フェーム… 161

せ

戦闘機＆自動車博物館………… 92
セント・キルダ＆セント・クレア・ビーチ… 165
セント・ジェームス・シアター… 403
セント・パトリック教会……… 153
セント・ポール大聖堂………… 163
セント・ルークス英国国教会… 153

た

タイエリ峡谷鉄道……………… 165
タイラフィティ博物館………… 367
ダウトフル・サウンドのクルーズ… 138
タウポ湖のクルーズ…………… 319
タウポ・デブレッツ・スパ・リゾート… 319
タウポ博物館…………………… 318
タウン・ベイスン……………… 347
ダニーデン駅舎………………… 163
ダニーデン市立美術館………… 161
ダニーデン植物園……………… 162
タフナヌイ・ビーチ…………… 200
タマキ・ドライブ……………… 258
タラナキ・サーマル・スパ…… 380
タラナキ大聖堂聖メアリー教会… 380

ち

チャーチ・ロード・ワイナリー… 375

つ

追憶の橋…………………………… 53

て

テ・アナ………………………… 157
テ・アナウからの日帰りトランピング… 127
テ・アナウ・ツチボタル洞窟… 126
テ・アナウ・バード・サンクチュアリ… 126
T＆Gビルディング ………… 374
TSSアーンスロー号のクルーズ… 105
ティリティリマタンギ島……… 262
テカポ・スプリングス…………… 79
テ・パキ・サンド・デューン… 350
テ・プイア／テ・ファカレワレワ・サーマル・
バレー…………………………… 304
テ・ポホ・オ・ラウィリ……… 368
デボンポート…………………… 260
テ・マナワ……………………… 388
デュリー・ヒル………………… 386

502

INDEX

テ・ワイロア埋没村‥‥‥‥‥‥‥‥305

と

トゥロア・スキー場‥‥‥‥‥‥333、422
ドライビング・クリーク鉄道‥‥‥‥‥356
トラウンソン・カウリ・パーク‥‥‥‥352
トラビス・ウェットランド・ネイチャー・
ヘリテージ・パーク‥‥‥‥‥‥‥‥58
トレブル・コーン・スキー場‥‥‥95、422
トンガリロ・アルパイン・クロッシング
‥‥‥‥‥‥‥‥‥‥‥‥330、419
トンガリロ国立公園‥‥‥‥‥‥‥‥327
トンネル・ビーチ‥‥‥‥‥‥‥‥‥165

な

ナゲット・ポイント‥‥‥‥‥‥‥‥175
ナショナル・バンク‥‥‥‥‥‥‥‥153

に

ニュージーランド海洋博物館‥‥‥‥250
ニュージーランド国立水族館‥‥‥‥372
ニュージーランドの中心点‥‥‥‥‥200
ニュージーランド・ラグビー博物館‥‥388
ニュー・ブライトン‥‥‥‥‥‥‥‥57
ニューマーケット‥‥‥‥‥‥‥‥‥253
ニュー・リージェント・ストリート‥‥‥53

ね

ネイチャーガイドウオーク（アオラキ／
マウント・クック国立公園）‥‥‥‥‥88
ネルソン郷土博物館‥‥‥‥‥‥‥200
ネルソンの展望地‥‥‥‥‥‥‥‥200
ネルソン・レイクス国立公園‥‥‥‥202

の

ノックス教会‥‥‥‥‥‥‥‥‥‥163

は

パーネル‥‥‥‥‥‥‥‥‥‥‥‥253
ハーバー・ブリッジ‥‥‥‥‥‥‥‥252
ハーブファーム‥‥‥‥‥‥‥‥‥389
ハーフムーン・ベイからのウオーキングトラック
‥‥‥‥‥‥‥‥‥‥‥‥‥‥‥178
ハーヘイ・ビーチ‥‥‥‥‥‥‥‥360
バウンダリー犬の像‥‥‥‥‥‥‥‥78
博物館＆キーウィ・ハウス・ヘリテージ公園 348
ハグレー公園‥‥‥‥‥‥‥‥‥‥52
パズリング・ワールド‥‥‥‥‥‥‥92
バタフライ・クリーク‥‥‥‥‥‥‥259
バッツ‥‥‥‥‥‥‥‥‥‥‥‥‥403
バニアの像‥‥‥‥‥‥‥‥‥‥‥372
パパモア・ビーチ‥‥‥‥‥‥‥‥364
ハミルトン・ガーデン‥‥‥‥‥‥‥289
ハミルトン湖（ロトロア湖）‥‥‥‥‥288
ハムラナ・スプリングス・レクリエーション
森林公園‥‥‥‥‥‥‥‥‥‥‥307
パラダイス・バレー・スプリングス・ワイルド
ライフ・パーク‥‥‥‥‥‥‥‥‥306
バリーズ・ベイ・チーズ工場‥‥‥‥‥75
パリハカの丘‥‥‥‥‥‥‥‥‥‥347
パンケーキ・ロック‥‥‥‥‥‥‥‥218
バンティング・オン・ジ・エイボン‥‥‥‥52
ハンマー・スプリングス・サーマル・プール＆スパ
‥‥‥‥‥‥‥‥‥‥‥‥‥‥‥‥59

ひ

ピートの開拓者と交通博物館‥‥‥‥344
ヒーフィー・トラック‥‥‥‥‥‥‥206
ビクトリア・エスプラネード・ガーデンズ‥389
ビクトリア・パーク・マーケット‥‥‥‥252
ピクトン博物館‥‥‥‥‥‥‥‥‥193
ヒストリック・ビレッジ‥‥‥‥‥‥363

ふ

ファースト教会‥‥‥‥‥‥‥‥‥163
ファイフ・ハウス‥‥‥‥‥‥‥‥‥183
ファウルウインド岬＆シール・コロニー　218
ファウンダーズ・ヘリテージ・パーク‥‥199
ファカパパ・スキー場‥‥‥‥‥332、422
ファカパパ・ビレッジからのハイキング‥332
ファカレワレワ・サーマル・ビレッジ‥‥304
ファンガヌイ川‥‥‥‥‥‥‥‥‥384
ファンガヌイ地方博物館‥‥‥‥‥385
ファンガレイ・フォール‥‥‥‥‥‥347
フィティアンガ・ロック‥‥‥‥‥‥359
フィヨルドランド・シネマ‥‥‥‥‥126
フィヨルドランド国立公園‥‥‥‥‥130
フェアウェル・スピット‥‥‥‥‥‥206
フェリー・ランディング‥‥‥‥‥‥359
フェリミード歴史公園‥‥‥‥‥‥‥58
フォックス氷河‥‥‥‥‥‥‥‥‥226
フォックス氷河周辺のウオーキングトラック
‥‥‥‥‥‥‥‥‥‥‥‥‥‥‥227
フカ・ハニー・ハイブ‥‥‥‥‥‥‥321
フカ・フォール‥‥‥‥‥‥‥‥‥321
フカ・プラウン・パーク‥‥‥‥‥‥322
プケ・アリキ‥‥‥‥‥‥‥‥‥‥379
プケクラ・パーク＆ブルックランズ動物園
‥‥‥‥‥‥‥‥‥‥‥‥‥‥‥380
ププ・スプリングス‥‥‥‥‥‥‥206
フランツ・ジョセフ氷河‥‥‥‥‥‥224
フランツ・ジョセフ氷河周辺のウオーキングトラック
‥‥‥‥‥‥‥‥‥‥‥‥‥‥‥225
ブラフ‥‥‥‥‥‥‥‥‥‥‥‥‥174
ブラフ・ヒル‥‥‥‥‥‥‥‥‥‥373
ブリトマート‥‥‥‥‥‥‥‥‥‥251
ブルバード・アート・マーケット‥‥‥‥54
ブルー・ペンギン・コロニー‥‥‥‥152
ブルー・ペンギンズ・プケクラ‥‥‥‥167

へ

ベイ・オブ・アイランズのクルーズ‥‥‥338
ヘリコプターでの遊覧飛行（フォックス氷河）
‥‥‥‥‥‥‥‥‥‥‥‥‥‥‥226
ヘリコプターでの遊覧飛行
（フランツ・ジョセフ氷河）‥‥‥‥‥224
ヘリハイク（フォックス氷河）‥‥‥‥227
ヘリハイク＆アイスクライミング
（フランツ・ジョセフ氷河）‥‥‥‥‥225
ヘルズ・ゲート・マッド・スパ‥‥‥‥307
ペンギン・プレイス‥‥‥‥‥‥‥167

ほ

ホークス・ベイ・サイクルトレイル‥‥‥373
ホークス・ベイ博物館＆劇場＆美術館‥‥372
ホエールウオッチング・クルーズ（カイコウラ）
‥‥‥‥‥‥‥‥‥‥‥‥‥‥‥181
ホキティカ‥‥‥‥‥‥‥‥‥‥‥221

ホット・ウオーター・ビーチ……………361
ホビット庄……………………………………22
ポリネシアン・スパ…………………………301
ボルドウィン・ストリート…………………164
ポンソンビー…………………………………254
ポンパリエ……………………………………340

ま

マーキュリー・ベイ博物館…………………359
マースランド・ヒル…………………………380
マールボロ博物館……………………………189
マウアオ（マウント・マウンガヌイ）……364
マウント・イーデン…………………………256
マウント・ジョン天文台………………………79
マウント・ジョン天文台ツアー………………79
マウント・カーギル＆オルガンパイプ……165
マウント・タラナキ…………………………381
マウント・ナウルホエの登山………………331
マウント・ハット・スキー・エリア　60、422
マウント・ビクトリア………………………400
マウント・ホット・プール…………………364
マウント・ルアペフの登山…………………332
マカナ・チョコレート・ファクトリー……189
マティウ/サムズ島…………………………402
マナポウリ地下発電所………………………139

み

ミッション・エステート・ワイナリー……375
ミッション・ハウス…………………………344
ミッション・ベイ……………………………258
ミルフォード・サウンドのクルーズ………133
ミルフォード・トラック………………140、419
ミルフォード・ロード………………………134

め

メイスタウン…………………………………109
メイン・ビーチ（マウント・マウンガヌイ）
………………………………………………364

も

モウトア・ガーデン…………………………385
モエラキ・ボルダー…………………………154
モトゥタプ島…………………………………265
モナ・ベイル……………………………………55
モナーク・ワイルドライフ・クルーズ……167
モンティース醸造所…………………………220

や・よ

善き羊飼いの教会………………………………78

ら

ラーナック城…………………………………166
ラキウラ国立公園記念碑……………………179
ラキウラ博物館………………………………178
ラッセル………………………………………340
ラッセル博物館………………………………340
ランギトト島…………………………………265

り

リッチモンド・コテージ……………………379
リトルトン………………………………………59
リマーカブルス・スキー場………111、422

る

ルアクリ洞窟…………………………………294
ルートバーン・トラック………………144、419

れ

レイク・テカポ周辺のウオーキングトラック…79
レイル・クルージング………………………307
レインガ岬……………………………………350
レインボー・スプリングス・キーウィ・ワイルドライフ・パーク……………………………306
レインボーズ・エンド………………………259
歴史的建築物の集まる地区（オアマル）…153
レッドウッド・ファカレワレワ・フォレスト
………………………………………………304
レワズ・ビレッジ……………………………344

ろ

ロイヤル・アルバトロス・センター………166
ロトルア湖と戦争記念公園…………………300
ロビンズ・パーク……………………………364
ロブ・ロイ氷河トラック………………………94

わ

ワールド・オブ・ウエアラブルアート＆
クラシックカー博物館………………………201
ワイオタプ・サーマル・ワンダーランド…305
ワイカト川のリバーウオーク………………289
ワイカト博物館………………………………289
ワイタンギ条約グラウンド…………………339
ワイトモ洞窟…………………………………293
ワイトモ洞窟ディスカバリー・センター…294
ワイヘキ島……………………………………264
ワイポウア・フォレスト……………………352
ワイマリー・センター………………………384
ワイマング火山渓谷…………………………305
ワイラケイ・テラス…………………………322
ワイラケイ・ナチュラル・サーマル・バレー
………………………………………………323
ワイラケイ・パーク…………………………320
ワカティブ湖…………………………………104
ワナカ周辺のウオーキングトラック………93
ワン・トゥリー・ヒル………………………256

地球の歩き方 ホームページの使い方

海外旅行の最新情報満載の「地球の歩き方ホームページ」！ガイドブックの更新情報はもちろん、各国の基本情報、海外旅行の手続きと準備、海外航空券、海外ツアー、現地ツアー、ホテルなどの旅行手配情報や、「地球の歩き方」が厳選した旅先の疑問などを解決するためのQ&A・旅仲間募集掲示板や現地特派員ブログもあります。

🔗 **http://www.arukikata.co.jp/**

■ 多彩なサービスであなたの海外旅行をサポートします！

「地球の歩き方」の電子掲示板（BBS）
教えて！旅のQ&A掲示板

「地球の歩き方」の源流ともいえる旅行者投稿。世界中を歩き回った数万人の旅行者があなたの質問を待っています。目からウロコの新発見も多く、やりとりを読んでいるだけでも楽しい旅行情報の宝庫です。

🔗 http://bbs.arukikata.co.jp/

国内外の旅に関するニュースやレポート満載
地球の歩き方 ニュース＆レポート

国内外の観光、グルメ、イベント情報、地球の歩き方ユーザーアンケートによるランキング、編集部の取材レポートなど、ほかでは読むことのできない、世界各地の「今」を伝えるコーナーです。

🔗 http://news.arukikata.co.jp/

航空券の手配がオンラインで可能
arukikata.com

航空券のオンライン予約なら「アルキカタ・ドット・コム」。成田・羽田他、全国各地ポート発着の航空券が手配できます。期間限定の大特価バーゲンコーナーは必見。また、出張用の航空券も手配可能です。

🔗 http://www.arukikata.com/

現地発着オプショナルツアー
地球の歩き方 Travel

効率よく旅を楽しむツアーや宿泊付きのランドパッケージなど、世界各地のオプショナルツアーを取り揃えてるのは地球の歩き方ならでは。観光以外にも快適な旅のオプションとして、空港とホテルの送迎や、空港ラウンジ利用も人気です。

🔗 http://op.arukikata.com/

ホテルの手配がオンラインで可能
Travel 海外ホテル予約

「地球の歩き方ホテル予約」では、世界各地の格安から高級ホテルまでをオンラインで予約できるサービスです。クチコミなども参考に評判のホテルを探しましょう。

🔗 http://hotels.arukikata.com/

海外WiFiレンタル料金比較
Travel 海外WiFiレンタル

スマホなどによる海外ネット接続で利用者が増えている「WiFiルーター」のレンタル。渡航先やサービス提供会社で異なる料金プランなどを比較し、予約も可能です。

🔗 http://www.arukikata.co.jp/wifi/

LAのディズニーリゾートやユニバーサルスタジオ入場券の手配
Travel オンラインショップ

現地でチケットブースに並ばずに入場できるアナハイムのディズニー・リゾートやハリウッドのユニバーサル・スタジオの入場券の手配をオンラインで取り扱っています。

🔗 http://parts.arukikata.com/

ヨーロッパ鉄道チケットがWebで購入できる「ヨーロッパ鉄道の旅」
ヨーロッパ鉄道の旅 Travelling by Train

地球の歩き方トラベルのヨーロッパ鉄道チケット販売サイト。オンラインで鉄道パスや乗車券、座席指定券などを購入いただけます。利用区間や日程がお決まりの方にお勧めです。

🔗 http://rail.arukikata.com/

海外旅行の最新で最大級の情報源はここに！ ｜ 地球の歩き方 ｜ **検索**

迷わない！ハズさない！ もっと楽しい旅になる♥
地球の歩き方 MOOKシリーズ
定価:1000円（税別）

> 持ち歩きやすいハンディサイズ！

> 短い滞在でも充実した旅を過ごせるモデルプランと特集

> 最新アクティビティやグルメ情報満載

海外-3	ソウルの歩き方
海外-4	香港・マカオの歩き方
海外-6	台湾の歩き方
海外-8	ホノルルの歩き方
海外-9	ハワイの歩き方 ホノルル ショッピング&グルメ
海外-10	グアムの歩き方

お得に旅する情報が満載の人気シリーズ
ランキング& マル得テクニック！
定価:740〜790円（税別）

> 裏ワザ&テクニックがたっぷり

- ハワイ
- ソウル
- パリ
- 台湾
- シンガポール
- バリ島

> 知っていると得をするテクニックが多数

> "通"が選んだグルメの名店をランキング形式で紹介

豊富なラインアップ
テーマMOOKシリーズ
定価:890円〜（税別）

> 気になるテーマを深掘りして紹介

> 続々刊行予定！
- aruco magazine
- 海外子連れ旅★パーフェクトガイド！
- ハワイ スーパーマーケット マル得完全ガイド

2019年9月時点

海外女子旅にはこの1冊でOK!

旅好き女子のためのプチぼうけん応援ガイド

地球の歩き方 aruco

人気都市ではみんなとちょっと違う新鮮ワクワク旅を。いつか行ってみたい旅先では、憧れを実現するための安心プランをご紹介。世界を旅する女性のための最強ガイド!

全34タイトル!

arucoはハンディサイズなのに情報たっぷり!

ヨーロッパ
- ① パリ
- ⑥ ロンドン
- ⑮ チェコ
- ⑯ ベルギー
- ⑰ ウィーン
- ⑱ イタリア
- ⑳ クロアチア
- ㉑ スペイン
- ㉖ フィンランド
- ㉘ ドイツ
- ㉜ オランダ

アジア
- ② ソウル
- ③ 台北
- ⑤ インド
- ⑦ 香港
- ⑩ ホーチミン/ダナン/ホイアン
- ⑫ バリ島
- ⑬ 上海
- ⑲ スリランカ
- ㉒ シンガポール
- ㉓ バンコク
- ㉗ アンコール・ワット
- ㉙ ハノイ
- ㉚ 台湾
- ㉞ セブ/ボホール/エルニド

アメリカ/オセアニア
- ⑨ ニューヨーク
- ⑪ ホノルル
- ㉔ グアム
- ㉕ オーストラリア
- ㉛ カナダ
- ㉝ サイパン/テニアン/ロタ

中近東/アフリカ
- ④ トルコ
- ⑧ エジプト
- ⑭ モロッコ

今後も発行予定

旅のテンションUP!

point ❶ 一枚ウワテのプチぼうけんプラン満載

友達に自慢できちゃう、魅力溢れるテーマがいっぱい。みんなとちょっと違うとっておきの体験がしたい人におすすめ

point ❷ aruco調査隊がおいしい&かわいいを徹底取材!

女性スタッフが現地で食べ比べたグルメ、試したコスメ、リアル買いしたおみやげなど「本当にイイモノ」を厳選紹介

point ❸ 読者の口コミ&編集部のアドバイスもチェック!

欄外には読者から届いた耳より情報を多数掲載!

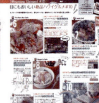

2018年12月現在
定価:本体1200円〜+税
お求めは全国の書店で

取りはずして使える便利な別冊MAP付!

編集部からの役立つプチアドバイスも

ウェブ&SNSで旬ネタ発信中!

aruco公式サイト
www.arukikata.co.jp/aruco
aruco編集部が、本誌で紹介しきれなかったこぼれネタや女子が気になる最旬情報を、発信しちゃいます!新刊や改訂版の発行予定などもチェック☆

メルマガ配信中!登録はこちら

arucoのLINEスタンプができました!チェックしてね♪

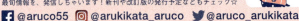

@aruco55　@arukikata_aruco　@aruco_arukikata

地球の歩き方書籍のご案内

『地球の歩き方』を持って
あなただけの
オセアニアを探そう！

ニュージーランドを歩いたら
雄大な自然に感激したり、マオリの文化に触れたり……。
温暖な気候で、英語が通じる旅のしやすさも人気のポイント。
オーストラリアもすぐ隣、夢が広がるオセアニアの旅……。
『地球の歩き方』があなたの旅をサポートします。

雄大な山々に囲まれて広がるNZのクイーンズタウン

地球の歩き方●ガイドブック

C10 ニュージーランド

ニュージーランドは、「地球の箱庭」とよばれるほど美しい風景が広がるところ。トレッキングやフィッシング、スキーなどアクティビティ情報は本書におまかせ。

C11 オーストラリア

オーストラリア全土にわたる詳細な観光情報と、最新のお役立ちデータを満載した、鮮度抜群のガイドブックです。広大な大陸を本書と一緒に旅してみませんか。

オペラハウスがシドニーの港の風景をいっそう引き立てている

C12 ゴールドコースト&ケアンズ

オーストラリアを代表するリゾート、ゴールドコーストと、グレートバリアリーフのゲートウェイ、ケアンズを中心に、オーストラリア東海岸エリアを紹介します。

C13 シドニー&メルボルン

シティライフと大自然に囲まれたリゾートを同時に堪能できるシドニーの魅力を120%楽しむためのガイドブック。オーストラリア第2の都市、メルボルンの情報も満載です。

エアーズロックの名前でも知られるウルルは巨大な一枚岩

女子旅応援ガイド● aruco

元気な旅好き女子を応援する、旅のテーマがいっぱい詰まっています。

25 オーストラリア

地球の歩き方● Resort Style

R11 Resort Style 世界のダイビング完全ガイド 地球の潜り方

R18 ケアンズとグレートバリアリーフ

地球の歩き方● BOOKS

LOVELY GREEN NEW ZEALAND
未来の国を旅するガイドブック

都市部を離れると野生のカンガルーに出合えることもある

2019年10月現在●最新情報はホームページでもご覧いただけます URL www.diamond.co.jp/arukikata

地球の歩き方 シリーズ年度一覧

地球の歩き方ガイドブックは1～2年で改訂されます。改訂時には価格が変わることがあります。表示価格は本体価格(税別)です。
●最新情報は、ホームページでもご覧いただけます。www.diamond.co.jp/arukikata

2019年10月現在

地球の歩き方 ガイドブック

A ヨーロッパ

A01	ヨーロッパ	2018～2019	¥1700
A02	イギリス	2019～2020	¥1700
A03	ロンドン	2019～2020	¥1600
A04	湖水地方&スコットランド	2018～2019	¥1800
A05	アイルランド	2019～2020	¥1800
A06	フランス	2019～2020	¥1700
A07	パリ&近郊の町	2019～2020	¥1700
A08	南仏プロヴァンス コート・ダジュール&モナコ	2018～2019	¥1600
A09	イタリア	2019～2020	¥1700
A10	ローマ	2018～2019	¥1600
A11	ミラノ ヴェネツィアと湖水地方	2019～2020	¥1700
A12	フィレンツェとトスカーナ	2019～2020	¥1700
A13	南イタリアとシチリア	2019～2020	¥1700
A14	ドイツ	2019～2020	¥1700
A15	南ドイツ フランクフルト ミュンヘン ロマンティック街道 古城街道	2019～2020	¥1600
A16	ベルリンと北ドイツ ハンブルク ドレスデン ライプツィヒ	2018～2019	¥1700
A17	ウィーンとオーストリア	2019～2020	¥1700
A18	スイス	2019～2020	¥1700
A19	オランダ ベルギー ルクセンブルク	2019～2020	¥1600
A20	スペイン	2019～2020	¥1700
A21	マドリードとアンダルシア&鉄道とバスで行く世界遺産	2019～2020	¥1600
A22	バルセロナ&近郊の町 イビサ/マヨルカ島	2018～2019	¥1600
A23	ポルトガル	2019～2020	¥1650
A24	ギリシアとエーゲ海の島々&キプロス	2019～2020	¥1800
A25	中欧	2019～2020	¥1800
A26	チェコ ポーランド スロヴァキア	2019～2020	¥1700
A27	ハンガリー	2019～2020	¥1700
A28	ブルガリア ルーマニア	2019～2020	¥1700
A29	北欧	2019～2020	¥1700
A30	バルトの国々	2019～2020	¥1800
A31	ロシア	2018～2019	¥1900
A32	極東ロシア シベリア サハリン	2019～2020	¥1800
A34	クロアチア スロヴェニア	2019～2020	¥1600

B 南北アメリカ

B01	アメリカ	2019～2020	¥1900
B02	アメリカ西海岸	2018～2019	¥1700
B03	ロスアンゼルス	2019～2020	¥1600
B04	サンフランシスコとシリコンバレー	2019～2020	¥1700
B05	シアトル ポートランド ワシントン州とオレゴン州の大自然	2019～2020	¥1700
B06	ニューヨーク マンハッタン&ブルックリン	2019～2020	¥1750
B07	ボストン	2018～2019	¥1800
B08	ワシントンDC	2019～2020	¥1700
B09	ラスベガス セドナ&グランドキャニオンと大西部	2019～2020	¥1700
B10	フロリダ	2019～2020	¥1700
B11	シカゴ	2019～2020	¥1700
B12	アメリカ南部	2019～2020	¥1800
B13	アメリカの国立公園	2019～2020	¥1900
B14	ダラス ヒューストン デンバー グランドサークル フェニックス サンタフェ	2018～2019	¥1800
B15	アラスカ	2019～2020	¥1800
B16	カナダ	2019～2020	¥1700
B17	カナダ西部	2018～2019	¥1600
B18	カナダ東部	2018～2019	¥1600
B19	メキシコ	2019～2020	¥1800
B20	中米	2019～2020	¥1900
B21	ブラジル ベネズエラ	2019～2020	¥2000
B22	アルゼンチン チリ パラグアイ ウルグアイ	2018～2019	¥2000
B23	ペルー ボリビア エクアドル コロンビア	2018～2019	¥2000
B24	キューバ バハマ ジャマイカ カリブの島々	2019～2020	¥1850
B25	アメリカ・ドライブ	2017～2018	¥1700

C 太平洋/インド洋の島々&オセアニア

C01	ハワイI オアフ島&ホノルル	2019～2020	¥1700
C02	ハワイII ハワイ島 マウイ島 カウアイ島 モロカイ島 ラナイ島	2019～2020	¥1600
C03	サイパン	2018～2019	¥1400
C04	グアム	2019～2020	¥1400
C05	タヒチ イースター島	2019～2020	¥1700
C06	フィジー	2018～2019	¥1700
C07	ニューカレドニア	2018～2019	¥1500
C08	モルディブ	2020～2021	¥1700
C10	ニュージーランド	2020～2021	¥1700
C11	オーストラリア	2019～2020	¥1900
C12	ゴールドコースト&ケアンズ	2019～2020	¥1700
C13	シドニー&メルボルン	2019～2020	¥1600

D アジア

D01	中国	2019～2020	¥1900
D02	上海 杭州 蘇州	2019～2020	¥1700
D03	北京	2019～2020	¥1600
D04	大連 瀋陽 ハルビン 中国東北地方の自然と文化	2019～2020	¥1800
D05	広州 アモイ 桂林 珠江デルタと華南地方	2019～2020	¥1800
D06	成都 重慶 九寨溝 麗江 四川 雲南 貴州の自然と民族	2020～2021	¥1800
D07	西安 敦煌 ウルムチ シルクロードと中国北西部	2018～2019	¥1700
D08	チベット	2018～2019	¥1900
D09	香港 マカオ 深圳	2019～2020	¥1700
D10	台湾	2019～2020	¥1700
D11	台北	2019～2020	¥1500
D13	台南 高雄 屏東&南台湾の町	2019～2020	¥1500
D14	モンゴル	2017～2018	¥1800
D15	中央アジア サマルカンドとシルクロードの国々	2019～2020	¥1900
D16	東南アジア	2018～2019	¥1700
D17	タイ	2019～2020	¥1700
D18	バンコク	2019～2020	¥1600
D19	マレーシア ブルネイ	2019～2020	¥1600
D20	シンガポール	2019～2020	¥1500
D21	ベトナム	2019～2020	¥1700
D22	アンコール・ワットとカンボジア	2019～2020	¥1700
D23	ラオス	2019～2020	¥1700
D24	ミャンマー	2019～2020	¥1700
D25	インドネシア	2019～2020	¥1700
D26	バリ島	2019～2020	¥1700
D27	フィリピン	2019～2020	¥1700
D28	インド	2018～2019	¥1800
D29	ネパールとヒマラヤトレッキング	2019～2020	¥1800
D30	スリランカ	2020～2021	¥1700
D31	ブータン	2018～2019	¥1800
D32	パキスタン	2007～2008	¥1780
D33	マカオ	2019～2020	¥1500
D34	釜山・慶州	2017～2018	¥1400
D35	バングラデシュ	2015～2016	¥1900
D36	南インド	2016～2017	¥1700
D37	韓国	2019～2020	¥1700
D38	ソウル	2019～2020	¥1500

E 中近東 アフリカ

E01	ドバイとアラビア半島の国々	2019～2020	¥1900
E02	エジプト	2014～2015	¥1700
E03	イスタンブールとトルコの大地	2019～2020	¥1700
E04	ペトラ遺跡とヨルダン レバノン	2019～2020	¥1900
E05	イスラエル	2019～2020	¥1700
E06	イラン	2017～2018	¥2000
E07	モロッコ	2019～2020	¥1800
E08	チュニジア	2020～2021	¥1900
E09	東アフリカ ウガンダ エチオピア ケニア タンザニア ルワンダ	2016～2017	¥1900
E10	南アフリカ	2018～2019	¥1900
E11	リビア	2010～2011	¥2000
E12	マダガスカル	2020～2021	¥1800

女子旅応援ガイド aruco

1	パリ '19~20	¥1200		21	スペイン '19~20	¥1200
2	ソウル '19~20	¥1200		22	シンガポール '19~20	¥1200
3	台北 '20~21	¥1200		23	バンコク '20~21	¥1300
4	トルコ '14~15	¥1200		24	グアム '19~20	¥1200
5	インド	¥1400		25	オーストラリア '18~19	¥1200
6	ロンドン '18~19	¥1200		26	フィンランド エストニア '20~21	¥1300
7	香港 '19~20	¥1200		27	アンコール・ワット '18~19	¥1200
8	エジプト	¥1200		28	ドイツ '18~19	¥1200
9	ニューヨーク '19~20	¥1200		29	ハノイ '19~20	¥1200
10	ホーチミン ダナン ホイアン '19~20	¥1200		30	台湾 '19~20	¥1200
11	ホノルル '19~20	¥1200		31	カナダ '17~18	¥1200
12	バリ島 '20~21	¥1200		32	オランダ '18~19	¥1200
13	上海	¥1200		33	サイパン テニアン ロタ '18~19	¥1200
14	モロッコ '19~20	¥1400		34	セブ ボホール エルニド '19~20	¥1200
15	チェコ '19~20	¥1200		35	ロスアンゼルス '20~21	¥1200
16	ベルギー '16~17	¥1200		36	フランス '20~21	¥1300
17	ウィーン '17~18	¥1200				
18	イタリア '19~20	¥1200				
19	スリランカ	¥1400				
20	クロアチア スロヴェニア '19~20	¥1300				

地球の歩き方 Plat

1	パリ	¥1200		6	ドイツ	¥1200
2	ニューヨーク	¥1200		7	ベトナム	¥1000
3	台北	¥1000		8	スペイン	¥1200
4	ロンドン	¥1200		9	バンコク	¥1000
5	グアム	¥1000		10	シンガポール	¥1000
				11	アイスランド	¥1400
				12	ホノルル	¥1000
				13	マニラ&セブ	¥1000
				14	マルタ	¥1000
				15	フィンランド	¥1200
				16	クアラルンプール マラッカ	¥1000
				17	ウラジオストク	¥1300
				18	サンクトペテルブルク モスクワ	¥1400
				19	エジプト	¥1200
				20	香港	¥1000
				21	ブルックリン	¥1000
				22	ブルネイ	¥1300
				23	ウズベキスタン	¥1200
				24	ドバイ	¥1200

地球の歩き方 Resort Style

R01	ホノルル&オアフ島	¥1500
R02	ハワイ島	¥1500
R03	マウイ島	¥1500
R04	カウアイ島	¥1700
R05	こどもと行くハワイ	¥1500
R06	ハワイ ドライブ・マップ	¥1800
R07	ハワイ バスの旅	¥1200
R08	グアム	¥1300
R09	こどもと行くグアム	¥1500
R10	パラオ	¥1500
R11	世界のダイビング完全ガイド 地球の潜り方	¥1800
R12	プーケット サムイ島 ピピ島	¥1500
R13	ペナン ランカウイ クアラルンプール	¥1700
R14	バリ島	¥1300
R15	セブ&ボラカイ ボホール シキホール	¥1500
R16	テーマパークinオーランド	¥1700
R17	カンクン コスメル イスラ・ムヘーレス	¥1500
R18	ケアンズとグレートバリアリーフ※	¥1700
R20	ファミリーで行くシンガポール	¥1400
	ダナン ホイアン ホーチミン ハノイ	

※は旧リゾートシリーズで発刊中

地球の歩き方　BY TRAIN
| 1 | ヨーロッパ鉄道の旅 | ¥1700 |
| ヨーロッパ鉄道時刻表 2019年夏号 | | ¥2300 |

地球の歩き方　トラベル会話
1	米語＋英語	¥952
2	フランス語＋英語	¥1143
3	ドイツ語＋英語	¥1143
4	イタリア語＋英語	¥1143
5	スペイン語＋英語	¥1143
6	韓国語＋英語	¥1143
7	タイ語＋英語	¥1143
8	インドネシア5ヵ国語	¥1143
9	インドネシア語＋英語	¥1143
10	中国語＋英語	¥1143
11	広東語＋英語	¥1143
12	ポルトガル語（ブラジル語）＋英語	¥1143

地球の歩き方　成功する留学
オーストラリア・ニュージーランド留学 ¥1600
成功するアメリカ大学留学術
世界に飛びだそう！目指せ！グローバル人材 ¥1429

地球の歩き方　JAPAN
島旅01	五島列島	¥1500
島旅02	奄美大島（奄美群島①）	¥1500
島旅03	与論島 沖永良部島 徳之島（奄美群島②）	¥1500
島旅04	利尻・礼文	¥1500
島旅05	天草	¥1500
島旅06	壱岐	¥1500
島旅07	種子島	¥1500
島旅08	小笠原 父島 母島	¥1500
島旅10	佐渡	¥1500
島旅11	宮古島 伊良部島 下地島 来間島 池間島 多良間島 大神島	¥1500
島旅12	久米島	¥1500
島旅13	小豆島（瀬戸内の島々①）	¥1500
島旅14	直島・豊島 女木島 男木島 犬島 本島 牛島 広島 小手島 佐柳島 真鍋島 粟島 志々島 瀬戸内の島々②）	¥1500
島旅22	島猫ねこ にゃんこの島の歩き方	¥1222
ダムの歩き方 全国版 はじめてのダム入門ガイド		¥1556

地球の歩き方　御朱印シリーズ
御朱印でめぐる鎌倉のお寺 三十三観音完全掲載 三訂版 ¥1500
御朱印でめぐる京都のお寺 改訂版 ¥1500
御朱印でめぐる奈良の古寺 改訂版 ¥1500
御朱印でめぐる江戸・東京の古寺 改訂版 ¥1500
御朱印でめぐる東京のお寺 ¥1500
御朱印でめぐる高野山 ¥1500
日本全国 この御朱印が凄い！ 第壱集 増補改訂版 ¥1500
日本全国 この御朱印が凄い！ 第弐集 都道府県網羅版 ¥1500
御朱印でめぐる全国の神社 ～開運さんぽ～ ¥1430
御朱印でめぐる関東の神社 週末開運さんぽ ¥1430
御朱印はじめました 関東の神社 週末開運さんぽ ¥1100
御朱印でめぐる秩父 三十四観音完全掲載 ¥1300
御朱印でめぐる関東の百寺 坂東三十三観音と古寺 ¥1650
御朱印でめぐる関西の神社 週末開運さんぽ ¥1430
御朱印でめぐる東京の神社 週末開運さんぽ ¥1400
御朱印でめぐる関西の百寺 西国三十三所と古寺 ¥1650
御朱印でめぐる北海道の神社 週末開運さんぽ ¥1430
御朱印でめぐる神奈川の神社 週末開運さんぽ ¥1430
御朱印でめぐる九州の神社 週末開運さんぽ ¥1430
御朱印でめぐる埼玉の神社 週末開運さんぽ ¥1430
御朱印でめぐる千葉の神社 週末開運さんぽ ¥1430

地球の歩き方　コミックエッセイ
北欧が好き！ フィンランド・スウェーデン・デンマーク・ノルウェーのすてきな町めぐり ¥1100
北欧が好き！2 建築×デザインでめぐる フィンランド・スウェーデン・デンマーク・ノルウェー ¥1100
きょうも京都で京づくし。 ¥1100
女ふたり 台湾、行ってきた。 ¥1100
日本でできるゲストハウスめぐり ¥1000
アイスランド☆TRIP 神秘の絶景に会いに行く！ ¥1100

地球の歩き方　BOOKS
●日本を旅する本
子連れで沖縄 旅のアドレス＆テクニック117 ¥1400
美智智穂のかわいい京都＊しあわせさんぽ ¥1429
おいしいご当地スーパーマーケット ¥1500
地元スーパーのおいしいもの、旅をしながら見つけてきました。47都道府県！ ¥1600
京都 ひとりを楽しむまち歩き ¥1200
青森・函館めぐり クラフト・建築・おいしいもの ¥1300

日本全国開運神社 このお守りがすごい ¥1384
えらべる！できる！ぼうけん図鑑 沖縄 ¥1500

●個性ある海外旅行を案内する本
世界の高速列車II ¥2800
世界の鉄道 ¥3500
WE LOVE エスニックファッション ストリートブック ¥1500
エスニックファッション シーズンブック ETHNIC FASHION SEASON BOOK ¥1500
へなちょこ日記 ハワイ嗚咽編 ¥1500
GIRL'S GETAWAY TO LOS ANGELES ¥1500
絶対トクする！海外旅行の新常識 ¥1500
アパルトマンでパリジェンヌ体験 5日間から楽しめる憧れのパリ暮らし ¥1700
地球の歩き方フォトブック 旅するフォトグラファーが選ぶスペインの町33 ¥1500
宮脇俊三と旅した鉄道風景 ¥2000
キレイを叶える♡週末バンコク ¥1500
「幸せになる、ハワイのパンケーキ＆朝ごはん」～アロハで食べたい人気の100皿～ ¥1500
MAKI'S DEAREST HAWAII ～インスタジェニックな ハワイ探し～ ¥1400
撮り旅！ 地球を撮り歩く旅人たち ¥1500
秘密のパリ案内Q77 ¥1200
台湾おしゃべりノート ¥1200
HONG KONG 24 hours 朝・昼・夜で楽しむ 香港が好きになる本 ¥1480
ONE & ONLY MACAO produced by LOVETABI ¥1300
純情ヨーロッパ 呑んで、祈って、脱いでみて ¥1280
人情ヨーロッパ 人生、ゆるして、ゆるされて ¥1380
雑貨と旅とデザインと ¥1480
とっておきのフィンランド 絵本のような町めぐり ¥1600
LOVELY GREEN NEW ZEALAND 未来の国を旅するガイドブック ¥1500
たびうた 歌で巡る世界の絶景 ¥1480
はなたび 絶景で巡る世界の花 ¥1200
気軽に始める！大人の男海外ひとり旅 ¥1350
FAMILY TAIWAN TRIP #子連れ台湾 ¥1380
MY TRAVEL, MY LIFE Maki's Family Travel Book ¥1600
香港 地元で愛される名物食堂 ¥1480
マレーシア 地元で愛される名物食堂 ¥1480
いろはに北欧 わたしにちょうどいい旅の作り方 ¥1760
ヴィクトリア朝が教えてくれる英国の魅力 ¥1200

●乗り物deおさんぽ
パリの街をメトロでお散歩 改訂版 ¥1500
台北メトロさんぽ MRTを使って、おいしいとかわいいを巡る旅♪ ¥1380
台湾を鉄道でぐるり ¥1380
香港トラムでぶらり女子旅 ¥1500
香港メトロさんぽ MTRで巡るとっておきスポット＆新しい香港に出会う旅 ¥1600
NEW YORK, NEW YORK！ 地下鉄で旅するニューヨークガイド ¥1500

●ランキング＆マル得テクニック
沖縄 ランキング＆マル得テクニック！ ¥900
ニューヨーク ランキング＆マル得テクニック！ ¥1100
香港 ランキング＆マル得テクニック！ ¥1100

●話題の本
パラダイス山元の飛行機の乗り方 ¥1300
パラダイス山元の飛行機のある暮らし ¥1300
なぜデキる男とモテる女は旅行機に乗るのか？ ¥1300
「世界イケメンハンター」窪咲子のGIRL'S TRAVEL ¥1400
さんぽで感じる村上春樹 ¥1450
発達障害グレーゾーン まったり息子の成長記 ¥1300
鳥've りんご飛行機の親の介護は知らなきゃ損することだらけ ¥1200
親の介護をはじめたお金の話で泣き見てばかり 知らなきゃ損する！トラブル回避の基礎知識 ¥1200
熟年夫婦のアメリカ 外交官 行き当たりばったり移住記 ¥1350
海外VIP1000人を感動させた外資系企業社長の「おもてなし」術 ¥1300
理想の自分を自分でつくる！失敗しない爆上げ術 ¥1300
日本一小さな航空会社の大きな奇跡の物語 業界の常識を破った天草エアラインの「復活」 ¥1500
娘にリケジョになりたい！と言われたら 文系の親に知ってほしい理系女子の世界 ¥1400
食事作りに手間暇かけ続けたイイ人、手料理神話にこだわり続ける日本人 ¥1000
ゆるゆる神様図鑑 古代エジプト編 ¥909
やり直し英語最速 最短でキチンと話せるようになるための7つの近道勉強法 ¥1000

地球の歩き方　中学受験
お母さんが教える国語 ¥1800
お母さんが教える国語 親子で成績を上げる魔法のアイデア ¥1300
こんなハズじゃなかった中学受験 ¥1500
なぜ、あの子は逆転合格できたのか？ ¥1500
小6になってグンと伸びる子、ガクンと落ちる子 ¥1500
偏差値が届かなくても受かる子、充分でも落ちる子 ¥1500
名門中学の子どもたちは学校で何を学んでいるのか ¥1650
はじめての中学受験 第一志望合格のためにやってよかった5つのこと ¥1500
第一志望に合格したい「社会」の後回しは危険です。 ¥1300
進路で迷ったら中高一貫校を選びなさい 6年間であなたの子供はこんなに変わる ¥1500
親が後悔しない 子供に失敗させない進学塾の選び方 ¥1200
わが子を合格させる父親道 ヤル気を引き出す「神オヤジ」と子どもをツブす「ダメおやじ」 ¥1200
まんがで学ぶ！国語がニガテな子のための読解力が身につく7つのコツ ¥1400
新お母さんが教える国語 わが子を志望校に合格させる最強の家庭学習法 ¥1500
小6になってグンと伸びる子、ガクンと落ちる子 6年生で必ず成績の上がる学び方 7つのルール【完全版】 ¥1500

地球の歩き方　GemStone
001	パリの手帖 とっておきの散歩道	¥1500
003	キューバ 増補改訂版	¥1600
014	スパへようこそ 世界のトリートメント大集合	¥1500
021	ウィーン旧市街 とっておきの散歩道	¥1500
025	世界遺産 マチュピチュ完全ガイド	¥1500
026	魅惑のモロッコ 美食と雑貨と美創の王国	¥1500
029	イギリス人は甘いのがお好き プディング＆焼き菓子がいっぱいのブリティッシュ・スイーツレシピ	¥1500
030	改訂版 パリ近郊ウブド 楽園の散歩道	¥1500
033	改訂新版 フィンランド かわいいデザインと出会う街歩き	¥1500
039	新装改訂版 ベルリンガイドブック	¥1600
047	ブラハ迷宮の散歩道 改訂版	¥1500
052	とっておきのポーランド 増補改訂版	¥1600
054	グリム童話で旅するドイツ・メルヘン街道	¥1600
056	ラダック ザンスカール スピティ 北インドのリトル・チベット 増補改訂版	¥1700
057	ザルツブルクとチロル アルプスの山と街を歩く	¥1500
059	天空列車 青海チベット鉄道の旅	¥1600
060	カリフォルニア オーガニックトリップ サンフランシスコ&ワインカントリーのスローライフへ！	¥1500
061	台南 高雄 とっておきの歩き方 台湾南部の旅ガイド	¥1500
062	イングランドで一番美しい場所 コッツウォルズ	¥1700
064	シンガポール 絶品！ローカルごはん	¥1500
065	ローマ美食散歩 永遠の都を食べ歩く	¥1500
066	南極大陸 完全旅行ガイド	¥1600
067	ポルトガル 奇跡の風景をめぐる旅	¥1500
068	アフタヌーンティーで旅するイギリス	¥1500

地球の歩き方　MOOK
●海外最新情報が満載されたMOOK本
海外1	パリの歩き方[ムックハンディ]	¥1000
海外3	ソウルの歩き方[ムックハンディ]	¥1000
海外4	香港・マカオの歩き方[ムックハンディ]	¥1000
海外6	台湾の歩き方[ムックハンディ]	¥1000
海外8	ホノルルの歩き方[ムックハンディ]	¥1000
海外9	ホノルルショッピング&グルメ[ムックハンディ]	¥1000
海外10	グアムの歩き方[ムックハンディ]	¥1000
海外11	バリ島の歩き方[ムックハンディ]	¥1000
ハワイ ランキング＆マル得テクニック！		¥790
ソウル ランキング＆マル得テクニック！		¥790
台湾 ランキング＆マル得テクニック！		¥790
ソウル ランキング＆マル得テクニック！		¥790
シンガポール ランキング＆マル得テクニック！		¥790
バンコク ランキング＆マル得テクニック！		¥790
バリ島 ランキング＆マル得テクニック！		¥740
海外女子ひとり旅☆パーフェクトガイド！		¥890
ハワイ スーパーマーケットマル得完全ガイド		¥890
海外子連れ旅☆パーフェクトガイド！		¥890
成功する留学 留学ランキング＆テクニック50		¥700
世界のビーチBEST100		¥890
ヘルシーハワイ[ムックハンディ]		¥890
aruco magazine vol.2		¥920

●国内MOOK
沖縄の歩き方[ムックハンディ] ¥917
北海道の歩き方[ムックハンディ] ¥926
東京 ランキング＆マル得テクニック！ ¥690

STAFF

制　　作：河村保之	Producer： Yasuyuki Kawamura
編集・取材：(有)グルーポ ピコ	Editors： Grupo PICO
今福直子／志村乃乃	Naoko Imafuku / Tsukino Shimura
取材協力：グルービー美子／吉田千春	Reporters： Miko Grooby / Chiharu Yoshida
ジャパン・メディア・クリエーションズ	Japan Media Creations (NZ) Co., Ltd.
撮　　影：武居台三(グルーポ ピコ)	Photographers： Taizo Takei (Grupo PICO)
デザイン：株式会社明昌堂	Designers： Meishodo Co., Ltd.
表　　紙：日出嶋昭男	Cover Design： Akio Hidejima
地　　図：フロマージュ	Maps： fromage
株式会社平凡社	Heibonsha Co., Ltd.
校　　正：東京出版サービスセンター	Proofreading： Tokyo Syuppan Service Center

協力・写真提供：在日ニュージーランド大使館、ニュージーランド政府観光局、ニュージーランド航空、Qbook、Auckland Tourism, Events and Economic Development、Earth & Sky、Explore NZ、Hobbiton Movie Set Tours、Hairy Feet Waitomo、IS GLOBAL SERVICES、Japan Connect NZ Ltd.、Real Journeys、佐藤圭樹(ウィルダネス)、KIWIsh JaM Tour、Japan Tourist Service、Best Inn Rotorua、ゆめらんど NZ.com、外山みのる、© Getty Images、iStock、shutterstock
※敬称略

読者投稿
住 〒 160-0023　東京都新宿区西新宿 6-15-1　セントラルパークタワー・ラ・トゥール新宿 705
株式会社地球の歩き方メディアパートナーズ
地球の歩き方サービスデスク「ニュージーランド編」投稿係
FAX (03)6258-0421
URL www.arukikata.co.jp/guidebook/toukou.html
地球の歩き方ホームページ (海外旅行の総合情報)
URL www.arukikata.co.jp
ガイドブック『地球の歩き方』(検索と購入、更新・訂正・サポート情報)
URL www.arukikata.co.jp/guidebook

地球の歩き方 C10 ニュージーランド　2020～2021 年版
1986 年 1 月 15 日初版発行
2019 年 10 月 30 日改訂第 34 版第 1 刷発行

Published by Diamond-Big Co., Ltd.
2-9-1 Hatchobori, Chuo-ku, Tokyo, 104-0032, Japan
☎(81-3)3553-6667 (Editorial Section)
☎(81-3)3553-6660　FAX(81-3)3553-6693 (Advertising Section)

著作編集	地球の歩き方編集室
発行所	株式会社ダイヤモンド・ビッグ社
	〒 104-0032　東京都中央区八丁堀 2-9-1
	編集部　☎(03)3553-6667
	広告部　☎(03)3553-6660　FAX(03)3553-6693
発売元	株式会社ダイヤモンド社
	〒 150-8409　東京都渋谷区神宮前 6-12-17
	販売　☎(03)5778-7240

■ご注意下さい
本書の内容(写真・図版を含む)の一部または全部を、事前に許可なく無断で複写・複製し、または著作権法に基づかない方法により引用し、印刷物や電子メディアに転載・転用することは、著作者および出版社の権利の侵害となります。
All rights reserved. No part of this publication may be reproduced or used in any form or by any means, graphic, electronic, or mechanical, including photocopying, without written permission of the publisher.
落丁・乱丁本はお手数ですが、ダイヤモンド社販売宛にお送りください。送料小社負担にてお取り替え致します。ただし、古書店で購入されたものについてはお取り替えできません。

印刷製本　　株式会社ダイヤモンド・グラフィック社　Printed in Japan
禁無断転載© ダイヤモンド・ビッグ社／グルーポ ピコ 2019
ISBN978-4-478-82401-6